엑셀 & 파워포인트 2013

한혜경 , 윤정희 공저

오성미디어

머리말

우리는 대부분 Microsoft Office 프로그램을 들어보거나, 한번쯤은 그 프로그램 중 일부를 사용해 봤을 것입니다. 그 중 엑셀 프로그램은 업무나 학교생활에서 자주 사용하는 프로그램 중 하나입니다. 엑셀이 중요하다는 것은 누구나 알고 있습니다. 하지만 많은 학생들이 오피스 프로그램 중 가장 어렵다고 생각하는 프로그램입니다. 또한 파워포인트 역시 업무나 학교생활에서 많이 쓰이고 있지만 파워포인트의 기능을 전부 활용하지 못하는 학생들이 많습니다.

엑셀과 파워포인트를 빠르고 쉽고 편하게 학습할 수는 없습니다. 이 책은 엑셀 2013 과 파워포인트 2013을 학습할 수 있도록 구성된 교재입니다. 본문 내용과 함께 제공되는 예제 파일을 바탕으로 기본 기능의 지식을 습득하고 실전 예제 만들기를 통하여 배운 내용을 바탕으로 실습 예제를 각자 만들어 봄으로써 각 장에서 배운 내용을 다시 한 번 정리할 수 있게 구성되었습니다. 또한 이 책을 학습하며 엑셀과 파워포인트에 대한 자신감도 생길 것이며, 그로 인하여 Office 2013 프로그램을 익히고 응용할 수 있고 더 나아가 엑셀 관련 자격증과 MOS PowerPoint 2013 자격증을 취득하는 기반을 마련함으로써 자신의 능력을 테스트 해 볼 수 있는 기회도 주어지게 될 것입니다. [기본 학습]은 오피스의 기본 기능과 실무 능력 향상을 도모 할 수 있도록 알차게 편집하였습니다. 그리고 [확인 학습]의 문제 풀이를 통해 자가 진단과 복습을 할 수 있도록 구성하였습니다. 본 교재를 통해 학습하는 모든 학생들이 오피스 기능을 정확히 익히고, 실무 능력을 향상 시킬 수 있기를 간절히 희망합니다. 추후에 자신이 원한다면 엑셀 관련 자격증 및 MOS PowerPoint 2013 시험에 도전하여 멋지게 성공하시길 기원합니다.

이 책을 통해 대학에서 오랜 시간 강의를 하며 터득한 문서 작성을 위한 팁과 노하우를 제공하여 모든 학생들이 엑셀과 파워포인트에 대한 두려움을 떨치고 쉽게 배울 수 있는 기회가 되기를 기대합니다. 필자는 이 책을 가지고 공부하는 독자들이 MOS PowerPoint 2013 자격증 취득과 엑셀업무에서 바로 쓰는 기술을 읽혀 컴퓨터 활용의 지표가 되길 기원합니다. 책이 완성되기까지 많은 도움을 주신 분들께 감사드립니다. 그리고 오성미디어 사장님과 편집부 여러분들께 다시 한 번 감사의 말씀을 드립니다.

한혜경, 윤정희

Contents

엑셀 2013

Office Excel 2013

Chapter 2 데이터 시각화 작업

01 서식 설정

02 개체 삽입

Chapter 3 데이터 분석

01 정렬 및 필터

02 중복 항목 제거

03 데이터 유효성 검사

04 부분합

Chapter 4 문서 보호 및 설정

01 워크시트 보호

02 통합문서 보호

03 저장

04 인쇄 설정

Chapter 5 수식 계산

01 수식 작성

파워포인트 2013

Office PowerPoint 2013

1장 슬라이드 꾸미기

2장 슬라이드 편집 및 환경 설정

3장 이미지와 일러스트레이션

4장 텍스트와 미디어

5장 슬라이드 쇼

Office Excel 2013

엑셀은 MS-Office 프로그램 중 하나로, 표에 정리된 데이터를 이용하여 다양한 함수를 활용하여 계산하고 데이터를 조건에 맞게 분석하며 시각적인 정보인 차트를 생성하여 업무를 효율적으로 작업할 수 있는 스프레드시트 프로그램입니다.

1. Excel 2013 시작하기

1. 엑셀 2013 프로그램을 시작하기 위하여 바탕화면에 있는 아이콘() 또는 [시작 - 모든 프로그램 - Microsoft office 2013 - Excel 2013] 메뉴를 클릭하면 프로그램이 실행됩니다.

2. 엑셀 2013을 실행하면 최근 사용한 항목과 서식이 나타납니다. 이곳에서 [서식 파일]을 선택하거나 [새 통합 문서]를 이용하여 새로운 문서를 작성할 수 있습니다.

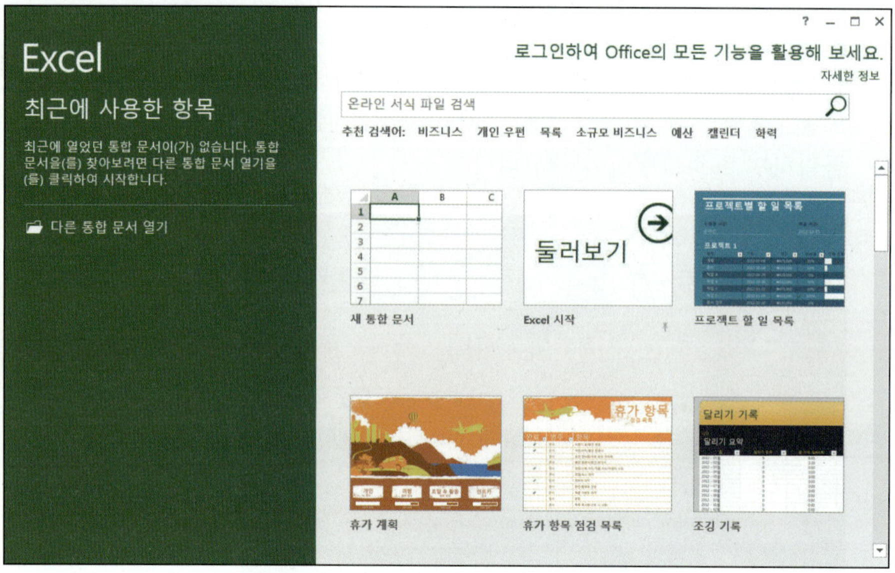

3. 새 통합 문서를 클릭하면 이전 버전과 동일하게 빈 [통합 문서1.xlsx] 파일이 생성되고 엑셀 워크시트 화면이 나타나게 됩니다.

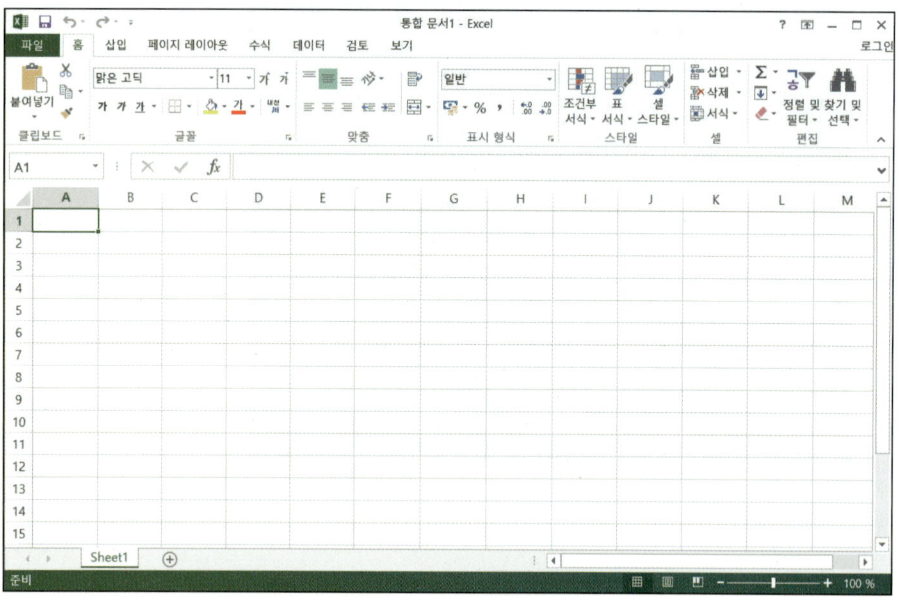

※ 만약, 이 기능이 익숙하지 않아 불편하다면 Excel 옵션에서 기존 2010 버전과 동일하게 시작화면을 표시하지 않고 바로 빈 시트 화면으로 나타날 수 있도록 설정이 가능합니다.

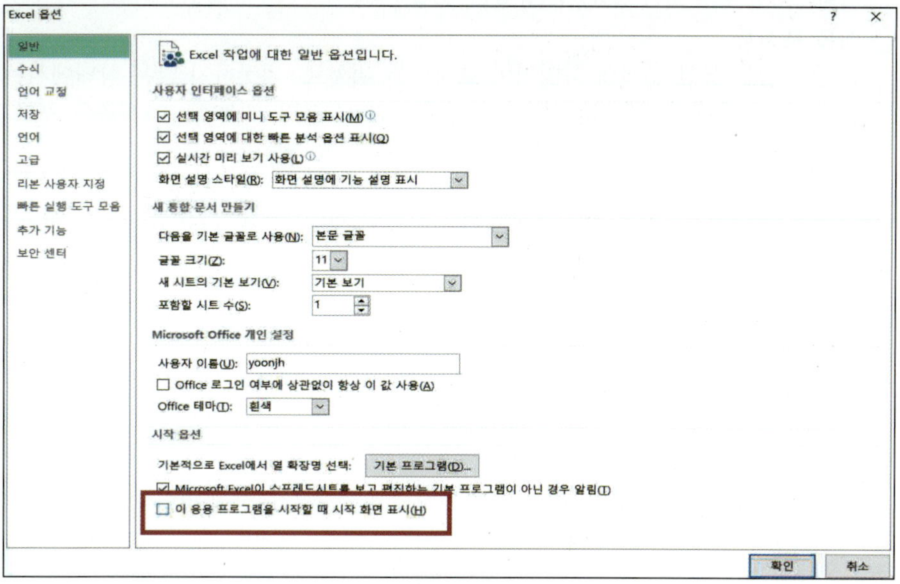

Tip

[파일 탭 – 옵션 – '이 응용 프로그램을 시작할 때 시작 화면 표시' 체크 해제]

2. Excel 2013 화면 구성

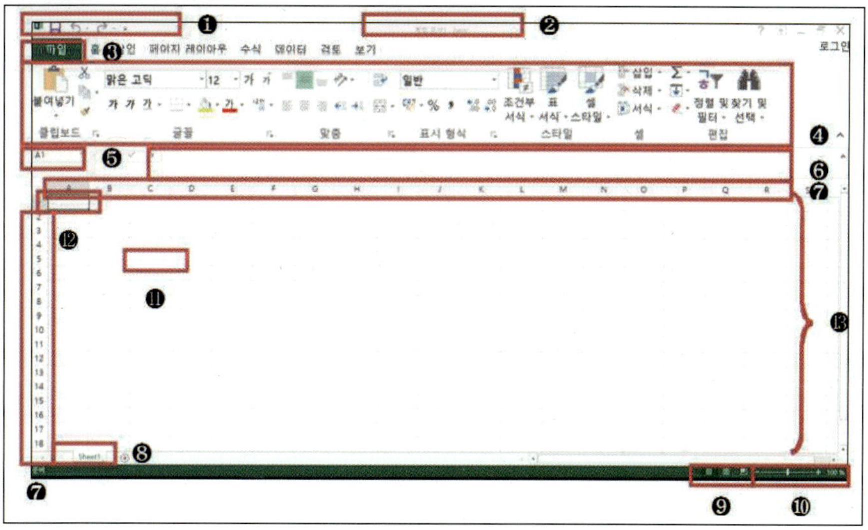

① **빠른 실행 도구 모음**

저장, 실행 취소, 다시 실행의 명령 버튼가 포함되어 있으며, 사용자가 자주 사용하는 명령들을 아이콘으로 추가 및 구성하여 사용할 수 있습니다.

② **제목 표시줄**

열려져 있는 통합 문서의 파일명이 표시되는 위치로, 저장하지 않은 상태에서는 통합 문서1, 통합문서2 등으로 표시 됩니다. 오른쪽에는 도움말, 리본메뉴 표시옵션, 프로그램의 창을 조절하는 최소화, 최대화 버튼와 닫기 버튼이 있습니다.

③ **파일 탭**

왼쪽의 Backstage 화면에는 정보, 새로 만들기, 열기, 저장, 다른 이름으로 저장, 인쇄, 공유, 내보내기, 닫기, 계정, 옵션 메뉴가 있으며 오른쪽 화면에서 세부내용을 손쉽게 설정할 수 있습니다.

④ **리본 메뉴**

Excel 2007부터 도입된 리본 메뉴는 더욱 직관적으로 명령을 찾아 수행할 수 있도록 사용자 인터페이스가 새롭게 개선된 구조입니다.

⑤ **이름 상자**

보통 선택한 셀 주소나 범위의 이름이 표시되고 셀에 함수식을 입력할 때는 함수 상자로 바뀝니다.

⑥ **수식 입력줄**

셀에 입력된 데이터나 수식이 모두 표시되며, 수식을 직접 입력하거나 수정할 수 있는 곳입니다.

⑦ **열 머리글 / 행 머리글**

가로와 세로줄을 표시하는 열과 행의 제목으로 열의 제목은 A열에서 XFD열까지 16,384개가 있고 행의 제목은 1행에서 1,048,576행까지 있습니다.

⑧ **시트 탭**

한 워크시트 안에는 기본적으로 1개의 시트 탭이 나타나지만, 시스템의 메모리가 허락하는 한 하나의 문서 안에 얼마든지 탭을 추가할 수 있습니다.

⑨ **화면 보기 버튼**

원하는 문서 보기 상태로 곧바로 이동할 수 있는 버튼으로 기본보기, 페이지 레이아웃, 페이지 나누어 미리보기 버튼으로 구성되어 있습니다.

⑩ **확대/축소 버튼 및 슬라이드 바**

화면의 배율을 조정할 수 있는 곳으로 확대/축소'버튼을 클릭하여 대화상자에서 비율을 지정할 수 있습니다. 그리고 확대/축소 슬라이드 바를 드래그하여 화면의 배율을 10~400%까지 조정할 수 있습니다.

⑪ **셀**

데이터를 입력하거나 수식을 입력하는 곳으로 워크시트의 가장 기본적인 단위입니다.

⑫ **셀 포인터**

현재 선택한 셀을 말하며 셀에 데이터를 입력하거나 편집할 수 있는 상태를 의미합니다.

⑬ **워크시트**

엑셀의 편집 영역을 의미하며 워크시트는 추가하거나 삭제할 수 있습니다.

3 리본 메뉴와 빠른 실행 도구 모음

리본메뉴

각각의 기능을 구조적으로 나열하여 사용자가 쉽게 선택하여 사용할 수 있도록 탭 별로 기능이 구분되어 있는 영역으로, 각 탭을 선택하면 그와 관련된 하위 기능들이 그룹별로 설정되어 있습니다. 원하는 탭을 선택하여 원하는 기능을 설정할 수 있으며 좀 더 세부적인 내용을 설정하고자 하면 각 그룹별 대화상자 버튼(↘)을 선택하여 설정할 수 있습니다.

리본메뉴 펼치기

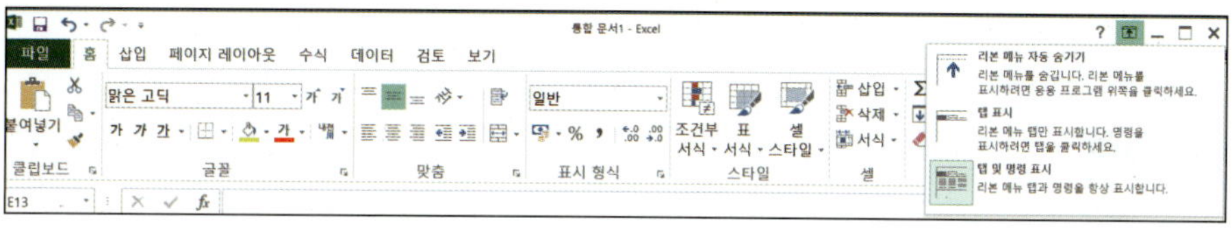

리본메뉴 숨기기

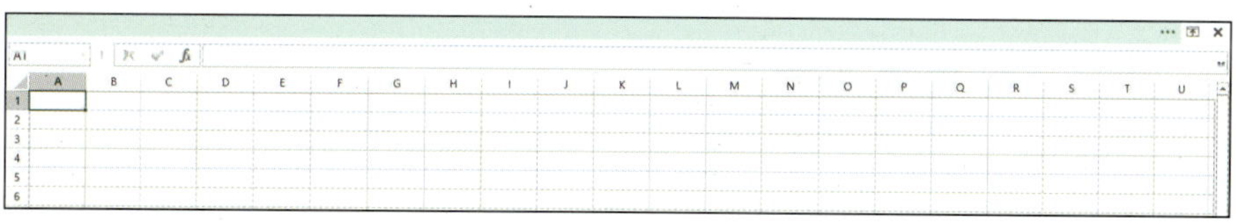

홈탭

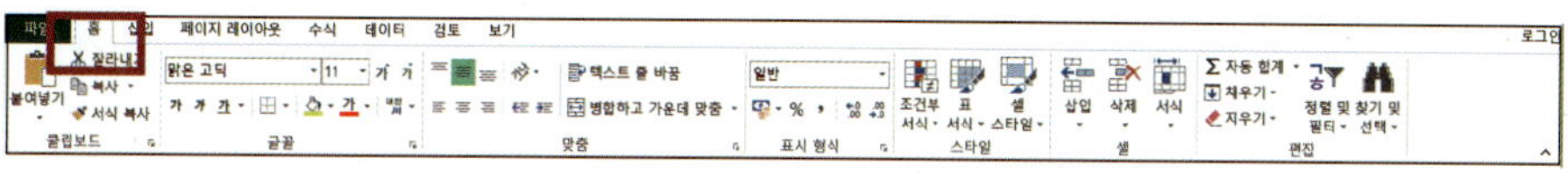

삽입 탭

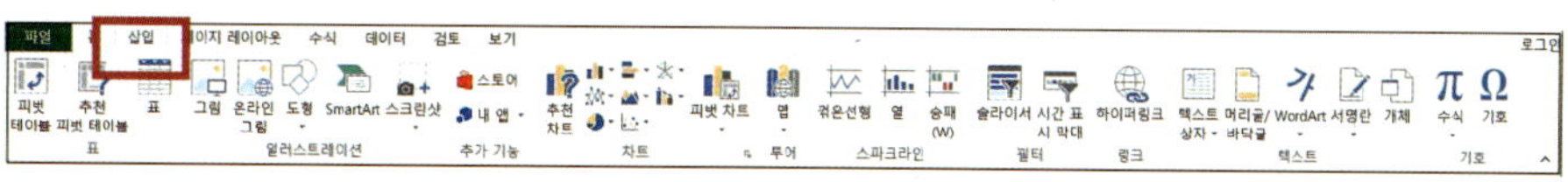

페이지 레이아웃 탭

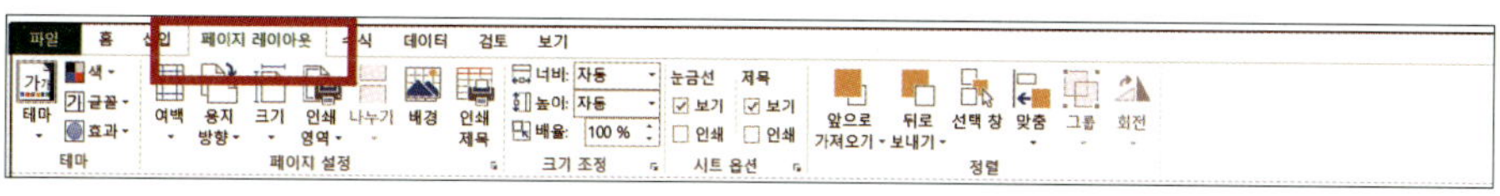

수식 탭

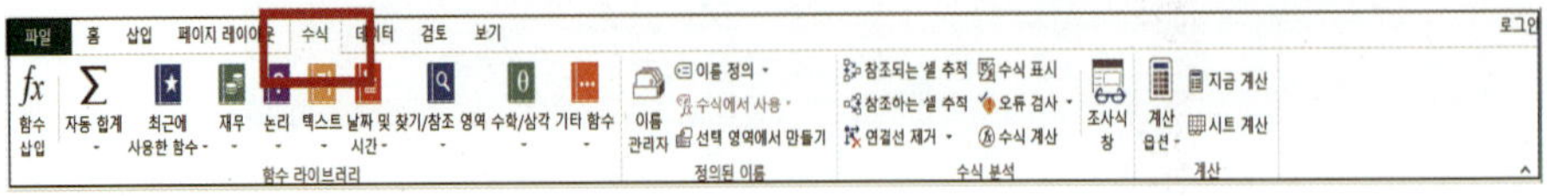

데이터 탭

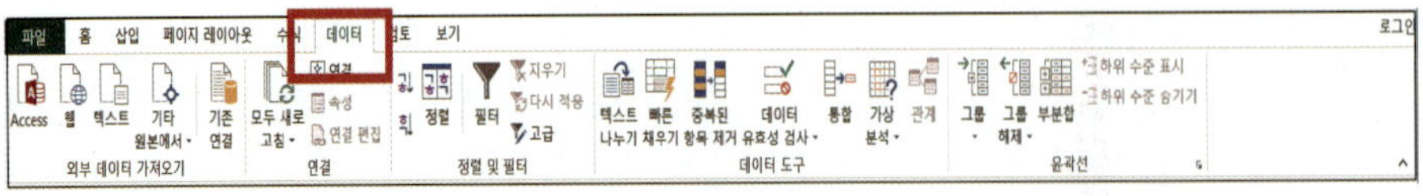

검토 탭

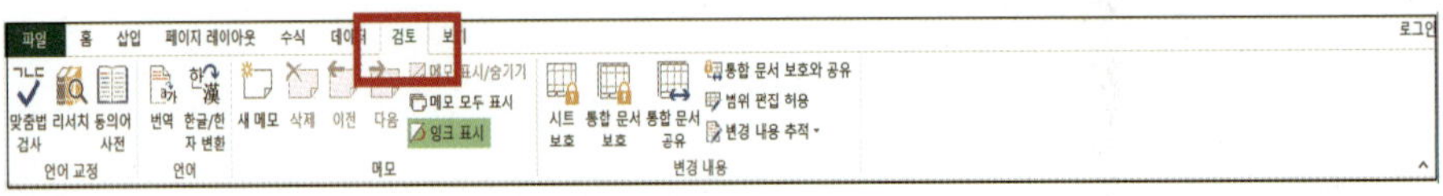

보기 탭

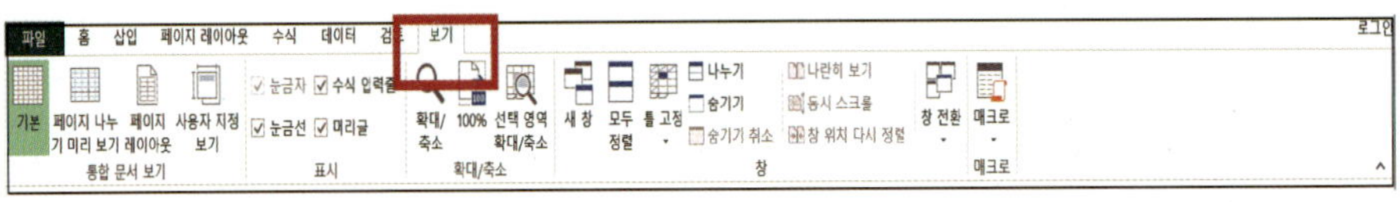

빠른 실행 도구 모음

리본메뉴에 포함되지 않은 메뉴라도 자주 사용하는 메뉴인 경우 빠른 실행 도구 모음에 설정하여 사용하게 되면 엑셀을 좀 더 편리하게 사용할 수 있습니다.

1. 원하는 메뉴에서 마우스를 오른쪽 클릭합니다. 빠른 실행 도구 모음에 바로 메뉴 추가할 수 있습니다.

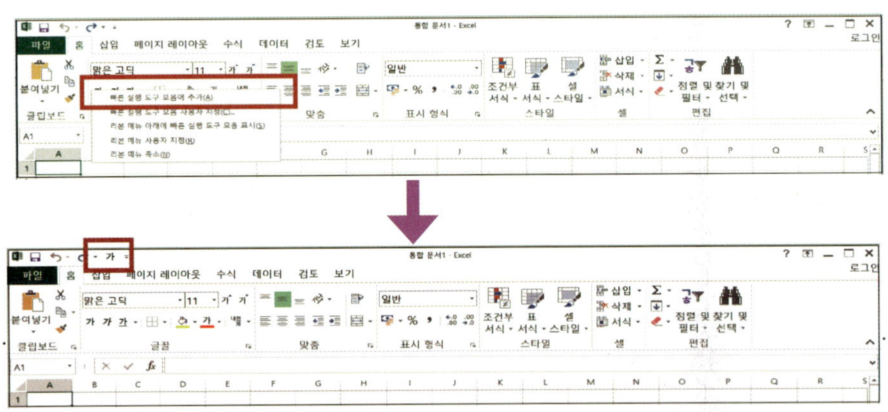

빠른 실행 도구 모음 추가 전→후

2. Excel 옵션 메뉴를 이용하여 빠른 실행 도구 모음에 메뉴 추가가 가능합니다.

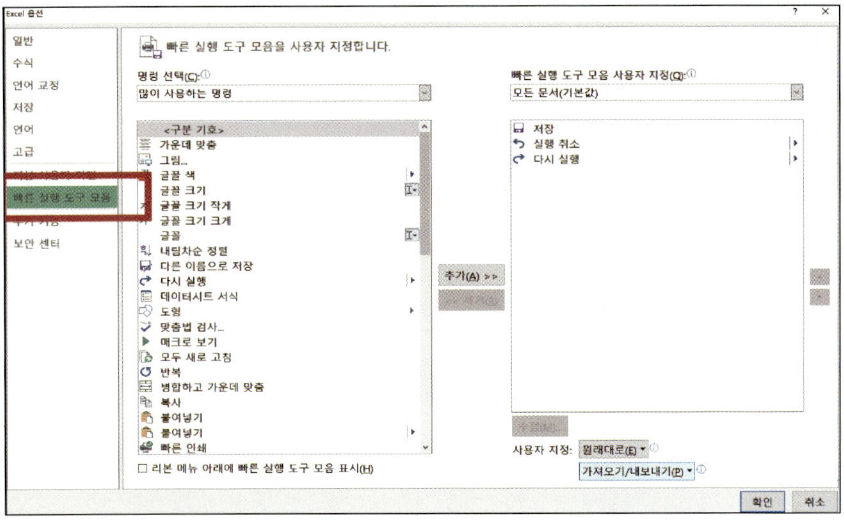

4 Excel 2013 새로운 기능

원드라이브(OneDrive)

Microsoft 사에서 제공하는 무료 클라우드 서비스로 파일을 원드라이브에 저장하여 언제 어디서든 인터넷이 가능한 곳에서는 파일을 공유할 수 있는 기능입니다.

단, 원드라이브를 사용할 경우 로그인이 필요하므로 계정 등록이 필요합니다.

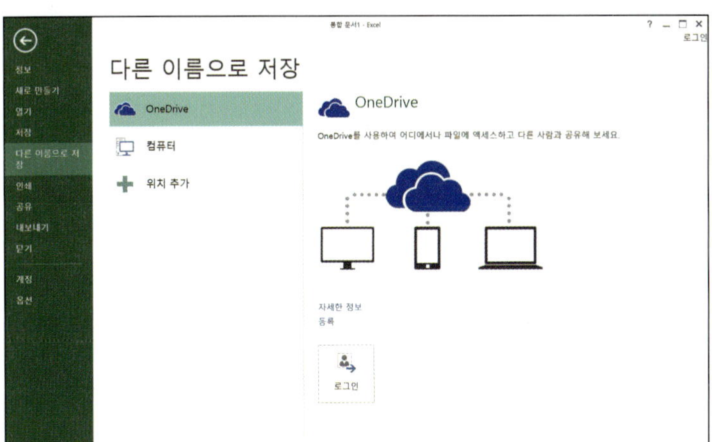

Chapter 1

데이터 입력 및 편집

01

다양한 데이터 입력

텍스트, 숫자, 한자 등 다양한 데이터를 셀 안에 입력하고 수정할 수 있다. 또한 셀 안에서 줄바꾸기를 이용하여 편집할 수 있다.

예제파일 : 1장예제.xlsx

1-1 텍스트, 숫자, 한자 입력하기

따라해 보세요 – 텍스트, 숫자, 한자 입력하기

다양한 데이터를 이용하여 아래 화면과 동일하게 입력하세요.

*시트명 : 다양한 데이터 입력

1. B2셀에 커서를 이동한 후 아래 화면과 동일하게 입력합니다.

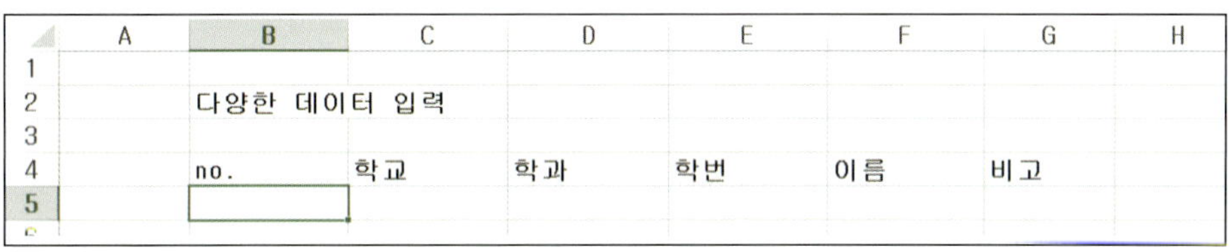

2. B4:G13 범위를 선택한 후 [홈 탭 – 글꼴 그룹 – 테두리 – 모든 테두리]를 클릭합니다. 표의 테두리 전체를 그릴 수 있습니다.

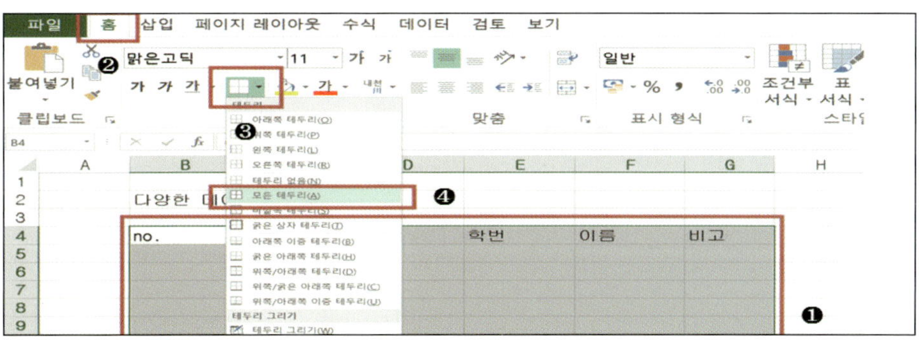

3. [홈 탭 - 맞춤 그룹 - 가운데 맞춤]을 클릭하여 내용을 셀 가운데로 정렬합니다.

4. B5 셀에서부터 일련번호, 본인학교, 본인학과, 본인학번, 본인이름을 입력합니다.

	A	B	C	D	E	F	G	H
1								
2		다양한 데이터 입력						
3								
4		no.	학교	학과	학번	이름	비고	
5		1	00대학교	00학과	201712345	윤정희		
6								

5. 이름을 한자로 변경하기 위하여 F5 셀을 더블 클릭하여 이름을 한 글자씩 선택한 후 '한자' 키를 이용하여 본인의 이름을 한자로 변경합니다.

	A	B	C	D	E	F	G	H
1								
2		다양한 데이터 입력						
3								
4		no.	학교	학과	학번	이름	비고	
5		1	00대학교	00학과	201712345	尹晶熙		
6								

Tip 텍스트를 입력하면 문자는 '왼쪽 정렬', 숫자는 '오른쪽 정렬'을 기본으로 적용되는 것을 확인 할 수 있습니다.

6. 'OO학과' 셀 안에 한줄을 추가하기 위하여 D5 셀을 더블 클릭 한 후 커서를 'OO 학과' 앞으로 이동하고 'XX학부' 를 입력합니다. 'Alt + Enter' 키를 동시에 누르면 셀 안에서 행이 바뀌면서 줄 바꿈이 실행됩니다.

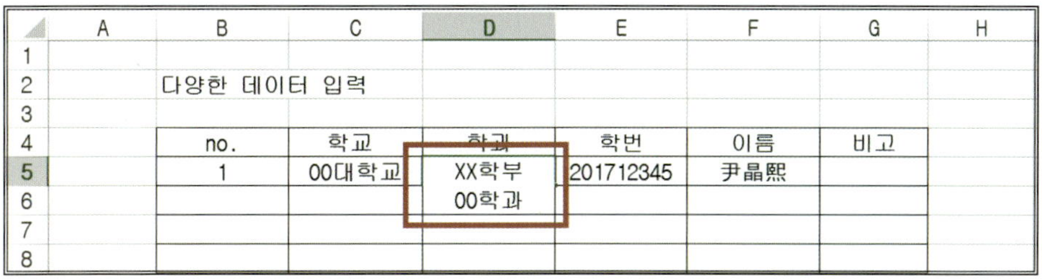

Tip [홈 탭 – 맞춤 그룹 – 텍스트 줄 바꿈] 으로도 줄 바꿈이 실행됩니다.

7. Enter 키를 눌러 입력을 완료합니다. 아래와 같이 입력되는 것을 확인할 수 있습니다.

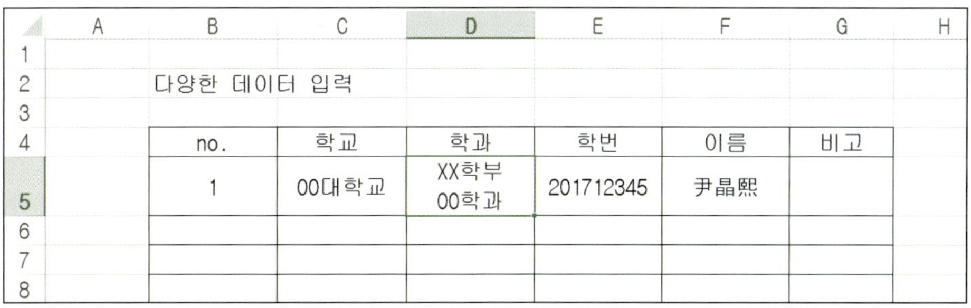

Tip 엑셀에서는 문자, 숫자, 수식 등 데이터를 입력한 후에는 반드시 'Enter' 키를 입력하여 입력을 마무리 해야 합니다. 그렇지 않은 경우 데이터가 잘못 입력되는 오류가 발생하므로 주의하시기 바랍니다. 또한 셀 안의 내용을 잘못 입력한 경우 전체를 삭제하려면 셀을 클릭하고 'Del', 일부 내용만 삭제하고자 하면 해당 셀을 더블 클릭 하여 원하는 글자를 선택하여 삭제합니다. 셀 선택 후 '수식 입력줄' 에서도 수정할 수 있습니다.

02

채우기 핸들

채우기 핸들을 이용하여 연속된 문자나 숫자를 입력할 수 있고 동일한 셀의 내용을 복사할 수 있다.

예제파일 : 1장예제.xlsx

2-1 연속된 데이터 입력하기

따라해 보세요 – 연속된 데이터 입력하기

채우기 핸들을 이용하여 연속된 숫자를 입력하세요.

*시트명 : 채우기 핸들

1. B5 셀에 커서를 이동한 후 오른쪽 하단의 점 위에 마우스를 가져갑니다. 마우스 포인터 모양이 변경되는 것을 확인할 수 있습니다.
(마우스 포인터 색 : 흰색 -> 검은색)

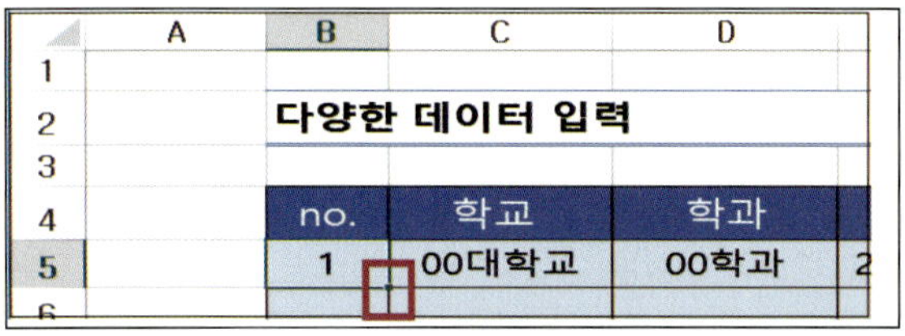

기억하세요

범위를 선택할 때 하는 **드래그**가 아닙니다!!!

2. 마우스 포인터 모양이 변경되면 B13 셀까지 채우기 핸들 하여 셀을 복사합니다. 오른쪽 아래 '자동 채우기 옵션' 버튼( )을 클릭하여 '연속 데이터 채우기' 로 옵션을 변경합니다. 복사된 숫자가 연속된 숫자로 변경되는 것을 확인할 수 있습니다.

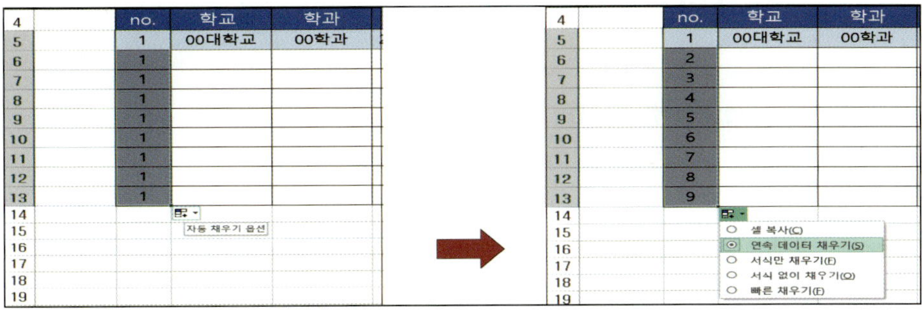

Tip Excel 옵션에서 사용자가 원하는 내용을 임의로 직접 설정할 수 있습니다.

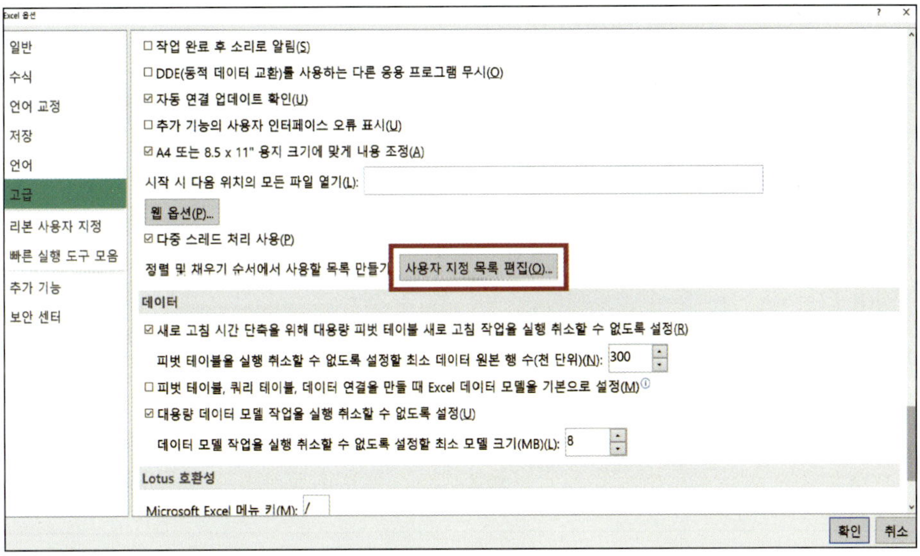

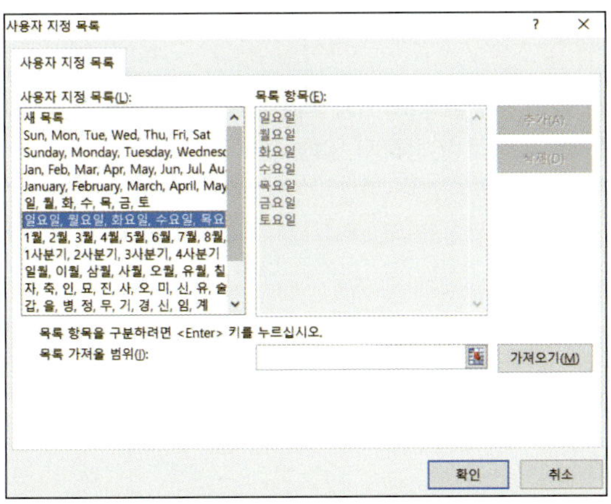

2-2 셀 복사하기

따라해 보세요 – 셀 복사하기

자동 채우기 옵션을 이용하여 셀을 복사하세요.

*시트명 : 채우기 핸들

1. C5 셀을 클릭하고 채우기 핸들을 이용하여 학교명을 자동 채우기 합니다.

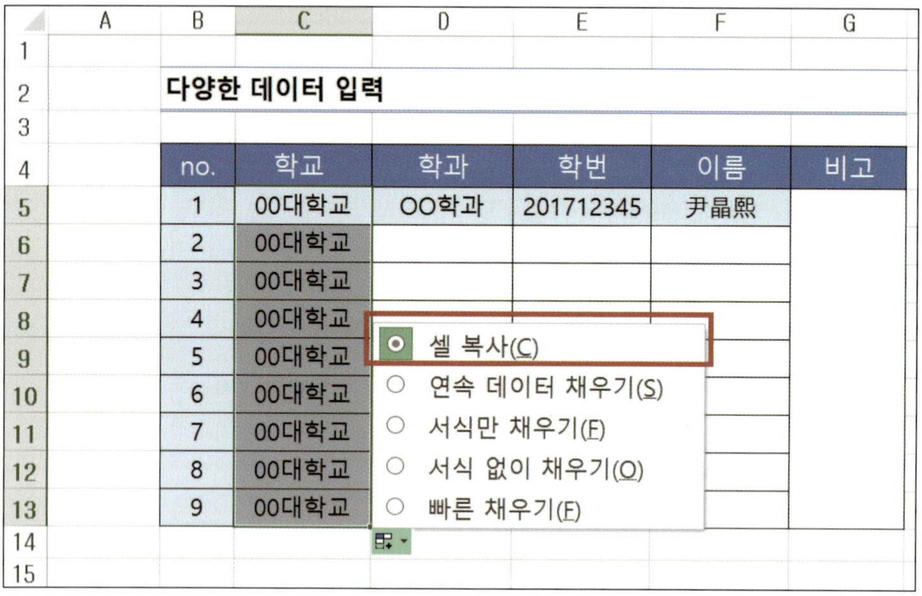

Tip 학교명은 동일하게 입력해야 함으로 자동 채우기 옵션 버튼을 클릭하여 '셀 복사' 가 선택된 그대로 변경하지 않습니다.

2. 위와 동일하게 채우기 핸들을 이용하여 학과는 '서식만 채우기', 학번은 '연속 데이터 채우기', 이름은 '서식 없이 채우기'로 자동 채우기 합니다.

	A	B	C	D	E	F	G	H
1								
2		**다양한 데이터 입력**						
3								
4		no.	학교	학과	학번	이름	비고	
5		1	00대학교	OO학과	201712345	尹晶熙		
6		2	00대학교		201712346	尹晶熙		
7		3	00대학교		201712347	尹晶熙		
8		4	00대학교		201712348	尹晶熙		
9		5	00대학교		201712349	尹晶熙		
10		6	00대학교		201712350	尹晶熙		
11		7	00대학교		201712351	尹晶熙		
12		8	00대학교		201712352	尹晶熙		
13		9	00대학교		201712353	尹晶熙		
14								

설명

붙여넣기 옵션

- 셀 복사 : 동일한 데이터가 한 번에 복사됩니다.
- 서식만 채우기 : 텍스트를 제외한 셀에 적용된 서식(글꼴, 색 등)만 복사됩니다.
- 서식 없이 채우기 : 서식을 제외한 텍스트만 복사됩니다.
- 빠른 채우기 : 2013버전에 새롭게 추가된 기능으로 일정한 패턴이 있는 데이터들이 입력된 경우 각각의 패턴이 있는 데이터를 쉽게 분리해줍니다.

따라해 보세요 – 빠른 채우기

J5:J9 셀에 I 열의 주소 중 '동'만 입력하세요.

*시트명 : 채우기 핸들

1. J5 셀에 '성내동' 을 입력하고 Enter 키를 누릅니다.

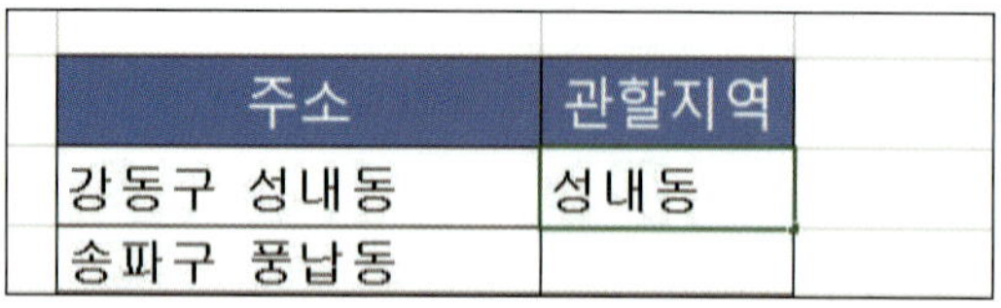

주소	관할지역
강동구 성내동	성내동
송파구 풍납동	

2. 채우기 핸들을 이용하여 J9 셀까지 셀 복사합니다. '자동 채우기 옵션' 버튼을 클릭하고 '빠른 채우기' 로 변경합니다.

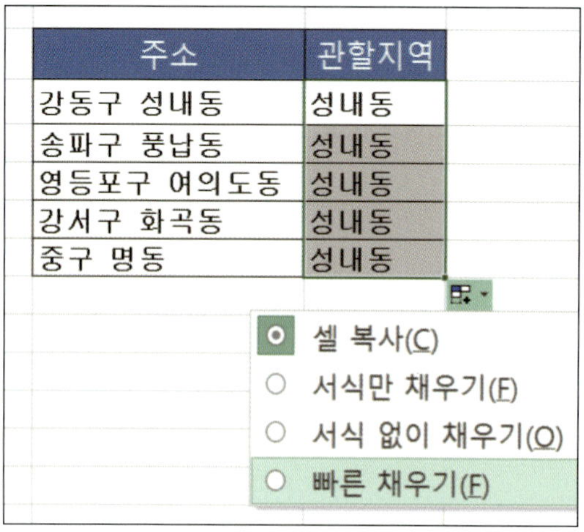

주소	관할지역
강동구 성내동	성내동
송파구 풍납동	성내동
영등포구 여의도동	성내동
강서구 화곡동	성내동
중구 명동	성내동

3. J5 셀에 입력한 것과 동일하게 주소 중 '00동' 에 해당하는 내용만 채워지는 것을 확인할 수 있습니다.

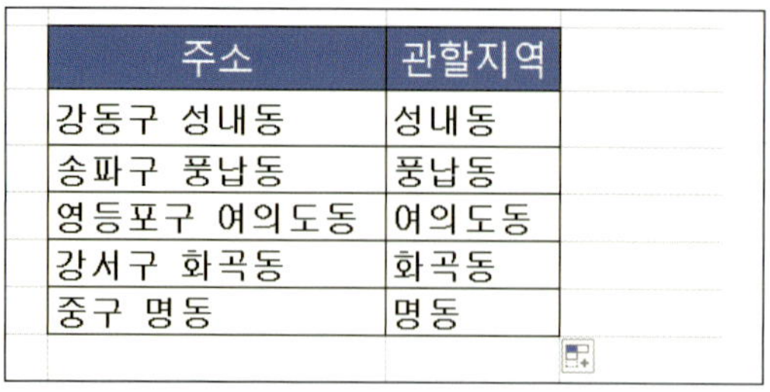

주소	관할지역
강동구 성내동	성내동
송파구 풍납동	풍납동
영등포구 여의도동	여의도동
강서구 화곡동	화곡동
중구 명동	명동

03

셀 / 행 / 열 / 창 / 시트

셀, 행, 열, 창, 워크시트에 대한 설정을 변경 할 수 있다.

예제파일 : 1장예제.xlsx

3-1 셀 편집하기

따라해 보세요 – 셀 삽입하기

C3 셀에 빈 셀을 삽입합니다.

*시트명 : 셀

1. C3 셀을 선택한 후 [마우스를 오른쪽 클릭 – 삽입 – 오른쪽으로 밀기]로 변경하고 확인 버튼을 클릭합니다. C3셀이 삽입되고 3행의 머리글이 오른쪽으로 이동하는 것을 확인할 수 있습니다.

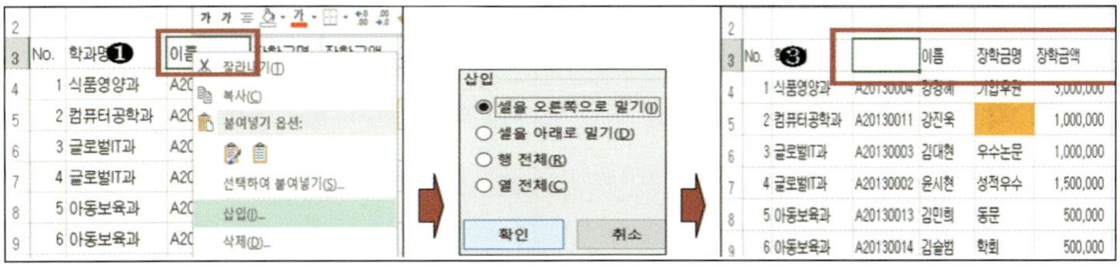

설명

삽입 옵션

- 셀을 오른쪽으로 밀기 : 선택된 셀을 기준으로 셀 내용이 오른쪽으로 한 칸씩 이동합니다.
- 셀을 아래로 밀기 : 선택된 셀을 기준으로 셀 내용이 아래쪽으로 한 줄씩 이동합니다.
- 행 전체 : 선택된 셀을 기준으로 하나의 행(가로) 전체가 삽입됩니다.
- 열 전체 : 선택된 셀을 기준으로 하나의 열(세로) 전체가 삽입됩니다.

2. C3 셀에 '학번' 이라고 입력합니다.

따라해 보세요 – 셀 복사하기

E4 셀을 노란 영역의 셀에 동시에 복사하여 붙여넣기 합니다.

*시트명 : 셀

1. E4 셀을 선택한 후 [마우스를 오른쪽 클릭 – 복사]를 클릭합니다. '기업후원' 텍스트가 복사됩니다. (Ctrl + c)

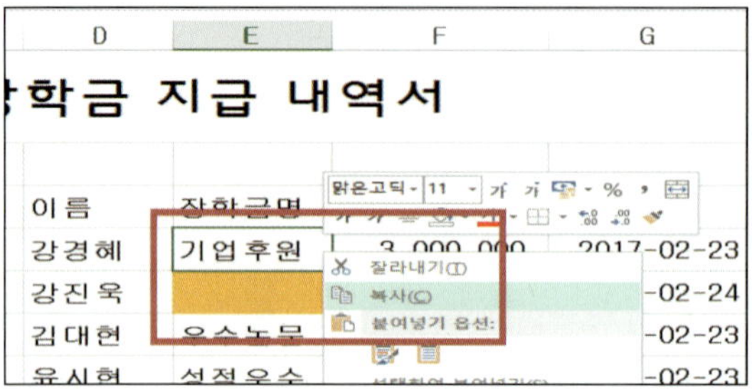

2. E5 셀을 클릭한 후 'Ctrl' 키를 누른 채 차례로 E14, E22, E27 셀 클릭합니다. 선택된 영역 위에서 [마우스를 오른쪽 클릭 – 붙여넣기 옵션 중 붙여넣기]를 클릭합니다. '기업후원' 텍스트가 선택된 여러 셀에 동시에 붙여넣기 되는 것을 확인할 수 있습니다. (Ctrl + v)

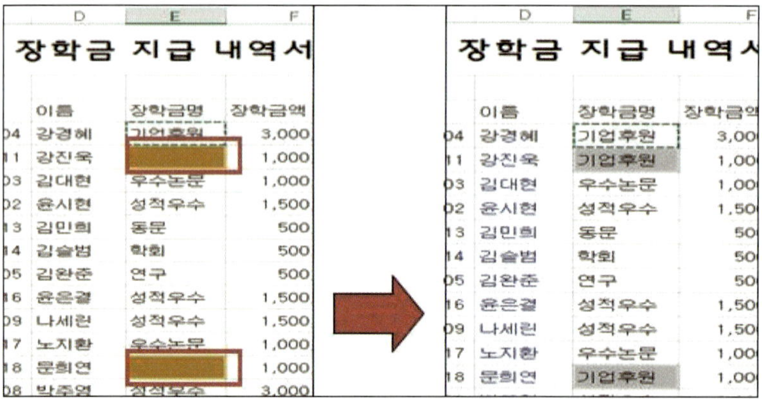

Tip E3 셀을 클릭하고 'Ctrl' 키를 누른 채 마우스를 셀 테두리 위로 올리면 '+' 기호가 추가된 마우스 포인터로 변경됩니다. 그 상태로 원하는 셀로 드래그 해주면 셀의 내용이 복사됩니다.

따라해 보세요 – 셀 이동하기

H15 셀의 '지급예정' 내용을 G15 셀로 이동합니다.

*시트명 : 셀

1. H15 셀을 선택한 후 [마우스를 오른쪽 클릭 – 잘라내기]를 클릭합니다. 셀 내용 전체가 잘라내기 됩니다.

2. G15 셀을 선택한 후 [마우스를 오른쪽 클릭 – 붙여넣기 옵션 중 붙여넣기]를 클릭합니다. 잘려진 셀 내용 전체가 붙여넣기 되는 것을 확인할 수 있습니다.

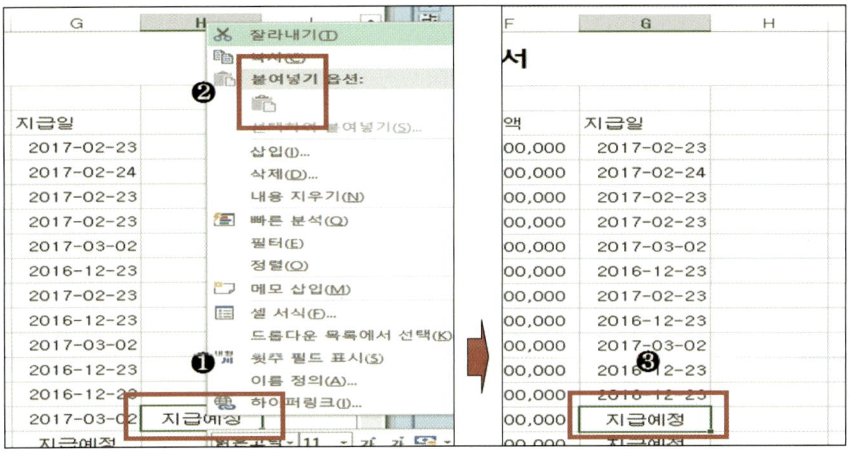

Tip H15 셀을 클릭하고 마우스를 셀 테두리 위로 올리면 사방표시의 마우스 포인터로 변경됩니다. 그 상태로 원하는 셀로 드래그 해주면 셀의 내용이 이동됩니다.

따라해 보세요 – 찾기 및 바꾸기

B열 중에서 '컴퓨터공학과'를 찾아서 '인터넷정보통신과'로 변경하세요.

*시트명 : 셀

1. 열 머리글 'B' 를 클릭하여 B열 전체를 선택한 후 [홈 탭 – 편집 그룹 – 찾기 및 선택 – 바꾸기] 클릭합니다.

2. 찾기 및 바꾸기 대화상자가 나타나면 [찾을 내용 : 컴퓨터공학과, 바꿀 내용 : 인터넷정보통신과]를 입력한 후 모두 바꾸기 버튼을 클릭합니다.

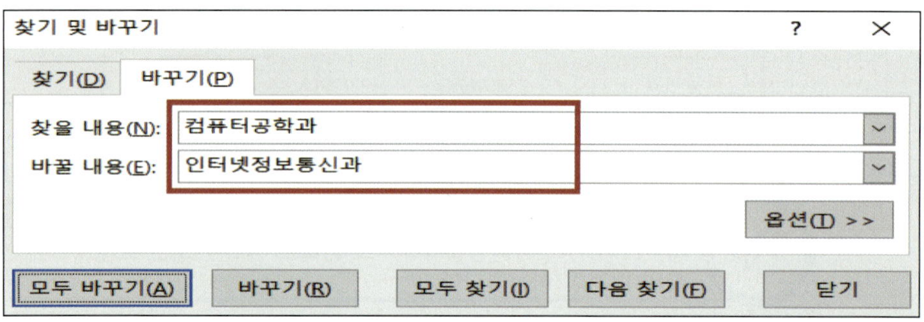

3. 총 4개의 항목이 변경되는 것을 확인할 수 있습니다. 확인 버튼을 클릭하고 더 이상 변경할 내용이 없는 경우 찾기 및 바꾸기 대화상자도 닫기 버튼을 클릭합니다.

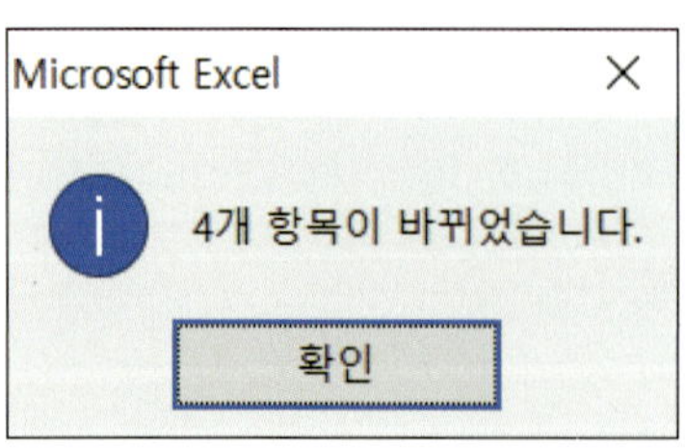

4. '컴퓨터공학과' 셀의 내용이 모두 '인터넷정보통신과' 로 변경되는 것을 확인할 수 있습니다.

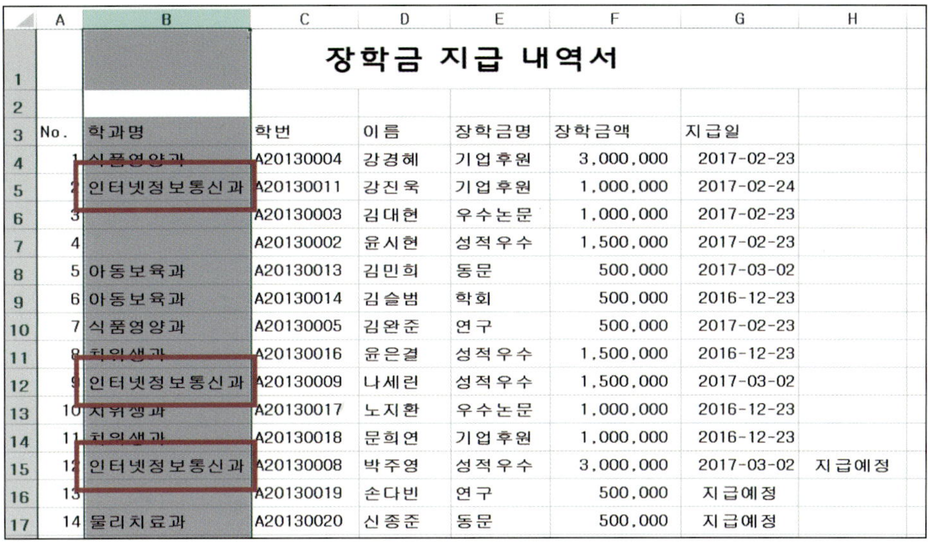

	A	B	C	D	E	F	G	H
1			장학금 지급 내역서					
2								
3	No.	학과명	학번	이름	장학금명	장학금액	지급일	
4	1	식품영양과	A20130004	강경혜	기업후원	3,000,000	2017-02-23	
5	2	인터넷정보통신과	A20130011	강진욱	기업후원	1,000,000	2017-02-24	
6	3		A20130003	김대현	우수논문	1,000,000	2017-02-23	
7	4		A20130002	윤시현	성적우수	1,500,000	2017-02-23	
8	5	아동보육과	A20130013	김민희	동문	500,000	2017-03-02	
9	6	아동보육과	A20130014	김슬범	학회	500,000	2016-12-23	
10	7	식품영양과	A20130005	김완준	연구	500,000	2017-02-23	
11	8	치위생과	A20130016	윤은결	성적우수	1,500,000	2016-12-23	
12	9	인터넷정보통신과	A20130009	나세린	성적우수	1,500,000	2017-03-02	
13	10	치위생과	A20130017	노지환	우수논문	1,000,000	2016-12-23	
14	11	치위생과	A20130018	문희연	기업후원	1,000,000	2016-12-23	
15	12	인터넷정보통신과	A20130008	박주영	성적우수	3,000,000	2017-03-02	지급예정
16	13		A20130019	손다빈	연구	500,000	지급예정	
17	14	물리치료과	A20130020	신종준	동문	500,000	지급예정	

따라해 보세요 – 비어있는 셀에 텍스트 입력하기

학과명 열 중에서 빈 셀을 찾아 '글로벌IT비즈니스과' 텍스트를 동시에 입력하세요.

*시트명 : 셀

1. B3:B31 범위를 선택한 후 [홈 탭 – 편집 그룹 – 찾기 및 선택 – 이동 옵션] 클릭합니다.

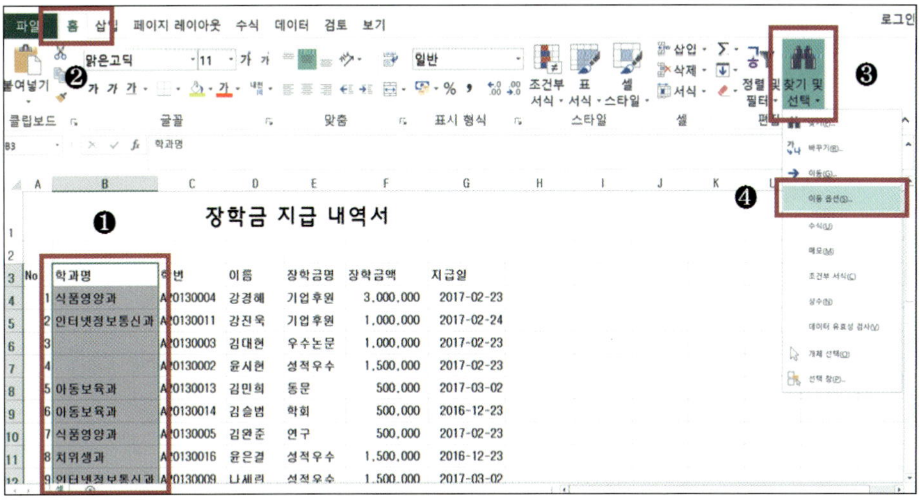

2. 이동 옵션 대화상자가 나타나면 '빈 셀'을 선택하고 확인 버튼을 클릭합니다.

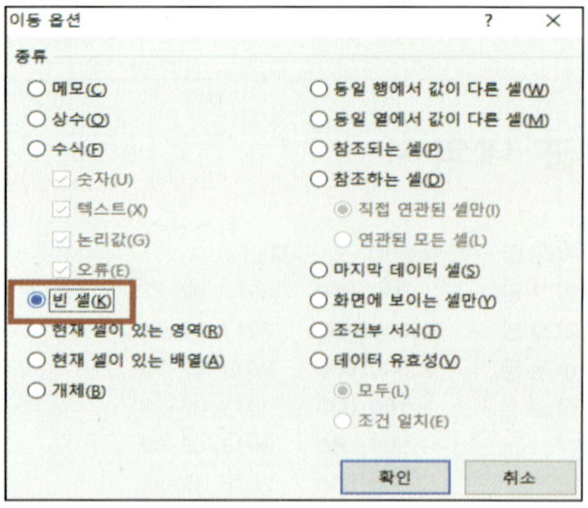

3. B3:B31 범위 중 비어있는 셀만 동시에 선택됩니다.

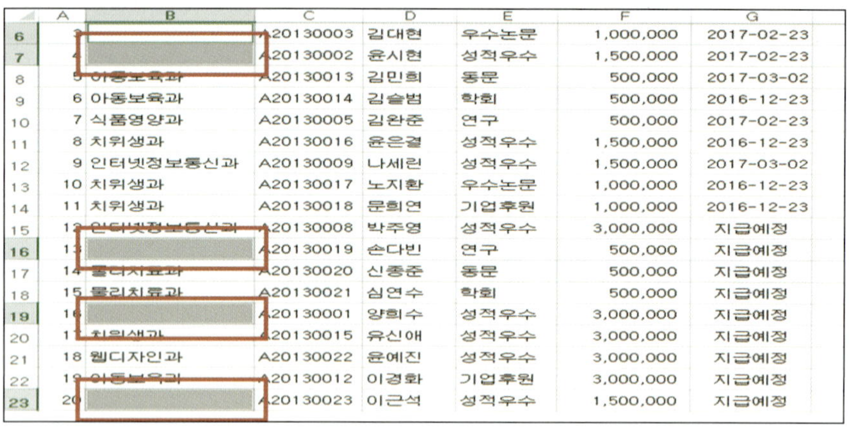

4. 여러 개의 셀이 선택된 상태로 하나의 셀에 '글로벌IT비즈니스과'를 입력하고 'Ctrl + Enter' 키를 동시에 누르면 비어있는 셀에 모두 '글로벌IT비즈니스과' 텍스트가 동시에 입력되는 것을 확인할 수 있습니다.

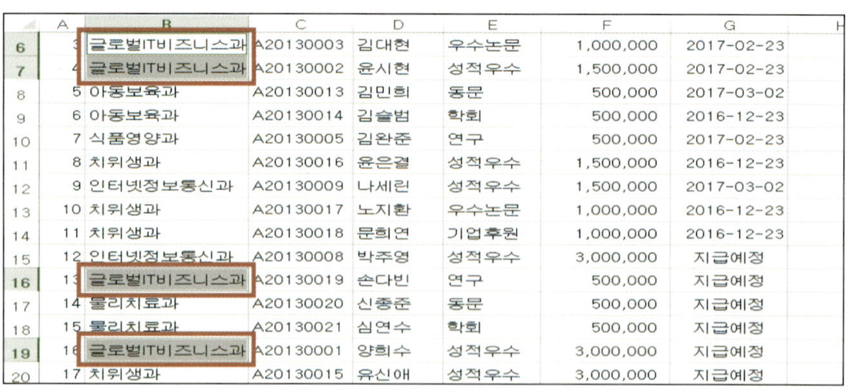

따라해 보세요 – 셀 병합하기

지급예정인 셀을 하나의 셀로 병합하세요.

*시트명 : 셀

1. G15:G31 범위를 선택한 후 [홈 탭 – 맞춤 그룹 – 병합하고 가운데 맞춤] 클릭합니다.

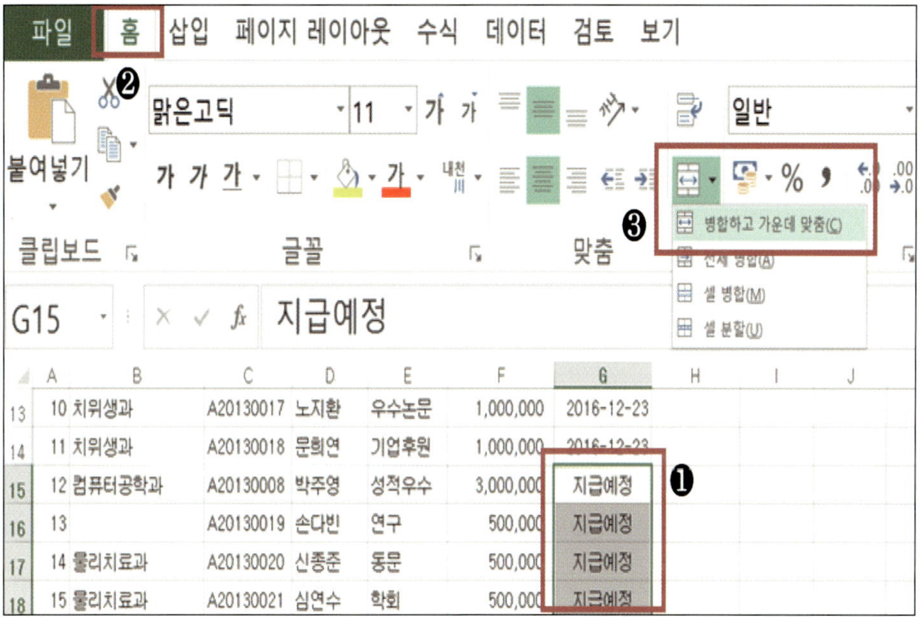

2. 여러 개의 셀 안에 모두 텍스트가 들어있는 경우 맨 위 또는 맨 왼쪽 셀의 내용만 남기고 나머지 텍스트는 삭제된다는 경고창이 나타납니다. 확인 버튼을 클릭합니다.

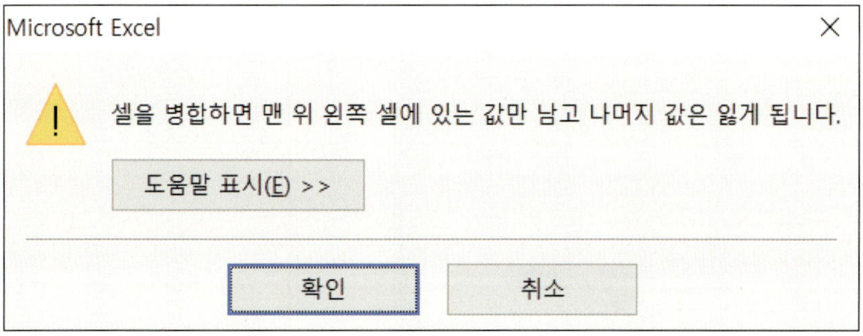

3. 17개의 셀이 하나의 셀로 병합되고 텍스트는 정가운데 맞춤되어 표시되는 것을 확인할 수 있습니다.

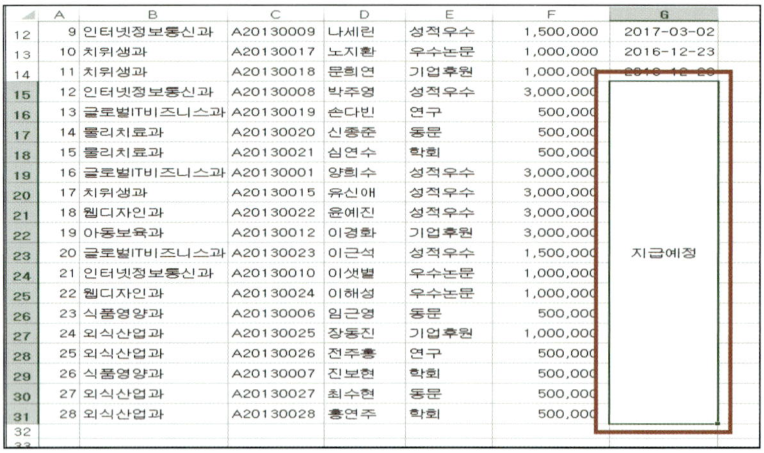

	A	B	C	D	E	F	G
12	9	인터넷정보통신과	A20130009	나세린	성적우수	1,500,000	2017-03-02
13	10	치위생과	A20130017	노지환	우수논문	1,000,000	2016-12-23
14	11	치위생과	A20130018	문희연	기업후원	1,000,000	
15	12	인터넷정보통신과	A20130008	박주영	성적우수	3,000,000	
16	13	글로벌IT비즈니스과	A20130019	손다빈	연구	500,000	
17	14	물리치료과	A20130020	신종준	동문	500,000	
18	15	물리치료과	A20130021	심연수	학회	500,000	
19	16	글로벌IT비즈니스과	A20130001	양희수	성적우수	3,000,000	
20	17	치위생과	A20130015	유신애	성적우수	3,000,000	
21	18	웹디자인과	A20130022	윤예진	성적우수	3,000,000	
22	19	아동보육과	A20130012	이경화	기업후원	3,000,000	
23	20	글로벌IT비즈니스과	A20130023	이근석	성적우수	1,500,000	지급예정
24	21	인터넷정보통신과	A20130010	이샛별	우수논문	1,000,000	
25	22	웹디자인과	A20130024	이해성	우수논문	1,000,000	
26	23	식품영양과	A20130006	임근영	동문	500,000	
27	24	외식산업과	A20130025	장동진	기업후원	1,000,000	
28	25	외식산업과	A20130026	전주홍	연구	500,000	
29	26	식품영양과	A20130007	진보현	학회	500,000	
30	27	외식산업과	A20130027	최수현	동문	500,000	
31	28	외식산업과	A20130028	홍연주	학회	500,000	

Tip 병합된 셀의 이름은 행과 열의 맨 앞 범위의 이름을 적용하여 'G15'로 정의됩니다.

따라해 보세요 – 셀 분할하기

G15 셀을 2개의 셀로 분할하세요.

*시트명 : 셀

1. G15 셀을 선택한 후 [홈 탭 – 맞춤 그룹 – 병합하고 가운데 맞춤 – 셀 분할]을 클릭합니다.

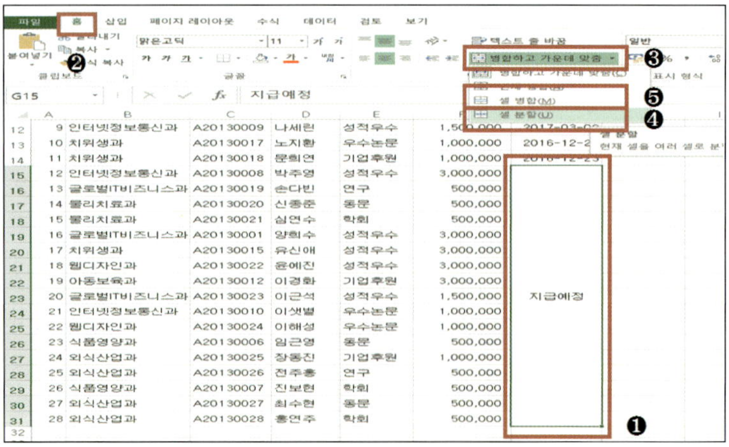

> **Tip** 엑셀에서의 셀 분할 및 병합은 파워포인트나 워드와 달리 병합된 상태에서 다시 재 분할이 불가능합니다. 셀을 원래 상태로 되돌린 후 다시 원하는 만큼의 셀을 병합하여야 합니다.

2. 17개의 셀로 분할되면 G15:G27 범위 선택한 후 [홈 탭 – 맞춤 그룹 – 병합하고 가운데 맞춤]을 클릭합니다. 셀이 병합되고 '지급예정' 텍스트가 정 가운데 맞춤 되는 것을 확인할 수 있습니다.

3. G28:G31 범위 선택한 후 [홈 탭 – 맞춤 그룹 – 병합하고 가운데 맞춤]을 클릭합니다. 셀이 병합되고 '계좌이체'를 입력하면 텍스트가 정 가운데 맞춤 되는 것을 확인할 수 있습니다.

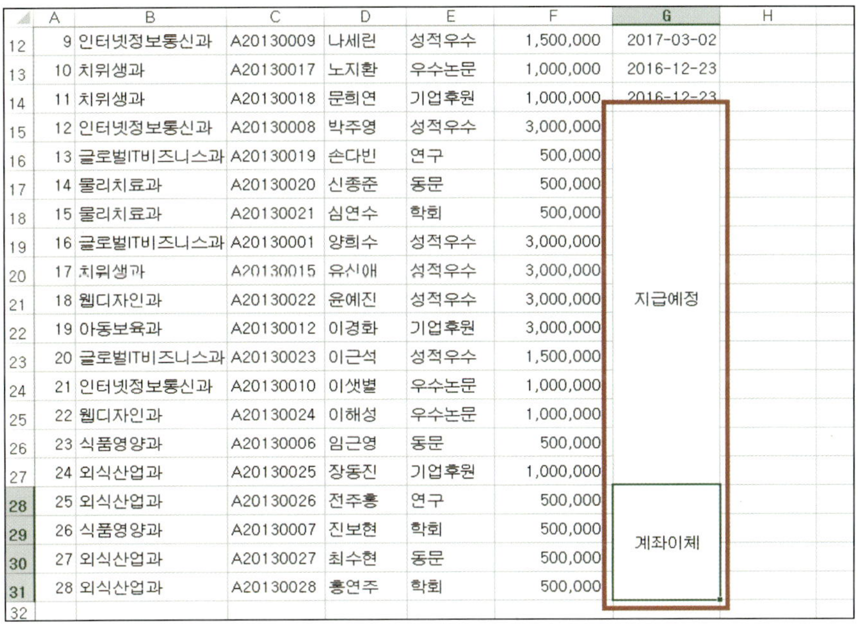

	A	B	C	D	E	F	G	H
12	9	인터넷정보통신과	A20130009	나세린	성적우수	1,500,000	2017-03-02	
13	10	치위생과	A20130017	노지환	우수논문	1,000,000	2016-12-23	
14	11	치위생과	A20130018	문희연	기업후원	1,000,000	2016-12-23	
15	12	인터넷정보통신과	A20130008	박주영	성적우수	3,000,000	지급예정	
16	13	글로벌IT비즈니스과	A20130019	손다빈	연구	500,000		
17	14	물리치료과	A20130020	신종준	동문	500,000		
18	15	물리치료과	A20130021	심연수	학회	500,000		
19	16	글로벌IT비즈니스과	A20130001	양희수	성적우수	3,000,000		
20	17	치위생과	A20130015	유신애	성적우수	3,000,000		
21	18	웹디자인과	A20130022	윤예진	성적우수	3,000,000		
22	19	아동보육과	A20130012	이경화	기업후원	3,000,000		
23	20	글로벌IT비즈니스과	A20130023	이근석	성적우수	1,500,000		
24	21	인터넷정보통신과	A20130010	이샛별	우수논문	1,000,000		
25	22	웹디자인과	A20130024	이해성	우수논문	1,000,000		
26	23	식품영양과	A20130006	임근영	동문	500,000		
27	24	외식산업과	A20130025	장동진	기업후원	1,000,000		
28	25	외식산업과	A20130026	전주홍	연구	500,000	계좌이체	
29	26	식품영양과	A20130007	진보현	학회	500,000		
30	27	외식산업과	A20130027	최수현	동문	500,000		
31	28	외식산업과	A20130028	홍연주	학회	500,000		
32								

3-2 행 / 열 편집하기

따라해 보세요 – 행 높이 및 열 너비 설정하기

2 행의 높이를 '20'으로 변경하고, 셀 중 데이터가 제대로 표시되지 않는 셀의 열 너비를 데이터 길이에 맞게 조절하세요.

*시트명 : 행 열 창 시트

1. 왼쪽 행 머리글 중 '2' 위에서 [마우스를 오른쪽 클릭 – 행 높이]를 클릭합니다.

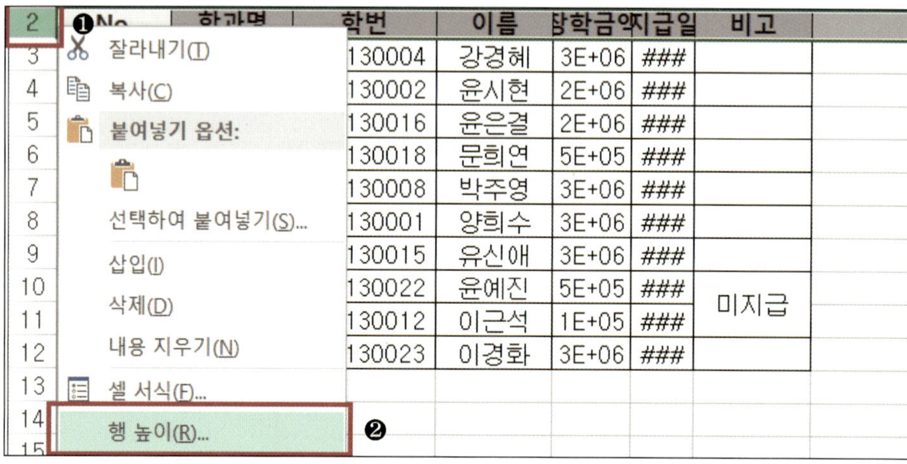

Tip
데이터 길이보다 셀의 너비가 좁기 때문에 텍스트는 글자가 가려지게 되고 숫자의 경우 '3E+06' 과 같은 표현이나 '#######' 으로 표기됩니다.

2. 행 높이 대화상자가 나타나면 값은 '20' 을 입력하고 확인 버튼을 클릭합니다.

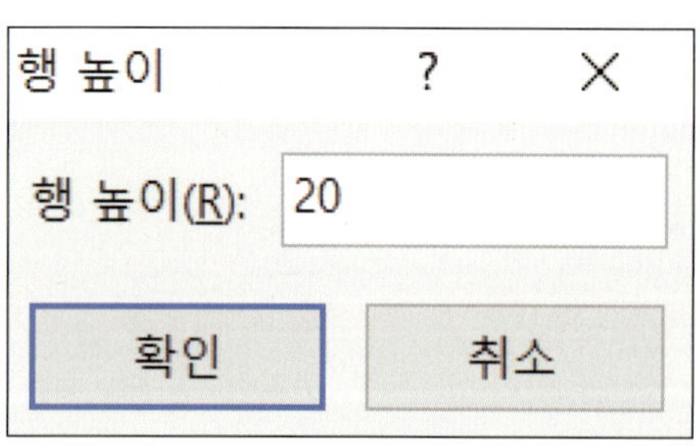

3. 2 행의 높이만 높아진 것을 확인할 수 있다.

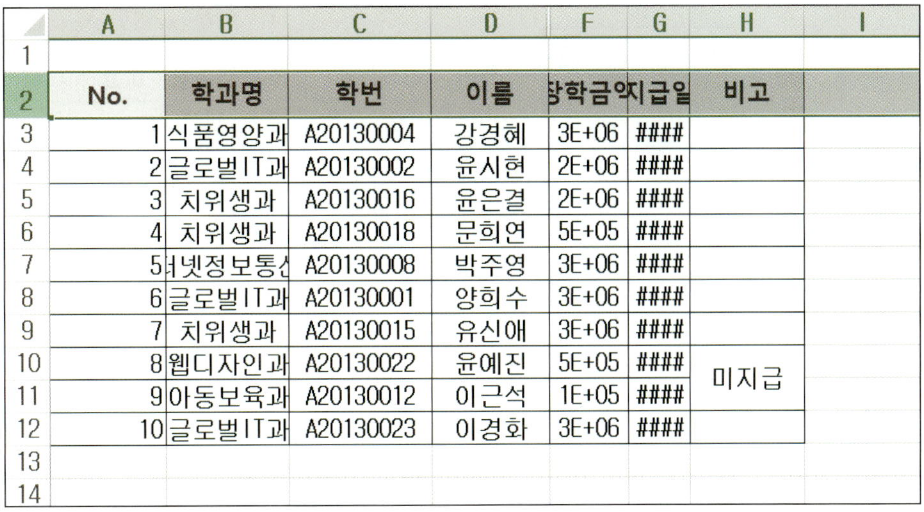

4. 열 머리글 중 'B' 위에서 [마우스를 오른쪽 클릭 – 열 너비]를 클릭합니다.

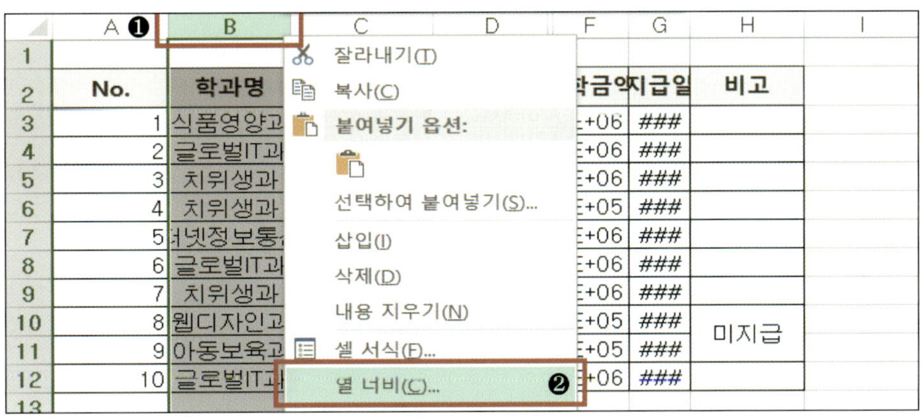

5. 열 너비 대화상자가 나타나면 열 너비 값은 '15'를 입력하고 확인 버튼을 클릭합니다.

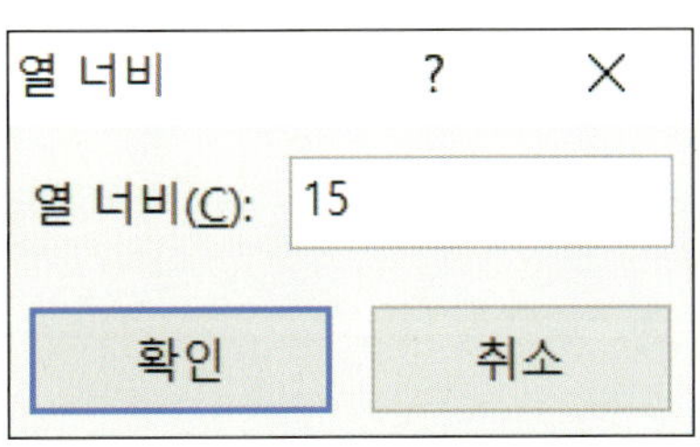

6. B 열의 너비가 넓어진 것을 확인할 수 있습니다.

	A	B	C	D	F	G	H	I
1								
2	No.	학과명	학번	이름	장학금액	지급일	비고	
3	1	식품영양과	A20130004	강경혜	3E+06	####		
4	2	글로벌IT과	A20130002	윤시현	2E+06	####		
5	3	치위생과	A20130016	윤은결	2E+06	####		
6	4	치위생과	A20130018	문희연	5E+05	####		
7	5	인터넷정보통신과	A20130008	박주영	3E+06	42727		
8	6	글로벌IT과	A20130001	양희수	3E+06	####		
9	7	치위생과	A20130015	유신애	3E+06	####		
10	8	웹디자인과	A20130022	윤예진	5E+05	####	미지급	
11	9	아동보육과	A20130012	이근석	1E+05	####		
12	10	글로벌IT과	A20130023	이경화	3E+06	####		
13								
14								

7. 위와 같은 방법으로 F 열, G 열의 너비를 변경할 수 있습니다.

	A	B	C	D	F	G	H	I
1								
2	No.	학과명	학번	이름	장학금액	지급일	비고	
3	1	식품영양과	A20130004	강경혜	3000000	42789		
4	2	글로벌IT과	A20130002	윤시현	1500000	42789		
5	3	치위생과	A20130016	윤은결	1500000	42727		
6	4	치위생과	A20130018	문희연	500000	42727		
7	5	인터넷정보통신과	A20130008	박주영	3000000	42789		
8	6	글로벌IT과	A20130001	양희수	3000000	42789		
9	7	치위생과	A20130015	유신애	3000000	42727		
10	8	웹디자인과	A20130022	윤예진	500000	42727	미지급	
11	9	아동보육과	A20130012	이근석	100000	42789		
12	10	글로벌IT과	A20130023	이경화	3000000	42789		
13								

Tip

행 머리글(1, 2, 3...)이나 열 머리글(A, B, C...) 사이의 경계선에서 마우스를 '더블 클릭' 하면 데이터의 길이에 맞게 높이나 너비가 자동으로 변경됩니다. 또는 [홈 탭 – 셀 그룹 – 서식] 메뉴에서 행 높이와 열 너비를 변경할 수 있습니다.

따라해 보세요 – 행 삽입하기 및 삭제하기

'3'행 뒤에 행 하나를 추가하고, '윤시현' 학생의 행을 삭제하세요.

*시트명 : 행 열 창 시트

1. '4' 행 머리글에서 [마우스를 오른쪽 클릭 – 삽입]을 클릭합니다.

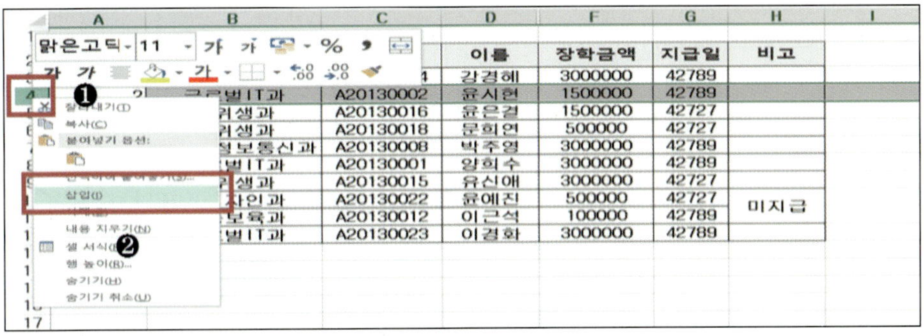

Tip 행이나 열은 선택한 행이나 열 앞에 삽입되므로 행이나 열을 삽입하기 위해서는 원하는 위치의 다음 행이나 열을 선택하고 삽입해야 합니다.

2. '3' 행과 '4' 행 사이에 빈 행 한 줄이 추가되는 것을 확인할 수 있습니다.

	A	B	C	D	F	G	H
1							
2	No.	학과명	학번	이름	장학금액	지급일	비고
3	1	식품영양과	A20130004	강경혜	3000000	42789	
4							
5	2	글로벌IT과	A20130002	윤시현	1500000	42789	
6	3	치위생과	A20130016	윤은결	1500000	42727	
7	4	치위생과	A20130018	문희연	500000	42727	
8	5	인터넷정보통신과	A20130008	박주영	3000000	42789	
9	6	글로벌IT과	A20130001	양희수	3000000	42789	
10	7	치위생과	A20130015	유신애	3000000	42727	
11	8	웹디자인과	A20130022	윤예진	500000	42727	미지급
12	9	아동보육과	A20130012	이근석	100000	42789	
13	10	글로벌IT과	A20130023	이경화	3000000	42789	
14							

3. '윤시현' 학생의 행을 삭제하기 위하여 '5' 행 머리글에서 [마우스를 오른쪽 클릭 – 삭제]를 클릭합니다.

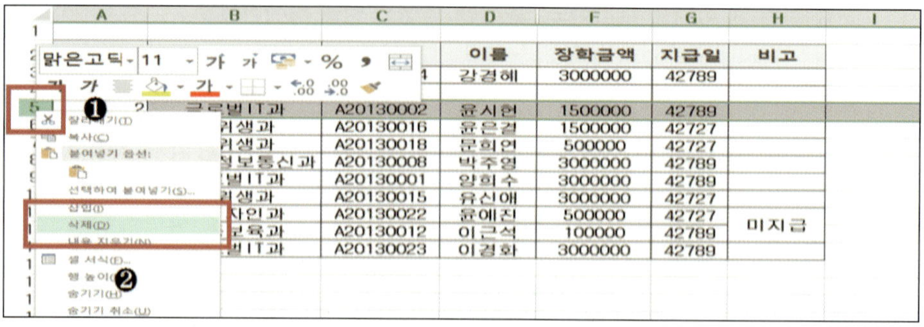

4. '윤시현' 학생의 행 전체가 삭제되는 것을 확인할 수 있습니다.

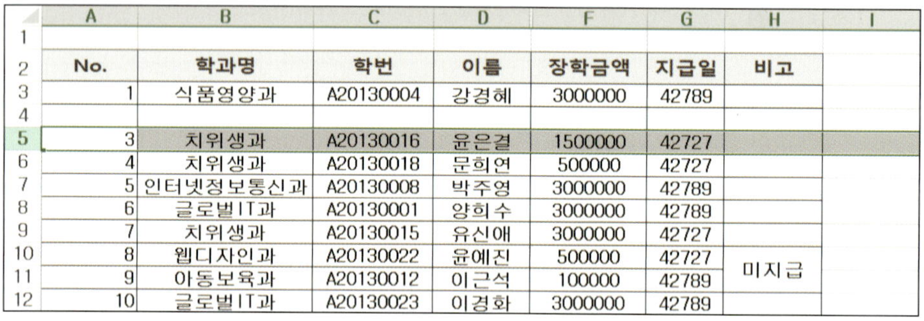

	A	B	C	D	F	G	H
1							
2	No.	학과명	학번	이름	장학금액	지급일	비고
3	1	식품영양과	A20130004	강경혜	3000000	42789	
4							
5	3	치위생과	A20130016	윤은결	1500000	42727	
6	4	치위생과	A20130018	문희연	500000	42727	
7	5	인터넷정보통신과	A20130008	박주영	3000000	42789	
8	6	글로벌IT과	A20130001	양희수	3000000	42789	
9	7	치위생과	A20130015	유신애	3000000	42727	
10	8	웹디자인과	A20130022	윤예진	500000	42727	미지급
11	9	아동보육과	A20130012	이근석	100000	42789	
12	10	글로벌IT과	A20130023	이경화	3000000	42789	

따라해 보세요 – 열 삽입하기 및 삭제하기

'G'열과 'H'열 사이에 열 하나를 삽입하고 '학번' 열을 삭제하세요.

*시트명 : 행 열 창 시트

1. 'H' 열 머리글에서 [마우스를 오른쪽 클릭 – 삽입]을 클릭합니다.

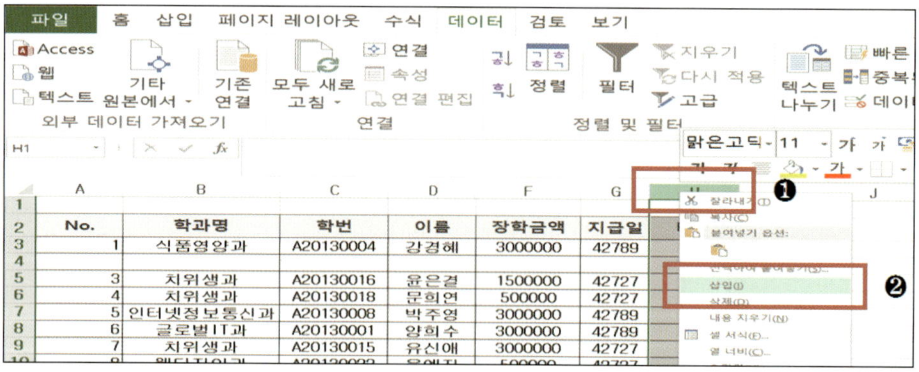

2. '지급일' 열과 '비고' 열 사이에 열 하나가 추가되는 것을 확인할 수 있습니다.

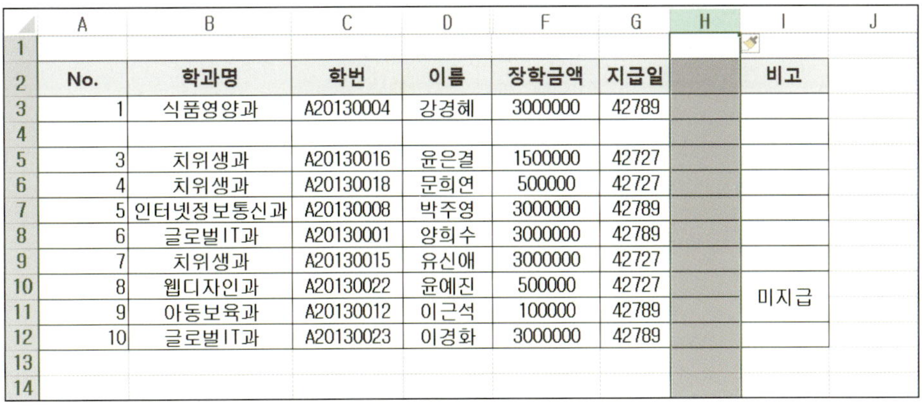

3. '학번' 열을 삭제하기 위하여 C열 머리글에서 [마우스를 오른쪽 클릭 – 삭제]를 클릭합니다.

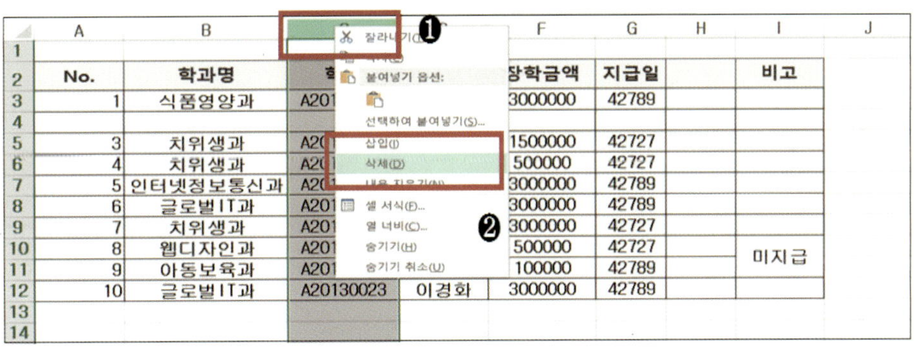

4. '학번' 열이 삭제되는 것을 확인할 수 있습니다.

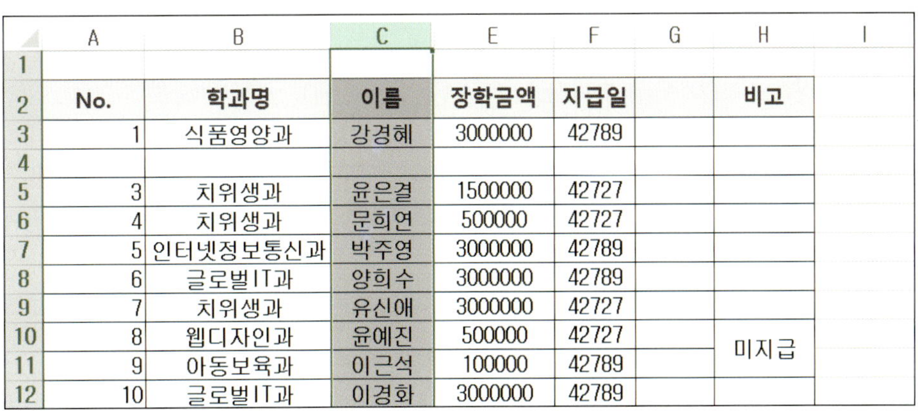

따라해 보세요 – 행 / 열 숨기기 및 숨기기 취소하기

'윤은결' 학생과 '양희수' 학생 행을 숨기세요.

*시트명 : 행 열 창 시트

1. Ctrl 키를 이용하여 '5' 행 머리글과 '8' 행 머리글을 동시에 선택합니다. 행 머리글 위에서 [마우스를 오른쪽 클릭 – 숨기기]를 클릭합니다.

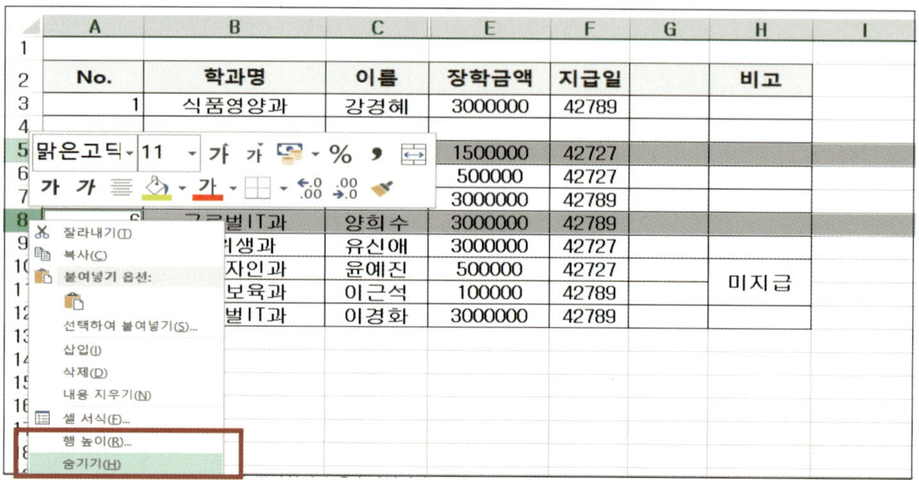

> **Tip**
> 여러 범위를 동시에 선택하는 경우 'Ctrl' 키 또는 'Shift' 키를 이용하여 선택합니다.
> · Ctrl : 불연속적인 데이터를 동시에 선택합니다.(5행과 8행만 선택)
> · Shift : 연속적인 데이터를 동시에 선택합니다.(5행부터 8행까지 모두 선택)

2. '5' 행과 '8' 행이 숨겨지게 되고 행 머리글의 경계선이 '이중' 으로 변경되는 것을 확인할 수 있습니다.

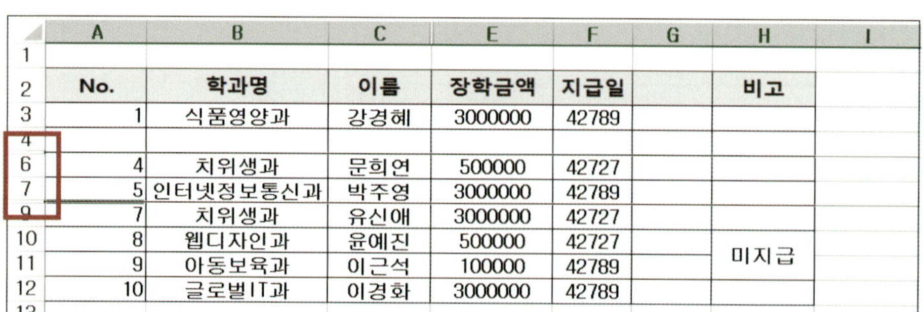

No.	학과명	이름	장학금액	지급일		비고
1	식품영양과	강경혜	3000000	42789		
4	치위생과	문희연	500000	42727		
5	인터넷정보통신과	박주영	3000000	42789		
7	치위생과	유신애	3000000	42727		
8	웹디자인과	윤예진	500000	42727		미지급
9	아동보육과	이근석	100000	42789		
10	글로벌IT과	이경화	3000000	42789		

3. ‘윤은결’ 학생의 행을 ‘숨기기 취소’ 를 하기 위해서 ‘4’ 행 머리글과 ‘6’ 행 머리글을 드래그하여 선택한 후 [마우스를 오른쪽 클릭 – 숨기기 취소]를 클릭합니다.

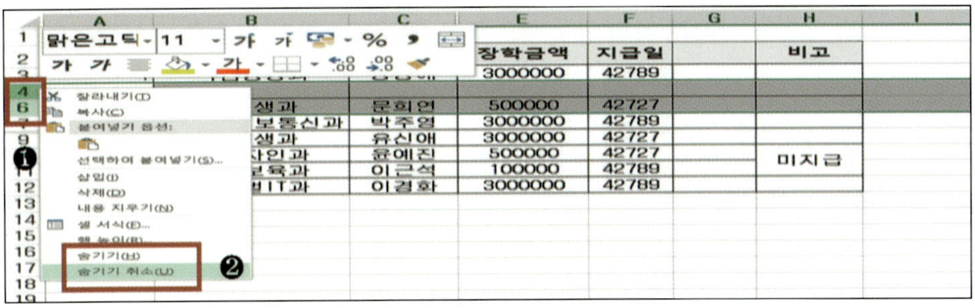

4. ‘윤은결’ 학생의 행만 나타나는 것을 확인할 수 있습니다.

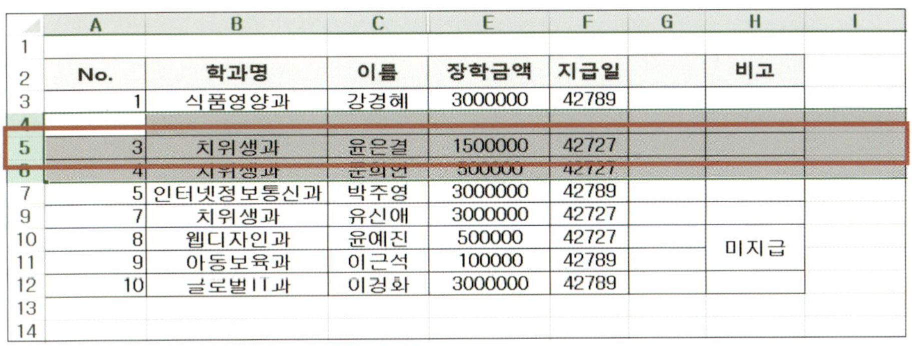

	A	B	C	E	F	G	H
2	No.	학과명	이름	장학금액	지급일		비고
3	1	식품영양과	강경혜	3000000	42789		
5	3	치위생과	윤은결	1500000	42727		
6	4	치위생과	문희연	500000	42727		
7	5	인터넷정보통신과	박주영	3000000	42789		
9	7	치위생과	유신애	3000000	42727		
10	8	웹디자인과	윤예진	500000	42727		미지급
11	9	아동보육과	이근석	100000	42789		
12	10	글로벌IT과	이경화	3000000	42789		

Tip 열 숨기기/숨기기 취소도 위와 동일한 방법을 변경이 가능합니다.

3-3 창 나누기

따라해 보세요 – 가로로 창 나누기

9행 표 머리글 아래로 창이 개별적으로 스크롤되는 창이 되도록 설정하세요.

*시트명 : 창나누기

1. 9행과 10행 사이에 창 나누기를 설정하기 위하여 10행 머리글을 선택하고 [보기 탭 – 창 그룹 – 나누기]를 클릭합니다.

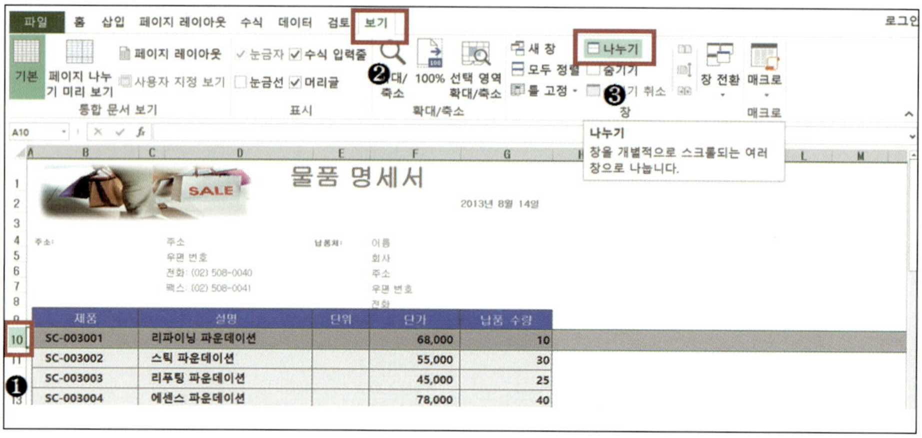

2. 9행과 10행 사이에 창이 2개로 개별 분할되는 것을 확인할 수 있습니다.

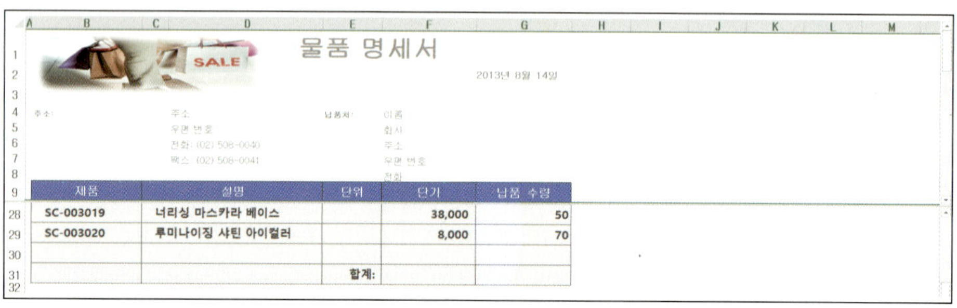

설명

창 나누기 기준

- 창을 상/하로 나누려면 반드시 행 머리글을 선택해야 합니다.
- 창을 좌/우로 나누려면 반드시 열 머리글을 선택해야 합니다.
- 창을 4분할로 나누려면 반드시 시트 안의 셀을 선택해야 합니다.

3-4 워크시트 편집하기

따라해 보세요 – 워크시트 삽입하기

'다양한 데이터 입력' 시트와 '채우기핸들' 시트 사이에 새 시트를 삽입하세요.
시트 이름은 '삽입'으로 변경하세요.

*시트명 : 채우기핸들

1. '채우기핸들' 시트를 선택한 후 탭 위에서 [마우스를 오른쪽 클릭 – 삽입]을 클릭합니다.

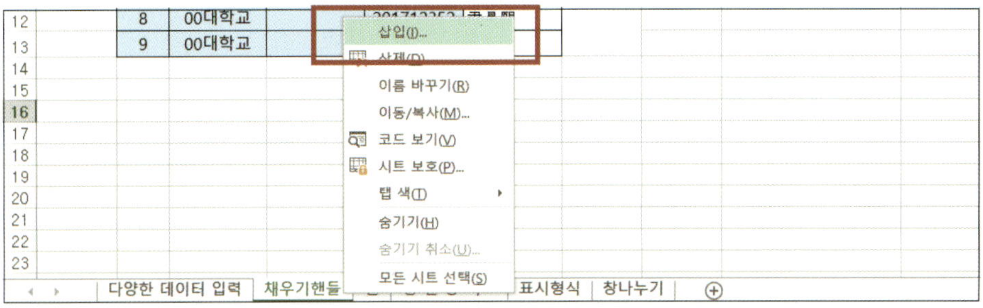

Tip 새로운 워크시트는 현재 선택된 워크시트의 앞에 삽입됩니다.

2. 삽입 대화상자가 나타나면 워크시트를 선택한 후 확인 버튼을 클릭합니다.

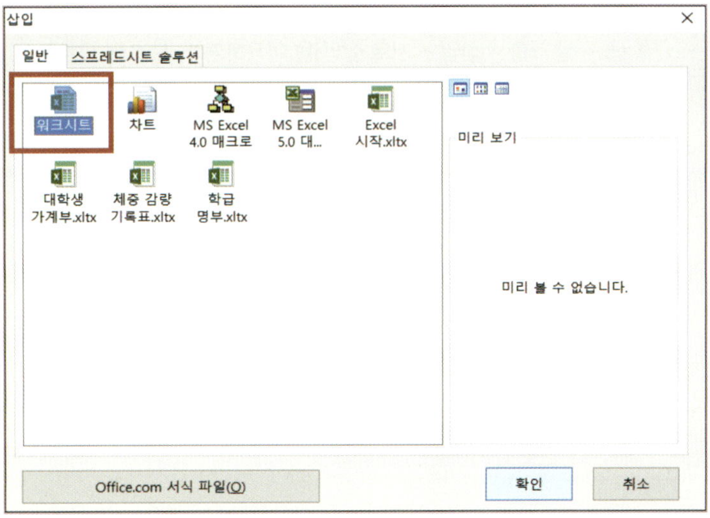

3. 'Sheet1' 이름의 시트가 생성되는 것을 확인할 수 있습니다. 시트 탭 위에서 [마우스를 오른쪽 클릭 – 이름 바꾸기]를 클릭합니다.

4. 'sheet1' 시트명이 선택되고 '삽입' 으로 변경 할 수 있습니다.

5. 시트명 위에서 마우스를 오른쪽 클릭하여 삽입 시트를 삭제합니다.

Tip

- [홈 탭 – 셀 그룹 – 삽입 – 시트 삽입]을 이용하거나, 시트 탭 오른쪽에 있는 '+' 버튼을 클릭하여 워크시트를 삽입할 수 있습니다.
- [홈 탭 – 셀 그룹 – 삭제 – 시트 삭제]를 클릭하여 워크시트를 삭제 할 수 있습니다.

따라해 보세요 – 워크시트 이동 / 복사하기

'셀' 시트를 '다양한 데이터 입력' 시트와 '채우기핸들' 시트 사이로 이동하세요.

*시트명 : 셀

1. '셀' 시트 탭 위에서 [마우스를 오른쪽 클릭 – 이동 / 복사]를 클릭합니다.

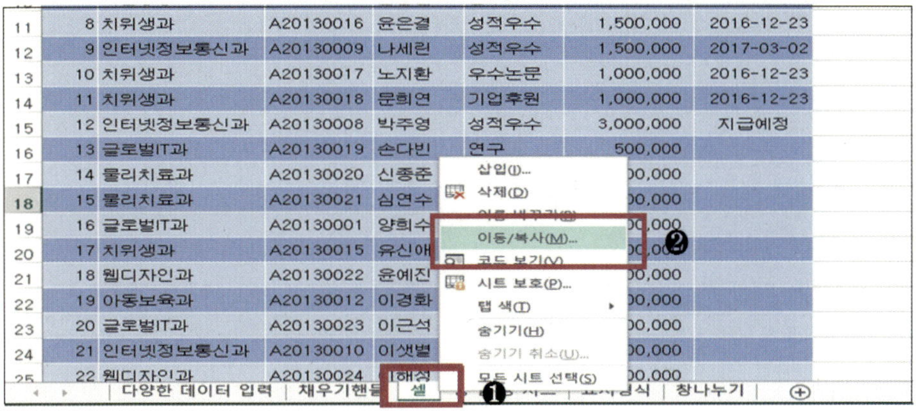

2. [대상 통합 문서 : 1장예제.xlsx, 다음 시트 앞에 : 채우기 핸들]을 선택한 후 확인 버튼을 클릭합니다.

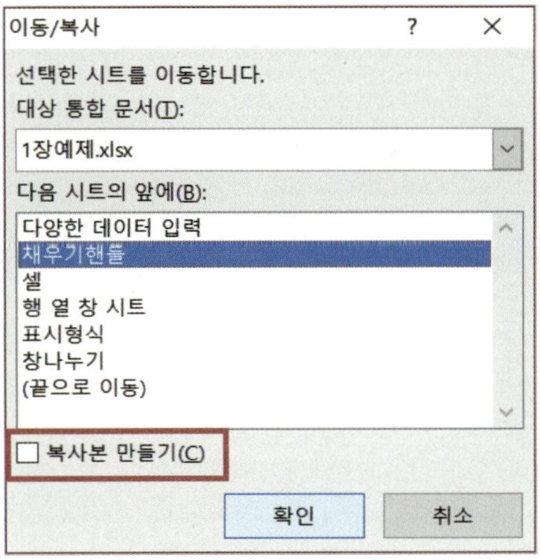

Tip 대화상자에서 '복사본 만들기'를 체크하면 사본을 복사할 수 있습니다.

3. '다양한 데이터 입력' 시트와 '채우기핸들' 시트 사이로 '셀' 시트가 이동된 것을 확인할 수 있습니다.

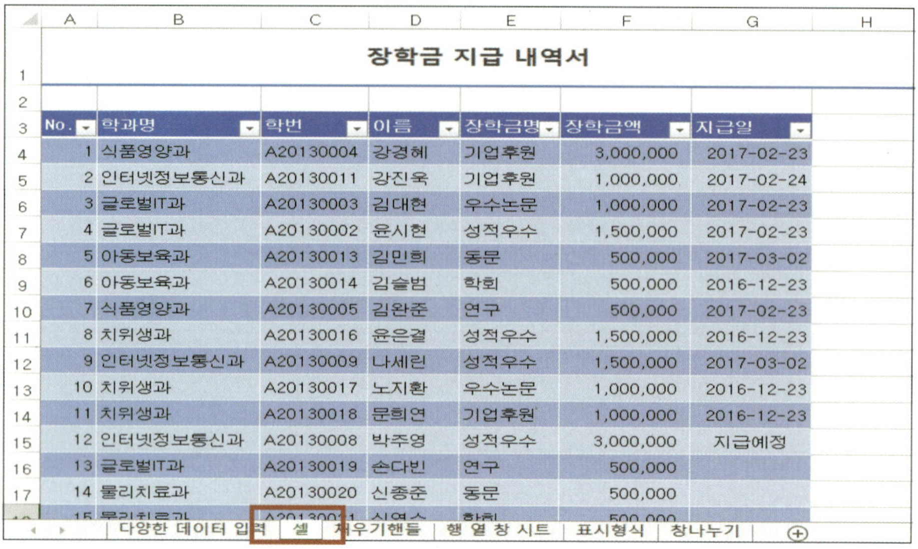

Tip 시트 탭을 드래그하여 원하는 위치로 이동할 수 있습니다.

따라해 보세요 – 워크시트 확대 / 축소하기

'다양한 데이터 입력' 워크시트 화면을 150%로 확대하세요. 또 '채우기 핸들' 워크시트 화면을 70%로 축소하세요.

*시트명 : 다양한 데이터 입력, 채우기 핸들

1. '다양한 데이터 입력' 시트 탭을 클릭합니다. 시트가 이동되면 [보기 탭 – 확대 / 축소 그룹 – 확대 / 축소]를 클릭합니다.

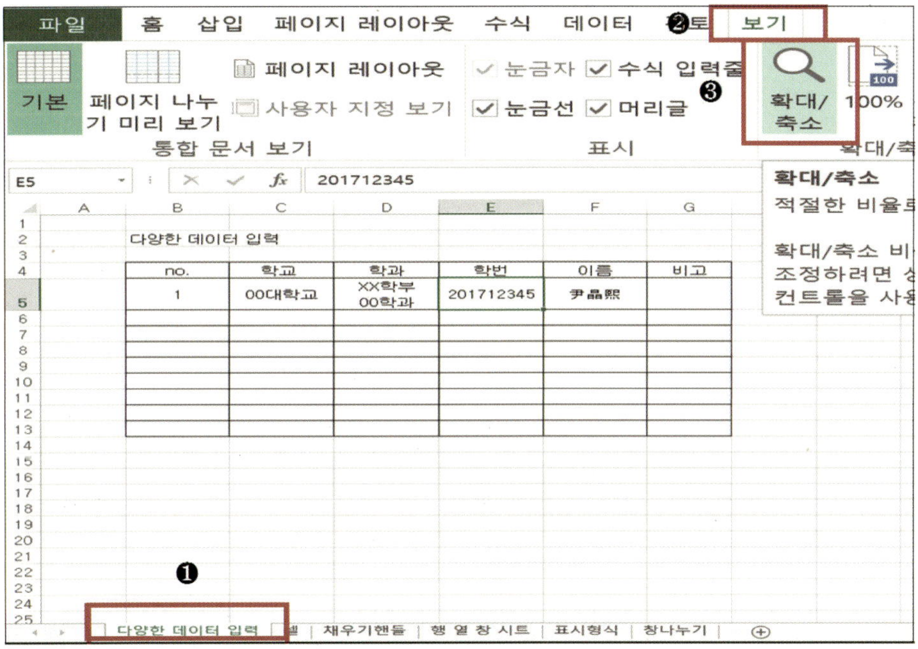

2. 확대/축소 대화상자가 나타나면 [사용자 지정 : 150]으로 입력한 후 확인 버튼을 클릭합니다.

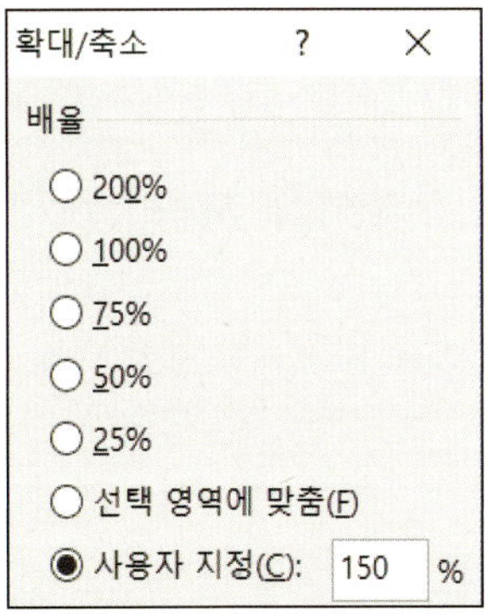

3. 시트 화면이 확대되는 것을 확인할 수 있습니다.

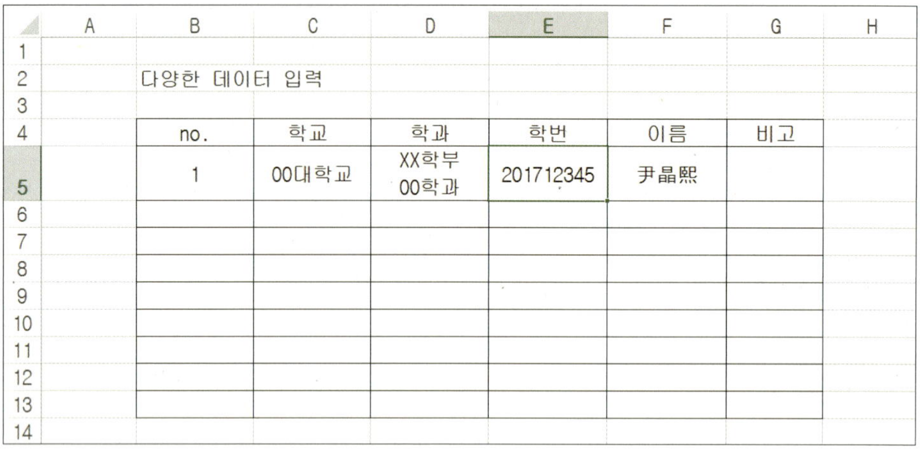

4. 위와 동일한 방법으로 '채우기 핸들' 시트의 화면을 선택하고 '70%' 로 설정합니다.

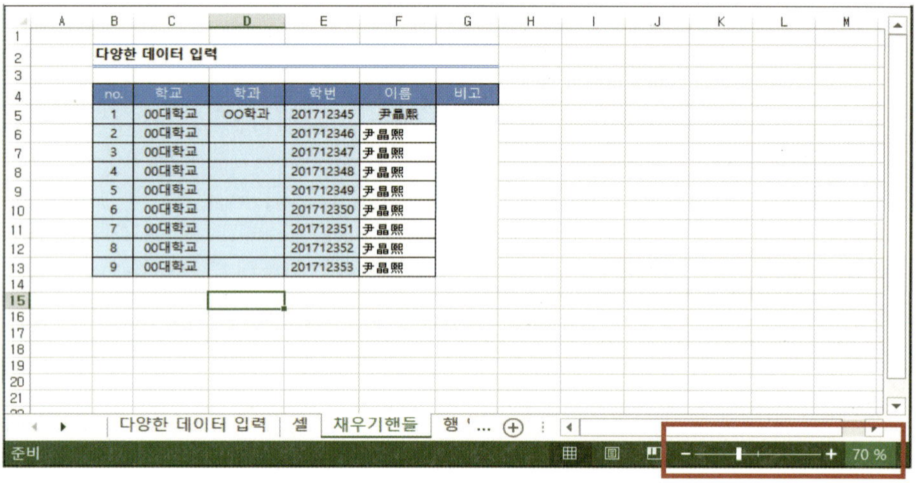

Tip 상태표시줄 오른쪽에 있는 '확대 / 축소 바'를 이용하여 워크시트 화면의 크기를 변경할 수 있습니다.

04

표시 형식

표시형식을 이용하여 셀에 회계형식, 쉼표 스타일, 날짜형식, 소수점 등을 표시할 수 있다. 또한 사용자가 원하는 형식을 설정하여 표시형식을 설정할 수 있다.

예제파일 : 1장예제.xlsx

4-1 스타일별 표시형식 설정하기

따라해 보세요 – 표시형식 설정하기

F열에 표시형식 중 '회계'형식을 설정하세요. 또한 G열에는 '간단한 날짜'형식을 설정하세요.

*시트명 : 표시형식

1. F3:F12 범위를 선택한 후 [홈 탭 – 표시 형식 그룹 – 목록 화살표 – 회계] 클릭합니다.

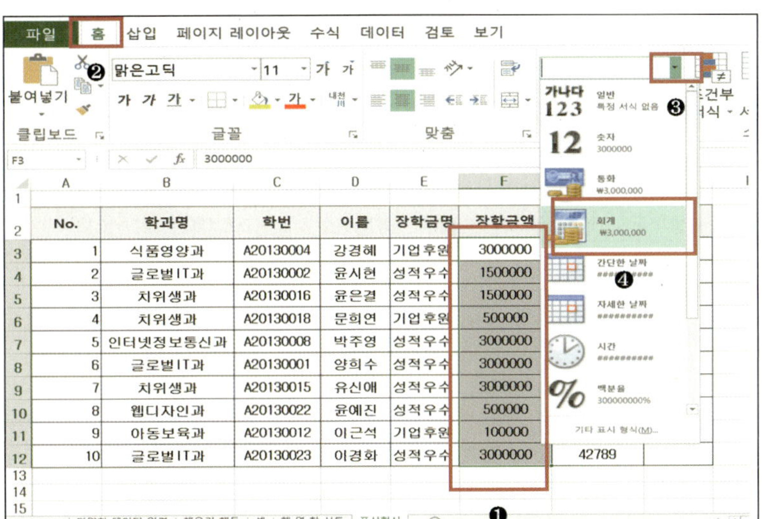

2. F 열에 회계 형식으로 변경되는 것을 확인할 수 있습니다.

	A	B	C	D	E	F	G	H
1								
2	No.	학과명	학번	이름	장학금명	장학금액	지급일	비고
3	1	식품영양과	A20130004	강경혜	기업후원	₩ 3,000,000	42789	
4	2	글로벌IT과	A20130002	윤시현	성적우수	₩ 1,500,000	42789	
5	3	치위생과	A20130016	윤은결	성적우수	₩ 1,500,000	42727	
6	4	치위생과	A20130018	문희연	기업후원	₩ 500,000	42727	
7	5	인터넷정보통신과	A20130008	박주영	성적우수	₩ 3,000,000	42789	
8	6	글로벌IT과	A20130001	양희수	성적우수	₩ 3,000,000	42789	
9	7	치위생과	A20130015	유신애	성적우수	₩ 3,000,000	42727	
10	8	웹디자인과	A20130022	윤예진	성적우수	₩ 500,000	42727	미지급
11	9	아동보육과	A20130012	이근석	기업후원	₩ 100,000	42789	
12	10	글로벌IT과	A20130023	이경화	성적우수	₩ 3,000,000	42789	

3. 위와 동일한 방법으로 G3:G12 범위를 선택한 후 [홈 탭 – 표시 형식 그룹 – 목록 화살표 – 간단한 날짜]를 클릭합니다. 숫자가 날짜 형식으로 변경되는 것을 확인할 수 있습니다.

	A	B	C	D	E	F	G	H
1								
2	No.	학과명	학번	이름	장학금명	장학금액	지급일	비고
3	1	식품영양과	A20130004	강경혜	기업후원	₩ 3,000,000	2017-02-23	
4	2	글로벌IT과	A20130002	윤시현	성적우수	₩ 1,500,000	2017-02-23	
5	3	치위생과	A20130016	윤은결	성적우수	₩ 1,500,000	2016-12-23	
6	4	치위생과	A20130018	문희연	기업후원	₩ 500,000	2016-12-23	
7	5	인터넷정보통신과	A20130008	박주영	성적우수	₩ 3,000,000	2017-02-23	
8	6	글로벌IT과	A20130001	양희수	성적우수	₩ 3,000,000	2017-02-23	
9	7	치위생과	A20130015	유신애	성적우수	₩ 3,000,000	2016-12-23	
10	8	웹디자인과	A20130022	윤예진	성적우수	₩ 500,000	2016-12-23	미지급
11	9	아동보육과	A20130012	이근석	기업후원	₩ 100,000	2017-02-23	
12	10	글로벌IT과	A20130023	이경화	성적우수	₩ 3,000,000	2017-02-23	
13								

4-2 사용자 정의를 이용하여 설정하기

따라해 보세요 – 사용자 정의를 이용하여 표시형식 설정하기

A 열에는 숫자 앞에 'No. '텍스트가 자동으로 표시되도록 설정하세요. 또한 E 열에는 문자 뒤에 ' 장학금'텍스트가 자동으로 표시되도록 설정하세요.

*시트명 : 표시형식

1. A3:A12 범위를 선택한 후 [홈 탭 – 표시 형식 그룹 – 창 버튼]을 클릭합니다.

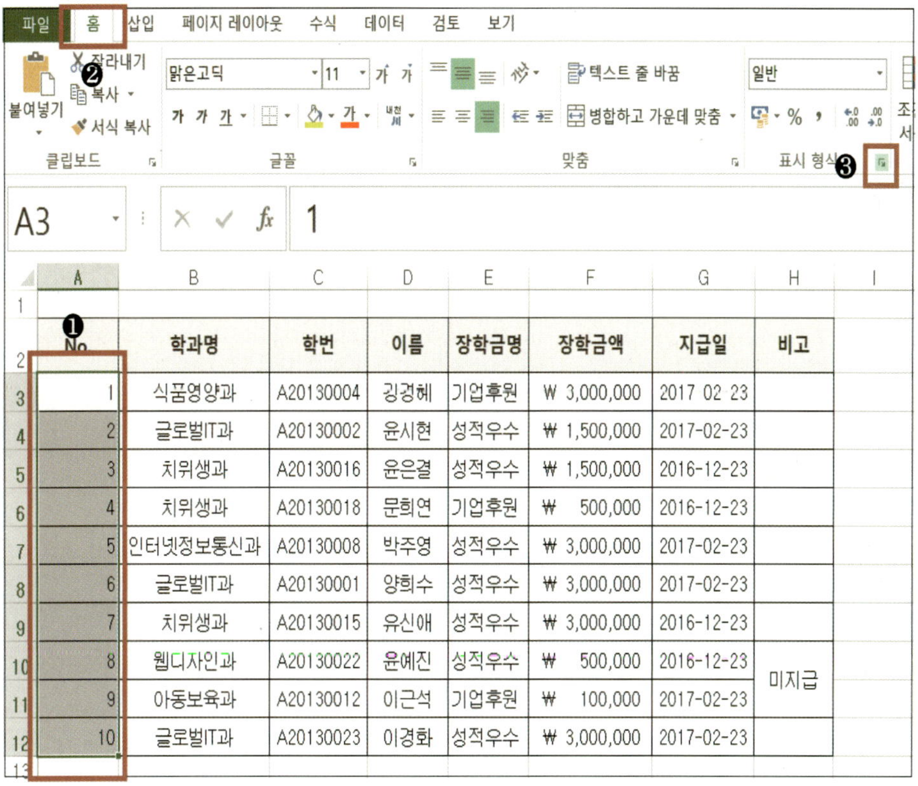

2. 셀 서식 대화상자가 나타나면 [범주 : 사용자 지정, 형식 : "No. " #]을 입력한 후 확인 버튼을 클릭합니다.

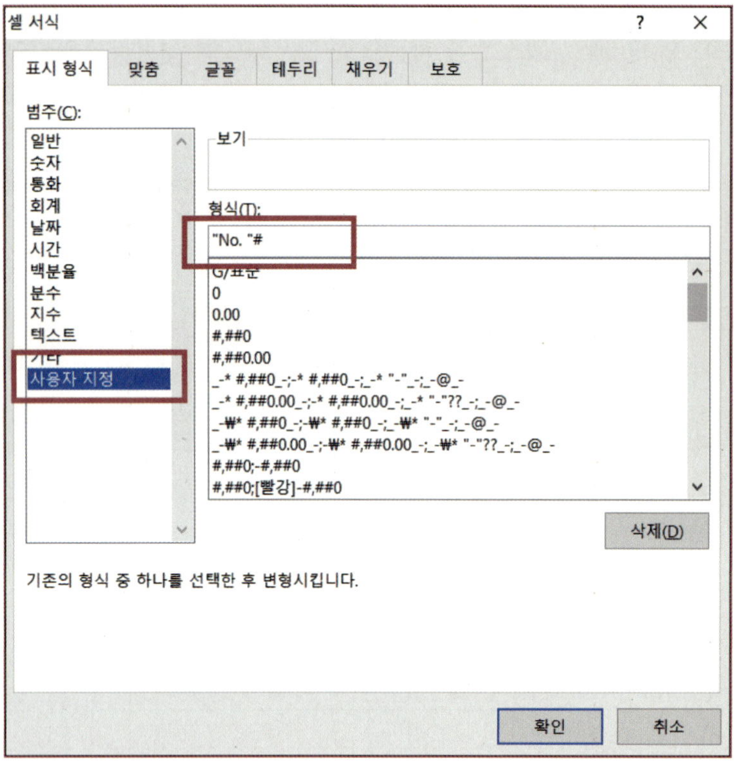

3. 숫자 자릿수에 상관없이 숫자 앞에 'No. ' 이 자동으로 표시되는 것을 확인할 수 있습니다.

	A	B	C	D	E	F	G	H
1								
2	No.	학과명	학번	이름	장학금명	장학금액	지급일	비고
3	No. 1	식품영양과	A20130004	강경혜	기업후원	₩ 3,000,000	2017-02-23	
4	No. 2	글로벌IT과	A20130002	윤시현	성적우수	₩ 1,500,000	2017-02-23	
5	No. 3	치위생과	A20130016	윤은결	성적우수	₩ 1,500,000	2016-12-23	
6	No. 4	치위생과	A20130018	문희연	기업후원	₩ 500,000	2016-12-23	
7	No. 5	인터넷정보통신과	A20130008	박주영	성적우수	₩ 3,000,000	2017-02-23	
8	No. 6	글로벌IT과	A20130001	양희수	성적우수	₩ 3,000,000	2017-02-23	
9	No. 7	치위생과	A20130015	유신애	성적우수	₩ 3,000,000	2016-12-23	
10	No. 8	웹디자인과	A20130022	윤예진	성적우수	₩ 500,000	2016-12-23	미지급
11	No. 9	아동보육과	A20130012	이근석	기업후원	₩ 100,000	2017-02-23	
12	No. 10	글로벌IT과	A20130023	이경화	성적우수	₩ 3,000,000	2017-02-23	
13								

4. E3:E12 범위 선택한 후 [홈 탭 – 표시 형식 그룹 – 창 버튼]을 클릭합니다.

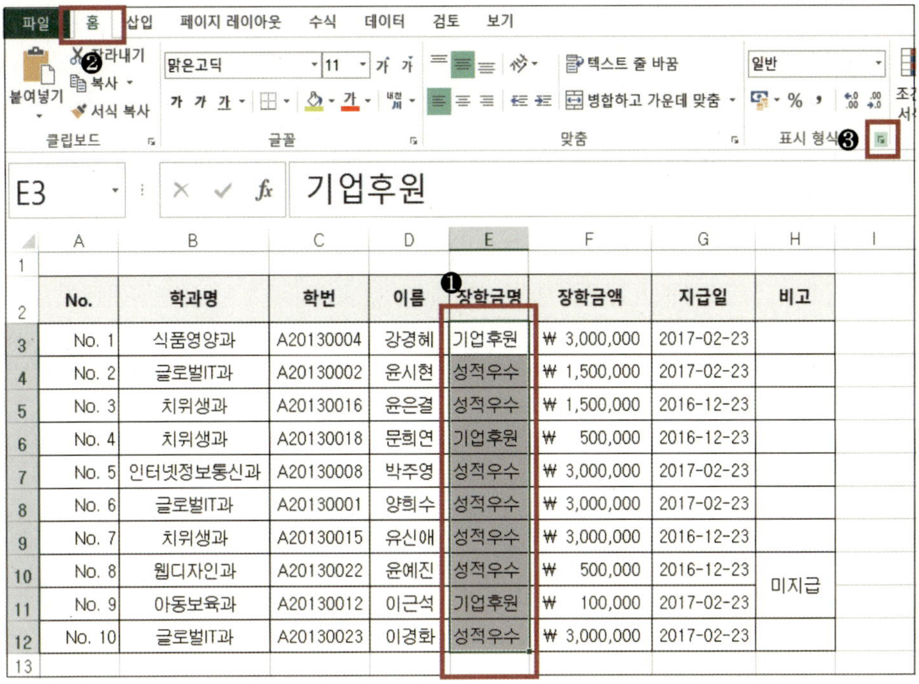

5. 셀 서식 대화상자가 나타나면 [범주 : 사용자 지정, 형식 : @ " 장학금"]을 입력한 후 확인 버튼을 클릭합니다.

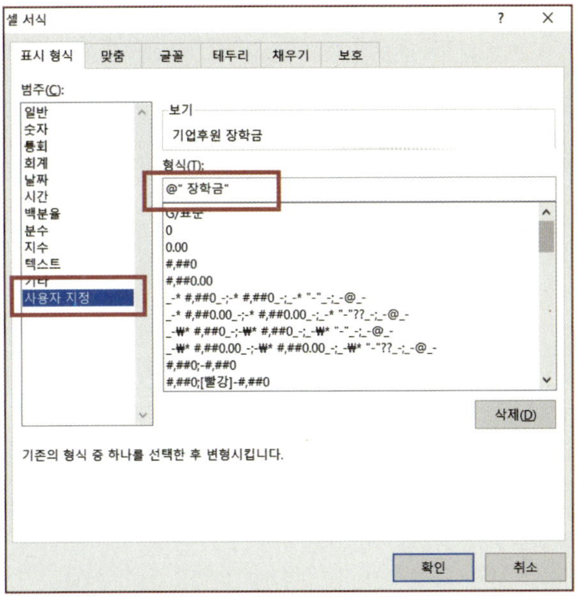

6. 텍스트 뒤에 '장학금' 이 자동으로 표시되는 것을 확인할 수 있습니다.

No.	학과명	학번	이름	장학금명	장학금액	지급일	비고
No. 1	식품영양과	A20130004	강경혜	기업후원 장학금	₩ 3,000,000	2017-02-23	
No. 2	글로벌IT과	A20130002	윤시현	성적우수 장학금	₩ 1,500,000	2017-02-23	
No. 3	치위생과	A20130016	윤은결	성적우수 장학금	₩ 1,500,000	2016-12-23	
No. 4	치위생과	A20130018	문희연	기업후원 장학금	₩ 500,000	2016-12-23	
No. 5	인터넷정보통신과	A20130008	박주영	성적우수 장학금	₩ 3,000,000	2017-02-23	
No. 6	글로벌IT과	A20130001	양희수	성적우수 장학금	₩ 3,000,000	2017-02-23	
No. 7	치위생과	A20130015	유신애	성적우수 장학금	₩ 3,000,000	2016-12-23	
No. 8	웹디자인과	A20130022	윤예진	성적우수 장학금	₩ 500,000	2016-12-23	미지급
No. 9	아동보육과	A20130012	이근석	기업후원 장학금	₩ 100,000	2017-02-23	
No. 10	글로벌IT과	A20130023	이경화	성적우수 장학금	₩ 3,000,000	2017-02-23	

1장

실 전 예 제 만 들 기

워크시트를 이용하여 이력서를 만들어 보세요.

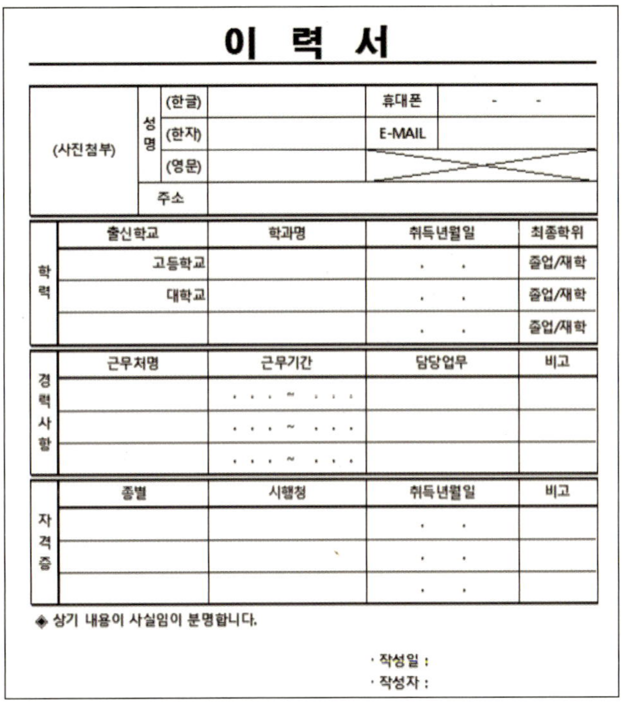

이 력 서

(사진첨부)	성명	(한글)		휴대폰	- -
		(한자)		E-MAIL	
		(영문)			
	주소				

학력	출신학교	학과명	취득년월일	최종학위
	고등학교		. .	졸업/재학
	대학교		. .	졸업/재학
			. .	졸업/재학

경력사항	근무처명	근무기간	담당업무	비고
		. . . ~ . . .		
		. . . ~ . . .		
		. . . ~ . . .		

자격증	종별	시행청	취득년월일	비고
			. .	
			. .	
			. .	

◈ 상기 내용이 사실임이 분명합니다.

· 작성일 :
· 작성자 :

조건

(1) 새 통합문서에서 새로 만들기 하십시오.
(2) A열은 비워 두십시오.(너비 : 1.2)
(3) 제목은 '셀 병합, 가운데 정렬, 제목 글꼴 : HY견고딕, 크기 : 30pt, 진하게'로 설정하십시오.
(4) 셀 테두리를 이용하여 제목 아래 '이중선'을 추가하십시오.
(5) '본문 글꼴 : 맑은고딕, 크기 : 12pt,' 로 설정하십시오.
(6) 행 높이는 '30'으로 설정하십시오.
(7) 7행, 12행, 17행 높이는 '5'로 설정하십시오.
(8) 셀 테두리를 이용하여 화면과 동일하게 표를 완성하십시오.

1. 엑셀 2013을 실행하여 '새 통합문서' 를 클릭하여 새로운 통합문서를 만듭니다.

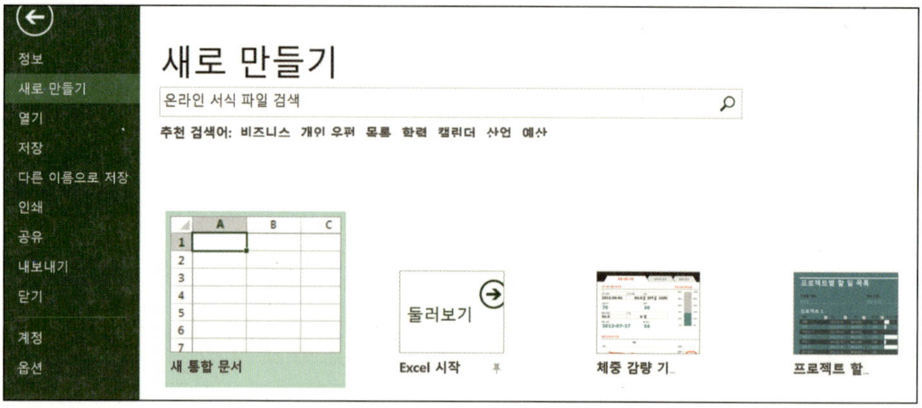

2. A열 머리글에서 마우스를 오른쪽 클릭하여 열 너비를 '1.2' 로 설정한 후 확인 버튼을 클릭합니다.

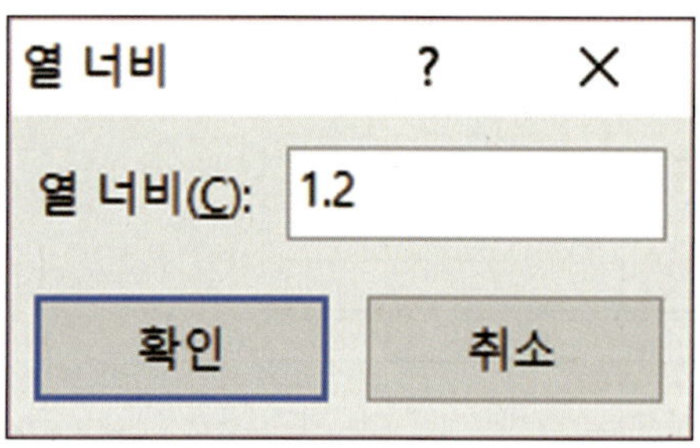

3. B1 셀에 '이력서' 를 입력합니다. B1:J1 범위를 선택한 후 [홈 탭 – 맞춤 그룹 – 병합하고 가운데 맞춤]을 선택하여 제목 셀을 병합합니다.

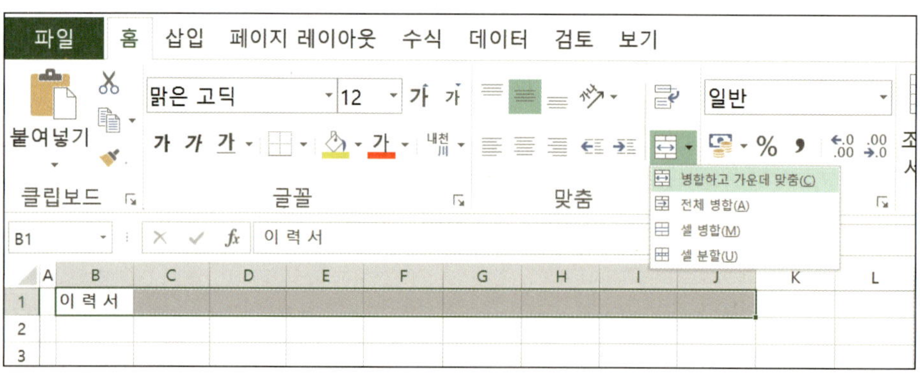

4. [홈 탭 – 글꼴 그룹]의 리본 메뉴를 이용하여 제목 글꼴은 'HY견고딕', 크기는 '30', '진하게' 를 설정합니다. [홈 탭 – 글꼴 그룹 – 테두리 – 아래쪽 이중 테두리]를 선택하여 제목 글꼴 셀 아래 이중테두리를 추가합니다.

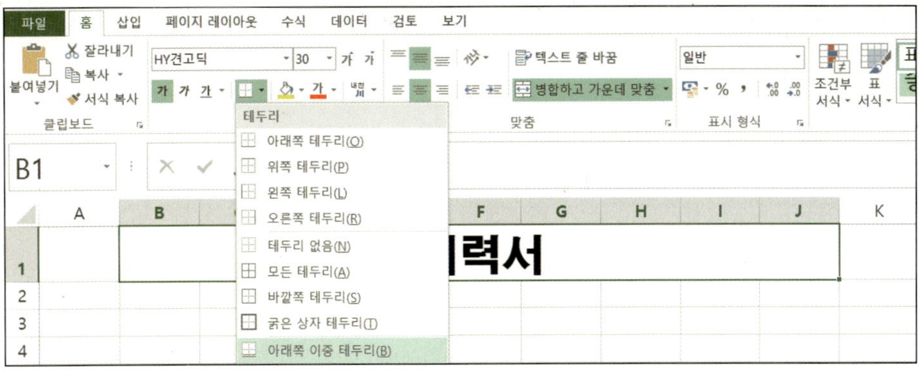

5. B3 셀에 '(사진첨부)' 를 입력합니다. D3 셀에 '성' 을 입력하고 Alt+Enter 키를 동시에 눌러 셀 안에서 줄 바꿈을 실행 한 후 '명' 을 입력하고 Enter 키를 누릅니다.

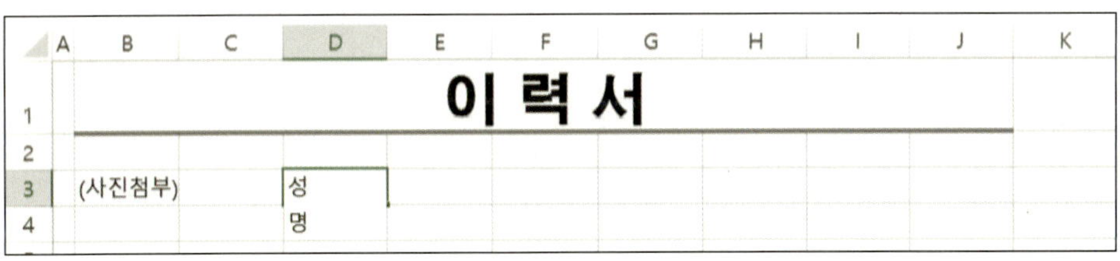

6. D6 셀부터 차례로 '주소, (한글), (한자), (영문), 휴대폰, E-MAIL' 을 입력합니다.

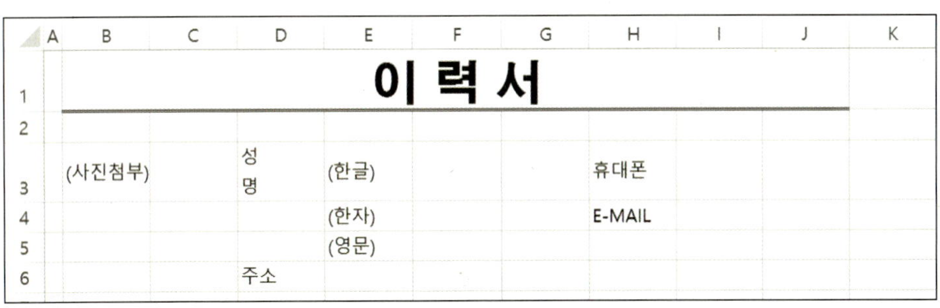

7. Ctrl 키를 이용하여 B 열과 D 열을 동시에 선택한 후 열 머리글 위에서 마우스를 오른쪽 클릭하여 열 너비를 클릭합니다.

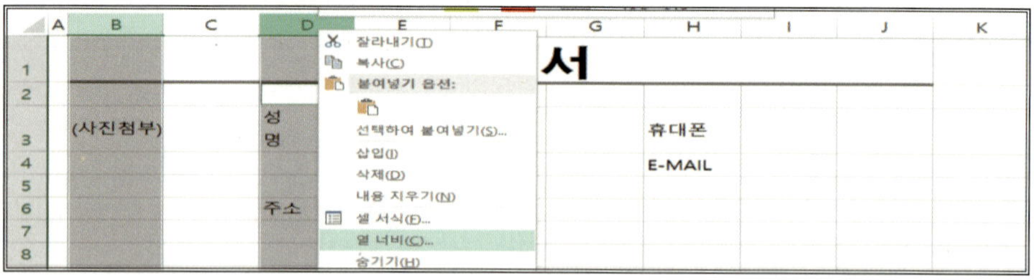

8. 열 너비를 '3' 으로 입력하고 확인 버튼을 클릭합니다.

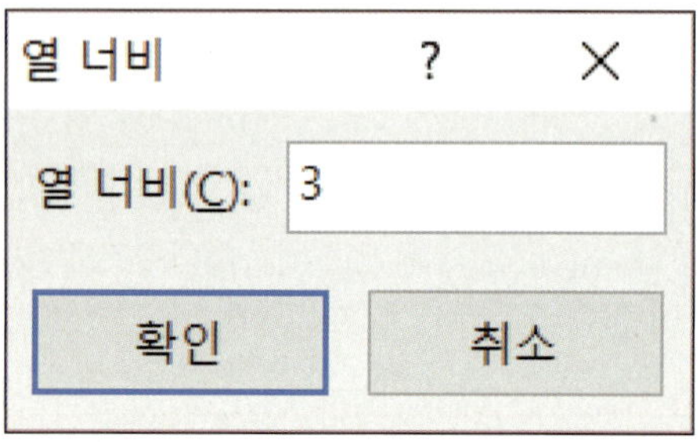

9. B3:C6 범위를 선택한 후 [홈 탭 – 맞춤 그룹 – 병합하고 가운데 맞춤]을 선택합니다. 마찬가지로 나머지 범위 'D3:D5, D6:E6, F3:G3, F4:G4, F5:G5, I3:J3, I4:J4, H5:J5, F6:J6' 범위를 동시에 선택한 후 [홈 탭 – 맞춤 그룹 – 병합하고 가운데 맞춤]을 선택하여 셀을 병합하고 가운데로 정렬합니다.

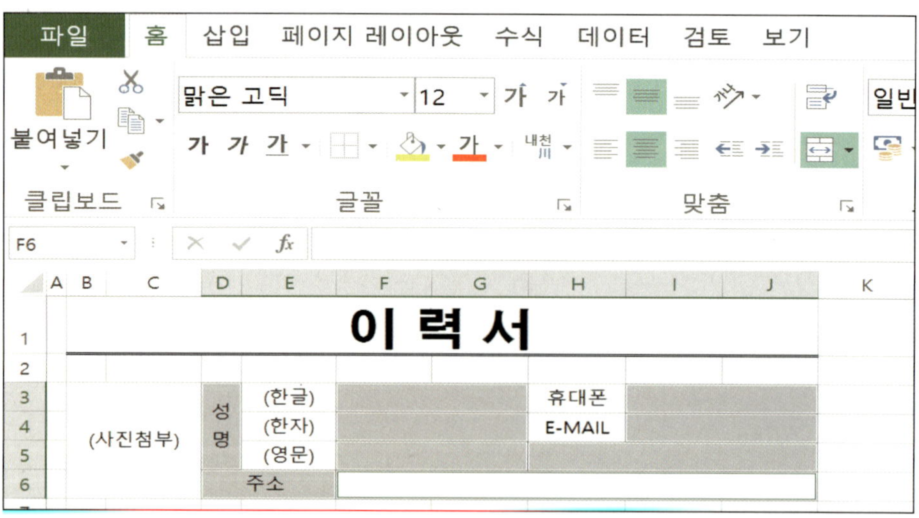

10. B3:J6 범위를 선택한 후 [홈 탭 – 맞춤 그룹 – 가운데 맞춤]을 선택하여 나머지 텍스트를 가운데로 정렬합니다.

11. [홈 탭 – 맞춤 그룹 – 테두리 – 모든 테두리]를 선택하여 셀에 모든 테두리를 그려준 후 [홈 탭 – 맞춤 그룹 – 테두리 – 굵은 상자 테두리]를 선택하여 표의 제일 바깥 부분의 테두리만 진하게 그려줍니다.

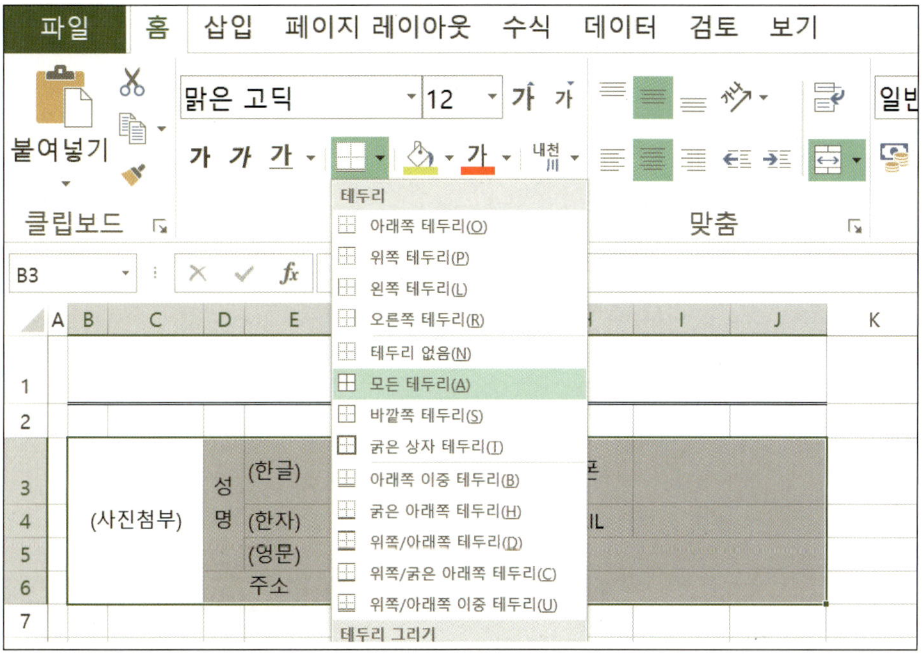

12. H5 셀을 선택한 후 마우스를 오른쪽 클릭하여 '셀 서식' 을 클릭합니다.

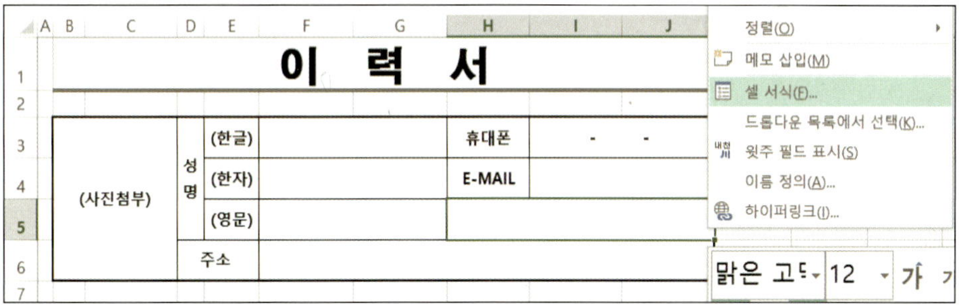

13. 테두리 탭을 선택하고 대각선 모양의 버튼을 클릭한 후 확인 버튼을 클릭하여 병합된 셀 안에 대각선을 이용하여 'X' 선을 그려줍니다.

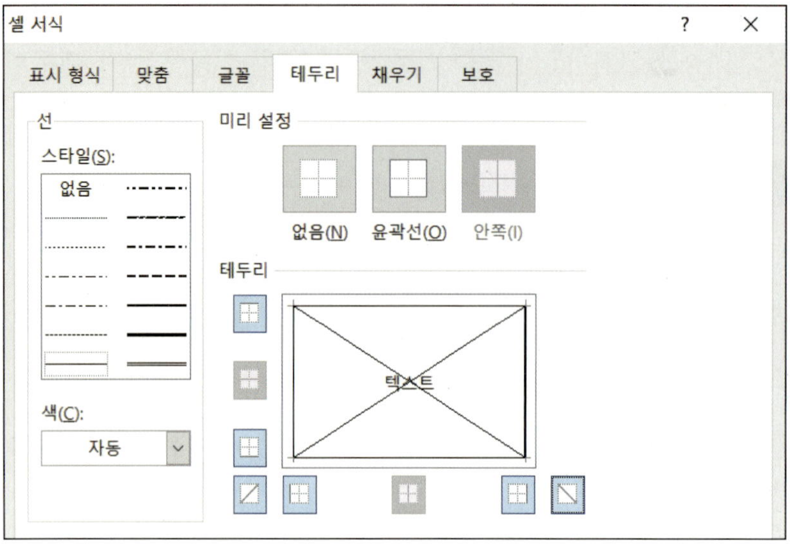

14. 3 행 머리글에서 6 행 머리글을 드래그하여 범위를 선택합니다. 행 머리글 위에서 마우스를 오른쪽 클릭하여 행 높이를 클릭합니다.

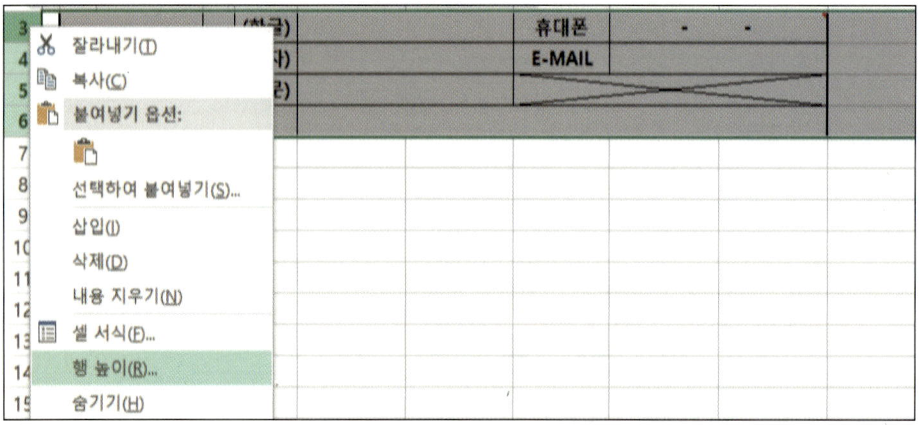

15. 행 높이는 '30' 으로 입력하고 확인 버튼을 클릭합니다.

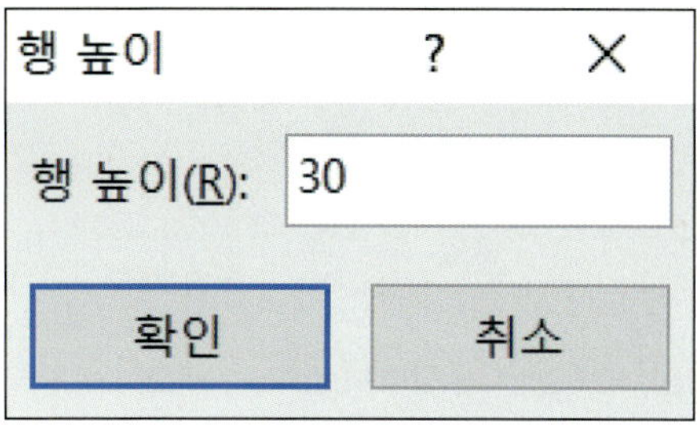

16. 1 행부터 6 행까지 완성되는 것을 확인할 수 있습니다.

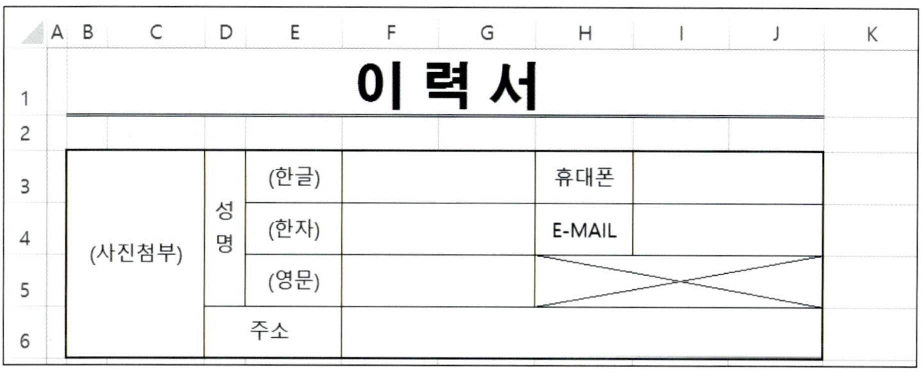

17. B8셀에 커서를 이동하여 '학' 을 입력하고 Alt + Enter 키를 동시에 눌러 줄 바꿈을 실행한 후 '력' 을 입력하고 Enter 키를 누릅니다. 마찬가지로 Alt + Enter 키를 이용하여 B13 셀에 '경력사항' , B18 셀에 '자격증' 을 입력합니다. 나머지 텍스트는 아래와 같이 입력합니다.

18. Ctrl 키를 이용하여 'B8:B11, B13:B16, B18:B21' 범위를 동시에 선택하고 [홈 탭 – 맞춤 그룹 – 병합하고 가운데 맞춤]을 선택합니다. 마찬가지로 나머지 범위를 선택한 후 [홈 탭 – 맞춤 그룹 – 병합하고 가운데 맞춤]을 선택하여 아래와 같이 셀을 병합하고 가운데로 정렬합니다.

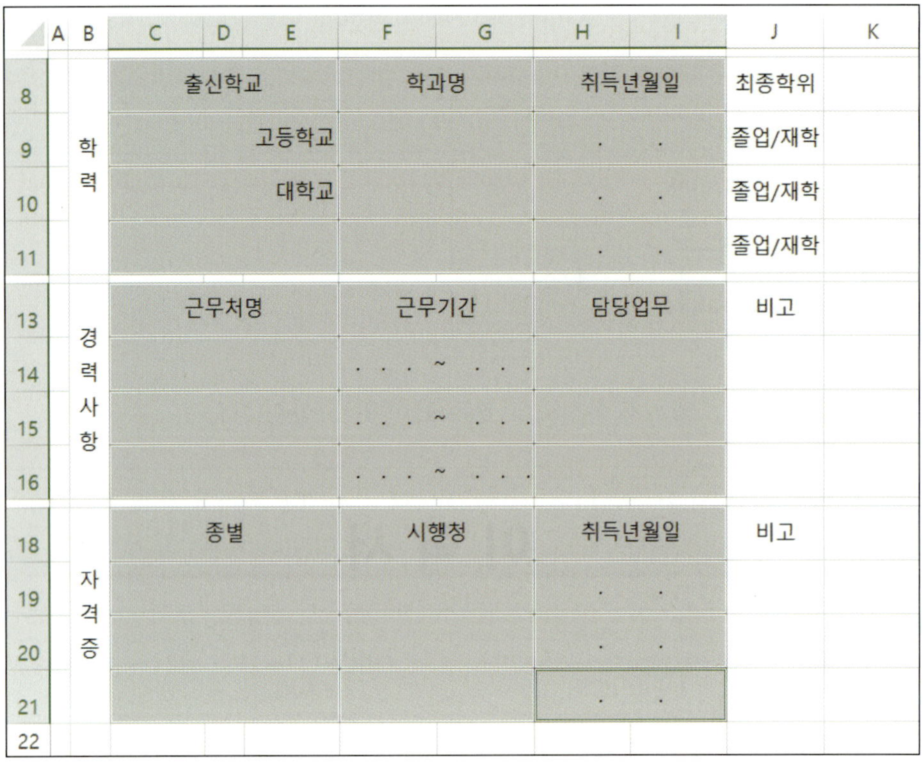

	A	B	C~E	F~G	H~I	J	K
8		학력	출신학교	학과명	취득년월일	최종학위	
9			고등학교		. .	졸업/재학	
10			대학교		. .	졸업/재학	
11					. .	졸업/재학	
13		경력사항	근무처명	근무기간	담당업무	비고	
14				. . . ~ . . .			
15				. . . ~ . . .			
16				. . . ~ . . .			
18		자격증	종별	시행청	취득년월일	비고	
19					. .		
20					. .		
21					. .		
22							

19. C8:J21 범위를 선택한 후 [홈 탭 - 맞춤 그룹 - 가운데 맞춤]을 클릭하여 나머지 텍스트를 가운데로 정렬합니다. C9:C11 범위를 선택한 후 [홈 탭 - 맞춤 그룹 - 오른쪽 맞춤]을 클릭하여 학교에 해당하는 텍스트를 오른쪽으로 정렬합니다.

20. Ctrl 키를 이용하여 'B8:J11, B13:J16, B18:J21' 범위를 동시에 선택합니다. [홈 탭 – 맞춤 그룹 – 테두리 – 모든 테두리]를 선택하여 셀에 모든 테두리를 그려줍니다.

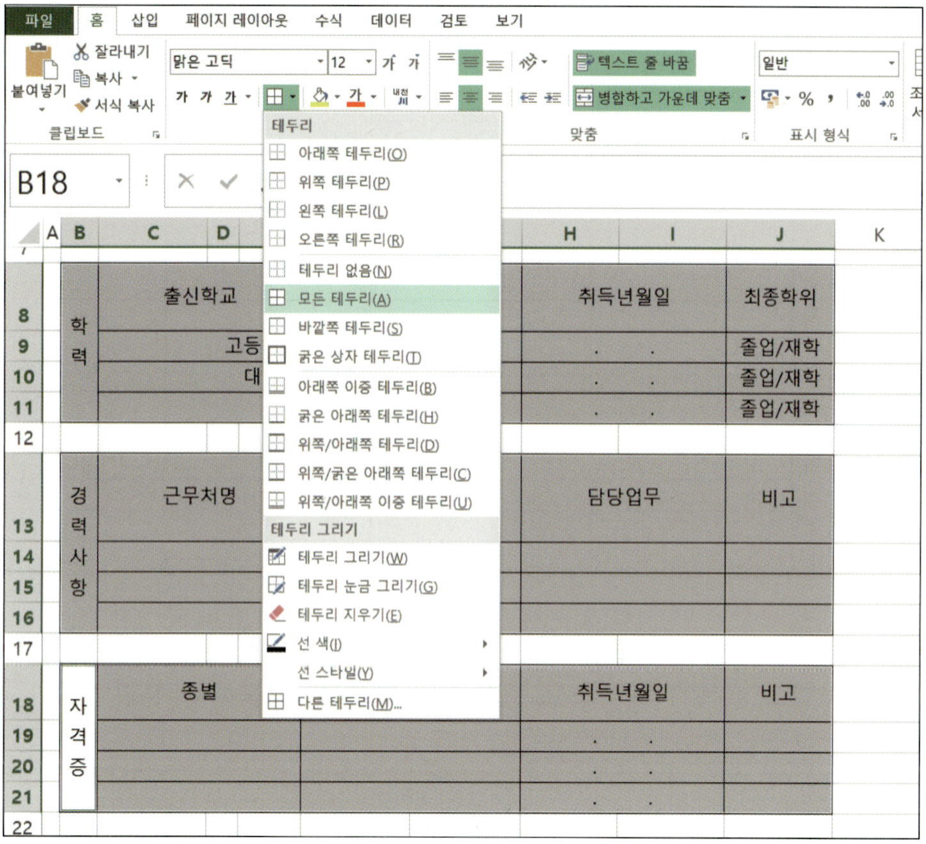

21. [홈 탭 - 맞춤 그룹 - 테두리 - 굵은 상자 테두리]를 이용하여 아래 화면과 같이 테두리를 진하게 그려줍니다.

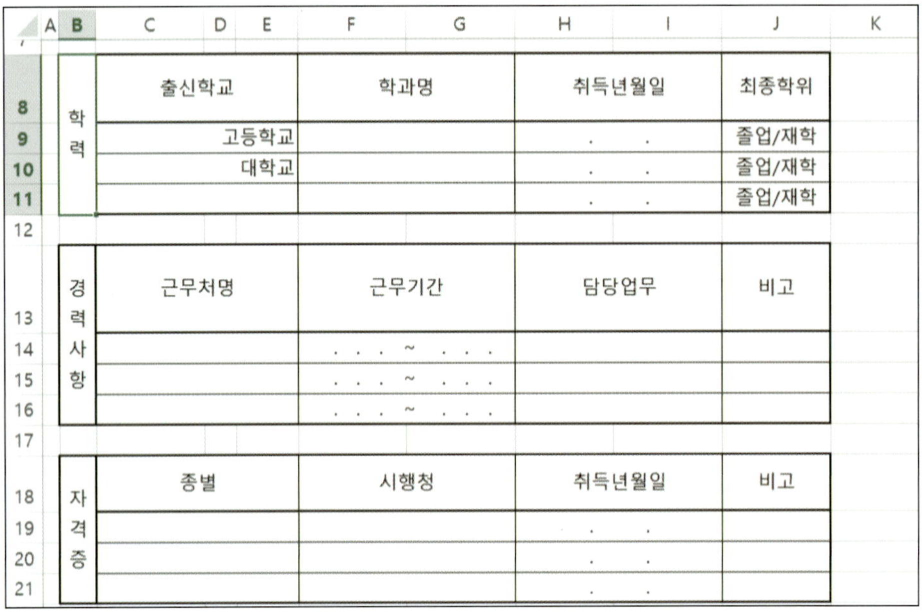

22. 8행 머리글에서 21행 머리글을 드래그하여 범위를 선택합니다. 행 머리글 위에서 마우스를 오른쪽 클릭하여 행 높이를 클릭합니다.

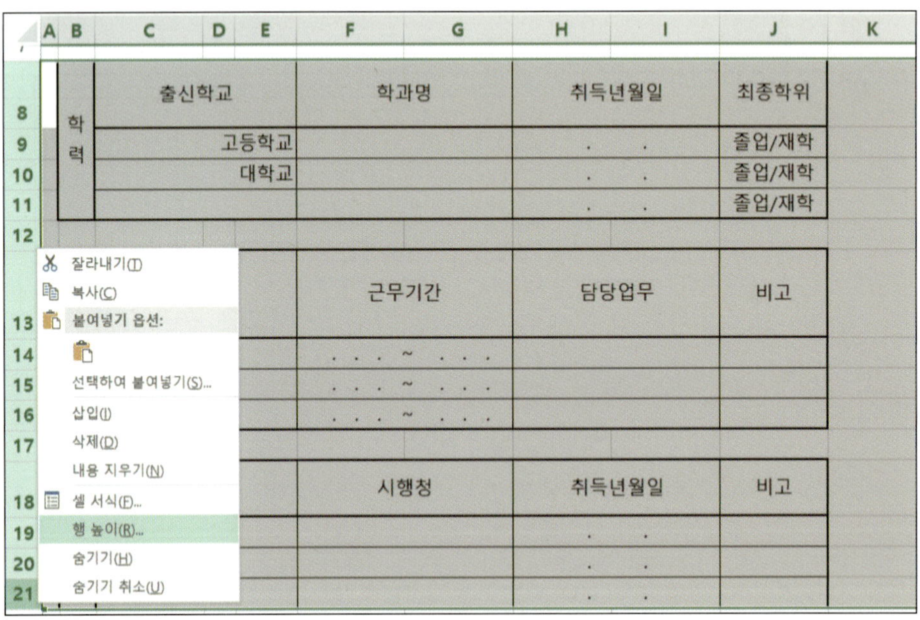

23. 행 높이는 '30' 으로 입력하고 확인 버튼을 클릭합니다.

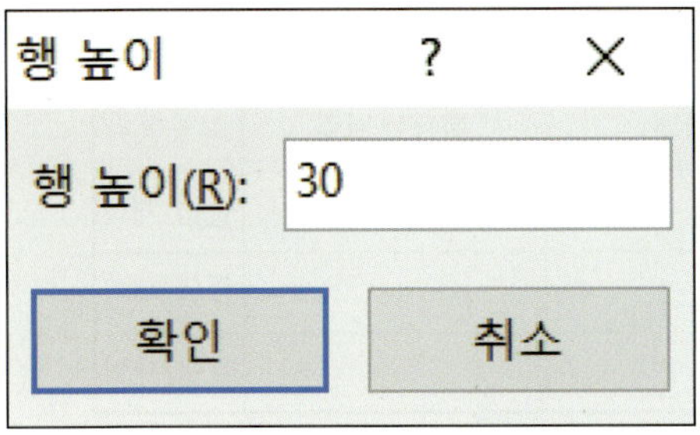

24. Ctrl 키를 이용하여 7행, 12행, 17행 머리글을 클릭하여 동시에 범위를 선택합니다. 행 머리글 위에서 마우스를 오른쪽 클릭하여 행 높이를 클릭합니다.

25. 행 높이는 '5' 로 입력하고 확인 버튼을 클릭합니다.

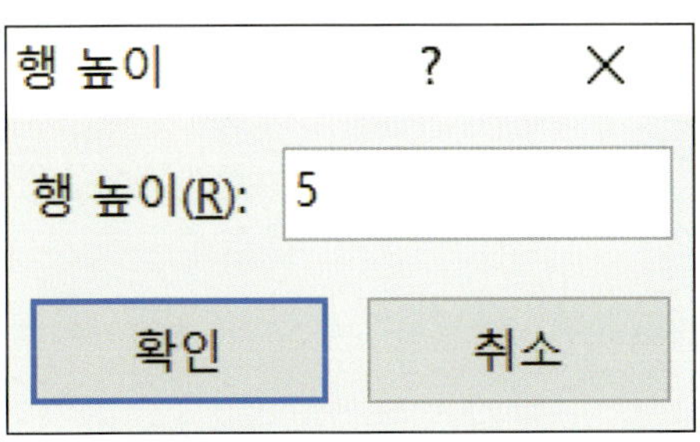

26. 8행부터 21행까지 완성되는 것을 확인할 수 있습니다.

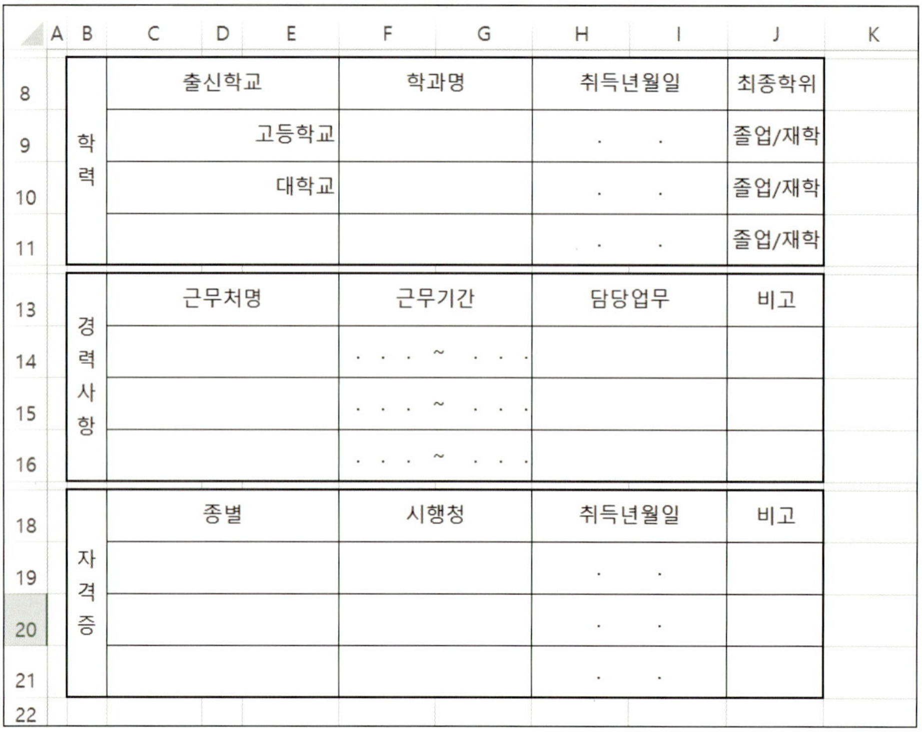

27. B23 셀로 커서를 이동한 후 [삽입 탭 – 기호 그룹 – 기호]를 클릭합니다.

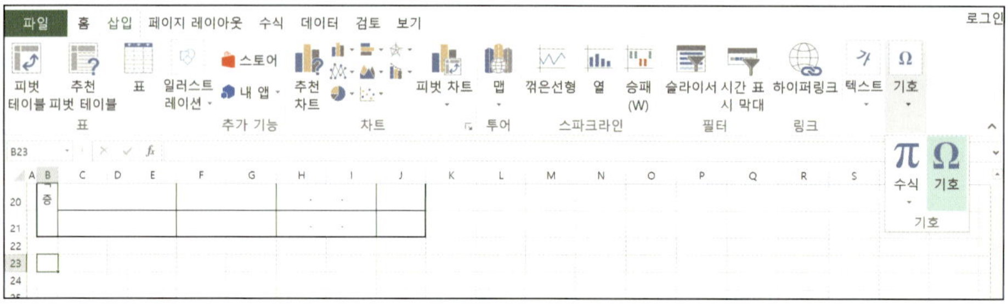

28. 기호 대화상자가 나타나면 하위 집합 중 '도형 기호'를 선택합니다. '◈' 도형을 선택한 후 삽입 버튼을 클릭하고 닫기 버튼을 클릭하여 '◈' 도형을 삽입합니다. 도형 뒤에 커서를 두고 '상기 내용이 사실임이 분명합니다.' 텍스트를 추가합니다.

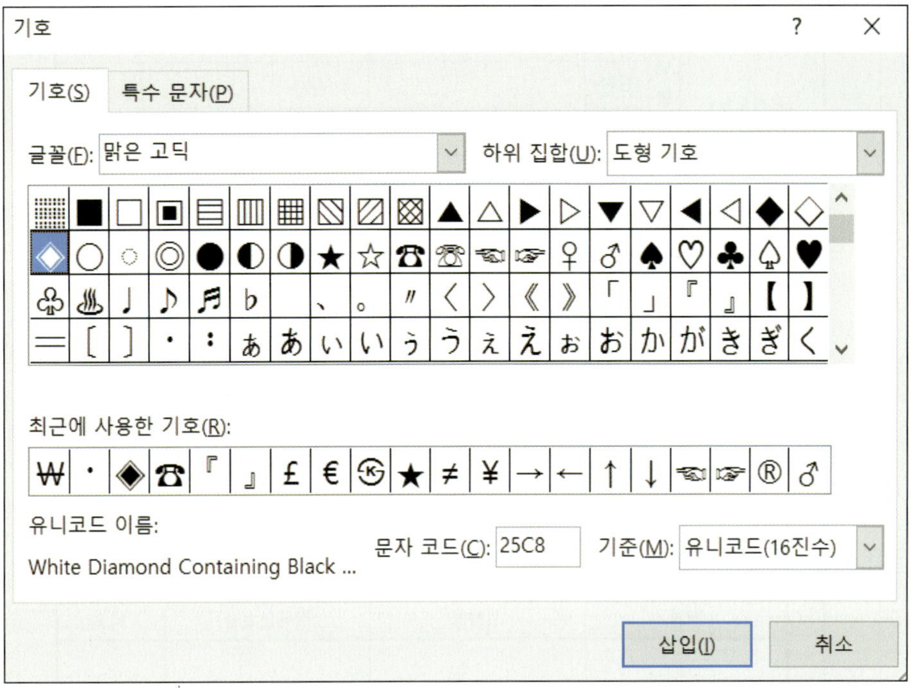

29. 마찬가지로 H25 셀과 H26 셀에는 기호 대화상자에서 하위 집합 중 '수학 연산자'를 선택합니다. '·' 기호를 선택한 후 삽입 버튼을 클릭합니다. 기호 뒤에 커서를 두고 '작성일 :' 텍스트와 '작성자 :' 텍스트를 추가합니다.

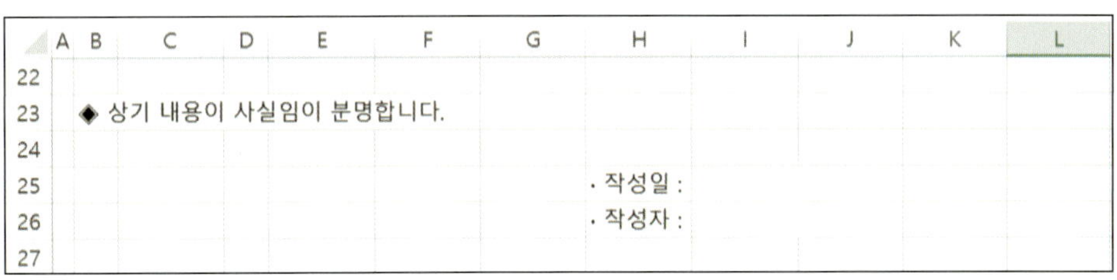

30. 다음과 같이 이력서 문서가 완성되었습니다.

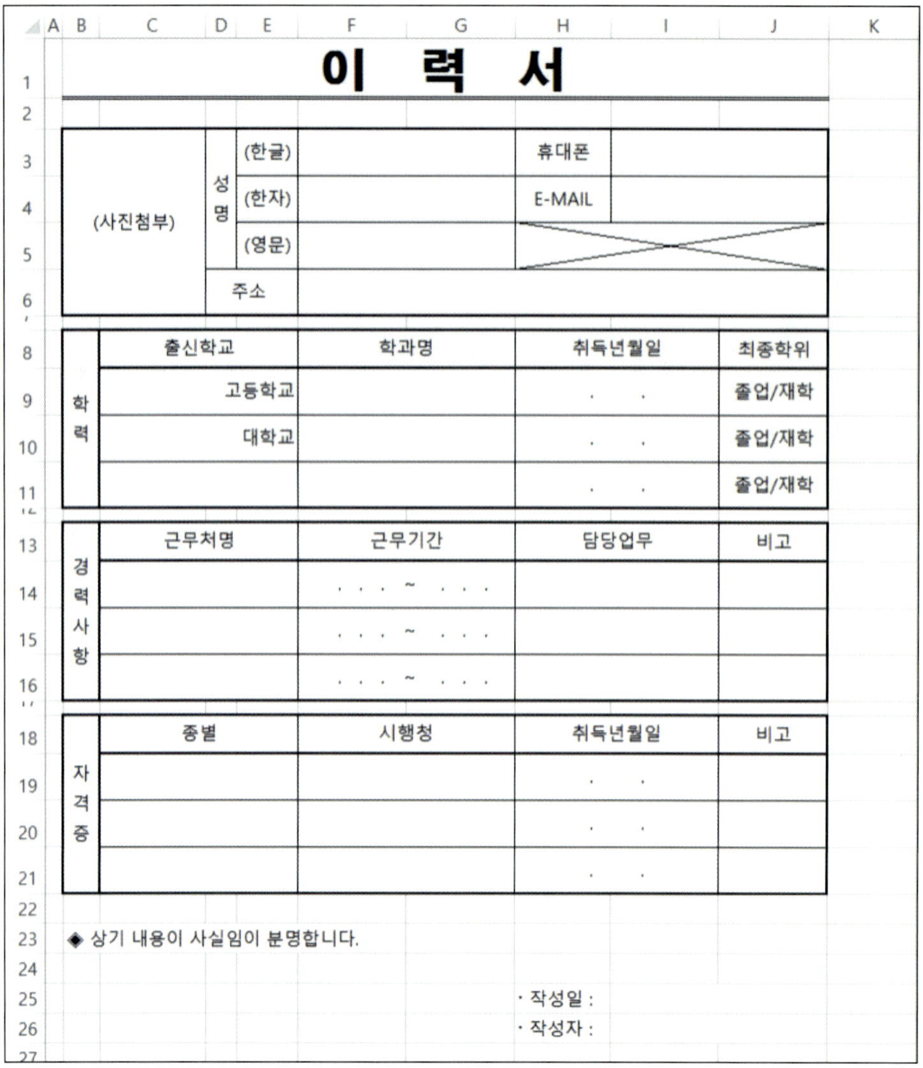

이 력 서

(사진첨부)	성명	(한글)		휴대폰	
		(한자)		E-MAIL	
		(영문)			
	주소				

	출신학교	학과명	취득년월일	최종학위
학력	고등학교		. .	졸업/재학
	대학교		. .	졸업/재학
			. .	졸업/재학

	근무처명	근무기간	담당업무	비고
경력사항		. . . ~ . . .		
		. . . ~ . . .		
		. . . ~ . . .		

	종별	시행청	취득년월일	비고
자격증			. .	
			. .	
			. .	

◆ 상기 내용이 사실임이 분명합니다.

· 작성일 :

· 작성자 :

Chapter 2

데이터 시각화 작업

01

서식 설정

조건부 서식을 이용하여 조건에 만족하는 값에 셀 서식을 적용할 수 있고, 다양한 셀 서식과 표 서식을 이용하여 데이터 표를 시각화 할 수 있다.

예제파일 : 2장예제.xlsx

1-1 조건부 서식 설정하기

따라해 보세요 – 셀 강조 규칙 설정하기

단가가 3,000원 초과인 경우 단가 열에 '진한 노랑 텍스트가 있는 노랑 채우기' 셀 서식을 설정하세요.

*시트명 : 스타일

1. E5:E34 범위를 선택하고 [홈 탭 – 스타일 그룹 – 조건부 서식 – 셀 강조 규칙 – 보다 큼]을 클릭합니다.

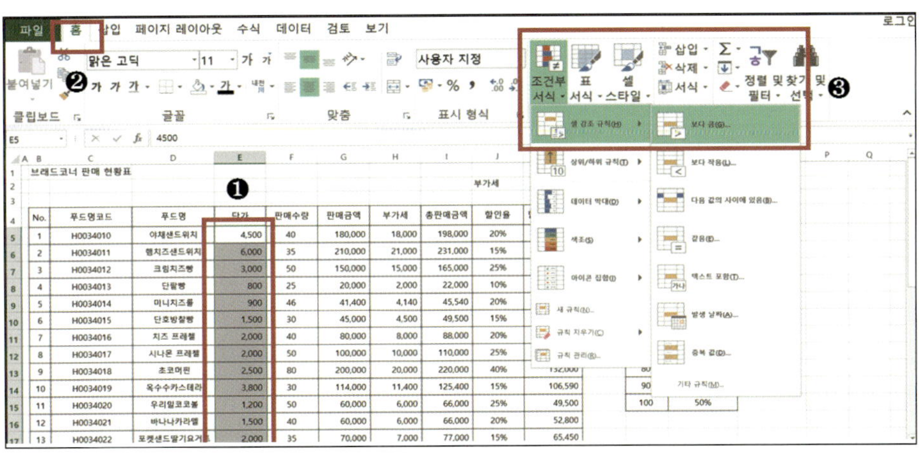

Tip 범위를 선택할 때 범위 시작 셀에 커서를 두고 [Ctrl + Shift + 방향키(↓)]를 이용하면 쉽게 범위를 선택할 수 있습니다.

2. 대화상자가 나타나면 [다음 값보다 큰 셀의 서식 지정 : 3000, 적용할 서식 : 진한 노랑 텍스트가 있는 노랑 채우기]를 선택하고 확인 버튼을 클릭합니다.

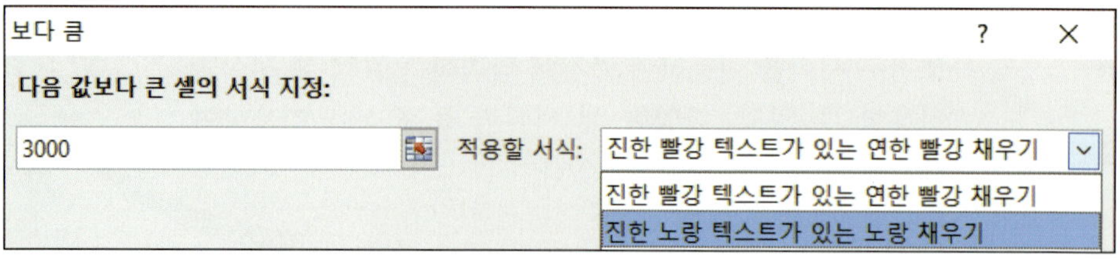

3. 단가 열에 3,000원 초과인 금액에 노랑 서식이 적용되는 것을 확인할 수 있습니다.

브래드코너 판매 현황표

							부가세	10%
No.	**푸드명코드**	**푸드명**	**단가**	**판매수량**	**판매금액**	**부가세**	**총판매금액**	**할인율**	**할인판매금액**

No.	푸드명코드	푸드명	단가	판매수량	판매금액	부가세	총판매금액	할인율	할인판매금액
1	H0034010	야채샌드위치	4,500	40	180,000	18,000	198,000	20%	158,400
2	H0034011	햄치즈샌드위치	6,000	35	210,000	21,000	231,000	15%	196,350
3	H0034012	크림치즈빵	3,000	50	150,000	15,000	165,000	25%	123,750
4	H0034013	단팥빵	800	25	20,000	2,000	22,000	10%	19,800
5	H0034014	미니치즈롤	900	46	41,400	4,140	45,540	20%	36,432
6	H0034015	단호박찰빵	1,500	30	45,000	4,500	49,500	15%	42,075
7	H0034016	치즈 프레첼	2,000	40	80,000	8,000	88,000	20%	70,400
8	H0034017	시나몬 프레첼	2,000	50	100,000	10,000	110,000	25%	82,500
9	H0034018	초코머핀	2,500	80	200,000	20,000	220,000	40%	132,000
10	H0034019	옥수수카스테라	3,800	30	114,000	11,400	125,400	15%	106,590
11	H0034020	우리밀코코볼	1,200	50	60,000	6,000	66,000	25%	49,500
12	H0034021	바나나카라멜	1,500	40	60,000	6,000	66,000	20%	52,800
13	H0034022	포켓샌드딸기요거트	2,000	35	70,000	7,000	77,000	15%	65,450
14	H0034023	땅콩베리	1,200	50	60,000	6,000	66,000	25%	49,500
15	H0034024	단호박크림치즈	800	25	20,000	2,000	22,000	10%	19,800
16	H0034025	초코칩쏙쏙화이트	900	46	41,400	4,140	45,540	20%	36,432
17	H0034026	빙글빙글녹차단팥	1,500	30	45,000	4,500	49,500	15%	42,075
18	H0034027	두유크레커	1,800	40	72,000	7,200	79,200	20%	63,360
19	H0034028	통단팥품은계란빵	1,500	50	75,000	7,500	82,500	25%	61,875
20	H0034029	애플크림	2,500	80	200,000	20,000	220,000	40%	132,000

따라해 보세요 – 상위/하위 규칙 설정하기

판매수량이 하위 20%인 경우 판매수량 열에 '진한 빨강 텍스트가 있는 빨강 채우기' 셀 서식을 설정하세요.

*시트명 : 스타일

1. F5:F34 범위를 선택하고 [홈 탭 – 스타일 그룹 – 조건부 서식 – 상위 / 하위 규칙 – 하위 10%]를 클릭합니다.

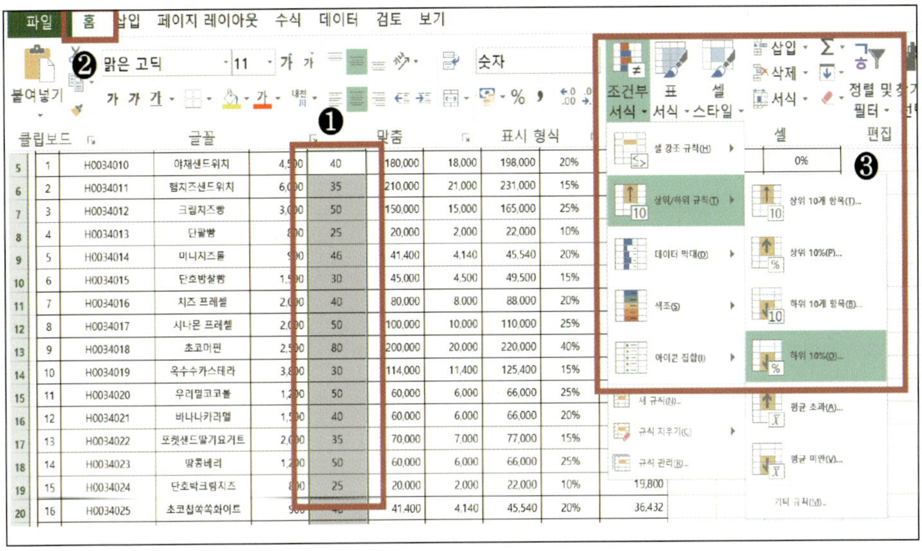

2. 하위 10% 대화상자가 나타나면 [다음 하위 순위에 속하는 셀의 서식 지정 : 20, 적용할 서식 : 진한 빨강 텍스트가 있는 연한 빨강 채우기]를 선택하고 확인 버튼을 클릭합니다.

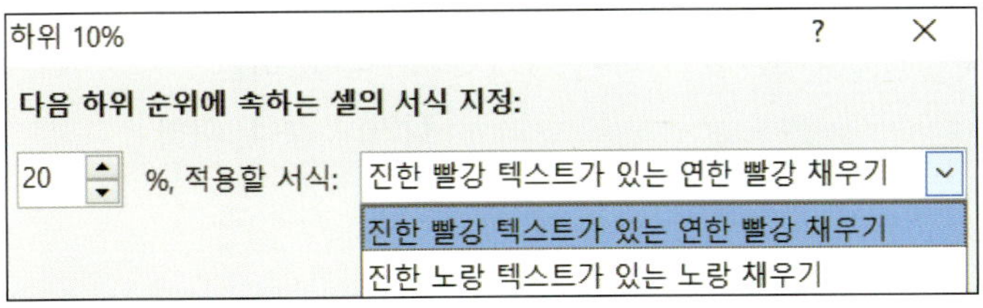

3. 판매수량 열에 하위 20%에 해당되는 수량에 빨강 서식이 적용되는 것을 확인할 수 있습니다.

브래드코너 판매 현황표

부가세 10%

No.	푸드명코드	푸드명	단가	판매수량	판매금액	부가세	총판매금액	할인율	할인판매금액
1	H0034010	야채샌드위치	4,500	40	180,000	18,000	198,000	20%	158,400
2	H0034011	햄치즈샌드위치	6,000	35	210,000	21,000	231,000	15%	196,350
3	H0034012	크림치즈빵	3,000	50	150,000	15,000	165,000	25%	123,750
4	H0034013	단팥빵	800	25	20,000	2,000	22,000	10%	19,800
5	H0034014	미니치즈롤	900	46	41,400	4,140	45,540	20%	36,432
6	H0034015	단호박찰빵	1,500	30	45,000	4,500	49,500	15%	42,075
7	H0034016	치즈 프레첼	2,000	40	80,000	8,000	88,000	20%	70,400
8	H0034017	시나몬 프레첼	2,000	50	100,000	10,000	110,000	25%	82,500
9	H0034018	초코머핀	2,500	80	200,000	20,000	220,000	40%	132,000
10	H0034019	옥수수카스테라	3,800	30	114,000	11,400	125,400	15%	106,590
11	H0034020	우리밀코코볼	1,200	50	60,000	6,000	66,000	25%	49,500
12	H0034021	바나나카라멜	1,500	40	60,000	6,000	66,000	20%	52,800
13	H0034022	포켓샌드딸기요거트	2,000	35	70,000	7,000	77,000	15%	65,450
14	H0034023	땅콩베리	1,200	50	60,000	6,000	66,000	25%	49,500
15	H0034024	단호박크림치즈	800	25	20,000	2,000	22,000	10%	19,800
16	H0034025	초코칩쏙쏙화이트	900	46	41,400	4,140	45,540	20%	36,432
17	H0034026	빙글빙글녹차단팥	1,500	30	45,000	4,500	49,500	15%	42,075
18	H0034027	두유크레커	1,800	40	72,000	7,200	79,200	20%	63,360

비교 연산자

연산자	의미
=	같다
〈〉	같지 않다
〉	크다, 초과
〉=	크거나 같다, 이상
〈	작다, 미만
〈=	작거나 같다, 이하

1-2 셀 서식 설정하기

따라해 보세요 – 셀 서식 설정하기

셀 스타일을 이용하여 표의 제목과 셀의 스타일을 디자인 하세요.

*시트명 : 스타일

1. B1:K1 범위를 선택하고 [홈 탭 – 맞춤 그룹 – 목록 화살표 – 병합하고 가운데 맞춤]을 클릭합니다. 표의 제목 셀이 병합되는 것을 확인할 수 있습니다.

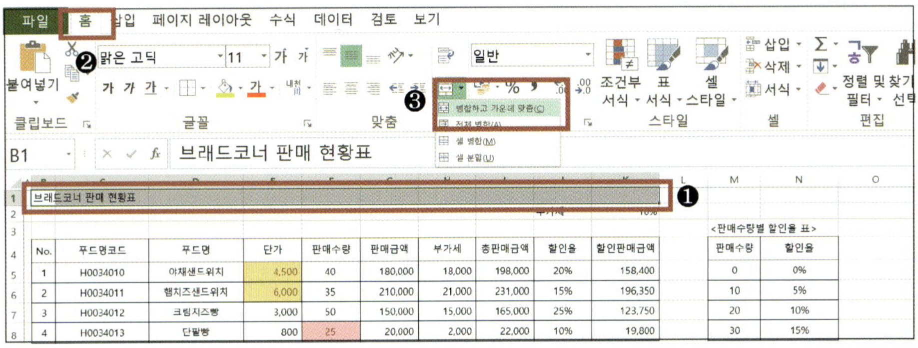

2. [홈 탭 – 스타일 그룹 – 셀 스타일 – 제목 1] 스타일을 클릭합니다. 표 제목 스타일이 변경되는 것을 확인할 수 있습니다.

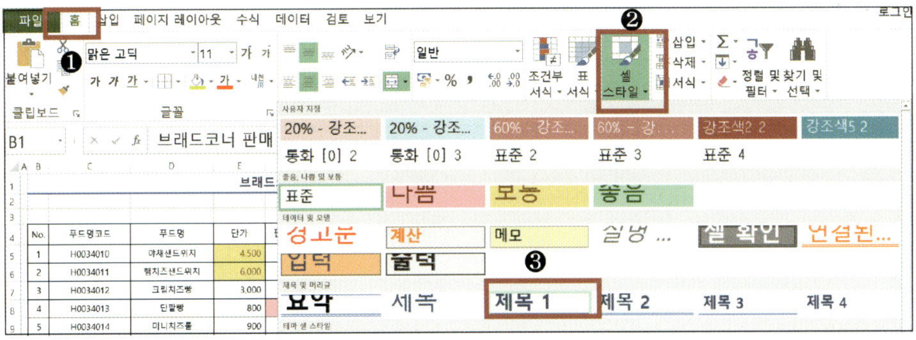

3. B4:K4 범위를 선택하고 [홈 탭 - 스타일 그룹 - 셀 스타일 - 강조색2 2] 스타일을 클릭합니다.

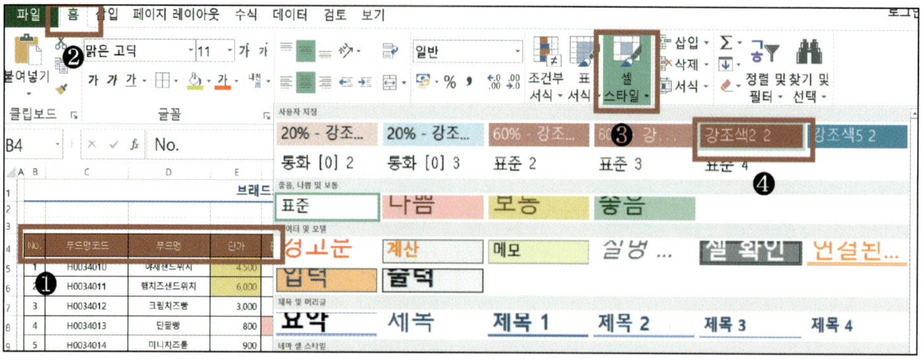

4. 표의 첫 머리글 스타일이 변경되는 것을 확인할 수 있습니다. 이와 같이 각각의 셀에 셀 스타일을 적용하여 디자인을 변경할 수 있습니다.

브래드코너 판매 현황표

								부가세	10%
No.	푸드명코드	푸드명	단가	판매수량	판매금액	부가세	총판매금액	할인율	할인판매금액
1	H0034010	야채샌드위치	4,500	40	180,000	18,000	198,000	20%	158,400
2	H0034011	햄치즈샌드위치	6,000	35	210,000	21,000	231,000	15%	196,350
3	H0034012	크림치즈빵	3,000	50	150,000	15,000	165,000	25%	123,750
4	H0034013	단팥빵	800	25	20,000	2,000	22,000	10%	19,800
5	H0034014	미니치즈롤	900	46	41,400	4,140	45,540	20%	36,432
6	H0034015	단호박찰빵	1,500	30	45,000	4,500	49,500	15%	42,075
7	H0034016	치즈 프레첼	2,000	40	80,000	8,000	88,000	20%	70,400
8	H0034017	시나몬 프레첼	2,000	50	100,000	10,000	110,000	25%	82,500
9	H0034018	초코머핀	2,500	80	200,000	20,000	220,000	40%	132,000
10	H0034019	옥수수카스테라	3,800	30	114,000	11,400	125,400	15%	106,590

1-3 표 서식 설정하기

따라해 보세요 – 표 서식 설정하기

표 스타일을 이용하여 판매수량별 할인율 표를 디자인 하세요.

＊시트명 : 스타일

1. 판매수량별 할인율 표 위의 셀에 커서를 이동하고 [홈 탭 – 스타일 그룹 – 표 서식 – 표 스타일 보통 18]을 클릭합니다.

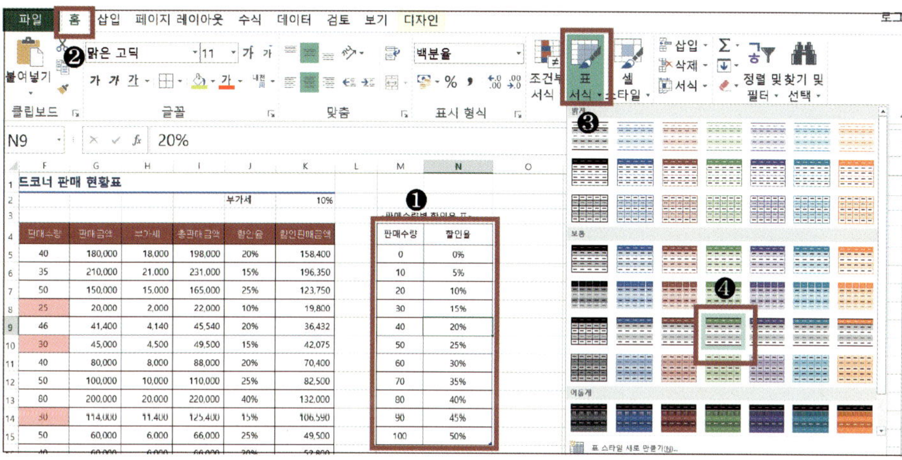

2. 대화상자가 나타나면 표에 사용할 데이터 범위를 지정하고 확인 버튼을 클릭합니다.

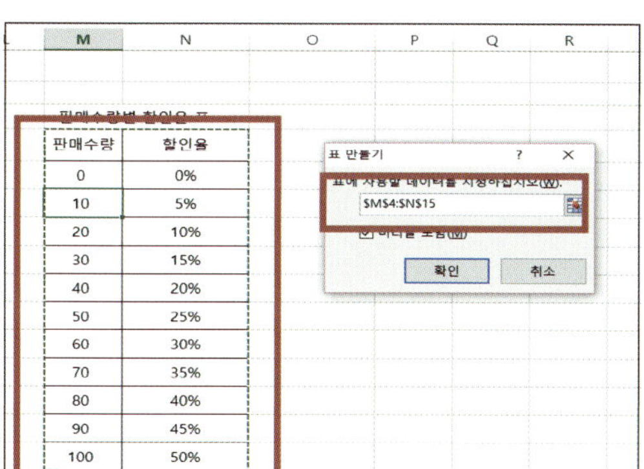

Tip
셀 포인터를 판매수량별 할인율 표 위로 이동한 후 스타일을 적용하였기 때문에 범위는 자동으로 판매수량별 할인율 표가 설정됩니다. 원하는 범위와 다른 경우 표의 범위를 삭제한 후 다시 재설정하면 됩니다.

3. 판매수량별 할인율 표에 표 스타일이 적용되는 것을 확인할 수 있습니다.

브래드코너 판매 현황표

부가세 10%

No.	푸드명코드	푸드명	단가	판매수량	판매금액	부가세	총판매금액	할인율	할인판매금액
1	H0034010	야채샌드위치	4,500	40	180,000	18,000	198,000	20%	158,400
2	H0034011	햄치즈샌드위치	6,000	35	210,000	21,000	231,000	15%	196,350
3	H0034012	크림치즈빵	3,000	50	150,000	15,000	165,000	25%	123,750
4	H0034013	단팥빵	800	25	20,000	2,000	22,000	10%	19,800
5	H0034014	미니치즈롤	900	46	41,400	4,140	45,540	20%	36,432
6	H0034015	단호박찰빵	1,500	30	45,000	4,500	49,500	15%	42,075
7	H0034016	치즈 프레첼	2,000	40	80,000	8,000	88,000	20%	70,400
8	H0034017	시나몬 프레첼	2,000	50	100,000	10,000	110,000	25%	82,500
9	H0034018	초코머핀	2,500	80	200,000	20,000	220,000	40%	132,000
10	H0034019	옥수수카스테라	3,800	30	114,000	11,400	125,400	15%	106,590
11	H0034020	우리밀코코볼	1,200	50	60,000	6,000	66,000	25%	49,500
12	H0034021	바나나카라멜	1,500	40	60,000	6,000	66,000	20%	52,800

<판매수량별 할인율 표>

판매수량	할인율
0	0%
10	5%
20	10%
30	15%
40	20%
50	25%
60	30%
70	35%
80	40%
90	45%
100	50%

02

개체 삽입

표, 차트 그리고 스파크라인 개체를 삽입하여 데이터 값의 흐름을 좀 더 쉽게 파악할 수 있다.

예제파일 : 2장예제.xlsx

2-1 표 삽입하기

식품단속일지 - 일반 데이터 표

일자	담당자	검사지역	유통기한 위반	가격표시 위반	기타
2017-01-20	고소영	서울지역	8	0	9
2017-01-20	김대영	전북지역	7	5	3
2017-01-22	이진아	경북지역	2	7	6
2017-01-23	김대영	전북지역	6	7	4
2017-01-23	한석봉	충북지역	9	7	3
2017-01-23	고소영	서울지역	2	3	3
2017-01-23	한석봉	충북지역	8	6	3
2017-01-27	김대영	전북지역	3	8	10
2017-02-12	고소영	서울지역	9	4	2
2017-02-13	이진아	경북지역	6	8	2
2017-02-14	한석봉	충북지역	4	8	6

〈일반 데이터 표〉

식품단속일지 - 엑셀 표

일자	담당자	검사지역	유통기한 위반	가격표시 위반	기타
2017-01-20	고소영	서울지역	8	0	9
2017-01-20	김대영	전북지역	7	5	3
2017-01-22	이진아	경북지역	2	7	6
2017-01-23	김대영	전북지역	6	7	4
2017-01-23	한석봉	충북지역	9	7	3
2017-01-23	고소영	서울지역	2	3	3
2017-01-23	한석봉	충북지역	8	6	3
2017-01-27	김대영	전북지역	3	8	10
2017-02-12	고소영	서울지역	9	4	2
2017-02-13	이진아	경북지역	6	8	2
2017-02-14	한석봉	충북지역	4	8	6

〈엑셀 표〉

일반 데이터 표

왼쪽과 같은 표가 가장 기본적인 데이터 표입니다. 데이터를 입력하고 표 테두리를 이용하여 표를 간단하게 작성할 수 있습니다.

엑셀 표

오른쪽과 같은 표가 엑셀 표입니다. 데이터 표를 엑셀 표로 변환할 경우 기본 표 스타일이 적용되고, 자동으로 필터가 적용됩니다.

따라해 보세요 – 표 삽입하기

왼쪽 일반 데이터 표를 엑셀 표로 변경하세요. 또한 오른쪽 엑셀 표를 데이터 표로 변경하세요.

*시트명 : 표

1. 왼쪽 일반 데이터 표 안에 임의의 셀에 커서를 이동합니다. [삽입 탭 – 표 그룹 – 표]를 클릭합니다.

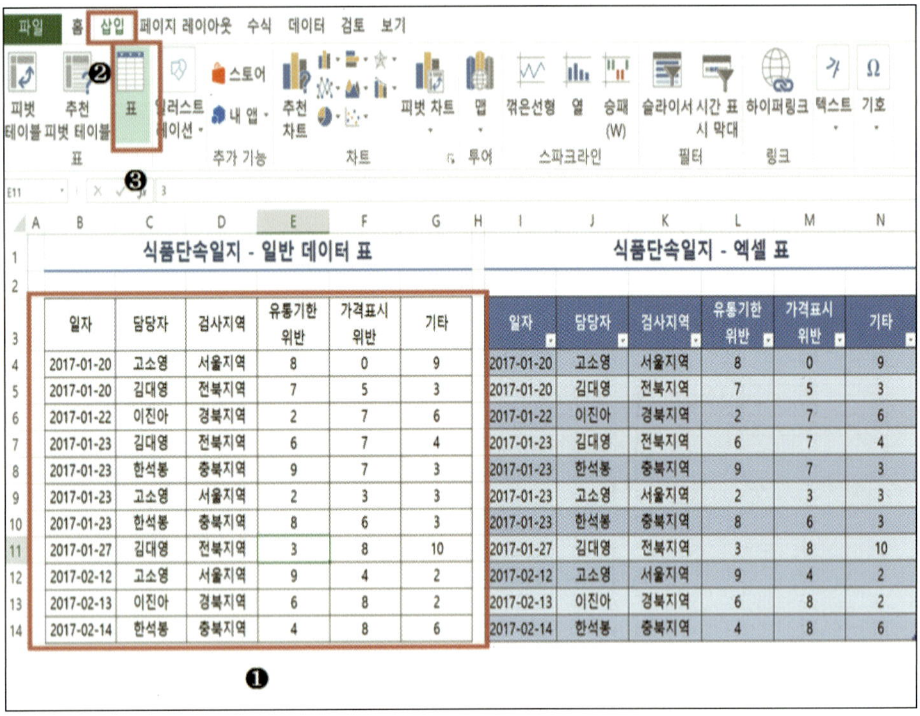

2. 대화상자가 나타나면서 자동으로 범위가 설정됩니다. 범위가 맞는지 확인하고 확인버튼을 클릭합니다.

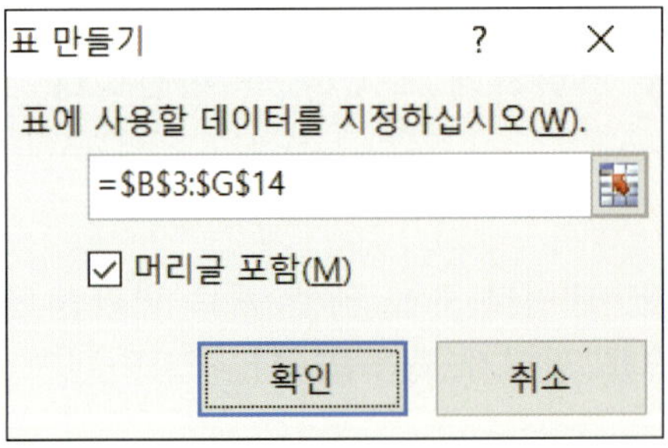

3. 기본 스타일의 '엑셀 표'가 적용되는 것을 확인할 수 있습니다.

일자	담당자	검사지역	유통기한 위반	가격표시 위반	기타
2017-01-20	고소영	서울지역	8	0	9
2017-01-20	김대영	전북지역	7	5	3
2017-01-22	이진아	경북지역	2	7	6
2017-01-23	김대영	전북지역	6	7	4
2017-01-23	한석봉	충북지역	9	7	3
2017-01-23	고소영	서울지역	2	3	3

Tip 엑셀 표에서는 '표 도구' 리본메뉴가 생성되며, 디자인 탭에서 표에 대한 세부 설정을 변경할 수 있습니다.

4. 오른쪽 엑셀 표 안에 임의의 셀에 커서를 이동합니다. [표 도구 - 디자인 탭 - 도구 그룹 - 범위로 변환]을 클릭합니다.

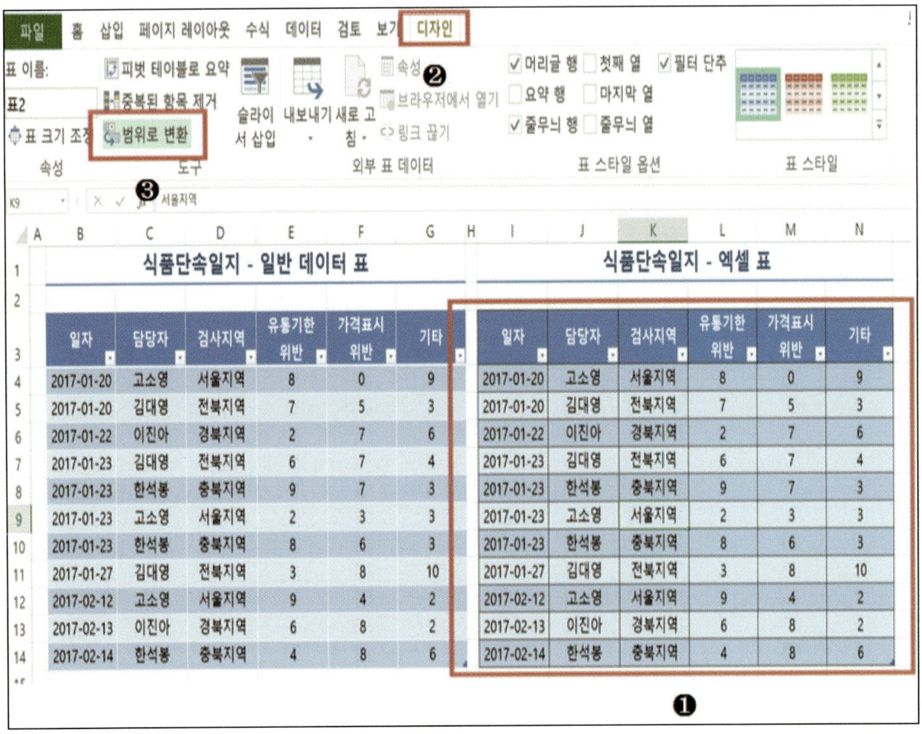

5. '표를 정상 범위로 변환하시겠습니까?' 라는 메시지가 나타나면 '예' 버튼을 클릭합니다.

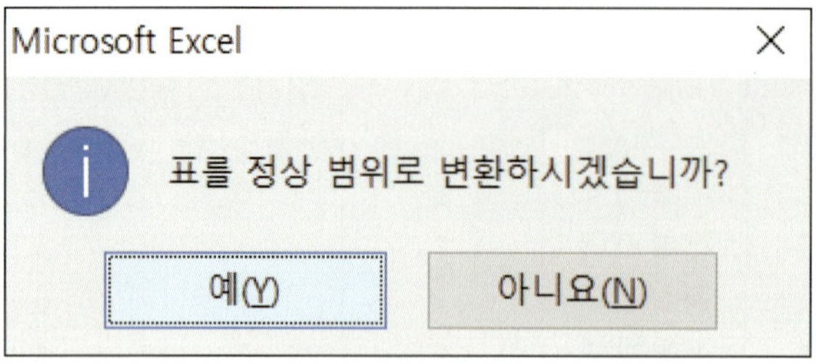

6. 기존에 적용된 서식은 그대로 '데이터 표' 로 변경되는 것을 확인할 수 있습니다.

I	J	K	L	M	N
식품단속일지 - 엑셀 표					
일자	담당자	검사지역	유통기한 위반	가격표시 위반	기타
2017-01-20	고소영	서울지역	8	0	9
2017-01-20	김대영	전북지역	7	5	3
2017-01-22	이진아	경북지역	2	7	6
2017-01-23	김대영	전북지역	6	7	4
2017-01-23	한석봉	충북지역	9	7	3
2017-01-23	고소영	서울지역	2	3	3
2017-01-23	한석봉	충북지역	8	6	3
2017-01-27	김대영	전북지역	3	8	10
2017-02-12	고소영	서울지역	9	4	2
2017-02-13	이진아	경북지역	6	8	2
2017-02-14	한석봉	충북지역	4	8	6

2-2 차트 삽입하기

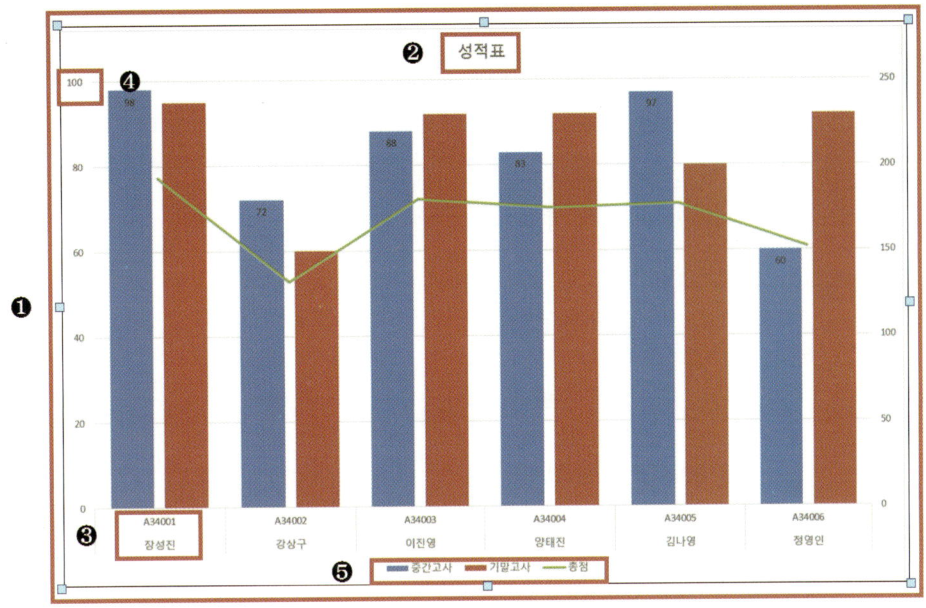

설명

차트 구성 요소

① 차트 영역 : 차트 전체를 의미합니다.

② 차트 제목 : 차트의 제목을 의미합니다.

③ 가로축 레이블 : 가로축에 표시되는 텍스트를 의미합니다.
(A34001 장성진, A34002 강상구...)

④ 세로축 레이블 : 세로축에 표시되는 텍스트를 의미합니다.(0, 20, 40...)

⑤ 범례 : 그림 영역에 표시된 데이터 계열을 의미합니다.

⑥ 그림 영역 : 그래프가 표시되는 곳으로 가로축, 세로축, 그림으로 구성됩니다.

- 가로축 : X축으로 보통 항목이 표시됩니다.
- 세로축 : Y축으로 보통 숫자 값이 표시됩니다.
- 데이터 계열 : 데이터 값이 그래프에 표시된 개체를 의미합니다. 일반적으로 같은 계열의 개체는 같은 색으로 표시됩니다.
- 데이터 레이블 : 데이터 계열에 표시되는 값을 의미합니다.

따라해 보세요 – 차트 삽입하기

성적 평가표의 이름과 중간고사 성적을 이용하여 세로 막대형 차트를 삽입하세요. 가로축에는 기말고사 항목을 추가하세요.

*시트명 : 차트

1. Ctrl 키를 이용하여 B3:B9 범위와 D3:D9 범위를 동시에 드래그 합니다.
2. [삽입 탭 – 차트 그룹 – 묶은 세로 막대형]을 클릭합니다.
   중간고사에 대한 차트가 삽입되는 것을 확인할 수 있습니다.

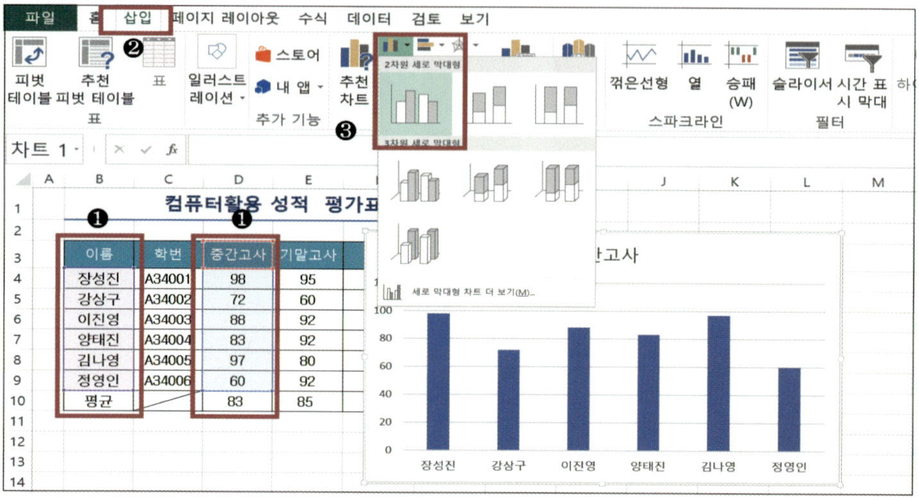

3. 차트에 기말고사 항목을 추가하기 위하여 차트 영역을 클릭 한 후 [차트 도구 – 디자인 탭 – 데이터 그룹 – 데이터 선택]을 클릭합니다.

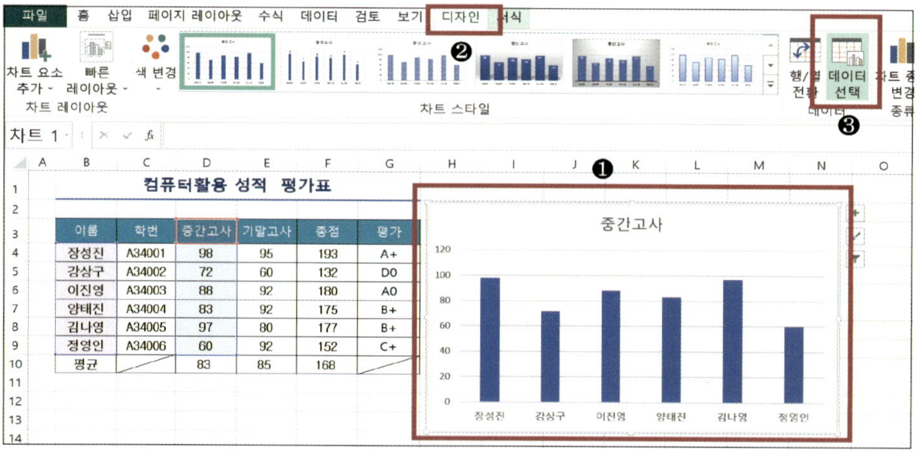

4. 데이터 원본 선택 대화상자가 나타나면 왼쪽 범례 항목의 추가 버튼을 클릭합니다.

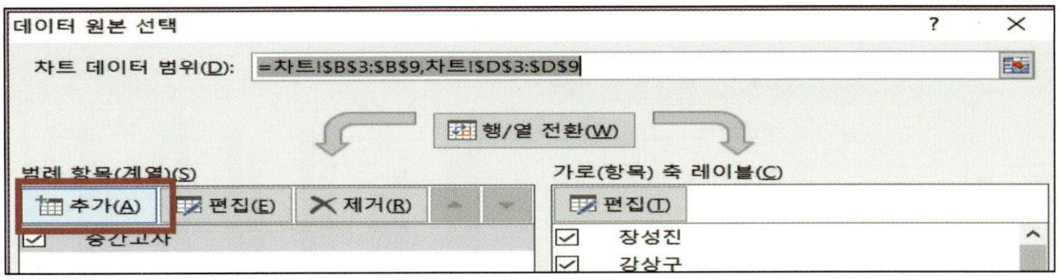

5. 계열 편집 대화상자가 나타나면 계열 이름은 '=E3', 계열 값은 '=E4:E9'를 입력한 후 확인 버튼을 클릭합니다.

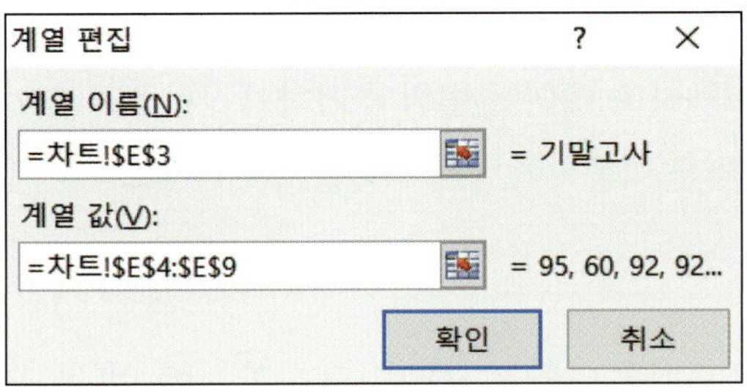

Tip 계열 이름에 '기말고사' 텍스트를 입력해도 차트가 삽입됩니다. 단, 계열 이름을 주소로 참조 받지 않은 경우 차트에 대한 영역이 데이터 표에 표시되지 않습니다.

6. 데이터 원본 선택 대화상자에 기말고사 항목이 추가되는 것을 확인할 수 있습니다. 확인 버튼을 클릭합니다.

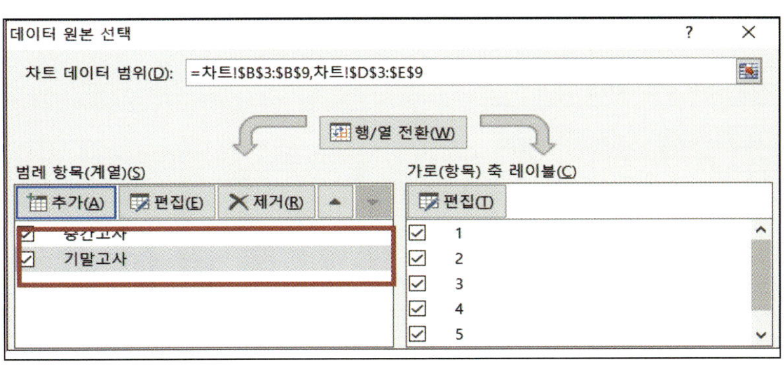

7. 차트에 기말고사 항목이 추가되는 것을 확인할 수 있습니다.

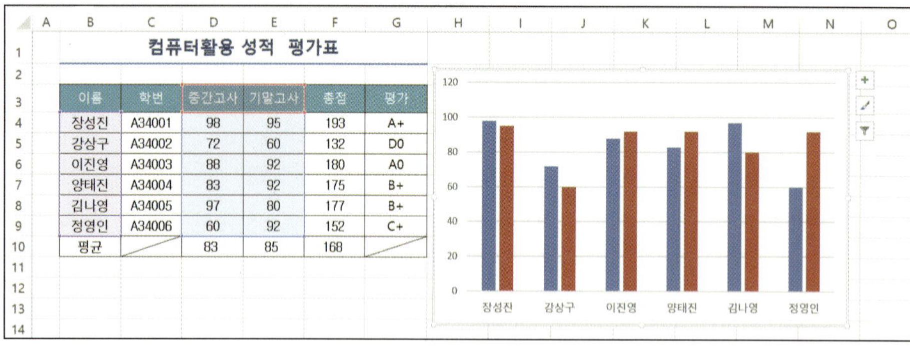

따라해 보세요 – 데이터 표를 이용하여 데이터 범위 추가하기

컴퓨터활용 성적 평가표 범위 영역을 이용하여 총점 항목을 추가하세요.

*시트명 : 차트

1. 차트를 클릭합니다. 왼쪽에 '컴퓨터활용 성적 평가표' 에 범위 영역 표시가 나타나면 데이터 범위 영역을 오른쪽 방향으로 드래그하여 총점 항목까지 영역을 늘려줍니다.

2. 왼쪽 표에서 데이터 범위 영역이 늘어나면 오른쪽의 차트 항목도 자동으로 추가되는 것을 확인할 수 있습니다.

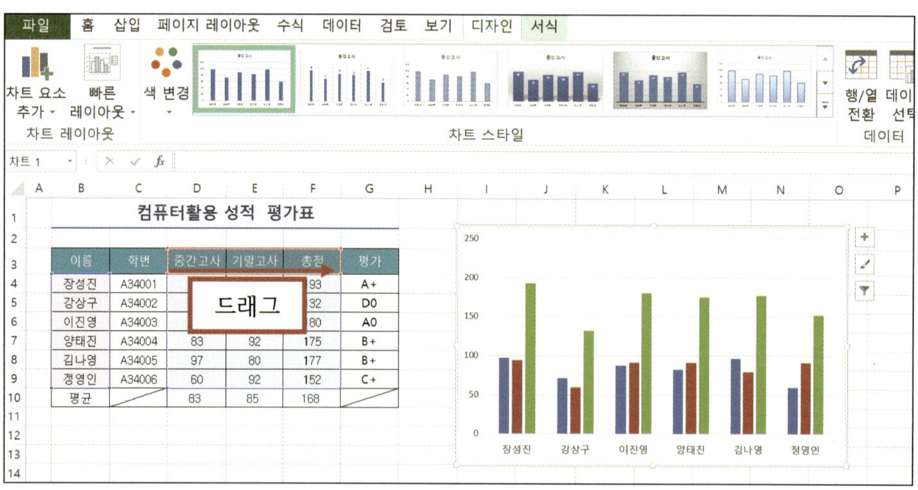

따라해 보세요 – 가로축 레이블 추가하기

가로축에 학번 레이블을 추가하세요.

*시트명 : 차트

1. 차트 영역을 클릭 한 후 [차트 도구 – 디자인 탭 – 데이터 그룹 – 데이터 선택]을 클릭합니다.

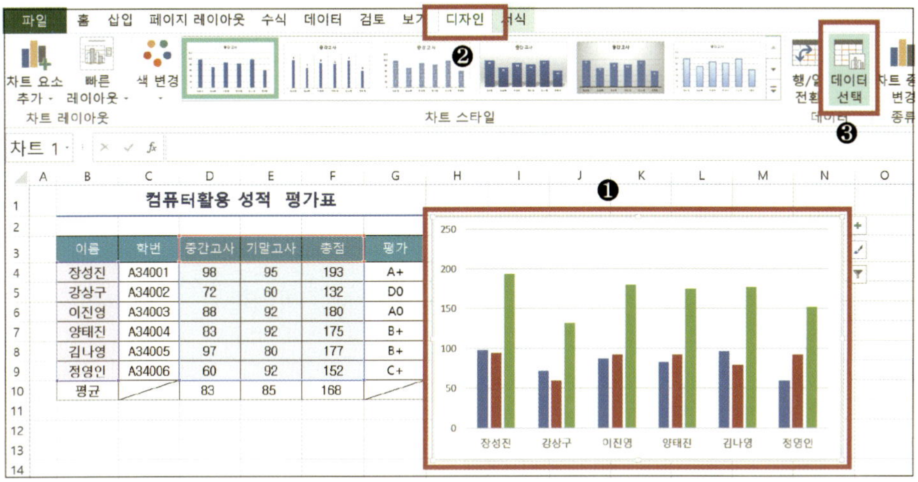

2. 데이터 원본 선택 대화상자가 나타나면 가로 축 레이블의 편집 버튼을 클릭합니다.

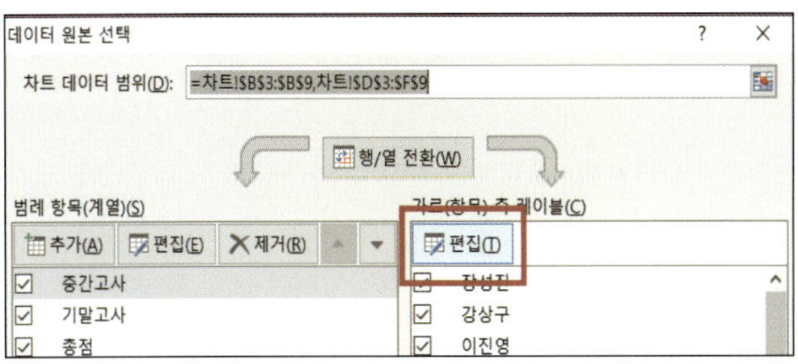

3. 축 레이블 대화상자가 나타나면 축 레이블 범위를 삭제하고 [축 레이블 범위 : =$B$4:$C$9] 를 입력한 후 확인 버튼을 클릭합니다.

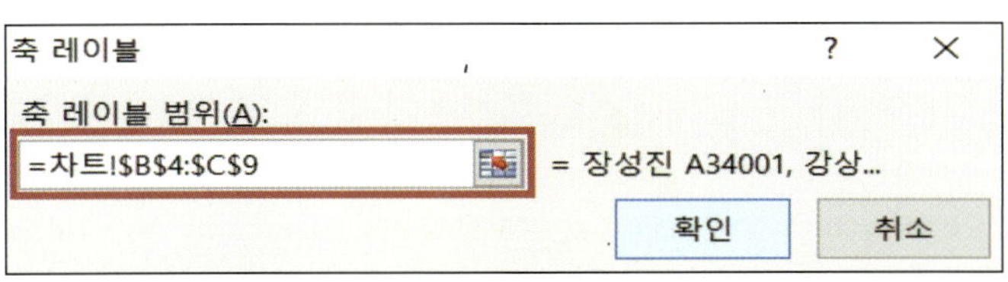

4. 데이터 원본 선택 대화상자에서 '학번' 이 추가되는 것을 확인할 수 있습니다. 확인 버튼을 클릭합니다.

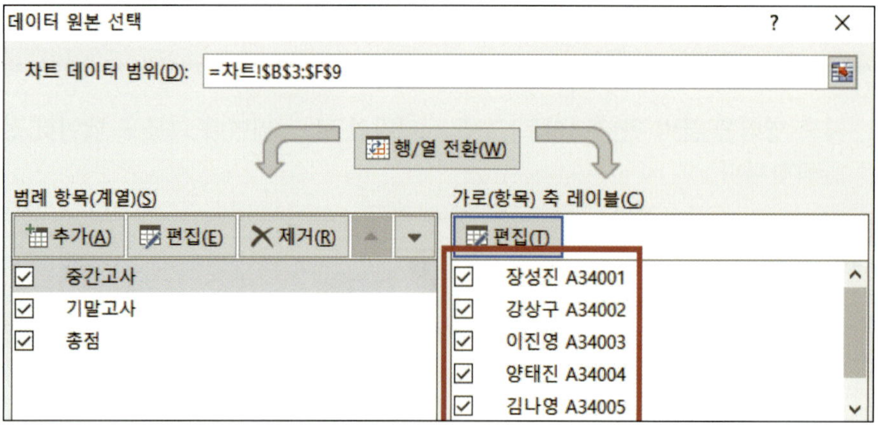

5. 차트의 가로축 레이블에 학번이 추가가 되는 것을 확인할 수 있습니다.

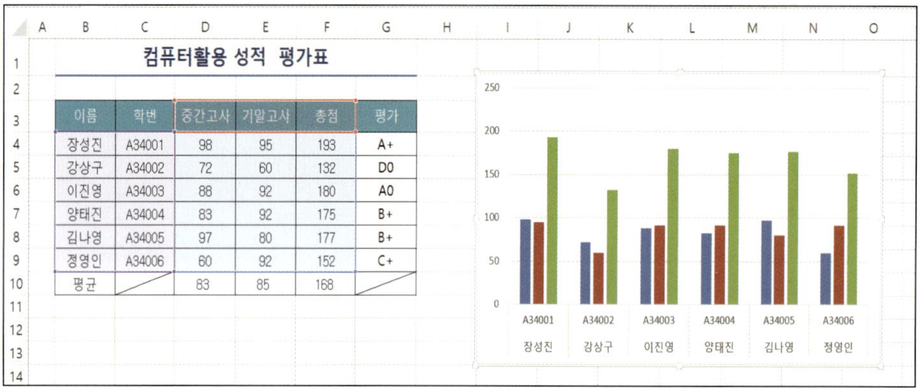

따라해 보세요 – 차트 종류 변경하기

항목 중 총점 항목만 꺾은선형 차트로 종류를 변경하고 보조축을 추가하세요.

*시트명 : 차트

1. 차트 그림 영역에서 총점 데이터 영역 중 하나만 클릭합니다. 모든 총점 데이터 영역이 선택되면 [차트 도구 – 디자인 탭 – 종류 그룹 – 차트 종류 변경]을 클릭합니다.

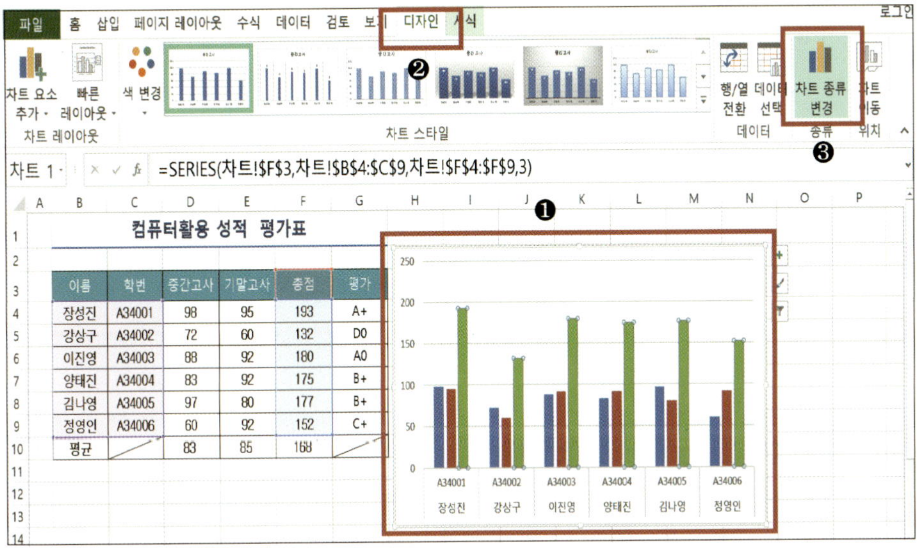

2. 차트 종류는 '콤보', 총점은 '꺾은선형', 보조축은 '체크' 한 뒤 확인 버튼을 클릭합니다.

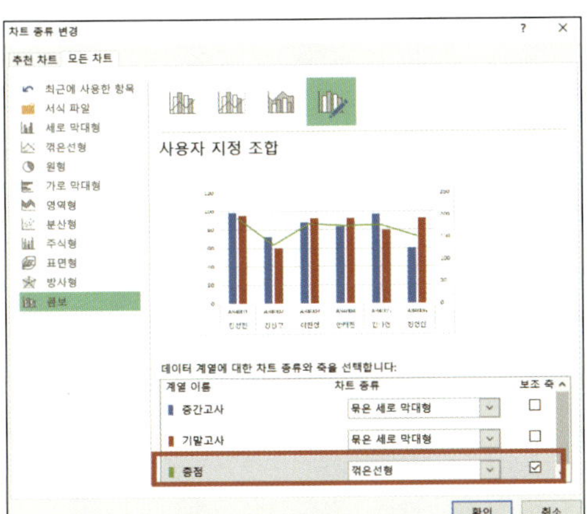

3. 오른쪽에 보조축이 생성되고 총점 차트의 종류가 '꺾은선형' 으로 변경되는 것을 확인할 수 있습니다.

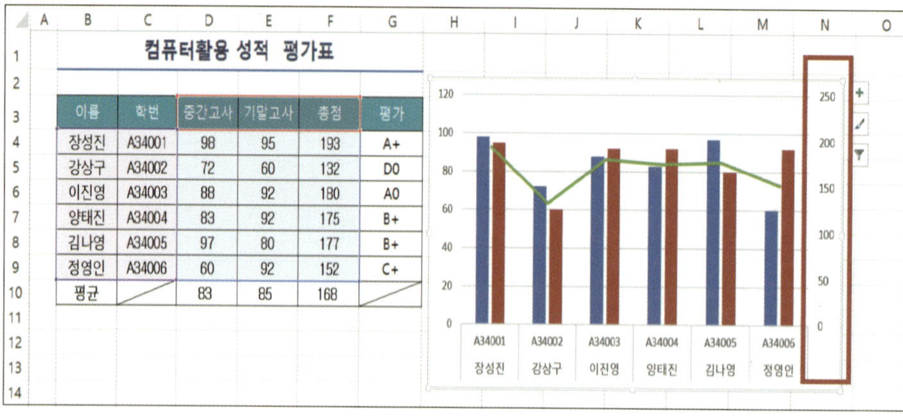

이름	학번	중간고사	기말고사	총점	평가
장성진	A34001	98	95	193	A+
강상구	A34002	72	60	132	D0
이진영	A34003	88	92	180	A0
양태진	A34004	83	92	175	B+
김나영	A34005	97	80	177	B+
정영인	A34006	60	92	152	C+
평균		83	85	168	

Tip 차트의 데이터 계열 간의 값 차이가 발생할 경우 데이터 계열의 간격을 최소화 하기 위해 보조축을 사용합니다. 보조축은 기본축(왼쪽)이 아닌 오른쪽에 축이 생기게 됩니다.

따라해 보세요 – 축 서식 변경하기

기본축(왼쪽) 최대값을 120에서 100으로 변경하세요.

*시트명 : 차트

1. 세로축 레이블 위에서 마우스를 오른쪽 클릭 합니다.

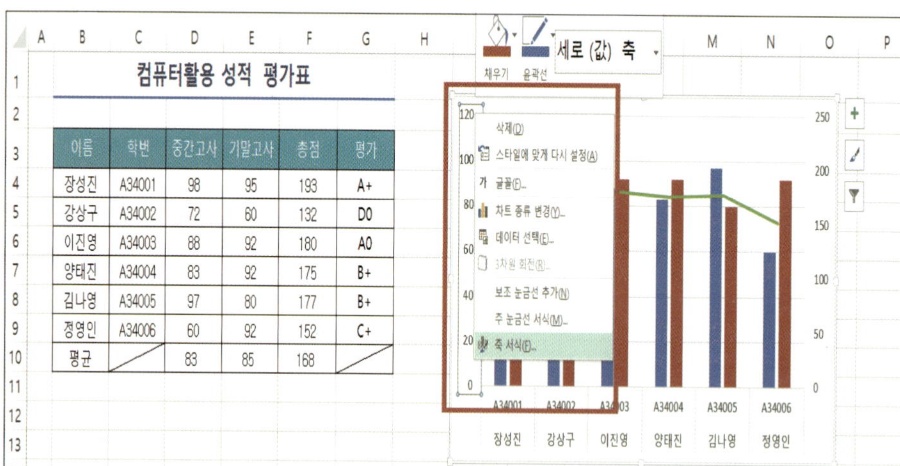

이름	학번	중간고사	기말고사	총점	평가
장성진	A34001	98	95	193	A+
강상구	A34002	72	60	132	D0
이진영	A34003	88	92	180	A0
양태진	A34004	83	92	175	B+
김나영	A34005	97	80	177	B+
정영인	A34006	60	92	152	C+
평균		83	85	168	

2. 축 서식을 클릭하면 오른쪽에 축 서식 창이 나타납니다. [최소값 : 0, 최대값 : 100, 주 단위 : 20]을 입력합니다.

3. 값을 변경하면 바로 차트에 적용되는 것을 확인할 수 있습니다.

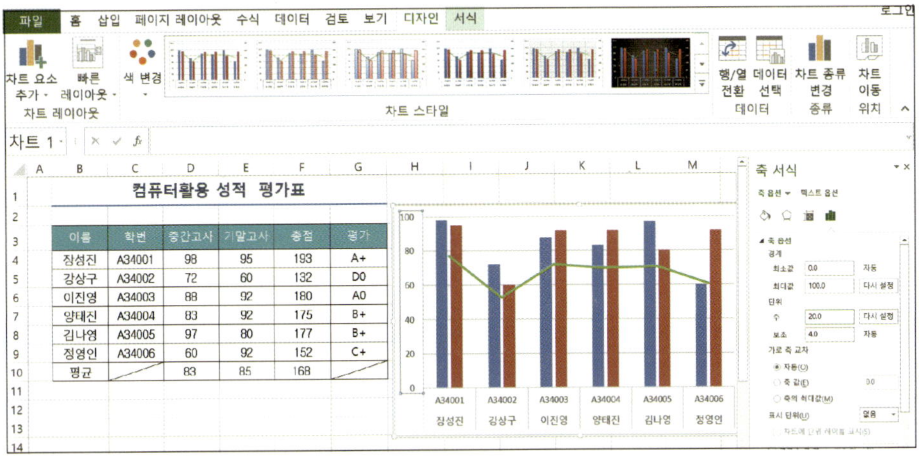

따라해 보세요 – 차트 레이아웃 변경하기

차트 레이아웃을 이용하여 '레이아웃 3'으로 변경하세요. 또한 차트 스타일을 이용하여 '스타일 6'으로 차트 스타일을 변경하세요.

*시트명 : 차트

1. 차트 선택 후 [차트 도구 – 디자인 탭 – 차트 레이아웃 그룹 – 빠른 레이아웃 – 레이아웃 3]을 선택합니다. 쉽고 빠르게 차트의 레이아웃이 변경되는 것을 확인할 수 있습니다.

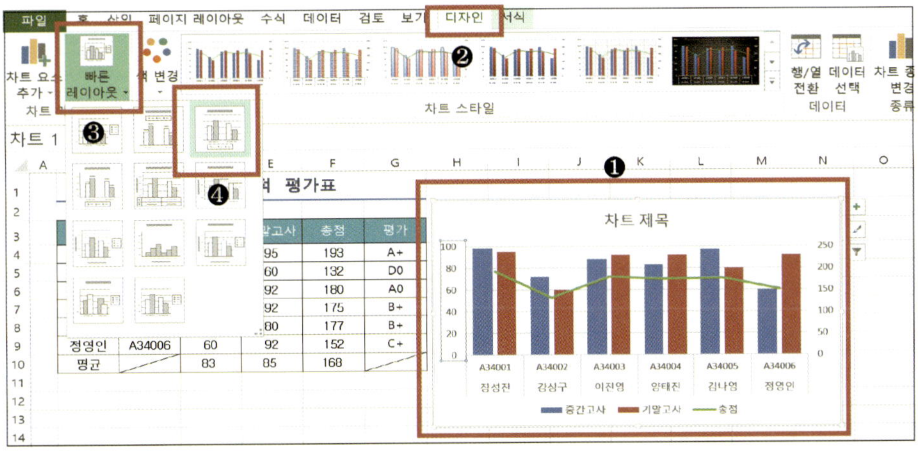

2. [차트 도구 – 디자인 탭 – 차트 스타일 그룹 – 스타일 6]을 클릭합니다. 그에 맞는 스타일로 차트 서식이 변경되는 것을 확인할 수 있습니다.

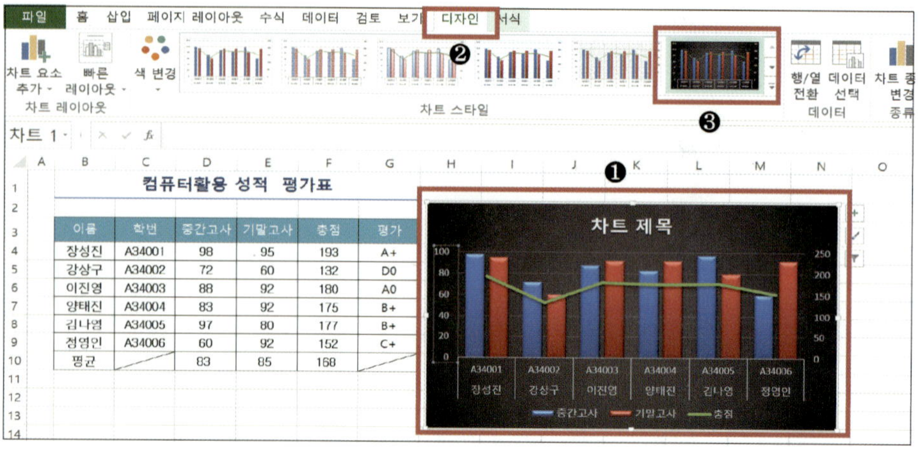

3. 그 외에 추가적으로 차트의 요소를 변경하고자 하면 [차트 도구 – 디자인 탭 – 차트 레이아웃 그룹 – 차트 요소 추가]를 이용할 수 있습니다.

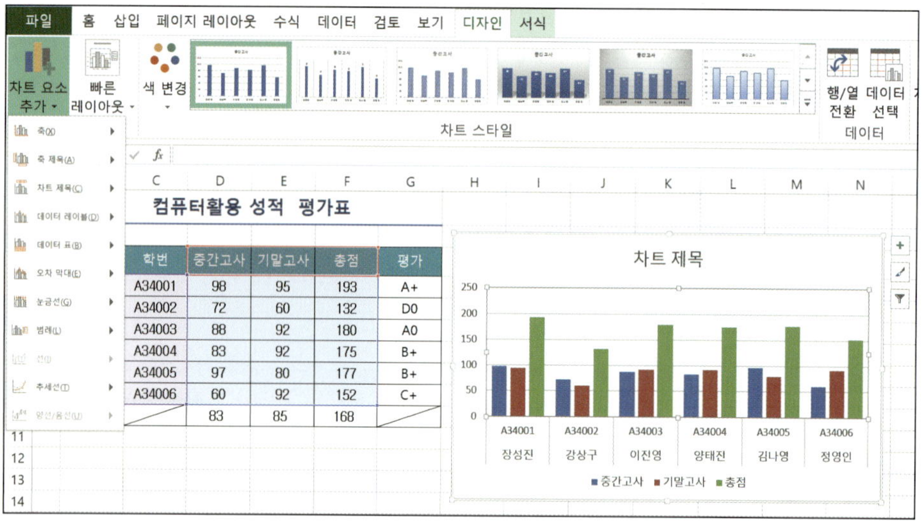

설명

차트 요소 추가

- **축** : 기본 가로, 기본 세로, 보조 가로, 보조 세로 축을 추가할 수 있습니다.
- **축 제목** : 기본 가로, 기본 세로, 보조 가로, 보조 세로 축 제목을 추가할 수 있습니다.
- **차트 제목** : 차트 위, 가운데 맞춰 표시하여 차트 제목을 추가할 수 있습니다.
- **데이터 레이블** : 가운데, 안쪽 끝에, 축에 가깝게, 바깥쪽 끝에, 데이터 설명선으로 데이터 레이블을 추가할 수 있습니다.
- **데이터 표** : 범례 표지 포함, 범례 표지 없음으로 데이터 표를 추가할 수 있습니다.
- **오차 막대** : 표준 오차, 백분율, 표준 편차로 오차 막대를 추가할 수 있습니다.
- **눈금선** : 기본축, 보조축으로 눈금선을 추가할 수 있습니다.
- **범례** : 오른쪽, 위쪽, 왼쪽, 아래쪽으로 범례를 추가할 수 있습니다.
- **선** : 하강선, 최고/최저값 연결선으로 선을 추가할 수 있습니다.
- **추세선** : 선형, 지수, 선형 예측, 이동 평균으로 추세선을 추가할 수 있습니다.
- **양선 / 음선** : 양선/음선을 추가할 수 있습니다.

따라해 보세요 – 차트 이동하기

현재 완성된 차트를 새로운 시트로 이동하세요. 차트 이름은 '차트이동' 으로 설정하세요.

*시트명 : 차트

1. 차트 선택 후 [차트 도구 – 디자인 탭 – 위치 그룹 – 차트 이동]을 클릭합니다.

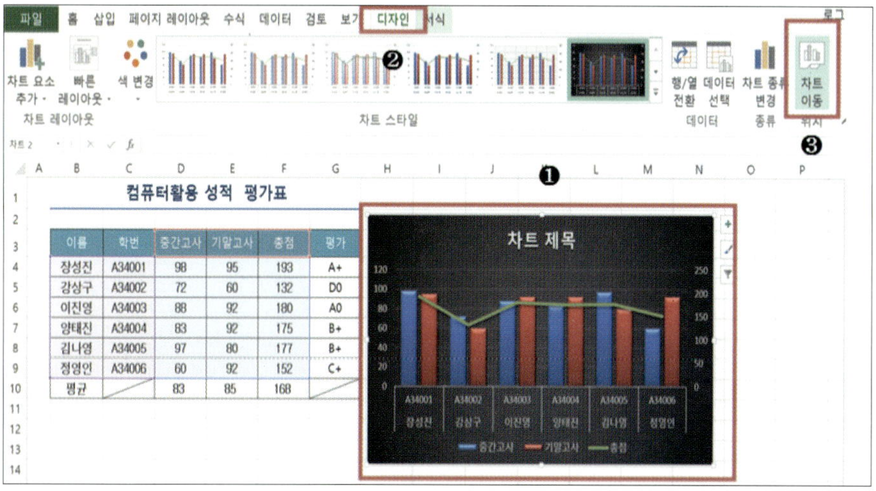

2. 대화상자가 나타나면 새 시트를 선택한 뒤 시트이름은 '차트이동' 으로 입력하고 확인 버튼을 클릭합니다.

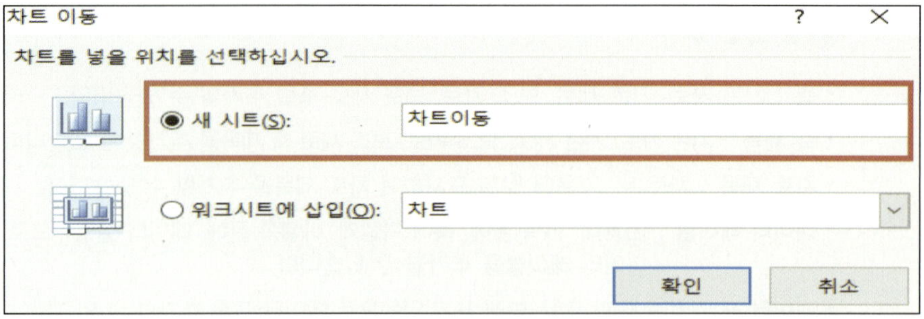

3. '차트이동' 이라는 새로운 시트가 생성되고 그 시트에 차트가 전체화면으로 추가되는 것을 확인할 수 있습니다.

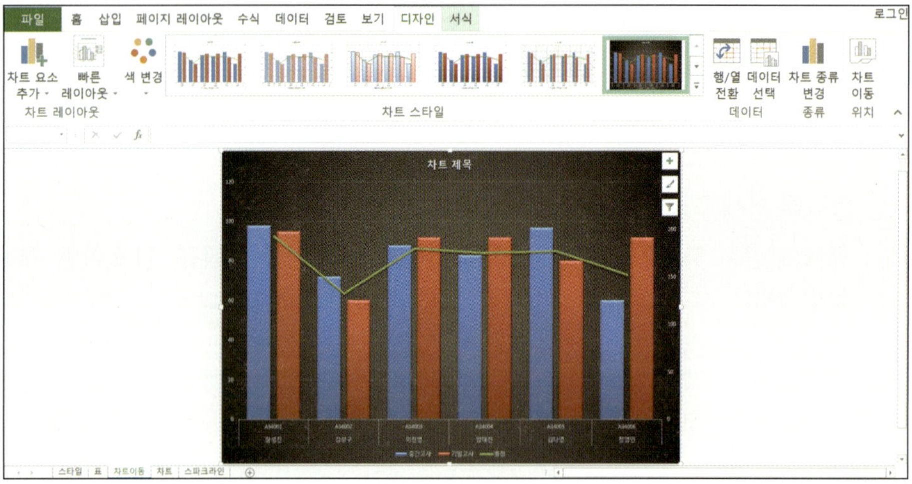

2-3 스파크라인 삽입하기

따라해 보세요 – 스파크라인 삽입하기

A4 셀에는 꺾은선형 스파크라인, A5 셀에는 열 스파크라인, A6 셀에는 승패 스파크라인을 삽입하세요.

*시트명 : 스파크라인

1. A4 셀에 커서를 이동하고 [삽입 탭 – 스파크라인 그룹 – 꺾은선형]을 클릭합니다.

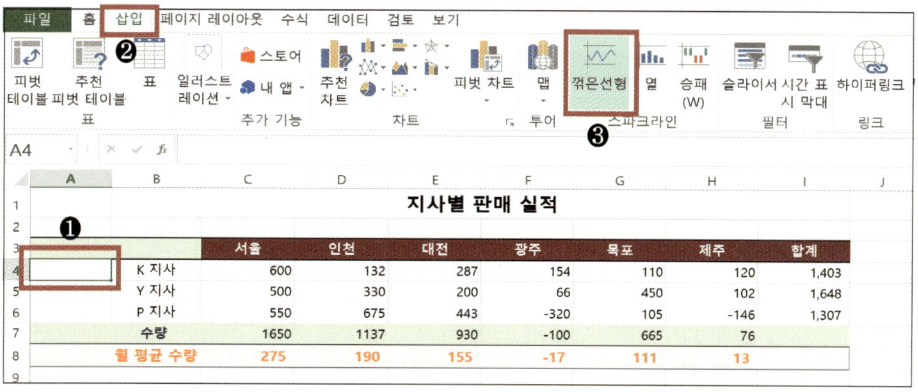

	B	C	D	E	F	G	H	I
1	지사별 판매 실적							
3		서울	인천	대전	광주	목포	제주	합계
4	K 지사	600	132	287	154	110	120	1,403
5	Y 지사	500	330	200	66	450	102	1,648
6	P 지사	550	675	443	-320	105	-146	1,307
7	수량	1650	1137	930	-100	665	76	
8	월 평균 수량	275	190	155	-17	111	13	

2. [데이터 범위 : C4:H4, 위치 범위 : A4]를 입력한 후 확인 버튼을 클릭합니다.

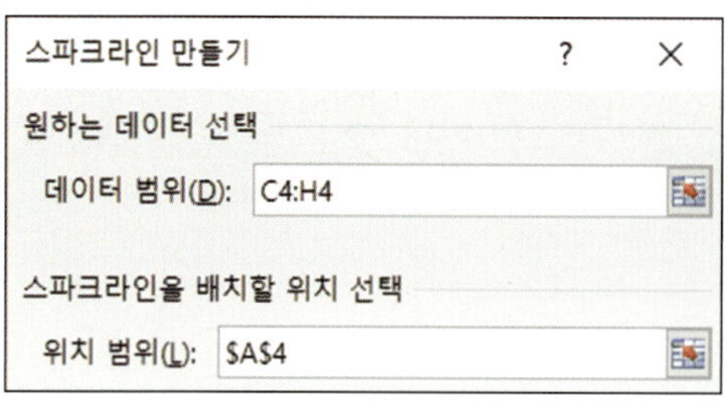

3. '선 스파크라인' 이 삽입되는 것을 확인할 수 있습니다.

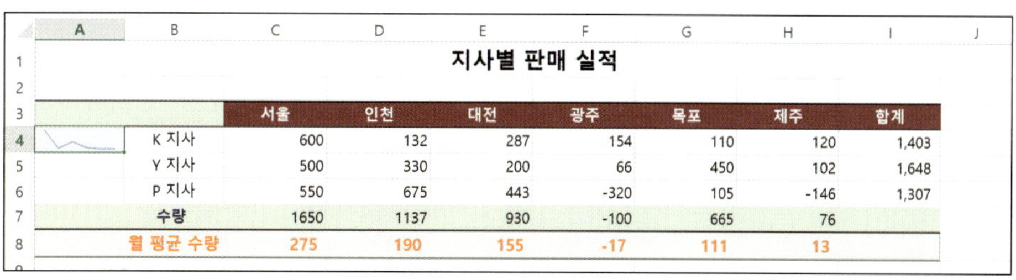

	B	C	D	E	F	G	H	I
1	지사별 판매 실적							
3		서울	인천	대전	광주	목포	제주	합계
4	K 지사	600	132	287	154	110	120	1,403
5	Y 지사	500	330	200	66	450	102	1,648
6	P 지사	550	675	443	-320	105	-146	1,307
7	수량	1650	1137	930	-100	665	76	
8	월 평균 수량	275	190	155	-17	111	13	

4. 선 스파크라인의 속성을 설정하기 위하여 스파크라인을 클릭한 후 [스파크라인 도구 - 디자인 탭 - 표시 그룹 - 높은점, 낮은점 체크], [스타일 자세히 - 스파크라인 스타일 강조 2, 25% 더 어둡게]를 클릭하여 스파크라인을 디자인합니다.

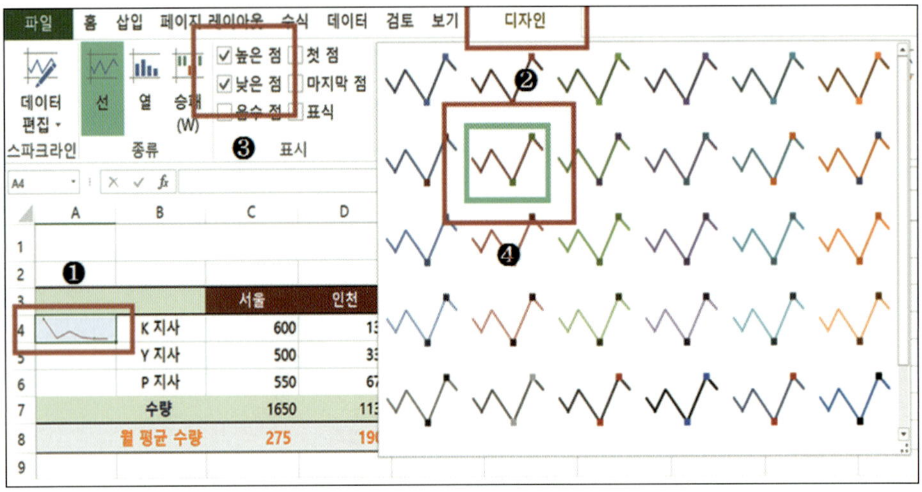

5. 위와 같은 방법으로 '열 스파크라인' 과 '승패 스파크라인' 을 삽입합니다.

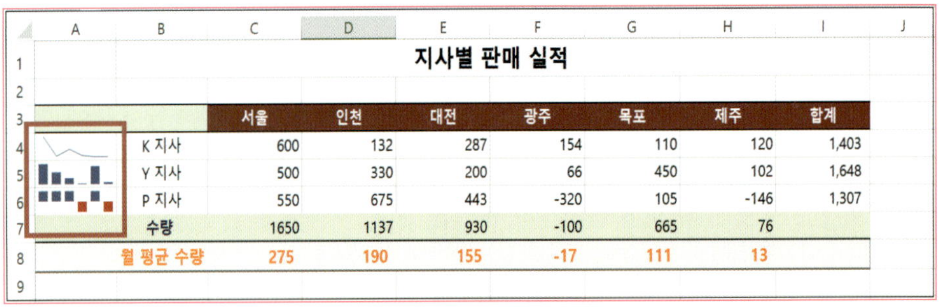

설명

스파크라인 종류

- **꺾은선형, 열** : 값의 추세, 비교를 표현하며 데이터 값 차이를 나타냅니다.
- **승패** : 승패 기록 등을 표현하며 양수 값과 음수 값의 표현만 가능합니다.

2장 실전예제만들기

워크시트를 이용하여 학생별 성적 관리표를 만들어 보세요.

학생별 성적 관리표

학번	이름	성별	중간고사	기말고사	총점	평균
201703001	***김경호***	남자	100	94	194	97
201703002	최희원	여자	90	60	150	75
201703003	천성민	남자	88	60	148	74
201703004	***장대희***	남자	90	98	188	94
201703005	임효성	남자	90	45	135	67.5
201703006	***임기남***	남자	100	90	190	95
201703007	이현우	남자	90	87	177	88.5
201703008	윤이성	여자	90	89	179	89.5
201703009	***엄주인***	여자	90	90	180	90
201703010	송상철	남자	90	77	167	83.5

조건

(1) 새 통합문서에서 새로 만들기 하십시오.
(2) A열은 비워 두십시오.(너비 : 1.2)
(3) 제목 셀은 '셀 병합, 가운데 정렬, 셀 스타일 : 제목 스타일'로 설정하십시오.
(4) '본문 글꼴 : 맑은 고딕, 크기 : 12pt, 가운데 맞춤'으로 설정하십시오.
(5) 표 서식을 이용하여 '표 스타일 보통 15'로 설정하십시오.
(6) 조건부 서식을 이용하여 평균이 90점 이상인 학생 이름의 글꼴 서식을 '굵은 기울임꼴, 빨강색'으로 변경하십시오.
(7) 성적 관리표를 이용하여 차트를 삽입하십시오.
 - 차트의 종류는 2차원 묶은 세로 막대형으로 삽입하십시오.
 - 중간고사, 기말고사, 총점을 계열 값으로 설정하십시오.
 - 가로 축에는 학생 이름만 표시되도록 설정하십시오.
 - 차트 제목은 삭제하고, 데이터 표를 추가하십시오.
 - 평균 값만 꺾은선형 그래프로 변경하고 보조축으로 설정하십시오.
 - 차트를 새로운 시트로 이동하고 시트명은 '차트'로 변경하십시오.

1. 엑셀 2013을 실행하여 '새 통합문서' 를 클릭하여 새로운 통합문서를 만듭니다.

2. A열 머리글에서 마우스를 오른쪽 클릭하여 열 너비를 '1.2' 로 설정한 후 확인 버튼을 클릭합니다.

3. 왼쪽 상단의 행과 열의 교차지점(이름상자 아래 부분)을 클릭합니다. 시트 전체가 선택되면 본문 글꼴은 '맑은 고딕' 으로 크기는 '12' 로 설정하고, [홈 탭 – 맞춤 그룹 – 가운데 맞춤]을 클릭하여 시트 전체 기본 글꼴과 맞춤을 설정합니다.

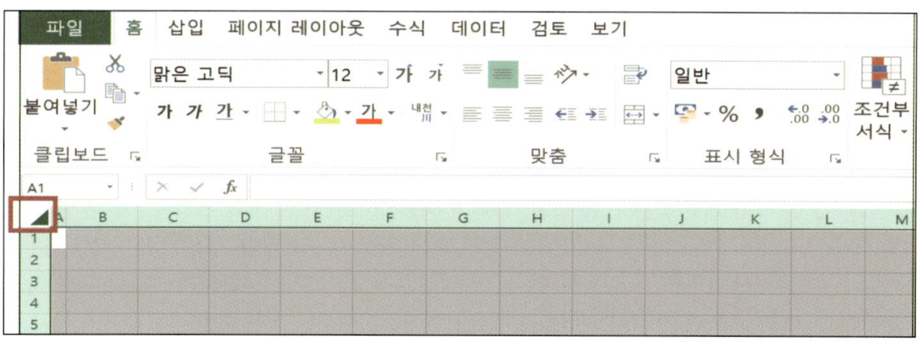

4. B1 셀에 '학생별 성적 관리표'를 입력합니다. B1:H1 범위를 선택한 후 [홈 탭 – 맞춤 그룹 – 병합하고 가운데 맞춤]을 선택하여 셀을 병합하고 가운데로 정렬합니다.

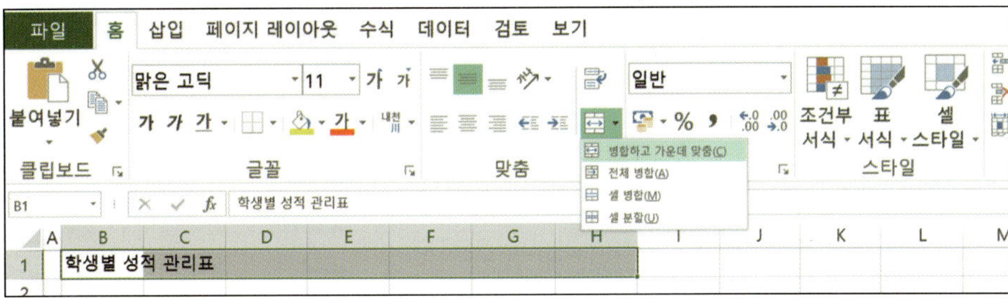

5. [홈 탭 – 스타일 그룹 – 셀 스타일 – 제목]을 클릭하여 제목 셀의 스타일을 변경합니다.

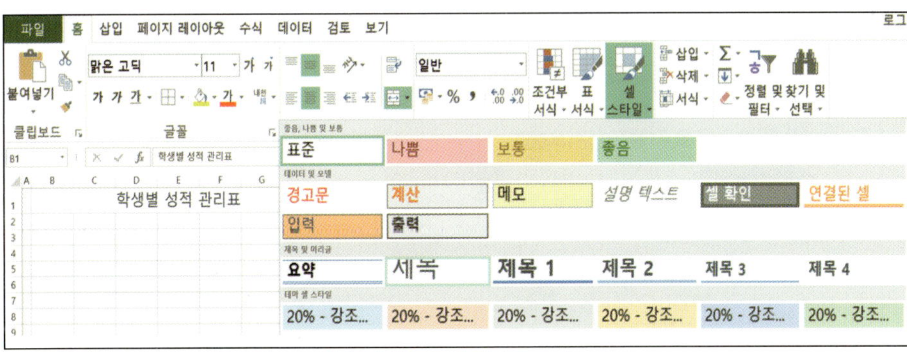

6. B3 셀로 커서를 이동합니다. 나머지 텍스트를 아래와 같이 입력합니다.

	A	B	C	D	E	F	G	H	I
1		학생별 성적 관리표							
2									
3		학번	이름	성별	중간고사	기말고사	총점	평균	
4		201703001	김경호	남자	100	94	194	97	
5		201703002	최희원	여자	90	60	150	75	
6		201703003	천성민	남자	88	60	148	74	
7		201703004	장대희	남자	90	98	188	94	
8		201703005	임효성	남자	90	45	135	67.5	
9		201703006	임기남	남자	100	90	190	95	
10		201703007	이현우	남자	90	87	177	88.5	
11		201703008	윤이성	여자	90	89	179	89.5	
12		201703009	엄주인	여자	90	90	180	90	
13		201703010	송상철	남자	90	77	167	83.5	

7. [홈 탭 – 스타일 그룹 – 표 서식 – 표 스타일 보통 15]를 클릭하여 표 서식을 설정합니다.

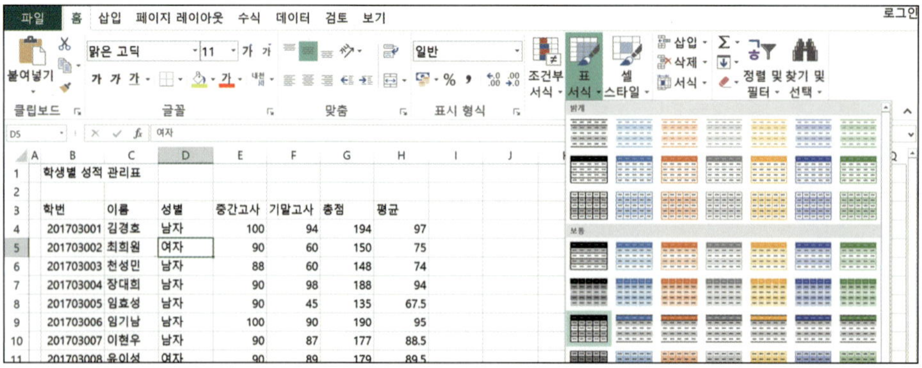

8. 표 서식 대화상자가 나타나면 표에 사용할 데이터 범위가 맞는지 확인하고 확인 버튼을 클릭합니다.

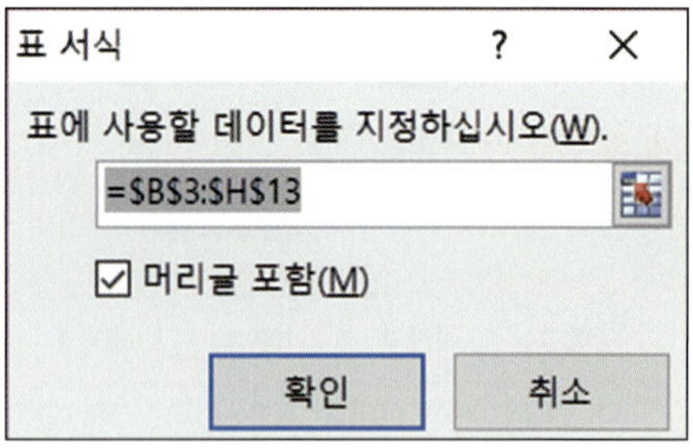

9. 표 서식이 설정되는 것을 확인할 수 있습니다.

학번	이름	성별	중간고사	기말고사	총점	평균
201703001	김경호	남자	100	94	194	97
201703002	최희원	여자	90	60	150	75
201703003	천성민	남자	88	60	148	74
201703004	장대희	남자	90	98	188	94
201703005	임효성	남자	90	45	135	67.5
201703006	임기남	남자	100	90	190	95
201703007	이현우	남자	90	87	177	88.5
201703008	윤이성	여자	90	89	179	89.5
201703009	엄주인	여자	90	90	180	90
201703010	송상철	남자	90	77	167	83.5

10. [표 도구 - 디자인 탭 - 표 스타일 옵션]에서 필터 단추와 줄무늬 행은 '체크 해제' 하고 줄무늬 열을 '체크' 하여 아래와 같이 서식을 변경합니다.

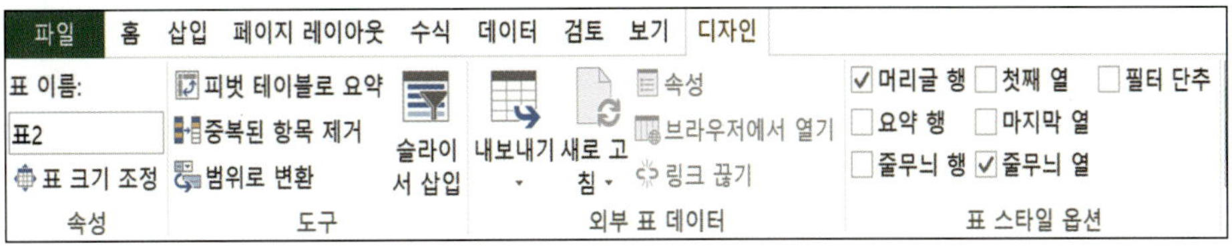

11. C4:C13 범위를 선택한 후 [홈 탭 - 스타일 그룹 - 조건부 서식 - 새 규칙]을 클릭합니다.

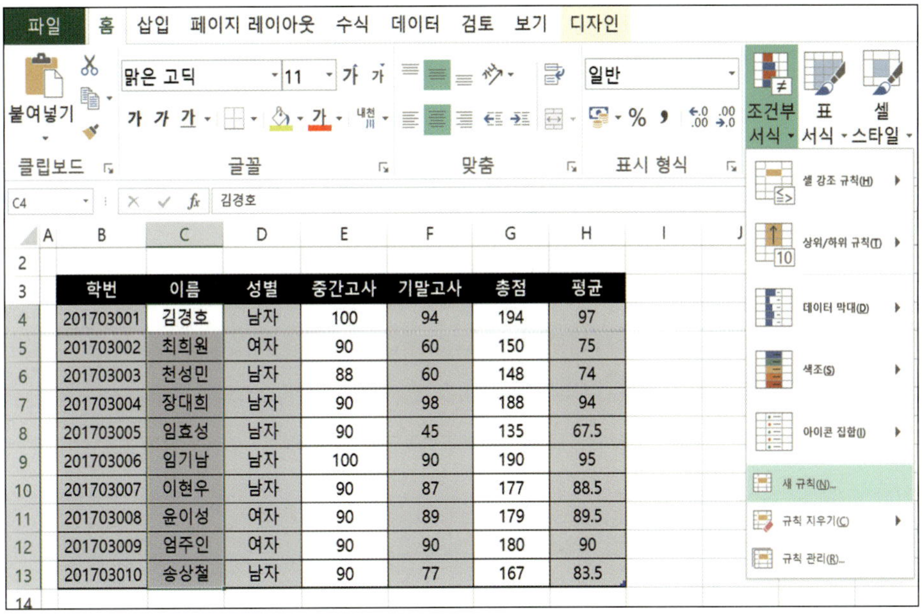

12. 새 서식 규칙 대화상자가 나타나면 평균이 90점 이상인 학생 이름의 글꼴 서식을 '굵은 기울임꼴, 빨강색' 으로 변경하기 위하여 규칙 유형 선택은 '수식을 사용하여 서식을 지정할 셀 결정' 을 선택하고, 다음 수식이 참인 값의 서식 지정에는 '=H4>=90' 을 입력한 후 서식 버튼을 클릭합니다.

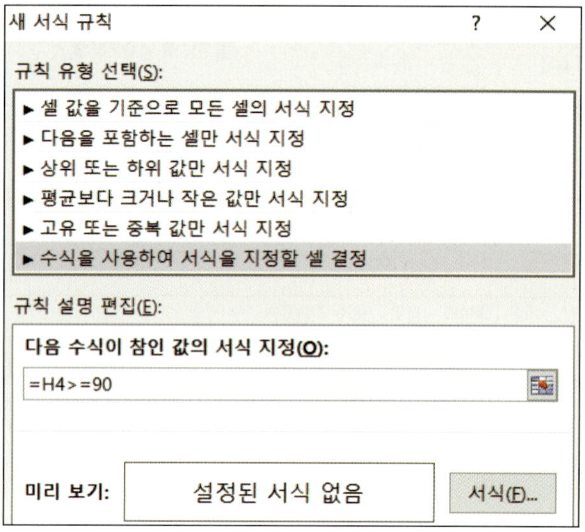

13. 셀 서식 대화상자가 나타나면 글꼴 스타일은 '굵은 기울임꼴' , 색은 '빨강' 을 선택한 후 확인 버튼을 클릭합니다.

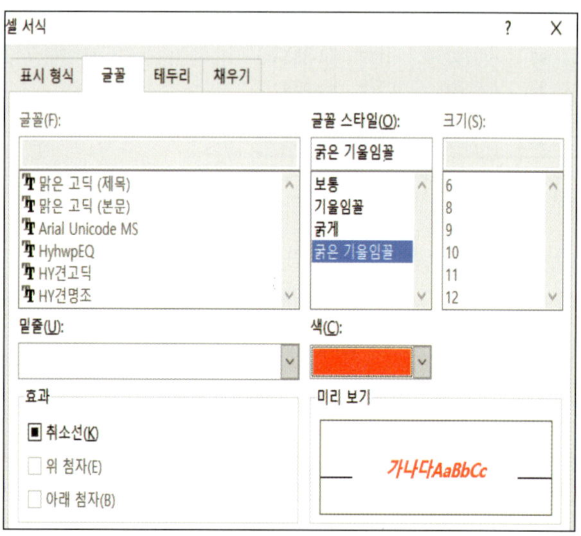

14. 4명의 이름 서식이 변경되는 것을 확인할 수 있습니다.

학번	이름	성별	중간고사	기말고사	총점	평균
201703001	*김경호*	남자	100	94	194	97
201703002	최희원	여자	90	60	150	75
201703003	천성민	남자	88	60	148	74
201703004	*장대희*	남자	90	98	188	94
201703005	임효성	남자	90	45	135	67.5
201703006	*임기남*	남자	100	90	190	95
201703007	이현우	남자	90	87	177	88.5
201703008	윤이성	여자	90	89	179	89.5
201703009	*엄주인*	여자	90	90	180	90
201703010	송상철	남자	90	77	167	83.5

15. 표 안의 임의의 셀에 커서를 이동한 후 [삽입 탭 – 차트 그룹 – 2차원 세로 막대형 – 묶은 세로 막대형]을 클릭하여 표를 이용하여 차트를 삽입합니다.

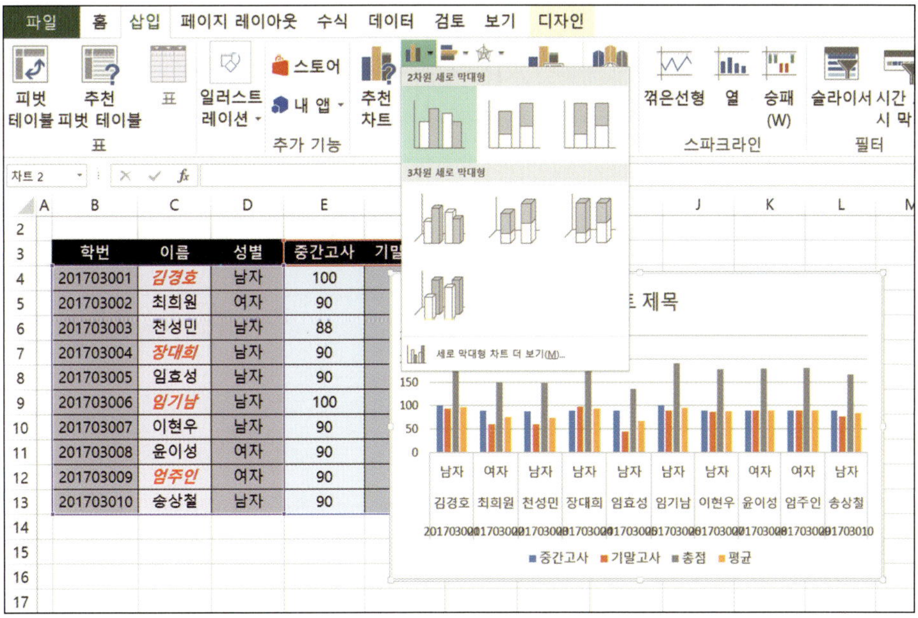

16. 차트가 삽입되면 차트 영역 오른쪽 아이콘 세 개 중 맨 아래 '차트 필터' 버튼을 클릭합니다.

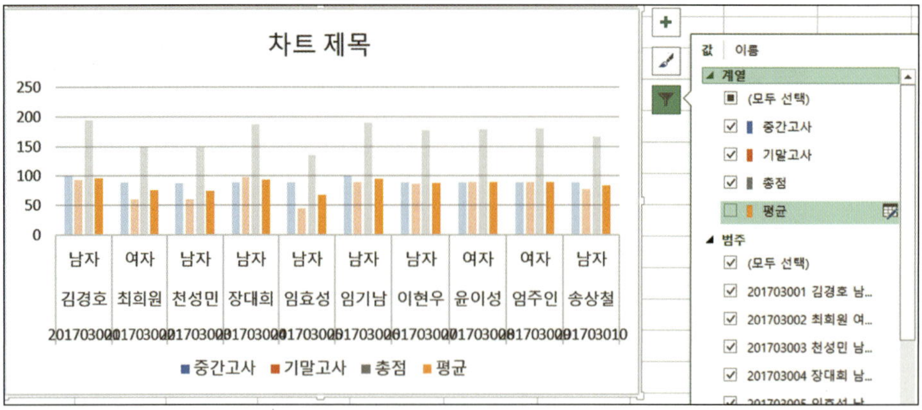

17. [계열 – 평균]을 '체크 해제' 하여 중간고사, 기말고사, 총점만 계열 값으로 설정 합니다. 설정 창 위의 '이름' 을 클릭합니다. [범주 – 열 C]를 선택하여 가로 축에는 학생 이름만 표시합니다. 맨 아래 '적용' 버튼을 클릭합니다.

18. 차트 영역 오른쪽 아이콘 세 개 중 맨 위 '차트 요소' 버튼을 클릭하여 차트 제목은 '체크 해제' 하고 데이터 표는 '체크' 하면 차트에 바로 적용되는 것을 확인할 수 있습니다.

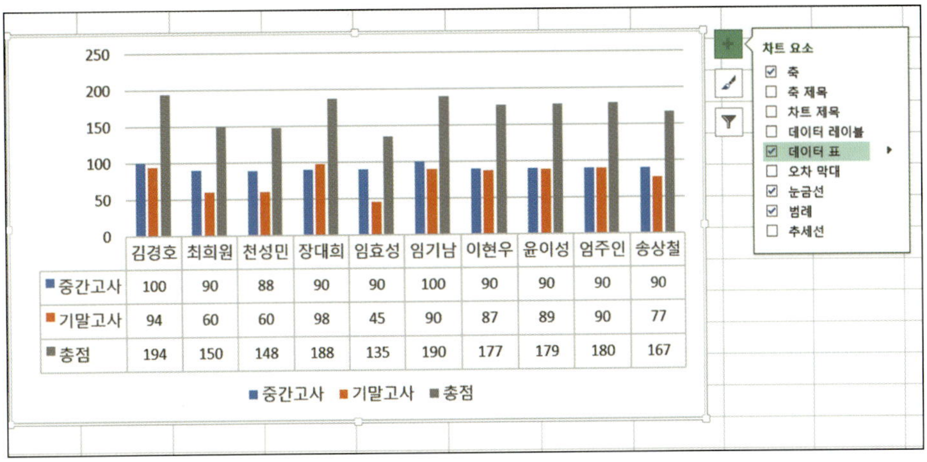

19. 차트 그림 중 '총점' 만 선택한 후 마우스를 오른쪽 클릭하여 계열 차트 종류 변경을 클릭합니다.

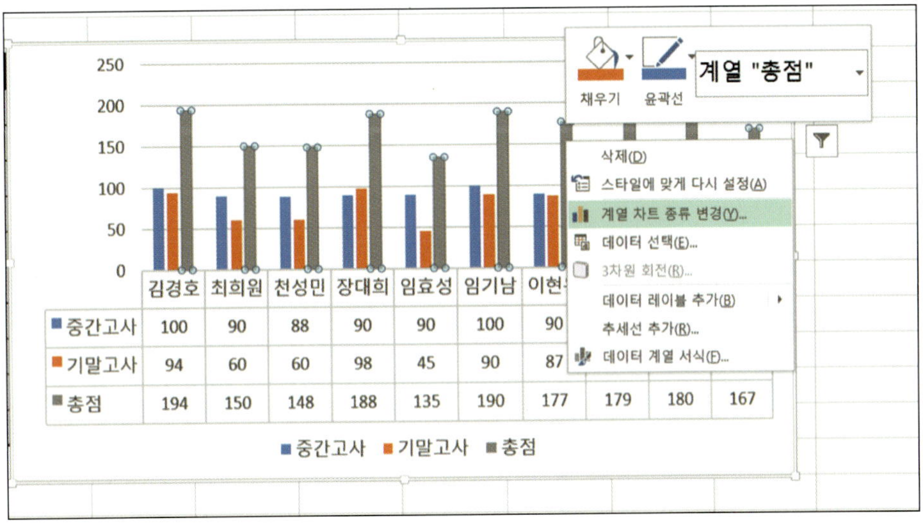

20. 차트 종류 변경 대화상자가 나타나면 총점은 '꺾은선형', 보조축은 '체크'로 설정한 후 확인 버튼을 클릭합니다.

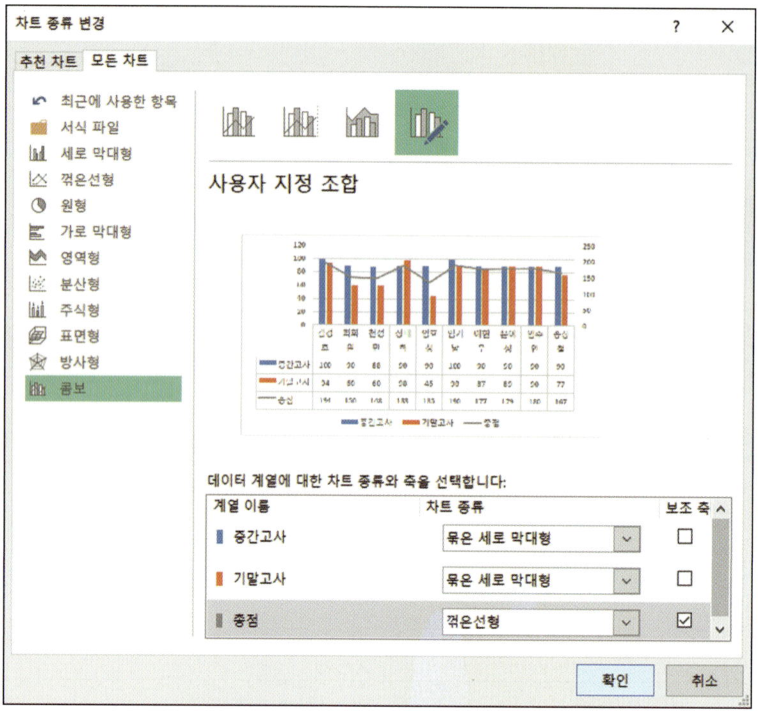

21. 차트에 총점만 꺾은선형으로 변경되고 오른쪽에 보조축이 추가되는 것을 확인할 수 있습니다.

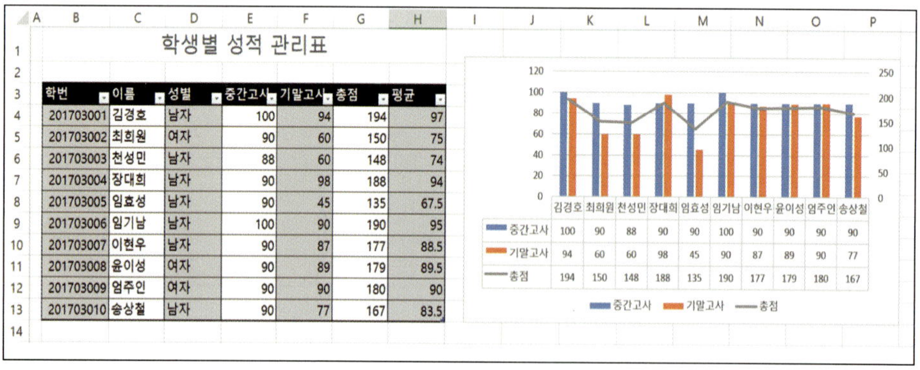

22. 차트 영역에서 마우스를 오른쪽 클릭하여 차트 이동을 클릭합니다. 차트 이동 대화상자가 나타나면 새 시트를 '체크' 하고 오른쪽에는 시트명 '차트' 를 입력한 후 확인 버튼을 클릭합니다.

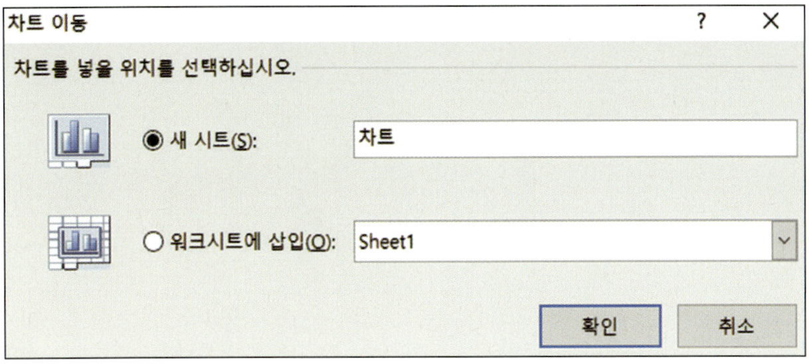

23. '차트' 이름의 새로운 시트가 생성되고 차트가 이동하는 것을 확인할 수 있습니다.

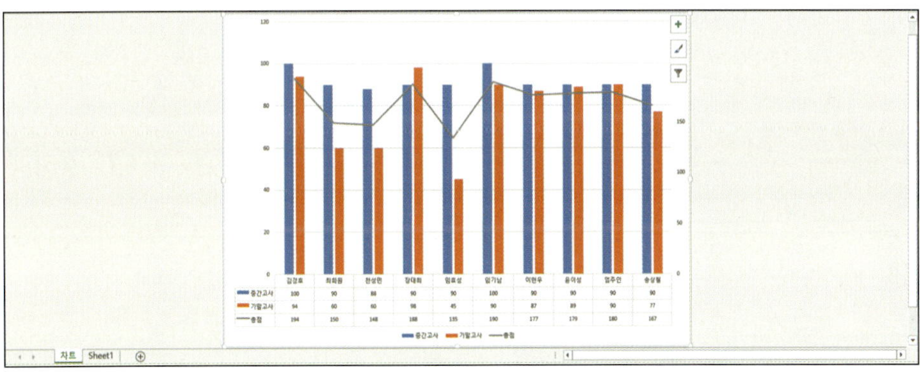

Chapter 3

데이터 분석

01

정렬 및 필터

데이터를 오름차순 및 내림차순으로 정렬하여 값을 빠르게 찾을 수 있다. 또한 셀에 필터를 설정하여 원하는 조건의 데이터만 정렬할 수 있다.

예제파일 : 3장예제.xlsx

1-1 정렬 설정하기

따라해 보세요 – 정렬하기

학과명을 기준으로 오름차순, 장학금액을 기준으로 내림차순으로 정렬하세요.

*시트명 : 정렬 및 필터

1. 표 안의 임의의 셀에 커서를 이동합니다. [데이터 탭 – 정렬 및 필터 그룹 – 정렬]을 클릭합니다.

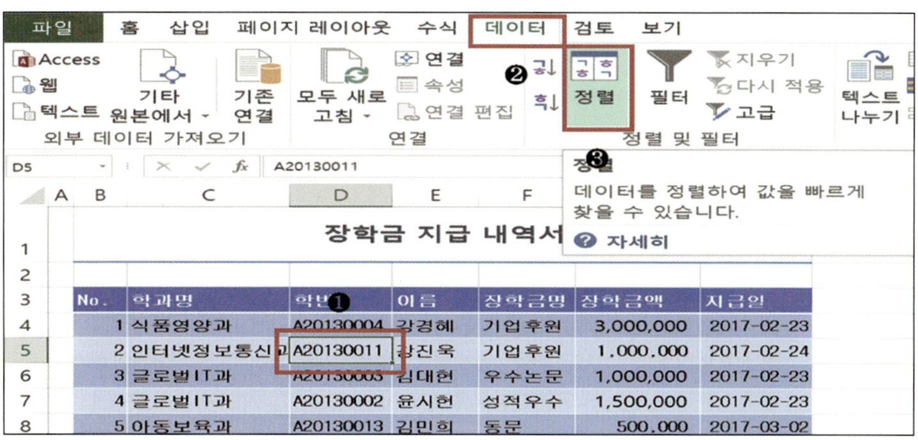

Tip

- 오름차순 : 1–2–3, 가–나–다 등 값이 작은 쪽에서 큰 쪽으로의 순서를 의미합니다.
- 내림차순 : 3–2–1, 다–나–가 등 값이 큰 쪽에서 작은 쪽으로의 순서를 의미합니다.

2. 정렬 대화상자가 나타나면 기준 추가 버튼을 클릭하여 정렬 기준을 추가합니다. 첫 번째 정렬 기준에는 [학과명 – 값 – 오름차순], 두 번째 정렬 기준에는 [장학금액 – 값 – 내림차순]으로 입력하고 확인 버튼을 클릭합니다.

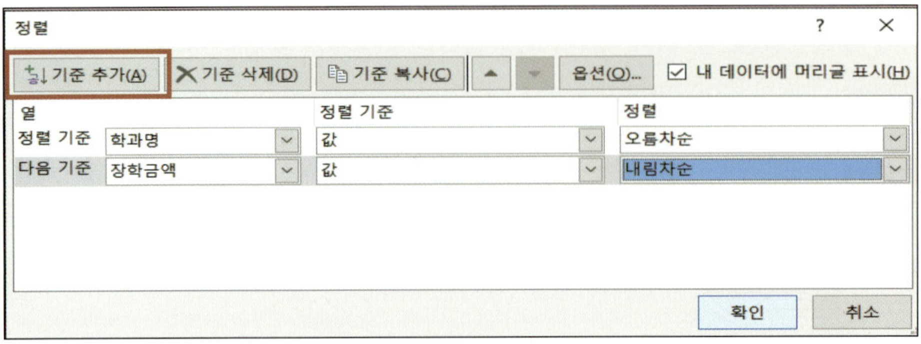

3. 1차적으로 학과명이 '가-나-다' 순으로, 2차적으로 금액이 '큰 값 – 작은 값' 순으로 정렬되는 것을 확인할 수 있습니다.

장학금 지급 내역서

No.	학과명	학번	이름	장학금명	장학금액	지급일
16	글로벌IT과	A20130001	양희수	성적우수	3,000,000	지급예정
4	글로벌IT과	A20130002	윤시현	성적우수	1,500,000	2017-02-23
20	글로벌IT과	A20130023	이근석	성적우수	1,500,000	지급예정
3	글로벌IT과	A20130003	김대현	우수논문	1,000,000	2017-02-23
13	글로벌IT과	A20130019	손다빈	연구	500,000	지급예정
14	물리치료과	A20130020	신종준	동문	500,000	지급예정
15	물리치료과	A20130021	심연수	학회	500,000	지급예정
1	식품영양과	A20130004	강경혜	기업후원	3,000,000	2017-02-23
7	식품영양과	A20130005	김완준	연구	500,000	2017-02-23
23	식품영양과	A20130006	임근영	동문	500,000	지급예정
26	식품영양과	A20130007	진보현	학회	500,000	계좌이체
19	아동보육과	A20130012	이경화	기업후원	3,000,000	지급예정
5	아동보육과	A20130013	김민희	동문	500,000	2017-03-02
6	아동보육과	A20130014	김슬범	학회	500,000	2016-12-23

1-2 필터 설정하기

따라해 보세요 – 필터 설정하기

장학금액이 100만원 이상인 학생 중 지급예정인 학생만 필터 하세요.

*시트명 : 정렬 및 필터

1. 표 안의 임의의 셀에 커서를 이동합니다. [데이터 탭 – 정렬 및 필터 그룹 – 필터]를 클릭합니다.

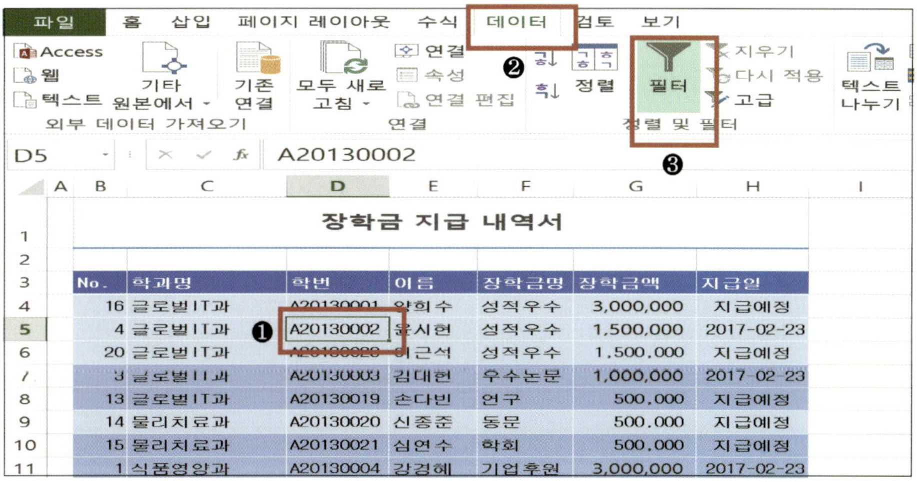

2. 표의 열 머리글에 필터 단추( )가 생성되는 것을 확인할 수 있습니다. '장학금액' 셀의 오른쪽 필터 단추를 클릭하여 [숫자 필터 – 크거나 같음]을 클릭합니다.

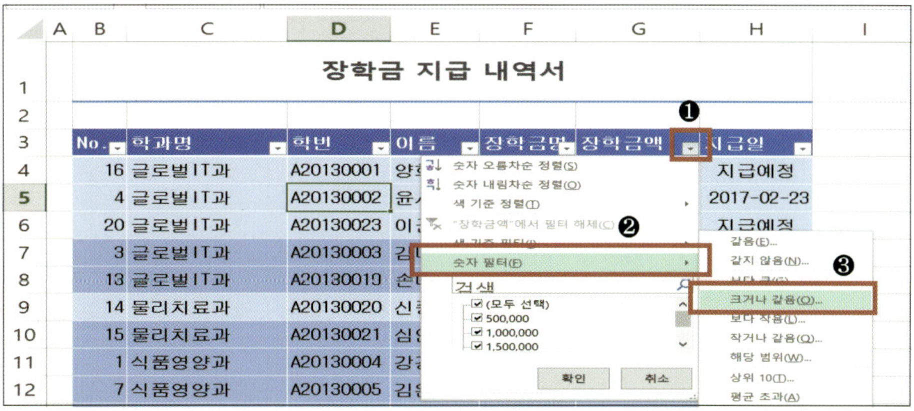

3. 사용자 지정 자동 필터 대화상자가 나타나면 조건에 '>=, 1000000' 을 입력하고 확인 버튼을 클릭합니다.

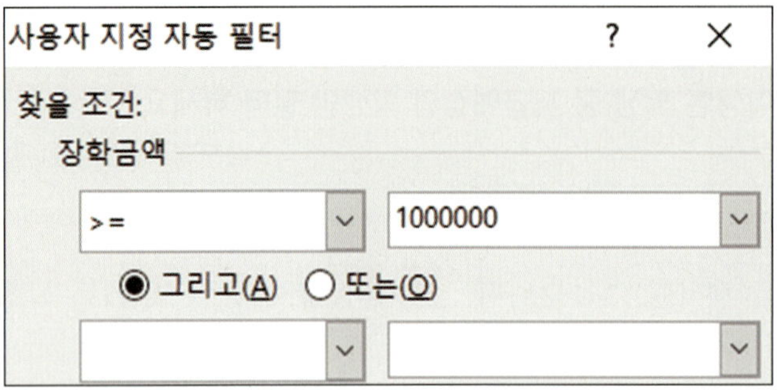

4. 장학금액이 1,000,000원 이상인 값만 나타나게 되는 것을 확인할 수 있습니다.

5. 표의 열 머리글에서 '지급일' 필터 단추를 클릭합니다. 목록 중 '모두 선택' 을 클릭하여 체크 해제하고 '지급예정' 만 체크한 뒤 확인 버튼을 클릭합니다.

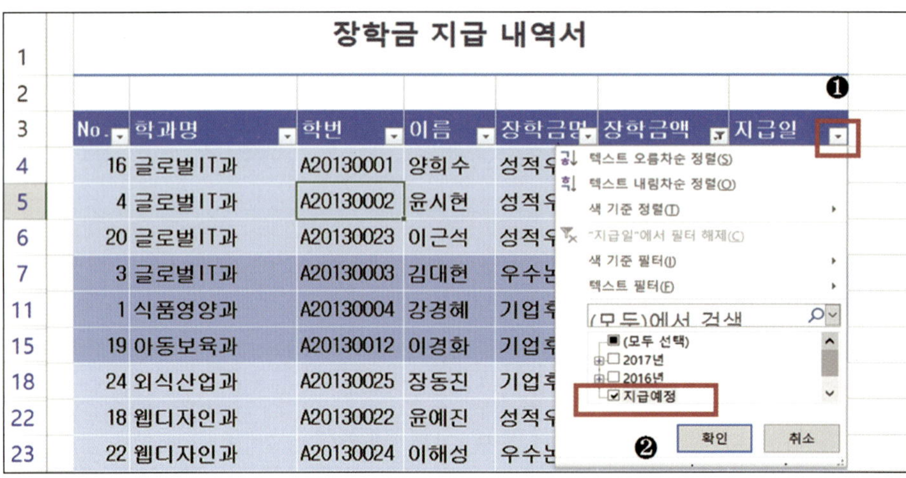

6. '1,000,000원 이상' 의 '지급예정' 인 데이터만 나타나게 되는 것을 확인할 수 있습니다. 또한 필터가 적용된 열 머리글의 필터 단추의 모양( )이 변경되는 것을 확인할 수 있습니다.

장학금 지급 내역서

	No.	학과명	학번	이름	장학금명	장학금액	지급일
4	16	글로벌IT과	A20130001	양희수	성적우수	3,000,000	지급예정
6	20	글로벌IT과	A20130023	이근석	성적우수	1,500,000	지급예정
15	19	아동보육과	A20130012	이경화	기업후원	3,000,000	지급예정
18	24	외식산업과	A20130025	장동진	기업후원	1,000,000	지급예정
22	18	웹디자인과	A20130022	윤예진	성적우수	3,000,000	지급예정
23	22	웹디자인과	A20130024	이해성	우수논문	1,000,000	지급예정
24	12	인터넷정보통신과	A20130008	박주영	성적우수	3,000,000	지급예정
27	21	인터넷정보통신과	A20130010	이샛별	우수논문	1,000,000	지급예정
28	17	치위생과	A20130015	유신애	성적우수	3,000,000	지급예정

7. 적용된 필터를 해제하려면 필터 단추를 클릭하여 '필터 해제' 를 클릭하면 해당열의 필터만 해제되고 원본 데이터로 다시 돌아오는 것을 확인할 수 있습니다.

02

중복 항목 제거

시트에서 중복된 정보가 있는지 확인하고 중복된 행을 삭제할 수 있다.

예제파일 : 3장예제.xlsx

2-1 중복된 항목 제거하기

따라해 보세요 – 중복된 항복 제거하기

제품명과 단가가 중복된 항목을 제거하세요.

*시트명 : 중복된 데이터

1. 표 안의 임의의 셀에 커서를 이동합니다. [데이터 탭 – 데이터 도구 그룹 – 중복된 항목 제거]를 클릭합니다.

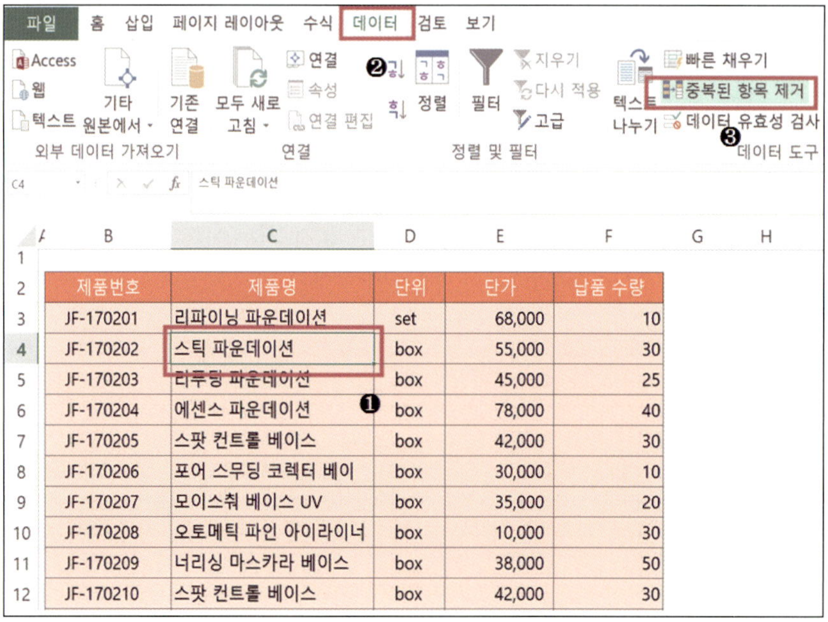

2. '제품명' 과 '단가' 만 체크하고 확인 버튼을 클릭합니다.

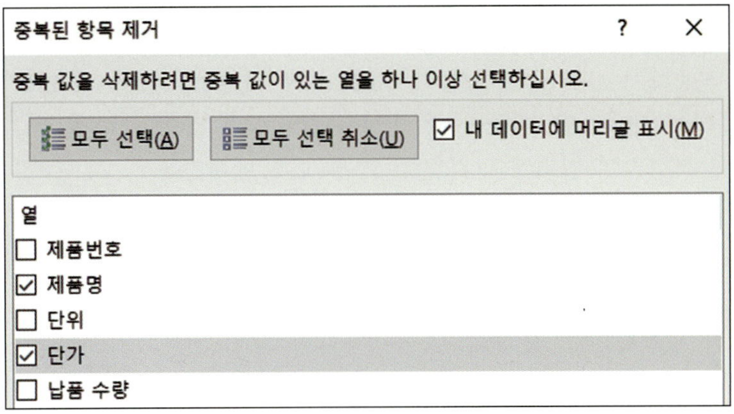

3. 45개의 중복된 항목이 제거되었다는 메시지가 나타납니다. 확인 버튼을 클릭합니다.

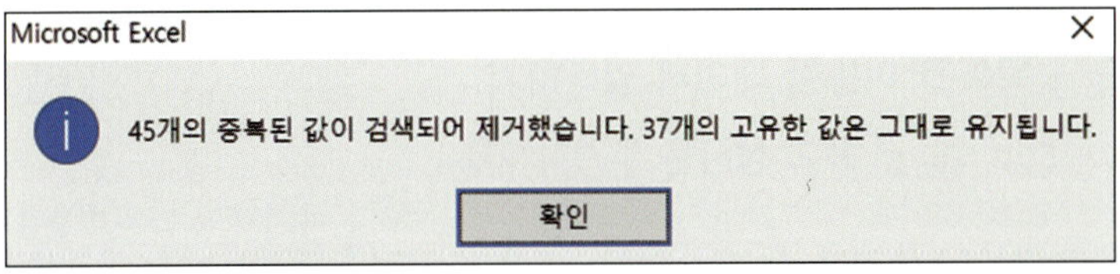

4. 36개의 제품이 남아있는 것을 확인할 수 있습니다.

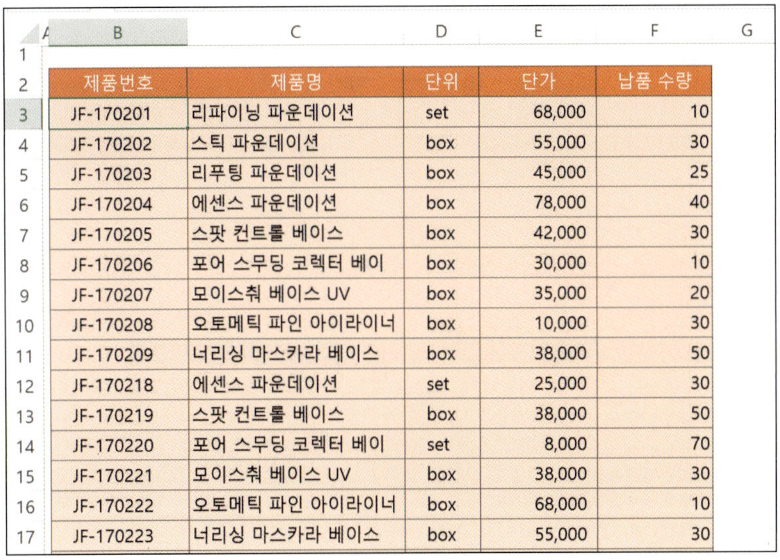

	B	C	D	E	F
1					
2	제품번호	제품명	단위	단가	납품 수량
3	JF-170201	리파이닝 파운데이션	set	68,000	10
4	JF-170202	스틱 파운데이션	box	55,000	30
5	JF-170203	리푸팅 파운데이션	box	45,000	25
6	JF-170204	에센스 파운데이션	box	78,000	40
7	JF-170205	스팟 컨트롤 베이스	box	42,000	30
8	JF-170206	포어 스무딩 코렉터 베이	box	30,000	10
9	JF-170207	모이스춰 베이스 UV	box	35,000	20
10	JF-170208	오토메틱 파인 아이라이너	box	10,000	30
11	JF-170209	너리싱 마스카라 베이스	box	38,000	50
12	JF-170218	에센스 파운데이션	set	25,000	30
13	JF-170219	스팟 컨트롤 베이스	box	38,000	50
14	JF-170220	포어 스무딩 코렉터 베이	set	8,000	70
15	JF-170221	모이스춰 베이스 UV	box	38,000	30
16	JF-170222	오토메틱 파인 아이라이너	box	68,000	10
17	JF-170223	너리싱 마스카라 베이스	box	55,000	30

03

데이터 유효성 검사

규칙 목록에서 규칙을 선택하여 하나의 셀에 입력할 수 있는 데이터 형식을 제한할 수 있다. 또한 입력 값의 범위를 제한하여 범위에 맞지 않은 경우 오류 메시지지를 나타낼 수 있다.

예제파일 : 3장예제.xlsx

3-1 목록을 이용한 데이터 입력하기

따라해 보세요 – 목록을 이용한 데이터 입력하기

단위 열에 'box, set, ml, g' 목록 상자를 추가하세요.

*시트명 : 유효성검사

1. E5:E11 범위를 선택한 후 [데이터 탭 – 데이터 도구 그룹 – 데이터 유효성 검사]를 클릭합니다.

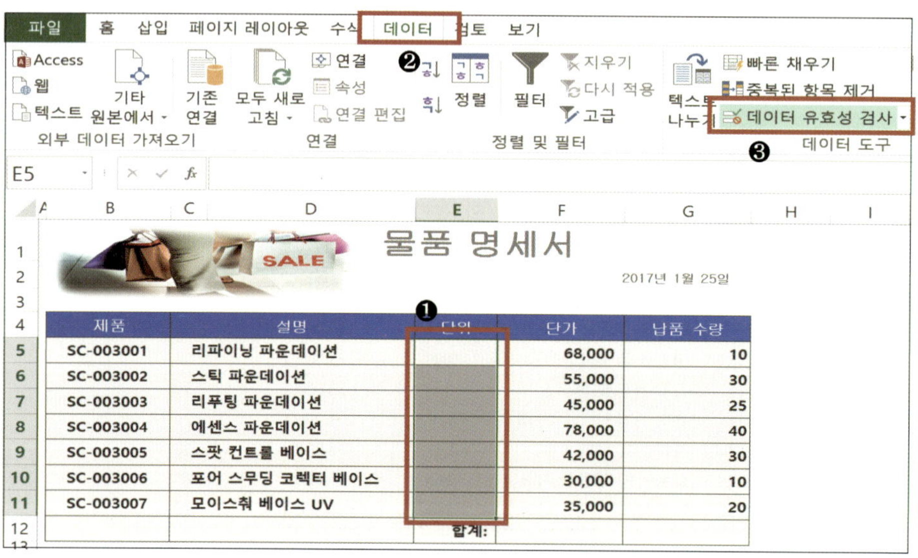

2. 데이터 유효성 대화상자가 나타나면 제한대상은 '목록', 원본은 'box, set, ml, g'을 입력한 후 확인 버튼을 클릭합니다.

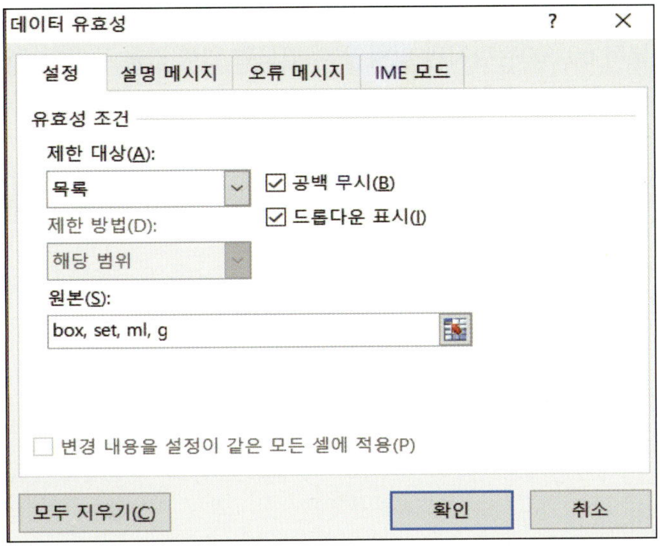

3. 단위 열 오른쪽에 목록 버튼이 생성되고, 버튼을 클릭하면 원본에 추가한 목록이 드롭다운 목록으로 나타나게 됩니다. 단위를 목록에서 선택하면 데이터가 입력되는 것을 확인할 수 있습니다.

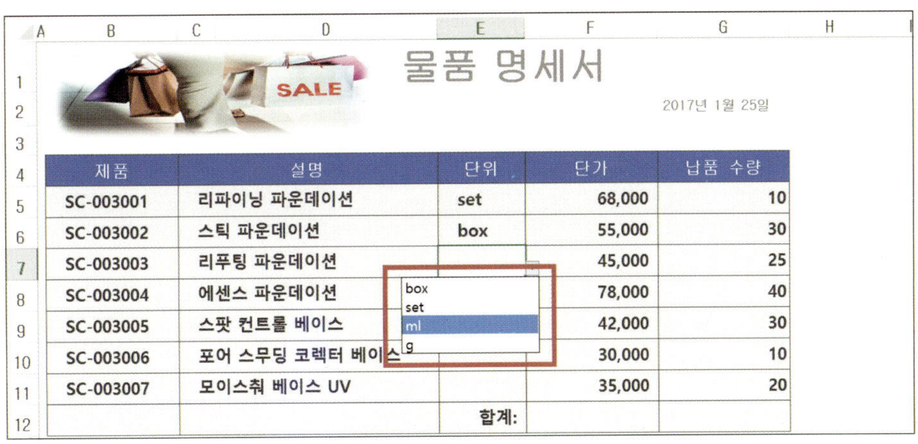

3-2 입력 제한 설정하기

따라해 보세요 – 제한 설정하기

단가 열에 40,000원부터 60,000원까지만 입력할 수 있도록 입력 값을 제한하세요. 잘못 입력할 경우 경고창이 나타나도록 설정하세요. 범위에 맞지 않은 단가는 빨강 동그라미로 표시하세요.

*시트명 : 유효성검사

1. F5:F11 범위를 선택한 후 [데이터 탭 – 데이터 도구 그룹 – 데이터 유효성 검사]를 클릭합니다.

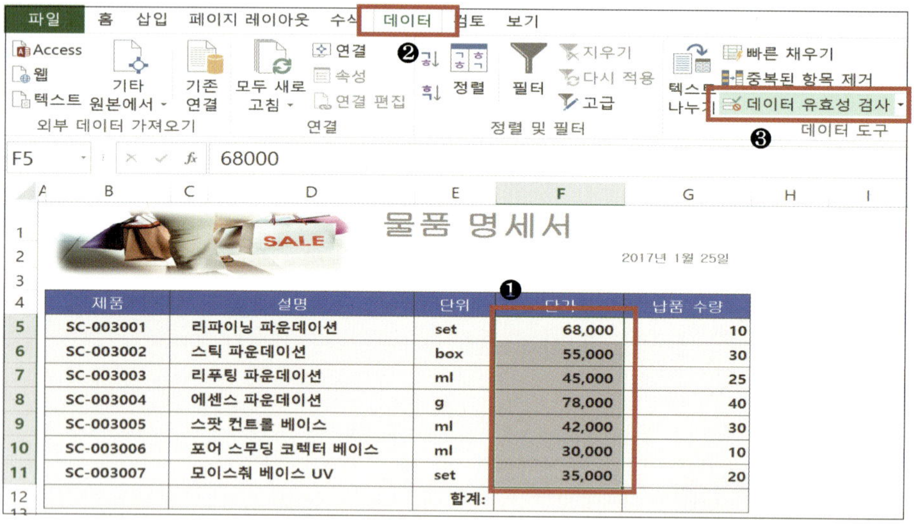

2. 데이터 유효성 대화상자가 나타나면 설정 탭에서 제한대상은 '정수', 제한 방법은 '해당 범위', 최소값은 '40000', 최대값은 '60000'을 입력하고 오류 메시지 탭으로 이동합니다.

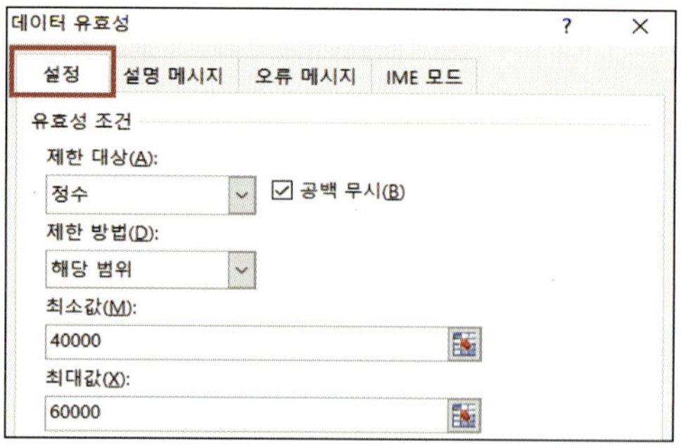

3. 오류 메시지 탭으로 이동하여 스타일은 '경고', 제목은 '입력오류', 오류 메시지는 '40,000원 이상 60,000원 이하의 값만 입력 가능합니다.'를 입력한 후 확인 버튼을 클릭합니다.

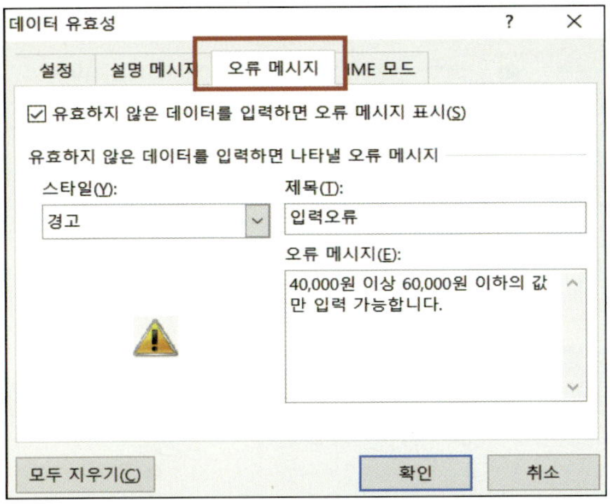

4. 오류 메시지가 잘 적용되었는지 확인하기 위하여 F5 셀을 선택한 후 '100000'을 입력합니다. 범위에 맞지 않기 때문에 오류 메시지가 나타나는 것을 확인할 수 있습니다.

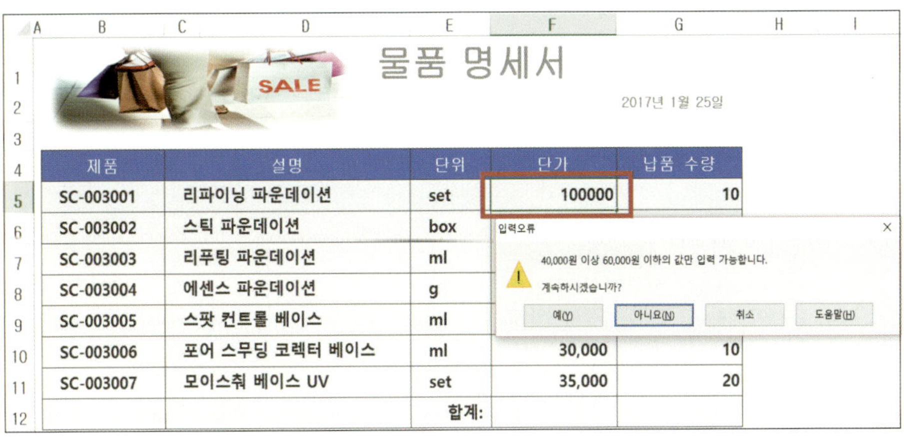

5. 이미 입력된 데이터 값 중 단가 값의 범위가 맞지 않은 데이터를 찾아 빨강 동그라미 표시하기 위하여 [데이터 탭 – 데이터 도구 그룹 – 데이터 유효성 검사 – 잘못된 데이터]를 클릭합니다.

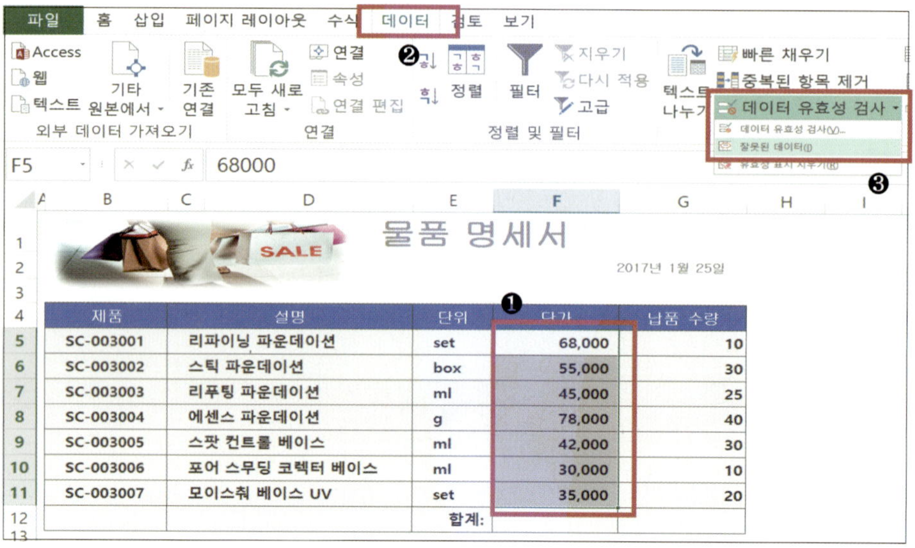

6. 잘못 입력된 데이터 값에 빨강 동그라미로 표시되는 것을 확인할 수 있습니다.

04

부분합

부분합 및 합계를 삽입하여 관련 데이터 행을 빠르게 계산 할 수 있다. 합계 뿐만 아니라 평균, 최대값, 최소값, 곱 등 여러 가지 함수로 계산 할 수 있다.

예제파일 : 3장예제.xlsx

4-1 부분합 설정하기

따라해 보세요 – 항목별 부분합 설정하기

학과별로 장학금액의 합계를 계산하세요.

*시트명 : 부분합

1. 학과별로 그룹화하여 부분합을 계산하기 위하여 학과명을 오름차순으로 정렬합니다. 표 안의 임의의 셀에 커서를 이동합니다. [데이터 탭 – 정렬 및 필터 그룹 – 정렬]을 클릭합니다.

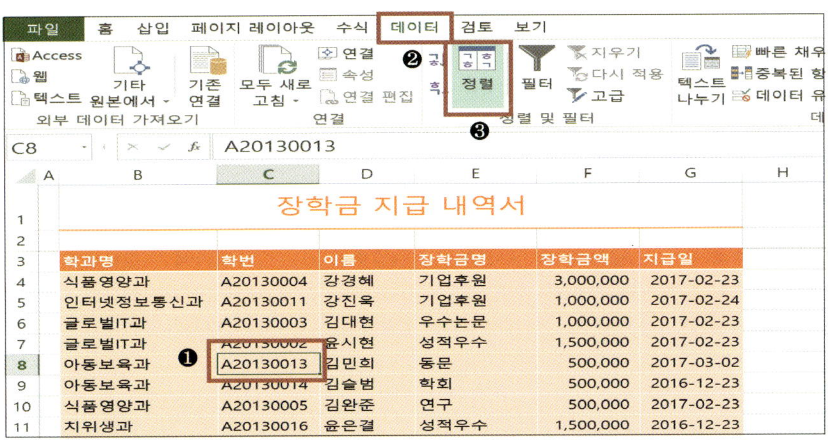

Tip 부분합을 계산하기 전에 그룹으로 설정하고자 하는 기준 열을 미리 정렬해 두면 부분합을 쉽게 설정할 수 있습니다.

2. 정렬 대화상자가 나타나면 조건에 '학과명 - 값 - 오름차순' 을 입력하고 확인 버튼을 클릭합니다.

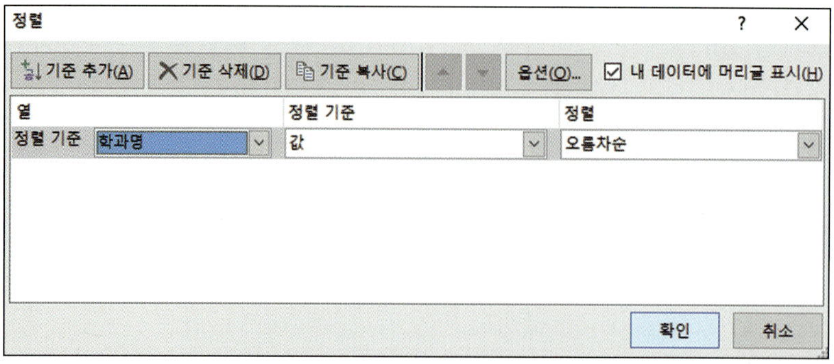

3. 학과명 순으로 정렬되는 것을 확인할 수 있습니다.

장학금 지급 내역서

학과명	학번	이름	장학금명	장학금액	지급일
글로벌IT과	A20130003	김대현	우수논문	1,000,000	2017-02-23
글로벌IT과	A20130002	윤시현	성적우수	1,500,000	2017-02-23
글로벌IT과	A20130019	손다빈	연구	500,000	지급예정
글로벌IT과	A20130001	양희수	성적우수	3,000,000	지급예정
글로벌IT과	A20130023	이근석	성적우수	1,500,000	지급예정
물리치료과	A20130020	신종준	동문	500,000	지급예정
물리치료과	A20130021	심연수	학회	500,000	지급예정
식품영양과	A20130004	강경혜	기업후원	3,000,000	2017-02-23
식품영양과	A20130005	김완준	연구	500,000	2017-02-23
식품영양과	A20130006	임근영	동문	500,000	지급예정
식품영양과	A20130007	진보현	학회	500,000	계좌이체
아동보육과	A20130013	김민희	동문	500,000	2017-03-02
아동보육과	A20130014	김슬범	학회	500,000	2016-12-23
아동보육과	A20130012	이경화	기업후원	3,000,000	지급예정
외식산업과	A20130025	장동진	기업후원	1,000,000	지급예정
외식산업과	A20130026	전주홍	연구	500,000	계좌이체

4. 표 안의 임의의 셀에 커서를 이동합니다. [데이터 탭 – 윤곽선 그룹 – 부분합]을 클릭합니다.

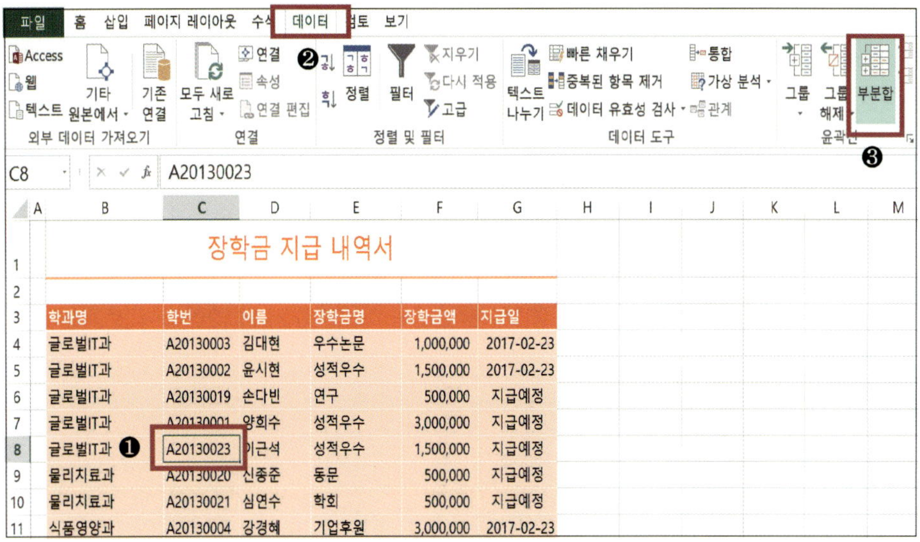

5. 부분합 대화상자가 나타나면 그룹화할 항목은 '학과명', 사용할 함수는 '합계', 부분합 계산 항목은 '장학금액'을 입력하고 확인 버튼을 클릭합니다.

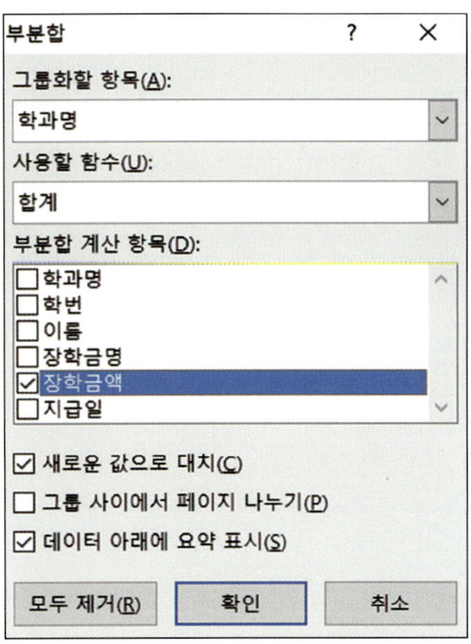

6. 학과별 요약행이 추가되고 F열에 장학금액의 합계가 계산되는 것을 확인할 수 있습니다.

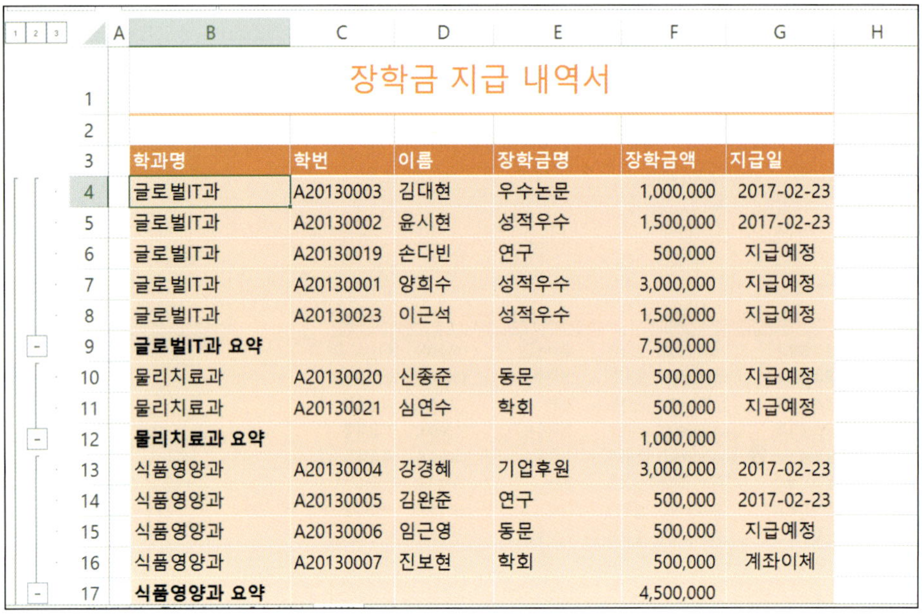

장학금 지급 내역서

학과명	학번	이름	장학금명	장학금액	지급일
글로벌IT과	A20130003	김대현	우수논문	1,000,000	2017-02-23
글로벌IT과	A20130002	윤시현	성적우수	1,500,000	2017-02-23
글로벌IT과	A20130019	손다빈	연구	500,000	지급예정
글로벌IT과	A20130001	양희수	성적우수	3,000,000	지급예정
글로벌IT과	A20130023	이근석	성적우수	1,500,000	지급예정
글로벌IT과 요약				7,500,000	
물리치료과	A20130020	신종준	동문	500,000	지급예정
물리치료과	A20130021	심연수	학회	500,000	지급예정
물리치료과 요약				1,000,000	
식품영양과	A20130004	강경혜	기업후원	3,000,000	2017-02-23
식품영양과	A20130005	김완준	연구	500,000	2017-02-23
식품영양과	A20130006	임근영	동문	500,000	지급예정
식품영양과	A20130007	진보현	학회	500,000	계좌이체
식품영양과 요약				4,500,000	

3장 실 전 예 제 만 들 기

워크시트를 이용하여 용돈 기입장을 만들어 보세요.

3월 용돈 사용 내역					
날짜	분류	금액	사용내역	결제방법	기타
3/4	문화생활비	₩ 10,000	영화관람	체크카드	
3/4	식비	₩ 6,000	햄버거	현금	
3/7	교통비	₩ 30,000	교통카드충전	현금	
3/7	생필품비	₩ 3,000	우산	현금	
3/15	의료비	₩ 4,800	내과	체크카드	
3/15	통신비	₩ 34,000	핸드폰요금	신용카드	
3/16	꾸밈비	₩ 20,000	화장품	체크카드	
3/16	식비	₩ 10,000	점심식사	현금	
3/16	문화생활비	₩ 20,000	책구입	신용카드	
3/20	저축	₩ 100,000	정기적금	현금	
3/22	식비	₩ 1,500	커피	현금	
3/22	식비	₩ 4,500	떡볶이	현금	
3/22	식비	₩ 10,000	치킨	현금	
3/25	생필품비	₩ 10,000	마트	체크카드	
3/30	꾸밈비	₩ 10,000	미용실	체크카드	
3/30	문화생활비	₩ 30,000	뮤지컬관람	신용카드	

조건

(1) 새 통합문서에서 새로 만들기 하십시오.
(2) 시트를 추가하여 시트명은 '목록'으로 설정하고 분류 열과 결제방법 열의 목록을 추가하십시오.
(3) A열은 비워 두십시오.(너비 : 1.2)
(4) '제목 글꼴 : HY엽서M, 크기 : 24pt, 셀 병합, 가운데 정렬, 셀 스타일 : 보통'으로 설정하십시오.
(5) '본문 글꼴 : 맑은 고딕, 크기 : 12pt'로 설정하십시오.
(6) 행 높이는 '25'로 설정하십시오.
(7) 각 열마다 표시형식, 정렬을 화면과 같이 설정하십시오.
(8) 분류 열, 결제방법 열 : 목록 시트의 내용으로 '유효성 검사를 이용한 목록'을 설정하십시오.
(9) 셀 테두리를 이용하여 표를 완성하십시오.
(10) 표 내용 작성 후 '분류 별로 부분합'을 설정하십시오.

1. 엑셀 2013을 실행하여 '새 통합문서' 를 클릭하여 새로운 통합문서를 만듭니다.

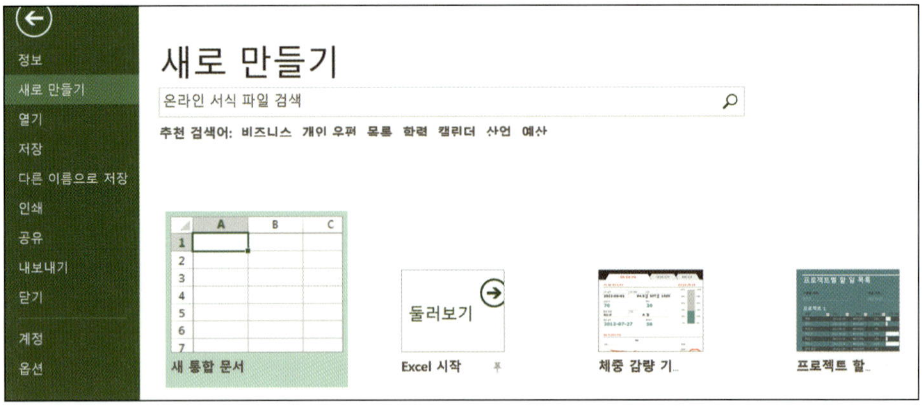

2. '목록' 시트를 추가하기 위하여 'sheet1' 탭 오른쪽 '⊕' 버튼을 클릭합니다.

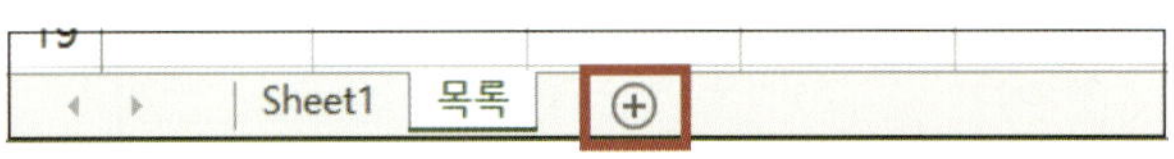

3. 시트명에서 마우스를 오른쪽 클릭하여 이름 바꾸기를 클릭합니다. 시트명을 '목록' 으로 입력하고 여백을 클릭하여 시트명을 변경합니다.

4. B3 셀로 이동한 후 아래 내용을 입력합니다.

	A	B	C	D	E
1					
2			분류내역	결제방법	
3		1	식비	현금	
4		2	교통비	체크카드	
5		3	꾸밈비	신용카드	
6		4	통신비		
7		5	의료비		
8		6	문화생활비		
9		7	생필품비		
10		8	저축		
11		9	기타		

5. 'Sheet1' 시트에 '용돈 기입장' 을 새로 작성하기 위하여 'Sheet1' 시트 탭을 클릭하여 'Sheet1' 시트로 이동합니다.

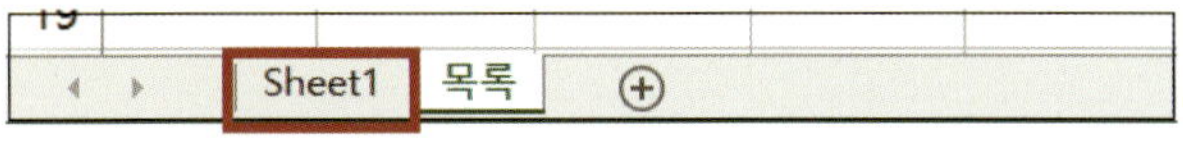

6. A열 머리글을 선택한 후 마우스를 오른쪽 클릭하여 열 너비를 클릭합니다. 열 너비는 '1.2' 로 입력한 후 확인 버튼을 클릭합니다.

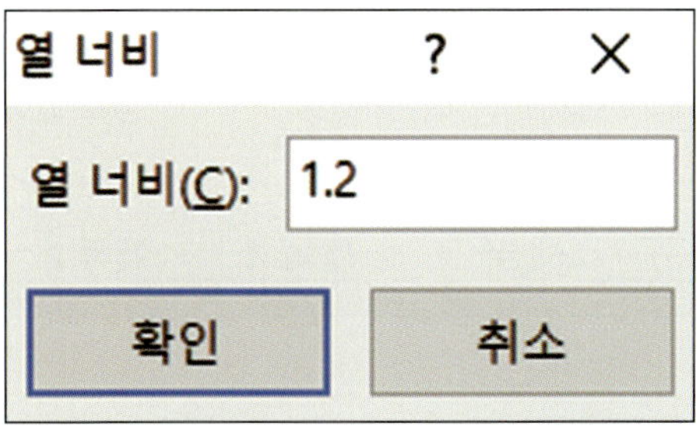

7. 왼쪽 상단의 행과 열의 교차지점(이름상자 아래 부분)을 클릭합니다. 시트 전체가 선택되면 본문 글꼴은 '맑은 고딕' 으로 크기는 '12' 로 설정합니다.

8. B1 셀에 '3월 용돈 사용 내역' 을 입력합니다.

9. B1:G1 범위를 선택한 후 [홈 탭 – 맞춤 그룹 – 병합하고 가운데 맞춤]을 선택하여 제목 셀을 병합합니다. [홈 탭 – 스타일 그룹 – 셀 스타일 – 보통]을 클릭하고 제목 글꼴은 'HY엽서M' , 크기는 '24' 로 설정하여 제목 셀의 스타일을 변경합니다.

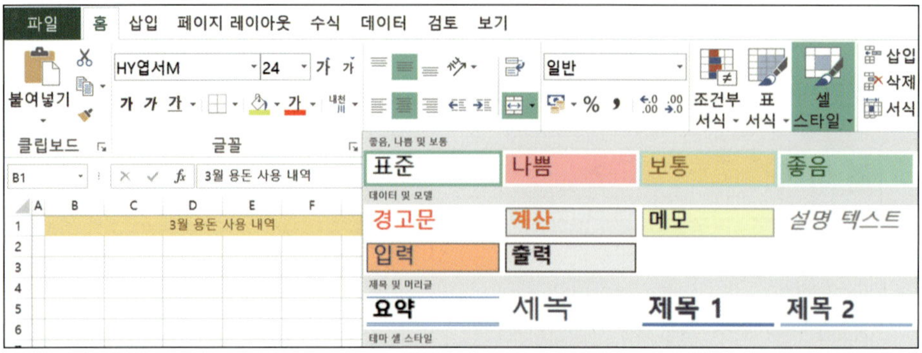

10. B3 셀로 커서를 이동한 후 아래와 같이 입력합니다. 날짜 열의 내용을 입력하면 '00월 00일' 의 형식으로 자동으로 변경되는 것을 확인할 수 있습니다.

	A	B	C	D	E	F	G	H
2								
3		날짜	분류	금액	사용내역	결제방법	기타	
4		03월 04일		10000	영화관람			
5		03월 04일		6000	햄버거			
6		03월 07일		30000	교통카드충전			
7		03월 07일		3000	우산			
8		03월 15일		4800	내과			
9		03월 15일		34000	핸드폰요금			
10		03월 16일		20000	화장품			
11		03월 16일		10000	점심식사			
12		03월 16일		20000	책구입			
13		03월 20일		100000	정기적금			
14		03월 22일		1500	커피			
15		03월 22일		4500	떡볶이			
16		03월 22일		10000	치킨			
17		03월 25일		10000	마트			
18		03월 30일		10000	미용실			
19		03월 30일		30000	뮤지컬관람			
20								

11. B4:B19 범위를 선택한 후 [홈 탭 – 표시 형식 그룹 – 대화상자 창 버튼]을 클릭하여 자동으로 입력된 날짜 형식을 변경합니다. 표시 형식 탭에서 범주는 '날짜', 형식은 '3/14'을 선택한 후 확인 버튼을 클릭합니다.

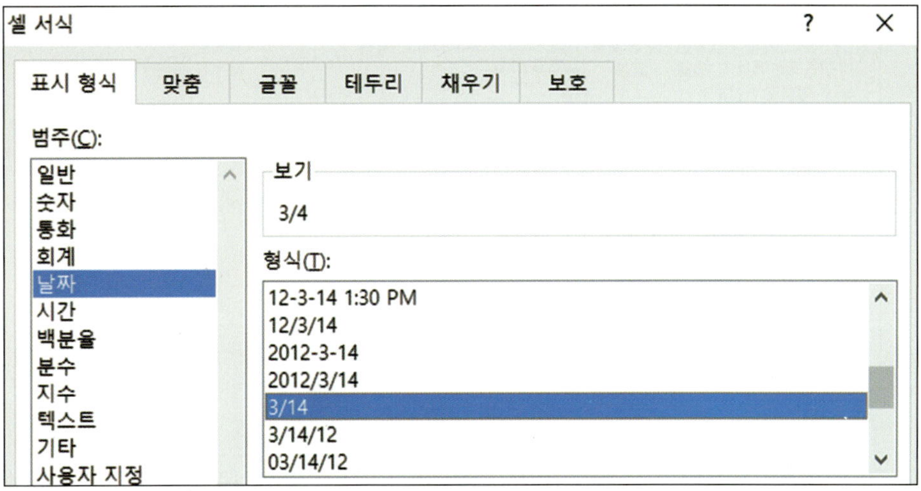

12. 날짜 열의 표시형식이 '00월 00일'의 형식에서 '00/00'의 형식으로 변경되는 것을 확인할 수 있습니다.

13. D4:D19 범위를 선택한 후 [홈 탭 – 표시 형식 그룹 – 목록 화살표 – 회계]를 선택하여 금액 열의 표시형식을 회계 표시형식으로 변경합니다.

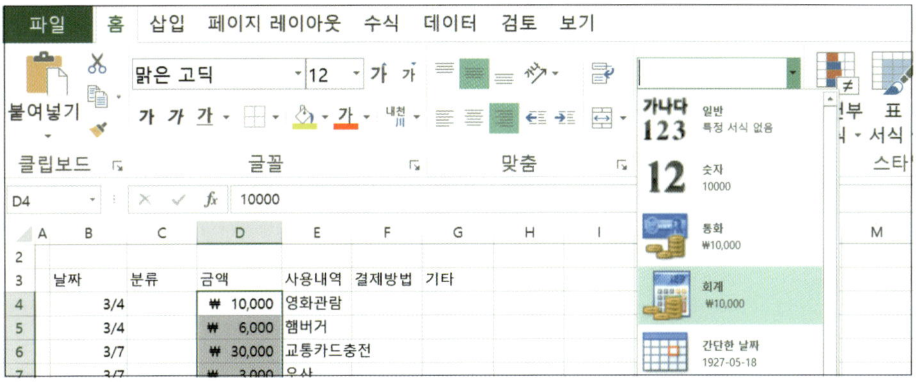

14. 금액 열의 표시형식이 변경되는 것을 확인할 수 있습니다.

15. C4:C19 범위를 선택한 후 [데이터 탭 – 데이터 도구 그룹 – 데이터 유효성 검사]를 클릭합니다.

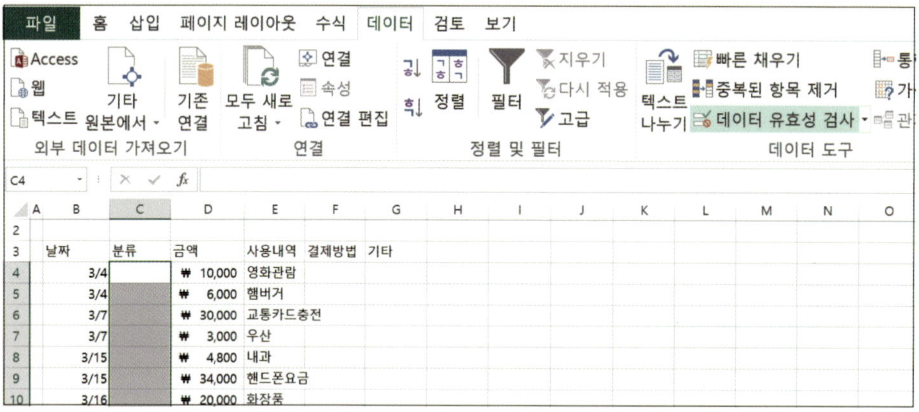

16. 데이터 유효성 대화상자가 나타나면 제한 대상은 '목록', 원본은 '=목록!$C$3:$C$11'을 입력한 후 확인 버튼을 클릭하여 분류열에 드롭다운 목록을 추가합니다.

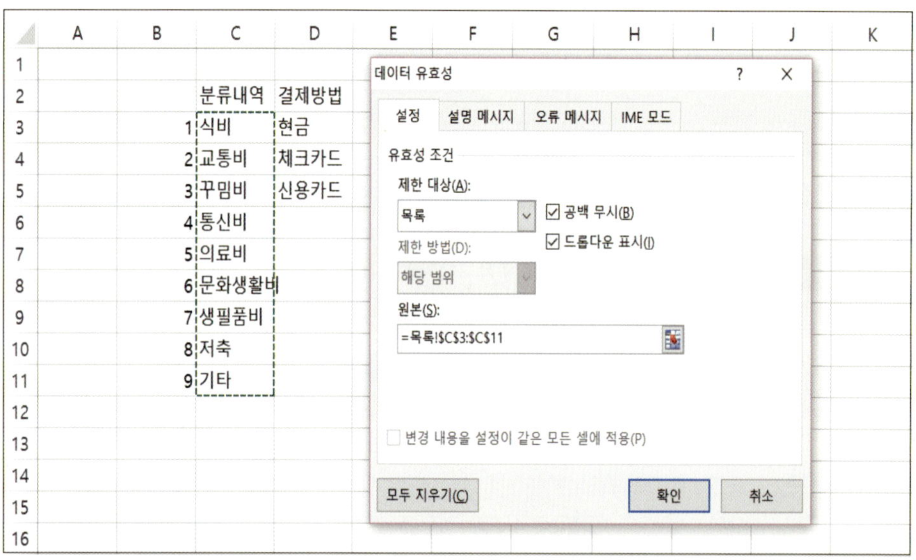

Tip 원본 값을 입력할 경우 '목록' 시트의 '분류내역' 항목을 이용하세요.

17. 분류 열의 셀 오른쪽에 목록 화살표 버튼이 생성되는 것을 확인할 수 있습니다. 커서를 C4로 이동하면 목록 버튼이 생성됩니다. 목록 화살표를 클릭하면 방금 입력한 목록 내용이 드롭다운 목록으로 나타납니다. 목록 중 입력 값을 선택하면 셀 안에 데이터 내용이 입력됩니다.

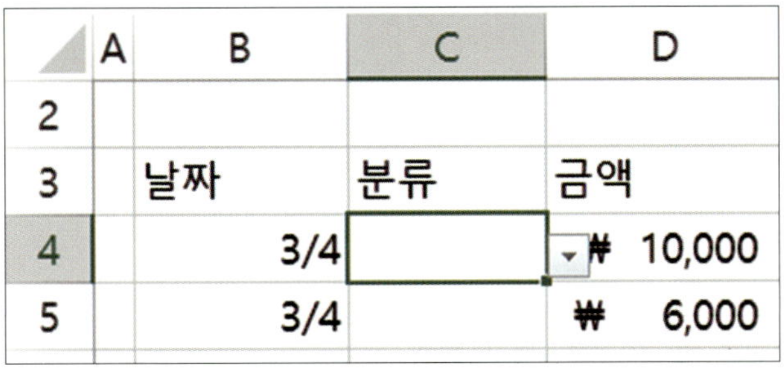

18. 마찬가지로 F4:F19 범위를 선택한 후 [데이터 탭 – 데이터 도구 그룹 – 데이터 유효성 검사]를 클릭합니다.

19. 데이터 유효성 대화상자가 나타나면 제한 대상은 '목록' , 원본은 '=목록!$D$3:$D$5' 를 입력한 후 확인 버튼을 클릭하여 결제방법 열에 드롭다운 목록을 추가합니다.

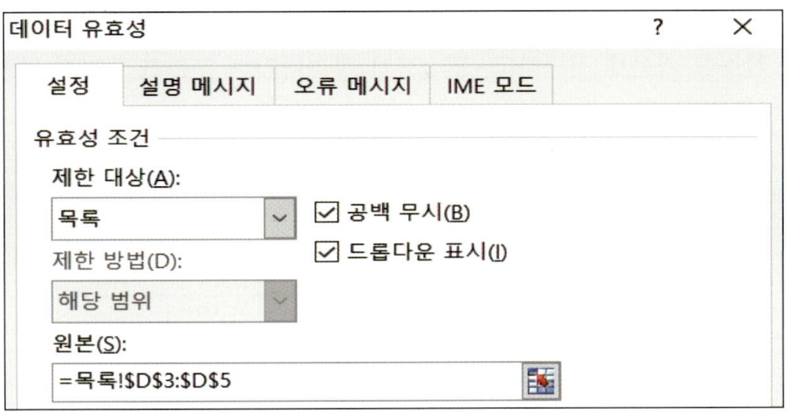

Tip 원본 값을 입력할 경우 '목록' 시트의 '결제방법' 항목을 이용하세요.

20. 결제방법 열의 셀 오른쪽에 목록 화살표 버튼이 생성되는 것을 확인할 수 있습니다. 드롭다운 목록을 이용하여 아래와 같이 데이터 내용을 입력합니다.

	A	B	C	D	E	F	G	H
2								
3		날짜	분류	금액	사용내역	결제방법	기타	
4		3/4	문화생활ㅂ	₩ 10,000	영화관람	체크카드		
5		3/4	식비	₩ 6,000	햄버거	현금		
6		3/7	교통비	₩ 30,000	교통카드ㅊ	현금		
7		3/7	생필품비	₩ 3,000	우산	현금		
8		3/15	의료비	₩ 4,800	내과	체크카드		
9		3/15	통신비	₩ 34,000	핸드폰요ㄱ	신용카드		
10		3/16	꾸밈비	₩ 20,000	화장품	체크카드		
11		3/16	식비	₩ 10,000	점심식사	현금		
12		3/16	문화생활ㅂ	₩ 20,000	책구입	신용카드		
13		3/20	저축	₩ 100,000	정기적금	현금		
14		3/22	식비	₩ 1,500	커피	현금		
15		3/22	식비	₩ 4,500	떡볶이	현금		
16		3/22	식비	₩ 10,000	치킨	현금		
17		3/25	생필품비	₩ 10,000	마트	체크카드		
18		3/30	꾸밈비	₩ 10,000	미용실	체크카드		
19		3/30	문화생활ㅂ	₩ 30,000	뮤지컬관ㄹ	신용카드		
20								

21. B3:G19 범위를 선택한 후 [홈 탭 - 글꼴 그룹 - 테두리 - 모든 테두리]를 선택하여 표 테두리를 설정합니다. [홈 탭 - 맞춤 그룹 - 가운데 맞춤]을 선택하여 글자를 가운데 정렬하고, 텍스트가 잘려나가는 부분이 생기지 않도록 열 너비를 설정합니다.

	A	B	C	D	E	F	G	H
1		3월 용돈 사용 내역						
2								
3		날짜	분류	금액	사용내역	결제방법	기타	
4		3/4	문화생활비	₩ 10,000	영화관람	체크카드		
5		3/4	식비	₩ 6,000	햄버거	현금		
6		3/7	교통비	₩ 30,000	교통카드충전	현금		
7		3/7	생필품비	₩ 3,000	우산	현금		
8		3/15	의료비	₩ 4,800	내과	체크카드		
9		3/15	통신비	₩ 34,000	핸드폰요금	신용카드		
10		3/16	꾸밈비	₩ 20,000	화장품	체크카드		
11		3/16	식비	₩ 10,000	점심식사	현금		
12		3/16	문화생활비	₩ 20,000	책구입	신용카드		
13		3/20	저축	₩ 100,000	정기적금	현금		
14		3/22	식비	₩ 1,500	커피	현금		
15		3/22	식비	₩ 4,500	떡볶이	현금		
16		3/22	식비	₩ 10,000	치킨	현금		
17		3/25	생필품비	₩ 10,000	마트	체크카드		

22. B3:G3 범위를 선택한 후 [홈 탭 - 스타일 그룹 - 셀 스타일 - 셀 확인]을 클릭하여 3행의 셀 스타일을 변경합니다.

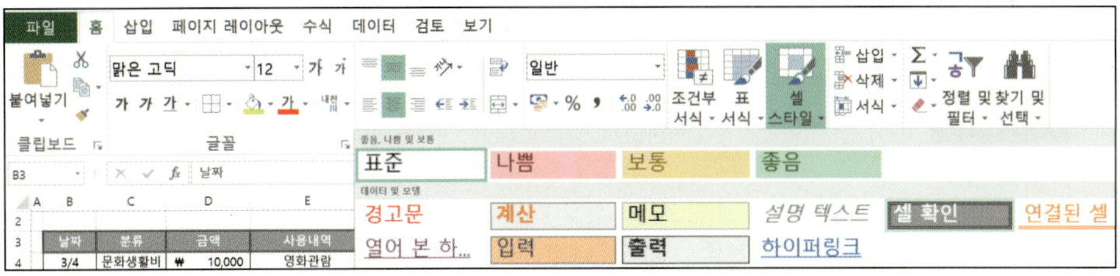

23. 4행부터 19행까지 행 머리글을 선택한 후 마우스를 오른쪽 클릭하여 행 높이를 클릭합니다. 행 높이는 '25' 를 입력한 후 확인 버튼을 클릭합니다.

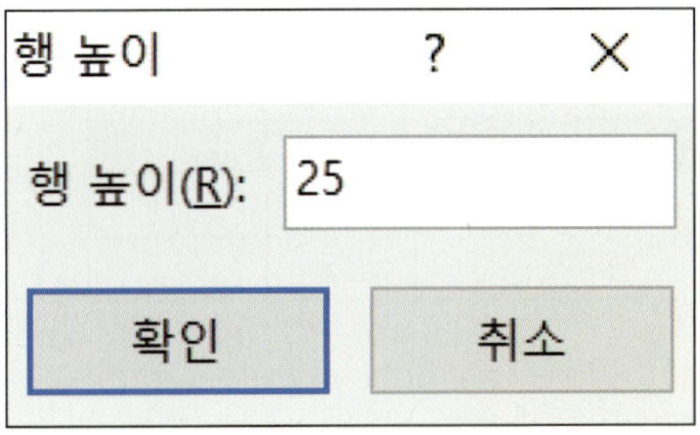

24. 다음과 같이 용돈 사용 내역 문서가 완성되는 것을 확인할 수 있습니다.

3월 용돈 사용 내역

날짜	분류	금액	사용내역	결제방법	기타
3/4	문화생활비	₩ 10,000	영화관람	체크카드	
3/4	식비	₩ 6,000	햄버거	현금	
3/7	교통비	₩ 30,000	교통카드충전	현금	
3/7	생필품비	₩ 3,000	우산	현금	
3/15	의료비	₩ 4,800	내과	체크카드	
3/15	통신비	₩ 34,000	핸드폰요금	신용카드	
3/16	꾸밈비	₩ 20,000	화장품	체크카드	
3/16	식비	₩ 10,000	점심식사	현금	
3/16	문화생활비	₩ 20,000	책구입	신용카드	
3/20	저축	₩ 100,000	정기적금	현금	
3/22	식비	₩ 1,500	커피	현금	
3/22	식비	₩ 4,500	떡볶이	현금	
3/22	식비	₩ 10,000	치킨	현금	
3/25	생필품비	₩ 10,000	마트	체크카드	
3/30	꾸밈비	₩ 10,000	미용실	체크카드	
3/30	문화생활비	₩ 30,000	뮤지컬관람	신용카드	

25. 마지막으로 '분류' 항목을 기준으로 '부분합' 을 계산하기 위하여 분류 항목별로 데이터를 정렬하도록 합니다. 표 안의 임의의 셀에 커서를 이동한 후 [데이터 탭 – 정렬 및 필터 그룹 – 정렬]을 클릭합니다.

Tip 부분합을 설정하기 전에 그룹으로 묶을 항목(분류)을 미리 정렬해 놓으면 쉽게 부분합을 계산할 수 있습니다.

26. 정렬 대화상자가 나타나면 정렬 기준은 '분류' , 정렬은 '오름차순' 으로 설정한 후 확인 버튼을 클릭합니다.

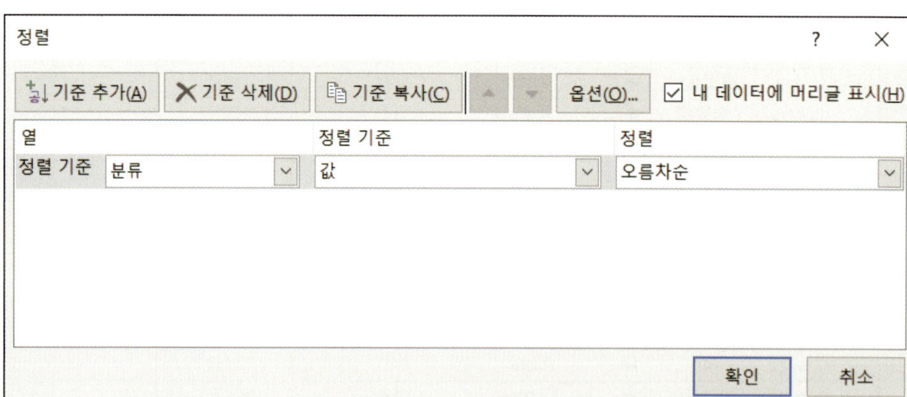

27. 표가 '분류' 항목별로 정렬되는 것을 확인할 수 있습니다.

3	날짜	분류	금액	사용내역	결제방법	기타
4	3/7	교통비	₩ 30,000	교통카드충전	현금	
5	3/16	꾸밈비	₩ 20,000	화장품	체크카드	
6	3/30	꾸밈비	₩ 10,000	미용실	체크카드	
7	3/4	문화생활비	₩ 10,000	영화관람	체크카드	
8	3/16	문화생활비	₩ 20,000	책구입	신용카드	
9	3/30	문화생활비	₩ 30,000	뮤지컬관람	신용카드	
10	3/7	생필품비	₩ 3,000	우산	현금	
11	3/25	생필품비	₩ 10,000	마트	체크카드	
12	3/4	식비	₩ 6,000	햄버거	현금	
13	3/16	식비	₩ 10,000	점심식사	현금	
14	3/22	식비	₩ 1,500	커피	현금	
15	3/22	식비	₩ 4,500	떡볶이	현금	
16	3/22	식비	₩ 10,000	치킨	현금	
17	3/15	의료비	₩ 4,800	내과	체크카드	
18	3/20	저축	₩ 100,000	정기적금	현금	
19	3/15	통신비	₩ 34,000	핸드폰요금	신용카드	

28. 표 안의 임의의 셀에 커서를 이동한 후 [홈 탭 – 윤곽선 그룹 – 부분합]을 클릭하여 표의 분류 항목별로 부분합을 계산합니다.

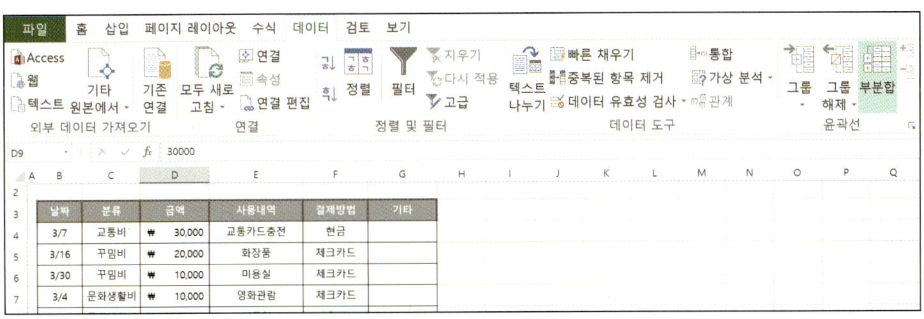

29. 부분합 대화상자가 나타나면 그룹화할 항목은 '분류', 사용할 함수는 '합계', 부분합 계산 항목은 '금액'으로 설정한 후 확인 버튼을 클릭합니다.

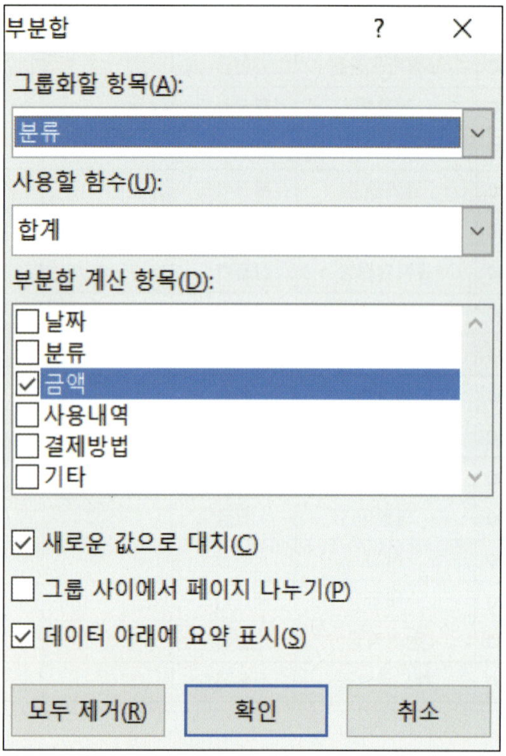

30. 표가 분류 항목 별로 요약행이 추가되며 부분합이 계산되는 것을 확인할 수 있습니다.

3월 용돈 사용 내역

날짜	분류	금액	사용내역	결제방법	기타
3/7	교통비	₩ 30,000	교통카드충전	현금	
	교통비 요약	₩ 30,000			
3/16	꾸밈비	₩ 20,000	화장품	체크카드	
3/30	꾸밈비	₩ 10,000	미용실	체크카드	
	꾸밈비 요약	₩ 30,000			
3/4	문화생활비	₩ 10,000	영화관람	체크카드	
3/16	문화생활비	₩ 20,000	책구입	신용카드	
3/30	문화생활비	₩ 30,000	뮤지컬관람	신용카드	
	문화생활비 요약	₩ 60,000			
3/7	생필품비	₩ 3,000	우산	현금	
3/25	생필품비	₩ 10,000	마트	체크카드	
	생필품비 요약	₩ 13,000			
3/4	식비	₩ 6,000	햄버거	현금	
3/16	식비	₩ 10,000	점심식사	현금	
3/22	식비	₩ 1,500	커피	현금	
3/22	식비	₩ 4,500	떡볶이	현금	
3/22	식비	₩ 10,000	치킨	현금	
	식비 요약	₩ 32,000			
3/15	의료비	₩ 4,800	내과	체크카드	
	의료비 요약	₩ 4,800			
3/20	저축	₩ 100,000	정기적금	현금	
	저축 요약	₩ 100,000			
3/15	통신비	₩ 34,000	핸드폰요금	신용카드	
	통신비 요약	₩ 34,000			
	총합계	₩ 303,800			

Chapter 4

문서 보호 및 설정

01

워크시트 보호

문서 작성 이후 다른 사용자들과 문서를 공유할 때 암호를 설정하여 시트 보호를 설정하거나 편집범위를 일부만 허용하여 관리할 수 있다.

예제파일 : 4장예제.xlsx

1-1 워크시트 전체 보호하기

따라해 보세요 – 시트 보호하기

'시트보호' 시트를 보호 하세요. 암호는 '1234' 로 설정하세요.

*시트명 : 시트보호

1. [홈 탭 – 셀 그룹 – 서식 – 시트 보호]를 클릭합니다.

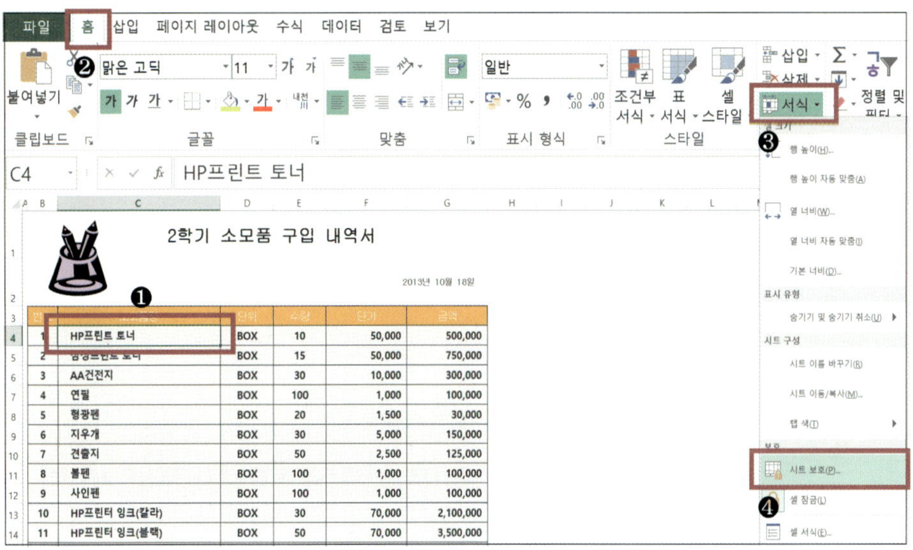

2. 시트 보호 대화상자가 나타나면 암호는 '1234' , 잠긴 셀 선택과 잠기지 않은 셀 선택은 '체크' 하고 확인 버튼을 클릭합니다.

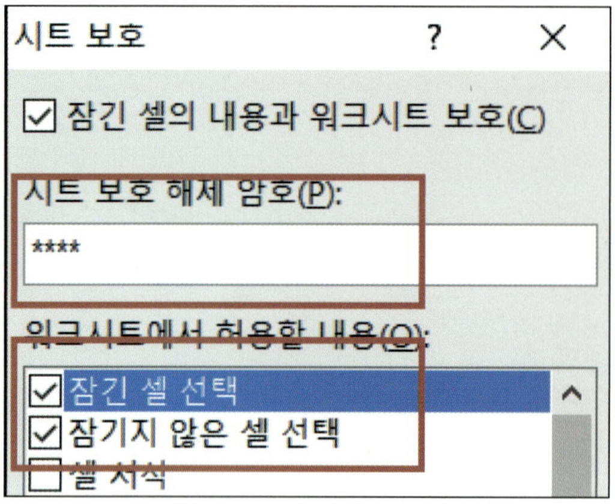

Tip

- 암호 입력을 원할 경우 : 시트 보호 해제 암호에 원하는 암호를 입력하고 확인 버튼을 누르면 암호가 설정됩니다.(대소문자 구분)
- 암호 입력을 원하지 않는 경우 : 시트 보호 해제 암호를 입력하지 않고 확인 버튼을 누르면 암호 없이 시트 보호가 설정됩니다.

3. 다시 한 번 암호 확인하는 대화상자가 나타나면 방금 입력한 '1234' 를 한 번 더 입력하고 확인버튼을 클릭합니다.

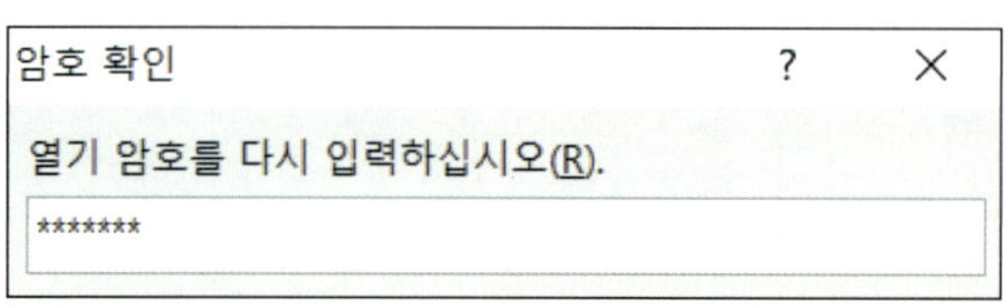

4. '시트보호' 시트 전체가 보호되는 것을 확인할 수 있습니다. 현재 워크시트 중 임의의 셀을 변경하고자 하면 아래와 같은 경고 메시지가 나타납니다.

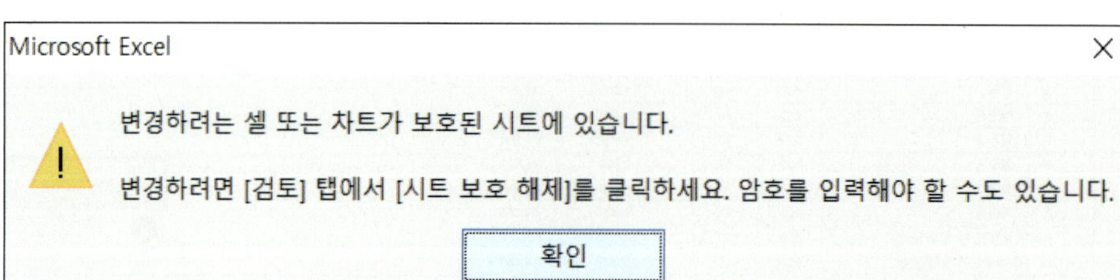

따라해 보세요 – 시트 보호 해제하기

'시트보호' 시트를 보호 해제 하세요. .

*시트명 : 시트보호

1. 보호된 시트에서 [홈 탭 – 셀 그룹 – 서식 – 시트 보호 해제]를 클릭합니다.

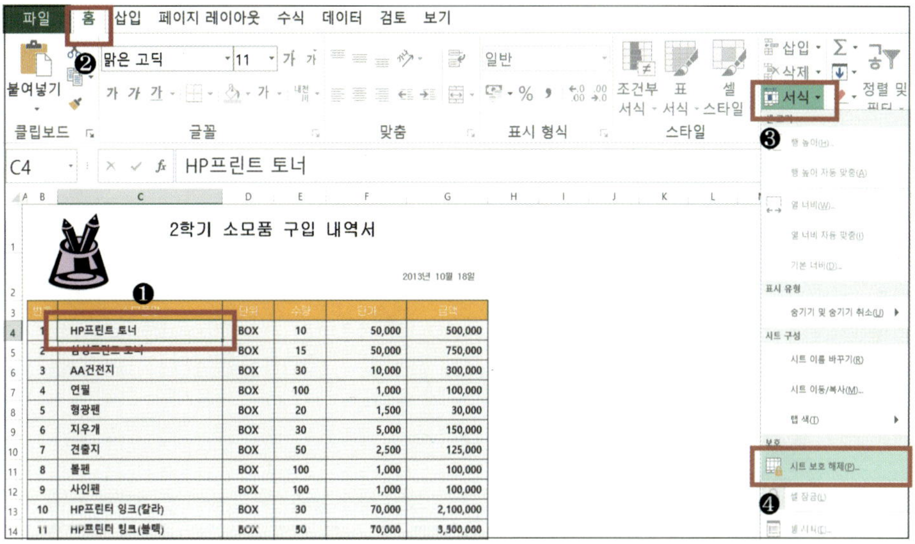

2. 시트 보호 해제 대화상자가 나타나면 기존에 설정한 암호 '1234' 를 입력합니다.

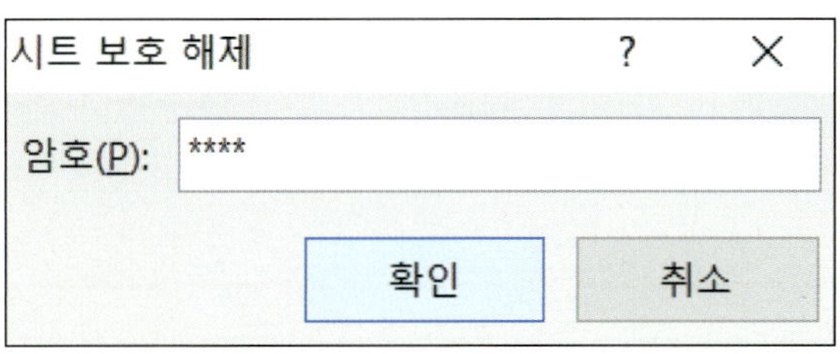

Tip 암호가 설정되어 있지 않은 경우 메시지 없이 바로 시트 보호가 해제됩니다.

3. 시트 보호가 해제되는 것을 확인할 수 있습니다. 이제부터 현재 워크시트의 내용 편집이 가능합니다.

1-2 일부 범위만 허용하여 보호하기

따라해 보세요 – 일부 편집 범위만 허용하여 시트 보호하기

수량 열에만 편집 가능하도록 시트를 보호 하세요. 암호는 설정하지 마세요.

*시트명 : 시트보호

1. E4:E24 범위를 선택한 후 [홈 탭 – 셀 그룹 – 서식 – 셀 잠금]을 클릭하여 셀 잠금을 해제합니다. 셀 잠금을 해제한 후 [홈 탭 – 셀 그룹 – 서식 – 시트 보호]를 클릭합니다.

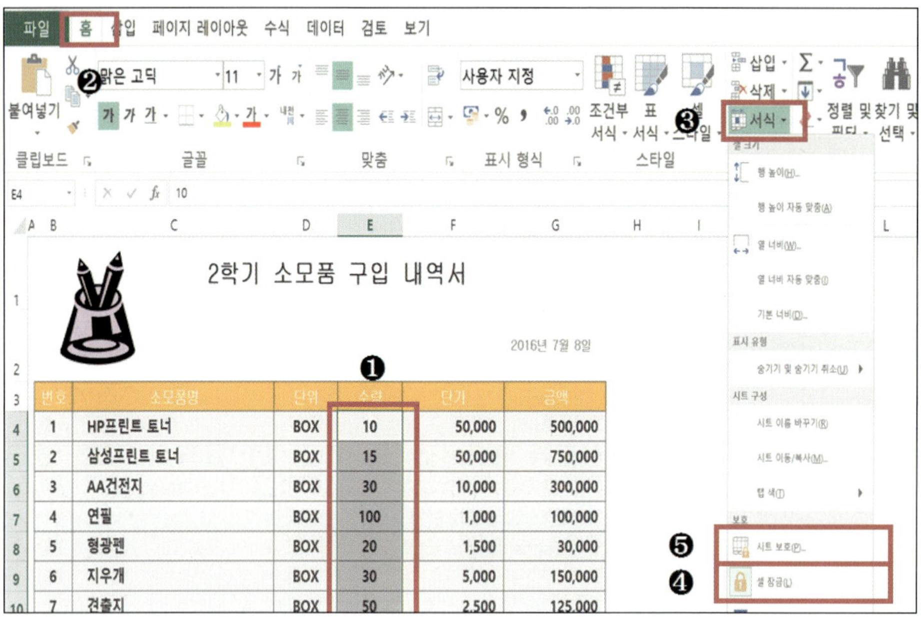

Tip 워크시트가 생성되면 기본적으로 셀 잠금이 설정되어 있습니다.

2. 암호는 입력하지 않고 잠기지 않은 셀 선택만 '체크' 하고 확인 버튼을 클릭합니다.

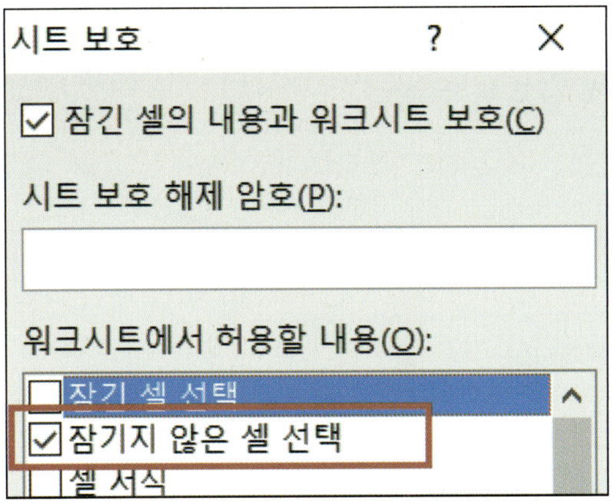

Tip 현재 잠기지 않은 셀은 위의 실습에서 셀 잠금을 해제한 'E4:E24' 범위입니다. 'E4:E24' 범위만 허용하여 셀을 편집하기 위해서 '잠기지 않은 셀 선택' 만 체크합니다.

3. E4:E24 범위의 내용만 변경 가능하고 그 이외의 부분은 편집할 수 없도록 설정되어있는 것을 확인할 수 있습니다.

2학기 소모품 구입 내역서

2016년 7월 8일

번호	소모품명	단위	수량	단가	금액
1	HP프린트 토너	BOX	35	50,000	1,750,000
2	삼성프린트 토너	BOX	15	50,000	750,000
3	AA건전지	BOX	30	10,000	300,000
4	연필	BOX	100	1,000	100,000
5	형광펜	BOX	20	1,500	30,000
6	지우개	BOX	30	5,000	150,000
7	견출지	BOX	50	2,500	125,000
8	볼펜	BOX	100	1,000	100,000

02

통합문서 보호

통합 문서 전체에 암호를 설정하여 다른 사용자가 함부로 파일 자체를 열지 못하도록 설정 할 수 있다.

예제파일 : 4장예제.xlsx

2-1 통합문서 보호하기

따라해 보세요 – 통합 문서 보호하기

통합 문서에 암호 '1234' 를 설정하세요.

1. [파일 탭 – 정보 – 통합 문서 보호 – 암호 설정]을 클릭합니다.

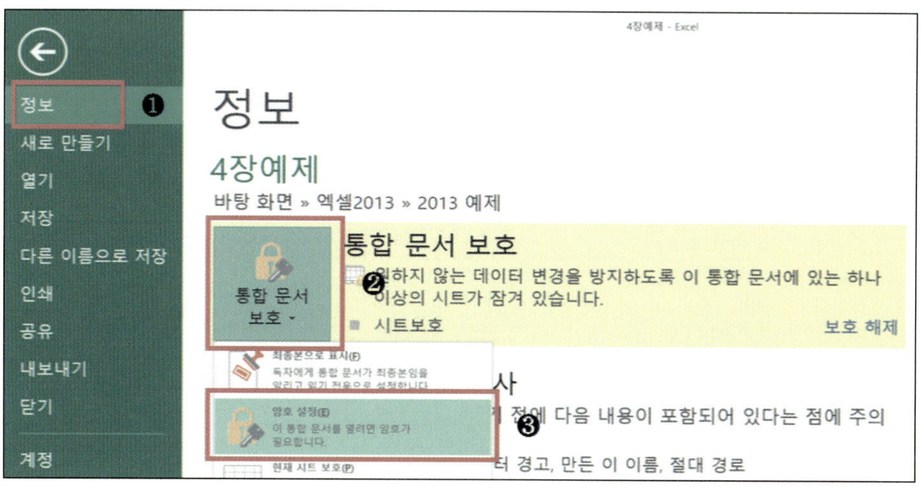

2. 문서 암호화 대화상자가 나타나면 암호 '1234'를 입력하고 확인 버튼을 클릭합니다.

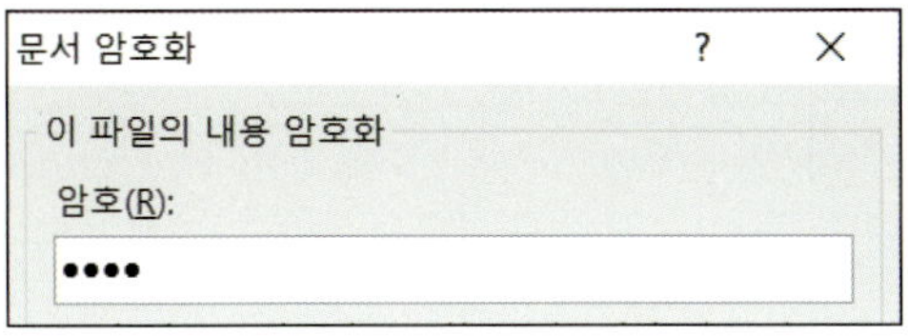

3. 암호 확인 대화상자가 나타나면 암호 '1234'를 다시 한 번 입력하고 확인 버튼을 클릭합니다.

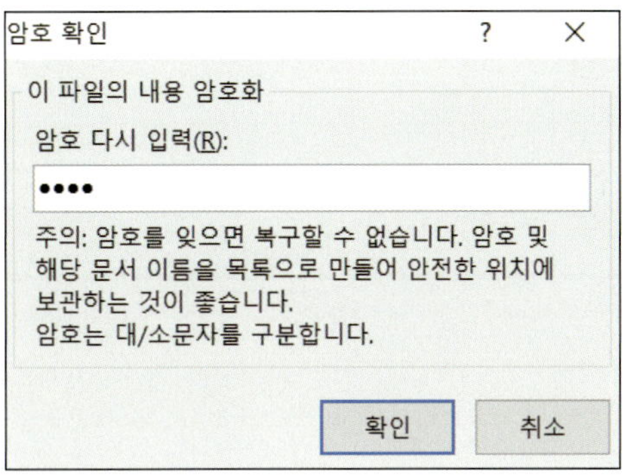

4. 통합 문서 전체에 보호가 설정되고 암호가 지정되었음을 알 수 있습니다.

Tip 파일을 닫고 다시 실행할 경우 암호를 입력하라는 메시지 창이 나타나게 됩니다. 암호 '1234'를 입력하면 파일을 열 수 있습니다.

5. 설정된 암호를 삭제하려면 [파일 탭 – 정보 – 통합 문서 보호 – 암호 설정]에서 암호를 삭제하고 비어있는 상태에서 확인 버튼을 클릭하면 암호가 삭제됩니다.

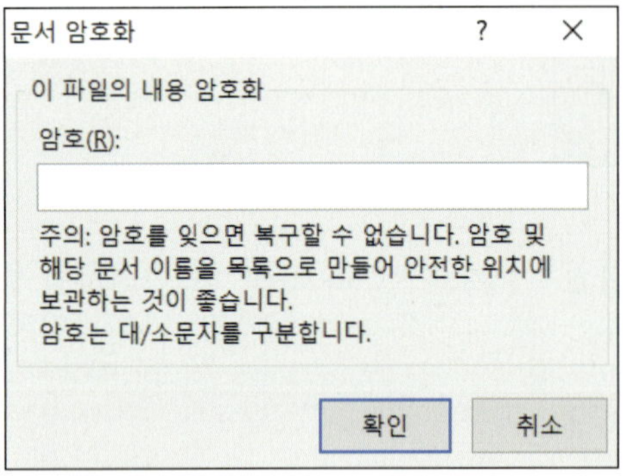

6. 암호 설정이 삭제되는 것을 확인할 수 있습니다.

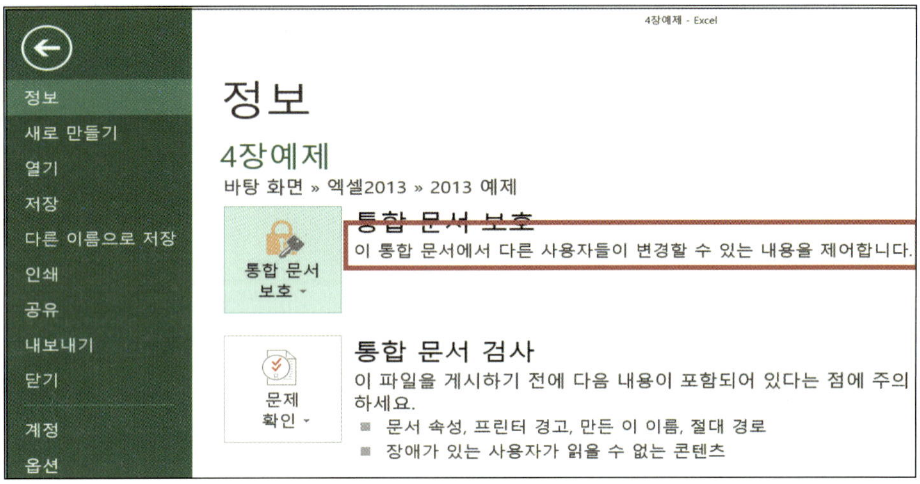

03

저장

이전 버전의 파일 형식으로 통합문서를 저장하여 이전 버전에서도 호환 가능하게 저장하거나, 다양한 형식으로 통합문서를 저장할 수 있다.

예제파일 : 4장예제.xlsx

3-1 이전 버전의 통합문서로 저장하기

따라해 보세요 – 이전 버전의 파일 형식으로 저장하기

Excel 97-2003 버전의 통합문서 형식으로 파일을 저장하세요.

1. [파일 탭 – 다른 이름으로 저장 – 컴퓨터 – 찾아보기]를 클릭합니다.

2. 저장 위치는 바탕화면을 클릭한 후 파일 형식을 'Excel 97 – 2003 통합 문서'를 선택하고 저장 버튼을 클릭합니다.

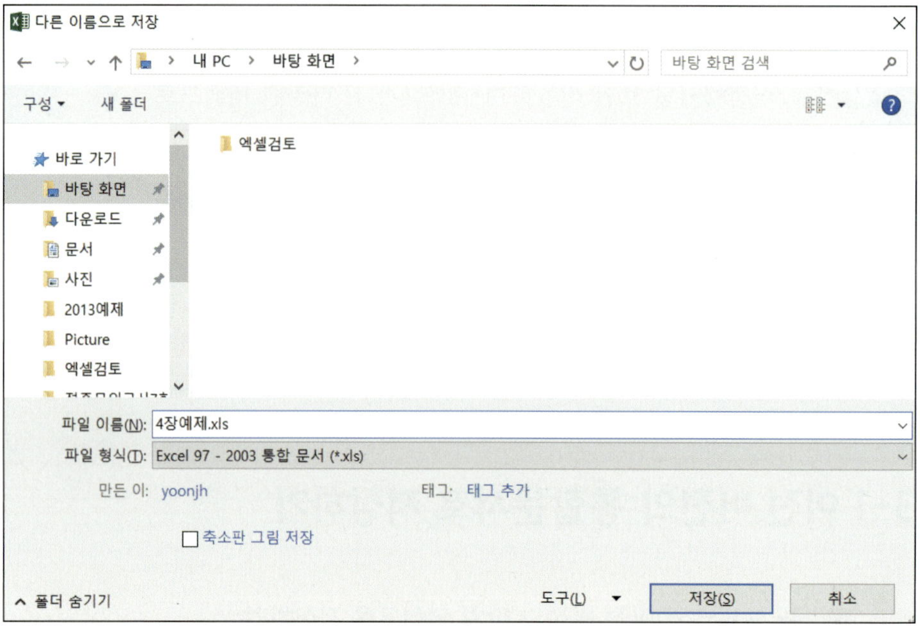

3. 호환성 검사 대화상자가 나타나면 계속 버튼을 클릭합니다. 버전이 다른 경우 이전 버전에서는 지원되지 않는 기능들이 손실될 수 있음을 알려주는 메시지 입니다.

4. 바탕화면에 4장예제.xls 파일이 생성되었음을 알 수 있습니다.

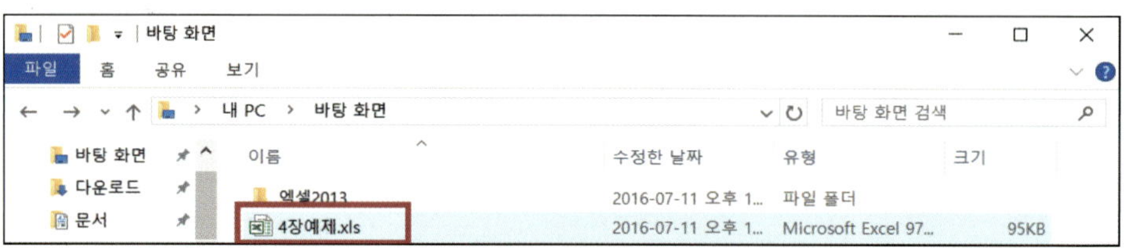

Tip 엑셀 확장자 .xls 와 .xlsx의 차이는 엑셀 프로그램 버전의 차이입니다.
- .xls : 2003년도 까지의 버전에서 사용
- .xlsx : 2003년도 이후 버전에서 사용

3-2 다른 파일 형식으로 저장하기

따라해 보세요 – 다른 파일 형식으로 저장하기

PDF 파일 형식으로 파일을 저장하세요.

1. [파일 탭 – 다른 이름으로 저장 – 컴퓨터 – 찾아보기]를 클릭합니다.

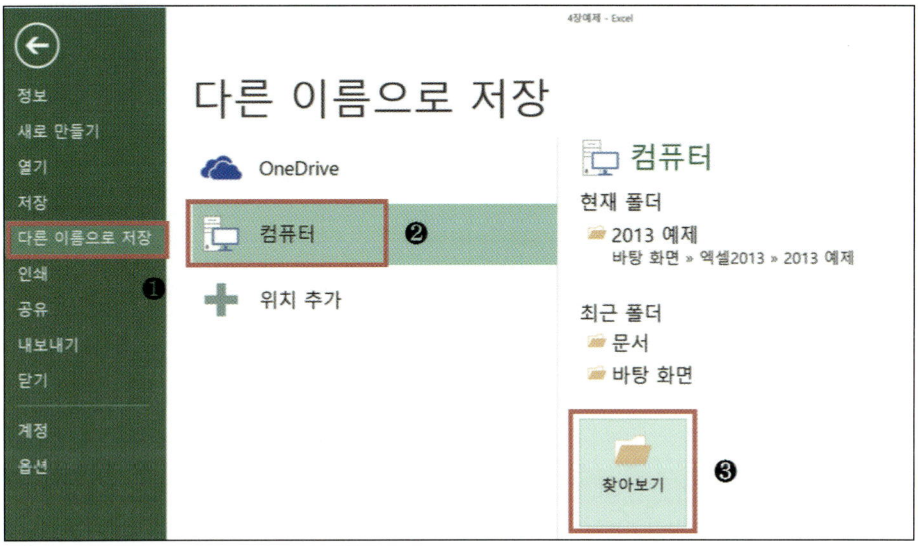

2. 저장 위치를 바탕화면을 클릭한 후 파일 형식을 'PDF(*.pdf)' 로 변경하고 저장 버튼을 클릭합니다.

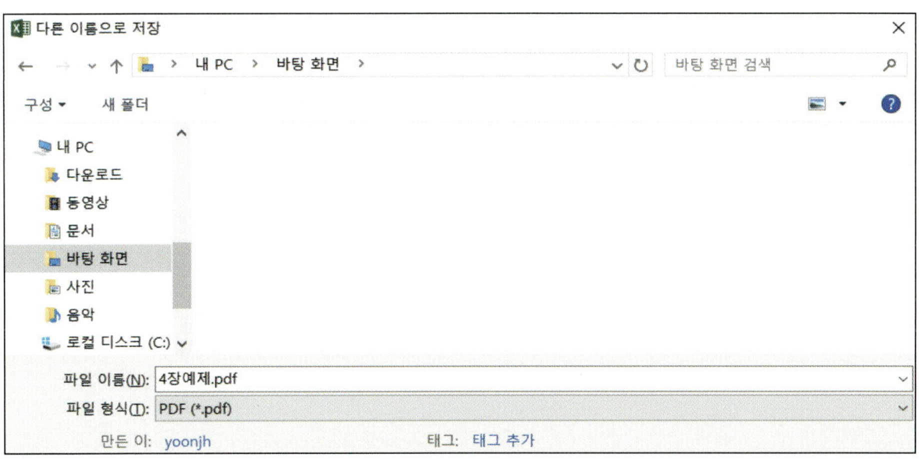

3. adobe 프로그램에서 PDF 파일이 열리고 바탕화면에 4장예제.pdf 가 저장되는 것을 확인할 수 있습니다.

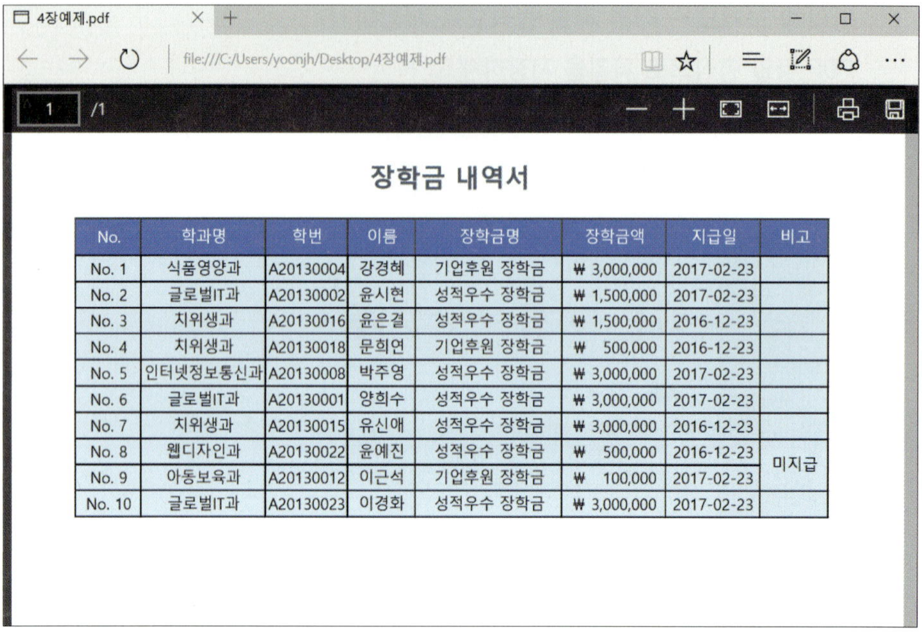

장학금 내역서

No.	학과명	학번	이름	장학금명	장학금액	지급일	비고
No. 1	식품영양과	A20130004	강경혜	기업후원 장학금	₩ 3,000,000	2017-02-23	
No. 2	글로벌IT과	A20130002	윤시현	성적우수 장학금	₩ 1,500,000	2017-02-23	
No. 3	치위생과	A20130016	윤은결	성적우수 장학금	₩ 1,500,000	2016-12-23	
No. 4	치위생과	A20130018	문희연	기업후원 장학금	₩ 500,000	2016-12-23	
No. 5	인터넷정보통신과	A20130008	박주영	성적우수 장학금	₩ 3,000,000	2017-02-23	
No. 6	글로벌IT과	A20130001	양희수	성적우수 장학금	₩ 3,000,000	2017-02-23	
No. 7	치위생과	A20130015	유신애	성적우수 장학금	₩ 3,000,000	2016-12-23	
No. 8	웹디자인과	A20130022	윤예진	성적우수 장학금	₩ 500,000	2016-12-23	미지급
No. 9	아동보육과	A20130012	이근석	기업후원 장학금	₩ 100,000	2017-02-23	
No. 10	글로벌IT과	A20130023	이경화	성적우수 장학금	₩ 3,000,000	2017-02-23	

Tip

다른 이름으로 저장하기 대화상자에서 '게시 후 파일 열기' 가 체크되어 있으면 PDF 파일이 자동으로 실행됩니다. PDF 파일이 열리지 않는 경우 adobe reader 프로그램이 설치되지 않았기 때문입니다. 프로그램을 설치하면 파일이 열리는 것을 확인할 수 있습니다.

04

인쇄 설정

용지 방향, 여백, 머리글 및 바닥글을 설정하여 매 페이지마다 반복되는 내용을 추가하여 다양한 방법으로 인쇄를 설정 할 수 있다. 또한 인쇄 영역을 설정하여 일부 영역만 인쇄할 수 있다.

예제파일 : 4장예제.xlsx

4-1 페이지 설정하기

따라해 보세요 – 페이지 설정하기

페이지 설정을 이용하여 용지 방향, 머리글과 바닥글 등을 설정하세요.

*시트명 : 인쇄

1. [파일 탭 – 인쇄 – 페이지 설정]을 클릭합니다.

2. 페이지 탭에서 용지방향은 '세로' 를 선택하고 여백 탭으로 이동합니다.

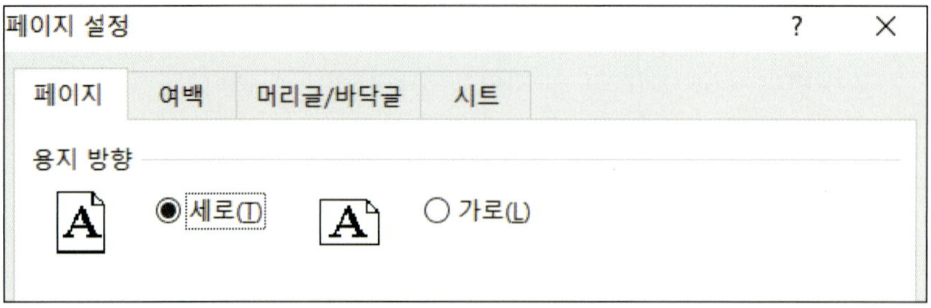

3. 여백 탭에서 위쪽 / 아래쪽 여백은 '1.5' , 왼쪽 / 오른쪽 여백은 '2.0' , 페이지 가운데 맞춤은 '가로 체크' 를 선택하고 머리글/바닥글 탭으로 이동합니다.

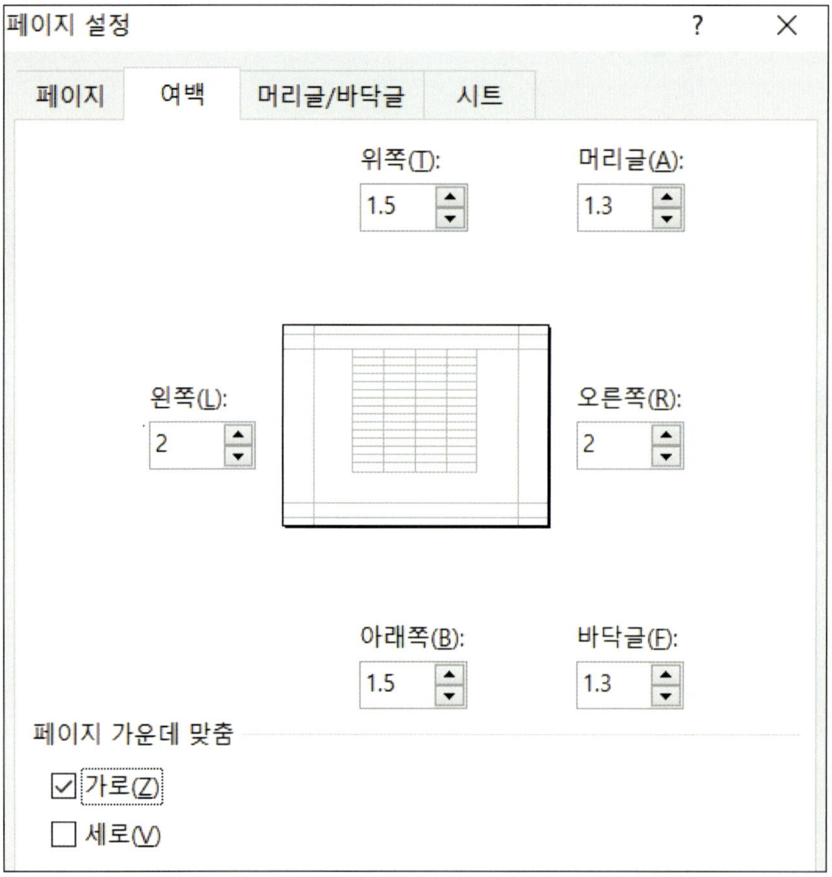

4. 머리글 / 바닥글 탭에서 바닥글 영역에 '페이지 1'을 선택하여 페이지 번호를 삽입합니다. 이 설정은 인쇄할 때 모든 페이지의 바닥글 영역에 페이지 번호가 자동으로 추가됩니다. '머리글 편집' 버튼을 클릭합니다.

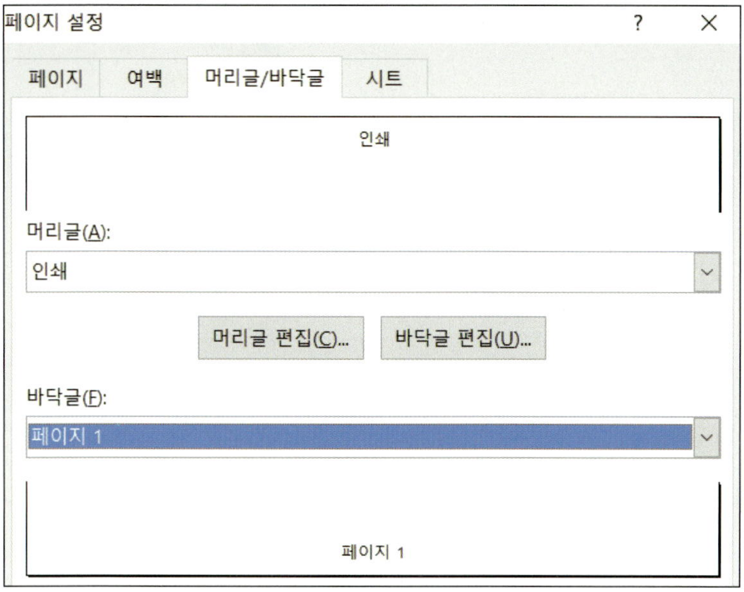

5. 머리글 대화상자가 나타나면 가운데 구역에 커서를 이동합니다. '시트 이름 삽입' 버튼을 클릭하여 '&[탭]'을 삽입하고 확인 버튼을 클릭합니다. 이 설정은 인쇄할 때 모든 페이지의 머리글 영역에 시트명이 자동으로 추가됩니다.

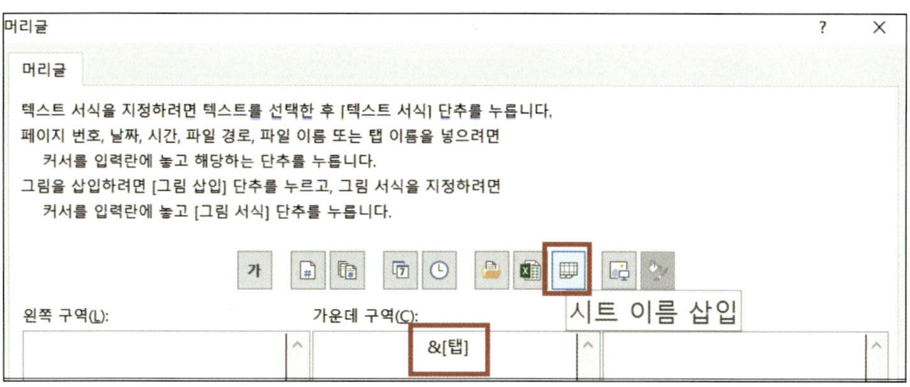

6. 아래와 같이 페이지 설정이 변경되는 것을 확인할 수 있습니다.

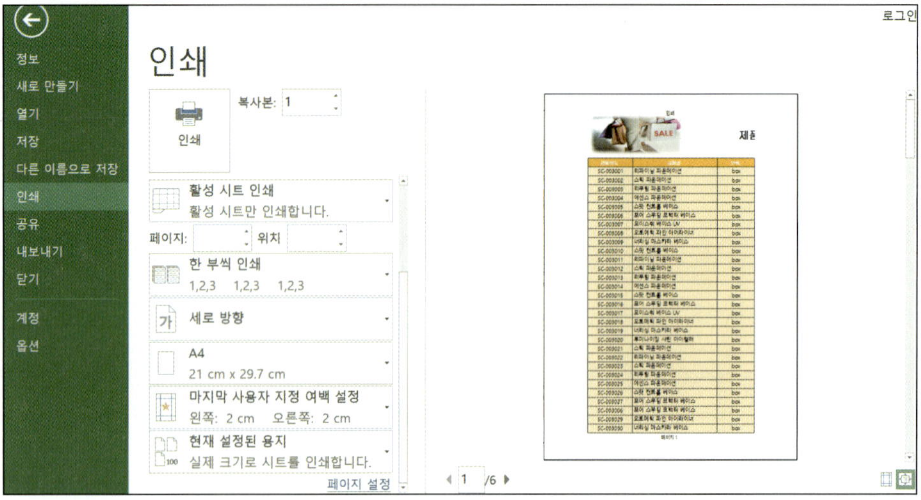

7. 인쇄 버튼을 클릭하면 문서가 인쇄되는 것을 확인할 수 있습니다. (실습중에는 인쇄버튼을 클릭하지 마시기 바랍니다.)

Tip 머리글이나 바닥글을 이용할 경우 [보기 탭 – 통합 문서 보기 그룹 – 페이지 레이아웃] 보기를 이용하면 쉽게 확인할 수 있습니다.

4-2 인쇄하기

따라해 보세요 – 페이지마다 인쇄 제목 설정하기

1행부터 4행까지 인쇄 제목으로 설정하여 매 페이지마다 인쇄제목이 반복될 수 있도록 설정하고, A4 화면에 페이지의 모든 열이 맞춰지도록 인쇄하세요.

*시트명 : 인쇄

1. [페이지 레이아웃 탭 – 페이지 설정 그룹 – 인쇄 제목]을 클릭합니다.

2. 반복할 행에 '$1:$4' 를 입력하고 확인 버튼을 클릭합니다.

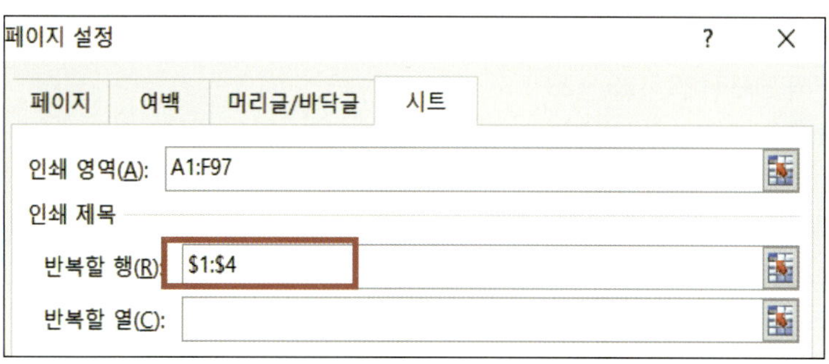

3. 페이지를 넘겨 확인하면 1행부터 4행까지 인쇄 제목이 매 페이지마다 반복되는 것을 확인할 수 있습니다.

4. '한 페이지에 모든 열 맞추기' 로 설정을 변경하고 인쇄 버튼을 클릭합니다. 표의 열이 한페이지에 맞게 설정되는 것을 확인할 수 있습니다. (실습중에는 인쇄버튼을 클릭하지 마시기 바랍니다.)

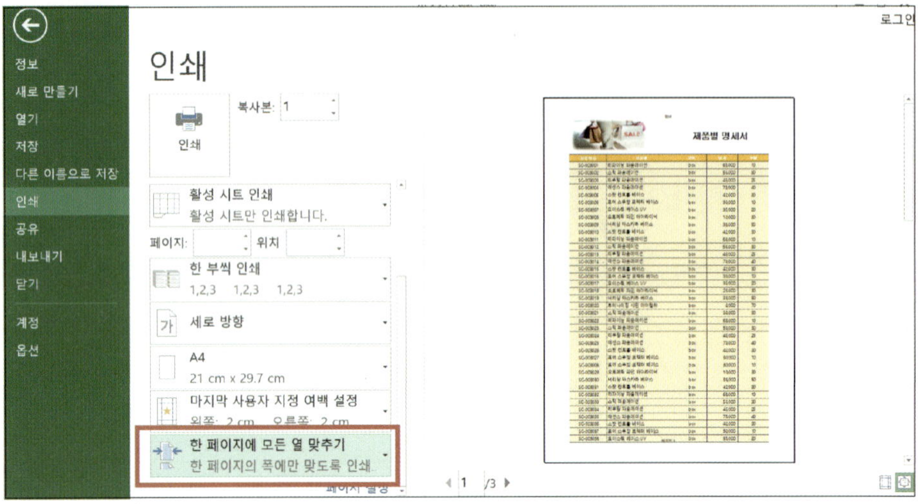

설명

인쇄 설정

① 활성 시트 인쇄 : 활성 시트만 인쇄합니다.
  전체 통합 문서 인쇄 : 전체 통합 문서를 인쇄합니다.
  선택 영역 인쇄 : 선택 영역만 인쇄합니다.

② 한 부씩 인쇄 (123, 123, 123..)
  한 부씩 인쇄 안함 (111, 222, 333...)

③ 가로, 세로 방향을 설정합니다.

④ A4, A5 등 용지 크기를 설정합니다.

⑤ 기본, 넓게, 좁게, 사용자 지정 여백을 설정합니다.

⑥ 현재 설정된 용지 : 실제 크기로 시트를 인쇄합니다.
  한 페이지에 시트 맞추기 : 한 페이지에 모두 들어가도록 인쇄물을 줄입니다.
  한 페이지에 모든 열 맞추기 : 한 페이지의 폭에만 맞도록 인쇄물을 줄입니다.
  한 페이지에 모든 행 맞추기 : 한 페이지의 높이에만 맞도록 인쇄물을 줄입니다.

4-3 인쇄 영역 설정하기

따라해 보세요 – 일부 영역만 인쇄하기

10행까지만 인쇄하도록 인쇄 영역을 설정하세요. 인쇄 미리보기로 확인한 후 설정된 인쇄 영역을 해제하세요.

*시트명 : 인쇄

1. A1:F10 범위를 선택한 후 [페이지 레이아웃 탭 – 페이지 설정 그룹 – 인쇄 영역 – 인쇄 영역 설정]을 클릭합니다.

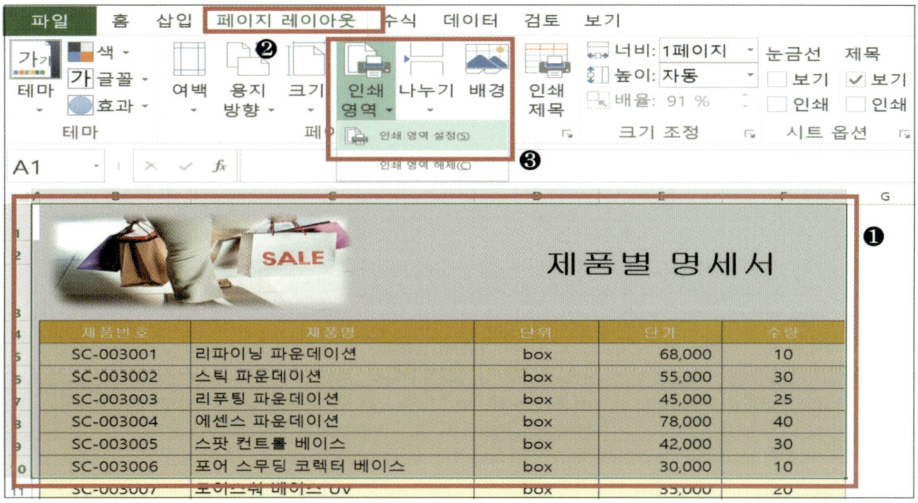

2. [파일 탭 – 인쇄]를 클릭하면 오른쪽 인쇄 미리보기 화면에 현재 설정된 인쇄 영역만 미리보기 되는 것을 확인할 수 있습니다.

3. 오른쪽 상단의 ' ' 버튼을 클릭하여 편집화면으로 다시 돌아옵니다. [페이지 레이아웃 탭 – 페이지 설정 그룹 – 인쇄 영역 – 인쇄 영역 해제]를 클릭합니다.

4. [파일 탭 – 인쇄]를 클릭하면 오른쪽 인쇄 미리보기 화면에 인쇄 영역이 전체로 다시 변경되는 것을 확인할 수 있습니다.

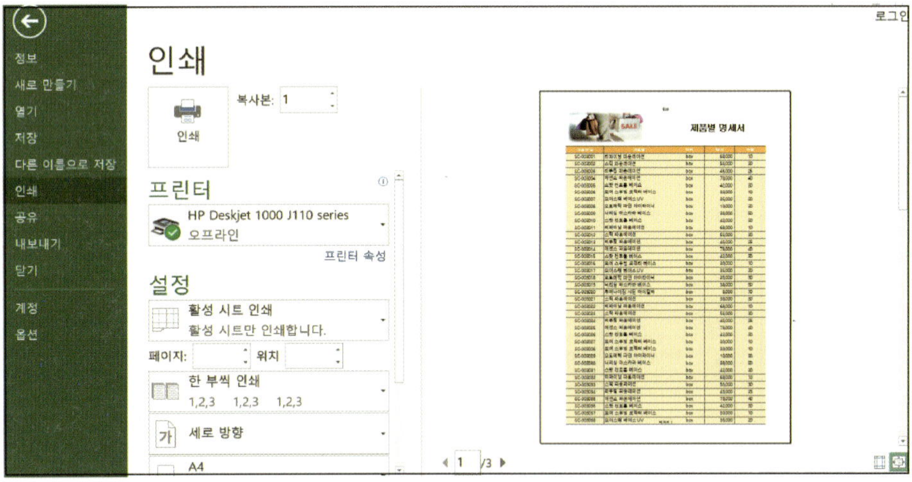

4장 실전예제만들기

워크시트를 이용하여 거래명세서를 만들어 보세요.

거래명세표(공급받는자보관용)				일자			
				공급자 연락처			
공급자				공급받는자			
상호				상호			
성명			(인)	성명			(인)
주소				주소			
업태				비고			
품목				인수자			
월일	품명/규격	단위	수량	단가	공급가액	세액	비고/합계
합계					전잔금	₩	
메모					총잔금	₩	

조건

(1) 새 통합문서에서 새로 만들기 하십시오.
(2) A열은 비워 두십시오.(너비 : 1.2)
(3) '제목 글꼴 : 제목 글꼴 : 맑은 고딕, 크기 : 20pt, 셀 병합, 가운데 정렬' 로 설정하십시오.
(4) '본문 글꼴 : 맑은 고딕, 크기 : 12pt, 가운데 맞춤' 으로 설정하십시오.
(5) 셀 테두리를 이용하여 표를 완성하십시오.
(6) 용지 방향은 가로 방향으로 설정하세요.
(7) 3행부터 9행, 17행부터 18행까지 행 높이는 '30' 으로 설정하십시오.
(8) 여백 및 열 너비는 적당히 조절하여 인쇄 미리보기 화면에서 한 화면에 나타날 수 있도록 설정하세요.
(9) C4:C8, G4:G8, B10:E16 범위를 제외한 나머지 영역은 편집되지 않도록 시트를 보호하세요. 암호는 'YJH1234' 로 설정하세요.
(10) 통합문서에 암호를 설정하세요. 암호는 '1234' 로 설정하세요.

1. 엑셀 2013을 실행하여 '새 통합문서' 를 클릭하여 새로운 통합문서를 만듭니다.

2. A열 머리글에서 마우스를 오른쪽 클릭하여 열 너비를 '1.2' 로 설정한 후 확인 버튼을 클릭합니다.

3. 왼쪽 상단의 행과 열의 교차지점을 클릭합니다. 시트 전체가 선택되면 본문 글꼴은 '맑은 고딕' 으로 크기는 '12' 로 설정하고, [홈 탭 – 맞춤 그룹 – 가운데 맞춤]을 클릭하여 시트 전체 기본 글꼴과 맞춤을 설정합니다.

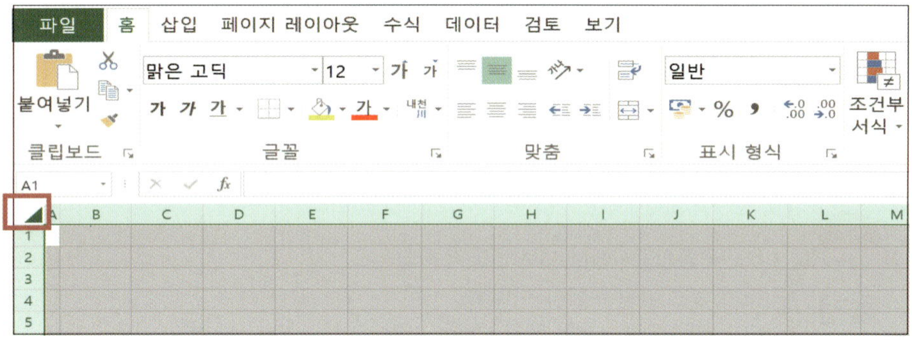

4. B1 셀에 '거래명세표(공급받는자보관용)' 을 입력합니다.

5. B1:D2 범위를 선택한 후 [홈 탭 – 맞춤 그룹 – 병합하고 가운데 맞춤]을 선택하고 글꼴은 '맑은 고딕' , 크기는 '20' 으로 설정합니다.

6. 나머지 텍스트와 셀 병합 및 정렬은 아래 화면과 동일하게 입력합니다.

7. B 열부터 I 열까지 열 머리글을 드래그하여 동시에 선택한 후 열 머리글 위에서 마우스를 오른쪽 클릭하여 열 너비를 클릭합니다. 열 너비를 '15' 로 입력하고 확인 버튼을 클릭합니다.

8. ‘Ctrl’ 키를 이용하여 B열과 F열을 동시에 선택한 후 열 머리글 위에서 마우스를 오른쪽 클릭하여 열 너비를 클릭합니다. 열 너비를 ‘10’ 로 입력하고 확인 버튼을 클릭하여 아래 화면과 동일하게 열 너비를 설정합니다.

9. B1:H18 범위를 선택 후 [홈 탭 – 글꼴 그룹 – 모든 테두리]를 클릭하여 테두리를 그려줍니다. ‘굵은 테두리’ 및 ‘테두리 없음’ 을 이용하여 아래 화면과 동일하게 테두리 설정을 변경합니다.

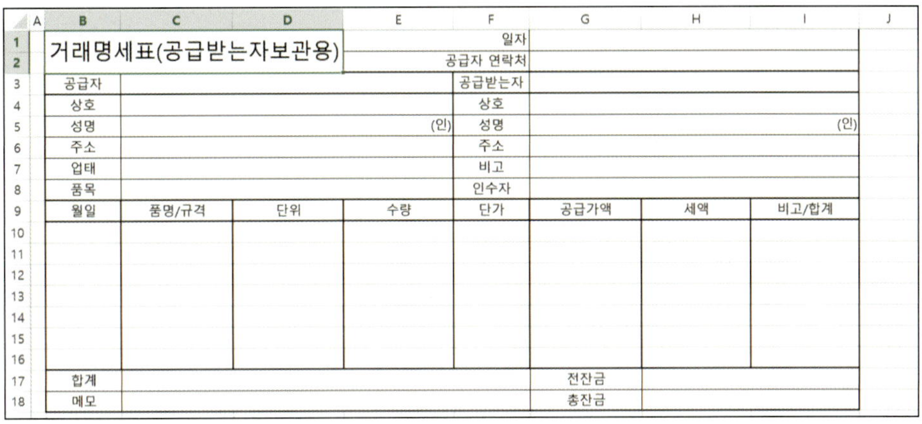

10. ‘Ctrl’ 키를 이용하여 ‘B1:F2, B3:G3, B9:I9, B11:I11, B13:I13, B15:I15’ 범위를 선택한 후 [홈 탭 – 글꼴 그룹 – 채우기 색 – 흰색, 배경1, 15% 더 어둡게]를 클릭하여 거래 명세표에 음영을 추가합니다.

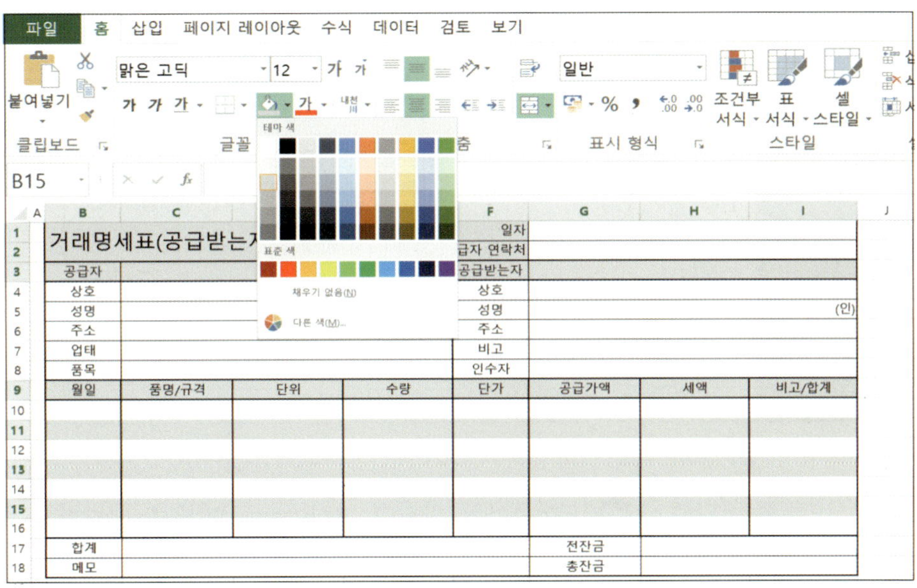

11. 'Ctrl' 키를 이용하여 3 행부터 8 행, 17 행부터 18 행까지 행 머리글을 선택한 후 마우스를 오른쪽 클릭하여 행 높이를 클릭합니다. 행 높이는 '30' 로 입력한 후 확인 버튼을 클릭합니다.

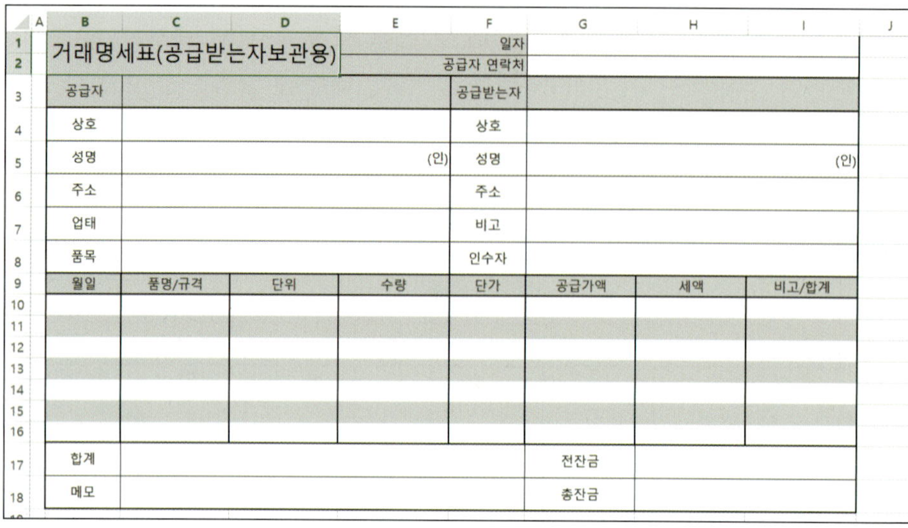

12. [파일 탭 - 인쇄]를 클릭합니다. 오른쪽 인쇄 미리보기 화면을 참고하여 방향은 '가로 방향', 여백은 '좁은 여백', 페이지 맞추기는 '한 페이지에 모든 열 맞추기'를 선택하여 인쇄 화면을 설정합니다.

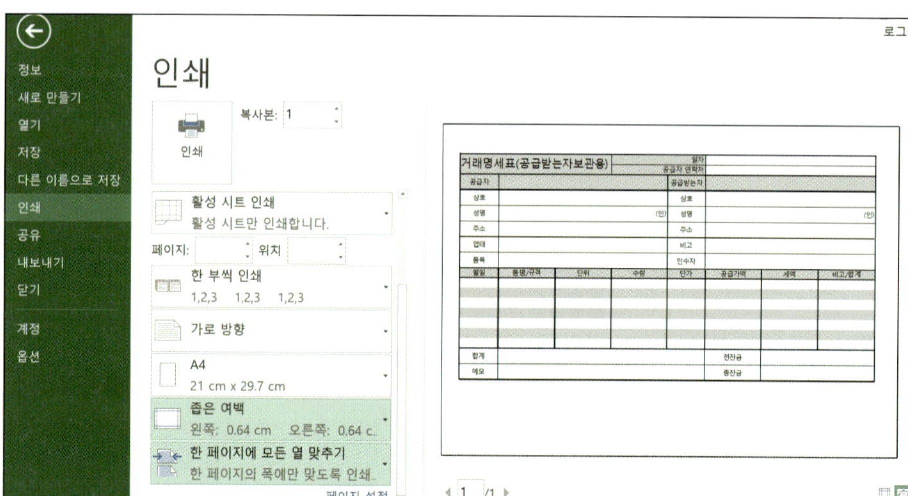

13. 오른쪽 상단의 '⬅' 버튼을 클릭하여 backstage 화면을 종료하고 워크시트 화면으로 돌아옵니다.

14. 'Ctrl' 키를 이용하여 C4:C8, G4:G8, B10:E16 범위를 선택한 후 [홈 탭 – 셀 그룹 – 서식 – 셀 잠금]을 클릭합니다.

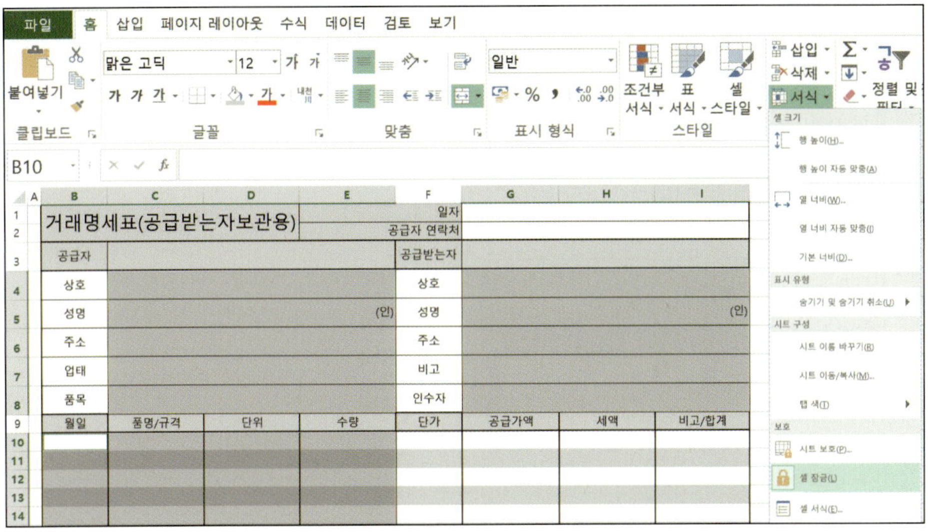

15. [홈 탭 – 셀 그룹 – 서식 – 시트 보호]를 클릭하여 일부 영역만 편집할 수 있도록 암호를 설정합니다.

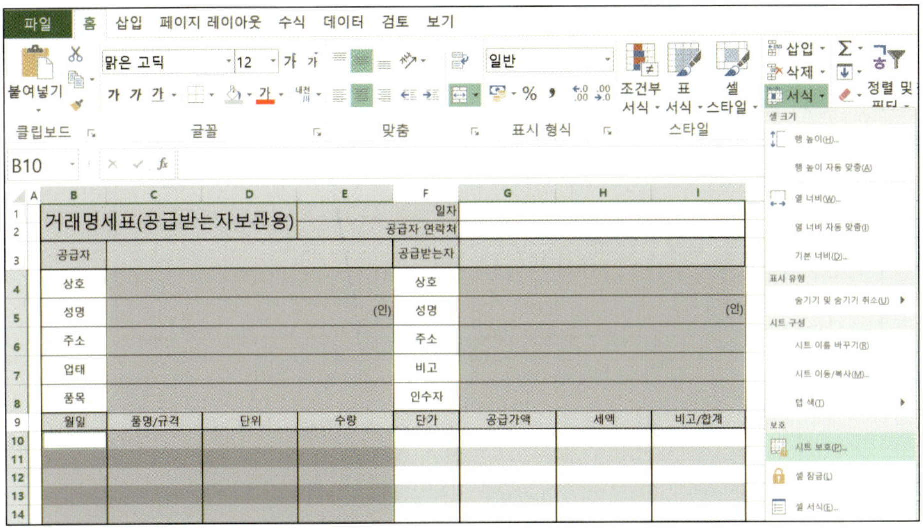

16. 시트 보호 대화상자가 나타나면 시트 보호 해제 암호는 'YJH1234' 를 입력하고, 현재 선택된 셀에만 편집을 허용하기 위하여 '잠긴 셀 선택' 을 해제하고 확인 버튼을 클릭합니다.

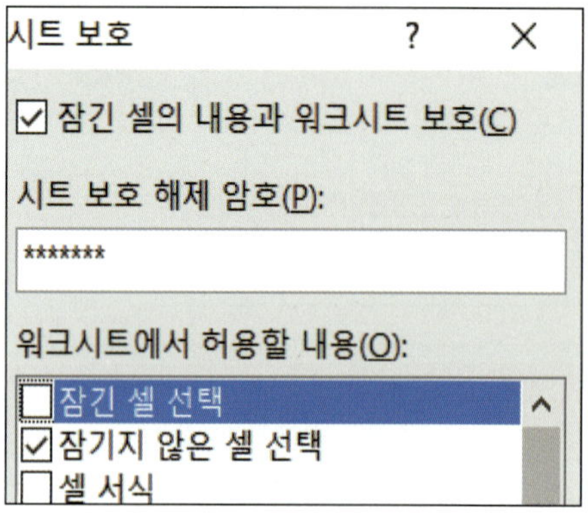

Tip

현재 선택된 셀은 셀 잠금이 해제된 상태이기 때문에 '잠기지 않은 셀 선택' 만 체크합니다.
암호는 대소문자를 구분합니다.

17. 암호 확인 대화상자가 나타나면 'YJH1234' 를 동일하게 입력하고 확인 버튼을 클릭합니다. 'C4:C8, G4:G8, B10:E16' 범위만 편집할 수 있도록 설정되는 것을 확인할 수 있습니다.

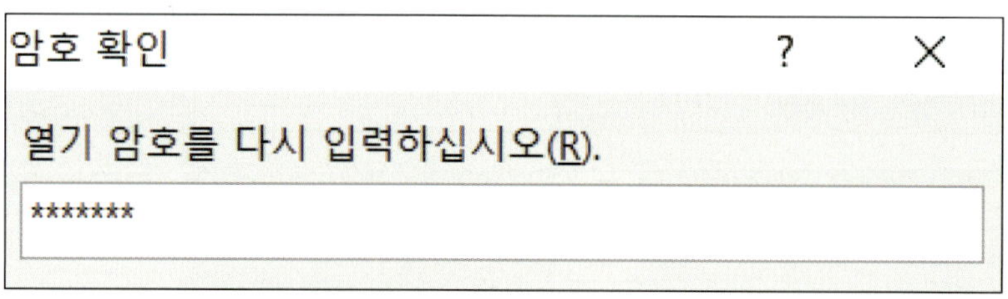

18. [파일 탭 – 정보 – 통합 문서 보호 – 암호 설정]을 클릭하여 통합문서에 암호를 설정합니다.

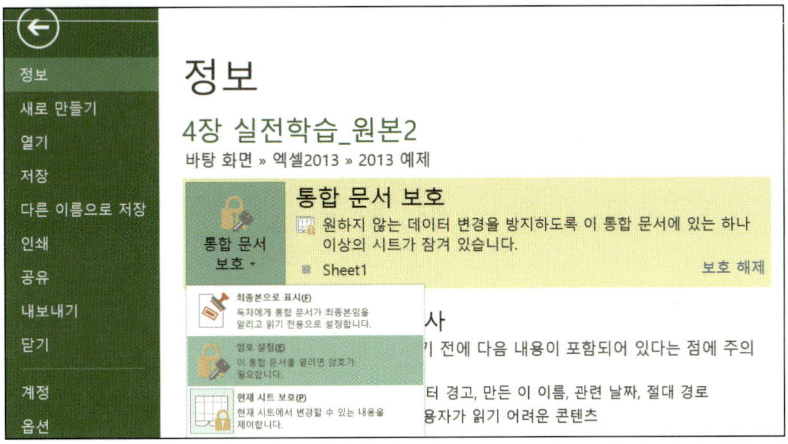

19. 문서 암호화 대화상자가 나타나면 암호 '1234'를 입력하고 확인 버튼을 클릭합니다. 암호를 재확인하는 대화상자가 다시 나타나면 동일한 암호 '1234'를 입력하고 확인 버튼을 클릭합니다.

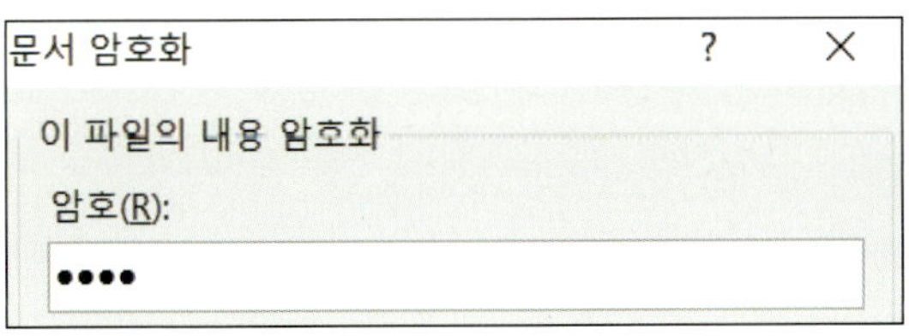

20. 통합 문서 보호가 설정되는 것을 확인할 수 있습니다.

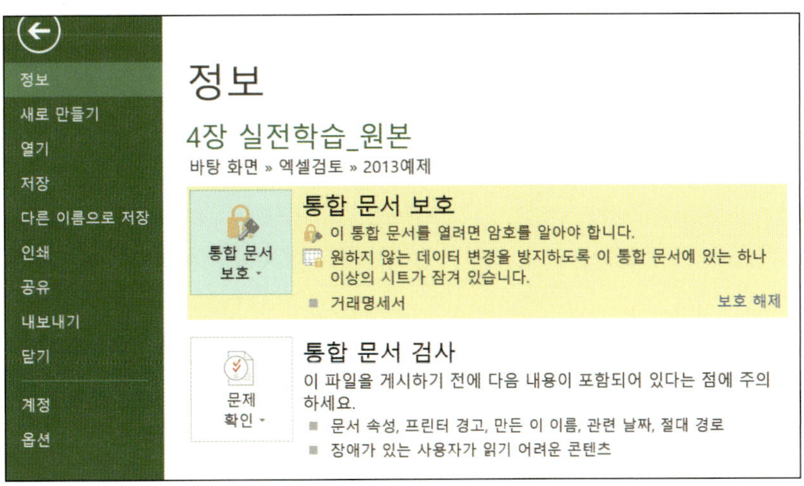

Chapter 5

수식 계산

01

수식 작성

수식을 작성하기 전에 참조방식에 대한 차이를 정확히 이해해야 수식에 적극 활용할 수 있다. 또한 수식을 직접 작성하기 위해서 다양한 연산자를 활용할 수 있다.

예제파일 : 5장예제.xlsx

1-1 상대 참조 방식으로 수식 입력하기

상대 참조란?

가장 일반적인 셀 주소 방식입니다. 'A(열)1(행)' 의 형태를 가지고 있으며, 채우기 핸들을 이용하여 수식을 복사할 경우 상대적으로 셀의 위치가 변경되는 방식을 의미합니다.

(예) 수식 '=A1+B1' 을 복사 한 결과

수식 =A1+B1	아래로 수식을 복사하는 경우	오른쪽으로 수식을 복사하는 경우
셀 복사 결과 (상대참조)	문자 그대로 → 열 그대로 숫자 증가 → 행 증가	문자 증가 → 열 증가 숫자 그대로 → 행 그대로
수식 결과	=A2+B2 =A3+B3 =A4+B4	=B1+C1 =C1+D1 =D1+E1

따라해 보세요 – 상대 참조를 이용하여 직접 수식 작성하기

'단가' 열과 '판매수량' 열을 이용하여 '판매금액' 열에 계산하세요.

*시트명 : 직접수식

1. F5 셀에 커서를 이동한 후 '=D5*E5' 를 입력하고 'Enter' 키를 누릅니다.

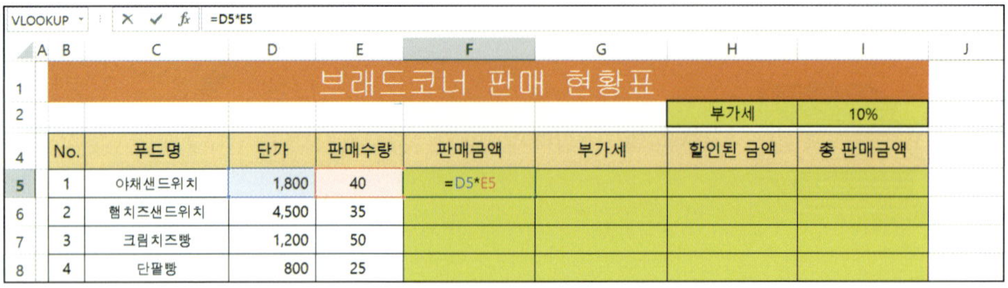

VLOOKUP | =D5*E5

브래드코너 판매 현황표

				부가세	10%
No.	**푸드명**	**단가**	**판매수량**	**판매금액**	**부가세**	**할인된 금액**	**총 판매금액**
1	야채샌드위치	1,800	40	=D5*E5			
2	햄치즈샌드위치	4,500	35				
3	크림치즈빵	1,200	50				
4	단팥빵	800	25				

Tip

직접 수식 입력 시 유의사항

- 수식 입력 전에 반드시 연산 기호 '=, +, –' 로 시작해야 합니다.
- 셀 주소를 입력할 때에는 직접 입력하거나 해당 셀을 클릭하여 입력해야 합니다.
- 수식을 입력한 후에는 반드시 'Enter' 키로 입력을 마무리해야 합니다.

2. '단가(1,800) * 판매수량(40) = 72,000' 이 F5 셀에 계산되는 것을 확인할 수 있습니다. 채우기 핸들(+)을 이용하여 F14 셀까지 수식을 복사합니다. F6 셀에서부터 F14 셀까지 각 행에 맞게 '단가 * 판매수량' 금액이 계산되는 것을 확인할 수 있습니다.

F5 | =D5*E5

브래드코너 판매 현황표

						부가세	10%
No.	**푸드명**	**단가**	**판매수량**	**판매금액**	**부가세**	**할인된 금액**	**총 판매금액**
1	야채샌드위치	1,800	40	72,000			
2	햄치즈샌드위치	4,500	35	157,500			
3	크림치즈빵	1,200	50	60,000			
4	단팥빵	800	25	20,000			
5	미니치즈롤	900	46	41,400			
6	단호박찰빵	1,500	30	45,000			
7	치즈 프레첼	2,000	40	80,000			
8	시나몬 프레첼	2,000	50	100,000			
9	초코머핀	2,500	80	200,000			
10	옥수수카스테라	3,800	30	114,000			

1-2 절대 참조 방식으로 수식 입력하기

절대 참조란?

셀의 열과 행 앞에 '$' 기호가 삽입되는 '$A(열)$1(행)' 의 형태를 가지고 있으며, 채우기 핸들을 이용하여 수식을 복사할 경우 '$' 기호가 삽입된 열이나 행의 셀 위치는 절대 변경되지 않는 방식을 의미합니다.

Tip

· 'F4' 키를 이용하여 '$' 기호를 삽입할 수 있습니다.
· 'F4' 키를 한번 누를 때 마다(A1 → $A$1 → A$1 → $A1 → A1) 순서로 변경됩니다.

(예) 수식 '=A1+$B$1' 을 복사 한 결과

수식 =A1+$B$1	아래로 수식을 복사하는 경우	오른쪽으로 수식을 복사하는 경우
A1셀 복사 결과 (상대참조)	문자 그대로 → 열 그대로 숫자 증가 → 행 증가	문자 증가 → 열 증가 숫자 그대로 → 행 그대로
$B$1셀 복사 결과 (절대참조)	문자 그대로 → 열 그대로 숫자 그대로 → 행 그대로	문자 그대로 → 열 그대로 숫자 그대로 → 행 그대로
수식 결과	=A2+$B$1 =A3+$B$1 =A4+$B$1	=B1+$B$1 =C1+$B$1 =D1+$B$1

※ 기본 연산 기호

연산 기호	의미	계산식	계산결과
+	더하기	=6+3	9
–	빼기	=6–3	3
*	곱하기	=6*3	18
/	나누기	=6/3	2
%	백분율	=30%	0.3
^	거듭제곱	=6^3	216

따라해 보세요 – 절대 참조를 이용하여 직접 수식 작성하기

'판매금액' 열과 '부가세' 셀을 이용하여 '부가세' 열에 계산하세요.

*시트명 : 직접수식

1. G5 셀에 커서를 이동한 후 '=F5*I2' 를 입력합니다. I2 셀을 절대 참조로 고정시키기 위하여 'F4' 키를 한번 누릅니다. 'I2' 값이 '$I$2' 로 변경되는 것을 확인할 수 있습니다. 수식 입력을 마무리하기 위하여 'Enter' 키를 누릅니다.

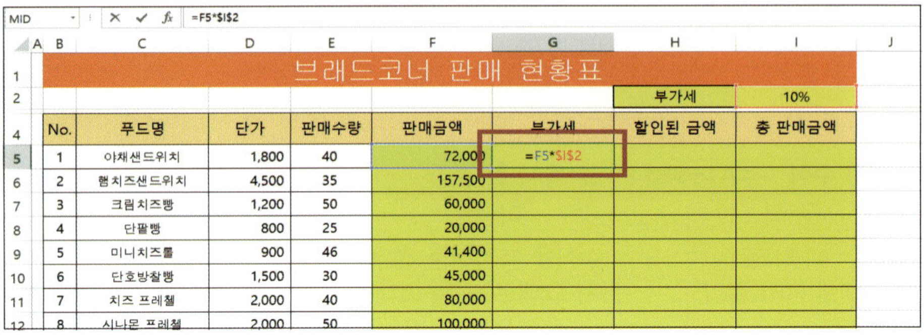
MID =F5*$I$2

브래드코너 판매 현황표

				부가세	10%

No.	푸드명	단가	판매수량	판매금액	부가세	할인된 금액	총 판매금액
1	야채샌드위치	1,800	40	72,000	=F5*$I$2		
2	햄치즈샌드위치	4,500	35	157,500			
3	크림치즈빵	1,200	50	60,000			
4	단팥빵	800	25	20,000			
5	미니치즈롤	900	46	41,400			
6	단호박찰빵	1,500	30	45,000			
7	치즈 프레첼	2,000	40	80,000			
8	시나몬 프레첼	2,000	50	100,000			

2. G5 셀에 '7,200' 이 계산되는 것을 확인할 수 있습니다. 채우기 핸들을 이용하여 G14 셀까지 수식을 복사합니다. G6 셀부터 G14 셀까지 각 행에 맞게 '판매금액 * 부가세(10%)' 금액이 계산되는 것을 확인할 수 있습니다.

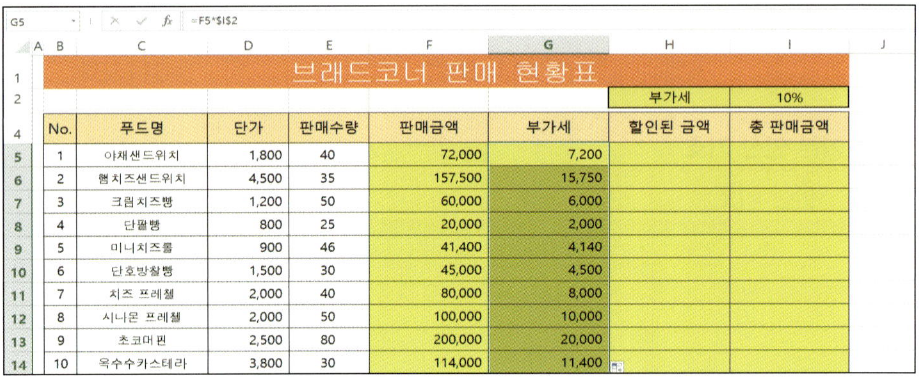
G5 =F5*$I$2

브래드코너 판매 현황표

				부가세	10%

No.	푸드명	단가	판매수량	판매금액	부가세	할인된 금액	총 판매금액
1	야채샌드위치	1,800	40	72,000	7,200		
2	햄치즈샌드위치	4,500	35	157,500	15,750		
3	크림치즈빵	1,200	50	60,000	6,000		
4	단팥빵	800	25	20,000	2,000		
5	미니치즈롤	900	46	41,400	4,140		
6	단호박찰빵	1,500	30	45,000	4,500		
7	치즈 프레첼	2,000	40	80,000	8,000		
8	시나몬 프레첼	2,000	50	100,000	10,000		
9	초코머핀	2,500	80	200,000	20,000		
10	옥수수카스테라	3,800	30	114,000	11,400		

경고

오류 메세지

수식이나 함수를 잘못 입력하였을 경우 오류 메시지가 표시됩니다. 아래 화면과 같이 오류가 나타나는 경우는 절대 참조를 적용하지 않았기 때문입니다. 수식 입력줄에서 **'절대 참조 기호($)'** 를 삽입한 후 다시 채우기 핸들을 이용하여 수식을 복사하게 되면 부가세가 바르게 계산되는 것을 확인할 수 있습니다.

※ **수식 결과**

수식 = F5 * I2	바르게 계산된 수식 (절대 참조 적용)	오류 수식 (상대 참조 적용)
G5 셀 수식 결과	= F5 * $I$2 = 72,000 * 0.1	= F5 * I2 = 72,000 * **0.1**
G6 셀 수식 결과	= F6 * $I$2 = 157,500 * 0.1	= F6 * I3 = 157,500 * **빈 셀**
G7 셀 수식 결과	= F7 * $I$2 = 60,000 * 0.1	= F7 * I4 = 60,000 * **텍스트(총 판매금액)**

※ **수식 오류 메시지 종류**

① # # # # # :	열 너비가 좁아 내용이 다 표시되지 못하거나 날짜와 시간이 음수일 때 발생하는 오류입니다. 열 너비 영역 선을 더블 클릭하거나 열 너비를 드래그하여 해결할 수 있습니다.
② #DIV/0! :	값을 0으로 나누는 수식일 때 발생합니다.
③ # N / A :	참조 위치에 데이터가 없거나 함수 인수에 부적절한 값이 지정된 경우에 발생합니다.
④ #NAME? :	정의된 이름이 없는 이름을 사용하거나, 이름 및 함수 철자가 틀리거나, 텍스트 인수에 큰 따옴표(" ")를 묶지 않거나, 범위 참조 시 콜론(:)이 생략된 경우에 발생합니다.
⑤ #NULL! :	두 개 이상의 셀 범위에 값을 참조한 수식에서 잘못된 범위 연산자가 사용된 경우에 발생합니다.
⑥ #NUM! :	숫자 인수가 잘못된 경우나, EXCEL의 숫자 범위를 초과하거나 미만인 경우에 발생합니다.
⑦ #REF! :	다른 수식에 참조하는 셀을 삭제한 경우에 발생합니다.
⑧ #VALUE! :	잘못된 인수나 피연산자를 사용한 경우에 발생합니다.

따라해 보세요 – 괄호를 이용하여 직접 수식 작성하기

'할인율' 시트에 있는 할인율 값을 이용하여 판매금액과 부가세의 합에 대한 할인율(5%) 적용된 값을 '할인된 금액'열에 계산하세요. (단, 할인율은 '할인율' 시트에서 적용하세요.)

*시트명 : 직접수식

1. H5 셀에 커서를 이동한 후 '=(F5+G5)*' 까지 입력합니다.

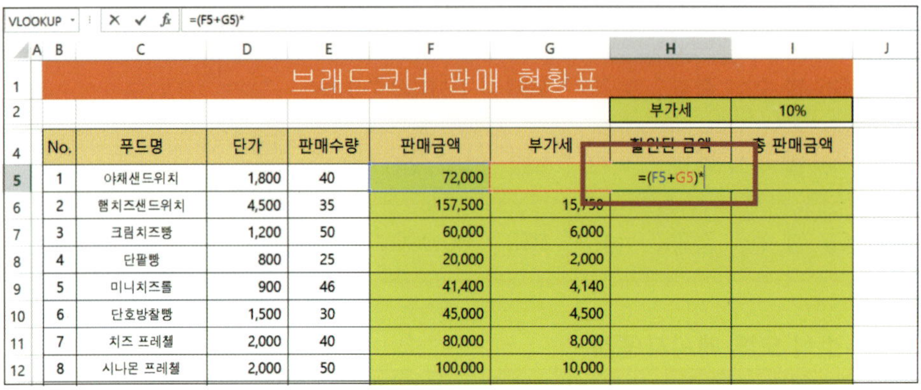

VLOOKUP | =(F5+G5)*

브래드코너 판매 현황표

					부가세	10%
No.	푸드명	단가	판매수량	판매금액	부가세	할인된 금액	총 판매금액

No.	푸드명	단가	판매수량	판매금액	부가세	할인된 금액	총 판매금액
1	야채샌드위치	1,800	40	72,000		=(F5+G5)*	
2	햄치즈샌드위치	4,500	35	157,500	15,750		
3	크림치즈빵	1,200	50	60,000	6,000		
4	단팥빵	800	25	20,000	2,000		
5	미니치즈롤	900	46	41,400	4,140		
6	단호박찰빵	1,500	30	45,000	4,500		
7	치즈 프레첼	2,000	40	80,000	8,000		
8	시나몬 프레첼	2,000	50	100,000	10,000		

2. '*' 기호 뒤에 커서를 두고 할인율 시트로 이동하여 C2 셀을 클릭합니다. F4 키를 이용하여 절대 참조($C$2)로 변경 후 'Enter' 키를 누릅니다.

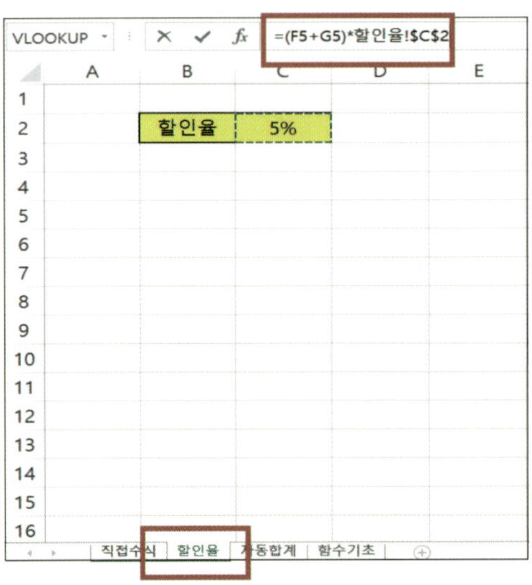

Tip

다른 시트로 이동하는 경우 수식 입력줄에 **(시트명)!(셀주소)**가 입력되는 것을 확인할 수 있습니다.
=(F5+G5)***할인율!$C$2**

3. 'Enter' 키를 누르면 자동으로 '직접수식' 시트로 이동하게 되고 계산된 결과를 확인할 수 있습니다. 채우기 핸들을 이용하여 H14 셀까지 수식을 복사합니다. H6 셀부터 H14 셀까지 각 행에 맞게 '판매금액 + 부가세' 의 5% 금액이 계산되는 것이 확인할 수 있습니다.

H5 =(F5+G5)*할인율!$C$2

브래드코너 판매 현황표

No.	푸드명	단가	판매수량	판매금액	부가세	할인된 금액	총 판매금액
					부가세	10%	
1	야채샌드위치	1,800	40	72,000	7,200	3,960	
2	햄치즈샌드위치	4,500	35	157,500	15,750	8,663	
3	크림치즈빵	1,200	50	60,000	6,000	3,300	
4	단팥빵	800	25	20,000	2,000	1,100	
5	미니치즈롤	900	46	41,400	4,140	2,277	
6	단호박찰빵	1,500	30	45,000	4,500	2,475	
7	치즈 프레첼	2,000	40	80,000	8,000	4,400	
8	시나몬 프레첼	2,000	50	100,000	10,000	5,500	
9	초코머핀	2,500	80	200,000	20,000	11,000	
10	옥수수카스테라	3,800	30	114,000	11,400	6,270	

Tip 할인율을 클릭한 후 원래 시트(직접수식)로 절대 이동하지 마세요. 시트명이 변경되어 계산에 오류가 발생합니다.

따라해 보세요 – 직접 수식 작성하기

판매금액, 부가세 그리고 할인된 금액의 값을 이용하여 '총 판매금액' 열에 계산하세요.

*시트명 : 직접수식

1. I5 셀에 커서를 이동한 후 '=F5+G5−H5' 를 입력한 후 'Enter' 키를 누릅니다.

브래드코너 판매 현황표

No.	푸드명	단가	판매수량	판매금액	부가세	할인된 금액	총 판매금액
						부가세	10%
1	야채샌드위치	1,800	40	72,000	7,200	3,960	=F5+G5-H5
2	햄치즈샌드위치	4,500	35	157,500	15,750	8,663	
3	크림치즈빵	1,200	50	60,000	6,000	3,300	
4	단팥빵	800	25	20,000	2,000	1,100	
5	미니치즈롤	900	46	41,400	4,140	2,277	
6	단호박찰빵	1,500	30	45,000	4,500	2,475	
7	치즈 프레첼	2,000	40	80,000	8,000	4,400	
8	시나몬 프레첼	2,000	50	100,000	10,000	5,500	

2. 채우기 핸들을 이용하여 I14 셀까지 수식을 복사합니다. I6 셀부터 I14 셀까지 각 행에 맞게 '판매금액 + 부가세 – 할인된 금액' 의 금액이 계산되는 것이 확인할 수 있습니다.

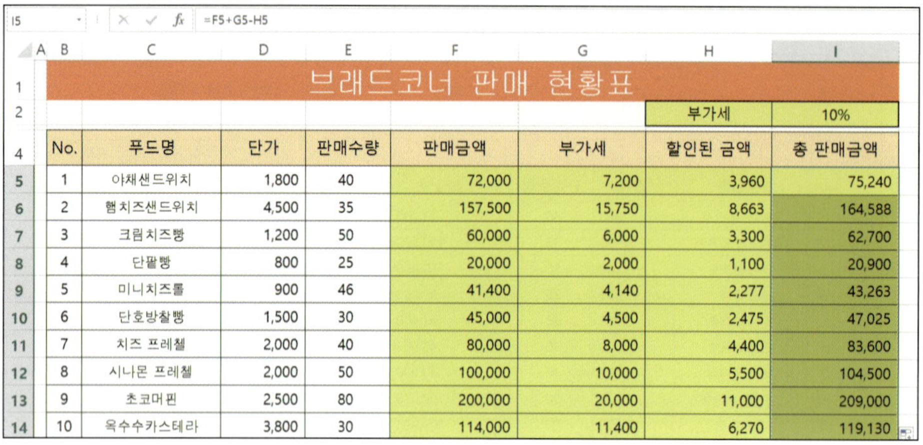

I5 =F5+G5-H5

브래드코너 판매 현황표

No.	푸드명	단가	판매수량	판매금액	부가세	할인된 금액	총 판매금액
						부가세	10%
1	야채샌드위치	1,800	40	72,000	7,200	3,960	75,240
2	햄치즈샌드위치	4,500	35	157,500	15,750	8,663	164,588
3	크림치즈빵	1,200	50	60,000	6,000	3,300	62,700
4	단팥빵	800	25	20,000	2,000	1,100	20,900
5	미니치즈롤	900	46	41,400	4,140	2,277	43,263
6	단호방찰빵	1,500	30	45,000	4,500	2,475	47,025
7	치즈 프레첼	2,000	40	80,000	8,000	4,400	83,600
8	시나몬 프레첼	2,000	50	100,000	10,000	5,500	104,500
9	초코머핀	2,500	80	200,000	20,000	11,000	209,000
10	옥수수카스테라	3,800	30	114,000	11,400	6,270	119,130

1-3 자동 합계를 이용하여 수식 입력하기

[수식 탭 – 자동합계 목록 버튼]을 클릭하면 '자동 합계' 목록이 나타납니다.

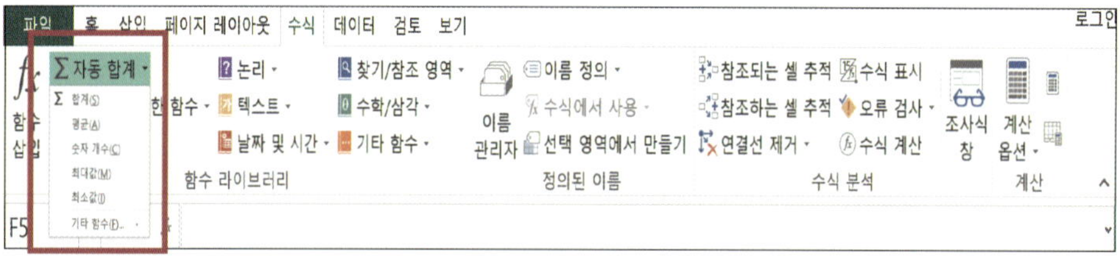

설명

자동합계

- **합계(SUM)** : 셀 값을 자동으로 합산하며 합계는 선택한 셀 뒤에 표시됩니다.
- **평균(AVERAGE)** : 셀 값을 자동으로 평균을 계산하며 평균은 선택한 셀 뒤에 표시됩니다.
- **숫자 개수(COUNT)** : 셀 개수를 계산하며 셀의 개수는 선택한 셀 뒤에 표시됩니다.
- **최대값(MAX)** : 셀 값 중 최대값을 찾아내며 최대값은 선택한 셀 뒤에 표시됩니다.
- **최소값(MIN)** : 셀 값 중 최소값을 찾아내며 최소값은 선택한 셀 뒤에 표시됩니다.

Tip 자동 합계를 이용하여 수식을 작성하면 데이터 범위는 자동으로 설정됩니다. 만약 데이터 범위가 옳지 않은 경우에는 반드시 데이터 범위를 다시 설정해야 합니다.

따라해 보세요 – 합계 함수 활용하기

자동 합계를 이용하여 기본급, 상여금 그리고 인센티브의 합계를 '총지급액' 열에 계산하세요.

*시트명 : 자동합계

1. G4 셀에 커서를 이동하고 [수식 탭 – 자동합계 – 합계]를 클릭합니다.

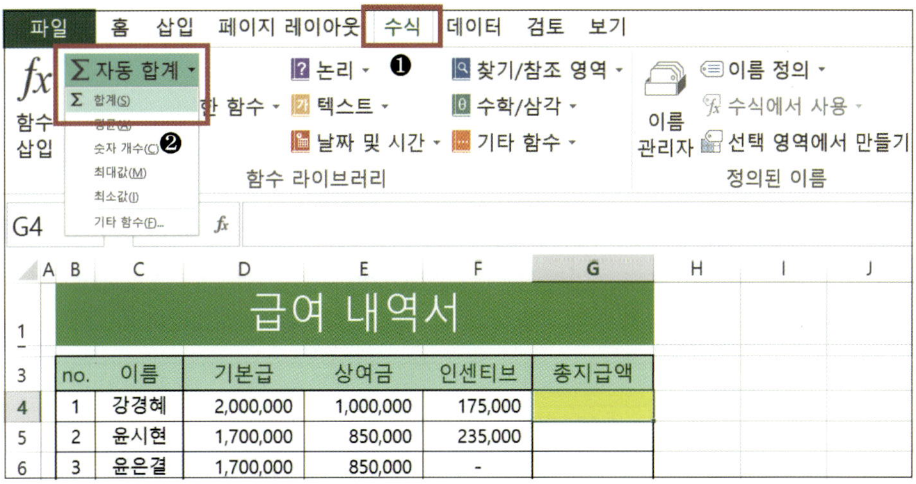

2. '=SUM(D4:F4)' 가 자동으로 입력되는 것을 확인할 수 있습니다. 범위가 맞는지 확인한 후 'Enter' 키를 누릅니다.

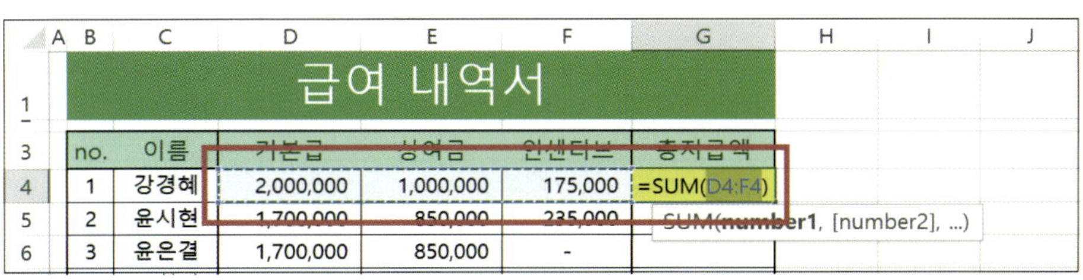

3. G4 셀에 '3,175,000' 이 계산되는 것을 확인할 수 있습니다.

4. 채우기 핸들을 이용하여 G13 셀까지 수식을 복사합니다. 자동 채우기 옵션은 '서식 없이 채우기' 를 선택합니다.

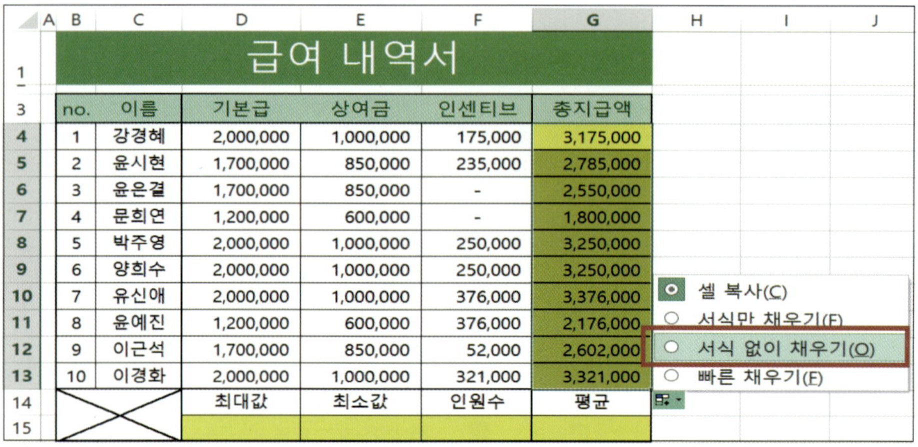

no.	이름	기본급	상여금	인센티브	총지급액
1	강경혜	2,000,000	1,000,000	175,000	3,175,000
2	윤시현	1,700,000	850,000	235,000	2,785,000
3	윤은결	1,700,000	850,000	-	2,550,000
4	문희연	1,200,000	600,000	-	1,800,000
5	박주영	2,000,000	1,000,000	250,000	3,250,000
6	양희수	2,000,000	1,000,000	250,000	3,250,000
7	유신애	2,000,000	1,000,000	376,000	3,376,000
8	윤예진	1,200,000	600,000	376,000	2,176,000
9	이근석	1,700,000	850,000	52,000	2,602,000
10	이경화	2,000,000	1,000,000	321,000	3,321,000
		최대값	최소값	인원수	평균

5. 노란색 서식 없이 결과 값만 계산되는 것을 확인할 수 있습니다.

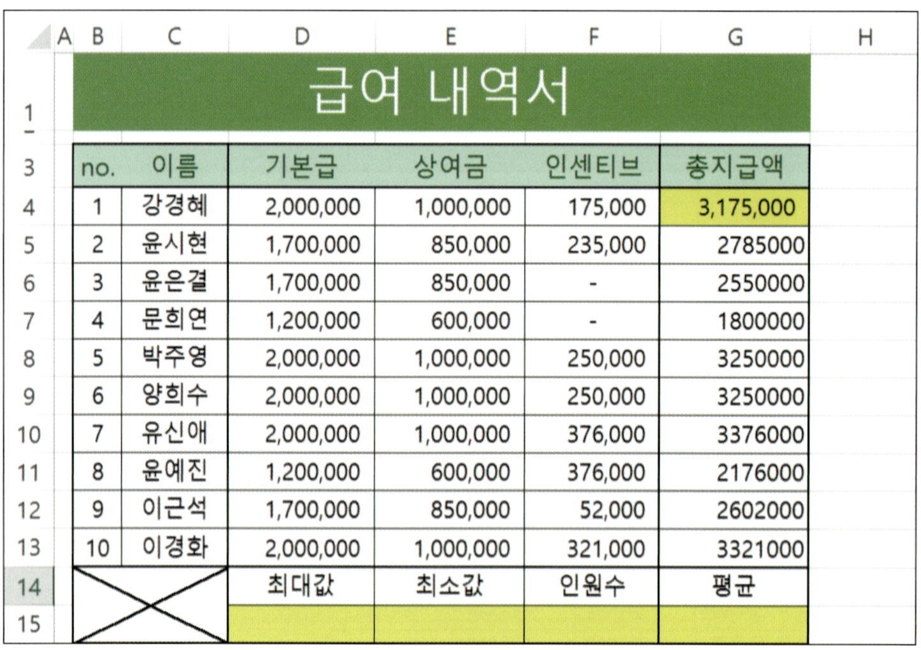

no.	이름	기본급	상여금	인센티브	총지급액
1	강경혜	2,000,000	1,000,000	175,000	3,175,000
2	윤시현	1,700,000	850,000	235,000	2785000
3	윤은결	1,700,000	850,000	-	2550000
4	문희연	1,200,000	600,000	-	1800000
5	박주영	2,000,000	1,000,000	250,000	3250000
6	양희수	2,000,000	1,000,000	250,000	3250000
7	유신애	2,000,000	1,000,000	376,000	3376000
8	윤예진	1,200,000	600,000	376,000	2176000
9	이근석	1,700,000	850,000	52,000	2602000
10	이경화	2,000,000	1,000,000	321,000	3321000
		최대값	최소값	인원수	평균

따라해 보세요 – 평균, 숫자개수, 최대값, 최소값 함수 활용하기

자동합계를 이용하여 기본급의 '최대값', 상여금의 '최소값', 인센티브의 '인원수', 총지급액의 '평균'을 계산하세요.

*시트명 : 자동합계

1. D15 셀에 커서를 이동하고 [수식 탭 – 자동합계 – 최대값]을 클릭합니다.

2. '=MAX(D4:D14)' 이 자동으로 입력되는 것을 확인할 수 있습니다. 범위가 맞는지 확인합니다.

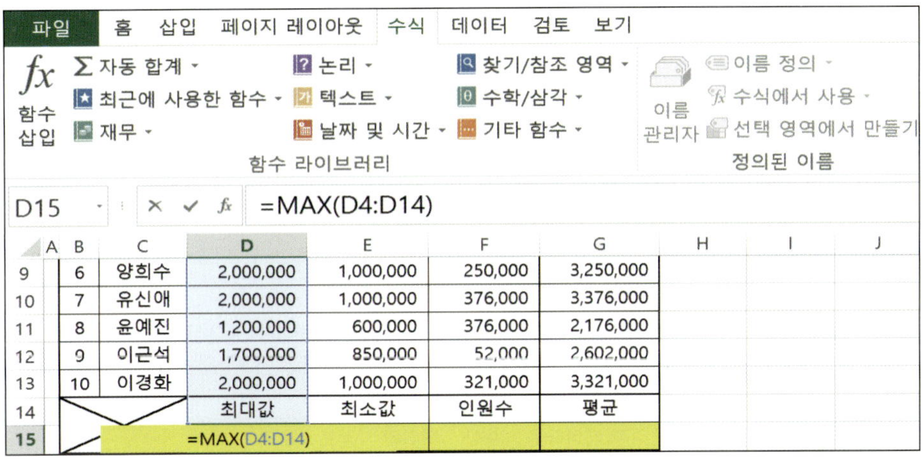

3. 원하는 범위와 다르므로 범위 'D4:D14' 를 삭제하고 'D4:D13' 을 입력한 뒤 'Enter' 키를 누릅니다.

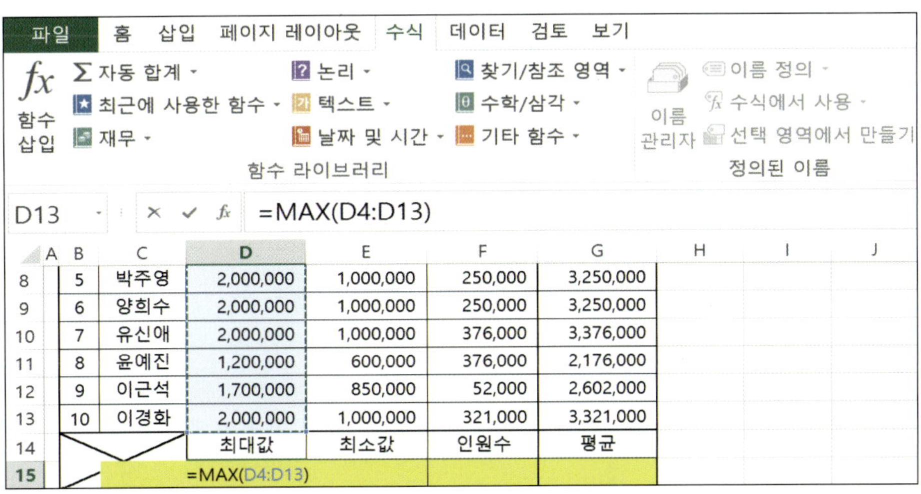

4. D15 셀에 최대값 '2,000,000' 이 계산되는 것을 확인할 수 있습니다.

5. E15 셀에 커서를 이동하고 [수식 탭 – 자동합계 – 최소값]을 클릭합니다.

6. '=MIN(D15)' 가 자동으로 입력되는 것을 확인할 수 있습니다.

7. 원하는 범위가 다르므로 범위 'D15' 를 삭제하고 'E4:E13' 을 입력한 뒤 'Enter' 키를 누릅니다.

8. E15 셀에 최소값 '600,000' 이 계산되는 것을 확인할 수 있습니다.

9. F15 셀에 커서를 이동하고 [수식 탭 – 자동합계 – 숫자 개수]를 클릭합니다.

10. '=COUNT(D15:E15)' 가 자동으로 입력되는 것을 확인할 수 있습니다.

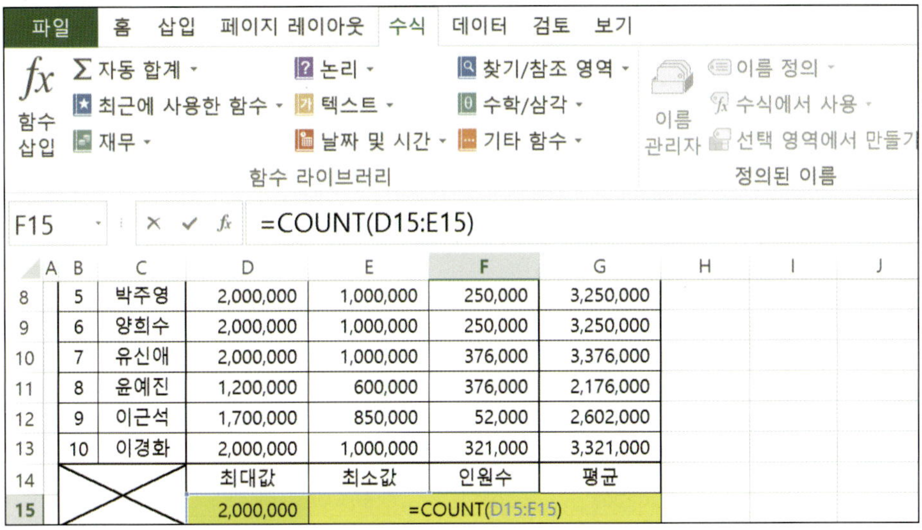

11. 원하는 범위가 다르므로 'D15:E15' 를 삭제하고 'F4:F13' 을 입력한 뒤 'Enter' 키를 누릅니다.

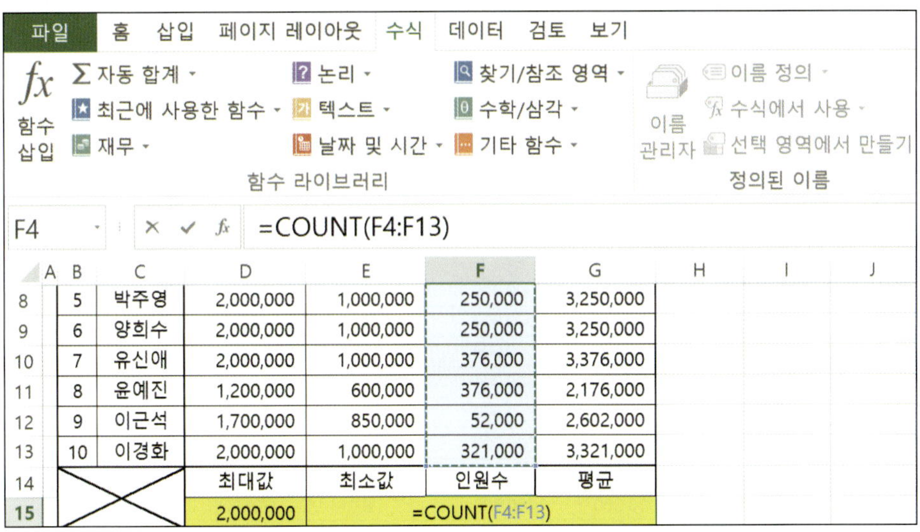

12. F15 셀에 인센티브를 받은 인원수(빈 셀은 제외) '8' 이 계산되는 것을 확인할 수 있습니다.

13. G15 셀에 커서를 이동하고 [수식 탭 – 자동합계 – 평균]을 클릭합니다.

14. '=AVERAGE(D15:F15)' 가 자동으로 입력되는 것을 확인할 수 있습니다.

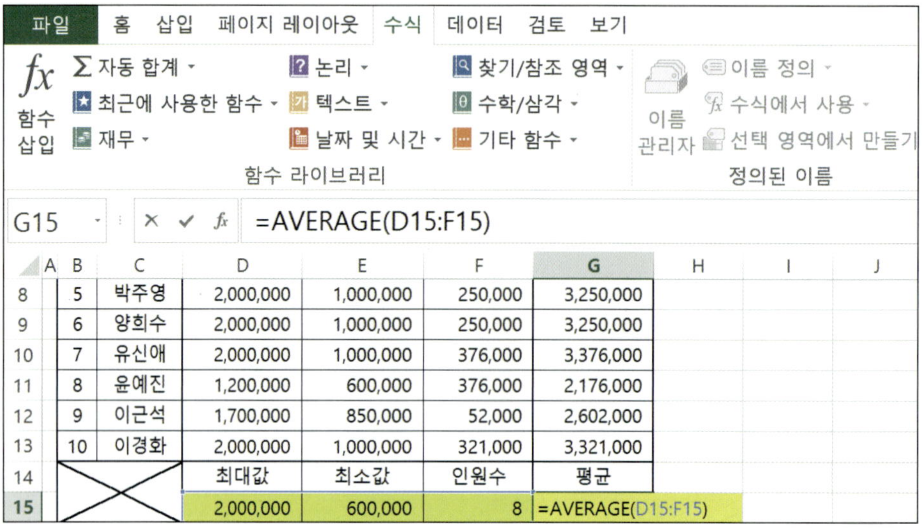

15. 원하는 범위가 다르므로 'D15:F15' 를 삭제하고 'G4:G13' 을 입력한 뒤 'Enter' 키를 누릅니다.

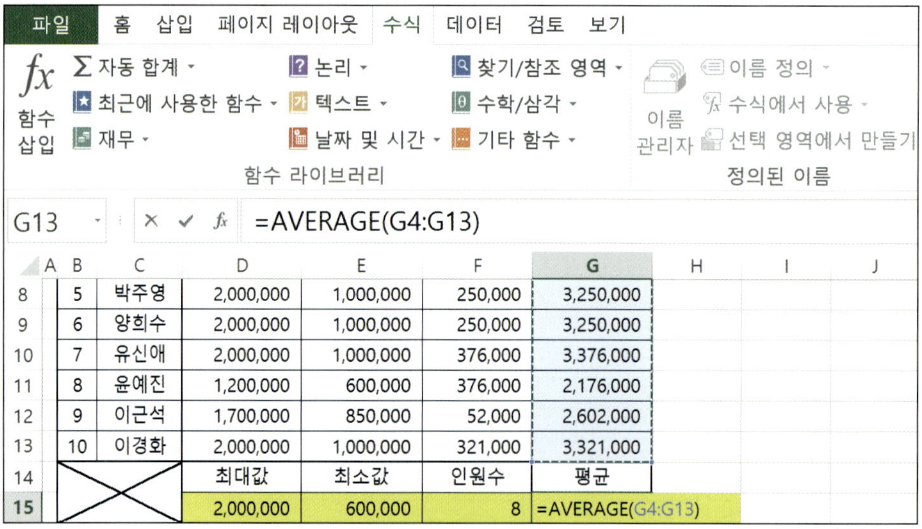

16. G15 셀에 총 지급액의 평균 '2,828,500' 이 계산되는 것을 확인할 수 있습니다.

급여 내역서					
no.	이름	기본급	상여금	인센티브	총지급액
1	강경혜	2,000,000	1,000,000	175,000	3,175,000
2	윤시현	1,700,000	850,000	235,000	2,785,000
3	윤은결	1,700,000	850,000	-	2,550,000
4	문희연	1,200,000	600,000	-	1,800,000
5	박주영	2,000,000	1,000,000	250,000	3,250,000
6	양희수	2,000,000	1,000,000	250,000	3,250,000
7	유신애	2,000,000	1,000,000	376,000	3,376,000
8	윤예진	1,200,000	600,000	376,000	2,176,000
9	이근석	1,700,000	850,000	52,000	2,602,000
10	이경화	2,000,000	1,000,000	321,000	3,321,000
		최대값	최소값	인원수	평균
		2,000,000	600,000	8	2,828,500

02

함수 기초

텍스트 함수를 이용하여 조건에 맞는 문자나 숫자를 반환할 수 있다. 또한 논리 함수를 이용하여 참과 거짓을 구분할 수 있다.

예제파일 : 5장예제.xlsx

2-1 텍스트 함수 활용하기

LEFT 함수

텍스트 문자열의 시작 지점부터 지정한 개수의 문자를 반환합니다.

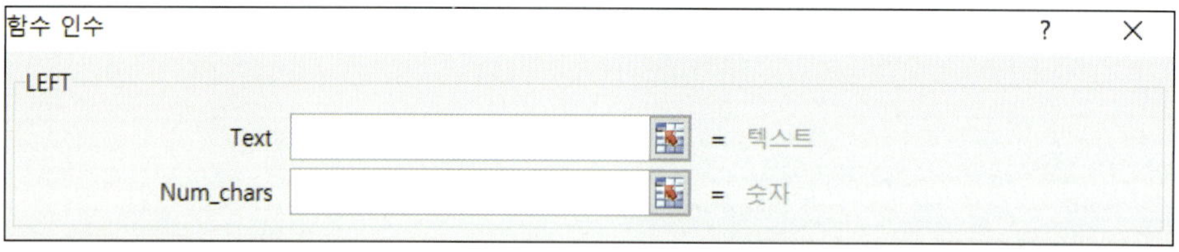

설명

인수 설정

- **Text** : 추출하려는 문자가 들어있는 텍스트 문자열입니다.
- **Num_chars** : 왼쪽에서부터 추출할 문자 수를 지정합니다. 생략하면 1이 됩니다.

MID 함수

문자열의 지정 위치에서 문자를 지정한 개수의 문자를 반환합니다.

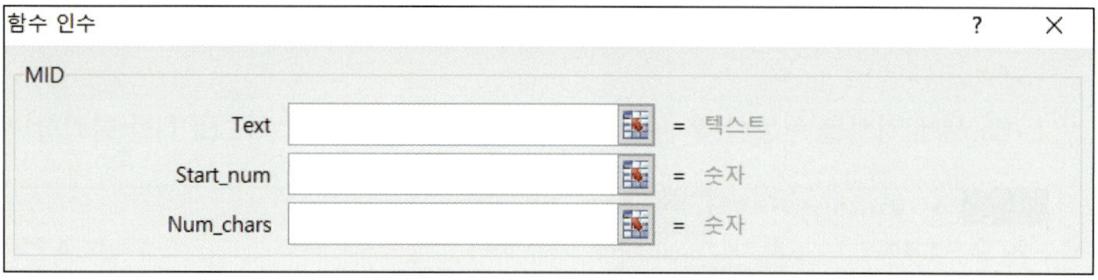

설명

인수 설정

- **Text** : 추출하려는 문자가 들어있는 텍스트 문자열입니다.
- **Start_num** : 추출할 문자열에서 첫째 문자의 위치입니다. Text에서 첫 문자는 '1' 이 됩니다.
- **Num_chars** : Text에서부터 추출할 문자 수를 지정합니다.

RIGHT 함수

텍스트 문자 열의 끝 지점부터 지정한 개수의 문자를 반환합니다.

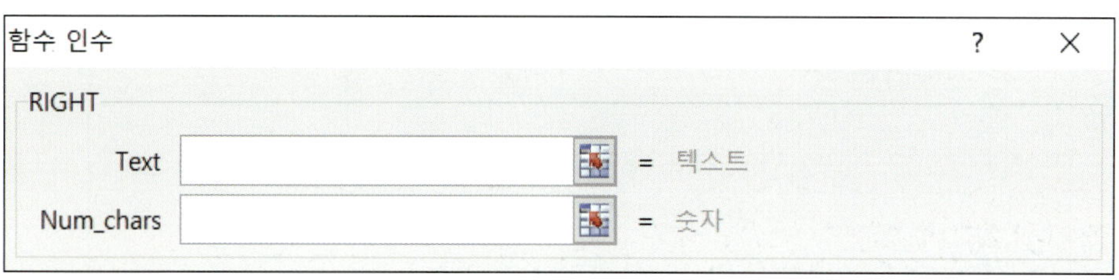

설명

인수 설정

- **Text** : 추출하려는 문자가 들어있는 텍스트 문자열입니다.
- **Num_chars** : 오른쪽에서부터 추출할 문자 수를 지정합니다. 생략하면 '1' 이 됩니다.

따라해 보세요 – LEFT 함수 활용하기

주민등록번호 열을 이용하여 주민등록번호 앞 1-2 자리 숫자를 E열에 반환하세요.

*시트명 : 함수기초

1. E5 셀에 커서를 이동한 후 [수식 탭 – 함수 그룹 – 텍스트 – LEFT]를 클릭합니다.

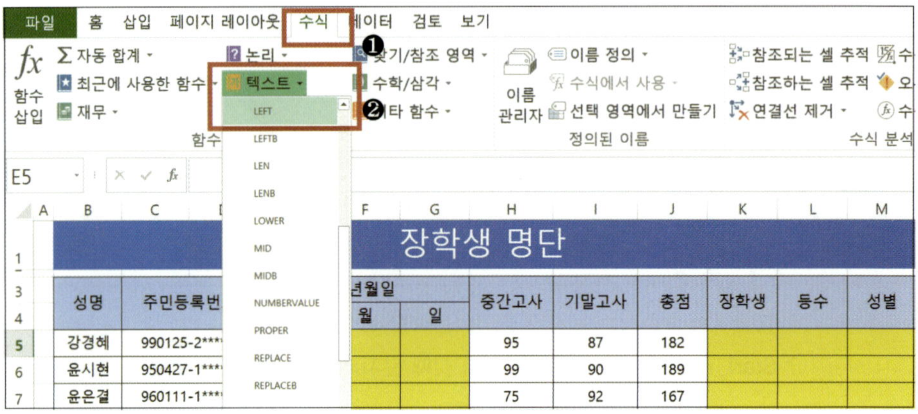

2. 함수 인수 대화상자가 나타나면 Text는 'C5', Num_chars는 '2'를 입력한 후 확인 버튼을 클릭합니다.

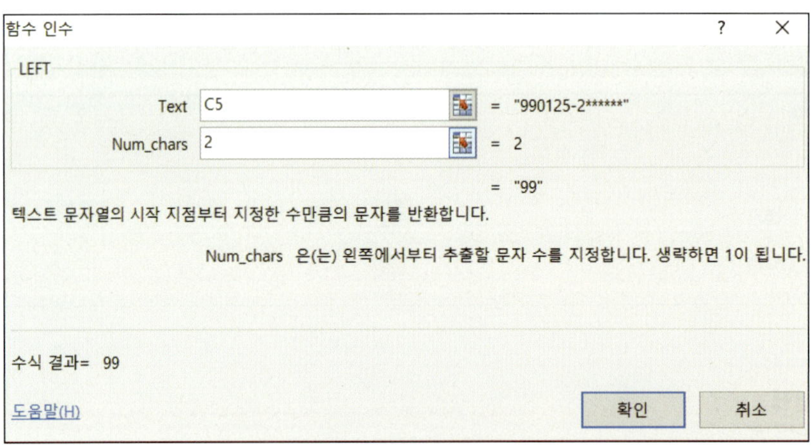

Tip 각 인수 창 오른쪽에 보면 해당 인수 값이 나타나게 됩니다. 만약 잘못 입력될 경우 오류 메시지가 나타나게 됩니다. 인수창 아래에 보면 해당 인수 값에 대한 설명이 나타납니다. 참고하여 입력할 수 있습니다.

3. E5 셀에 주민등록번호 앞자리 중 1-2번째 숫자인 '99' 가 입력되는 것을 확인할 수 있습니다.

장학생 명단

성명	주민등록번호	생년월일			중간고사	기말고사	총점
		연	월	일			
강경혜	990125-2******	99			95	87	182
윤시현	950427-1******				99	90	189
윤은결	960111-1******				75	92	167
문희연	971209-2******				50	98	148
박주영	960323-2******				88	60	148
양희수	940416-1******				90	77	167
유신애	970111-1******				58	100	158
윤예진	990529-2******				55	89	144
이근석	900102-2******				70	87	157
이경화	971219-1******				90	90	180

따라해 보세요 – MID 함수 활용하기

주민등록번호 열을 이용하여 주민등록번호 앞 3-4 자리 숫자를 F열에 반환하세요. 또한 주민등록번호 앞 5-6 자리 숫자를 G열에 반환하세요.

*시트명 : 함수기초

1. F5 셀에 커서를 이동한 후 [수식 탭 – 함수 그룹 – 텍스트 – MID]를 클릭합니다.

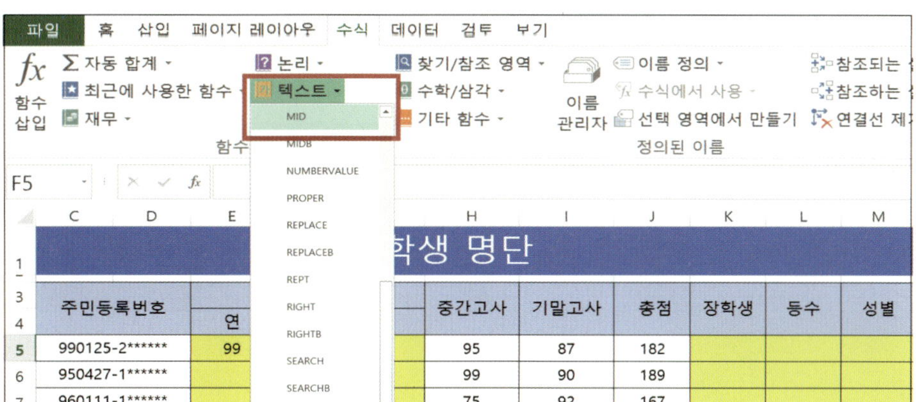

2. 함수 인수 대화상자가 나타나면 Text는 'C5', Start_num는 '3', Num_chars는 '2'를 입력한 후 확인 버튼을 클릭합니다.

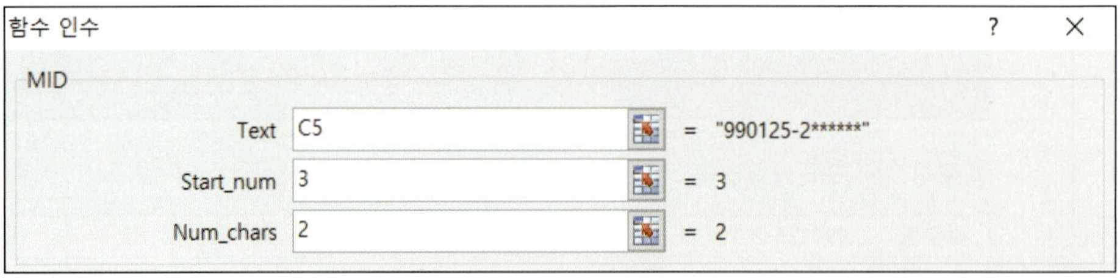

3. F5 셀에 주민등록번호 앞자리 중 3-4번째 숫자인 '01'이 입력되는 것을 확인할 수 있습니다.

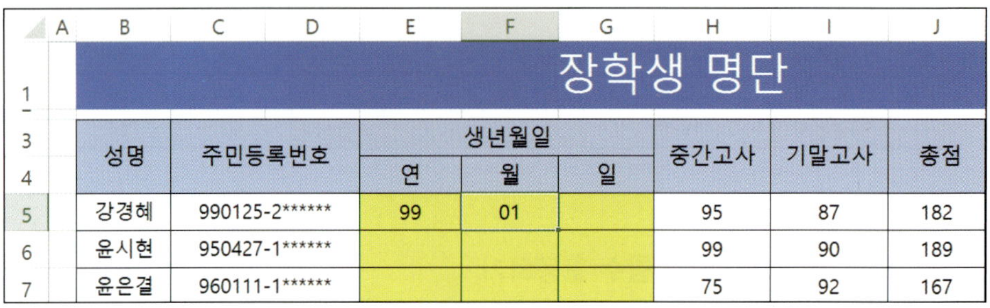

4. G5 셀에 커서를 이동한 후 [수식 탭 - 함수 그룹 - 텍스트 - MID]를 클릭합니다.

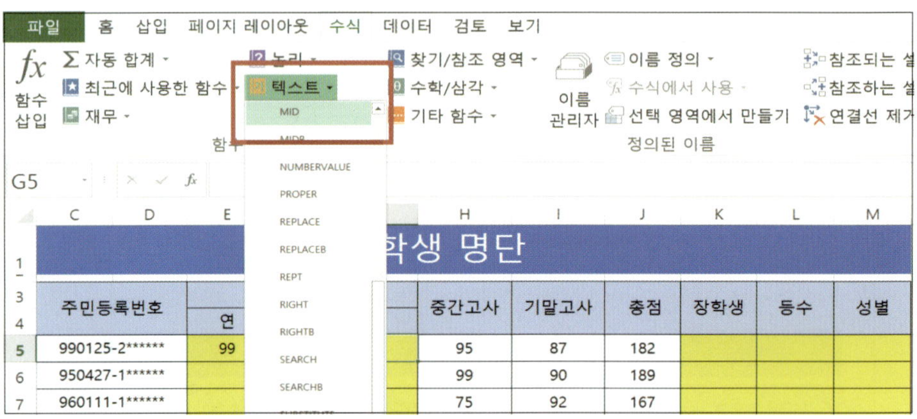

5. 함수 인수 대화상자가 나타나면 Text는 'C5', Start_num는 '5', Num_chars는 '2'를 입력한 후 확인 버튼을 클릭합니다.

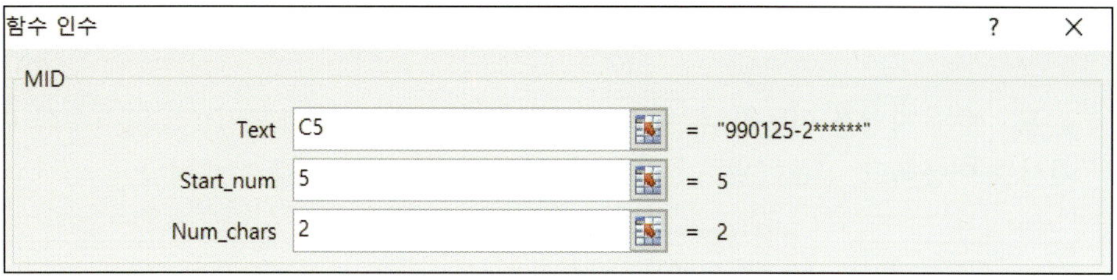

6. G5 셀에 주민등록번호 앞자리 중 5-6번째 숫자인 '25'가 입력되는 것을 확인할 수 있습니다.

	A	B	C	D	E	F	G	H	I	J
1		장학생 명단								
3		성명	주민등록번호		생년월일			중간고사	기말고사	총점
4					연	월	일			
5		강경혜	990125-2******		99	01	25	95	87	182
6		윤시현	950427-1******					99	90	189
7		윤은결	960111-1******					75	92	167
8		문희연	971209-2******					50	98	148
9		박주영	960323-2******					88	60	148
10		양희수	940416-1******					90	77	167
11		유신애	970111-1******					58	100	158
12		윤예진	990529-2******					55	89	144
13		이근석	900102-2******					70	87	157
14		이경화	971219-1******					90	90	180

따라해 보세요 – &연산자 활용하기

E열, F열, G열 숫자 뒤에 '년, 월, 일' 텍스트를 각각 추가하세요.

*시트명 : 함수기초

1. E5 셀에 커서를 이동한 후 수식 입력줄로 이동하여 '=LEFT(C5,2)' 수식 뒤에 커서를 이동하고 ' & "년" ' 을 입력하고 'Enter' 키를 누릅니다.

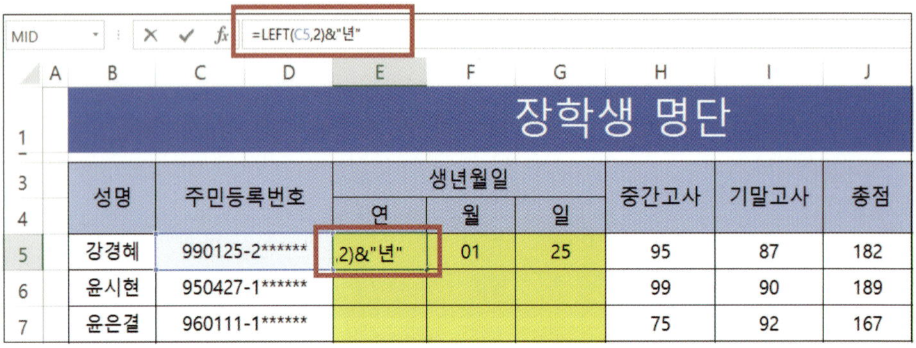

2. '99' 뒤에 '년' 텍스트가 추가되는 것을 확인할 수 있습니다.

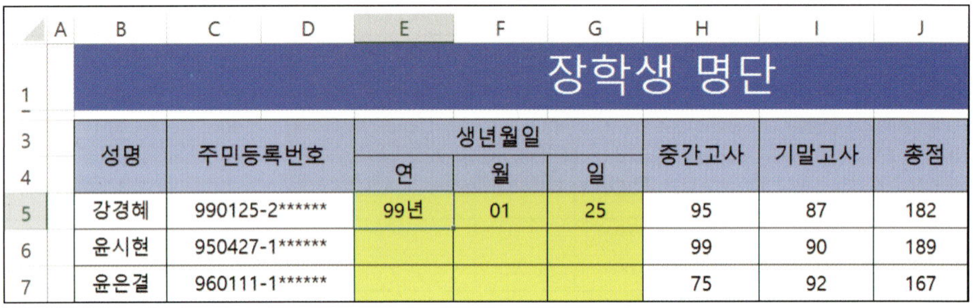

3. F5 셀과 G5 셀에도 동일한 방법으로 각각 '월', '일' 을 추가합니다. 각 셀의 숫자 뒤에 '월', '일' 텍스트가 추가되는 것을 확인할 수 있습니다.

4. E5:F5 범위를 선택한 뒤 채우기 핸들을 이용하여 수식을 끝까지 복사합니다.

성명	주민등록번호	생년월일			중간고사	기말고사	총점
		연	월	일			
강경혜	990125-2******	99년	01월	25일	95	87	182
윤시현	950427-1******				99	90	189
윤은결	960111-1******				75	92	167
문희연	971209-2******				50	98	148
박주영	960323-2******				88	60	148
양희수	940416-1******				90	77	167
유신애	970111-1******				58	100	158
윤예진	990529-2******				55	89	144
이근석	900102-2******				70	87	157
이경화	971219-1******				90	90	180

5. 아래와 같이 '년, 월, 일' 에 해당하는 값이 추가되는 것을 확인할 수 있습니다.

성명	주민등록번호	생년월일			중간고사	기말고사	총점
		연	월	일			
강경혜	990125-2******	99년	01월	25일	95	87	182
윤시현	950427-1******	95년	04월	27일	99	90	189
윤은결	960111-1******	96년	01월	11일	75	92	167
문희연	971209-2******	97년	12월	09일	50	98	148
박주영	960323-2******	96년	03월	23일	88	60	148
양희수	940416-1******	94년	04월	16일	90	77	167
유신애	970111-1******	97년	01월	11일	58	100	158
윤예진	990529-2******	99년	05월	29일	55	89	144
이근석	900102-2******	90년	01월	02일	70	87	157
이경화	971219-1******	97년	12월	19일	90	90	180

2-2 논리 함수 활용하기

IF 함수

주어진 조건식 또는 값에 대한 논리 검사를 수행하여 'TRUE' 나 'FALSE' 에 해당하는 값을 반환합니다. IF 함수는 7번까지 중첩이 가능 합니다.

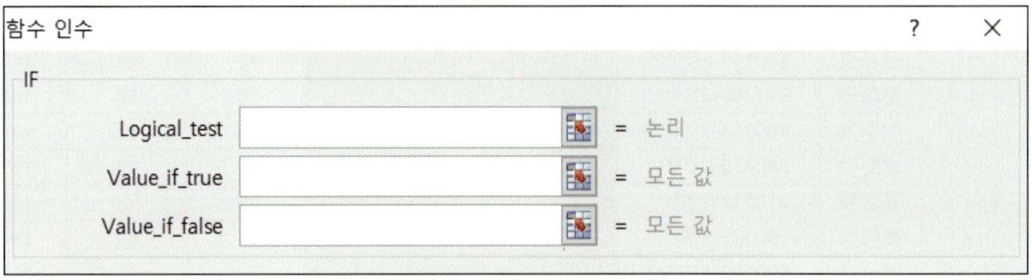

설명

인수 설정

- **Logical_test** : 참이나 거짓으로 판정될 값이나 식입니다.
- **Value_if_true** : Logical_test가 참일 때 돌려주는 값입니다. 생략하면 true를 반환합니다.
- **Value_if_false** : Logical_test가 거짓일 때 돌려주는 값입니다. 생략하면 false를 반환합니다.

※ 비교 연산자

연산기호	의미
〉	크다, 초과
〉=	크거나 같다, 이상
〈	작다, 미만
〈=	작거나 같다, 이하
〈〉	같지 않다

따라해 보세요 – IF 함수 활용하기

K 열에 총점이 180점 이상인 학생에게만 '장학생' 이라고 입력하고 그렇지 않은 경우에는 공백을 입력하세요.

*시트명 : 함수기초

1. K5 셀에 커서를 이동한 후 [수식 탭 – 함수 라이브러리 그룹 – 논리 – IF]를 클릭합니다.

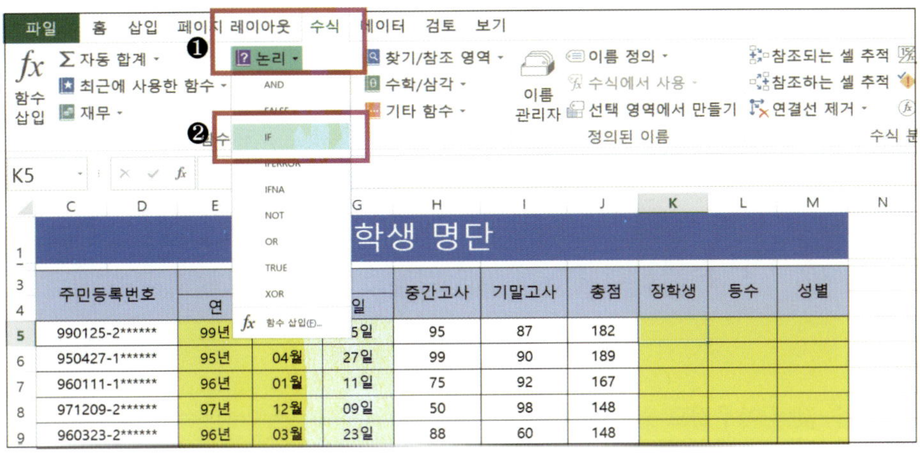

2. IF 함수 인수 대화상자가 나타나면 Logical_test는 'J5>=180', Value_if_true는 '"장학생"', Value_if_false는 '" "' 을 입력하고 확인 버튼을 클릭합니다.

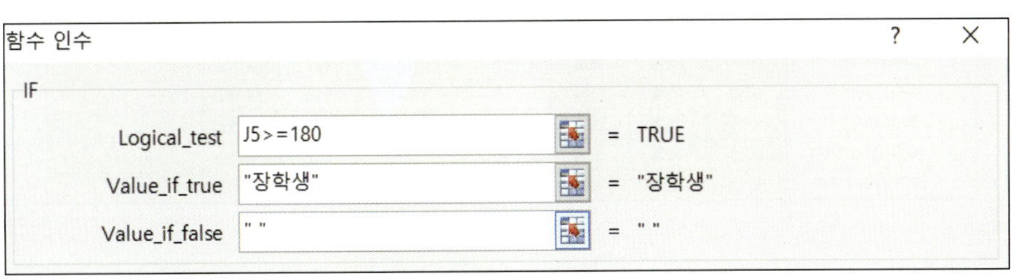

=IF(J5>=180, "장학생", " ")

3. K5 셀에 '장학생' 이 입력되는 것을 확인할 수 있습니다.

4. 채우기 핸들을 이용하여 K14 셀까지 수식을 복사합니다. 총점이 180 이상인 학생 3명에게만 '장학생'이라고 입력되는 것을 확인할 수 있습니다.

	A	B	C	D	E	F	G	H	I	J	K	L	M	N
1		장학생 명단												
3		성명	주민등록번호		생년월일			중간고사	기말고사	총점	장학생	등수	성별	
4					연	월	일							
5		강경혜	990125-2******		99년	01월	25일	95	87	182	장학생			
6		윤시현	950427-1******		95년	04월	27일	99	90	189	장학생			
7		윤은결	960111-1******		96년	01월	11일	75	92	167				
8		문희연	971209-2******		97년	12월	09일	50	98	148				
9		박주영	960323-2******		96년	03월	23일	88	60	148				
10		양희수	940416-1******		94년	04월	16일	90	77	167				
11		유신애	970111-1******		97년	01월	11일	58	100	158				
12		윤예진	990529-2******		99년	05월	29일	55	89	144				
13		이근석	900102-2******		90년	01월	02일	70	87	157				
14		이경화	971219-1******		97년	12월	19일	90	90	180	장학생			

Tip 공백을 입력할 경우 반드시 [" "]로 입력해야 합니다. 인수 값에 아무것도 입력하지 않는 경우 아래와 같이 계산 결과 값이 'FALSE' 값으로 반환되게 되므로 주의하시기 바랍니다.

[인수 값에 아무것도 입력하지 않은 결과]

	C	D	E	F	G	H	I	J	K	L	M	N
1	장학생 명단											
3	주민등록번호		생년월일			중간고사	기말고사	총점	장학생	등수	성별	
4			연	월	일							
5	990125-2******		99년	01월	25일	95	87	182	장학생			
6	950427-1******		95년	04월	27일	99	90	189	장학생			
7	960111-1******		96년	01월	11일	75	92	167	FALSE			
8	971209-2******		97년	12월	09일	50	98	148	FALSE			
9	960323-2******		96년	03월	23일	88	60	148	FALSE			
10	940416-1******		94년	04월	16일	90	77	167	FALSE			
11	970111-1******		97년	01월	11일	58	100	158	FALSE			
12	990529-2******		99년	05월	29일	55	89	144	FALSE			
13	900102-2******		90년	01월	02일	70	87	157	FALSE			
14	971219-1******		97년	12월	19일	90	90	180	장학생			

2-3 순위 함수 활용하기

RANK 함수

Excel 2007 및 이전 버전과의 호환성을 위해 제공되는 함수입니다. 수 목록 내에서 지정한 수의 크기 순위를 구합니다. 목록 내에서 다른 값에 대한 상대적인 크기를 말합니다.

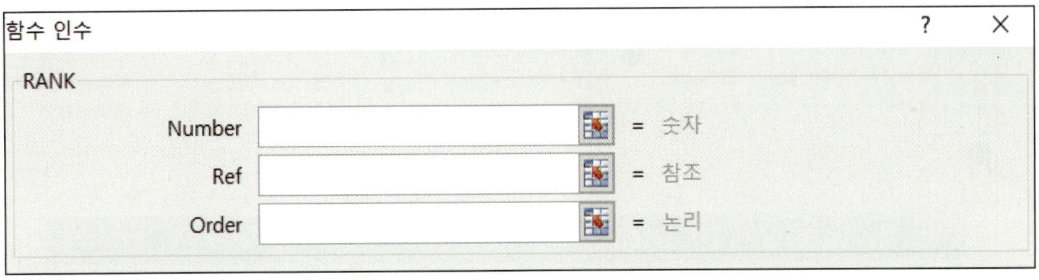

설명

인수 설정

- **Number** : 순위를 구하려는 수나 셀 주소입니다.
- **Ref** : 수 목록의 배열 또는 셀 주소입니다. 수 이외의 값은 제외됩니다.
- **Order** : 순위를 정할 방법을 지정하는 수입니다. 0이나 생략하면 내림차순으로, 0이 아닌 값을 지정하면 오름차순으로 순위가 정해집니다.

따라해 보세요 – RANK 함수 활용하기

L 열에 총점을 기준으로 등수를 입력하세요.

*시트명 : 함수기초

1. L5 셀에 커서를 이동한 후 [수식 탭 – 함수 라이브러리 그룹 – 함수 삽입]을 클릭합니다.

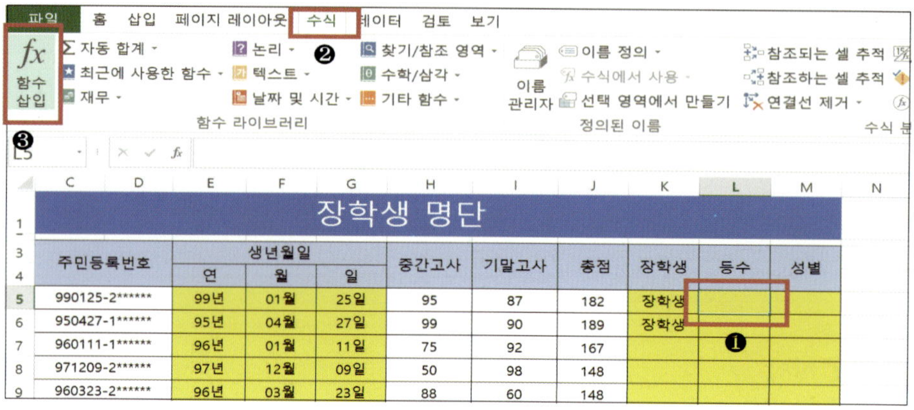

2. 'RANK' 함수를 검색한 후 확인 버튼을 클릭합니다.

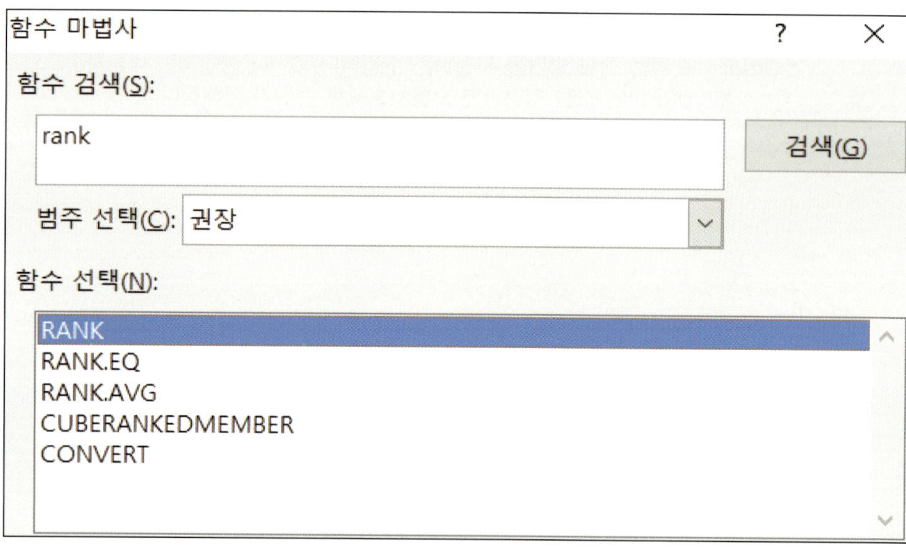

Tip RANK 함수는 이전 버전에서 사용한 함수이므로 리본메뉴에는 표시되지 않습니다. 함수 마법사를 이용하여 검색하여 활용하시기 바랍니다.

3. 함수 인수 대화상자가 나타나면 Number는 'J5', Ref는 '$J$5:$J$14'를 입력하고 확인 버튼을 클릭합니다.

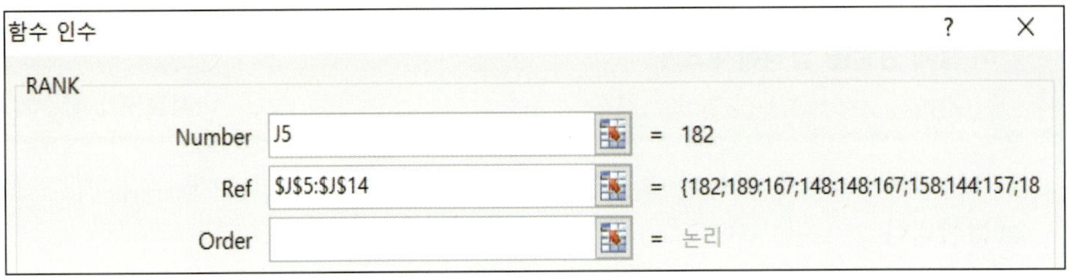

Tip 나머지 학생들의 수식을 복사하기 위하여 Ref 인수 값은 절대 참조로 입력합니다.

4. L5 셀에 강경혜 학생의 등수 '2'가 입력되는 것을 확인할 수 있습니다. 채우기 핸들을 이용하여 L14 셀까지 수식을 복사합니다. 총 10명의 총점에 대한 등수가 나타나는 것을 확인할 수 있습니다.

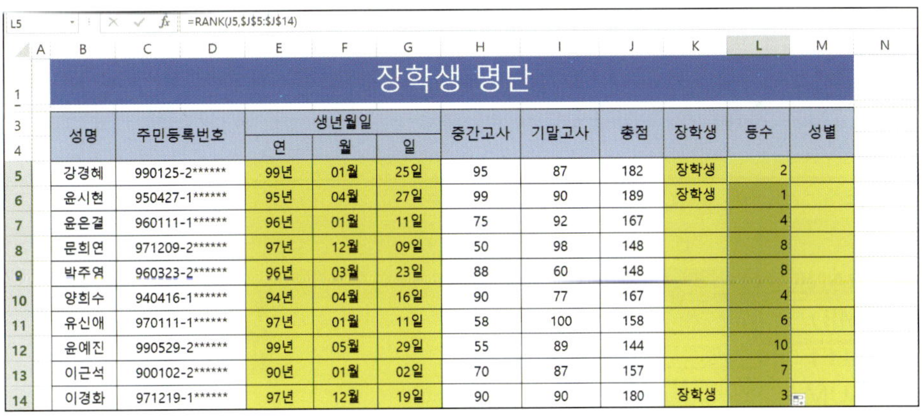

L5 =RANK(J5,$J$5:$J$14)

장학생 명단

성명	주민등록번호	생년월일			중간고사	기말고사	총점	장학생	등수	성별
		연	월	일						
강경혜	990125-2******	99년	01월	25일	95	87	182	장학생	2	
윤시현	950427-1******	95년	04월	27일	99	90	189	장학생	1	
윤은결	960111-1******	96년	01월	11일	75	92	167		4	
문희연	971209-2******	97년	12월	09일	50	98	148		8	
박주여	960323-2******	96년	03월	23일	88	60	148		8	
양희수	940416-1******	94년	04월	16일	90	77	167		4	
유신애	970111-1******	97년	01월	11일	58	100	158		6	
윤예진	990529-2******	99년	05월	29일	55	89	144		10	
이근석	900102-2******	90년	01월	02일	70	87	157		7	
이경화	971219-1******	97년	12월	19일	90	90	180	장학생	3	

2-4 이중 함수 활용하기

따라해 보세요 – IF 함수와 MID 함수 활용하기

M 열에 성별을 입력하세요.

*시트명 : 함수기초

1. M5 셀에 커서를 이동한 후 [수식 탭 – 함수 라이브러리 그룹 – 논리 – IF]를 클릭합니다.

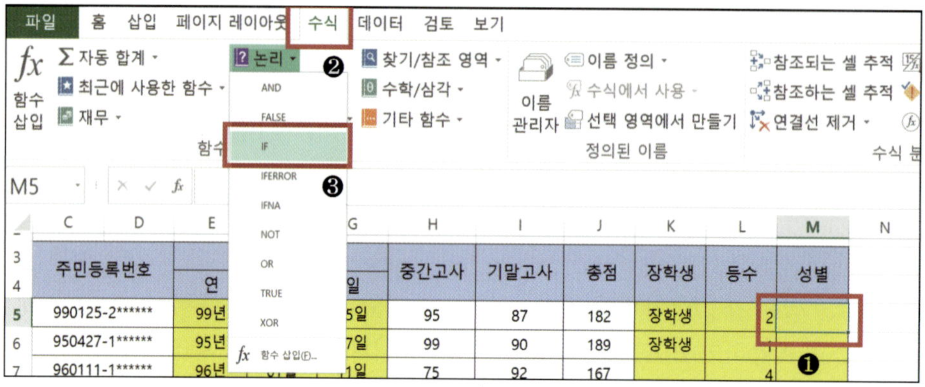

2. IF 함수 인수 대화상자가 나타나면 Logical_test 인수 값에 커서를 이동한 후 이름상자를 클릭하여 MID 함수를 클릭합니다. (IF 함수 안에 MID 함수 추가하는 방법)

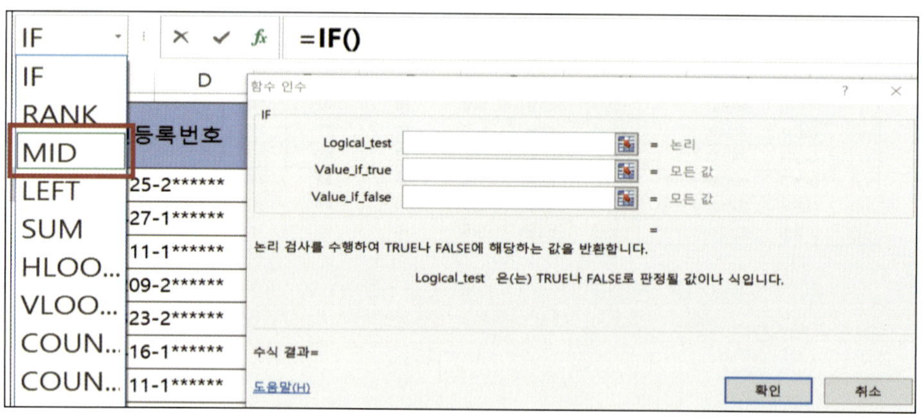

Tip Logical_test 인수 값에 [MID(C5,8,1)= "1"] 을 직접 입력해도 상관없습니다.

3. IF 함수 인수 대화상자가 MID 함수 인수 대화상자로 변경되는 것을 확인할 수 있습니다. 대화상자에 Text는 'C5', Start_num은 '8', Num_chars는 '1'을 입력합니다.

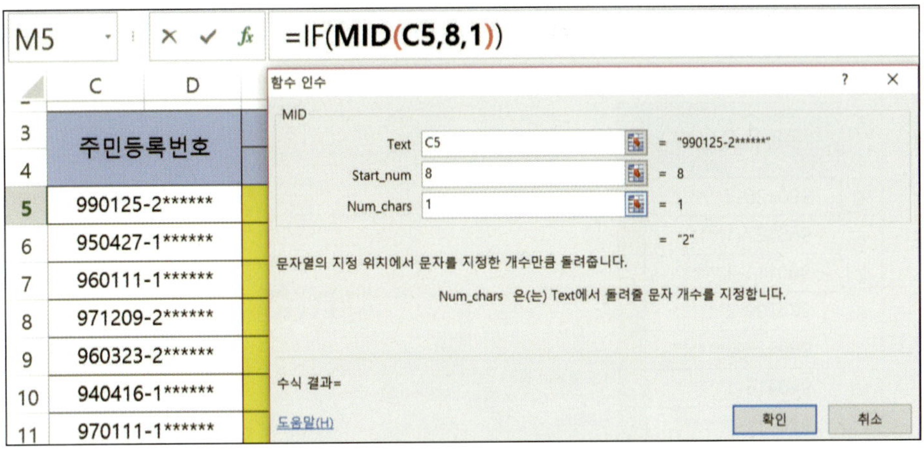

Tip 확인 버튼을 클릭하면 대화상자가 종료되고 함수 입력도 종료됩니다.

4. 입력이 끝나면 확인 버튼을 클릭하지 말고, 수식 입력줄의 'IF' 단어를 클릭합니다. IF 함수 인수 대화상자로 이동하는 것을 확인할 수 있습니다.

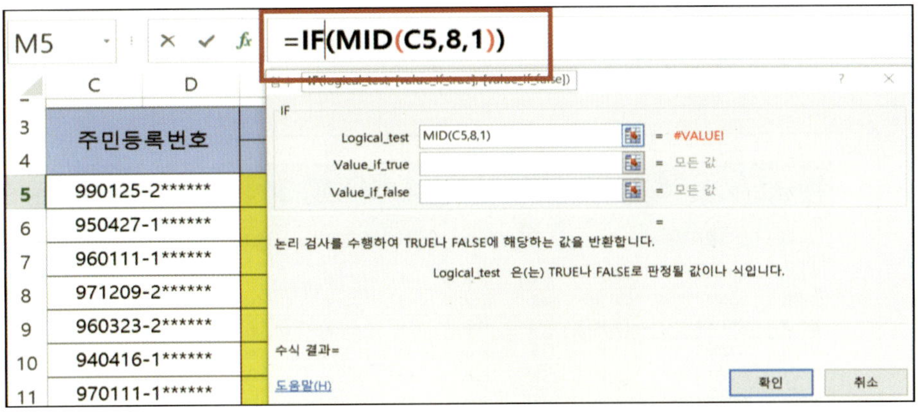

Tip 이중 함수인 경우 다른 함수 인수 대화상자를 이동할 때에는 수식 입력줄에서 함수명을 클릭하면 해당 함수 인수 대화상자로 이동할 수 있습니다.

5. IF 함수 인수 대화상자에 Logical_test는 ‘MID(C5,8,1)=“1”’, Value_if_true는 ‘“남자”’, Value_if_false는 ‘“여자”’를 입력하고 확인 버튼을 클릭합니다.

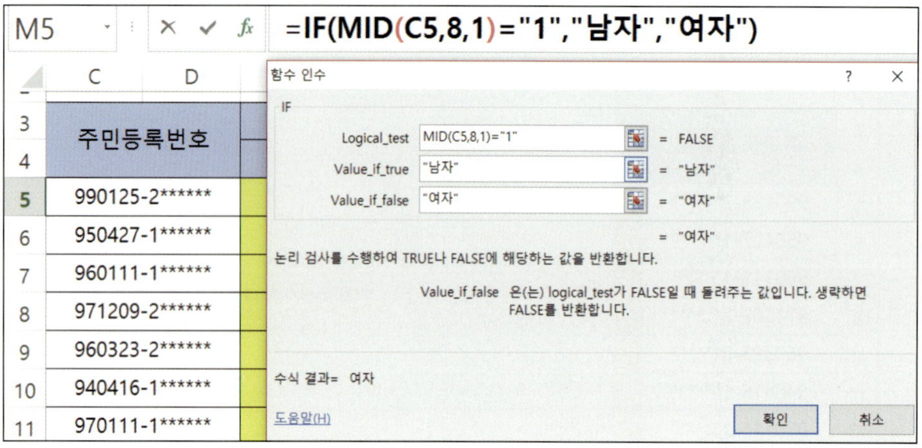

Tip 입력결과가 ‘여자’만 나타나는 경우는 Logical_test 값 중 “1”에 큰 따옴표를 입력하지 않았기 때문입니다. 큰 따옴표를 입력한 후 다시 채우기 핸들로 수식을 복사합니다. 성별이 바르게 입력되는 것을 확인할 수 있습니다.

6. M5 셀에 강경혜 학생의 성별 ‘여자’가 입력되는 것을 확인할 수 있습니다. 채우기 핸들을 이용하여 M14 셀까지 수식을 복사합니다. 각 학생의 성별이 입력되는 것을 확인할 수 있습니다.

장학생 명단

성명	주민등록번호	생년월일			중간고사	기말고사	총점	장학생	등수	성별
		연	월	일						
강경혜	990125-2******	99년	01월	25일	95	87	182	장학생	2	여자
윤시현	950427-1******	95년	04월	27일	99	90	189	장학생	1	남자
윤은결	960111-1******	96년	01월	11일	75	92	167		4	남자
문희연	971209-2******	97년	12월	09일	50	98	148		8	여자
박주영	960323-2******	96년	03월	23일	88	60	148		8	여자
양희수	940416-1******	94년	04월	16일	90	77	167		4	남자
유신애	970111-1******	97년	01월	11일	58	100	158		6	남자
윤예진	990529-2******	99년	05월	29일	55	89	144		10	여자
이근석	900102-2******	90년	01월	02일	70	87	157		7	여자
이경화	971219-1******	97년	12월	19일	90	90	180	장학생	3	남자

5장

실 전 예 제 만 들 기

직접 수식을 이용하여 각 시트의 결과를 계산하시오.

D11 =(D5+D6+D7)*(1+D8)+D9-D10

no.	청구내역	금액	비고
1	통화료	34,000	
2	부가서비스	12,000	
3	외부 컨텐츠 이용료	3,000	
4	부가세	10%	(부가세에 기기 할부금은 포함되지 않습니다.)
5	기기 할부금	35,000	
6	약정할인	7,000	
이번달 청구 요금 합계		₩ 81,900	

Q 01 D11셀에는 이번달 청구 요금 합계를 계산하시오.

* 예제파일 : 5장 실전학습.xlsx / * 시트명 : Q1

1. D11 셀로 커서를 이동합니다. 이번달 청구 요금 합계를 계산하기 위하여 수식 '=(D5+D6+D7)*(1+D8)+D9-D10' 을 입력하고 Enter 키를 누릅니다.

2. 결과 값으로 '81900' 이 입력되는 것을 확인할 수 있습니다.

D11 =(D5+D6+D7)*(1+D8)+D9-D10

no.	청구내역	금액	비고
1	통화료	34,000	
2	부가서비스	12,000	
3	외부 컨텐츠 이용료	3,000	
4	부가세	10%	(부가세에 기기 할부금은 포함되지 않습니다.)
5	기기 할부금	35,000	
6	약정할인	7,000	
이번달 청구 요금 합계		₩ 81,900	

Q 02 F열에는 직접 수식을 이용하여 금액을 구하시오. G열에는 부가세를 포함한 총 금액을 구하시오.

* 예제파일 : 5장 실전학습.xlsx / * 시트명 : Q2

1. F5 셀로 커서를 이동합니다. 금액을 계산하기 위하여 수식 '=D5*E5' 를 입력하고 Enter 키를 누릅니다.

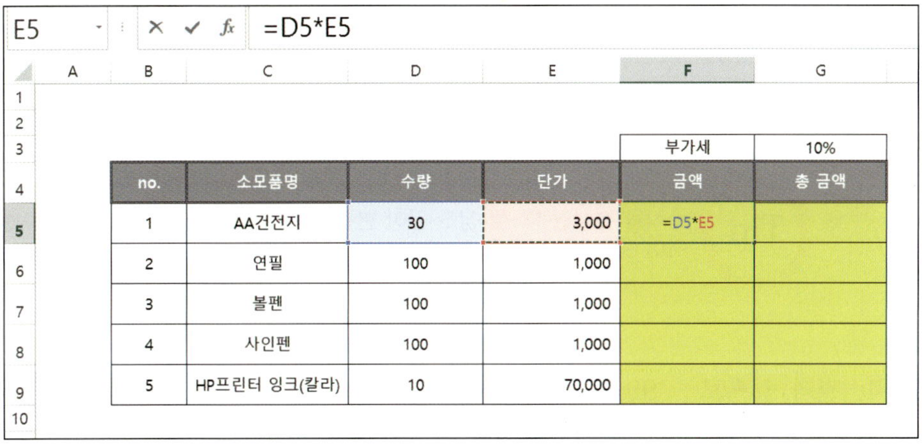

E5 =D5*E5

no.	소모품명	수량	단가	부가세 금액	10% 총 금액
1	AA건전지	30	3,000	=D5*E5	
2	연필	100	1,000		
3	볼펜	100	1,000		
4	사인펜	100	1,000		
5	HP프린터 잉크(칼라)	10	70,000		

2. 결과 값으로 '90,000' 이 입력되는 것을 확인할 수 있습니다. 채우기 핸들을 이용하여 F9 셀까지 수식을 복사합니다.

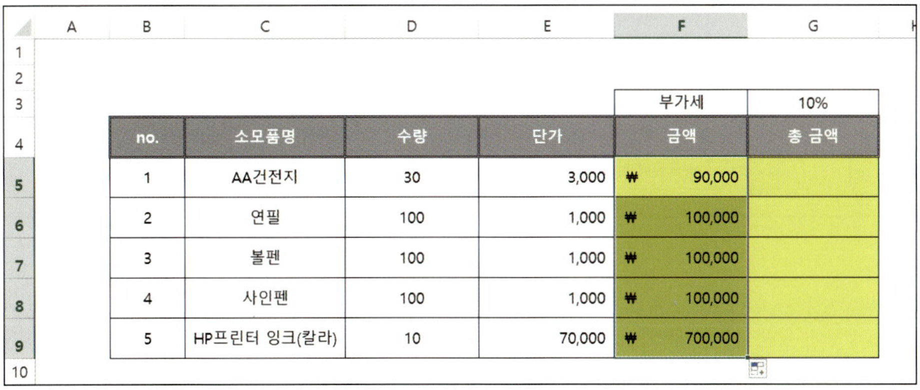

no.	소모품명	수량	단가	부가세 금액	10% 총 금액
1	AA건전지	30	3,000	₩ 90,000	
2	연필	100	1,000	₩ 100,000	
3	볼펜	100	1,000	₩ 100,000	
4	사인펜	100	1,000	₩ 100,000	
5	HP프린터 잉크(칼라)	10	70,000	₩ 700,000	

3. G5 셀로 커서를 이동합니다. 총 금액을 계산하기 위하여 수식 '=F5+F5*$G$3' 를 입력하고 Enter 키를 누릅니다.

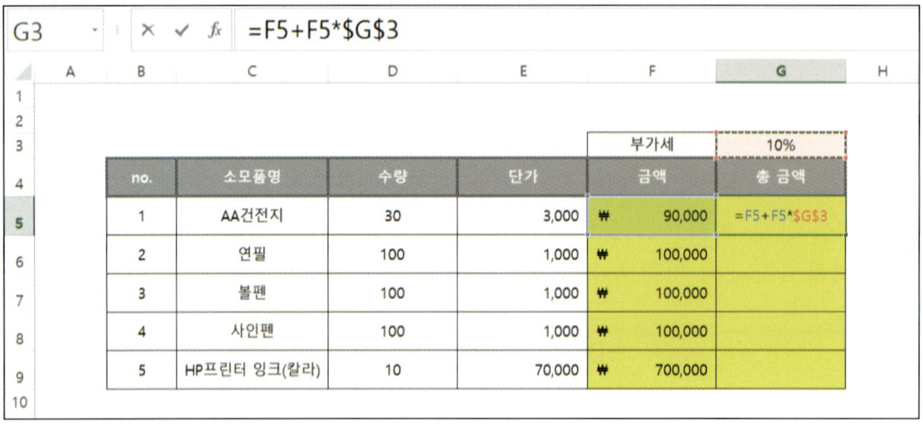

G3 | =F5+F5*$G$3

				부가세	10%
no.	소모품명	수량	단가	금액	총 금액
1	AA건전지	30	3,000	₩ 90,000	=F5+F5*$G$3
2	연필	100	1,000	₩ 100,000	
3	볼펜	100	1,000	₩ 100,000	
4	사인펜	100	1,000	₩ 100,000	
5	HP프린터 잉크(칼라)	10	70,000	₩ 700,000	

Tip 수식을 복사할 때 셀 참조 값이 변경되지 않기 위하여 'F4' 키를 이용하여 G3 셀은 절대 참조 '$G$3' 로 입력합니다.

4. 결과 값으로 '99,000' 이 입력되는 것을 확인할 수 있습니다. 채우기 핸들을 이용하여 G9 셀까지 수식을 복사합니다.

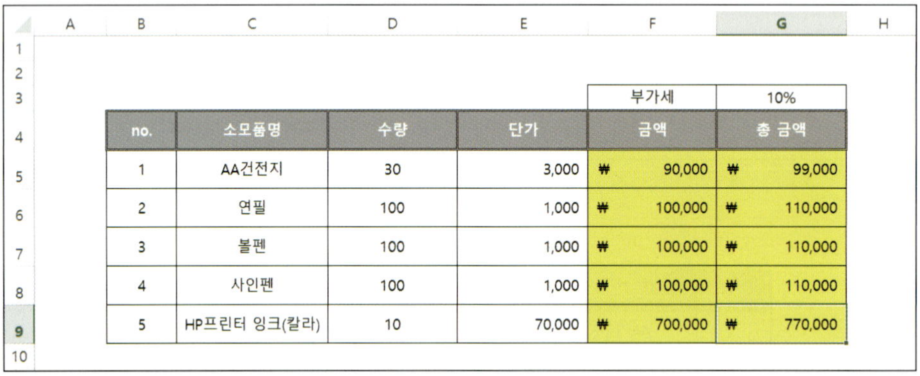

				부가세	10%
no.	소모품명	수량	단가	금액	총 금액
1	AA건전지	30	3,000	₩ 90,000	₩ 99,000
2	연필	100	1,000	₩ 100,000	₩ 110,000
3	볼펜	100	1,000	₩ 100,000	₩ 110,000
4	사인펜	100	1,000	₩ 100,000	₩ 110,000
5	HP프린터 잉크(칼라)	10	70,000	₩ 700,000	₩ 770,000

Q 03 D열에는 텍스트 함수와 '&' 연산자를 이용하여 성명의 두 번째 글자를 "*" 로 표시하시오.

* 예제파일 : 5장 실전학습.xlsx / * 시트명 : Q3

1. D4 셀로 커서를 이동합니다. ' 구*영 ' 의 형식으로 텍스트를 표시하기 위하여 [수식 탭 – 함수 라이브러리 그룹 – 텍스트 – LEFT]를 클릭합니다.

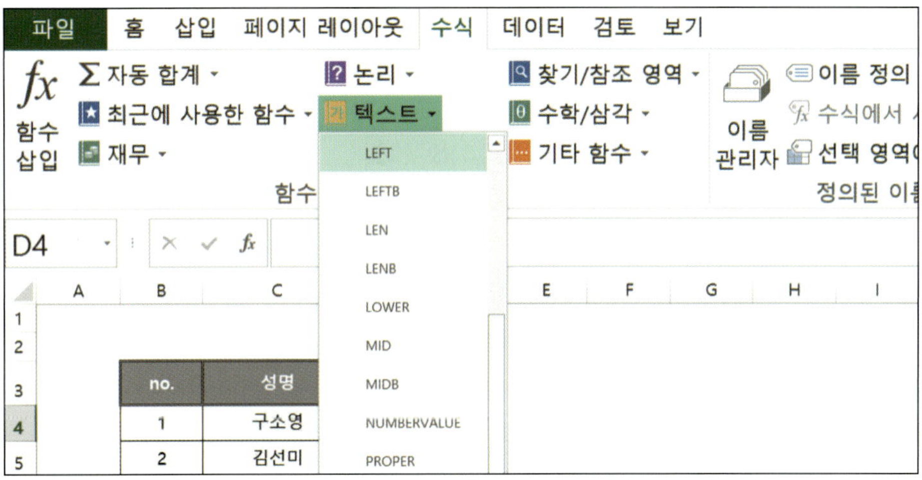

2. 함수 인수 대화상자가 나타나면 Text는 'C4' , Num_chars는 '1' 을 입력하고 확인 버튼을 클릭합니다.

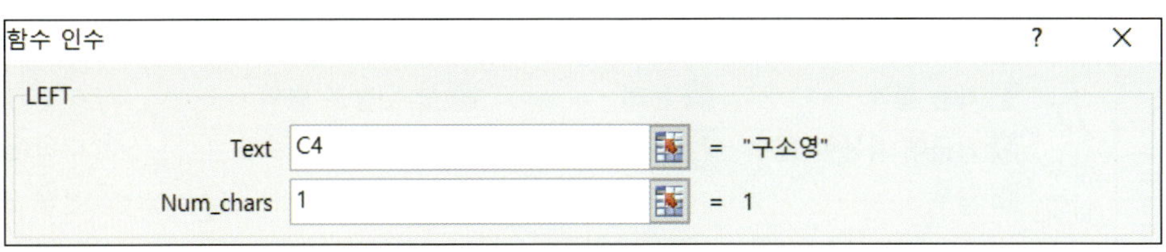

수식) =LEFT(C4,1)

3. 수식이 입력되면 수식 입력 줄의 수식 맨 뒤로 커서를 이동합니다.

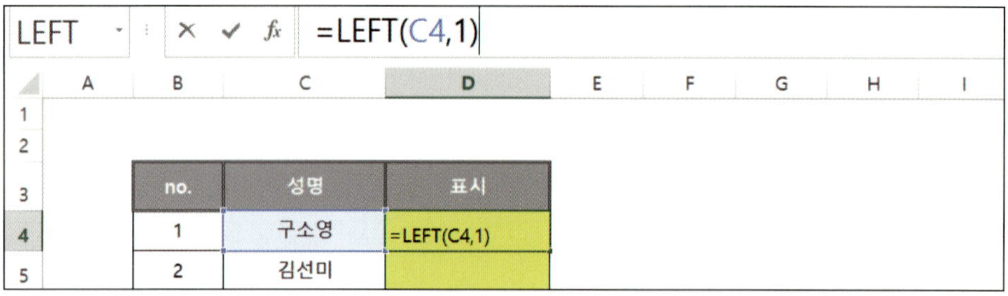

4. '& "*" &' 를 입력하여 두 번째 글자 '*' 를 설정합니다.

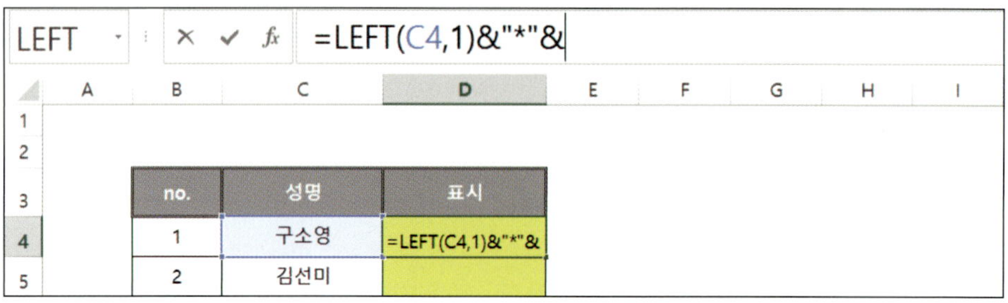

수식) =LEFT(C4, 1)& "*" &

5. 커서를 그대로 둔 상태에서 [수식 탭 – 함수 라이브러리 그룹 – 텍스트 – RIGHT]를 클릭하여 RIGHT 함수를 추가합니다.

6. 함수 인수 대화상자가 나타나면 Text는 'C4' , Num_chars는 '1' 을 입력하고 확인 버튼을 클릭합니다.

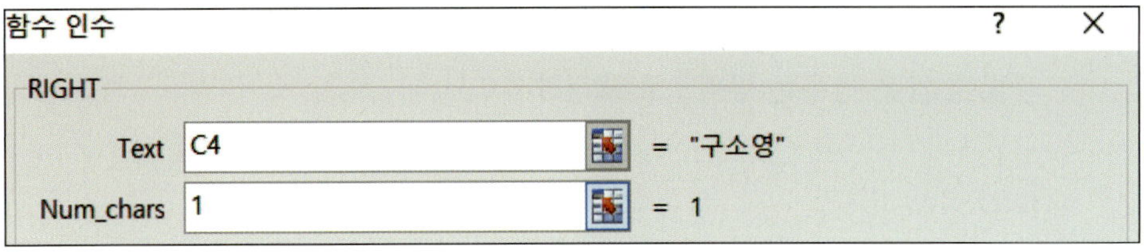

7. 결과 값으로 '구*영' 이 입력되는 것을 확인할 수 있습니다.

D4 =LEFT(C4,1)&"*"&RIGHT(C4,1)

no.	성명	표시
1	구소영	구*영
2	김선미	

수식) =LEFT(C4,1)& "*" &RIGHT(C4,1)

8. 채우기 핸들을 이용하여 D13 셀까지 수식을 복사합니다. 이름 중 두 번째 글자만 '*' 표시 되어 추출되는 것을 확인할 수 있습니다.

no.	성명	표시
1	구소영	구*영
2	김선미	김*미
3	정해민	정*민
4	강민정	강*정
5	김명교	김*교
6	김재곤	김*곤
7	박소연	박*연
8	김지혜	김*혜
9	김미광	김*광
10	김승은	김*은

Q 04 F열에는 자동 합계(평균)을 이용하여 평균을 구하시오. G열에는 IF 함수를 이용하여 평균이 80점 이상인 경우 "합격" 으로 표시하시오. 그렇지 않은 경우는 공백으로 표시하시오.

* 예제파일 : 5장 실전학습.xlsx / * 시트명 : Q4

1. F4 셀로 커서를 이동합니다. 평균을 계산하기 위하여 [수식 탭 – 함수 라이브러리 그룹 – 자동 합계 – 평균]을 클릭합니다.

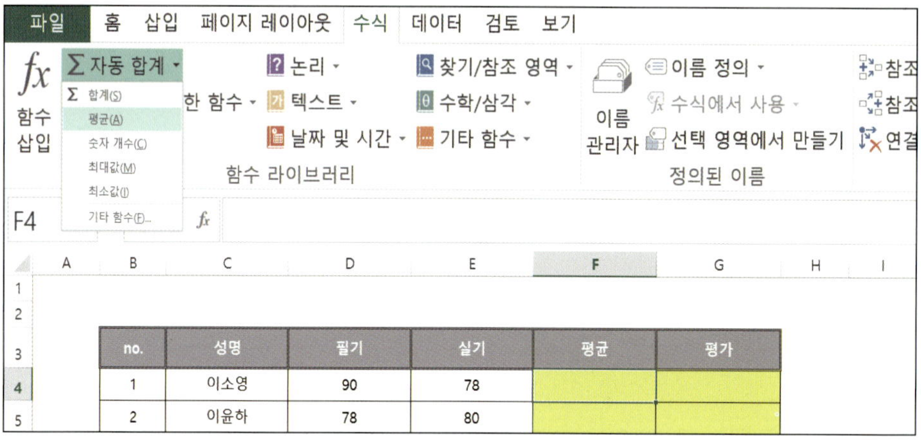

2. 수식으로 '=AVERAGE(D4:E4)' 가 자동으로 입력됩니다. 범위가 맞는지 확인한 후 Enter 키를 누릅니다.

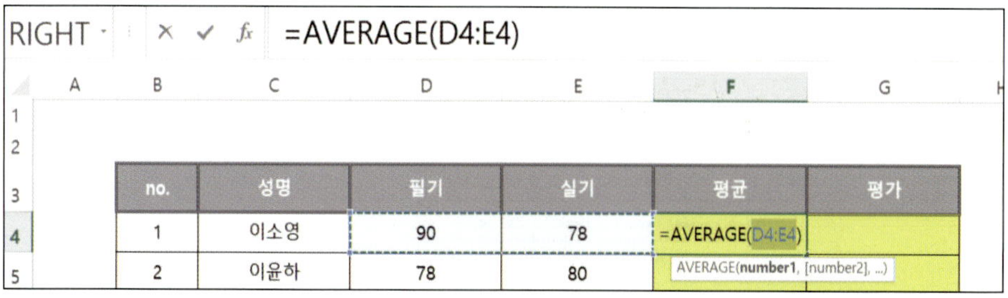

3. 결과 값으로 '84' 가 입력되는 것을 확인할 수 있습니다. 채우기 핸들을 이용하여 F13 셀까지 수식을 복사합니다.

no.	성명	필기	실기	평균	평가
1	이소영	90	78	84	
2	이윤하	78	80	79	
3	임하정	92	70	81	
4	정다운	45	34	39.5	
5	지아린	56	45	50.5	
6	최민지	77	78	77.5	
7	최승희	89	66	77.5	
8	김미선	100	89	94.5	
9	강민정	60	55	57.5	
10	박소연	85	94	89.5	

4. G4 셀로 커서를 이동합니다. 평가를 나타내기 위하여 [수식 탭 – 함수 라이브러리 그룹 – 논리 – IF]를 클릭합니다.

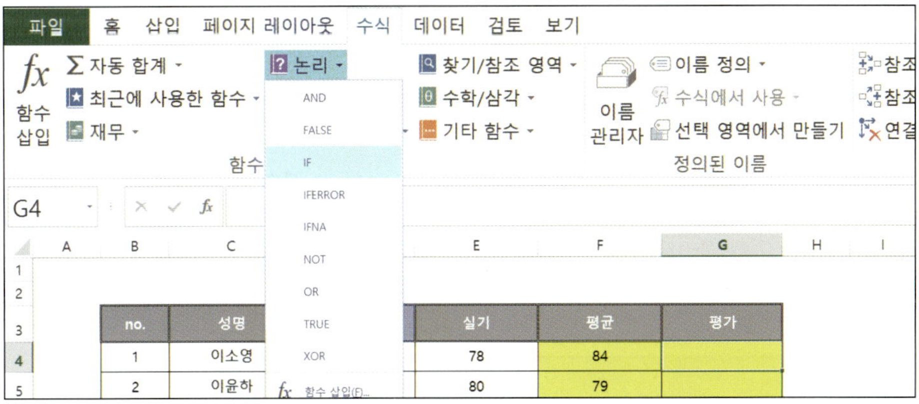

5. 함수 인수 대화상자가 나타나면 Logical_test는 'F4>=80', Value_if_true는 '"합격"' Value_if_false는 '""'을 입력하고 확인 버튼을 클릭합니다.

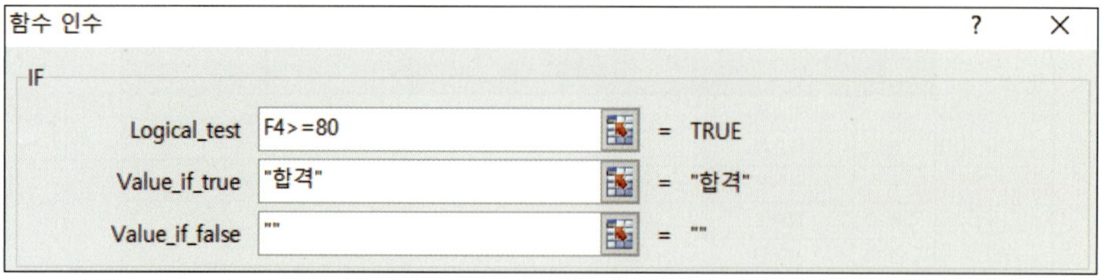

6. 결과 값으로 '합격'이 입력되는 것을 확인할 수 있습니다.

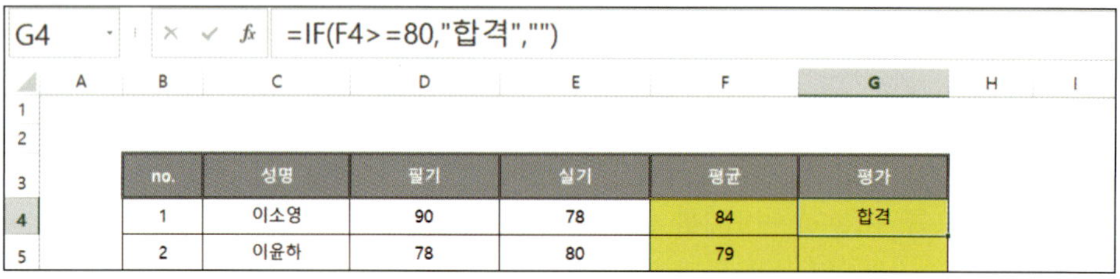

no.	성명	필기	실기	평균	평가
1	이소영	90	78	84	합격
2	이윤하	78	80	79	

수식) =IF(F4>=80, "합격", "")

7. 채우기 핸들을 이용하여 G13 셀까지 수식을 복사합니다. 4명이 합격되는 것을 확인할 수 있습니다.

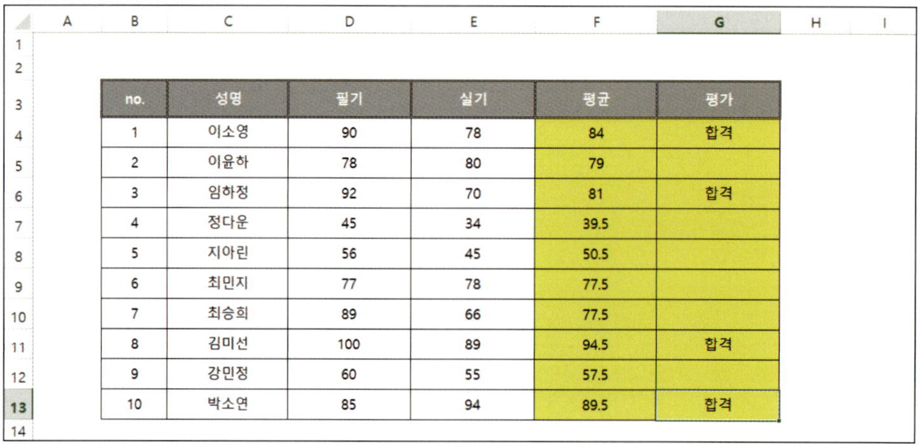

no.	성명	필기	실기	평균	평가
1	이소영	90	78	84	합격
2	이윤하	78	80	79	
3	임하정	92	70	81	합격
4	정다운	45	34	39.5	
5	지아린	56	45	50.5	
6	최민지	77	78	77.5	
7	최승희	89	66	77.5	
8	김미선	100	89	94.5	합격
9	강민정	60	55	57.5	
10	박소연	85	94	89.5	합격

Q 05 G열에는 자동 합계(합계)를 이용하여 세과목의 총점을 구하시오. H열에는 총점을 기준으로 등수를 구하고 등수 뒤에 텍스트 "등" 을 추가하시오.

* 예제파일 : 5장 실전학습.xlsx / * 시트명 : Q5

1. G4 셀로 커서를 이동합니다. 총점을 계산하기 위하여 [수식 탭 – 함수 라이브러리 그룹 – 자동 합계 – 합계]를 클릭합니다.

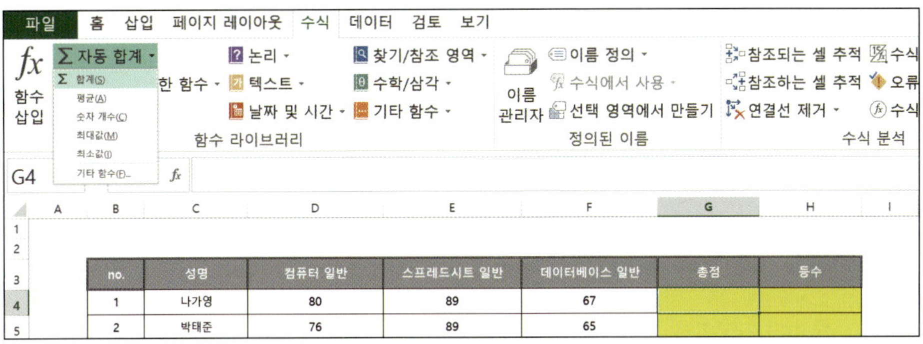

2. 수식으로 '=SUM(D4:E4)' 가 자동으로 입력됩니다. 범위가 맞는지 확인한 후 Enter 키를 누릅니다.

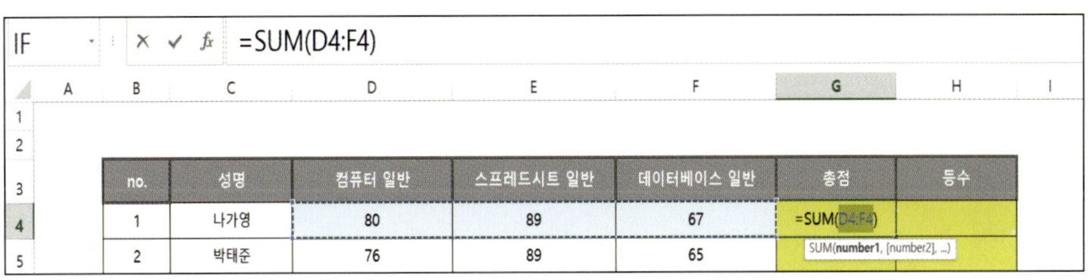

3. 결과 값으로 '236' 이 입력되는 것을 확인할 수 있습니다. 채우기 핸들을 이용하여 G13 셀까지 수식을 복사합니다.

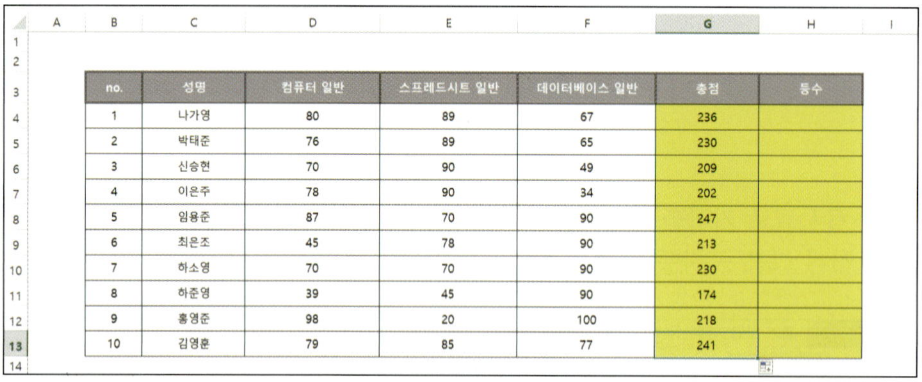

no.	성명	컴퓨터 일반	스프레드시트 일반	데이터베이스 일반	총점	등수
1	나가영	80	89	67	236	
2	박태준	76	89	65	230	
3	신승현	70	90	49	209	
4	이은주	78	90	34	202	
5	임용준	87	70	90	247	
6	최은조	45	78	90	213	
7	하소영	70	70	90	230	
8	하준영	39	45	90	174	
9	홍영준	98	20	100	218	
10	김영훈	79	85	77	241	

4. H4 셀로 커서를 이동합니다. [수식 탭 – 함수 라이브러리 그룹 – 함수삽입]을 클릭합니다.

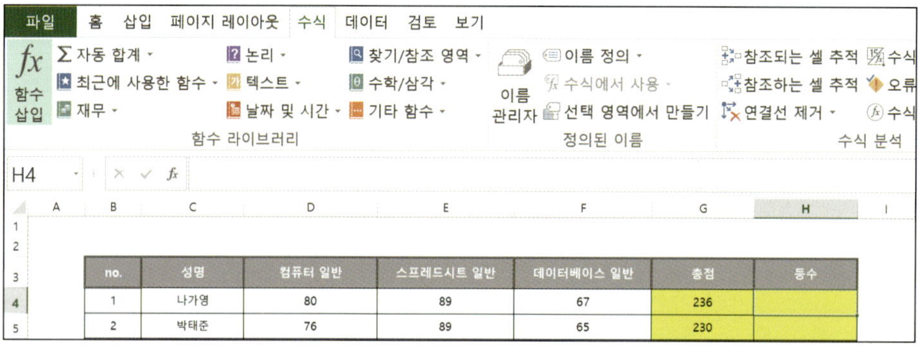

Tip RANK 함수는 이전 버전과의 호환성을 위해 제공되기 때문에 검색해서 삽입합니다.

5. 함수 마법사 대화상자가 나타나면 함수 검색 창에 'RANK' 를 입력하고 검색 버튼을 클릭하여 'RANK' 함수를 선택하고 확인 버튼을 클릭합니다.

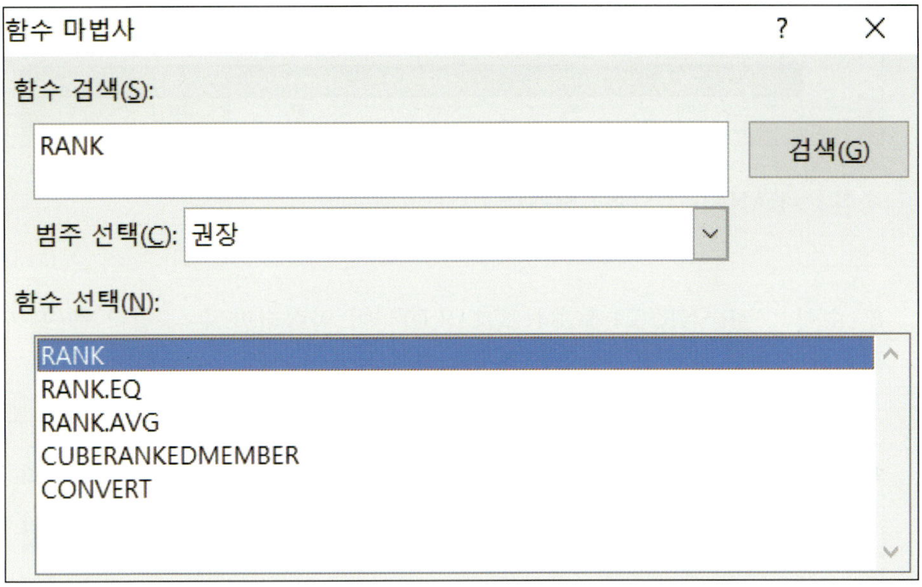

6. 함수 인수 대화상자가 나타나면 Number는 'G4' , Ref는 '$G$4:$G$13' , Order은 '0' 을 입력하고 확인 버튼을 클릭합니다.

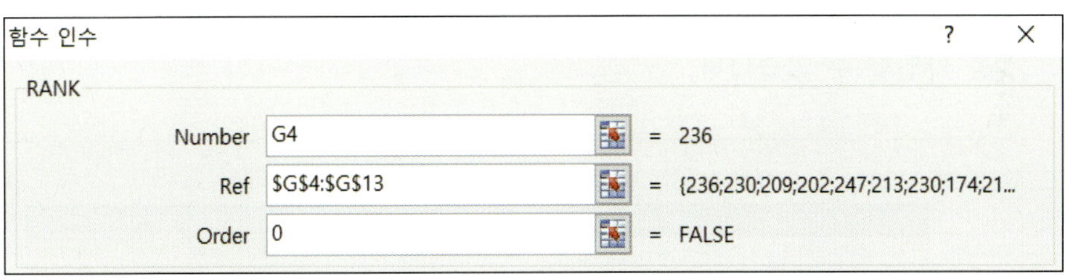

Tip Order값은 0이나 공백인 경우 내림차순, 그렇지 않은 경우는 오름차순으로 순위가 지정됩니다.

7. 결과 값으로 '3' 이 입력되는 것을 확인할 수 있습니다.

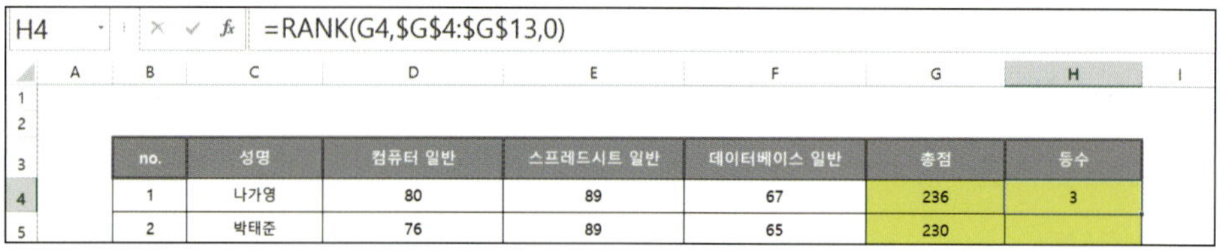
H4 =RANK(G4,$G$4:$G$13,0)

no.	성명	컴퓨터 일반	스프레드시트 일반	데이터베이스 일반	총점	등수
1	나가영	80	89	67	236	3
2	박태준	76	89	65	230	

수식) =RANK(G4,$G$4:$G$13,0)

8. 수식 '=RANK(G4,$G$4:$G$13,0)' 이 입력되면 수식 입력 줄 맨 뒤로 커서를 이동한 후 '& "등" ' 을 입력하고 Enter 키를 누릅니다.

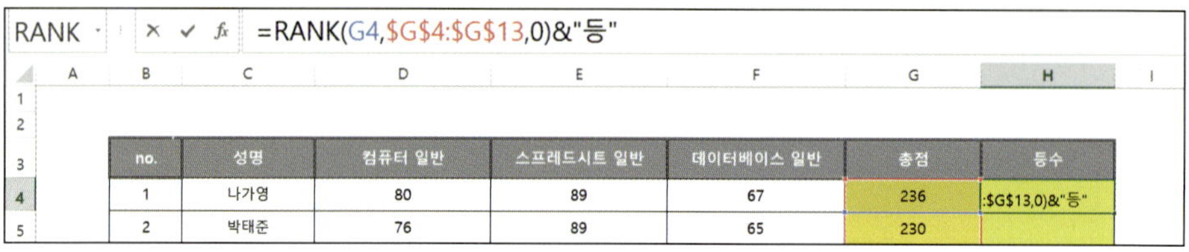
RANK =RANK(G4,$G$4:$G$13,0)&"등"

no.	성명	컴퓨터 일반	스프레드시트 일반	데이터베이스 일반	총점	등수
1	나가영	80	89	67	236	:$G$13,0)&"등"
2	박태준	76	89	65	230	

수식) =RANK(G4,$G$4:$G$13,0)& "등"

9. 채우기 핸들을 이용하여 H13 셀까지 수식을 복사합니다. 등수가 표시 되는 것을 확인할 수 있습니다.

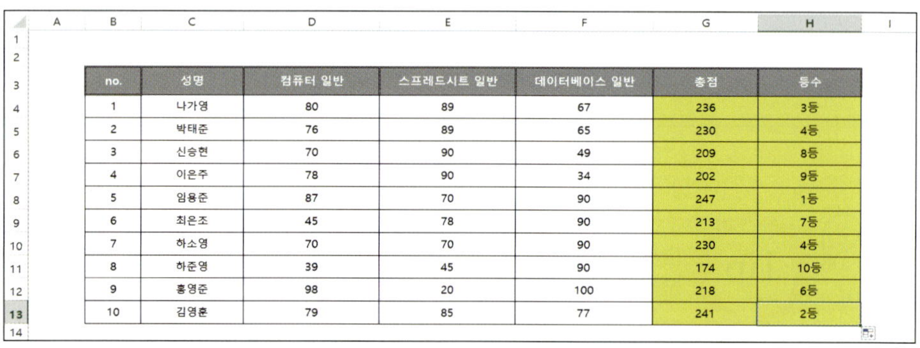

no.	성명	컴퓨터 일반	스프레드시트 일반	데이터베이스 일반	총점	등수
1	나가영	80	89	67	236	3등
2	박태준	76	89	65	230	4등
3	신승현	70	90	49	209	8등
4	이은주	78	90	34	202	9등
5	임용준	87	70	90	247	1등
6	최은조	45	78	90	213	7등
7	하소영	70	70	90	230	4등
8	하준영	39	45	90	174	10등
9	홍영준	98	20	100	218	6등
10	김영훈	79	85	77	241	2등

Q 06 F열에는 BMI 계산법 표를 이용하여 BMI 값을 계산하고 G열에는 '저체중, 정상, 과체중' 을 구분하시오.

＊ 예제파일 : 5장 실전학습.xlsx / ＊ 시트명 : Q6

1. F5 셀로 커서를 이동합니다. BMI를 계산하기 위하여 수식 '=E5/D5^2'를 입력하고 Enter 키를 누릅니다.

F5 =E5/D5^2

no.	성명	신장	체중	BMI	판정
1	김삼선	1.78	60	18.9	
2	김영은	1.52	58		
3	백성실	1.62	45		

BMI 계산법 = 몸무게(kg)÷키(m)^2	
18.5미만	저체중
18.5이상 23미만	정상
23이상	과체중

수식) =E5/D5^2

2. 결과 값으로 '18.9' 가 입력되는 것을 확인할 수 있습니다. 채우기 핸들을 이용하여 F9 셀까지 수식을 복사합니다.

no.	성명	신장	체중	BMI	판정
1	김삼선	1.78	60	18.9	
2	김영은	1.52	58	25.1	
3	백성실	1.62	45	17.1	
4	정해민	1.84	82	24.2	
5	여해지	1.75	68	22.2	

BMI 계산법 = 몸무게(kg)÷키(m)^2	
18.5미만	저체중
18.5이상 23미만	정상
23이상	과체중

3. G5 셀로 커서를 이동합니다. 판정을 나타내기 위하여 [수식 탭 – 함수 라이브러리 그룹 – 논리 – IF]를 클릭합니다.

4. 함수 인수 대화상자가 나타나면 Logical_test는 'F5〈18.5', Value_if_true는 '"저체중"' Value_if_false는 커서를 두고 이름 상자를 클릭하여 'IF'를 선택합니다. IF함수 안에 이중 함수가 추가 되고, IF 함수 대화상자가 새롭게 나타납니다.

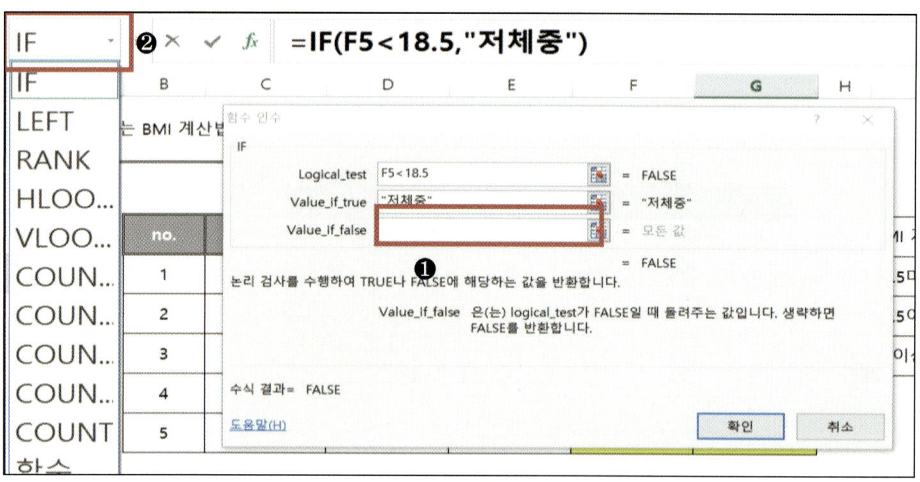

5. 함수 인수 대화상자가 나타나면 Logical_test는 'F5〈23' , Value_if_true는 ' "정상" ' Value_if_false는 ' "과체중" ' 을 입력하고 확인 버튼을 클릭합니다.

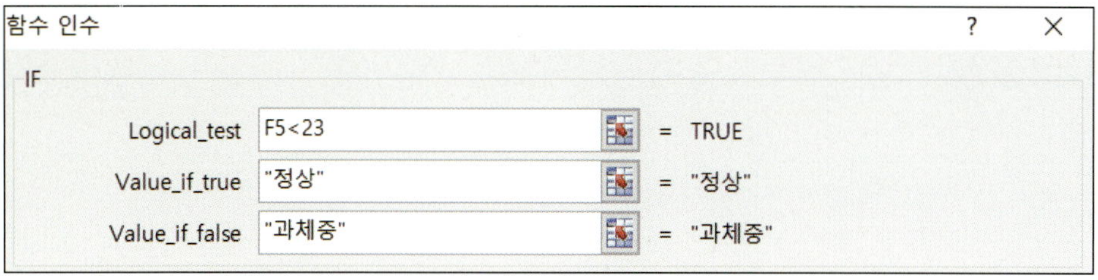

6. 결과 값으로 '정상' 이 입력되는 것을 확인할 수 있습니다.

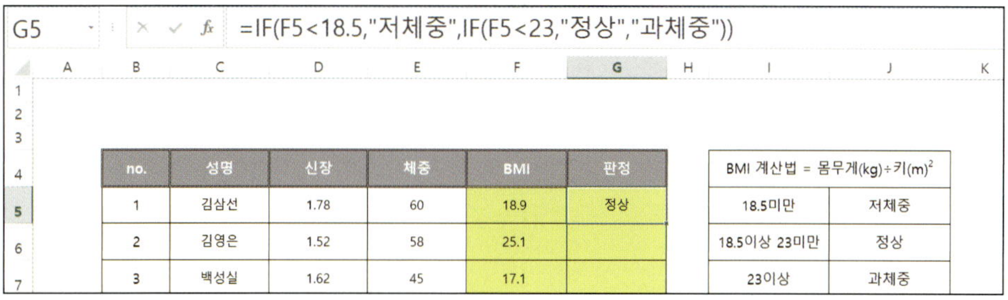

no.	성명	신장	체중	BMI	판정
1	김삼선	1.78	60	18.9	정상
2	김영은	1.52	58	25.1	
3	백성실	1.62	45	17.1	

BMI 계산법 = 몸무게(kg)÷키(m)^2	
18.5미만	저체중
18.5이상 23미만	정상
23이상	과체중

수식) =IF(F5〈18.5, "저체중" ,IF(F5〈23, "정상" , "과체중"))

7. 채우기 핸들을 이용하여 G9 셀까지 수식을 복사합니다. 판정 값이 표시 되는 것을 확인할 수 있습니다.

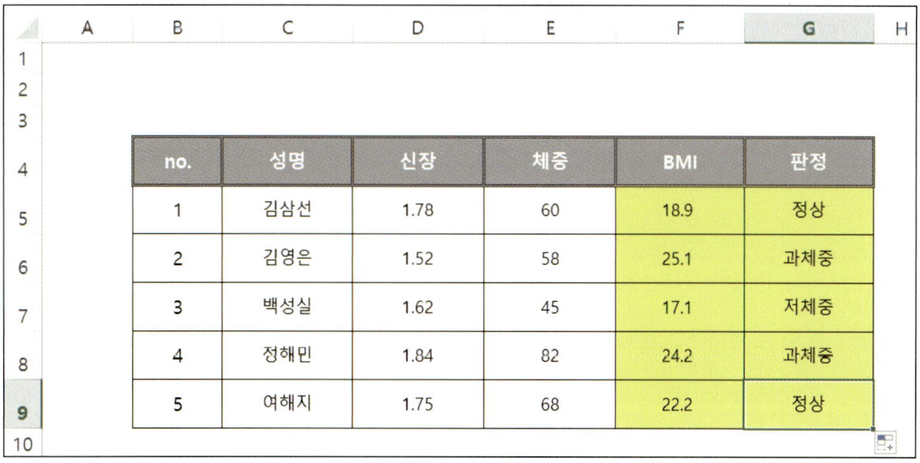

no.	성명	신장	체중	BMI	판정
1	김삼선	1.78	60	18.9	정상
2	김영은	1.52	58	25.1	과체중
3	백성실	1.62	45	17.1	저체중
4	정해민	1.84	82	24.2	과체중
5	여해지	1.75	68	22.2	정상

Chapter 6

함수 활용

01

조건부 함수

합계, 평균 등의 함수를 이용하여 데이터를 계산하는 경우 조건에 적합한 결과를 추출하기 위하여 ~IF 또는 ~IFS 함수를 활용하여 단일조건 및 다중조건을 적용할 수 있다.

예제파일 : 6장예제.xlsx

1-1 수학 / 삼각 함수 활용하기

SUM 함수

인수들의 합을 계산합니다.

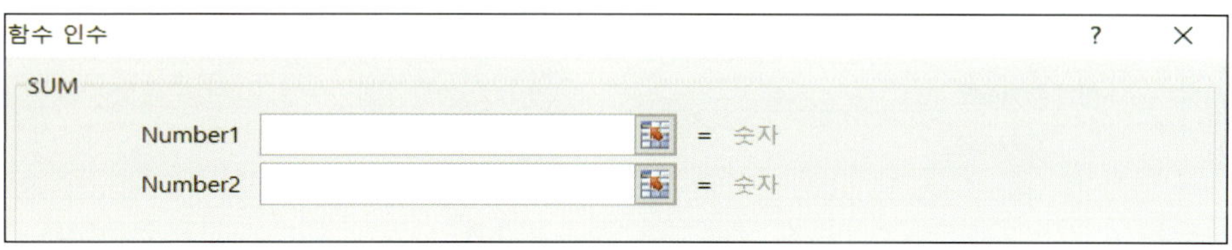

설명

인수 설정

- **Number1, number2...** : 합계를 구하려는 값들로서 255개까지 지정할 수 있습니다. 논리 값과 텍스트는 제외됩니다.

SUMIF 함수

주어진 단일 조건에 의해 지정된 셀들의 합을 구합니다.

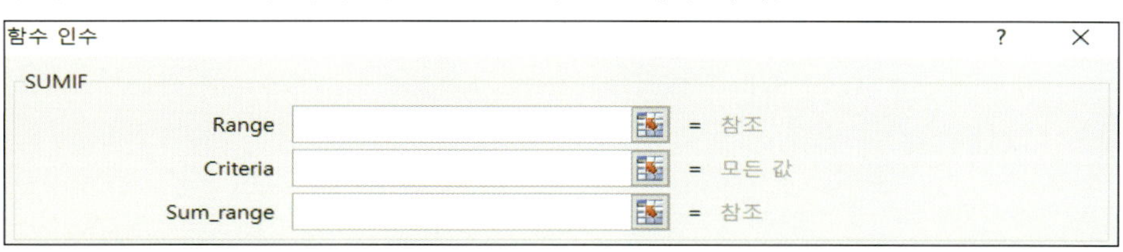

설명

인수 설정

- Range : 조건에 맞는지를 검사할 셀의 범위입니다.
- Criteria : 더할 셀의 조건을 지정하는 수, 식 또는 텍스트입니다.
- Sum_range : 합을 구할 실제 셀의 범위입니다. 생략하면 범위 내의 셀들이 계산됩니다.

SUMIFS 함수

2개 이상의 주어진 조건에 의해 지정된 셀들의 합을 구합니다. 조건은 최대 127개까지 지정할 수 있습니다. 반드시 조건에 맞게 조건범위와 조건식을 작성하여야 합니다.

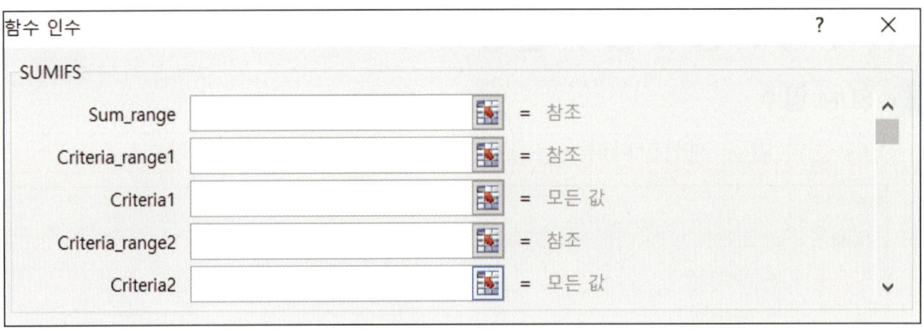

설명

인수 설정

- Sum_range : 합을 구할 실제 셀의 범위입니다.
- Criteria_range1 : 첫 번째 조건에 적용시킬 셀의 범위입니다.
- Criteria1 : 첫 번째 조건을 지정하는 수, 식 또는 텍스트입니다.
- Criteria_range2... : 두 번째... 조건에 적용시킬 셀의 범위입니다.
- Criteria2... : 두 번째... 조건을 지정하는 수, 식 또는 텍스트입니다.

따라해 보세요 – SUM 함수 활용하기

H 열에 총점을 구하세요.

*시트명 : 조건부 함수

1. 총점을 계산하기 위하여 H3 셀로 커서를 이동한 후 [수식 탭 – 함수 라이브러리 그룹 – 수학 / 삼각 – SUM]을 클릭합니다.

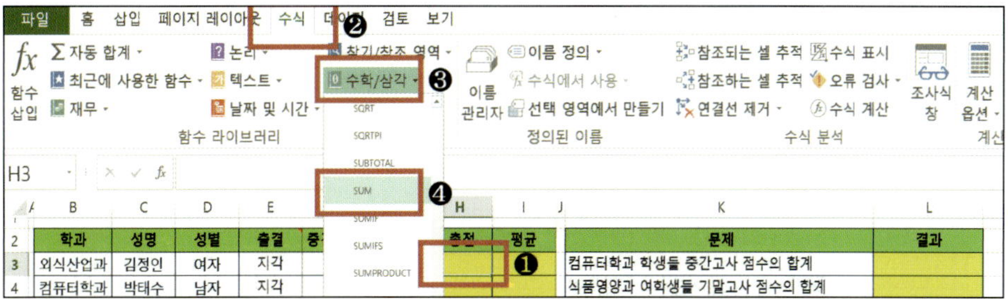

2. 함수 인수 대화상자가 나타나면 Number1는 'F3:G3' 을 입력하고 확인 버튼을 클릭합니다.

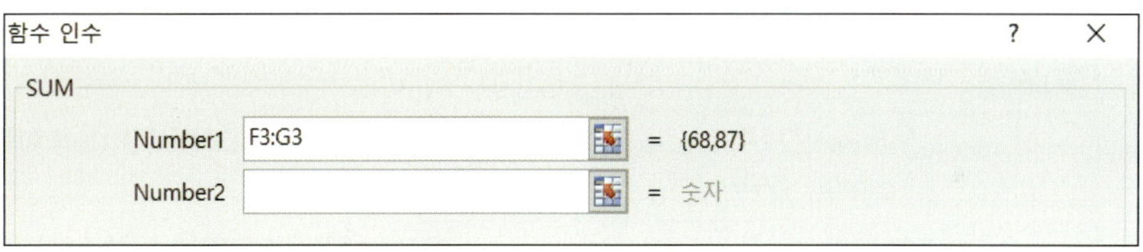

3. 학생별 중간고사와 기말고사의 합 '155' 가 H3 셀에 계산되는 것을 확인할 수 있습니다. 채우기 핸들을 이용하여 H29 셀까지 수식을 복사합니다. 4행부터 29행까지 각 행에 맞게 '중간고사와 기말고사의 합' 이 계산되는 것을 확인할 수 있습니다.

	B	C	D	E	F	G	H	I	J	K	L
1											
2	학과	성명	성별	출결	중간고사	기말고사	총점	평균		문제	결과
3	외식산업과	김정인	여자	지각	68	87	155			컴퓨터학과 학생들 중간고사 점수의 합계	
4	컴퓨터학과	박태수	남자	지각	88	90	178			식품영양과 여학생들 기말고사 점수의 합계	
5	식품영양과	이윤미	여자		75	92	167			지각생들의 중간고사 점수의 평균	
6	컴퓨터학과	윤지용	남자		50	98	148			물리치료과 남학생들 총점의 평균	
7	식품영양과	박애자	여자		88	60	148			총 학생 수	
8	컴퓨터학과	김철진	남자		90	77	167			지각자 수	
9	외식산업과	이찬숙	여자		58	45	103			출석생 수	
10	식품영양과	박재영	남자		55	89	144			외식산업과 학생 수	
11	외식산업과	고지은	여자		70	87	157			평균이 80점 이상인 여학생 수	

따라해 보세요 – SUMIF 함수 활용하기

L3 셀에 컴퓨터학과 학생들의 중간고사 점수의 합계를 구하세요.

※시트명 : 조건부 함수

1. 컴퓨터학과 학생들의 중간고사 점수의 합계를 구하기 위하여 L3 셀로 커서를 이동한 후 [수식 탭 – 함수 라이브러리 그룹 – 수학 / 삼각 – SUMIF]를 클릭합니다.

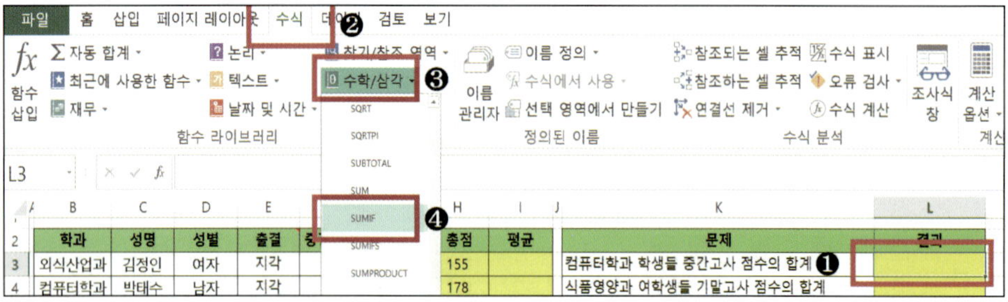

2. 함수 인수 대화상자가 나타나면 Range는 'B3:B29', Criteria는 '"컴퓨터학과"', Sum_range는 'F3:F29'를 입력하고 확인 버튼을 클릭합니다.

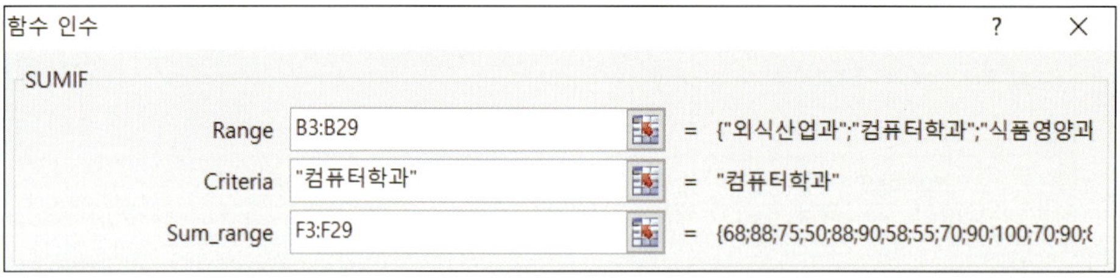

3. 학생들 중 컴퓨터학과 학생들의 중간고사 점수의 합계 '472'가 L3 셀에 계산되는 것을 확인할 수 있습니다.

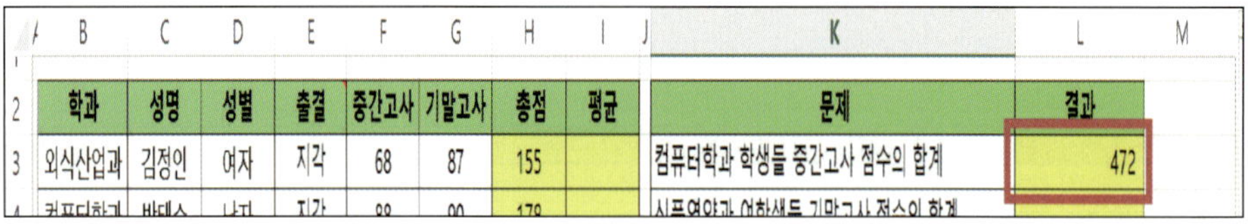

따라해 보세요 – SUMIFS 함수 활용하기

L4 셀에 식품영양과 여학생들의 기말고사 점수의 합계를 구하세요.

*시트명 : 조건부 함수

1. 식품영양과 여학생들의 기말고사 점수의 합계를 구하기 위하여 L4 셀로 커서를 이동한 후 [수식 탭 – 함수 라이브러리 그룹 – 수학 / 삼각 – SUMIFS]를 클릭합니다.

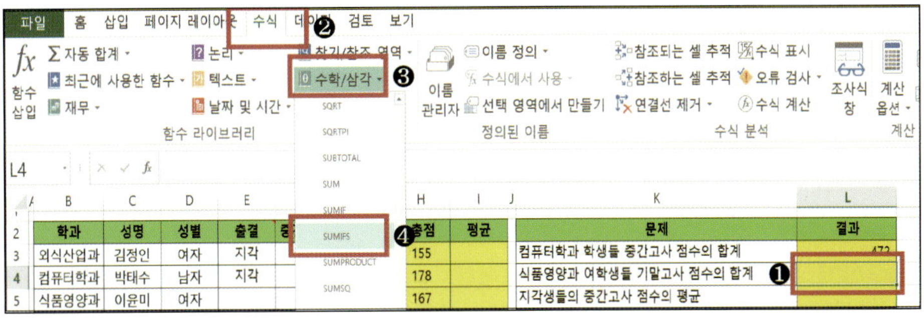

2. SUMIFS 함수 인수 대화상자가 나타나면 Sum_range는 'G3:G29', Criteria_range1는 'B3:B29', Criteria1는 'B5', Criteria_range2는 'D3:D29', Criteria2는 'D3'을 입력하고 확인 버튼을 클릭합니다.
(조건을 텍스트가 아닌 셀 주소로도 입력이 가능합니다.)

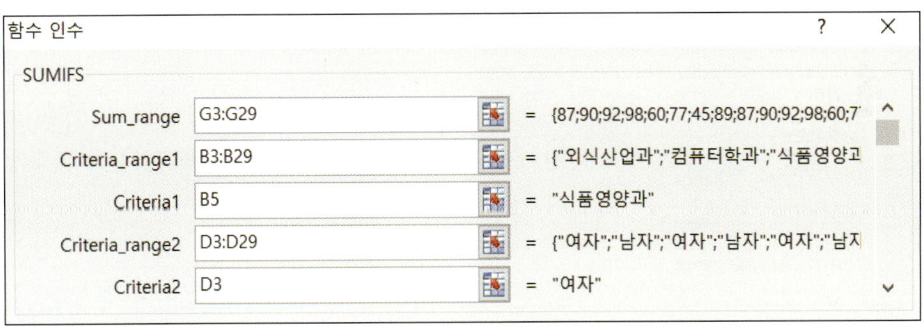

3. 학생들 중 식품영양과 여학생의 기말고사 점수의 합계 '478'이 L4 셀에 계산되는 것을 확인할 수 있습니다.

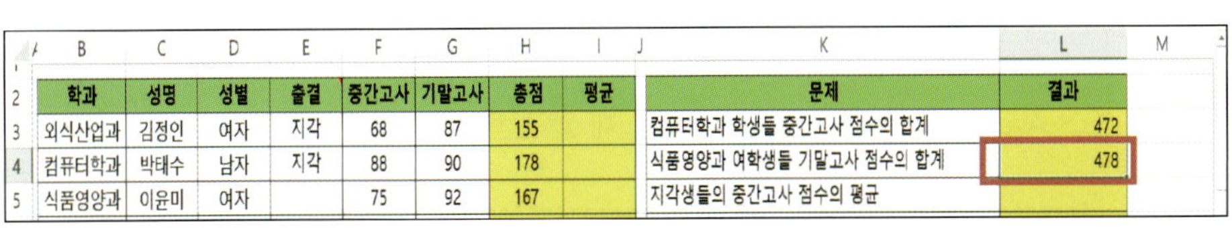

1-2 통계 함수 활용하기

AVERAGE 함수

인수들의 평균을 계산합니다. 인수는 숫자, 이름, 배열 또는 숫자가 들어있는 참조 등이 될 수 있습니다.

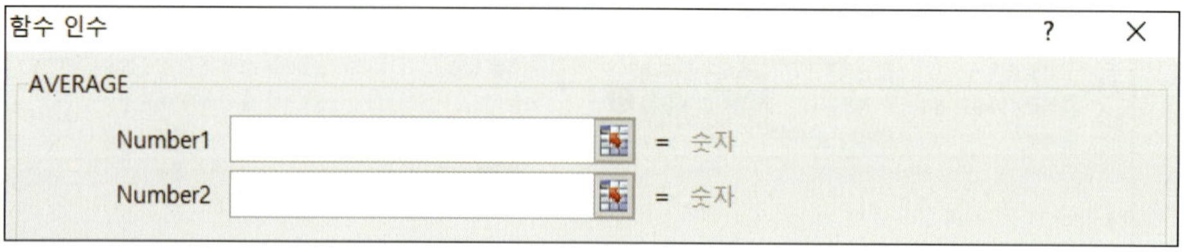

설명

인수 설정

- **Number1, number2...** : 평균을 구하려는 값들로서 255개까지 지정할 수 있습니다.

AVERAGEIF 함수

주어진 단일 조건에 의해 지정된 셀들의 평균을 구합니다.

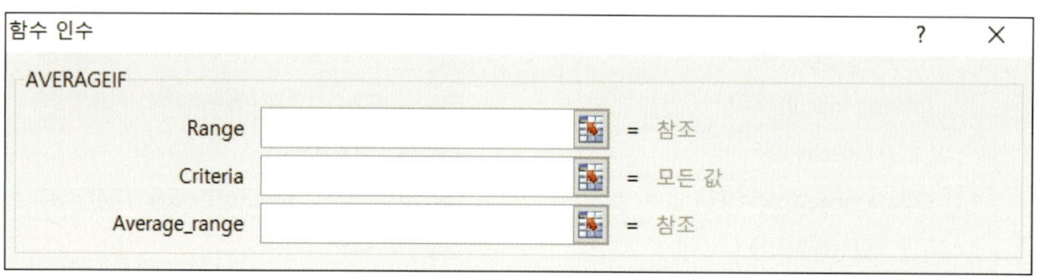

설명

인수 설정

- **Range** : 조건에 맞는지를 검사할 셀의 범위입니다.
- **Criteria** : 평균을 구할 셀의 조건을 지정하는 수, 식 또는 텍스트입니다.
- **Average_range** : 평균을 구할 실제 셀의 범위입니다. 생략하면 범위 내의 셀들이 계산됩니다.

AVERAGEIFS 함수

2개 이상의 주어진 조건에 의해 지정된 셀들의 평균을 구합니다. 조건은 최대 127개까지 지정할 수 있습니다. 반드시 조건에 맞게 조건범위와 조건식을 작성하여야 합니다.

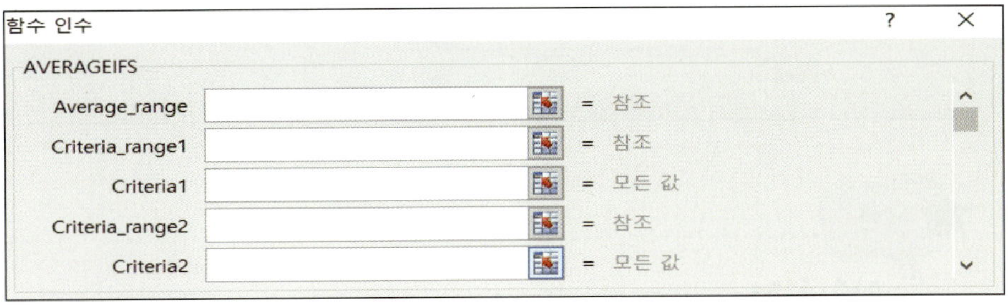

설명

인수 설정

- Average_range : 평균을 구할 실제 셀의 범위입니다.
- Criteria_range1 : 첫 번째 조건에 적용시킬 셀의 범위입니다.
- Criteria1 : 첫 번째 조건을 지정하는 수, 식 또는 텍스트입니다.
- Criteria_range2... : 두 번째... 조건에 적용시킬 셀의 범위입니다.
- Criteria2... : 두 번째... 조건을 지정하는 수, 식 또는 텍스트입니다.

COUNT 함수

범위에서 숫자가 포함된 셀의 개수를 구합니다.

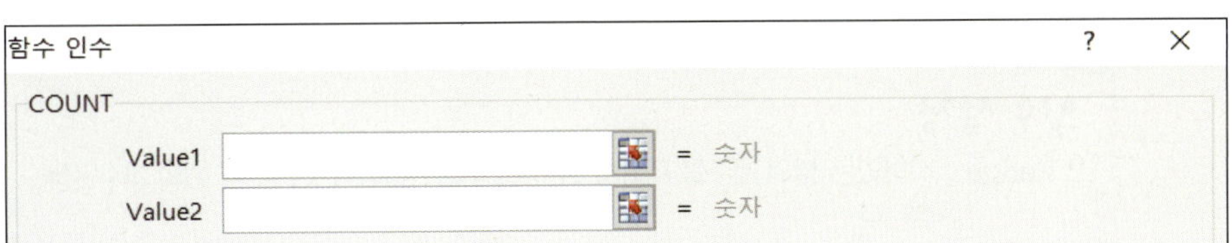

설명

인수 설정

- Value1, Value2... : 셀의 개수를 세고자 하는 셀의 값이나 범위입니다. 최대 255개의 인수로서 다양한 데이터 유형을 포함하거나 참조할 수 있습니다. 이 중 숫자의 개수만을 셉니다.

COUNTA 함수

범위에서 비어있지 않은 셀의 개수를 구합니다.

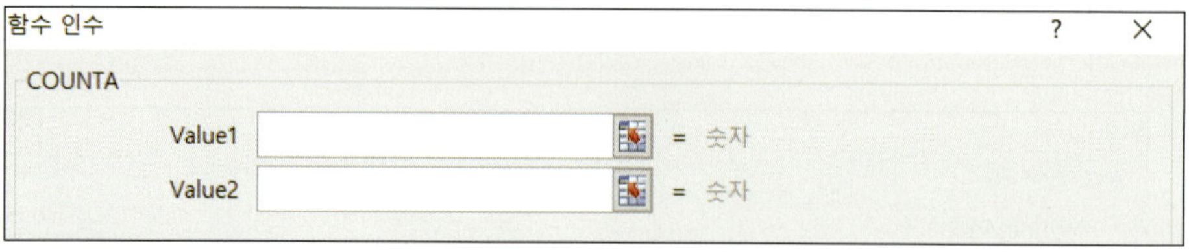

설명

인수 설정

- **Value1, Value2...** : 비어있지 않은 셀의 개수를 세고자 하는 셀의 값이나 범위입니다. 최대 255개의 인수로서 다양한 데이터 유형을 포함하거나 참조할 수 있습니다. 이 중 비어있지 않은 셀의 개수만을 셉니다.

COUNTBLANK 함수

범위에서 비어있는 셀의 개수를 구합니다.

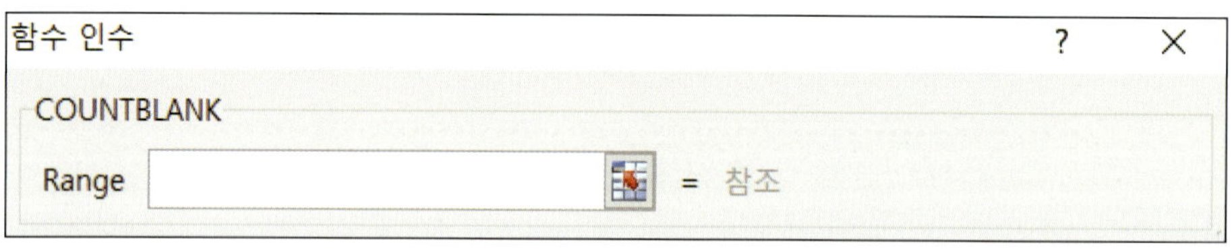

설명

인수 설정

- **Range** : 비어있는 셀의 개수를 세고자 하는 셀의 범위입니다. 이 중 빈 셀의 개수만을 셉니다.

COUNTIF 함수

지정한 범위 내에서 단일 조건에 맞는 셀의 개수를 구합니다.

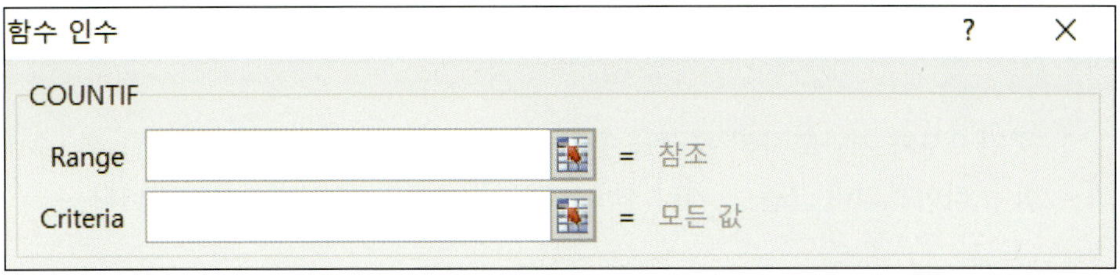

설명

인수 설정

- **Range** : 조건에 맞는지를 검사할 셀의 범위입니다.
- **Criteria** : 셀의 조건을 지정하는 수, 식 또는 텍스트입니다.

COUNTIFS 함수

지정한 범위 내에서 2개 이상의 조건에 맞는 셀의 개수를 구합니다. 조건은 최대 127개까지 지정할 수 있습니다.

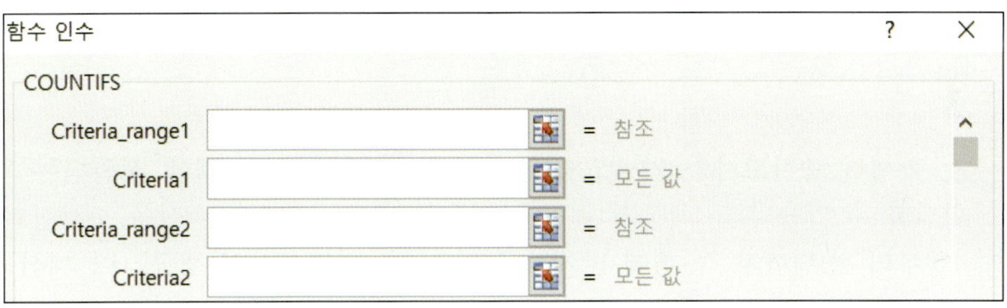

설명

인수 설정

- **Criteria_range1** : 첫 번째 조건에 맞는지를 검사할 셀의 범위입니다.
- **Criteria1** : 첫 번째 조건을 지정하는 수, 식 또는 텍스트입니다.
- **Criteria_range2...** : 두 번째... 조건에 맞는지를 검사할 셀의 범위입니다.
- **Criteria2...** : 두 번째... 조건을 지정하는 수, 식 또는 텍스트입니다.

따라해 보세요 – AVERAGE 함수 활용하기

I 열에 중간고사와 기말고사의 평균을 구하세요.

*시트명 : 조건부 함수

1. 중간고사와 기말고사의 평균을 구하기 위하여 I3 셀로 커서를 이동한 후 [수식 탭 – 함수 라이브러리 그룹 – 기타 함수 – 통계 – AVERAGE]를 클릭합니다.

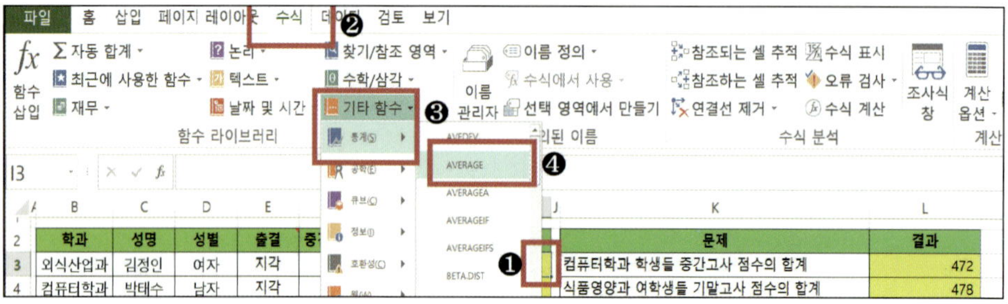

2. 함수 인수 대화상자가 나타나면 Number1는 'F3:G3' 을 입력하고 확인 버튼을 클릭합니다.

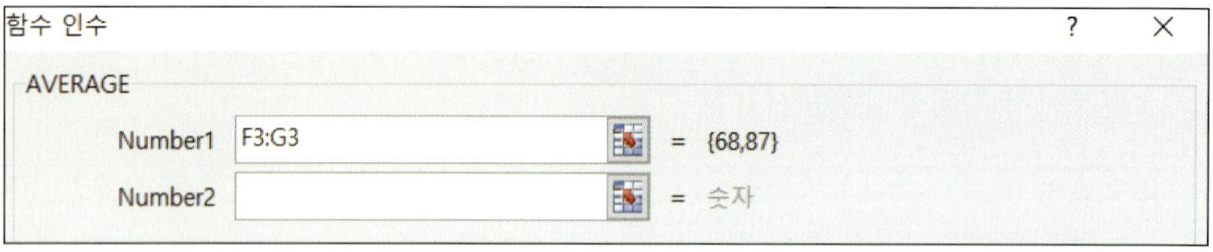

3. 학생별 중간고사와 기말고사의 평균 '77.50' 이 I3 셀에 계산되는 것을 확인할 수 있습니다. 채우기 핸들을 이용하여 I29 셀까지 수식을 복사합니다. 4행부터 29행까지 각 행에 맞게 '중간고사와 기말고사의 평균' 이 계산되는 것을 확인할 수 있습니다.

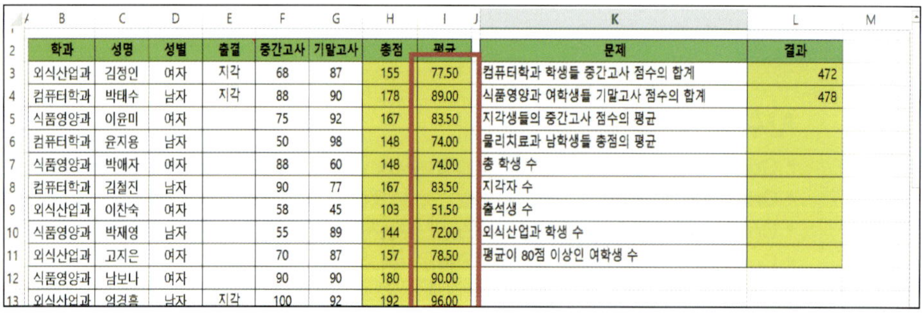

	학과	성명	성별	출결	중간고사	기말고사	총점	평균		문제	결과
3	외식산업과	김정인	여자	지각	68	87	155	77.50		컴퓨터학과 학생들 중간고사 점수의 합계	472
4	컴퓨터학과	박태수	남자	지각	88	90	178	89.00		식품영양과 여학생들 기말고사 점수의 합계	478
5	식품영양과	이윤미	여자		75	92	167	83.50		지각생들의 중간고사 점수의 평균	
6	컴퓨터학과	윤지용	남자		50	98	148	74.00		물리치료과 남학생들 총점의 평균	
7	식품영양과	박애자	여자		88	60	148	74.00		총 학생 수	
8	컴퓨터학과	김철진	남자		90	77	167	83.50		지각자 수	
9	외식산업과	이찬숙	여자		58	45	103	51.50		출석생 수	
10	식품영양과	박재영	남자		55	89	144	72.00		외식산업과 학생 수	
11	외식산업과	고지은	여자		70	87	157	78.50		평균이 80점 이상인 여학생 수	
12	식품영양과	남보나	여자		90	90	180	90.00			
13	외식산업과	엄경흠	남자	지각	100	92	192	96.00			

따라해 보세요 – AVERAGEIF 함수 활용하기

L5 셀에 지각생들의 중간고사 점수의 평균을 구하세요.

※시트명 : 조건부 함수

1. 지각생들의 중간고사 점수의 평균을 구하기 위하여 L5 셀로 커서를 이동한 후 [수식 탭 – 함수 라이브러리 그룹 – 기타 함수 – 통계 – AVERAGEIF]를 클릭합니다.

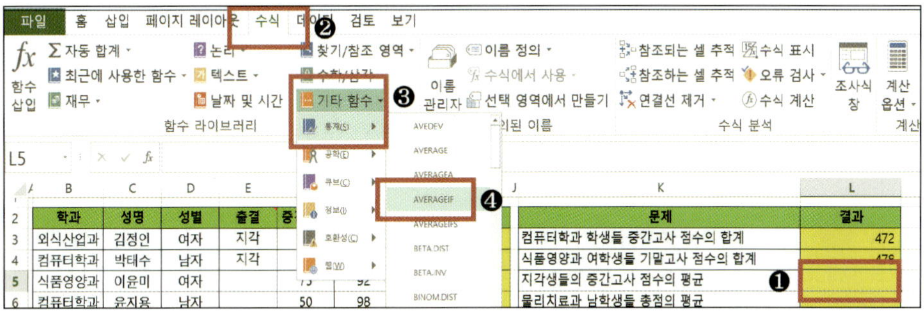

2. 함수 인수 대화상자가 나타나면 Range는 'E3:E29', Criteria는 ' "지각" ', Sum_range는 'F3:F29'를 입력하고 확인 버튼을 클릭합니다.

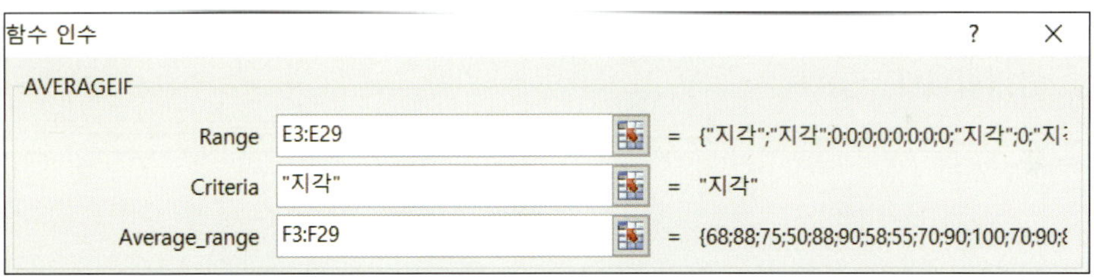

3. 학생들 중 지각생의 중간고사 점수의 평균 '87'이 L5 셀에 계산되는 것을 확인할 수 있습니다.

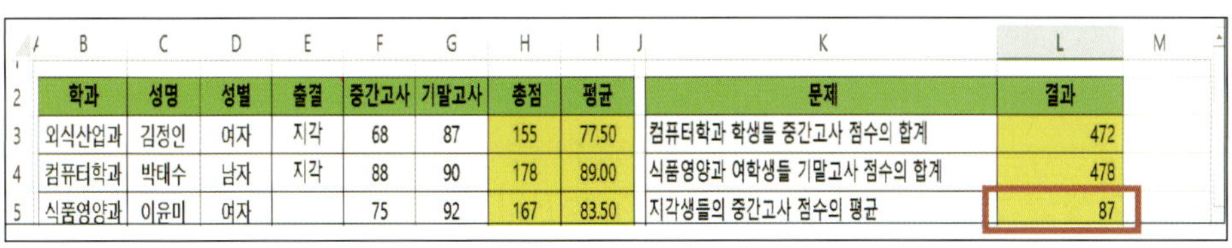

따라해 보세요 – AVERAGEIFS 함수 활용하기

L6 셀에 물리치료과 남학생들의 총점의 평균을 구하세요.

*시트명 : 조건부 함수

1. 물리치료과 남학생들의 총점의 평균을 구하기 위하여 L6 셀로 커서를 이동한 후 [수식 탭 – 함수 라이브러리 그룹 – 기타 함수 – 통계 – AVERAGEIFS]를 클릭합니다.

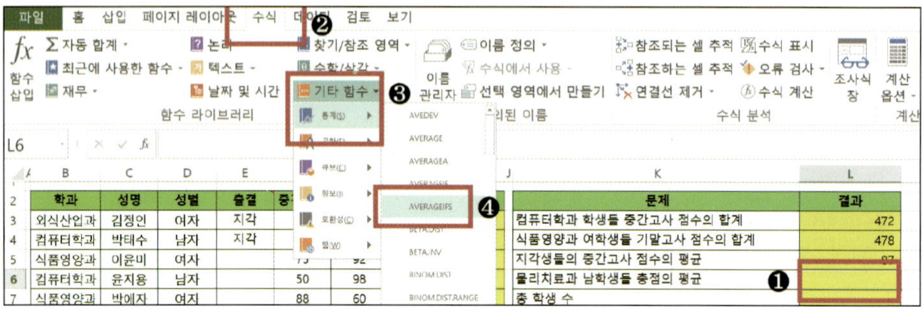

2. 함수 인수 대화상자가 나타나면 Averageifs_range는 'H3:H29', Criteria_range1는 'B3:B29', Criteria1는 '"물리치료과"', Criteria_range2는 'D3:D29', Criteria2는 '"남자"'를 입력하고 확인 버튼을 클릭합니다.

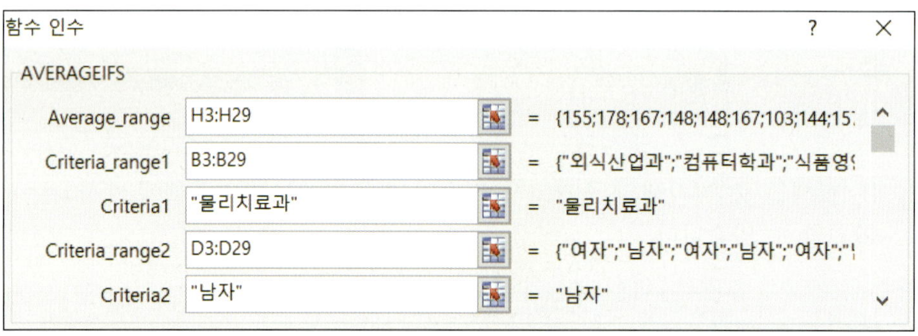

3. 학생들 중 물리치료과 남학생들의 총점의 평균 '161'이 L6 셀에 계산되는 것을 확인할 수 있습니다.

따라해 보세요 – COUNT 함수 활용하기

L7 셀에 총 학생 수를 구하세요.

*시트명 : 조건부 함수

1. 총 학생 수를 구하기 위하여 L7 셀로 커서를 이동한 후 [수식 탭 – 함수 라이브러리 그룹 – 기타 함수 – 통계 – COUNT]를 클릭합니다.

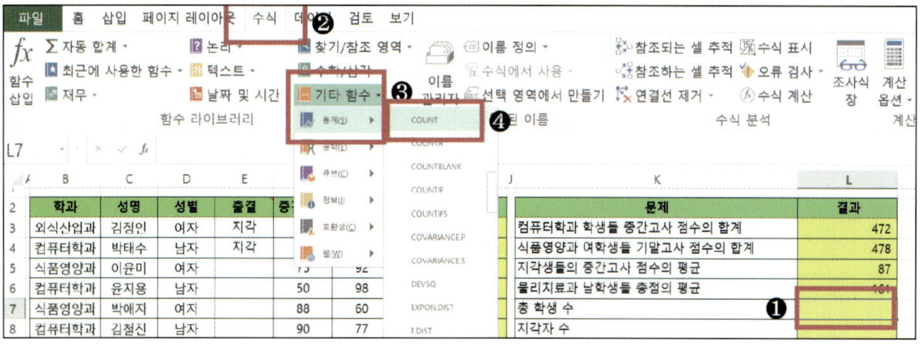

2. 함수 인수 대화상자가 나타나면 Value1는 'F3:F29' 를 입력하고 확인 버튼을 클릭합니다.

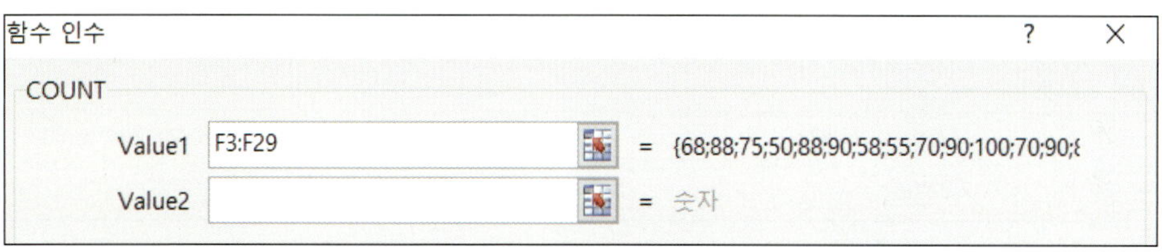

3. 학생들의 총 학생 수 '27' 이 L7 셀에 계산되는 것을 확인할 수 있습니다.

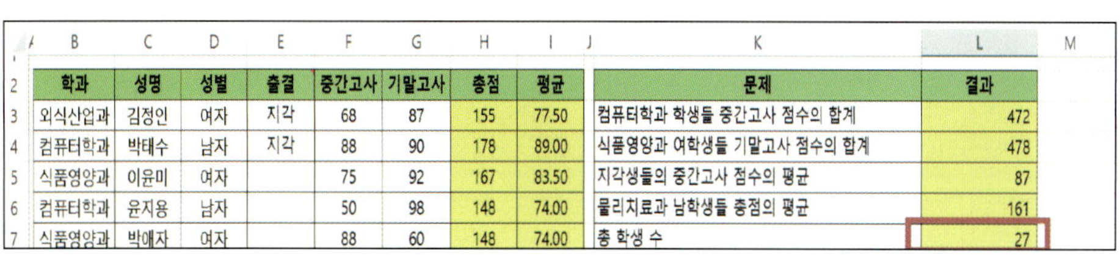

따라해 보세요 – COUNTA 함수 활용하기

L8 셀에 지각생 수를 구하세요.

*시트명 : 조건부 함수

1. 지각생 수를 구하기 위하여 L8 셀로 커서를 이동한 후 [수식 탭 – 함수 라이브러리 그룹 – 기타 함수 – 통계 – COUNTA]를 클릭합니다.

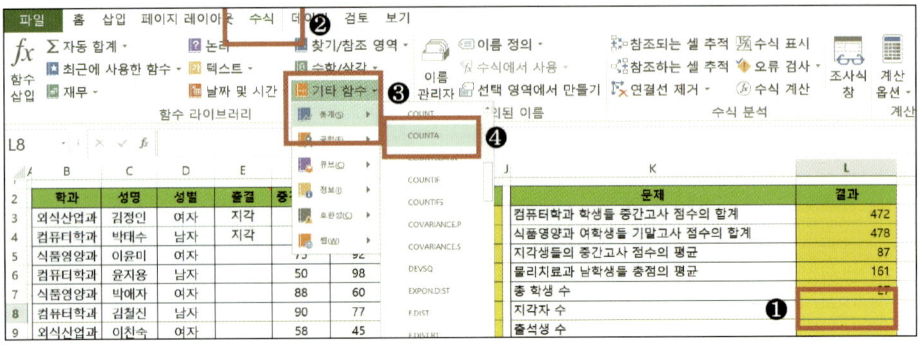

2. COUNTA 함수 인수 대화상자가 나타나면 Value1 는 'E3:E29' 를 입력하고 확인 버튼을 클릭합니다.

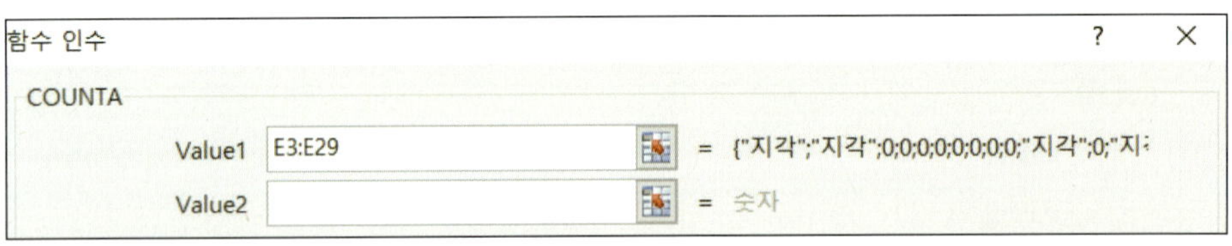

3. 학생들 중 지각생 수 '8' 이 L8 셀에 계산되는 것을 확인할 수 있습니다.

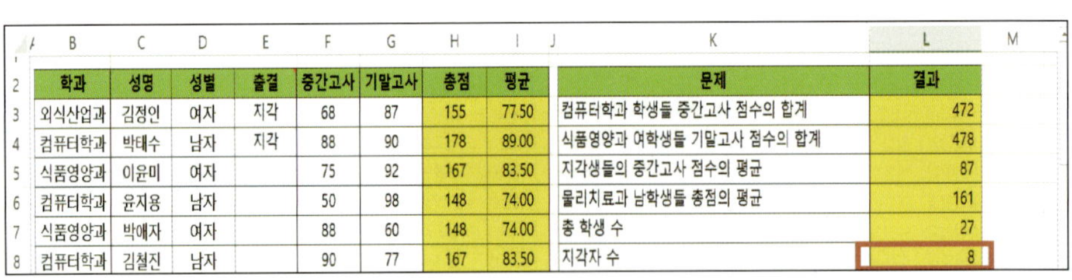

따라해 보세요 – COUNTBLANK 함수 활용하기

L9 셀에 출석생 수를 구하세요.

*시트명 : 조건부 함수

1. 출석생 수를 구하기 위하여 L9 셀로 커서를 이동한 후 [수식 탭 – 함수 라이브러리 그룹 – 기타 함수 – 통계 – COUNTBLANK]를 클릭합니다.

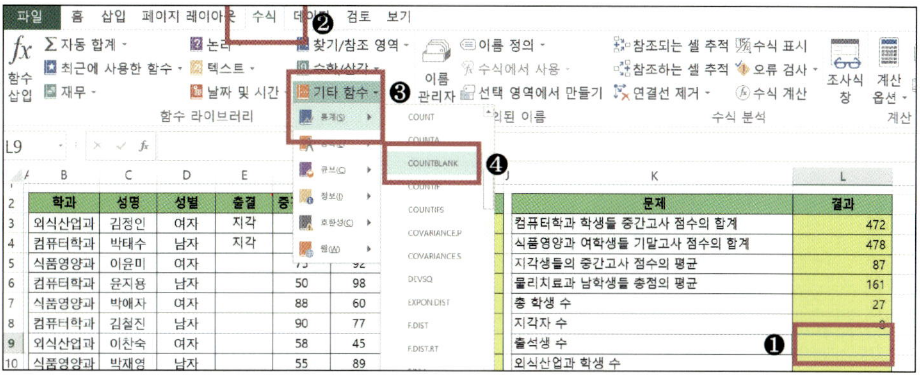

2. COUNTBLANK 함수 인수 대화상자가 나타나면 Range 는 'E3:E29' 를 입력하고 확인 버튼을 클릭합니다.

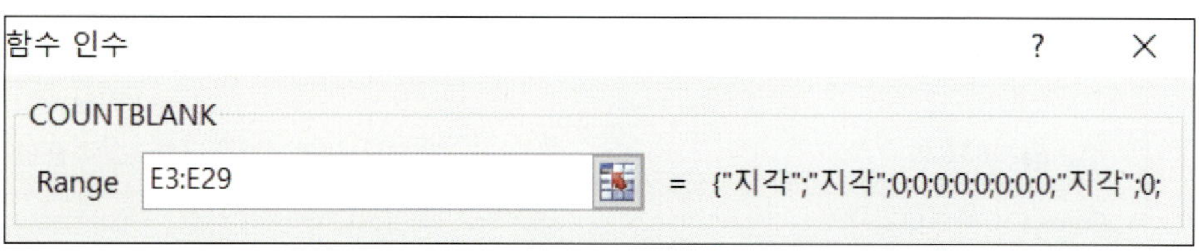

3. 학생들 중 출석생 수 '19' 가 L9 셀에 입력되는 것을 확인할 수 있습니다.

따라해 보세요 – COUNTIF 함수 활용하기

L10 셀에 외식산업과 학생 수를 구하세요.

*시트명 : 조건부 함수

1. 외식산업과 학생 수를 구하기 위하여 L10 셀로 커서를 이동한 후 [수식 탭 – 함수 라이브러리 그룹 – 기타 함수 – 통계 – COUNTIF]를 클릭합니다.

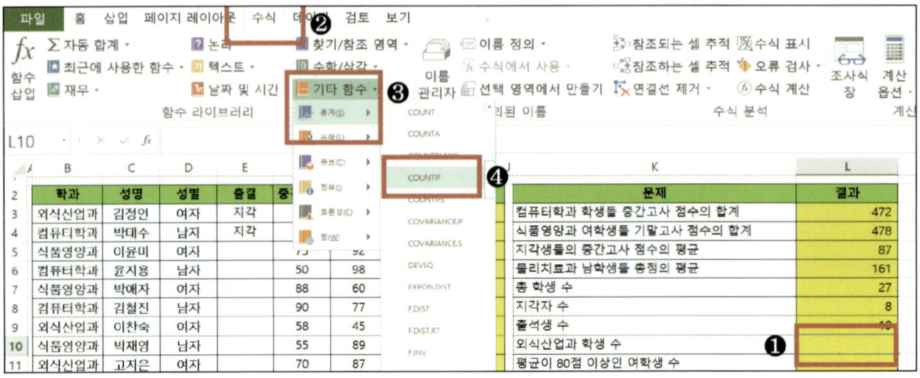

2. 함수 인수 대화상자가 나타나면 Range는 'B3:B29', Criteria는 '"외식산업과"'를 입력하고 확인 버튼을 클릭합니다.

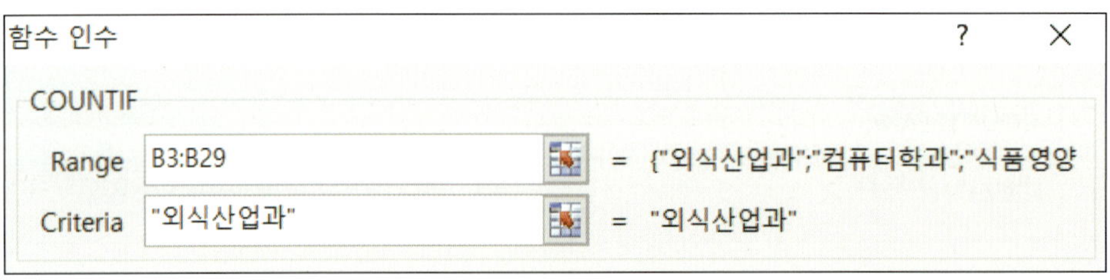

3. 학생들 중 외식산업과 학생의 수 '9'가 L10 셀에 계산되는 것을 확인할 수 있습니다.

학과	성명	성별	출결	중간고사	기말고사	총점	평균	문제	결과
외식산업과	김정인	여자	지각	68	87	155	77.50	컴퓨터학과 학생들 중간고사 점수의 합계	472
컴퓨터학과	박태수	남자	지각	88	90	178	89.00	식품영양과 여학생들 기말고사 점수의 합계	478
식품영양과	이윤미	여자		75	92	167	83.50	지각생들의 중간고사 점수의 평균	87
컴퓨터학과	윤지용	남자		50	98	148	74.00	물리치료과 남학생들 총점의 평균	161
식품영양과	박애자	여자		88	60	148	74.00	총 학생 수	27
컴퓨터학과	김철진	남자		90	77	167	83.50	지각자 수	8
외식산업과	이찬숙	여자		58	45	103	51.50	출석생 수	19
식품영양과	박재영	남자		55	89	144	72.00	외식산업과 학생 수	9

따라해 보세요 – COUNTIFS 함수 활용하기

L11 셀에 평균이 80점 이상인 여학생 수를 구하세요.

*시트명 : 조건부 함수

1. 평균이 80점 이상인 여학생 수를 구하기 위하여 L11 셀로 커서를 이동한 후 [수식 탭 – 함수 라이브러리 그룹 – 기타 함수 – 통계 – COUNTIFS]를 클릭합니다.

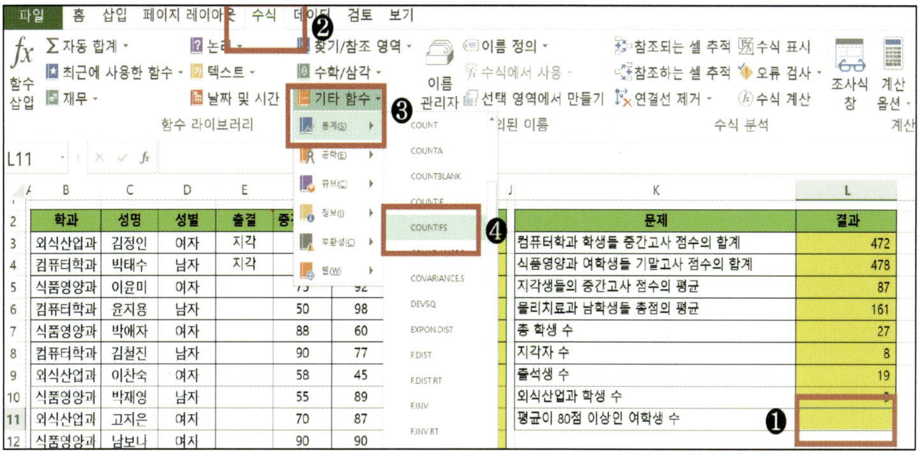

2. 함수 인수 대화상자가 나타나면 Criteria_range1는 'I3:I29', Criteria1는 '">=80"', Criteria_range2는 'D3:D29', Criteria2는 '"여자"'를 입력하고 확인 버튼을 클릭합니다.

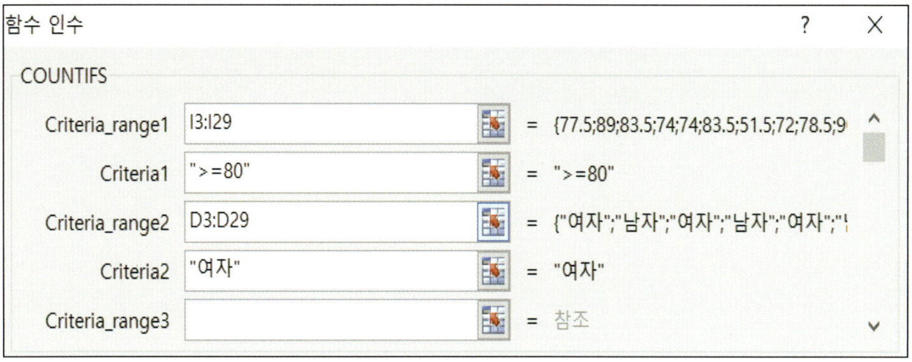

3. 학생들 중 평균이 80점 이상인 학생들 중 여학생 수 '7' 이 L11 셀에 계산되는 것을 확인할 수 있습니다.

10	식품영양과	박재영	남자		55	89	144	72.00	외식산업과 학생 수	9
11	외식산업과	고지은	여자		70	87	157	78.50	평균이 80점 이상인 여학생 수	7
12	식품영양과	남보나	여자		90	90	180	90.00		

02

찾기 및 참조 함수

참조 테이블에서 정확한 값을 빠르게 찾아 결과를 추출할 수 있다. 참조 테이블 모양에 따라 VLOOKUP 함수와 HLOOKUP 함수를 선택할 수 있다.

예제파일 : 6장예제.xlsx

2-1 VLOOKUP 함수와 HLOOKUP 함수의 차이

VLOOKUP 함수와 HLOOKUP 함수의 선택 기준

두 함수는 모두 참조 테이블에서 값을 찾아 추출하는 함수입니다. 그 테이블 범위가 수직(Vertical) 모양인지 수평(Horizontal) 모양인지에 따라 수직(Vertical) 모양인 경우에는 **VLOOKUP 함수**를 수평(Horizontal) 모양인 경우에는 **HLOOKUP 함수**를 선택할 수 있습니다.

<상품단가표>

상품코드	상품명	단가
11	스커트	65,000
22	자켓	382,500
33	코트	800,000
44	목도리	110,000

<할인율 표>

판매수량	할인율
0	0%
10	10%
20	20%
30	30%

→ **VLOOKUP**

<품질 평가표>

만족도	0	4	6	8	10
평가	불만족	품질개선 요구	대체로 만족	만족	매우만족

→ **HLOOKUP**

2-2 VLOOKUP 함수 활용하기

VLOOKUP 함수

배열의 첫 열에서 값을 검색하여, 지정한 열의 같은 행에서 데이터를 추출합니다. 기본적으로 오름차순으로 표가 정렬됩니다.

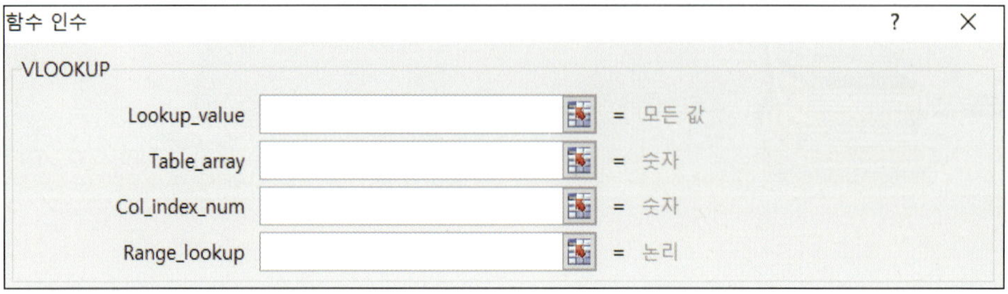

설명

인수 설정

- **Lookup_value** : 표의 첫 열에서 찾으려는 값입니다. 값이나 셀 주소 또는 텍스트일 수 있습니다.
- **Table_array** : 데이터를 검색하고 추출하려는 표입니다. Table_array는 범위에 대한 참조 값이나 범위 이름이 될 수 있습니다.
- **Col_index_num** : Table_array 내의 열(column) 번호로, 값을 추출할 열을 지정합니다. 표의 첫 열 값은 열 1입니다.
- **Range_lookup** : 논리 값으로 정확하게 일치하는 것을 찾으려면 false, 비슷하게 일치하는 것을 찾으려면 true(또는 생략)을 지정합니다.

Tip VLOOKUP 함수와 HLOOKUP 함수의 인수 값을 설정할 때에는 3번째 인수 값인 **(Col / Row)index_num** 의 차이만 있습니다. 나머지 인수 값은 모두 동일하게 입력할 수 있습니다.

따라해 보세요 – VLOOKUP 함수 활용하기

상품단가 표와 할인율 표를 이용하여 '상품명'열, '단가'열, '할인율'열의 값을 구하세요.

*시트명 : 찾기참조함수

1. 상품명을 추출하기 위하여 D4 셀로 커서를 이동한 후 [수식 탭 – 함수 라이브러리 그룹 – 찾기 / 참조 영역 – VLOOKUP]을 클릭합니다.

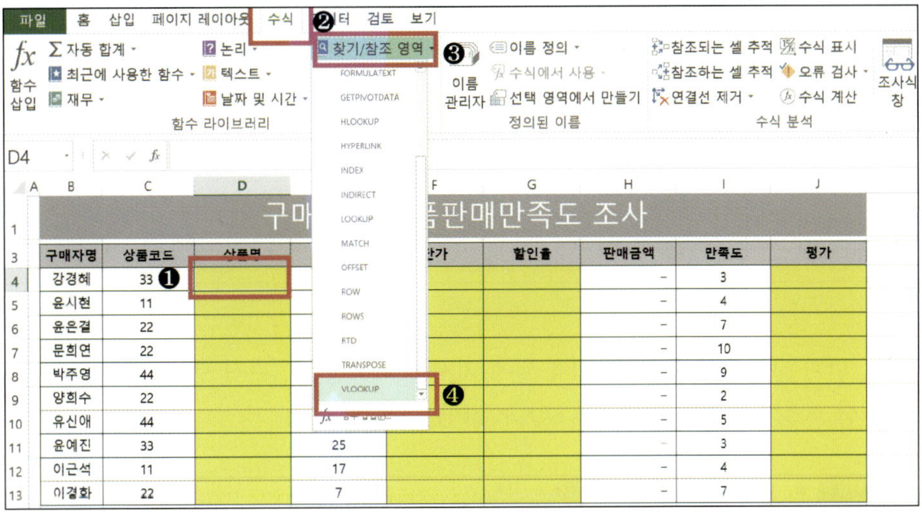

2. 함수 인수 대화상자가 나타나면 Lookup_value는 'C4', Table_array는 '$B$17:$D$20', Col_index_num는 '2', Range_lookup은 'FALSE'를 입력하고 확인 버튼을 클릭합니다.

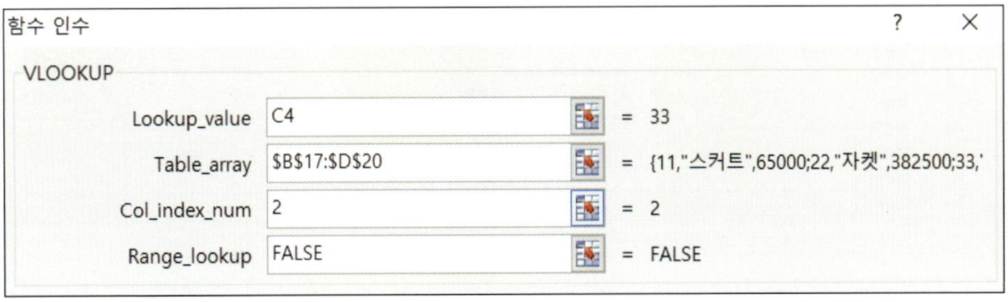

3. 상품 코드 '33' 에 해당하는 상품명 '코트' 가 D4 셀에 추출되는 것을 확인할 수 있습니다. 채우기 핸들을 이용하여 D13 셀까지 수식을 복사합니다. 4행부터 13행까지 상품코드에 해당하는 '상품명' 이 추출되는 것을 확인할 수 있습니다.

구매자별 상품판매만족도 조사

구매자명	상품코드	상품명	판매수량	단가	할인율	판매금액	만족도	평가
강경혜	33	코트	13			-	3	
윤시현	11	스커트	40			-	4	
윤은결	22	자켓	34			-	7	
문희연	22	자켓	10			-	10	
박주영	44	목도리	29			-	9	
양희수	22	자켓	12			-	2	
유신애	44	목도리	50			-	5	
윤예진	33	코트	25			-	3	
이근석	11	스커트	17			-	4	
이경화	22	자켓	7			-	7	

4. 단가를 추출하기 위하여 F4 셀에 커서를 이동한 후 [수식 탭 - 함수 라이브러리 그룹 - 찾기 / 참조 영역 - VLOOKUP]을 클릭합니다.

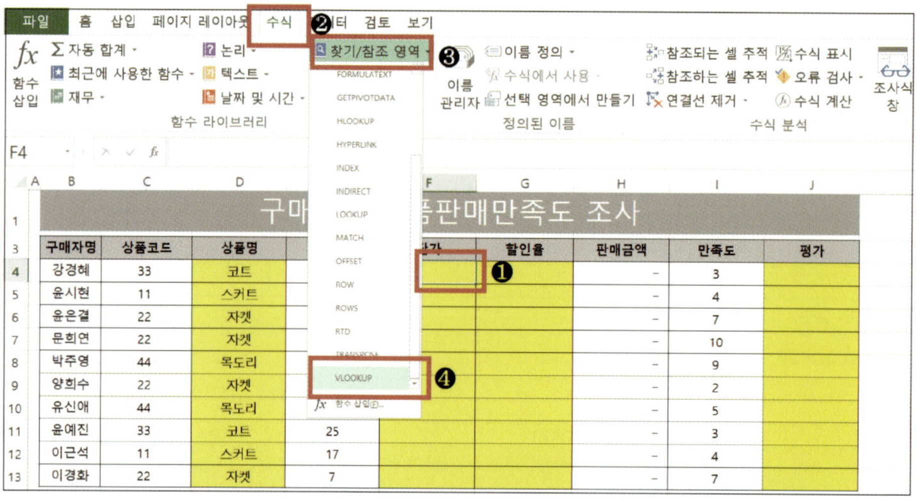

5. 함수 인수 대화상자가 나타나면 Lookup_value는 'C4', Table_array는 '$B$17:$D$20', Col_index_num는 '3', Range_lookup은 'FALSE'를 입력하고 확인 버튼을 클릭합니다.

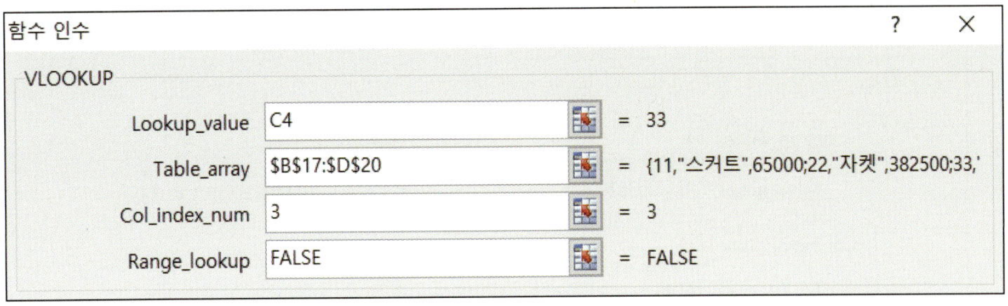

6. 상품코드 '33'에 해당하는 단가 '800,000'이 F4 셀에 추출되는 것을 확인할 수 있습니다. 채우기 핸들을 이용하여 F13 셀까지 수식을 복사합니다. 4행부터 13행까지 상품코드에 해당하는 '단가'가 추출되는 것을 확인할 수 있습니다.

7. 할인율을 추출하기 위하여 G4 셀에 커서를 이동한 후 [수식 탭 – 함수 라이브러리 그룹 – 찾기 / 참조 영역 – VLOOKUP]을 클릭합니다.

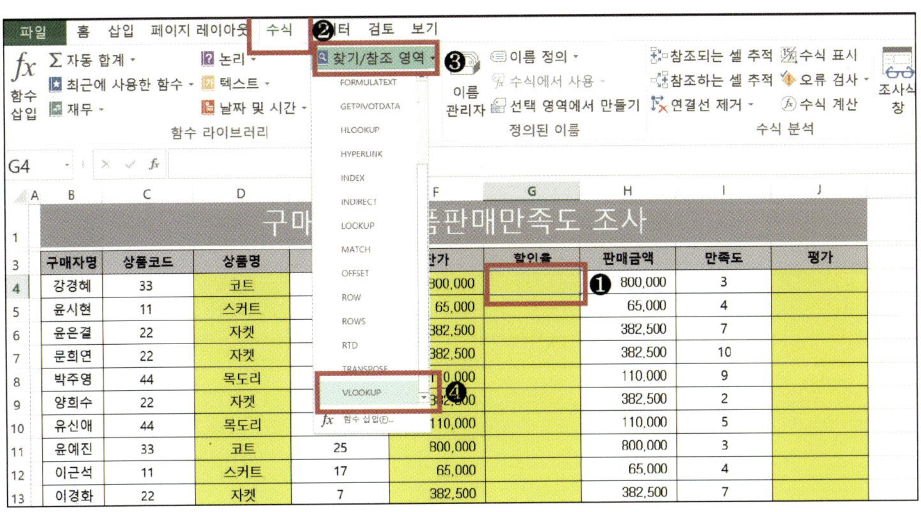

8. 함수 인수 대화상자가 나타나면 Lookup_value는 'E4', Table_array는 '$F$17:$G$20', Col_index_num는 '2', Range_lookup은 'TRUE'를 입력하고 확인 버튼을 클릭합니다.

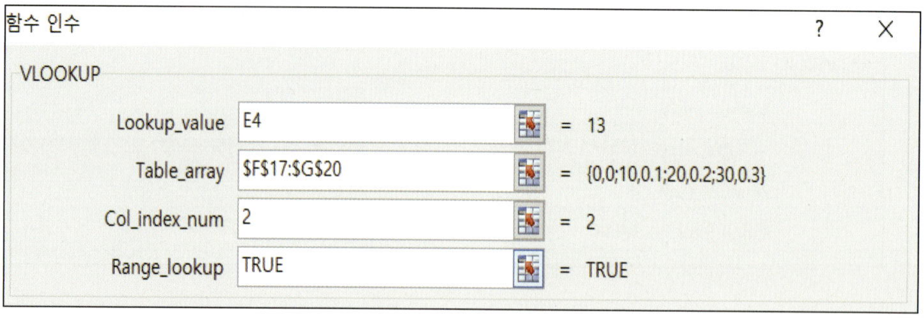

9. 판매수량 '13'에 해당하는 할인율 '10%'가 G4 셀에 추출되는 것을 확인할 수 있습니다. 채우기 핸들을 이용하여 G13 셀까지 수식을 복사합니다. 4행부터 13행까지 판매수량에 해당하는 '할인율'이 추출되는 것을 확인할 수 있습니다.

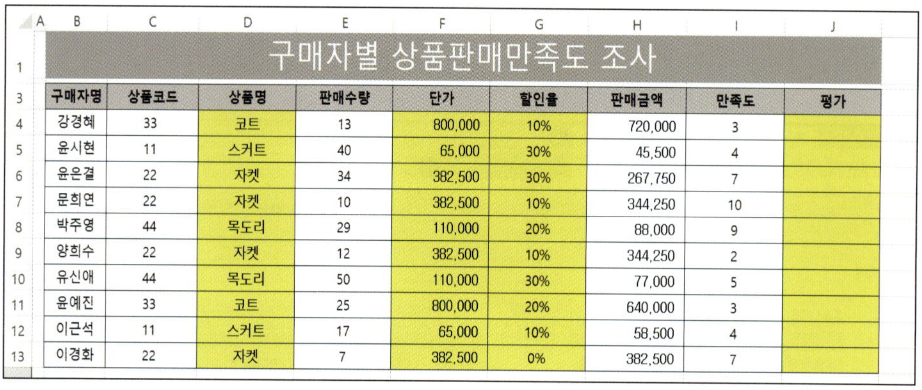

구매자별 상품판매만족도 조사

구매자명	상품코드	상품명	판매수량	단가	할인율	판매금액	만족도	평가
강경혜	33	코트	13	800,000	10%	720,000	3	
윤시현	11	스커트	40	65,000	30%	45,500	4	
윤은결	22	자켓	34	382,500	30%	267,750	7	
문희연	22	자켓	10	382,500	10%	344,250	10	
박주영	44	목도리	29	110,000	20%	88,000	9	
양희수	22	자켓	12	382,500	10%	344,250	2	
유신애	44	목도리	50	110,000	30%	77,000	5	
윤예진	33	코트	25	800,000	20%	640,000	3	
이근석	11	스커트	17	65,000	10%	58,500	4	
이경화	22	자켓	7	382,500	0%	382,500	7	

2-3 HLOOKUP 함수 활용하기

HLOOKUP 함수

배열의 첫 행에서 값을 검색하여, 지정한 행의 같은 열에서 데이터를 추출합니다.

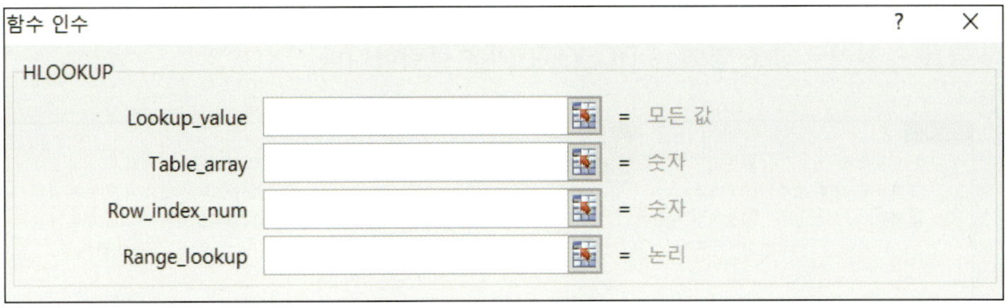

설명

인수 설정

- **Lookup_value** : 표의 첫 행에서 찾으려는 값입니다. 값이나 셀 주소 또는 텍스트일 수 있습니다.
- **Table_array** : 데이터를 검색하고 추출하려는 표입니다. Table_array는 범위에 대한 참조 값이나 범위 이름이 될 수 있습니다.
- **Row_index_num** : Tablc_array 내의 행(Row) 번호로, 값을 추출할 행을 지정합니다. 표의 첫 행 값은 행 1입니다.
- **Range_lookup** : 논리 값으로 정확하게 일치하는 것을 찾으려면 false, 비슷하게 일치하는 것을 찾으려면 true(또는 생략)을 지정합니다.

따라해 보세요 – HLOOKUP 함수 활용하기

품질 평가표를 이용하여 '평가'열의 값을 구하세요.

*시트명 : 찾기참조함수

1. 평가를 추출하기 위하여 J4 셀로 커서를 이동한 후 [수식 탭 – 함수 라이브러리 그룹 – 찾기 / 참조 영역 – HLOOKUP]을 클릭합니다.

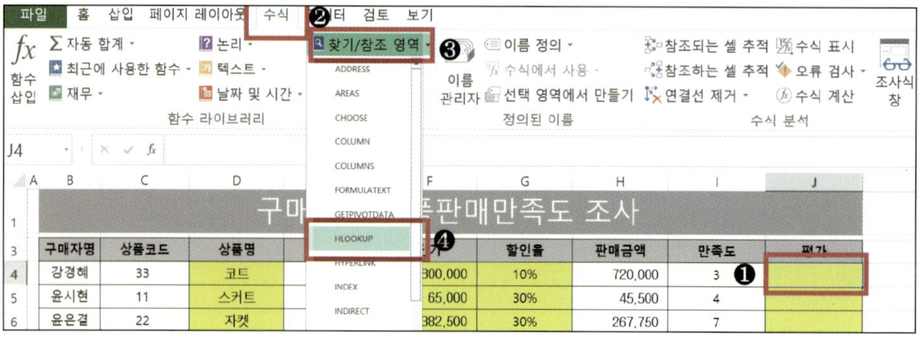

2. 함수 인수 대화상자가 나타나면 Lookup_value는 'I4', Table_array는 '$B$23:$G$24', Row_index_num는 '2', Range_lookup은 'TRUE'를 입력하고 확인 버튼을 클릭합니다.

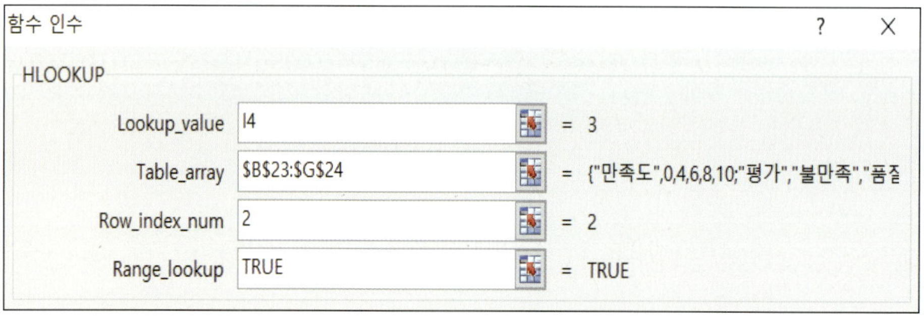

3. 만족도 '3' 에 해당하는 평가 '불만족' 이 J4 셀에 추출되는 것을 확인할 수 있습니다. 채우기 핸들을 이용하여 J13 셀까지 수식을 복사합니다. 4행부터 13행까지 만족도에 해당하는 '평가' 가 추출되는 것을 확인할 수 있습니다.

구매자별 상품판매만족도 조사

구매자명	상품코드	상품명	판매수량	단가	할인율	판매금액	만족도	평가
강경혜	33	코트	13	800,000	10%	720,000	3	불만족
윤시현	11	스커트	40	65,000	30%	45,500	4	품질개선 요구
윤은결	22	자켓	34	382,500	30%	267,750	7	대체로 만족
문희연	22	자켓	10	382,500	10%	344,250	10	매우만족
박주영	44	목도리	29	110,000	20%	88,000	9	만족
양희수	22	자켓	12	382,500	10%	344,250	2	불만족
유신애	44	목도리	50	110,000	30%	77,000	5	품질개선 요구
윤예진	33	코트	25	800,000	20%	640,000	3	불만족
이근석	11	스커트	17	65,000	10%	58,500	4	품질개선 요구
이경화	22	자켓	7	382,500	0%	382,500	7	대체로 만족

6장 실 전 예 제 만 들 기

함수를 이용하여 다음 시트의 결과를 계산하시오.

[5월 용돈 사용 내역]

날짜	분류	금액	사용내역	결제방법
5/1	문화생활비	₩ 10,000	영화관람	체크카드
5/2	식비	₩ 6,000	햄버거	현금
5/3	교통비	₩ 30,000	교통카드충전	현금
5/4	생필품비	₩ 3,000	우산	현금
5/5	의료비	₩ 4,800	내과	체크카드
5/6	통신비	₩ 34,000	핸드폰요금	신용카드

5월 용돈 사용 금액 합계		식비 중 현금 사용 금액 합계	
₩ 653,100		₩ 62,000	
식비	교통비	꾸밈비	통신비
₩ 162,000	₩ 30,000	₩ 150,000	₩ 34,000
의료비	문화생활비	생필품비	저축
₩ 4,800	₩ 70,000	₩ 52,300	₩ 150,000

Q 01 SUM, SUMIF, SUMIFS 함수를 이용하여 노란색 부분의 계산을 완성하시오.

＊ 예제파일 : 6장 실전학습.xlsx / ＊ 시트명 : Q1

1. H5 셀로 커서를 이동합니다. 5월 용돈 사용 금액 합계를 계산하기 위하여 [수식 탭 - 함수 라이브러리 그룹 - 수학/삼각 - SUM]을 클릭합니다.

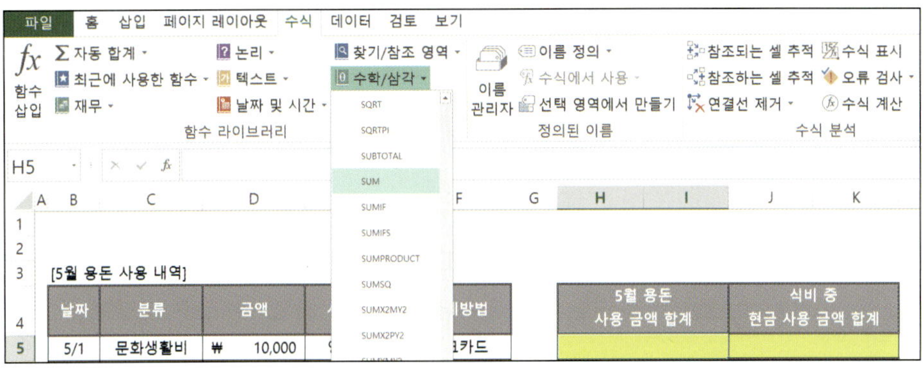

2. 함수 인수 대화상자가 나타나면 Number1은 'D5:D31' 을 입력하고 확인 버튼을 클릭합니다.

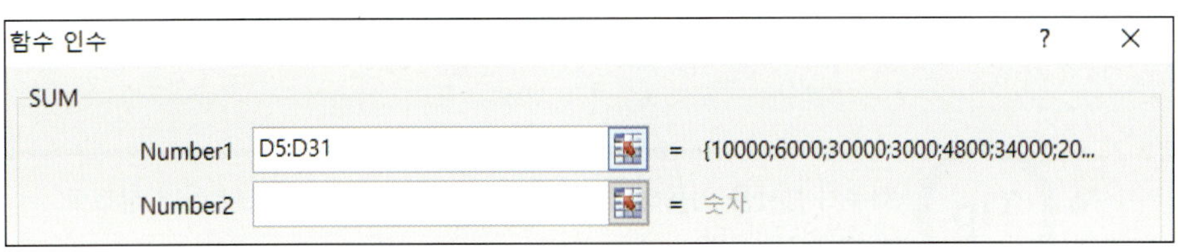

3. 결과 값으로 '653,100' 이 입력되는 것을 확인할 수 있습니다.

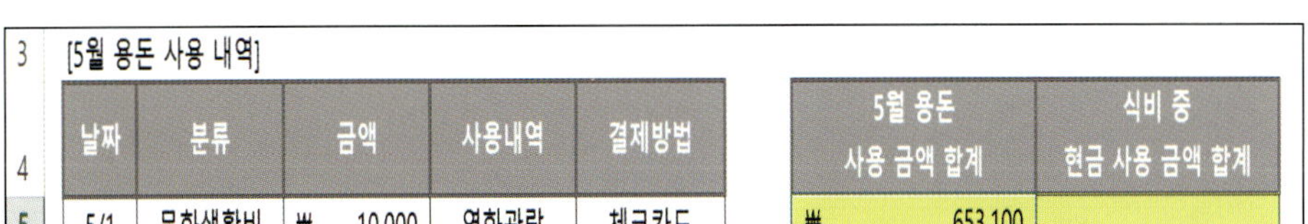

4. H7 셀로 커서를 이동합니다. 식비 합계를 계산하기 위하여 [수식 탭 – 함수 라이브러리 그룹 – 수학/삼각 – SUMIF]를 클릭합니다.

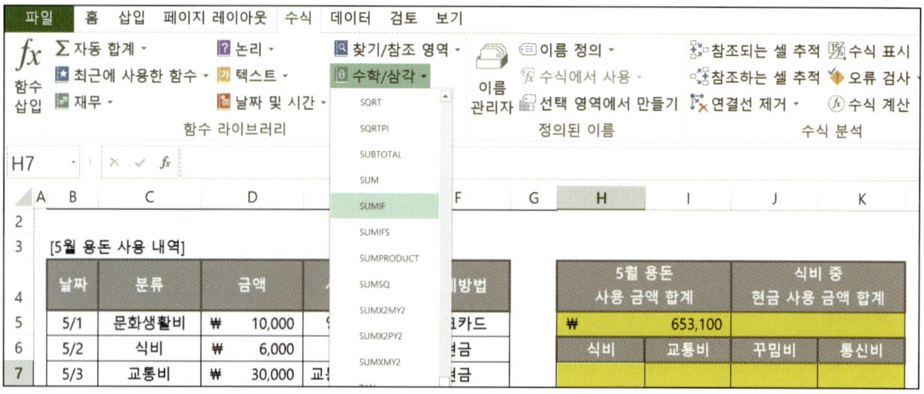

5. 함수 인수 대화상자가 나타나면 Range는 '$C$5:$C$31', Criteria는 'H6', Sum_range는 '$D$5:$D$31'을 입력하고 확인 버튼을 클릭합니다.

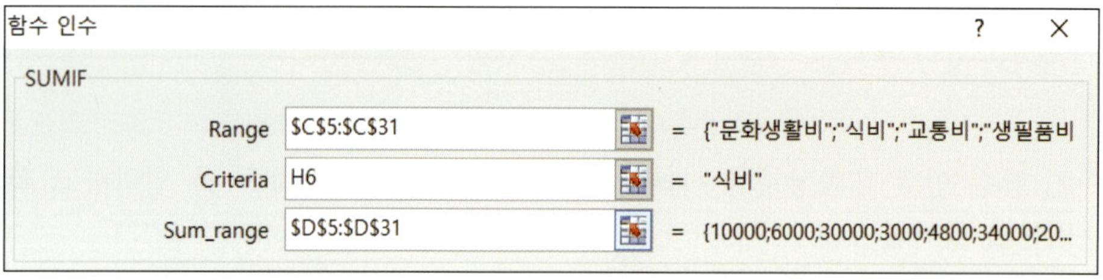

수식) =SUMIF($C$5:$C$31,H6,$D$5:$D$31)

Tip 채우기 핸들을 이용하여 수식을 복사하기 위하여 반드시 절대 참조로 변경해야 합니다.

6. 결과 값으로 '162,000'이 입력되는 것을 확인할 수 있습니다. 교통비, 꾸밈비, 통신비의 수식을 계산하기 위하여 채우기 핸들을 이용하여 K7 셀까지 수식을 복사합니다.

6	5/2	식비	₩ 6,000	햄버거	현금		식비	교통비	꾸밈비	통신비
7	5/3	교통비	₩ 30,000	교통카드충전	현금		₩ 162,000	₩ 30,000	₩ 150,000	₩ 34,000

7. H9 셀로 커서를 이동합니다. 의료비 합계를 계산하기 위하여 [수식 탭 – 함수 라이브러리 그룹 – 수학/삼각 – SUMIF]를 클릭합니다.

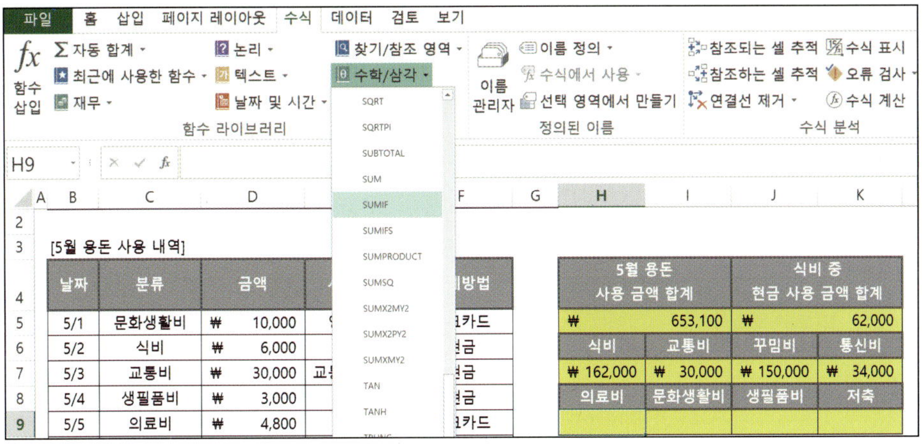

8. 함수 인수 대화상자가 나타나면 Range는 '$C$5:$C$31', Criteria는 'H8', Sum_range는 '$D$5:$D$31'을 입력하고 확인 버튼을 클릭합니다.

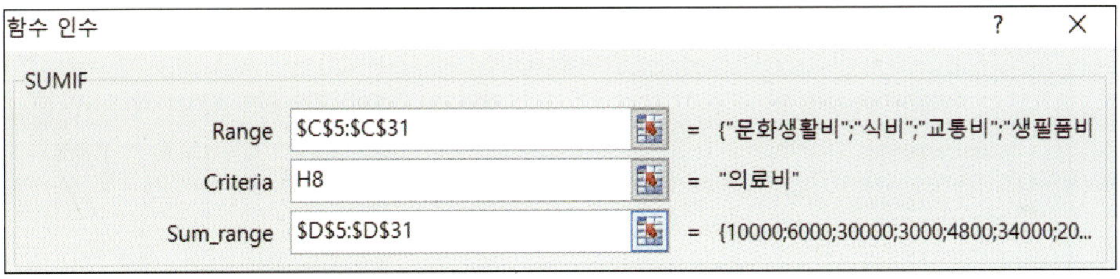

수식) =SUMIF($C$5:$C$31,H8,$D$5:$D$31)

Tip H7셀을 복사(Ctrl+C)하여 붙여넣기(Ctrl+V)를 해도 계산식이 복사됩니다.

9. 결과 값으로 '4,800'이 입력되는 것을 확인할 수 있습니다. 문화생활비, 생필품비, 저축의 수식을 계산하기 위하여 채우기 핸들을 이용하여 K9 셀까지 수식을 복사합니다.

10. J5 셀로 커서를 이동합니다. 식비 중 현금 사용 금액 합계를 계산하기 위하여 [수식 탭 – 함수 라이브러리 그룹 – 수학/삼각 – SUMIFS]를 클릭합니다.

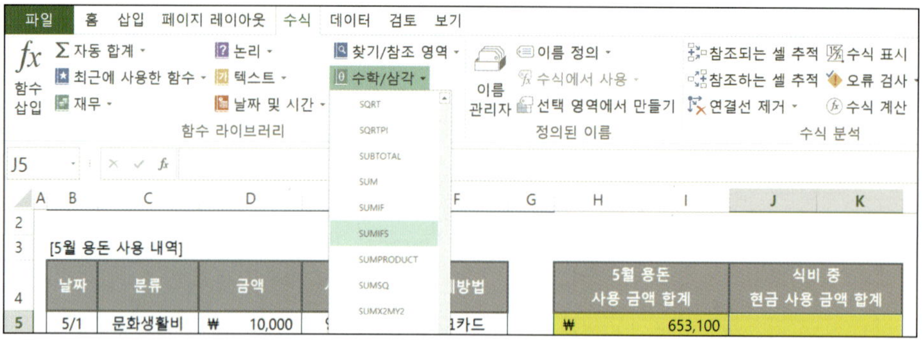

11. 함수 인수 대화상자가 나타나면 Sum_range는 'D5:D31' Criteria_range1은 'C5:C31', Criteria1은 '"식비"', Criteria_range2는 'F5:F31', Criteria2는 '"현금"'을 입력하고 확인 버튼을 클릭합니다.

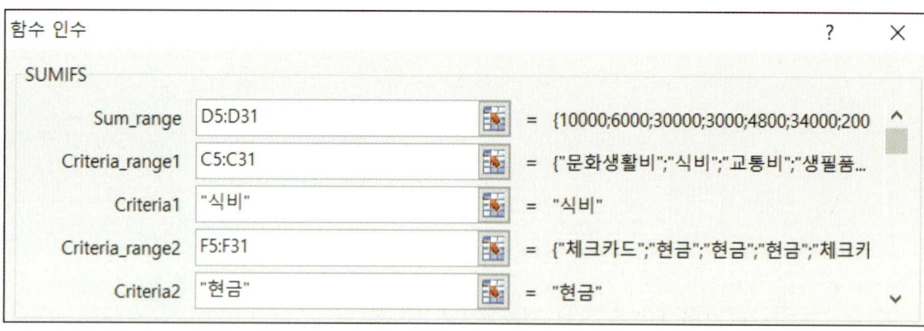

수식) =SUMIFS(D5:D31,C5:C31, "식비" ,F5:F31, "현금")

12. 결과 값으로 '62,000' 이 입력되는 것을 확인할 수 있습니다.

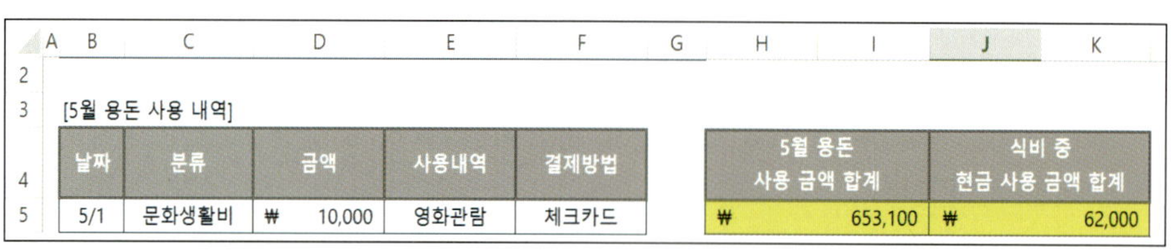

Q 02 AVERAGE, AVERAGEIF, AVERAGEIFS 함수를 이용하여 노란색 부분의 계산을 완성하시오.

* 예제파일 : 6장 실전학습.xlsx / * 시트명 : Q2

1. H7 셀로 커서를 이동합니다. 1회 평균 사용 금액을 계산하기 위하여 [수식 탭 – 함수 라이브러리 그룹 – 기타 함수 – 통계 – AVERAGE]를 클릭합니다.

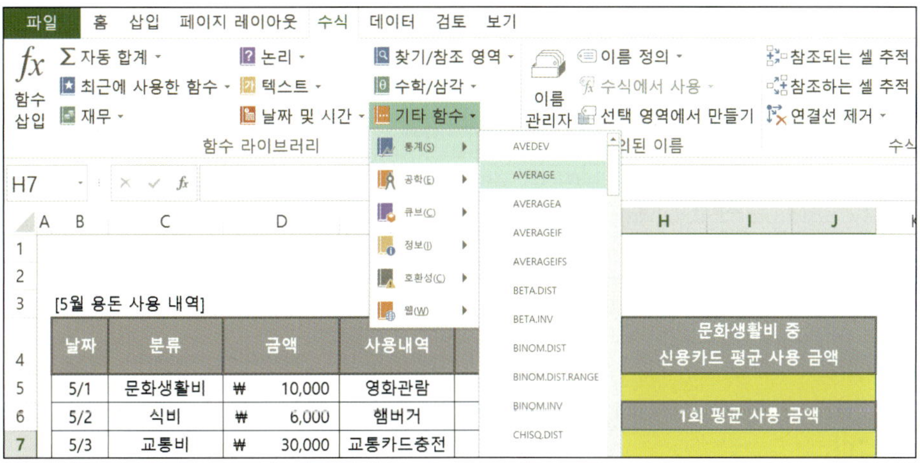

2. 함수 인수 대화상자가 나타나면 Number1은 'D5:D31'을 입력하고 확인 버튼을 클릭합니다.

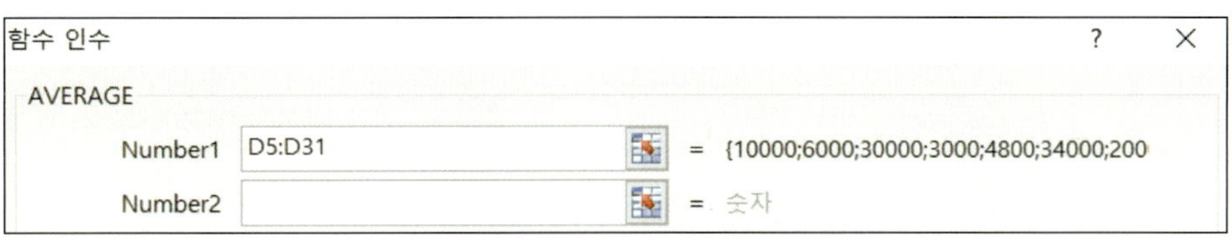

수식) =AVERAGE(D5:D31)

3. 결과 값으로 '24,189'가 입력되는 것을 확인할 수 있습니다.

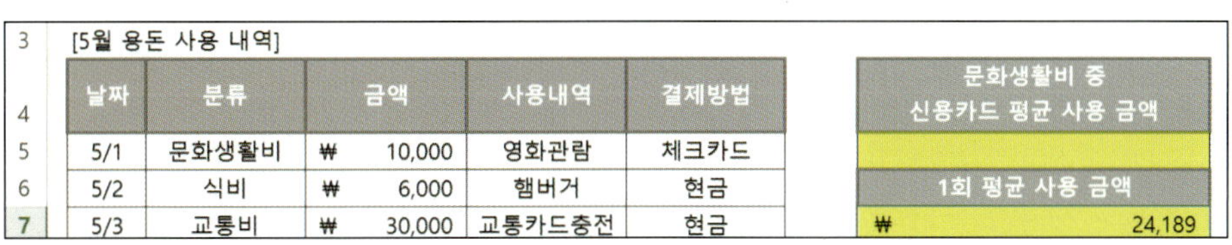

4. H9 셀로 커서를 이동합니다. 현금 사용 금액의 평균을 계산하기 위하여 [수식 탭 – 함수 라이브러리 그룹 – 기타 함수 – 통계 – AVERAGEIF]를 클릭합니다.

5. 함수 인수 대화상자가 나타나면 Range는 '$F$5:$F$31', Criteria는 'H8', Average_range는 '$D$5:$D$31'을 입력하고 확인 버튼을 클릭합니다.

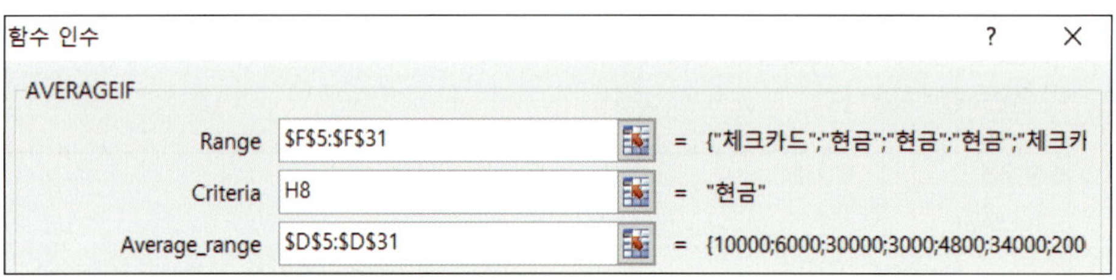

수식) =AVERAGEIF($F$5:$F$31,H8,$D$5:$D$31)

6. 결과 값으로 '18,846' 이 입력되는 것을 확인할 수 있습니다. 체크카드, 신용카드의 수식을 계산하기 위하여 채우기 핸들을 이용하여 J9 셀까지 수식을 복사합니다.

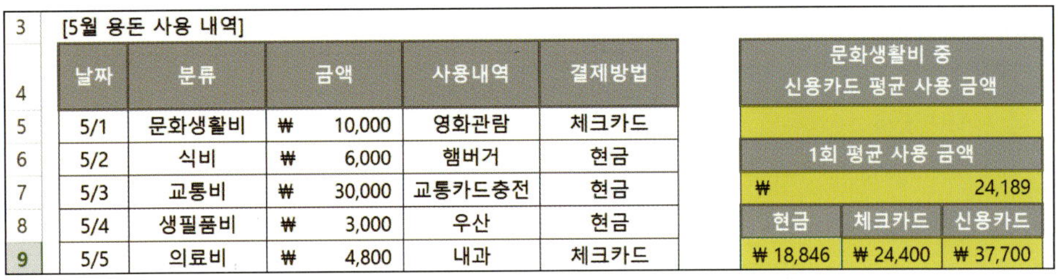

[5월 용돈 사용 내역]

날짜	분류	금액	사용내역	결제방법
5/1	문화생활비	₩ 10,000	영화관람	체크카드
5/2	식비	₩ 6,000	햄버거	현금
5/3	교통비	₩ 30,000	교통카드충전	현금
5/4	생필품비	₩ 3,000	우산	현금
5/5	의료비	₩ 4,800	내과	체크카드

문화생활비 중 신용카드 평균 사용 금액		
1회 평균 사용 금액		
₩ 24,189		
현금	체크카드	신용카드
₩ 18,846	₩ 24,400	₩ 37,700

7. H5 셀로 커서를 이동합니다. 문화생활비 중 신용카드 평균 사용 금액을 계산하기 위하여 [수식 탭 - 함수 라이브러리 그룹 - 기타 함수 - 통계 - AVERAGEIFS]를 클릭합니다.

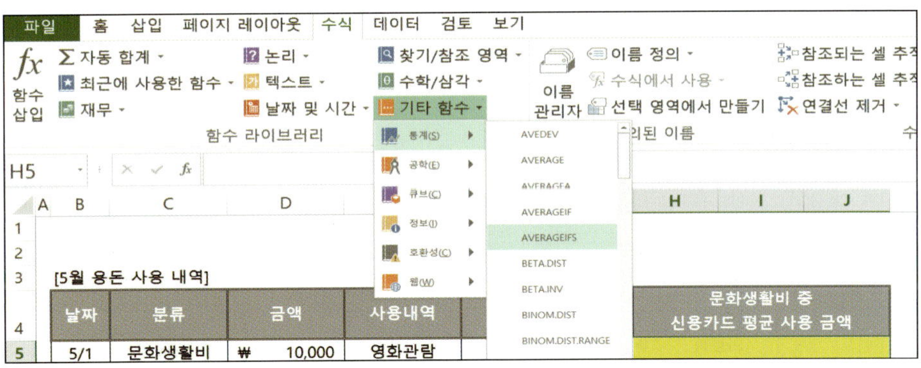

8. 함수 인수 대화상자가 나타나면 Average_range는 'D5:D31', Criteria_range1은 'C5:C31', Criteria1은 '"문화생활비"', Criteria_range2는 'F5:F31', Criteria2는 '"신용카드"'를 입력하고 확인 버튼을 클릭합니다.

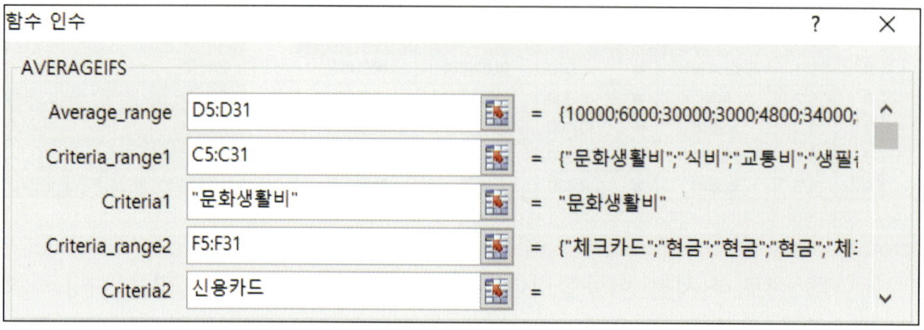

수식) =AVERAGEIFS(D5:D31,C5:C31, "문화생활비",F5:F31, "신용카드")

9. 결과 값으로 '25,000'이 입력되는 것을 확인할 수 있습니다.

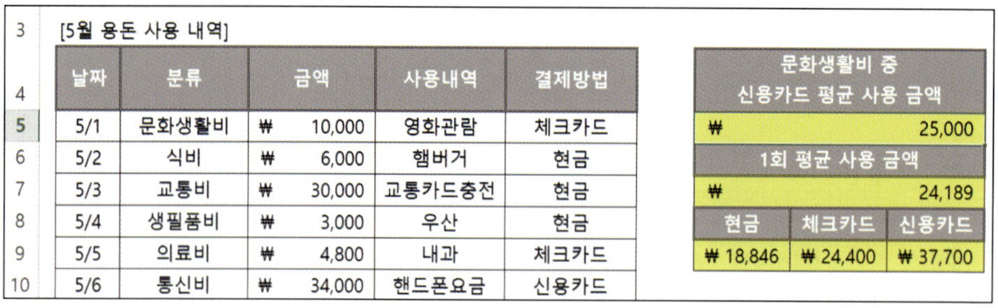

[5월 용돈 사용 내역]

날짜	분류	금액	사용내역	결제방법
5/1	문화생활비	₩ 10,000	영화관람	체크카드
5/2	식비	₩ 6,000	햄버거	현금
5/3	교통비	₩ 30,000	교통카드충전	현금
5/4	생필품비	₩ 3,000	우산	현금
5/5	의료비	₩ 4,800	내과	체크카드
5/6	통신비	₩ 34,000	핸드폰요금	신용카드

문화생활비 중 신용카드 평균 사용 금액		
₩ 25,000		
1회 평균 사용 금액		
₩ 24,189		
현금	체크카드	신용카드
₩ 18,846	₩ 24,400	₩ 37,700

Q 03 COUNTA, COUNTBLANK, COUNTIF, COUNTIFS 함수를 이용하여 노란색 부분의 계산을 완성하시오.

* 예제파일 : 6장 실전학습.xlsx / * 시트명 : Q3

1. I5 셀로 커서를 이동합니다. 총 학생 인원수를 계산하기 위하여 [수식 탭 - 함수 라이브러리 그룹 - 기타 함수 - 통계 - COUNTA]를 클릭합니다.

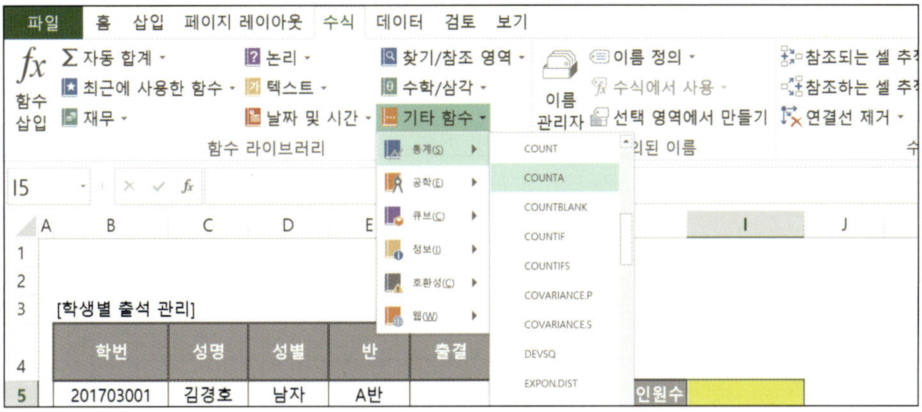

2. 함수 인수 대화상자가 나타나면 Number1은 'C5:C34'을 입력하고 확인 버튼을 클릭합니다.

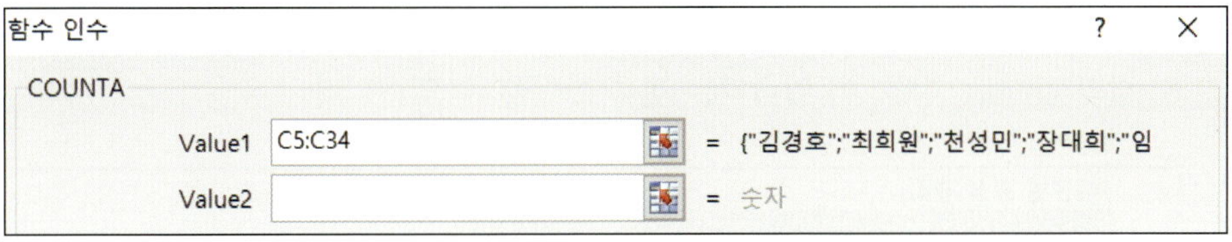

수식) =COUNTA(C5:C34)

3. 결과 값으로 '30'이 입력되는 것을 확인할 수 있습니다.

4. I6 셀로 커서를 이동합니다. 출석생 수를 계산하기 위하여 [수식 탭 – 함수 라이브러리 그룹 – 기타 함수 – 통계 – COUNTBLANK]를 클릭합니다.

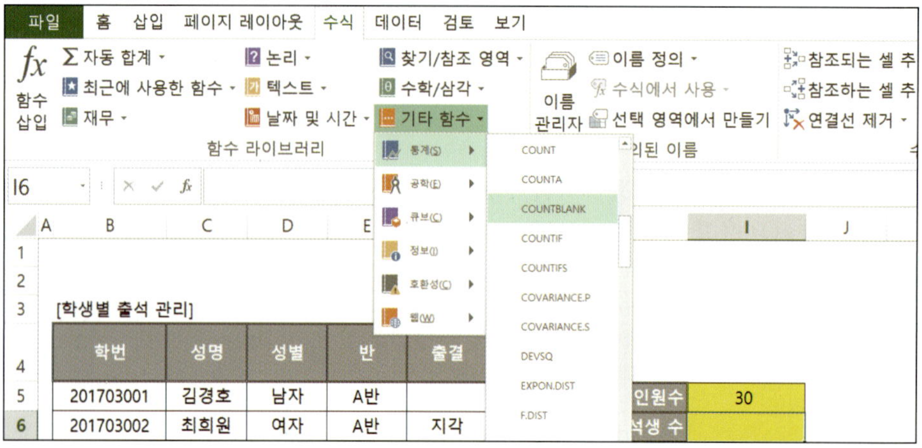

5. 함수 인수 대화상자가 나타나면 Range은 'F5:F34' 을 입력하고 확인 버튼을 클릭합니다.

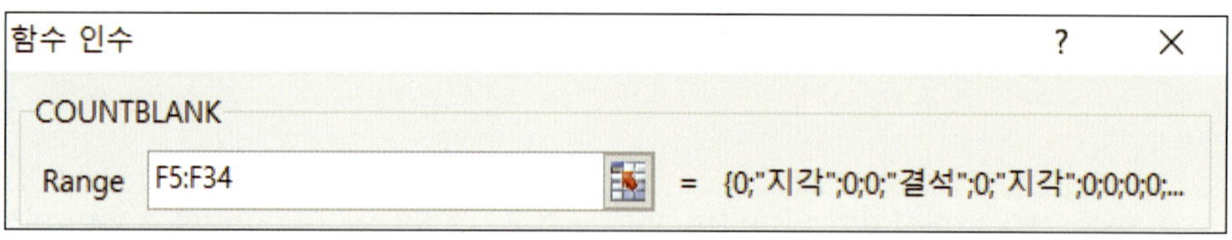

수식) =COUNTBLANK(F5:F34)

6. 결과 값으로 '20' 이 입력되는 것을 확인할 수 있습니다.

7. I7 셀로 커서를 이동합니다. 결석생 수를 계산하기 위하여 [수식 탭 – 함수 라이브러리 그룹 – 기타 함수 – 통계 – COUNTIF]를 클릭합니다.

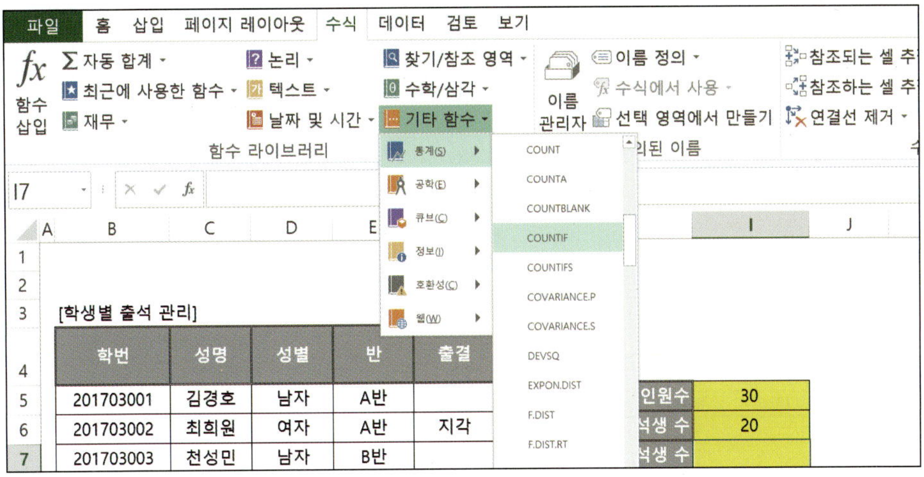

8. 함수 인수 대화상자가 나타나면 Range은 'F5:F34', Criteria는 '"결석"'을 입력하고 확인 버튼을 클릭합니다.

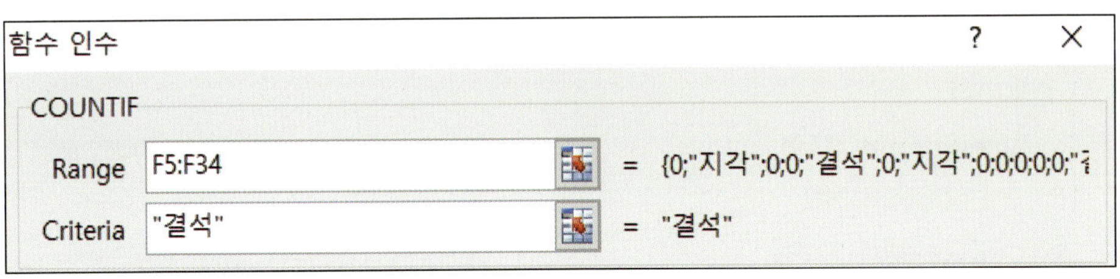

수식) =COUNTIF(F5:F34, "결석")

9. 결과 값으로 '3'이 입력되는 것을 확인할 수 있습니다.

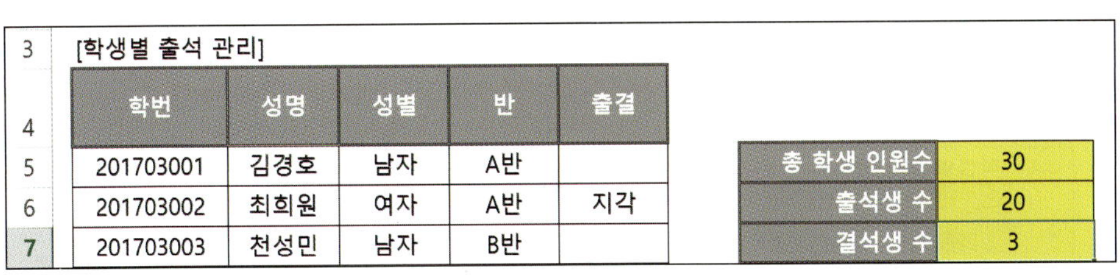

10. I8 셀로 커서를 이동합니다. B반 여학생 수를 계산하기 위하여 [수식 탭 – 함수 라이브러리 그룹 – 기타 함수 – 통계 – COUNTIFS]를 클릭합니다.

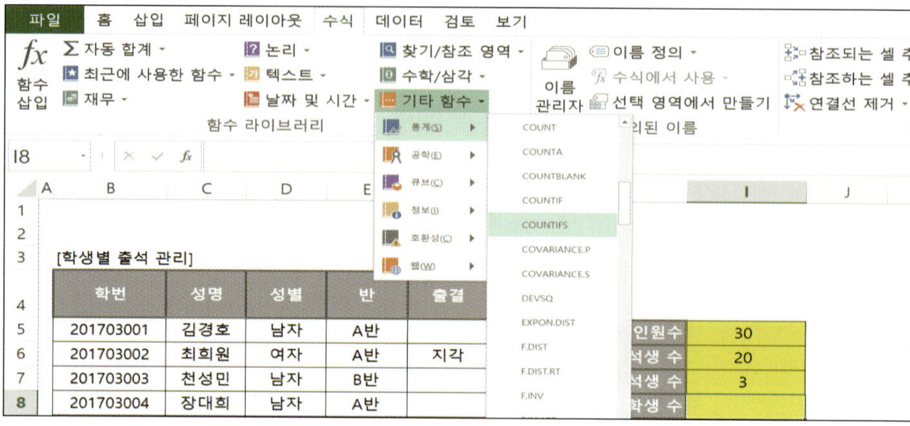

11. 함수 인수 대화상자가 나타나면 Criteria_range1은 'E5:E34', Criteria1은 '"B반"', Criteria_range2은 'D5:D34', Criteria2은 '"여자"'를 입력하고 확인 버튼을 클릭합니다.

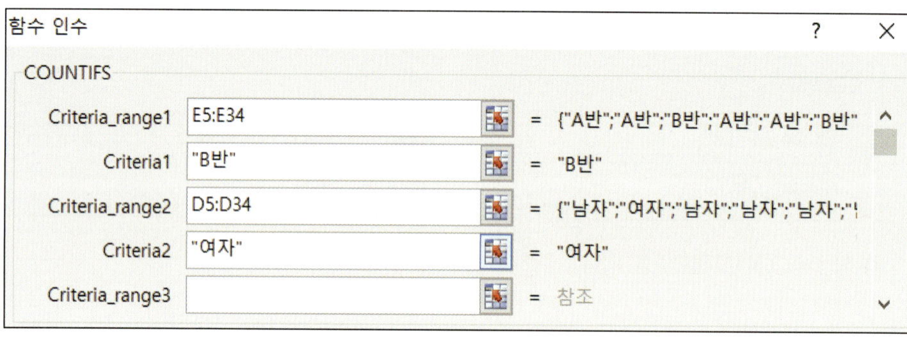

수식) =COUNTIFS(E5:E34, "B반" ,D5:D34, "여자")

12. 결과 값으로 '7' 이 입력되는 것을 확인할 수 있습니다.

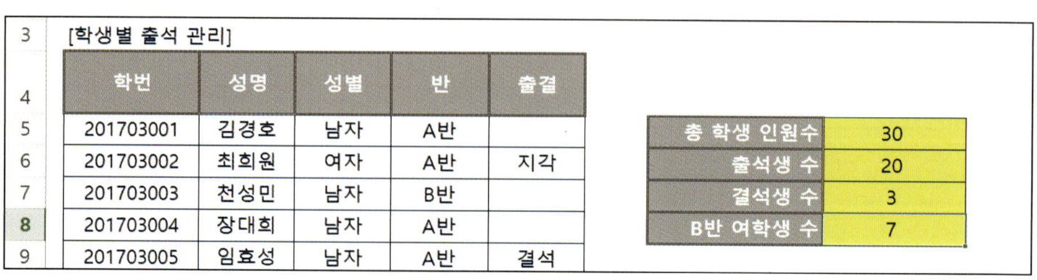

Q 04 VLOOKUP 함수를 이용하여 I5 셀의 학번 목록을 선택하면 성명과 총점이 나타나도록 J5셀과 K5셀을 계산하시오.

* 예제파일 : 6장 실전학습.xlsx / * 시트명 : Q4

1. J5 셀로 커서를 이동합니다. 학번에 해당하는 이름을 찾기 위하여 [수식 탭 – 함수 라이브러리 그룹 – 찾기/참조 영역 함수 – VLOOKUP]을 클릭합니다.

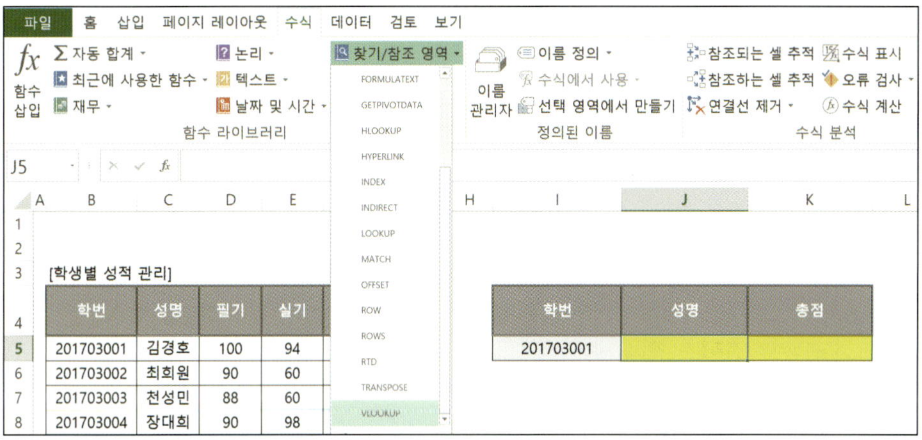

2. 함수 인수 대화상자가 나타나면 Lookup_value는 'I5', Table_array는 'B5:G34', Col_index_num는 '2', Range_lookup은 'FALSE'를 입력하고 확인 버튼을 클릭합니다.

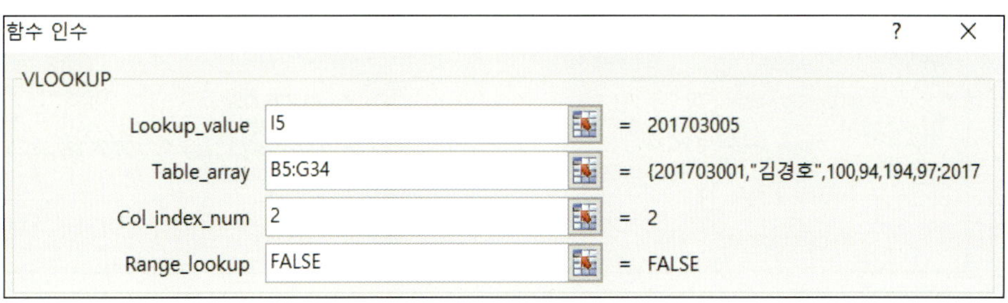

수식) =VLOOKUP(I5,B5:G34,2,FALSE)

3. I5셀의 목록상자에서 학번 '20170005' 를 선택하면 결과 값으로 '임효성' 이 입력되는 것을 확인할 수 있습니다.

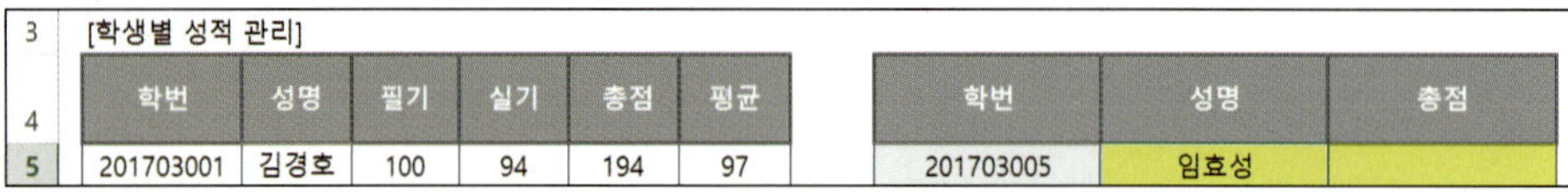

4. K5 셀로 커서를 이동합니다. 학번에 해당하는 총점을 찾기 위하여 [수식 탭 – 함수 라이브러리 그룹 – 찾기/참조 영역 함수 – VLOOKUP]을 클릭합니다.

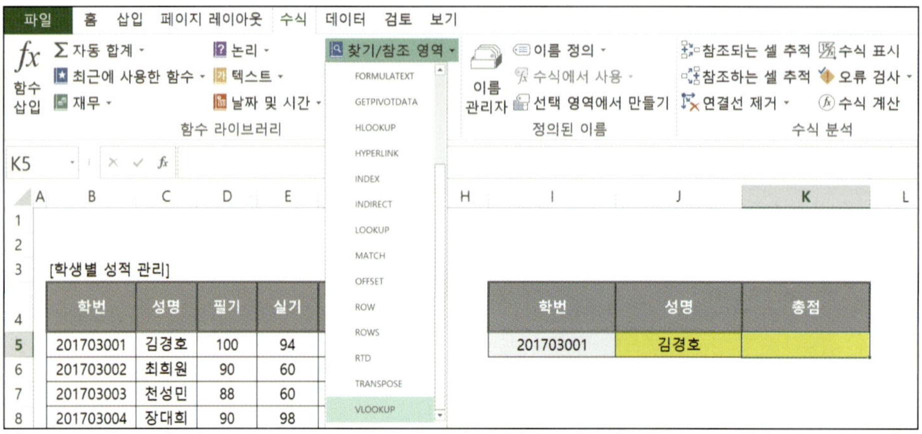

5. 함수 인수 대화상자가 나타나면 Lookup_value는 'I5' , Table_array는 'B5:G34' , Col_index_num는 '5' , Range_lookup은 'FALSE' 를 입력하고 확인 버튼을 클릭합니다.

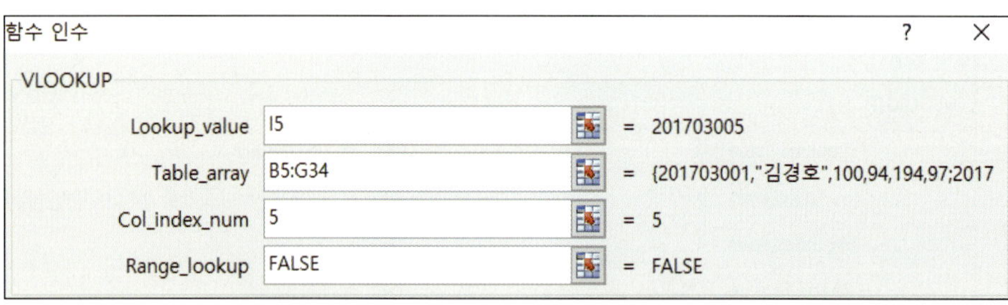

수식) =VLOOKUP(I5,B5:G34,5,FALSE)

6. 결과 값으로 '135' 가 입력되는 것을 확인할 수 있습니다. 학번 목록 상자를 누르고 다른 학번으로 변경하면 선택된 학번에 해당하는 성명과 총점으로 값을 변경할 수 있습니다.

[학생별 성적 관리]

학번	성명	필기	실기	총점	평균
201703001	김경호	100	94	194	97
201703002	최희원	90	60	150	75
201703003	천성민	88	60	148	74
201703004	장대희	90	98	188	94
201703005	임효성	90	45	135	68
201703006	임기남	100	90	190	95
201703007	이현우	90	87	177	89

학번	성명	총점
201703005	임효성	135

Q 05 HLOOKUP 함수를 이용하여 기준 점수 표의 기준 점수별 평점을 H열에 표시하시오.

* 예제파일 : 6장 실전학습.xlsx / * 시트명 : Q5

1. H5 셀로 커서를 이동합니다. 기준 점수에 해당하는 평점을 찾기 위하여 [수식 탭 - 함수 라이브러리 그룹 - 찾기/참조 영역 함수 - HLOOKUP]을 클릭합니다.

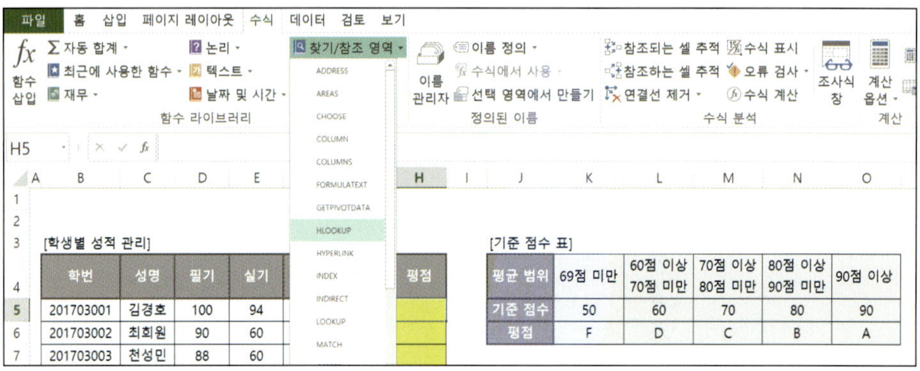

2. 함수 인수 대화상자가 나타나면 Lookup_value는 'G5', Table_array는 '$K$5:$O$6', Col_index_num는 '2', Range_lookup은 'TRUE'를 입력하고 확인 버튼을 클릭합니다.

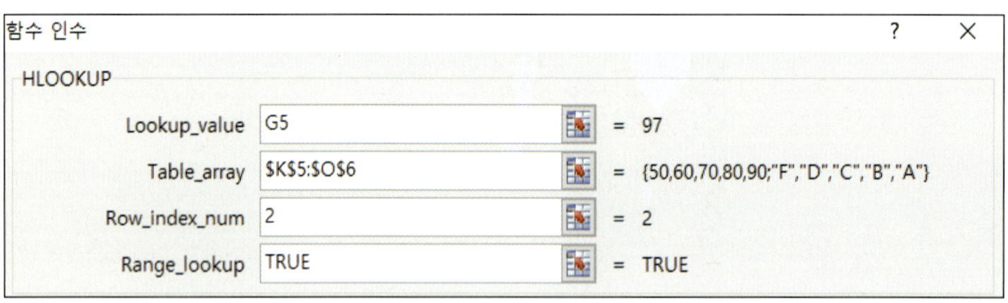

수식) =HLOOKUP(G5,$K$5:$O$6,2,TRUE)

3. 결과 값으로 'A' 가 입력되는 것을 확인할 수 있습니다. 채우기 핸들을 이용하여 H34 셀까지 수식을 복사합니다.

3	[학생별 성적 관리]						
4	학번	성명	필기	실기	총점	평균	평점
5	201703001	김경호	100	94	194	97	A
6	201703002	최희원	90	60	150	75	C
7	201703003	천성민	88	60	148	74	C
8	201703004	장대희	90	98	188	94	A
9	201703005	임효성	90	45	135	68	D
10	201703006	임기남	100	90	190	95	A
11	201703007	이현우	90	87	177	89	B
12	201703008	윤이성	90	89	179	90	B
13	201703009	엄주인	90	90	180	90	A
14	201703010	송상호	90	77	167	84	B
15	201703011	백다연	88	92	180	90	A
16	201703012	박진호	98	92	190	95	A
17	201703013	김민지	88	98	186	93	A

엑 셀

학 과		학 번		이 름	

도 장				
월 일	월 일	월 일	월 일	월 일
월 일	월 일	월 일	월 일	월 일
월 일	월 일	월 일	월 일	월 일
월 일	월 일	월 일	월 일	월 일
월 일	월 일	월 일	월 일	월 일

찾아보기

ㅇ

ㅈ

ㅊ

ㅍ

컴퓨터 활용

엑셀 2013

초판인쇄 2017년 3월 3일

초판발행 2017년 3월 7일

저　　자 한혜경, 윤정희 공저

펴 낸 이 오 성 걸

펴 낸 곳 오성미디어

주　　소 132-916 서울시 도봉구 창 3동 491-1

전　　화 02)997-0136

F A X 02)997-0137

등 록 2000. 5. 12　　제 7-212 호

ISBN 978-89-6628-427-6　　값 13,000 원

Office PowerPoint 2013

Office 2013 프로그램 기능을 익히고 새로운 기능을 숙지하여 빠르고 효과적인 업무를 진행 할 수 있게 한다.

1 Office 2013 화면 구성

1. 클라우드와 연동된 편집 · 저장 그리고 공유 기능

로그인을 하면 언제 어디서나 어떤 기기든지 파워포인트 2013을 열어볼 수 있고 편집은 물론 저장도 할 수 있다. 이것은 클라우드(Cloud) 서비스인 '원드라이브(OneDrive)' 를 통해서 가능하다. 그리고 오피스 2013에서도 원드라이브에 저장된 문서를 열어볼 수 있고 편집도 할 수 있다. 오프라인일 때도 원드라이브 폴더의 파일을 가져올 수 있는데 파일을 변경하고 온라인으로 전환하면 변경 내용이 자동으로 동기화된다.

2. 클라우드에 저장한 문서 공유

그룹 내 프로젝트 진행에도 유용한 오피스 2013은 클라우드에 저장한 문서를 공유할 수 있어 공동 제안 작업을 하는 데에 유익하다. 문서 공유가 가능한 시스템에서 공유를 위해 사용자를 초대하면 된다. 초대받은 팀원들은 문서를 함께 편집하고 메모로 의견을 남길 수 있다.

3. 발표자를 위한 다양한 파워포인트 2013

파워포인트 2010에는 발표자가 프레젠테이션 할 때 발표 시나리오를 종이문서로 따로 준비해야 했다는데 파워포인트 2013은 [발표자 보기]를 이용해 청중이 보는 화면과 발표자가 보는 화면을 이중화시킬 수 있는 기능이 추가 되었다.

4. 사용이 편리해진 엑셀 2013

엑셀 2010에서는 문서마다 창이 따로 열리지 않아 작업 시 불편함이 많았다.

그러나 엑셀 2013은 통합 문서마다 창이 따로 열려 작업이 수월해졌다. 차트 작업 시 어떤 그래프를 그려야 하는지 고민하는 동안 프로그램에서 차트를 추천해준다. 엑셀 2013에서 삽입 탭의 새로운 추천 차트 단추를 사용하면 데이터에 적합한 다양한 차트 중에서 선택할 수 있어 편리하다.
[빠른 채우기] 기능을 통해 쉽고 빠르게 데이터를 분리할 수 있으며, 데이터 분리도 간편해졌다. [빠른 분석] 기능으로 엑셀 2010보다 서식과 차트 작성이 간편해졌다.

5. PDF와 HWP가 호환되는 워드 2013

오피스 2013은 다양한 시작 옵션을 제공하는데 최근에 사용한 파일이나 자주 사용하는 서식 파일들을 한 눈에 볼 수 있다. 워드의 경우 기존에는 다른 형식, HWP 문서는 호환이 되지 않았으나 오피스2013은 호환이 된다. HWP 문서는 물론 PDF 파일도 열어볼 수 있고 편집까지 가능하다.

읽기 모드에서 표, 차트, 이미지를 더블 클릭하면 개체를 확대해서 볼 수 있는 팝업 창이 나타난다. 태블릿에서 작성한 문서를 열었을 때는 전자책을 보는 것처럼 문서의 도구 메뉴가 보이지 않아 화면 효율이 높고 읽기가 편리하다.

결론적으로 마이크로소프트 오피스 2013와 오피스 2010를 비교하면 오피스 2010이 기존의 개인 중심의 문서 작업이나 업무 환경을 위한 것이었다면 오피스 2013은 기업의 구성원 간 협력으로 업무를 수행 할 수 있도록 다양한 기능을 제공 한다는 점이 차이라고 할 수 있다.

2 파워포인트 2013 새로운 기능

1. 발표자 도구

한 컴퓨터에 두 개 이상의 모니터가 연결되어 있을 경우 서로 다른 화면이 나타나게 하여 발표자에게 도움을 주는 기능이다. 발표자 도구를 사용하면 발표자의 모니터에는 슬라이드와 슬라이드 노트를, 청중에게는 슬라이드만 표시 할 수 있다.

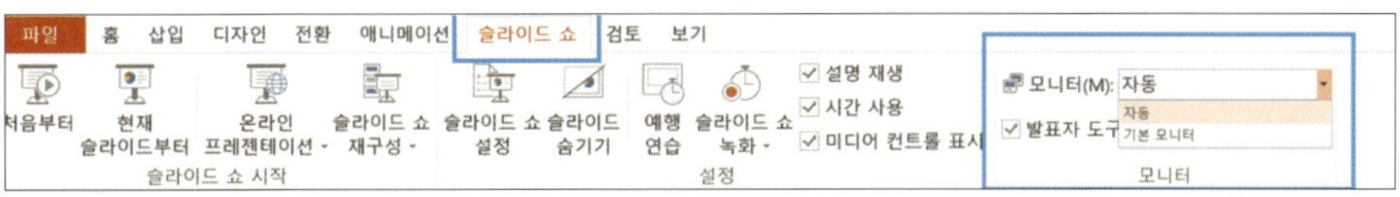

2. 와이드스크린

와이드스크린이나 HD 형식을 지원하는 디스플레이 기기로의 변화에 맞게 파워포인트 슬라이드를 16:9 슬라이드를 기본 사이즈로 지정하여 해상도의 와이드스크린 테마도 지원한다.

3. 균등한 간격으로 개체 정렬

개체 삽입 시 스마트 가이드가 자동으로 나타나 차트와 그림, 도형 등의 개체가 균등한 간격으로 배치되도록 알려준다.

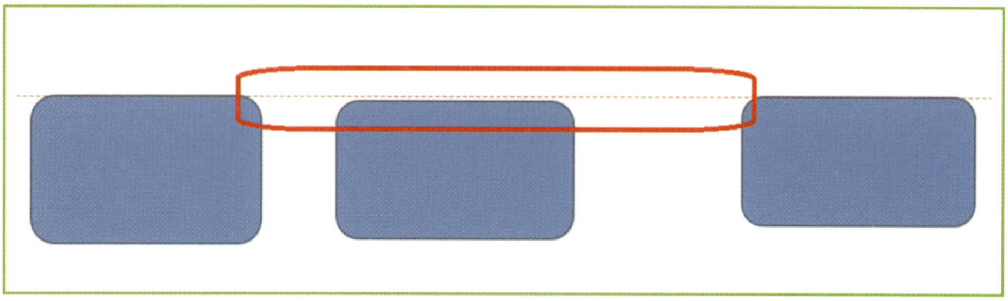

4. 공통 도형 결합

도형의 조합으로 일반 도형 두 개 이상을 결합하여 또 다른 도형 아이콘을 만들 수 있다.

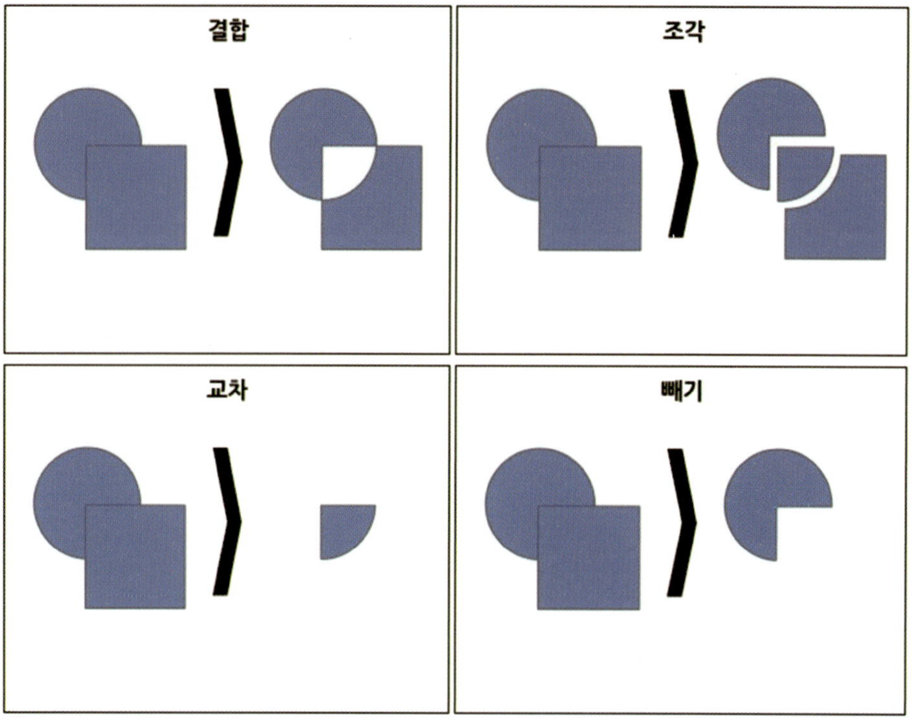

5. 색 일치를 위한 스포이트

개체 화면에서 스포이트를 이용하여 정확한 색을 캡처한 후 다른 모든 도형에 적용 할 수 있다.

6. 클라우드로 강력해진 협업·공유 기능

[계정] 메뉴를 이용하면 Microsoft live ID로 연결을 할 수 있고 작성한 파워포인트 문서를 컴퓨터 하드 디스크에 저장할 수 있을 뿐 아니라 스카이드라이버에서도 함께 저장하여 장소의 제약 없이 언제든지 미리 작성한 파워포인트 파일을 열어볼 수 있다.

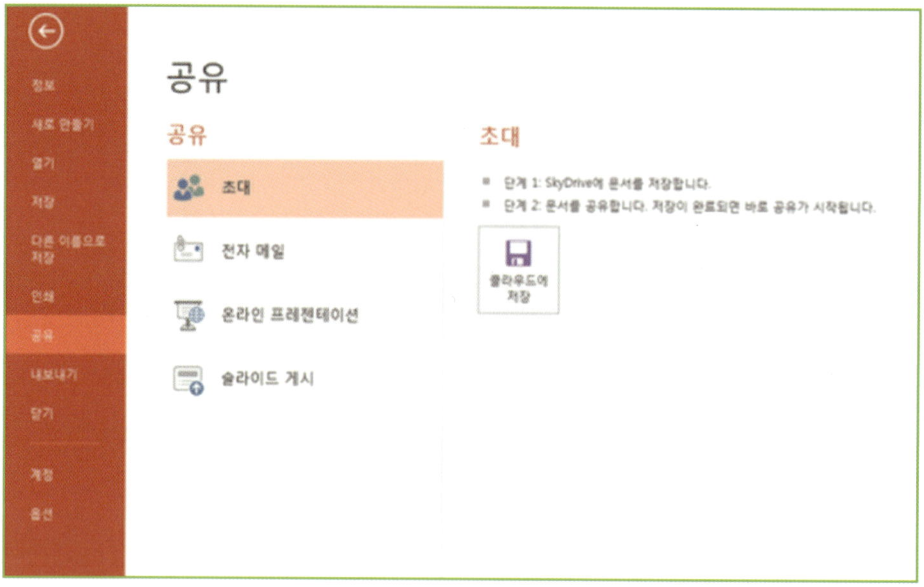

[파일] 메뉴 – [계정]을 누르면 Office 365 계정이 설정된 것을 확인 할 수 있다.

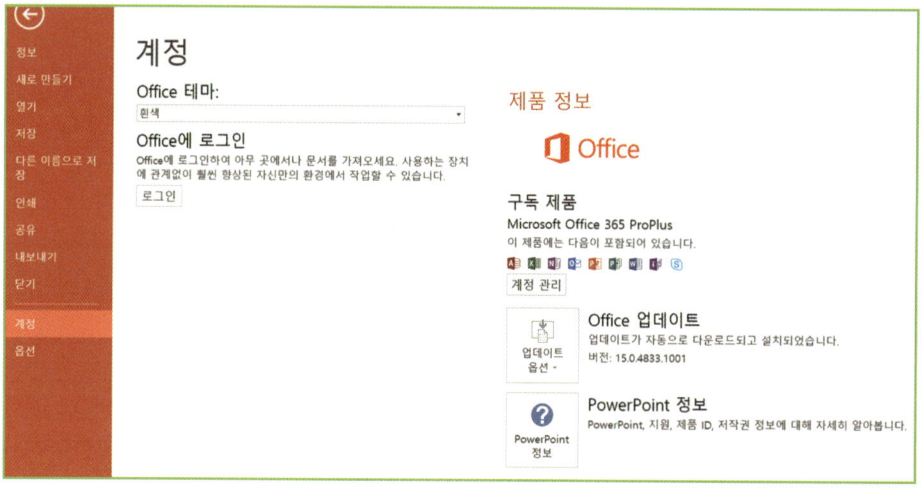

클라우드에 저장을 하고 친구들을 초대하여 프리젠테이션를 공유할 수 있다. 공유를 하면 각자 프리젠테이션를 보고 수정 사항이나 알려주고 싶은 부분은 메모로 남겨서 일을 더욱 효율적으로 할 수 있다.

단계 1에는 OneDrive에 문서를 저장하고 단계 2에서는 문서를 공유한다. 저장이 완료되면 바로 공유가 시작 된다.

I. 초대

파워포인트 2013의 백스테이지 뷰를 보면 이전 버전에서는 볼 수 없었던 [계정] 이란 메뉴를 볼 수 있다. [계정] 메뉴로 이동하면 Microsoft live ID로 연결을 할 수 있다.
이 기능을 이용하면 작성한 파워포인트 문서를 컴퓨터 하드 디스크에 저장할 수 있을 뿐만 아니라 Skydrive에도 함께 저장하여 장소의 제약 없이 언제든지 작성한 파워포인트 파일을 열어볼 수 있다. Skydrive 뿐 아니라 Office365 등의 제 3의 공간에도 저장이 가능하다.

[파일] 메뉴 – [공유] – [초대] – [클라우드에 저장]을 선택한다.

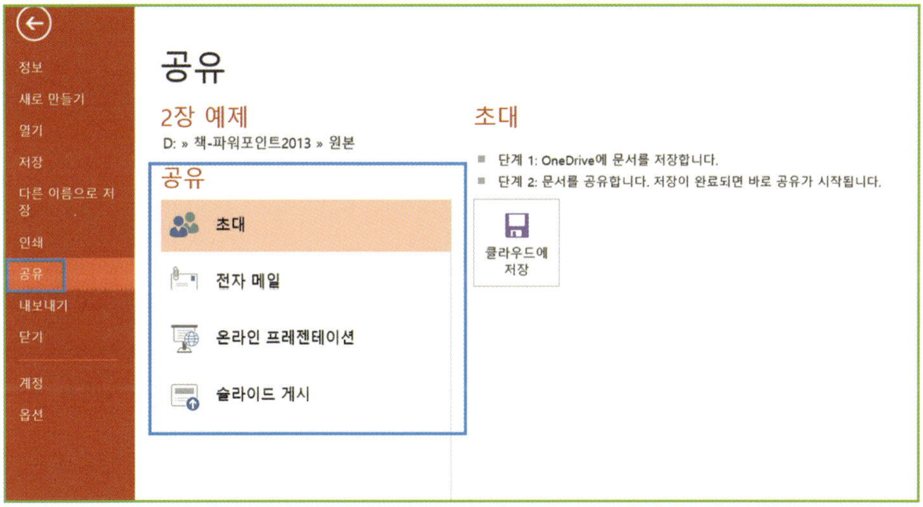

[파일] 메뉴 – [다른 이름으로 저장] – [폴더 선택] – [파일 선택] – [열기]을 선택한다.

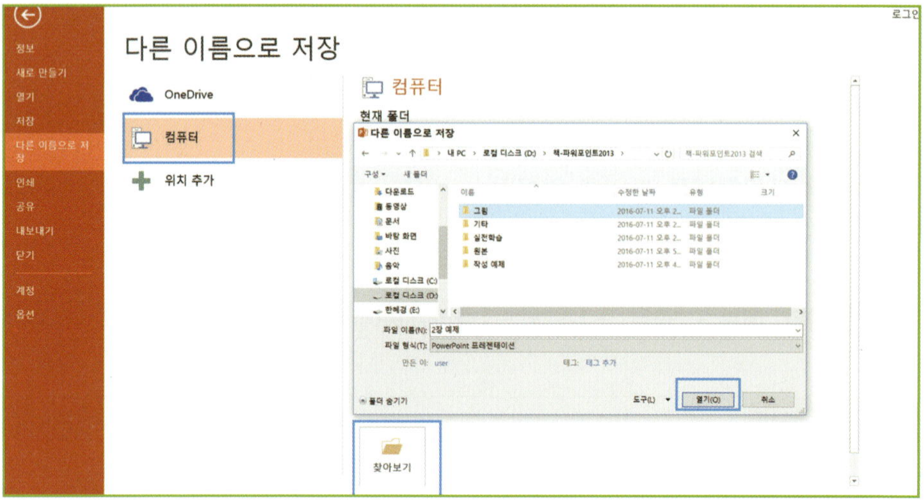

Ⅱ. 전자 메일

파워포인트 2013에서 전자 메일의 기능이 다양해 졌고 세부 기능은 다음과 같다.

① 첨부 파일로 보내기

모든 사람이 이 프레젠테이션의 개별 복사본을 받을 수 있다.

② 링크로 보내기

모든 사람이 이 프레젠테이션의 동일 복사본에서 작업을 할 수 있고 모두에게 최신 변경 내용을 표시한다. 그리고 전자 메일 크기를 작게 유지하는데 프레젠테이션이 공유 위치에 저장 되어 있어야 가능하다.

③ PDF로 보내기

모두에게 PDF 첨부 파일로 전달 할 수 있고 레이아웃, 서식, 글꼴 이미지를 유지 한다. 그러나 이 기능은 내용 변경이 쉽지 않은 단점이 있다.

④ XPS로 보내기

모두에게 XPS 첨부 파일로 전달 할 수 있고 레이아웃, 서식, 글꼴 이미지를 유지 한다. 그러나 PDF 기능과 마찬가지로 내용 변경이 쉽지 않은 단점이 있다.

⑤ 인터넷 팩스로 보내기

팩스 기기 없이 팩스를 보내는 기능이다.

[파일] 메뉴 – [공유] – [전자 메일] – [첨부 파일로 보내기]을 선택한다.

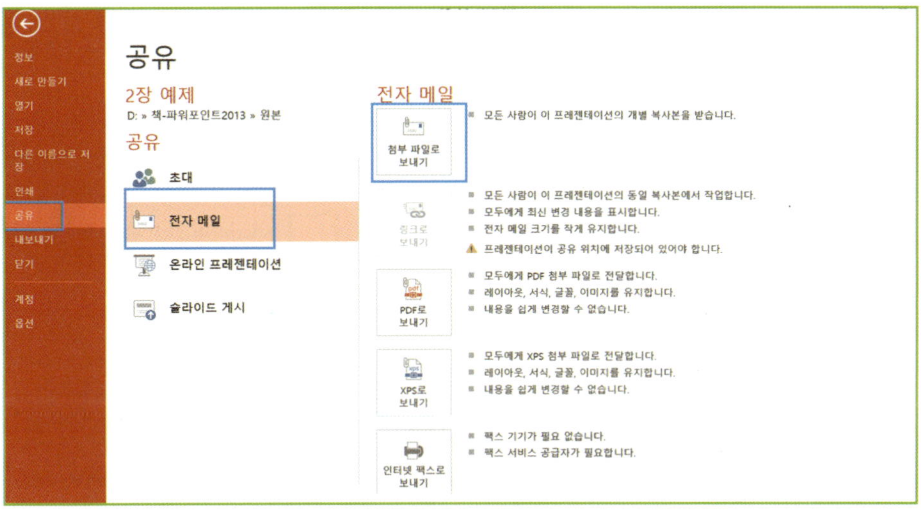

Outlook이 설치되어 있지 않을 경우 계정을 추가하여 프레젠테이션 내용을 첨부 파일로 추가하여 보낼 수 있다. Outlook 설치는 각자 해보자.

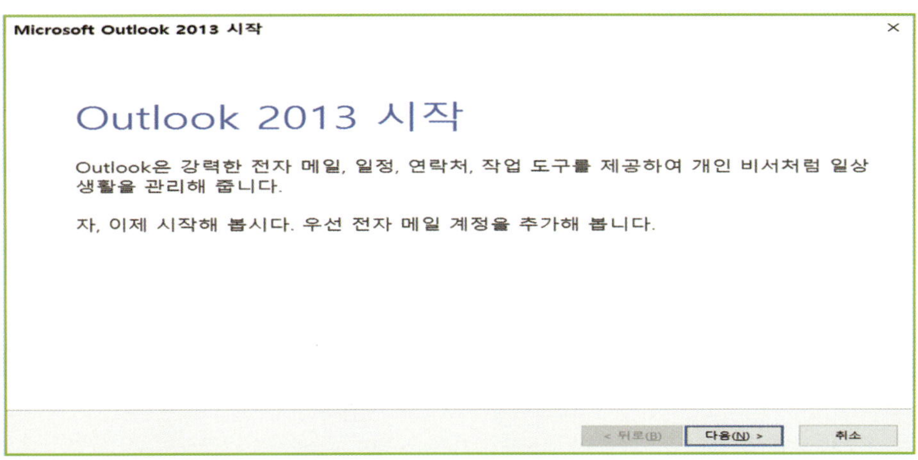

3 파워포인트 2013 시작

[파워포인트 2013]을 실행하는 방법에는 여러 가지가 있으나 일반적인 방법으로 설명하겠고 각각의 컴퓨터에 설치 된 오피스에 따라 개인차는 있을 수 있으니 참고만 하길 바란다.

파워포인트 2013을 실행하기 위해 컴퓨터 왼쪽 하단에 있는 [시작 단추] 을 클릭 – [Microsoft Office 2013] 클릭 – [PowerPoint 2013]을 선택하면 프로그램이 열린다.

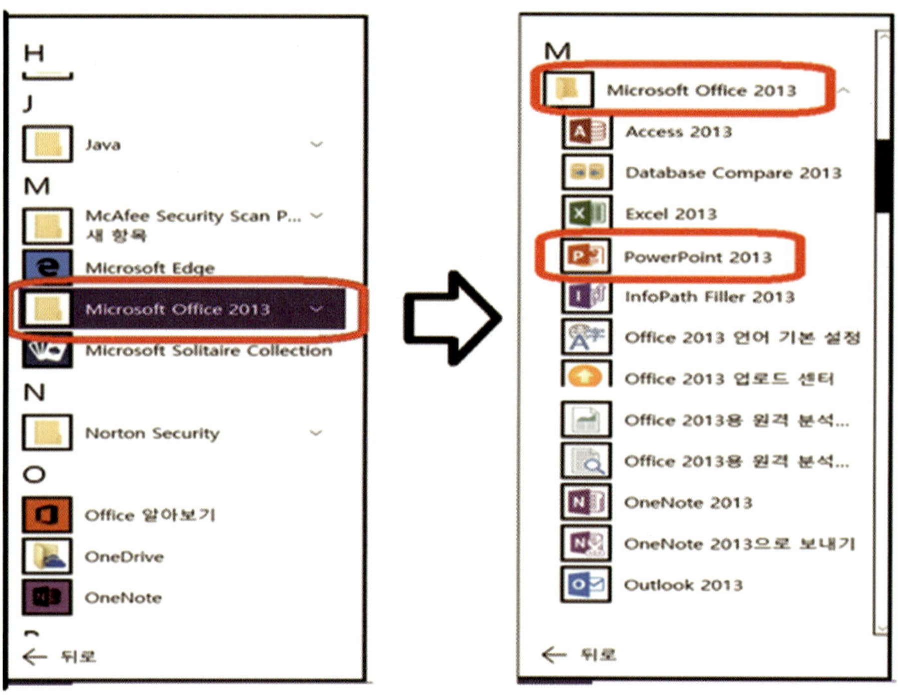

1장 슬라이드 꾸미기

- 프레젠테이션 만들기
- 새 슬라이드 삽입
- 레이아웃 변경
- 디자인 서식
- 구역 만들기
- 글꼴 서식 및 정렬
- 글머리 기호
- 번호 매기기
- 단락
- 줄 간격 및 단 설정
- 텍스트 방향
- 서식 복사
- 저장 및 다른 형식으로 저장
- 기존 프레젠테이션 열기

01 프레젠테이션

1장에서는 프레젠테이션을 작성하고 서식 파일과 글꼴 편집 및 단락을 이용하여 작업 내용과 용도에 맞게 슬라이드를 편집하고 다양한 저장 방법에 대해 학습한다.

[1장 예제] 파일 사용

1. 파워포인트 2013 화면 구성

1. 파워포인트 2013 화면 구성

[파워포인트 2013]에서 익혀야 할 화면 구성은 다양하나 기본적으로 기억해야 할 기능 위주로 설명 한다.

[시작 단추]을 클릭 - [Microsoft Office 2013] 폴더 클릭 - [PowerPoint 2013]을 선택한다.

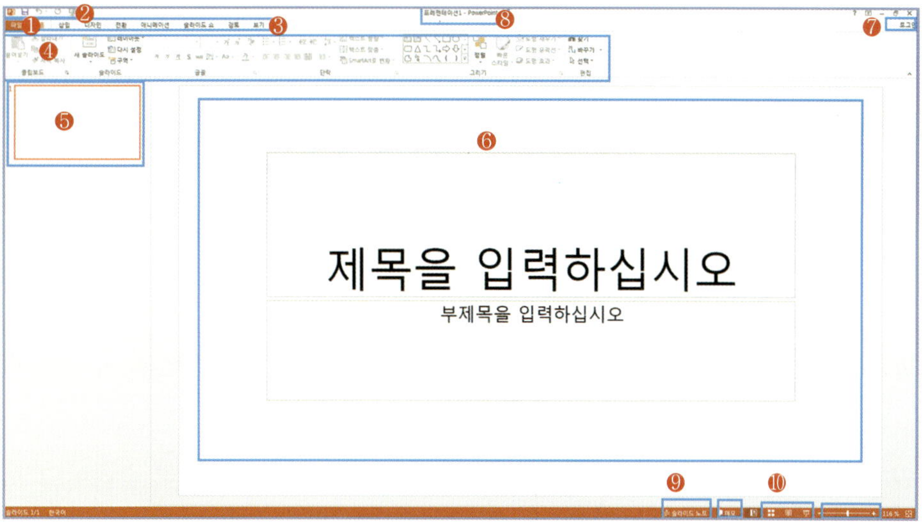

① 파일

파일을 열거나 닫고 저장 및 인쇄할 수 있다. 새로 만들기, 열기, 저장, 인쇄, 공유, 내보내기, 계정 그리고 파워포인트 2013 옵션 등을 사용할 수 있다.

② 빠른 도구 모음

자주 사용하는 도구들을 모아둔 것으로 저장, 실행 취소, 다시 실행, 처음부터 시작 명령 단추가 포함되어 있고, 사용자가 자주 사용하는 명령들을 아이콘으로 추가 및 편집하여 다양하게 구성하여 사용할 수 있다.

③ 탭

리본 메뉴를 선택하면 펼쳐지고 작업 상황에 따라 기본적으로 제공되는 탭 외에 상황별 탭이 추가로 나타난다.

④ 리본 메뉴

파워포인트 2013의 리본 메뉴는 더욱 직관적으로 명령을 찾아 수행 할 수 있도록 사용자 인터페이스가 새롭게 개선된 구조다.

⑤ 축소판 그림 창

슬라이드의 축소판 그림을 나타내는 공간으로, 문서의 순서나 슬라이드를 다루는 작업을 합니다.

⑥ 슬라이드 창

프레젠테이션 제작시 필요한 모든 편집 작업을 수행하는 곳이다.

⑦ 사용자 계정

사용자의 계정이 등록 된 ID로 로그인한 사용자의 정보가 보인다.

⑧ 제목표시줄

현재 사용하고 있는 프로그램 이름과 사용하고 있는 파일 이름이 나타난다. 저장하지 않은 통합 문서는 기본적으로 프레젠테이션1, 프레젠테이션2 순으로 나타나며 프레젠테이션을 저장하면 저장된 파일 이름이 표시된다.

⑨ 슬라이드 노트 창

발표자가 슬라이드 내용에 대한 상세한 설명을 입력하는 곳으로 발표 시 유용하다.

⑩ 화면 보기 단추

원하는 문서 보기 상태로 이동할 수 있는 단추로 기본 보기, 여러 슬라이드 보기, 읽기용 보기, 슬라이드 쇼 아이콘이 있는 곳이다.

1-1 프레젠테이션 만들기

[새로 만들기]는 사용자가 직접 디자인은 물론 내용을 구성하여 프레젠테이션을 제작할 수 있다. 프레젠테이션 작업 중 [새 프레젠테이션]으로 시작하려면 프레젠테이션, 비즈니스 방향, 4:3, 학력, 파랑 그리고 그림의 기존 항목을 사용하여 새로 만들기가 가능하다. 그리고 파워포인트를 시작하면 기본 보기라는 보기 상태에서 화면이 열린다.

[파일] 메뉴 – [새로 만들기] – [새 프레젠테이션] 명령을 클릭한다.

범주의 [프레젠테이션] 선택 – [건강 및 체력 단련] 클릭 – [만들기] 명령을 선택한다.

추천 검색어에 있는 다양한 목록은 사용자가 목적에 맞게 선택하여 프레젠테이션을 만들 수 있고 시간과 노력을 줄일 수 있는 장점이 있다.

프레젠테이션을 만들 때 가장 중요한 것은 시선을 끄는 발표 자료를 만드는 것으로 잘 만들어진 자료는 발표의 흐름을 돕고 청중의 이해를 높여주기에 정성을 들일 필요가 있다.

[새로 만들기] 내에 있는 프레젠테이션을 사용하면 주제와 내용을 분류하여 선택 할 수 있고 시간과 노력을 줄일 수 있어 초보자에게 적합 한 기능이다.

1-2 새 슬라이드 삽입

[새 슬라이드 삽입]은 현재 작업 중인 슬라이드에 추가로 슬라이드를 삽입하고자 할 때 사용하는 기능이다. 종류로는 제목 슬라이드(그림포함), 제목 및 내용, 구역 머리글, 내용 2개, 비교, 제목만, 빈 화면, 내용(캡션 포함), 그림(캡션 포함) 그리고 세로 제목 및 텍스트 등이 있다.

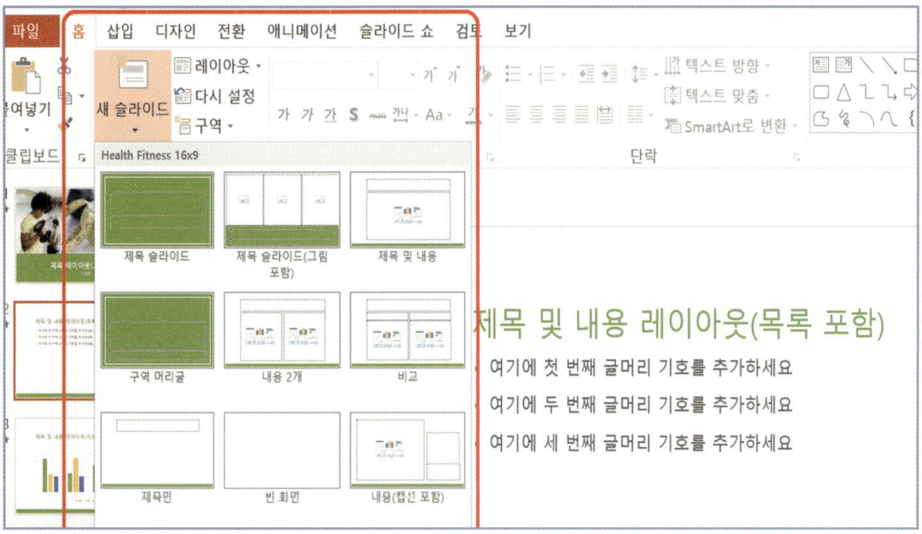

슬라이드 1을 선택 후 [홈] 메뉴 – [슬라이드] 그룹 – [새 슬라이드] – [제목 및 내용] 명령을 클릭한다.

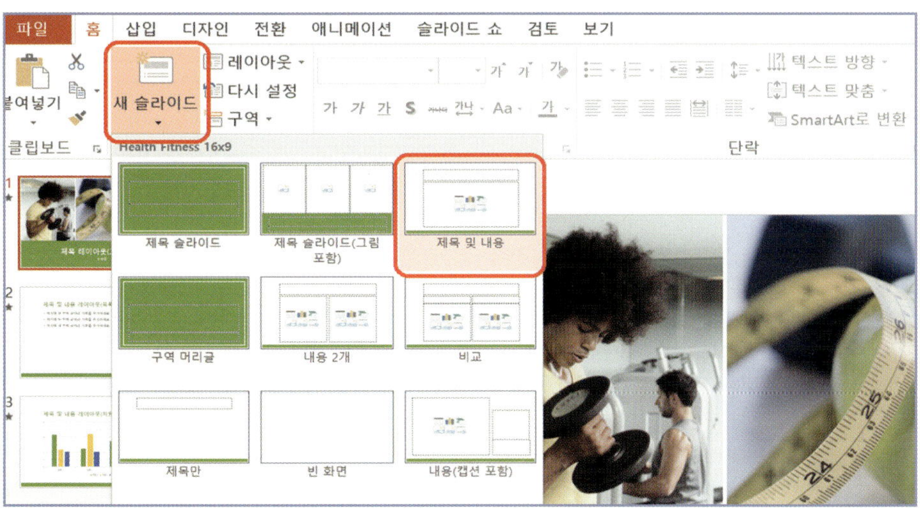

아래 그림처럼 표지 다음에 새 슬라이드가 추가 되어 슬라이드 1 다음에 [제목 및 내용] 슬라이드가 나타남을 알 수 있다.

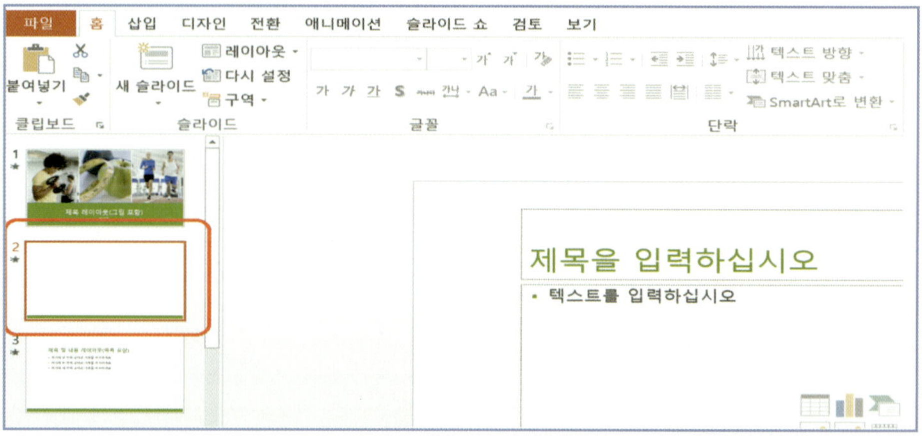

1-3 레이아웃 변경

[레이아웃 변경]은 선택한 슬라이드를 작업 내용에 맞게 다양한 [레이아웃]으로 변경할 수 있다. 레이아웃 종류에는 제목 슬라이드, 제목 및 내용, 콘텐츠 2개, 비교, 제목만, 빈 화면, 캡션 있는 콘텐츠, 캡션 있는 그림, 제목 및 세로 텍스트, 세로 제목 및 텍스트의 다양한 레이아웃 형식이 있다.

슬라이드 3을 선택 후 [홈] 메뉴 – [슬라이드 그룹] – [레이아웃] – [비교] 명령을 클릭하여 만들 수 있다.

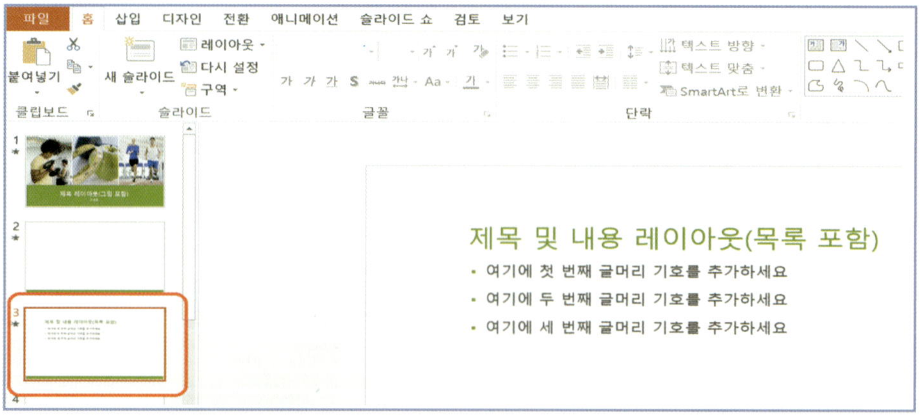

[제목 및 내용] 레이아웃은 많은 글 내용 포함 시 적합하고 [비교] 레이아웃은 글과 개체를 삽입하고자 할 때 사용하는 것이 좋다.

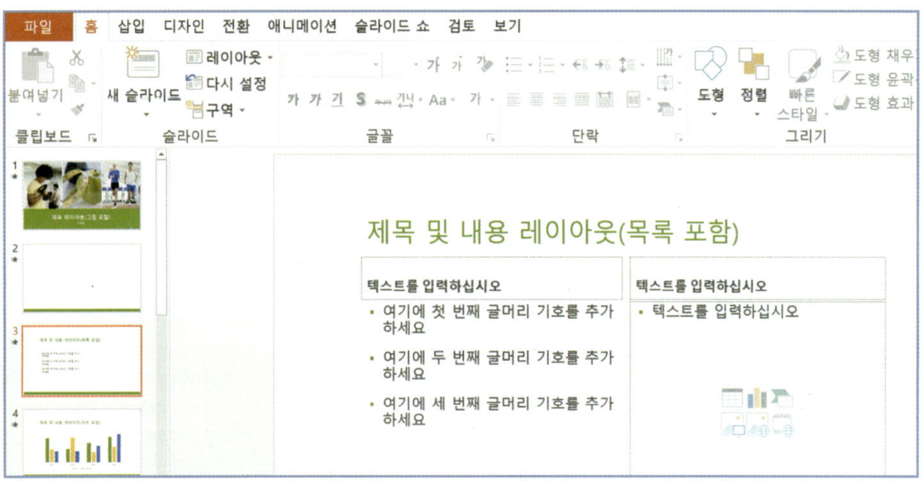

슬라이드 3의 레이아웃이 [비교] 레이아웃으로 변경 되어 텍스트와 개체를 삽입할 수 있는 형식으로 바뀐 것을 확인 할 수 있다.

1-4 디자인 서식

실습을 위해 우선 [1장 예제] 파일을 열어 보자.

① [파일] 메뉴 – [열기] – [1장 예제] 파일을 연다.
② [디자인] 메뉴 – [테마] 그룹 – [테마 자세히]를 선택 – [물방울]을 클릭한다.

[1장 예제]의 모든 디자인이 [물방울]로 변경 되었다.

적용 된 디자인을 취소 하고자 할 때에는

[디자인] 메뉴 – [테마] 그룹 – [테마 자세히] – [Office 테마]를 클릭하면 디자인이 초기화 된다.

디자인 서식의 상세 설명은 2장 테마 부분에서 자세히 다루기로 하고 1장에서는 개념만 익히는 것으로 하겠다.

Ⅰ. 제목 텍스트 꾸미기

제목에 효과를 주기 위해 다음 기능들을 적용해 보자.

① 슬라이드 3을 클릭 한 후 제목인 [프랑스 명절]을 선택한다.
② [파일] 메뉴 – [그리기] 그룹 – [빠른 스타일] – [강한 효과 – 파랑, 강조 1]을 클릭한다.

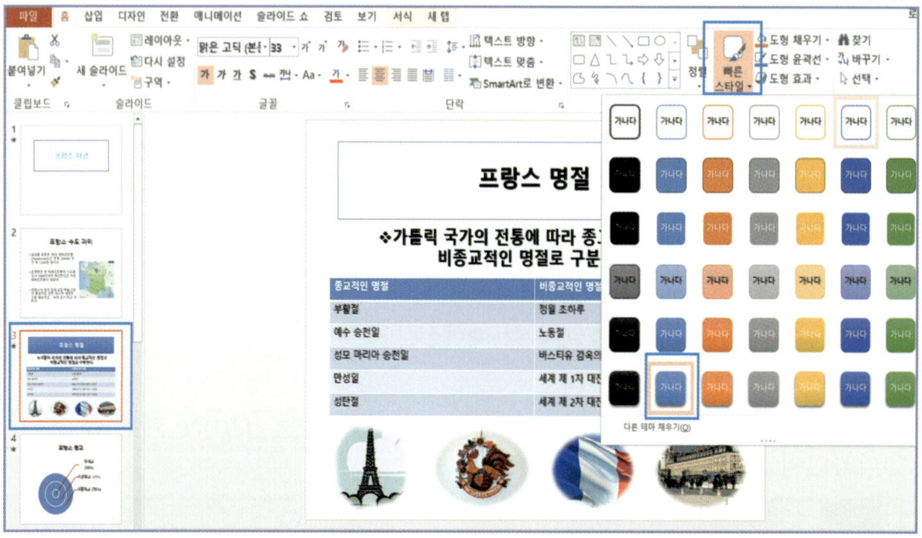

[그리기] 그룹 – [도형 효과] – [기본 설정] – [기본 설정 4]을 클릭한다.

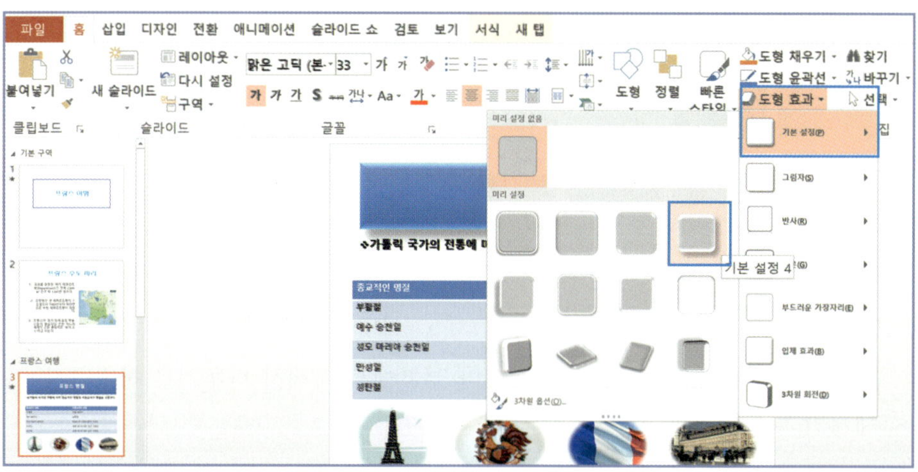

슬라이드 3의 제목 도형이 입체적으로 변경되어 생동감 있는 슬라이드로 변경되었다.

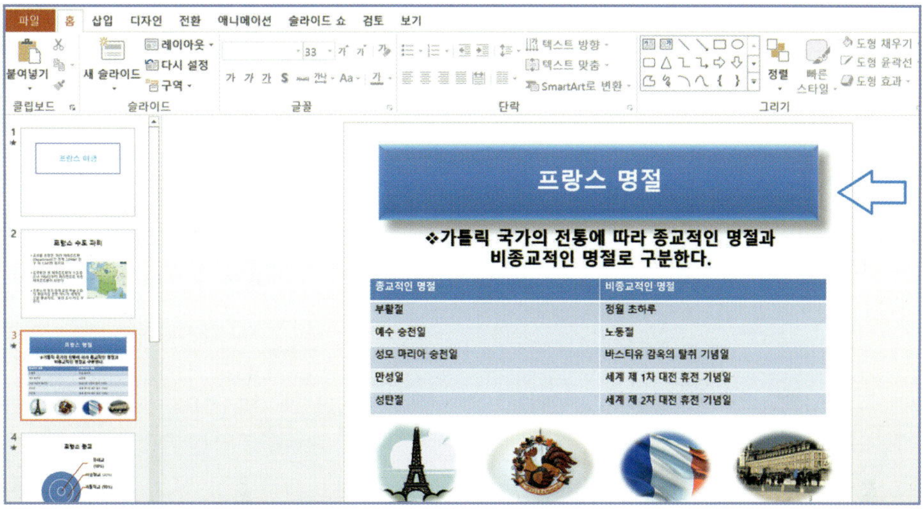

1-5 구역 만들기

슬라이드를 관련 된 내용별로 그룹화하여 보관하고 정리하면 더욱 다양한 디자인을 적용하여 작업 할 수 있다. 관련된 슬라이드를 구역으로 나누고 구역을 알기 쉬운 이름으로 변경 가능하다. 각 구역별로 다른 서식과 서로 다른 테마 등의 효과를 줄 수 있고 이동 및 인쇄도 가능하다.

슬라이드 3을 선택 후 [홈] 메뉴 – [슬라이드] 그룹 – [구역] – [구역 추가] 명령을 선택한다.

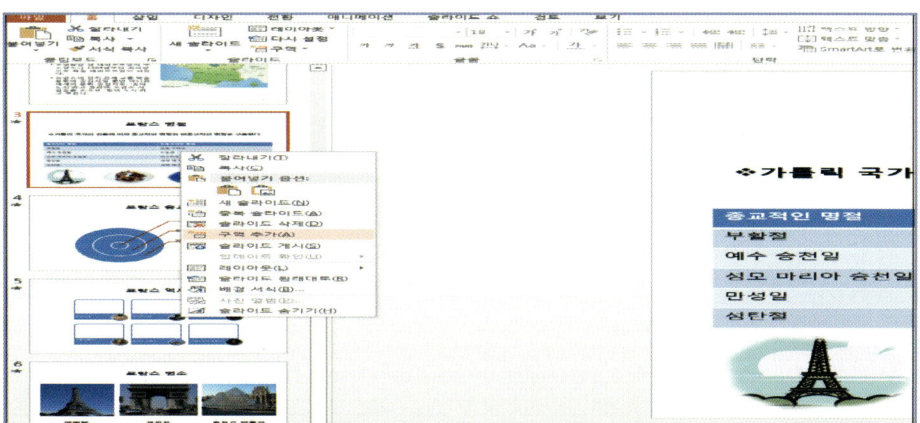

구역의 이름 변경은

[제목 없는 구역] 위에서 마우스 오른쪽 단추 선택 – [구역 이름 바꾸기] – 구역 이름에 [프랑스 역사]를 입력 – [이름 바꾸기]를 클릭한다.

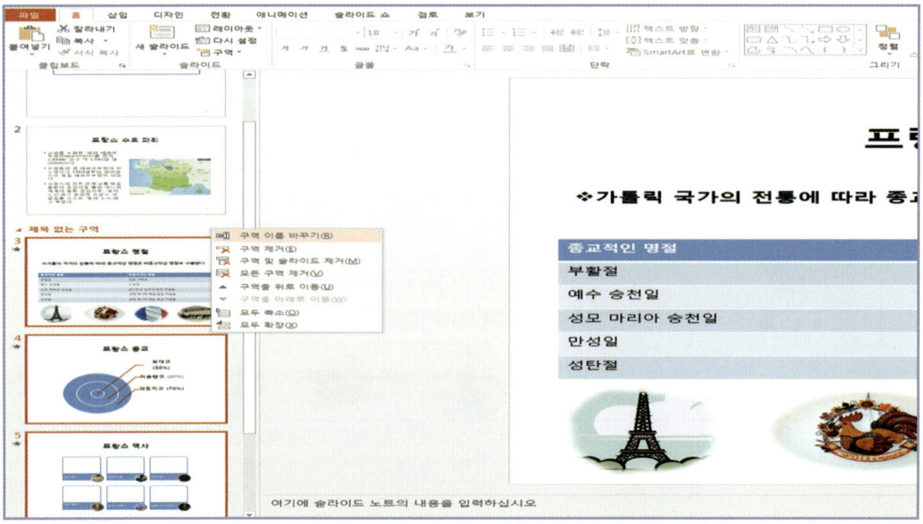

[기본 구역]에는 슬라이드 1, 2가 속하고 [프랑스 여행] 구역에는 슬라이드 3부터 슬라이드 8까지가 포함 된다.

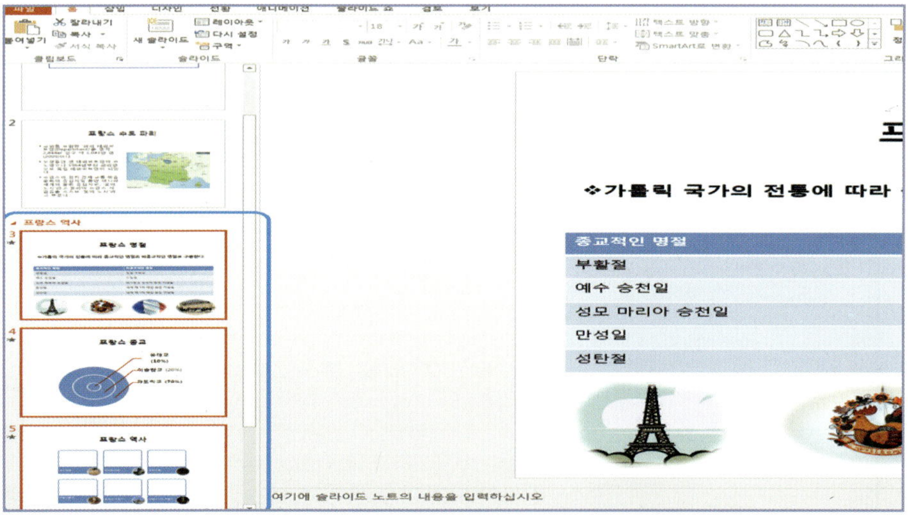

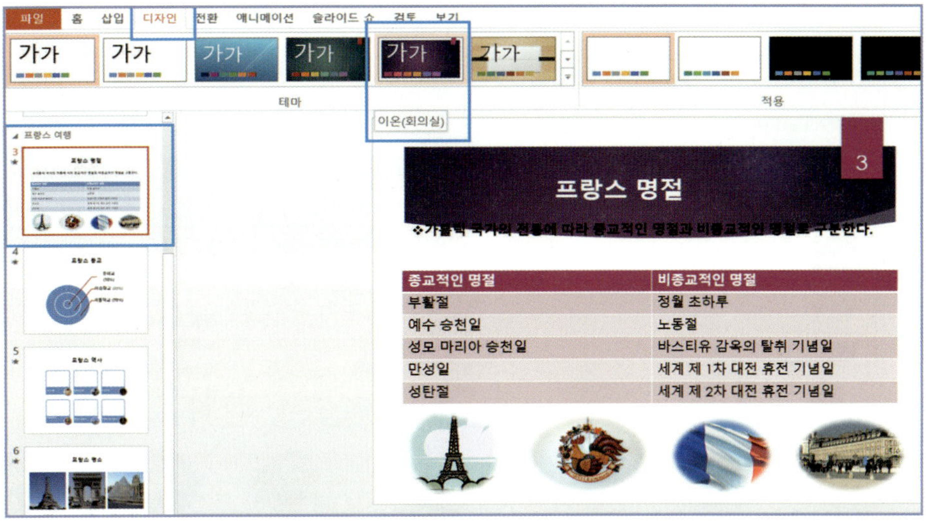

슬라이드 3 선택 후 [디자인] 메뉴 – [테마] 그룹 – [이온 (회의실)] 테마 명령을 선택한다.

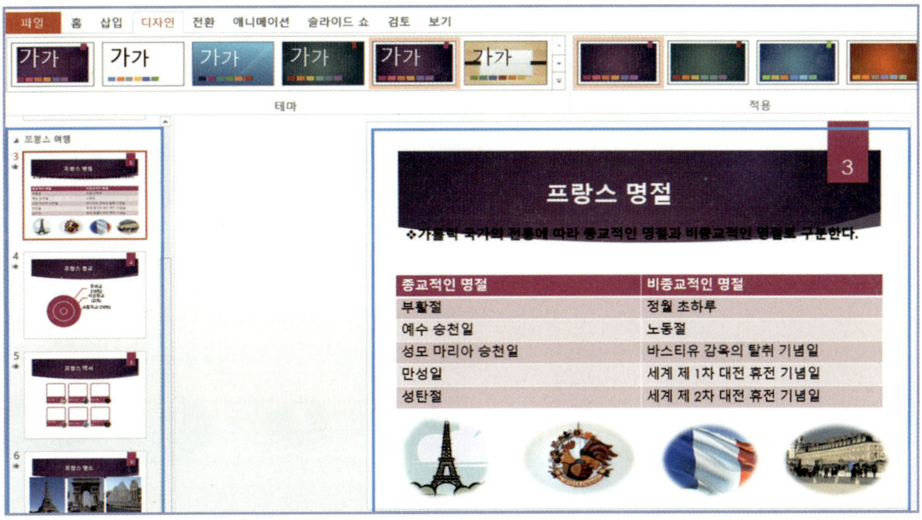

구역 축소 관리는

[홈] 메뉴 – [슬라이드] 그룹 – [구역] – [모두 축소] 명령을 선택하여 간단히 목록 형식으로 요약하여 볼 수 있다. 이 기능은 프레젠테이션 내용이 많을 때 구역별로 구분하여 보고자 할 때 유용하다.

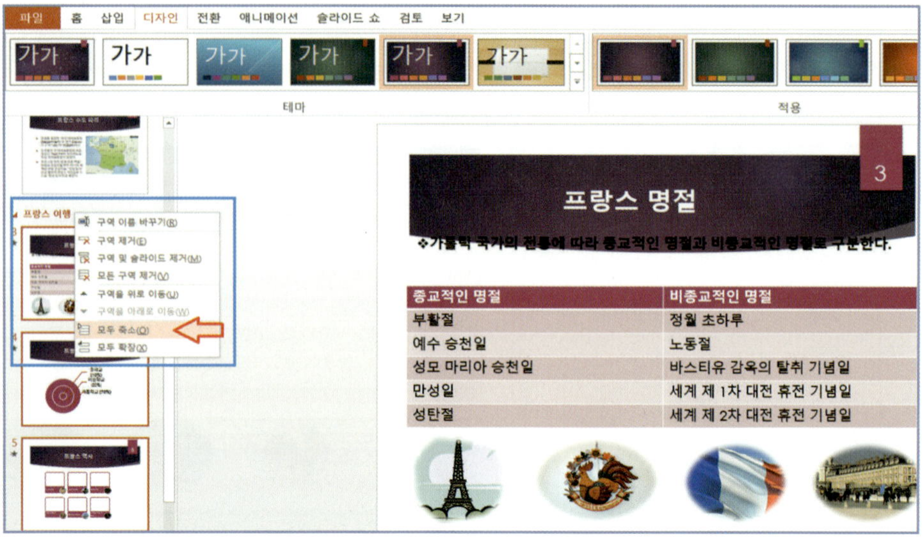

아래 그림처럼 [기본 구역 2]과 [프랑스 여행 6] 구역으로 축소되어 진다.

1-6 글꼴 서식 및 정렬

Ⅰ. 글꼴 서식

[글꼴 서식]은 슬라이드 레이아웃에 포함된 텍스트 개체 틀에 각각 다른 글꼴

크기를 설정할 수 있고, 사용자가 원하는 글꼴, 글꼴 크기, 색 변경, 모든 서식 지우기, 텍스트 그림자 그리고 문자 간격 등을 변경할 수 있다.

슬라이드 1의 제목 텍스트 상자의 [프랑스 여행]을 선택 후 [홈] 메뉴 – [글꼴] 그룹 – [HY 동녘B] – 명령을 클릭한다.

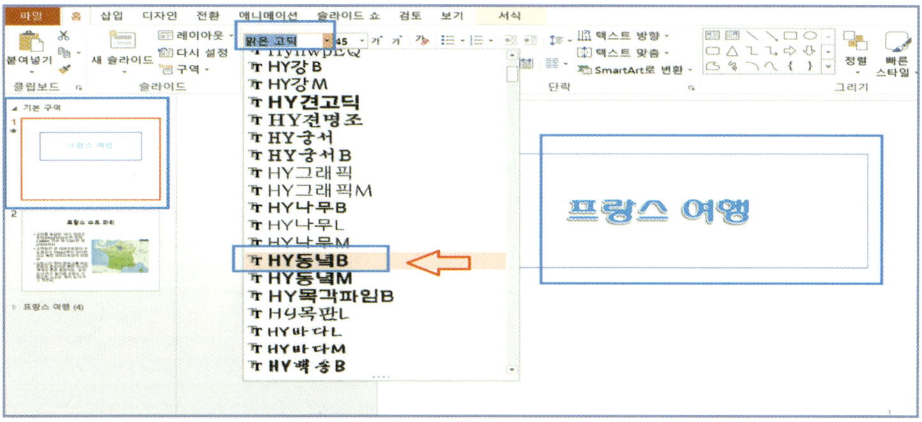

제목 텍스트 상자의 글꼴이 [HY 동녘B]로 변경 되는 것을 확인 할 수 있다.

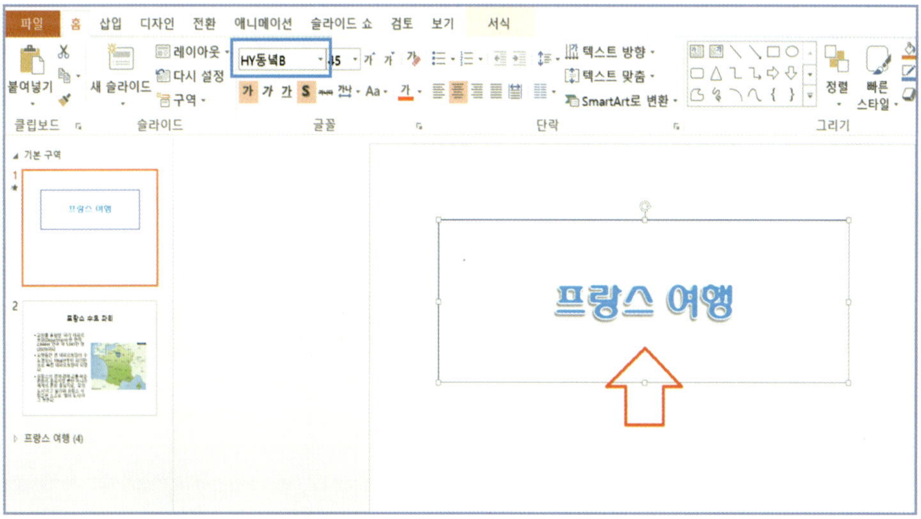

슬라이드 2의 제목 텍스트 상자의 [프랑스 수도 파리]를 선택 후 [홈] 메뉴 – [글꼴] 그룹 – [글꼴 크기 : 40] – [가 가 S] – [가] 명령을 클릭한다.

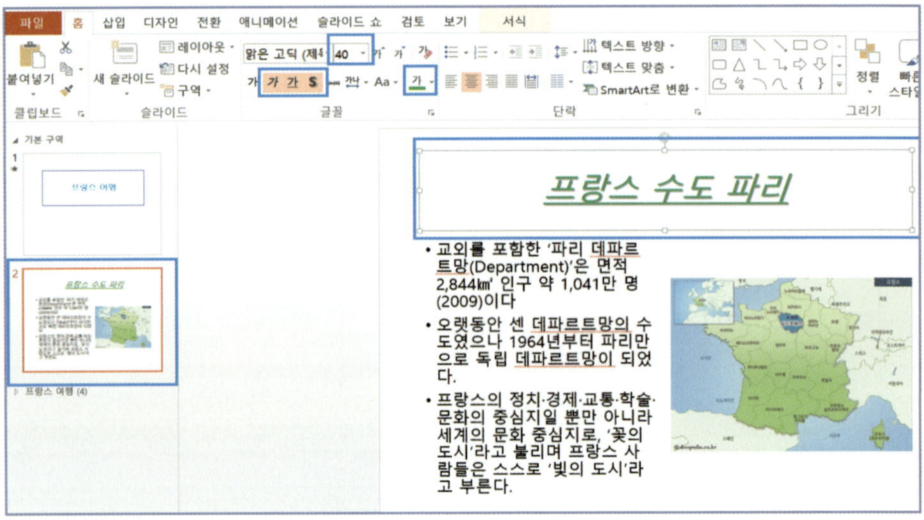

Ⅱ. 서식 지우기

내용에 적용한 서식을 지울 때 편리한 기능으로 글자가 선택 된 상태에서 [서식 지우기]를 클릭하면 이미 적용 된 글자의 크기, 서체, 글꼴 변경 등의 서식이 모두 지워지고 처음 입력했던 모양으로 돌아간다.

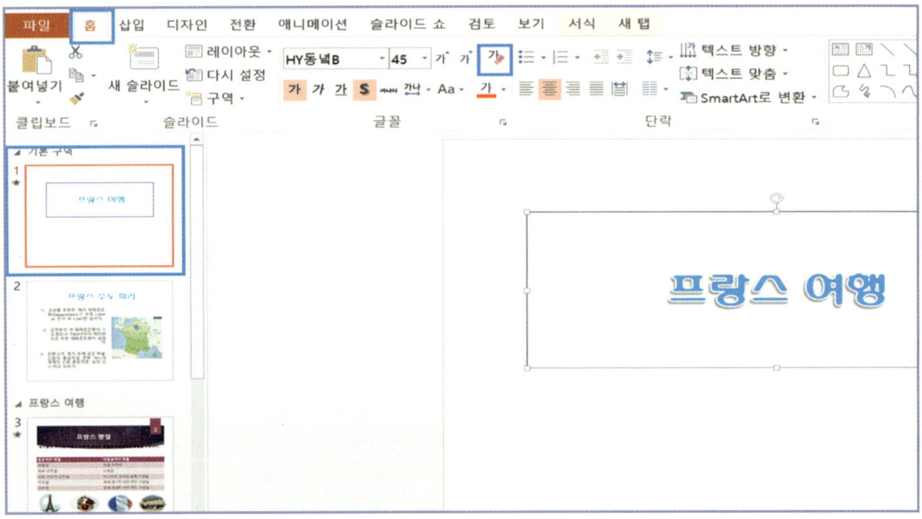

슬라이드 1의 제목 텍스트 상자의 [프랑스 여행]을 선택 후 [홈] 메뉴 – [글꼴] 그룹 – [모든 서식 지우기] – 명령을 클릭한다.

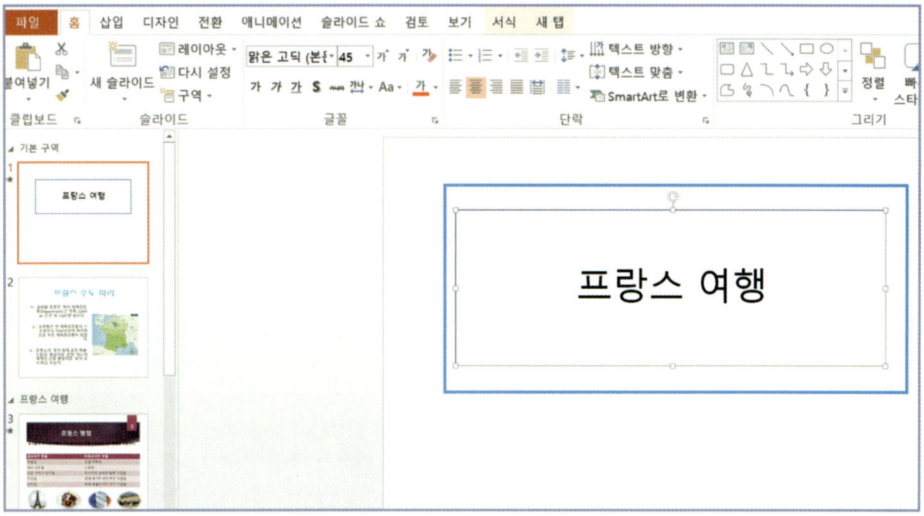

[홈] 탭의 글꼴 도구 모음을 이용하여 서식을 바로 적용 할 수도 있으나 특정 효과 서식은 글꼴 대화 상자의 [자세히]를 이용해야만 적용 할 수 있다. [글꼴] 대화 상자를 이용하면 취소선, 이중 취소선 그리고 위 첨자등과 같은 다양한 밑줄 스타일을 적용할 수 있다.

슬라이드 2의 텍스트 상자 선택 후 [홈] 메뉴 – [글꼴] 그룹의 자세히 단추 – [문자 간격] 명령을 클릭한다.

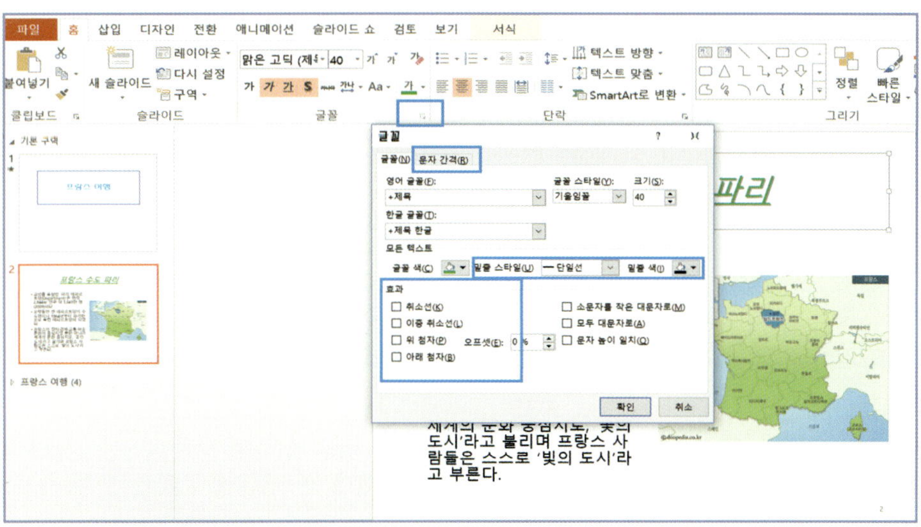

단락 정렬은 [아이콘]을 이용하면 좀 더 간편하다. 우선 적용하고 싶은 내용에 범위를 지정하고 원하는 아이콘을 클릭한다.

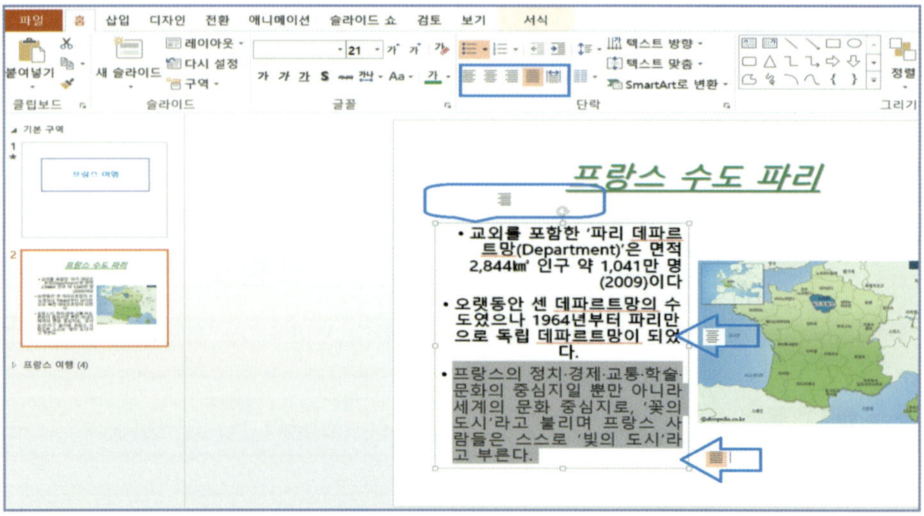

1-7 글머리 기호

[글머리 기호]는 제목 및 내용 슬라이드에 텍스트를 입력하면 각 항목 앞에 [글머리 기호]가 표시되어 내용을 보기 쉽고 일목요연하게 정리해 준다. 이러한 글머리 기호는 다른 여러 가지 특수 기호나 그림으로 변경이 가능하다.

Ⅰ. 글머리 기호 적용

슬라이드 2를 선택 후 [글머리 상자] 클릭 – [홈] 메뉴 – [단락] 그룹 – [글머리 기호] – [별표 글머리 기호] 명령을 클릭한다.

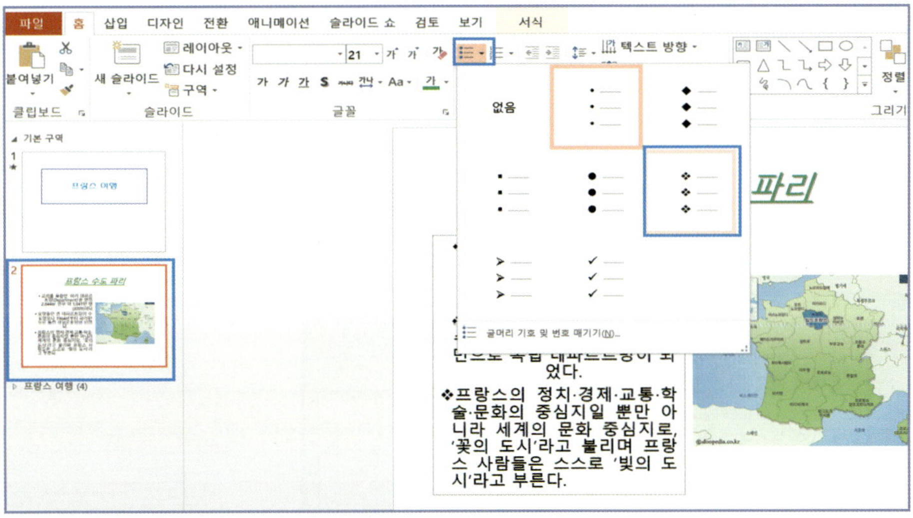

슬라이드 2의 글머리 기호가 [별표 글머리 기호] 모양으로 변경 된 것을 확인 할 수 있다.

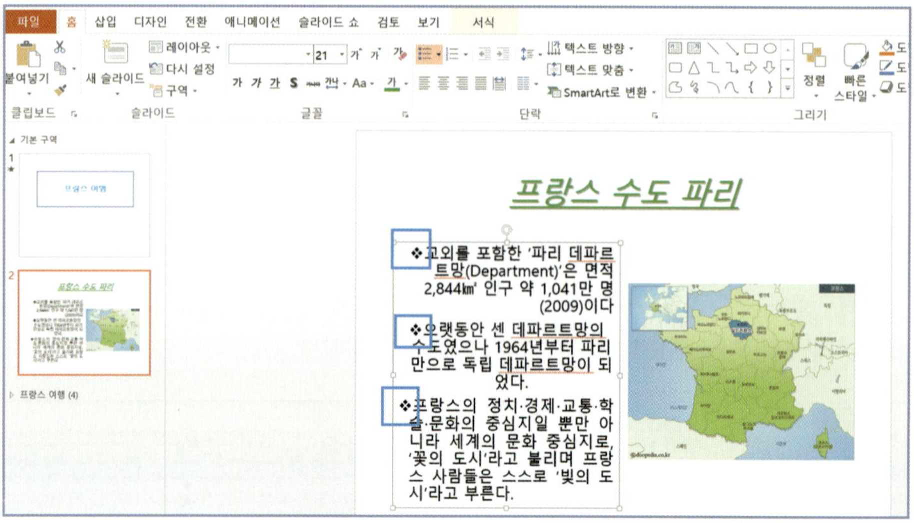

글머리 기호에는 다음과 같이 다양한 모양이 있고 그 외의 것을 사용하고자 할 때에는 [그림]이나 [사용자 지정]을 통해 컬러풀하고 다양한 기호를 추가 할 수 있다.

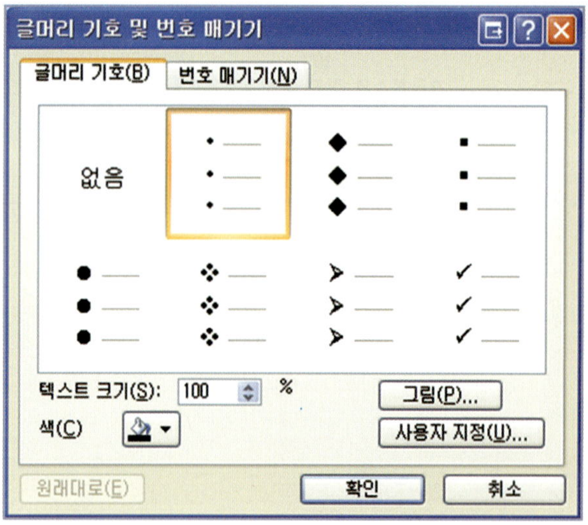

Ⅱ. 글머리 기호 서식 적용

글머리 서식을 통해 글머리 모양과 텍스트 크기, 글머리 색 그리고 저장 된 그림을 불러 올 수 있는 기능이다.

슬라이드 2를 선택 후 [글머리 상자] 클릭 – [홈] 메뉴 – [단락] 그룹 – [글머리 기호] – [글머리 기호 및 번호 매기기] 명령을 클릭한다.

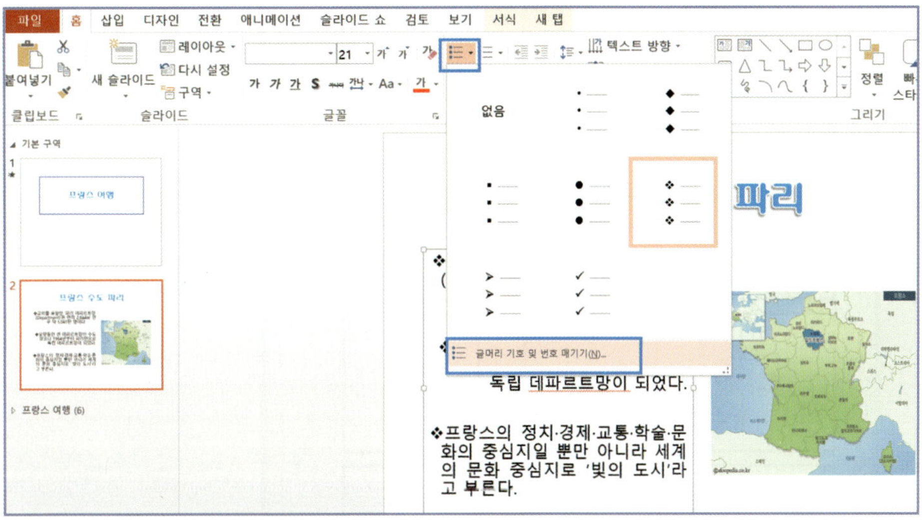

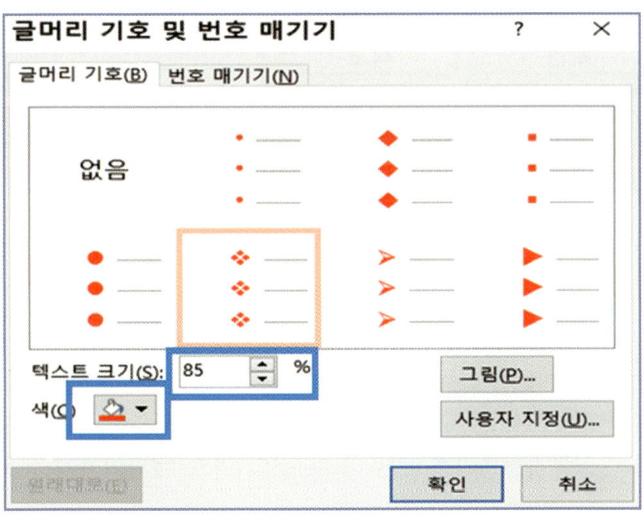

저장 된 글머리 기호를 사용하고자 할 때는

[그림] 버튼 – [가져오기] – [파일 선택]을 이용하여 가져올 수 있다.

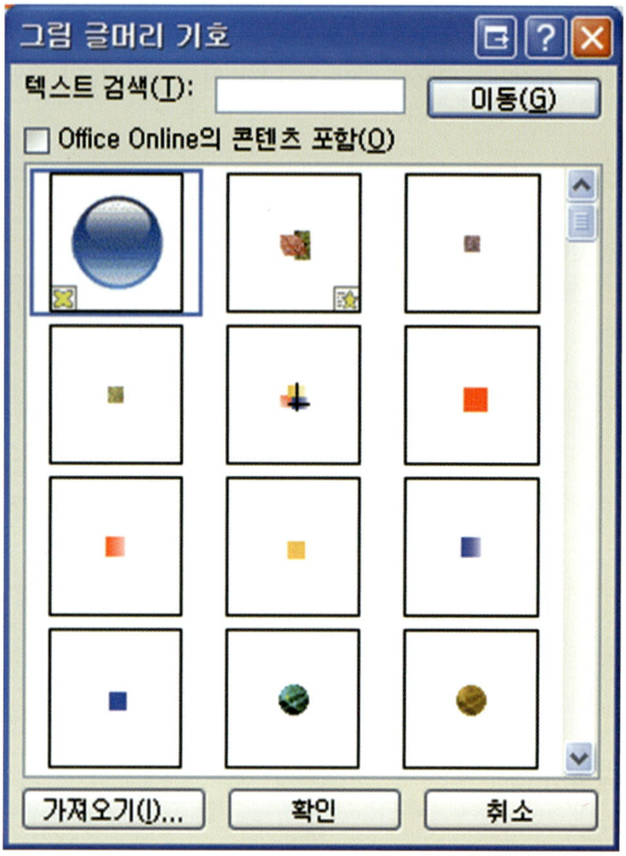

1-8 번호 매기기

[번호 매기기]는 순서를 나타내는 목록으로 [번호 매기기] 서식을 이용하여 각 항목에 일련번호를 설정 할 수도 있어 다양한 방식으로 표현이 가능하다. 일반 숫자, 원 숫자, 알파벳 대소문자, 그리스 로마 숫자 등의 번호 매기기가 가능하고 수준 조정을 할 수 있다.

슬라이드 2를 선택 후 [글머리 상자] 클릭 – [홈] 메뉴 – [단락] 그룹 – [번호 매기기] 선택 – [1) 2) 3)] 명령을 클릭한다.

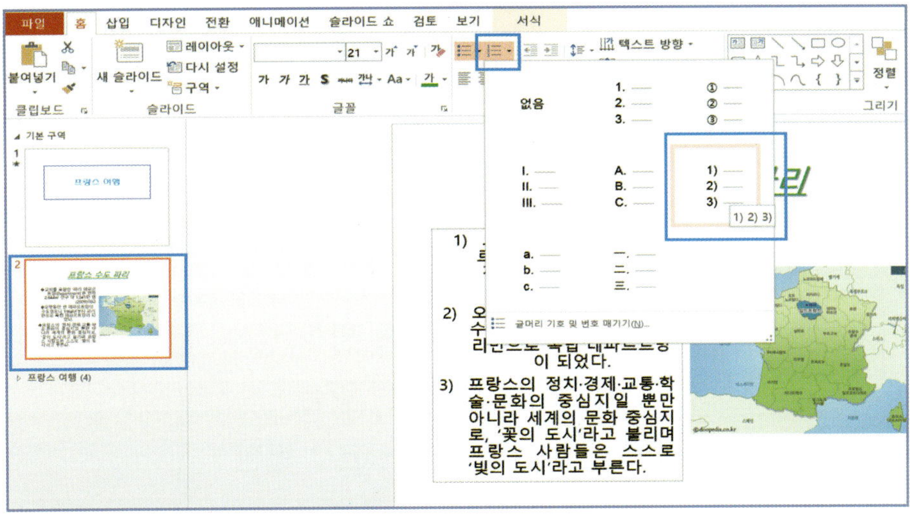

슬라이드 2의 [프랑스 수도 파리]의 글머리 텍스트가 목록 있는 숫자 형식으로 변경 되는 것을 확인 할 수 있다. 그리고 [글머리 기호 및 번호 매기기]에서 [색]과 [시작 번호]를 변경하여 다양한 형식으로 글머리 기호 편집이 가능하고 [텍스트 크기] 변경도 할 수 있다.

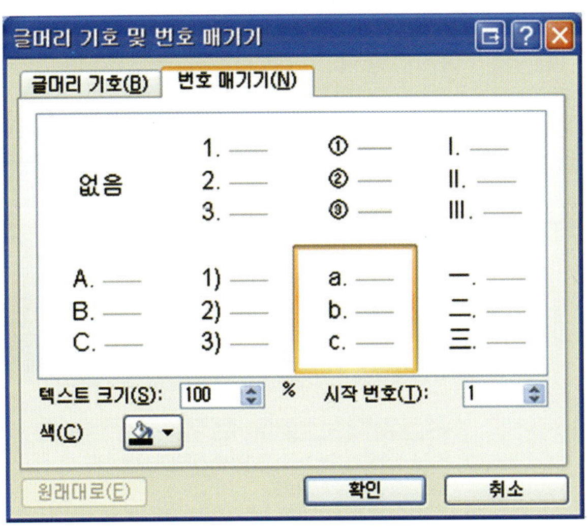

1-9 단락

[단락]이란 글을 내용이나 형식을 중심으로 크게 끊어 나눈 단위로 Enter 키를 누르기까지의 모든 줄을 의미한다. 단락을 이용하여 글머리 기호나 줄 간격, 맞춤, 텍스트 방향 그리고 스마트아트로 변환 등의 작업을 할 수 있다.

단락 단위로 [맞춤] 단락의 [줄 간격]과 [목록 수준 늘림]과 같은 단락 서식을 설정할 수 있다. 대표적인 단락 서식으로는 단락 맞춤과 단락 간격이 있다.

Ⅰ. 텍스트 맞춤

텍스트 맞춤에는 위쪽, 가운데, 아래쪽으로 문서의 내용을 설정 할 수 있다.

슬라이드 7을 선택 후 [글머리 상자] 클릭 – [홈] 메뉴 – [단락] 그룹 – [텍스트 맞춤] – [위쪽] 을 클릭한다.

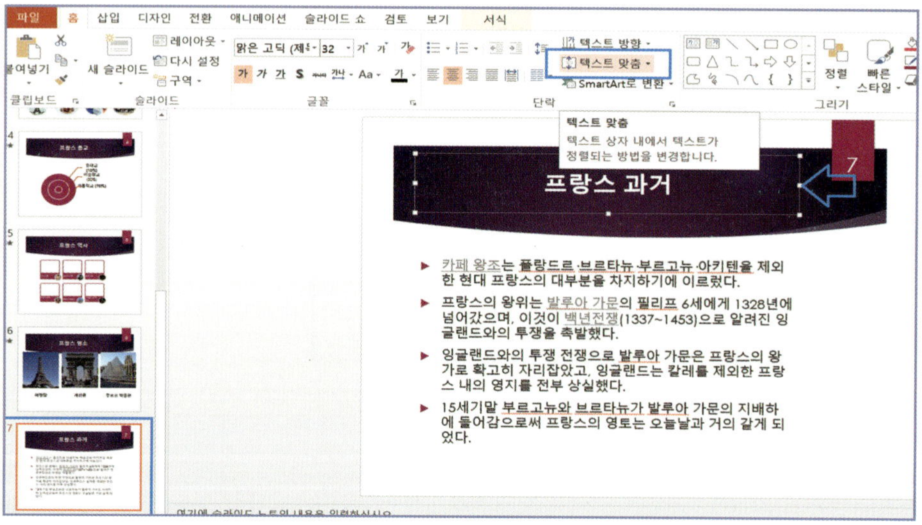

〈프랑스 과거〉 제목 텍스트가 위쪽으로 맞춰짐을 확인 할 수 있다.

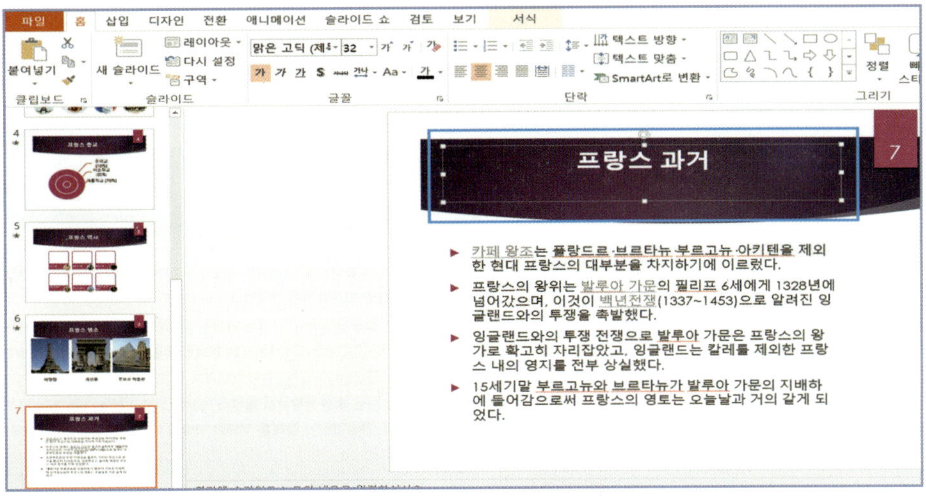

1-10 줄 간격 및 단 설정

Ⅰ. 줄 간격

내용의 양에 따라 줄 간격을 다르게 설정함으로 문서를 좀 더 예쁘고 스타일리쉬하게 작업 할 수 있다.

슬라이드 7을 선택 후 [글머리 상자] 클릭 – [홈] 메뉴 – [단락] 그룹 – [줄 간격] – [1.5]를 선택하여 줄 간격을 넓힐 수 있다.

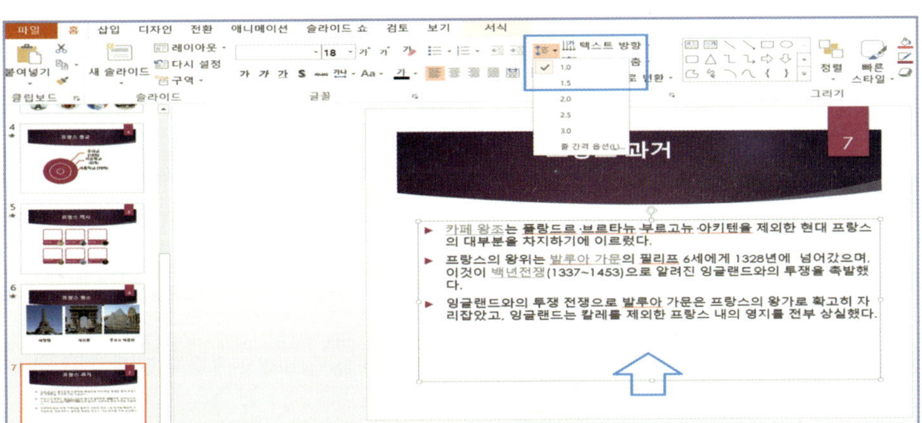

슬라이드 7의 글머리 상자 내용이 줄 간격 [1.5]로 넓혀져 보기 좋게 꾸며 졌다.

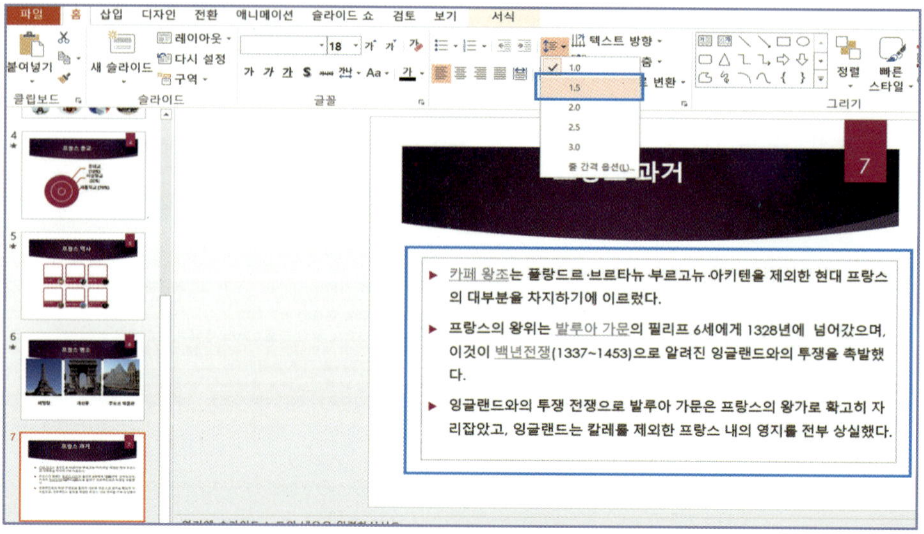

Ⅱ. 단 설정

신문이나 잡지를 보면 많은 내용을 게시하고자 여러 단으로 나누어 글을 쓴 것을 볼 수 있다. 즉 단 설정을 통해 지면 활용도를 높일 수 있는 장점이 있기에 자주 사용하는 기능이다.

슬라이드 7을 선택 후 [글머리 상자] 클릭 – [홈] 메뉴 – [단락] 그룹 – [단] – [2단]을 선택하여 문서를 다양하게 편집 할 수 있다.

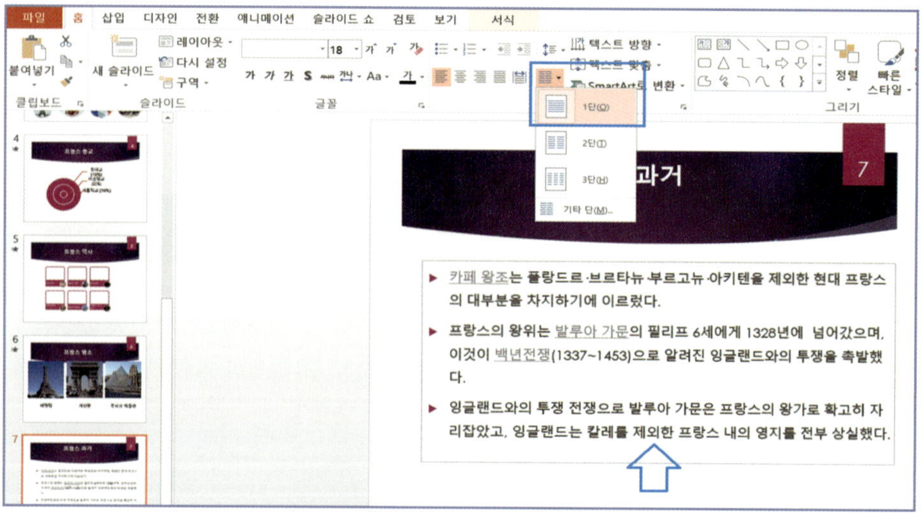

글 상자를 선택 후

[단 설정] – [기타 단] – [개수 : 2] – [확인]을 선택한다.

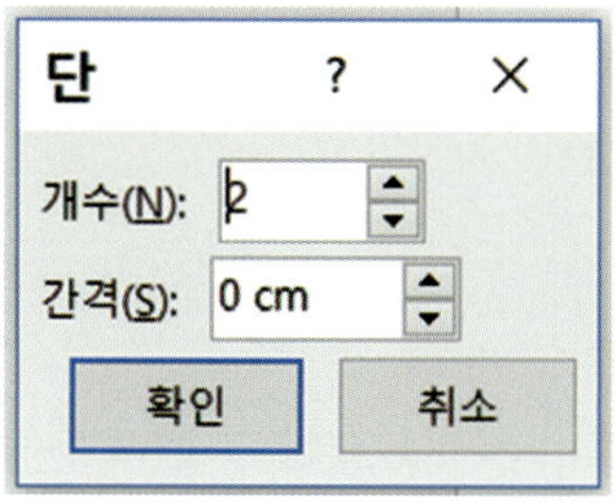

하나의 단을 여러 개의 단으로 수정 가능하고 간격도 넓힐 수 있다.

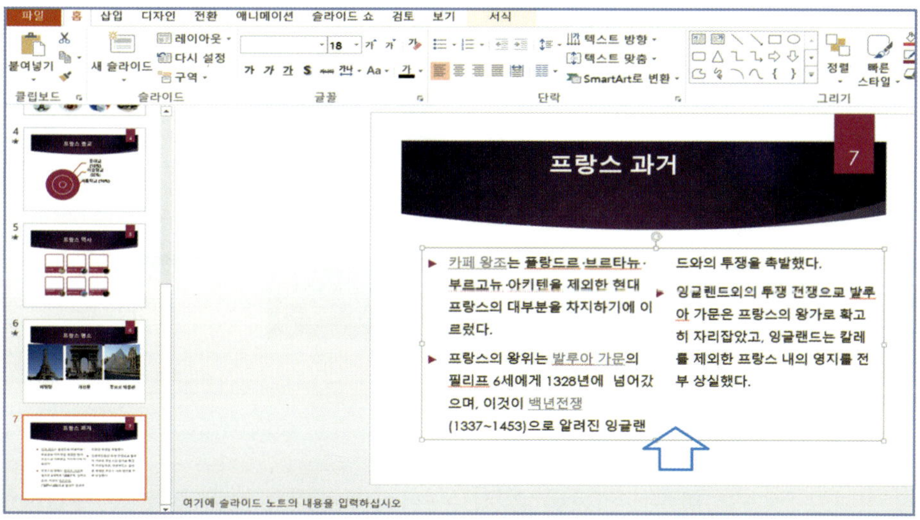

그 외에도 단락 기능은 다양하여 문서 내용에 어울리는 단락 기능을 적용시키면 더 좋은 문서 작성이 가능하다.

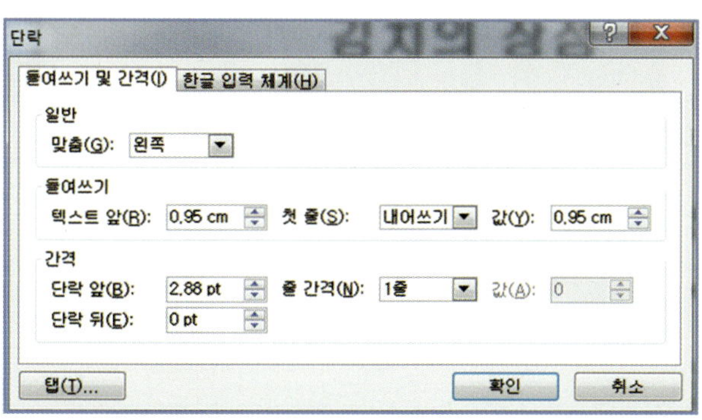

위의 그림과 같이 [단락]을 사용자가 원하는 대로 [들여쓰기]와 [간격] 등을 통해 다양한 프레젠테이션 편집을 할 수 있다. 참고로 가장 간단한 방법인 탭 키(Tab)를 사용한 들여쓰기는 단락의 맨 앞에 커서를 두고 탭 키를 누르면 탭 설정 값만큼 들어가게 된다.

1-11 텍스트 방향

슬라이드 8을 선택 후 [세비아 성당] – [글머리 상자] 클릭 – [홈] 메뉴 – [단락] 그룹 – [텍스트 방향] – [모든 텍스트 90도 회전]을 클릭 한다.

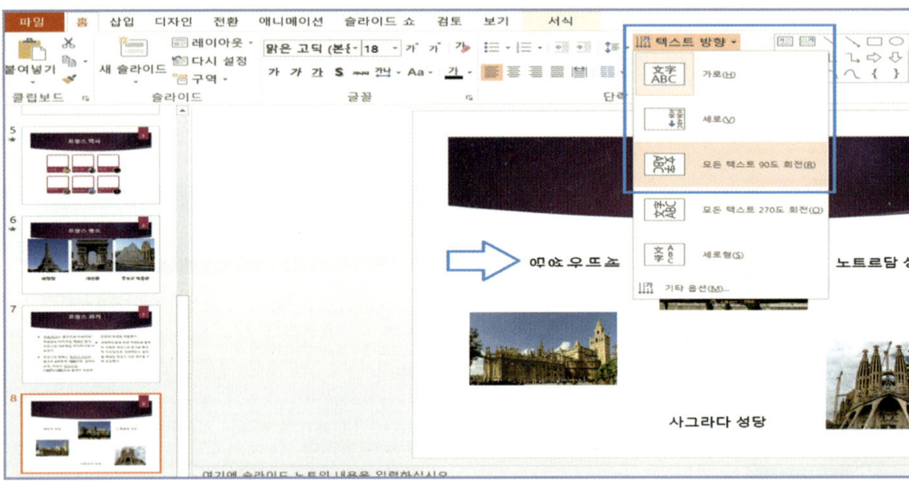

그리고 [텍스트 방향] – [기타 옵션] – [넘치면 텍스트 크기 조정]을 클릭한다.

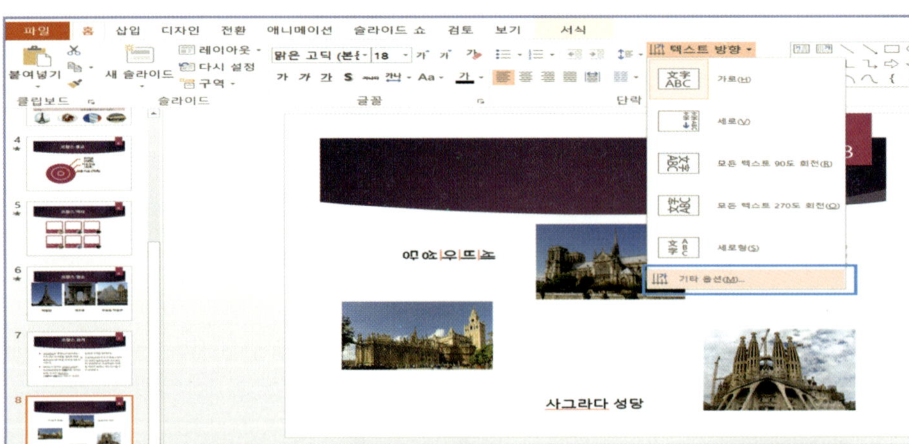

1-12 서식 복사

[서식 복사]는 텍스트에 설정되어 있는 글꼴 및 단락 서식을 다른 텍스트 상자에 복사하여 빠르고 간편하게 재사용 할 수 있다.
그리고 글 복사뿐만 아니라 도형 서식에도 복사가 가능하다. 자주 사용하는 서식은 스타일로 지정해 사용하는것이 좋고 사용 빈도가 적은 것들은 서식 복사를 이용하면 작업 능률을 높일 수 있어 효율적이다.

슬라이드 1의 제목을 [범위 지정] 한 후 – [홈] 메뉴 – [클립보드] 그룹 – [서식 복사]를 선택 한다.

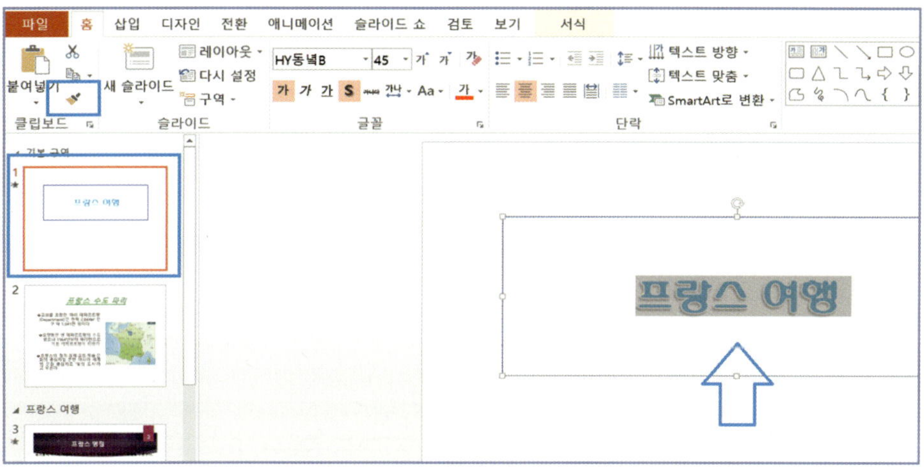

슬라이드 2를 클릭 – 제목의 [프랑스 수도 파리]를 드래그 한다.

그러면 슬라이드 1과 같은 [글자 크기 45]와 글꼴 서식 [HY 동녘 B]로 내용이 변경 된다.

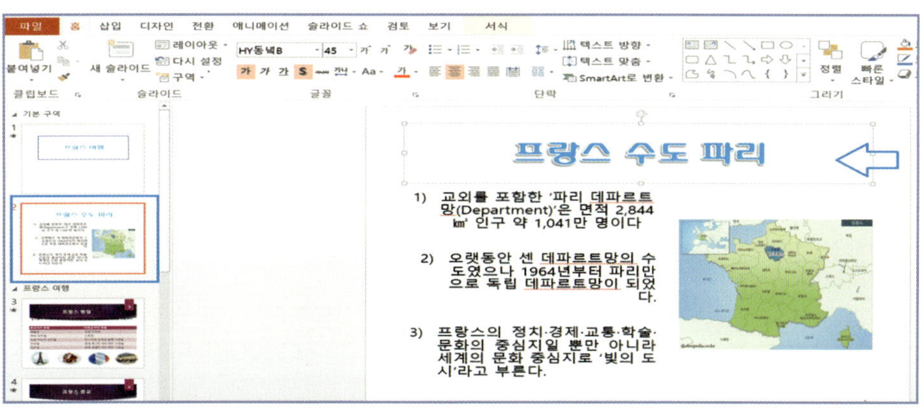

1-13 저장 및 다른 형식으로 저장

[저장]과 [다른 이름으로 저장]의 차이는 다음과 같다. [저장]은 지금 현재 파워포인트나 엑셀 등 문서 작업 시 저장을 누르면 단순히 현재까지의 내용을 저장하는 것이다. [다른 이름으로 저장]은 이미 저장 되 하나의 문서를 연 후 [다른 이름으로 저장]을 눌러 문서의 저장 경로와 이름을 묻는 창이 뜨면 어디에 저장할 것인지 폴더를 클릭하고 변경하고자 하는 파일 이름을 입력하여 처음 열어놨던 문서 외에 하나 더 파일을 만들 수 있다.

파워포인트에서 [저장] 할 수 있는 방법은 여러 가지로 파워포인트 프레젠테이션, PowerPoint 97-2003 프레젠테이션, PDF, XPS 문서, 디자인 서식 파일 등 그 외로도 저장이 가능하다.

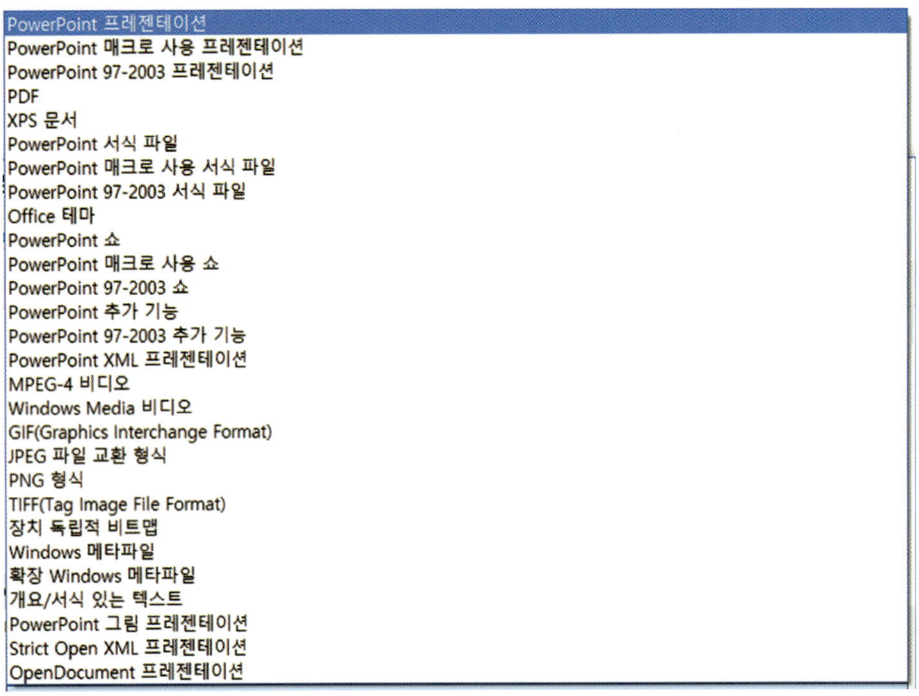

저장 할 폴더를 지정 후 [파일 이름] 란에 저장하고자 하는 파일명을 입력, [저장] 단추를 누르면 변경 된 내용을 컴퓨터에 저장 할 수 있다.

[파일] 메뉴 – [다른 이름으로 저장]을 클릭 – [바탕 화면] 폴더를 선택 – [파일 이름] – [1장 예제]로 입력하여 저장한다.

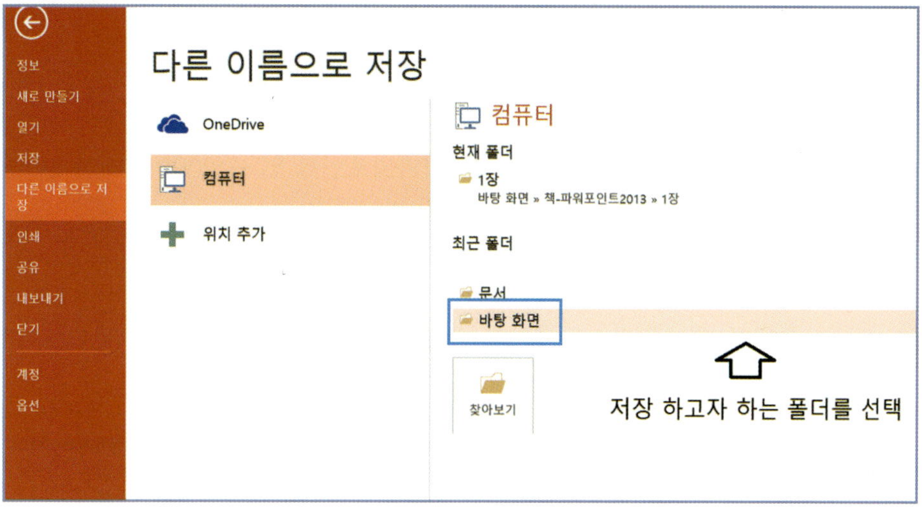

그리고 저장이 됐으면 현재의 문서는 닫는다.

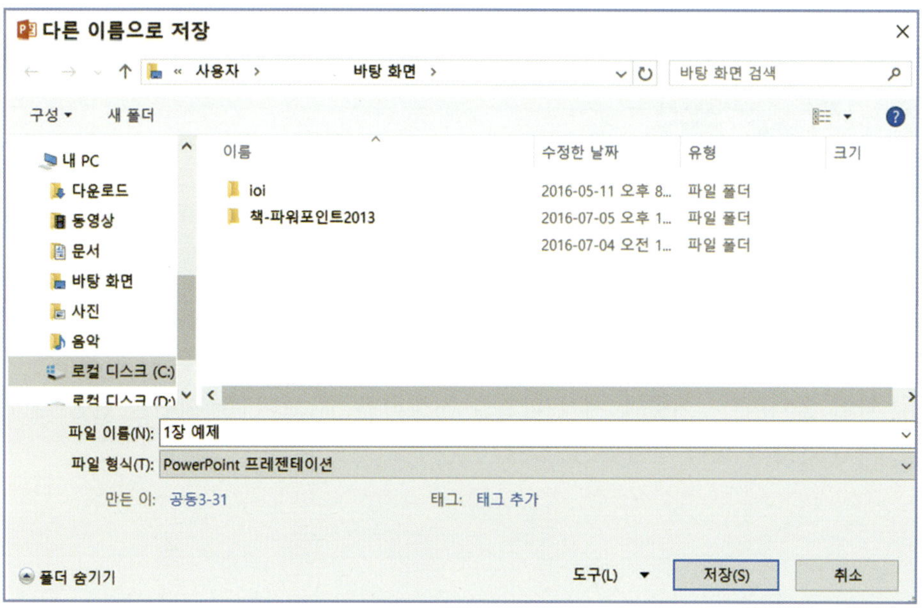

[PowerPoint 프레젠테이션]은 파워포인트 2013 프레젠테이션을 저장하는데 사용되고, [PowerPoint 97-2003 프레젠테이션] 저장 방법은 파워포인트 97부터 2003까지의 이전 버전으로 프레젠테이션 내용을 저장하는데 사용된다.

[다른 형식] 중 [파일 형식]의 [PowerPoint 매크로 사용 프레젠테이션]은 윈도우 기반 응용 프로그램을 프로그래밍 하는데 사용하고, 매크로가 포함된 프레젠테이션을 저장할 수 있다. 그리고 그 외에 [파워포인트 97 - 2003 프레젠테이션]과 [파워포인트 서식 파일] 등으로도 저장이 가능하다.

[PowerPoint 서식 파일] 저장 형식은 사용자가 디자인한 마스터를 다른 프레젠테이션에서 재사용하고자 할 때 디자인 서식 파일로 저장하면 된다. 디자인 서식 파일의 형식은 [*.potx] 이다.

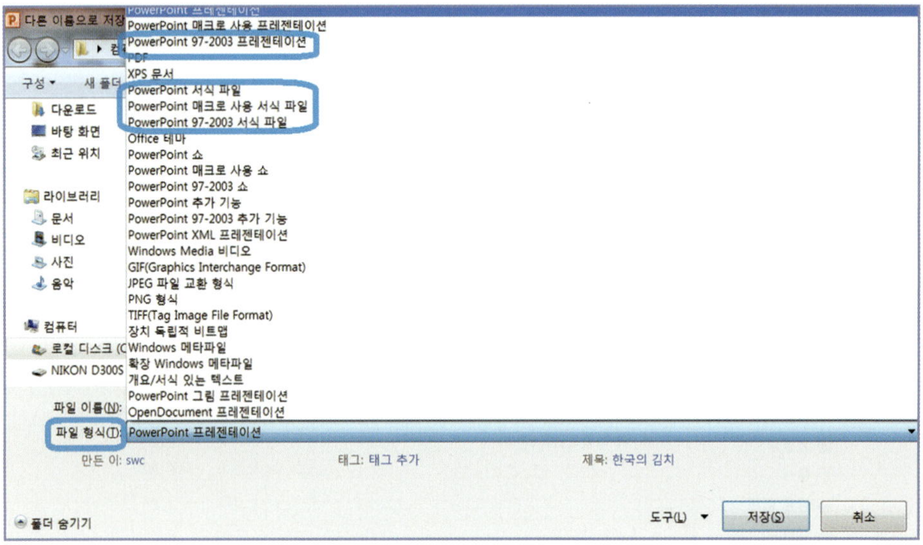

[Templates] 폴더는 서식 파일들을 모아 저장하여 관리할 수 있게 해주는 서식 파일 폴더이다. 이곳에 서식 파일을 저장하면 새 프레젠테이션을 만들 때 서식 파일을 쉽게 찾아 시작할 수 있다.

1-14 기존 프레젠테이션 열기

[기존 파워포인트 2013 열기]는 이미 저장 되어 있는 기존 파워포인트 문서를 불러 올 수 있는 기능이다.

[파일] 메뉴 – [열기] – [컴퓨터] – [바탕 화면] – [1장 예제] –[열기] 명령을 클릭한다.

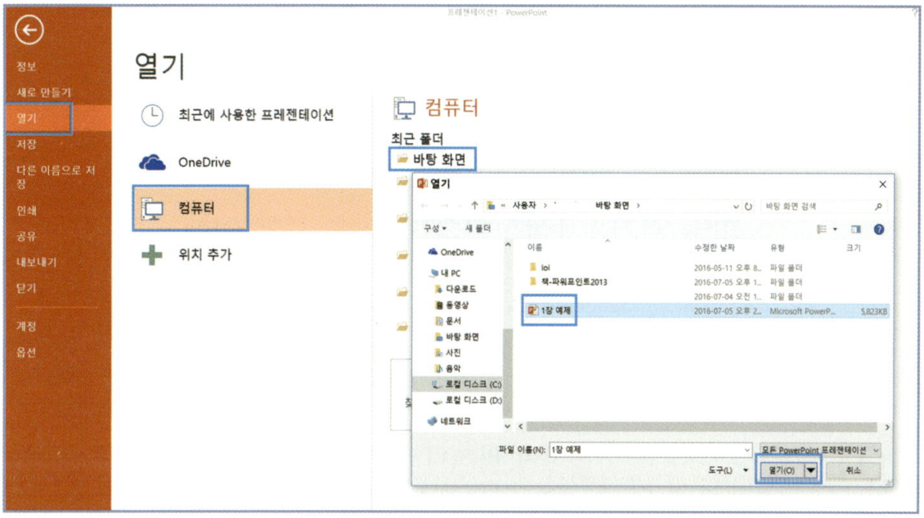

전에 저장한 파일 중 [1장 예제] 파일이 열리는 것을 확인 할 수 있다.

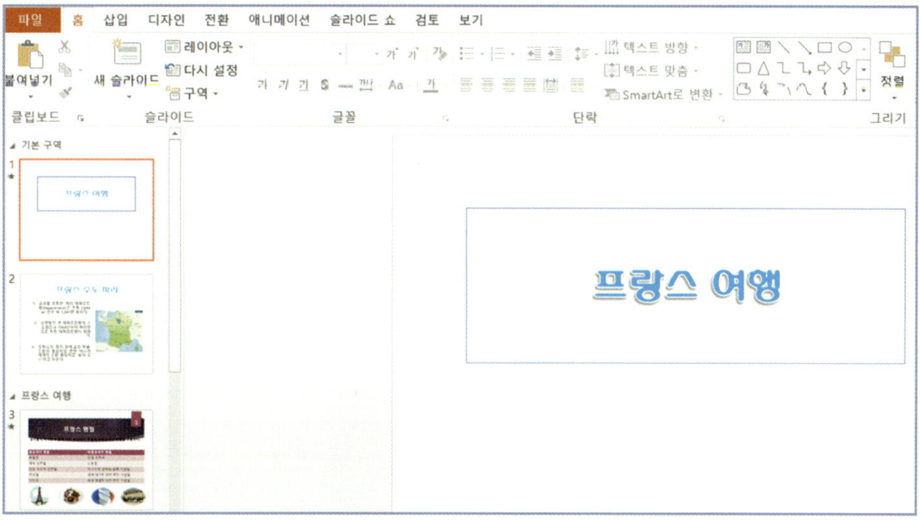

1장 실전학습

문제 1 ~ 4번
새로 만들기로 작성 후 이어 풀기

문제 5 ~ 6번
파일 열기 : [실전학습] 폴더 – 세계 여행

01

1) 서식 파일을 이용하여 비즈니스 범주의 [비즈니스 프로젝트 계획] 프레젠테이션을 새로 만드시오.
2) 슬라이드 1을 다음에 [제목 및 내용]의 새 슬라이드를 추가하고 제목에 '영업 실적' 이라 입력하고, 제목은 가로 오른쪽 맞춤을 하시오.

02

1) 슬라이드 4를 콘텐츠 2개로 레이아웃을 변경 후 텍스트 내용을 궁서체, 글꼴 크기 24로 변경하시오.
2) 슬라이드 5의 글머리 기호를 원 숫자로 변경하시오.
3) 바탕 화면에 '제안서' 라고 저장 하시오.

03

1) 서식 파일을 이용하여 프레젠테이션 범주의 [신선한 음식 프레젠테이션] 을 새로 만드시오.
2) 슬라이드 2 글상자의 줄 간격을 2.0으로 변경하고 단 설정을 이용하여 2단으로 수정하시오.

04

1) 제목에 '신선한 채소' 라고 입력하고 부제에 '건강한 생활을 위하여' 라고 입력한다. 그리고 글꼴 제목 색은 파랑과 밑줄을 적용하시오.
2) 슬라이드 1의 제목을 서식 복사하여 슬라이드 2와 슬라이드 3에 적용하시오.

05

1) 실전 학습 폴더에 있는 [세계 여행] 파일을 여시오.
2) 슬라이드 1의 제목을 세로 위쪽 맞춤으로 변경하시오.
3) 슬라이드 3부터 구역을 나누고 구역의 이름은 [독일]로 변경하시오. 기본 구역과 독일 구역을 축소하시오

06

1) 슬라이드 2의 제목을 굵게, 밑줄, 텍스트 그림자를 적용하시오.
2) 슬라이드 3의 글머리 상자 내용을 양쪽 맞춤으로 정렬하시오
3) 슬라이드 3의 글머리 상자 내용에 [화살표 글머리 기호]로 변경하고 글머리 색은 녹색을 적용하시오.

01

1) 서식 파일을 이용하여 비즈니스 범주의 [비즈니스 프로젝트 계획] 프레젠테이션을 새로 만드시오.

2) 슬라이드 1 다음에 [제목 및 내용]의 새 슬라이드를 추가하고 제목에 '영업 실적' 이라 입력하고 제목은 가로 오른쪽 맞춤을 하시오.

1) 서식 파일을 이용하여 비즈니스 범주의 [비즈니스 프로젝트 계획] 프레젠테이션을 새로 만드시오.

실습 [파일] 메뉴 – 새로 만들기 – 홈 검색 창에 '비즈니스' 입력 후 Enter – 비즈니스 프로젝트 계획 클릭 – 만들기

2) 슬라이드 1 다음에 [제목 및 내용]의 새 슬라이드를 추가하고 제목에 '영업 실적'이라 입력하고 제목은 가로 오른쪽 맞춤을 하시오.

실 습

슬라이드 1 클릭 – 새 슬라이드 클릭 – 제목 및 내용 선택 – 제목 : 영업 실적, 오른쪽 맞춤 선택

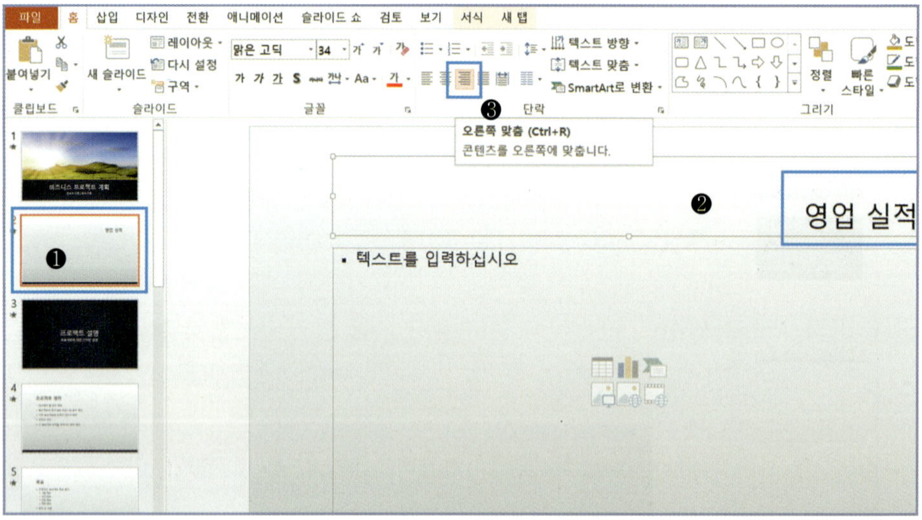

02

1) 슬라이드 4를 콘텐츠 2개로 레이아웃을 변경 후 텍스트 내용을 궁서체, 글꼴 크기 24로 변경하시오.

2) 슬라이드 5의 글머리 기호를 원 숫자로 변경하시오.

3) 바탕 화면에 '제안서' 라고 저장 하시오.

1) 슬라이드 4를 콘텐츠 2개로 레이아웃을 변경 후, 텍스트 내용을 궁서체, 글꼴 크기 24로 변경하시오.

실 습 슬라이드 4 선택 – 레이아웃 : 콘텐츠 2개 선택

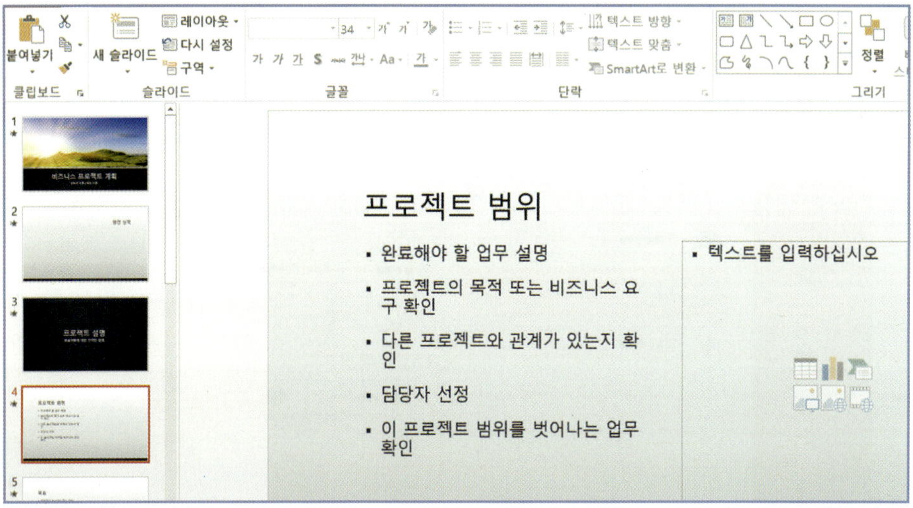

실 습 슬라이드 4 선택 – 텍스트 상자 클릭 – 서체 : 궁서체, 글자 크기 : 24pt

2) 슬라이드 5의 글머리 기호를 '원 숫자' 로 변경하시오.

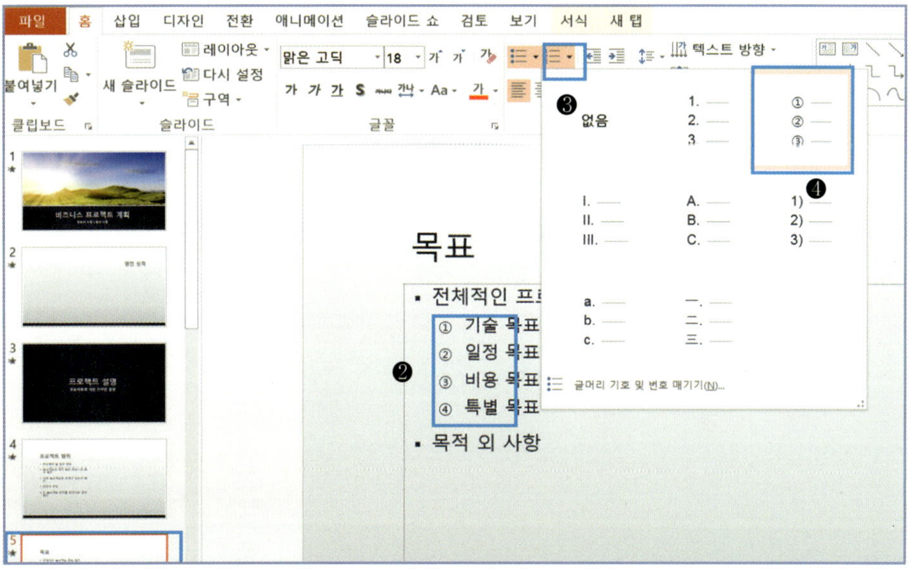

실 습 슬라이드 5 선택 – 텍스트 상자 클릭 – 단락 그룹 : 번호 매기기 – 원 숫자 클릭

3) 바탕 화면에 '제안서' 라고 저장 하시오.

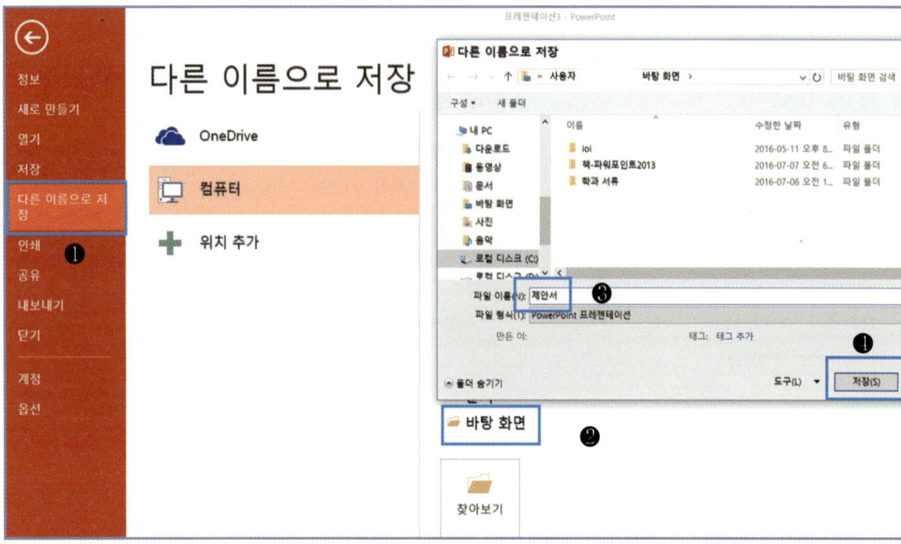

실 습 [파일] 메뉴 – 다른 이름으로 저장 – 폴더 : 바탕 화면 선택 – 파일 이름 : '제안서' 입력 – 저장

03

1) 서식 파일을 이용하여 프레젠테이션 범주의 [신선한 음식 프레젠테이션] 을 새로 만드시오.

2) 슬라이드 2 글상자의 줄 간격을 2.0으로 변경하고 단 설정을 이용하여 2단으로 수정하시오.

1) 서식 파일을 이용하여 프레젠테이션 범주의 [신선한 음식 프레젠테이션] 을 새로 만드시오.

실 습

[파일] 메뉴 – 새로 만들기 – 홈 : 프레젠테이션 선택 – 신선한 음식 프레젠테이션 클릭 – 만들기

2) 슬라이드 2 글상자의 줄 간격을 2.0으로 변경하고 단 설정을 이용하여 2단으로 수정하시오.

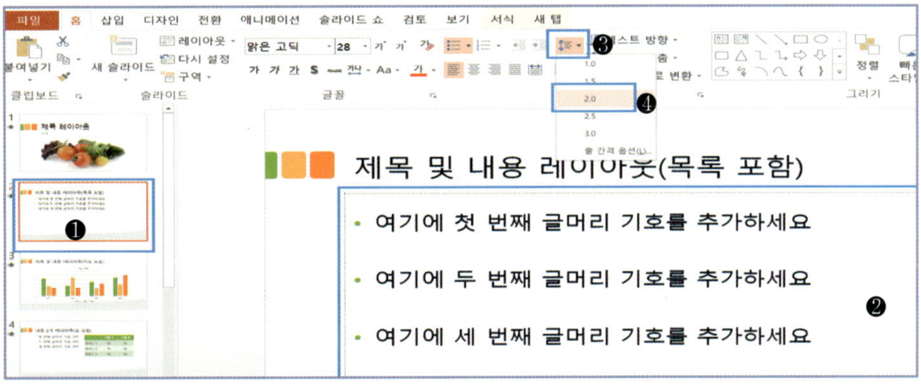

실 습 슬라이드 2 클릭 – 텍스트 상자 선택 – 단락 : 줄 간격 선택 – 2.0

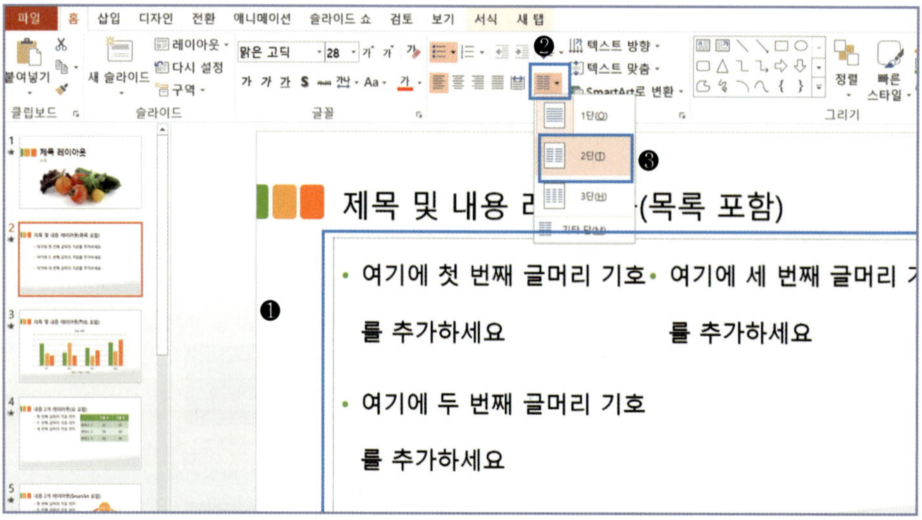

실 습 슬라이드 2 클릭 – 텍스트 상자 선택 – 단락 : 단 선택 – 2단 클릭

04

1) 제목에 '신선한 채소' 라고 입력하고 부제에 '건강한 생활을 위하여' 라고 입력한다. 그리고 글꼴 제목 색은 파랑과 밑줄을 적용하시오.

2) 슬라이드 1의 제목을 서식 복사하여 슬라이드 2와 슬라이드 3에 적용하시오.

1) 제목에 '신선한 채소' 라고 입력하고 부제에 '건강한 생활을 위하여' 라고 입력한다. 그리고 글꼴 제목 색은 파랑과 밑줄을 적용하시오.

실 습 슬라이드 1 클릭 – '제목 : 신선한 채소, 부제 : 건강한 생활을 위하여' 입력 – 글꼴 색 : 파랑, 밑줄 클릭

2) 슬라이드 1의 제목을 서식 복사하여 슬라이드 2와 슬라이드 3에 적용하시오.

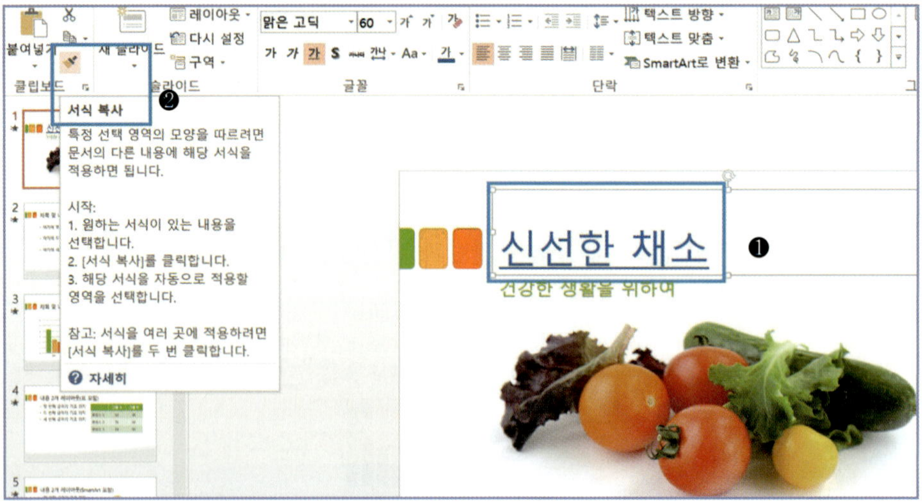

실 습 슬라이드 1 클릭 – 제목 텍스트 선택 – [홈] 메뉴 – 클립보드 그룹 : 서식 복사 클릭 – 슬라이드 2 선택 – 제목 클릭 (슬라이드 3 선택 후 반복)

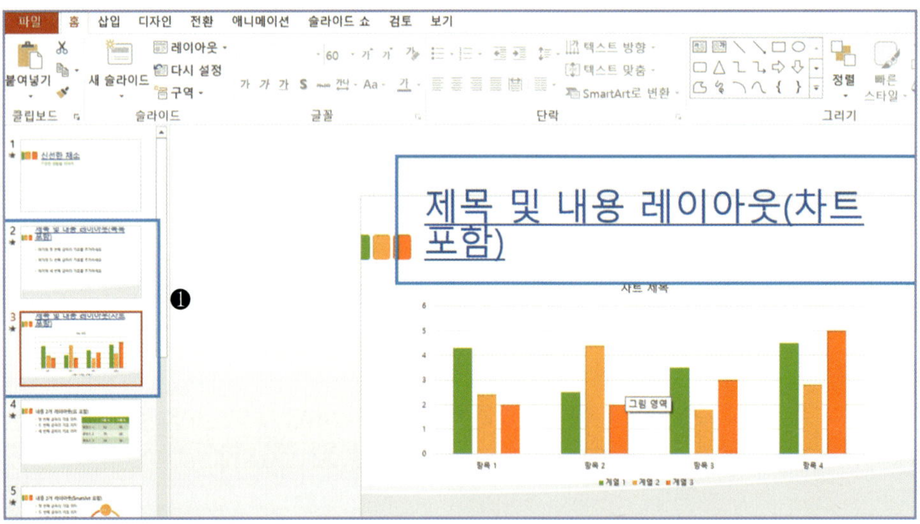

05

1) 실전 학습 폴더에 있는 [세계 여행] 파일을 여시오.
2) 슬라이드 1의 제목을 세로 위쪽 맞춤으로 변경하시오.
3) 슬라이드 3부터 구역을 나누고 구역의 이름은 [독일]로 변경하시오. 기본 구역과 독일 구역을 축소하시오

1) 실전 학습 폴더에 있는 [세계 여행] 파일을 여시오.

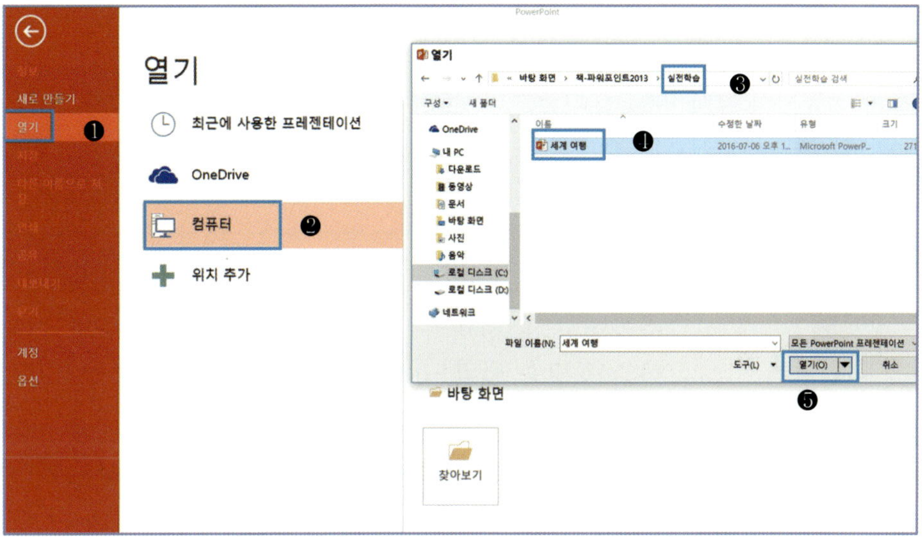

실습 [파일] 메뉴 – 열기 – 폴더 : [실전 학습] 선택 – 파일 : 세계 여행 선택 – 열기

2) 슬라이드 1의 제목을 세로 위쪽 맞춤으로 변경하시오.

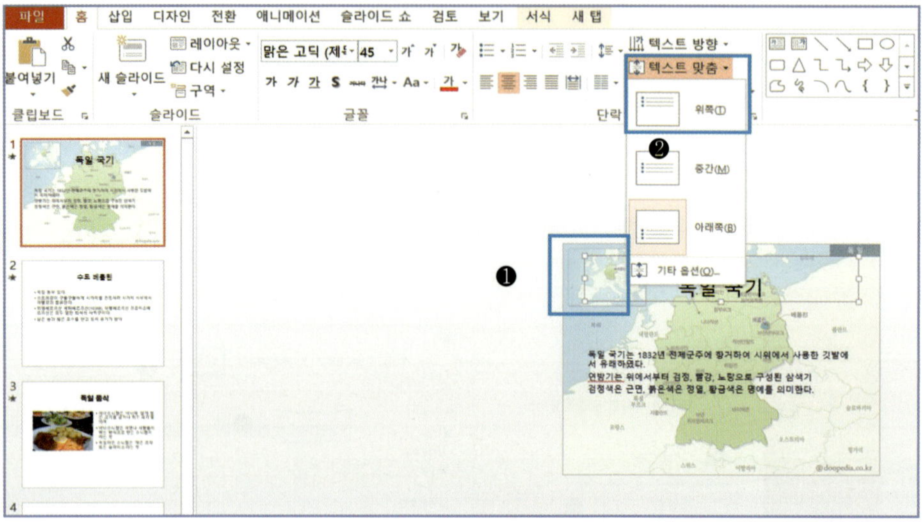

실 습

슬라이드 1 선택 - 제목 텍스트 클릭 - 단락 그룹 : 텍스트 맞춤 클릭 - 위쪽 선택

3) 슬라이드 3부터 구역을 나누고 구역의 이름은 [독일]로 변경하시오. 기본 구역과 독일 구역을 축소하시오.

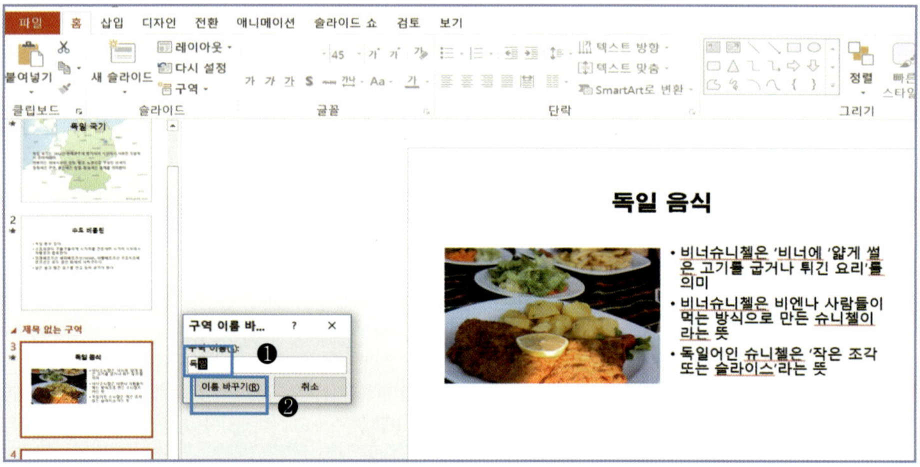

실습

슬라이드 3 선택 – 슬라이드 그룹 : 구역 클릭 – 구역 이름 바꾸기 : 독일 입력 – 구역 이름에서 마우스 오른쪽 클릭 – 모두 축소

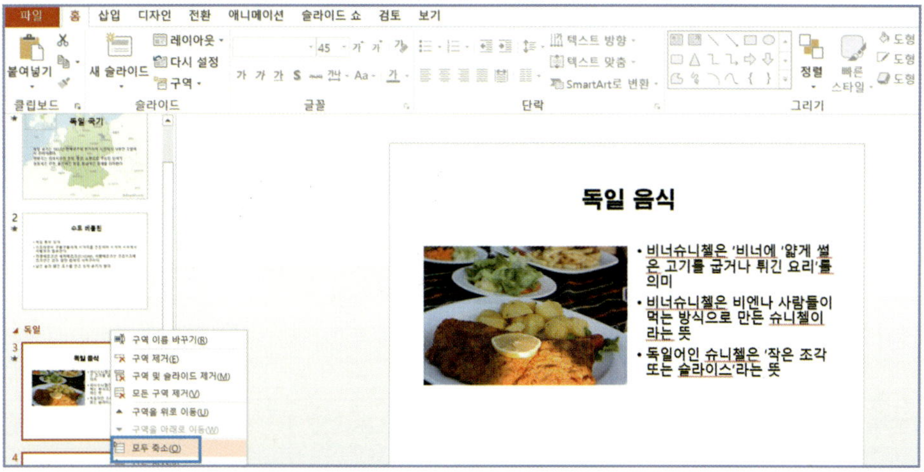

06

1) 슬라이드 2의 제목을 굵게, 밑줄, 텍스트 그림자를 적용하시오.
2) 슬라이드 3의 글머리 상자 내용을 양쪽 맞춤으로 정렬하시오
3) 슬라이드 3의 글머리 상자 내용에 [화살표 글머리 기호]로 변경하고 글머리 색은 녹색을 적용하시오.

1) 슬라이드 2의 제목을 굵게, 밑줄, 텍스트 그림자를 적용하시오.

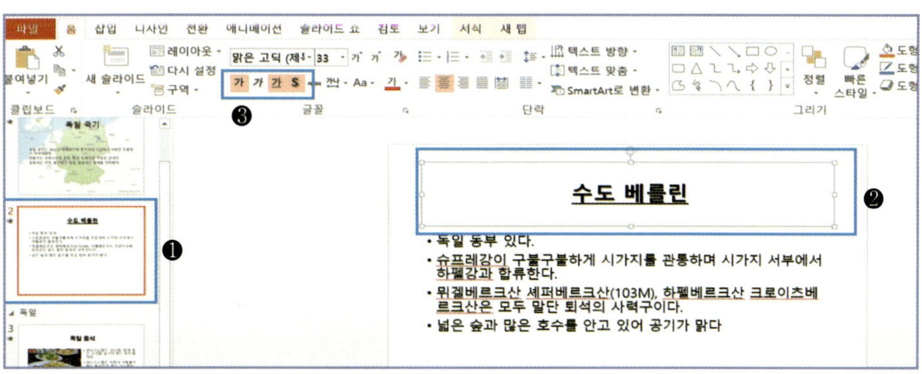

실습

슬라이드 2 선택 – 제목 텍스트 선택 – 글꼴 그룹 : 굵게, 밑줄, 텍스트 그림자 선택

2) 슬라이드 3의 글머리(텍스트) 상자 내용을 양쪽 맞춤으로 정렬하시오.

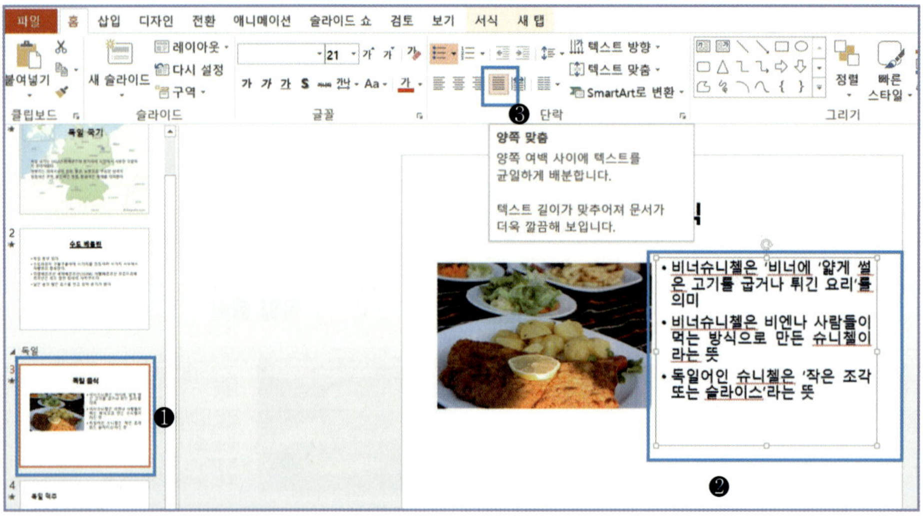

실습 슬라이드 3 선택 – 텍스트 상자 클릭 – 단락 그룹 : 양쪽 맞춤 선택

3) 슬라이드 3의 글머리 상자 내용에 [화살표 글머리 기호]로 변경하고 글머리 색은 녹색을 적용하시오.

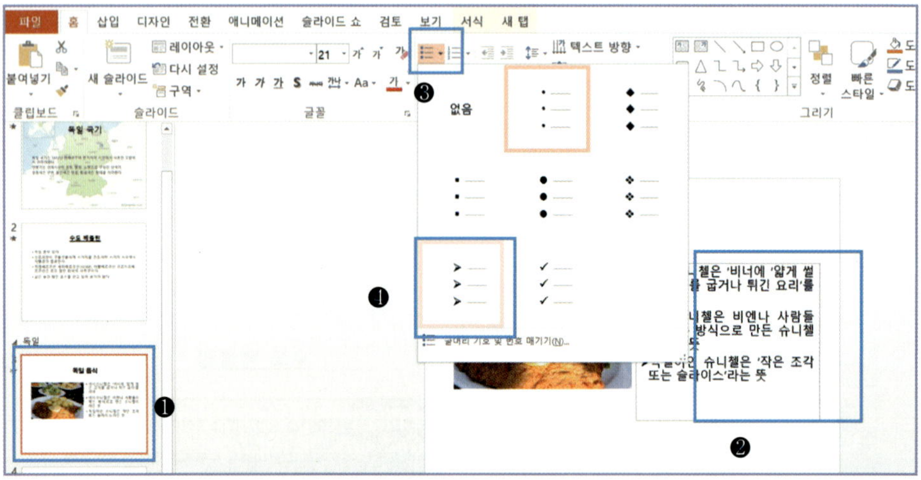

실 습 슬라이드 3 선택 – 텍스트 상자 클릭 – 단락 그룹 : 글머리 기호 – 화살표 글머리 기호 선택 – 글꼴 그룹 : 녹색

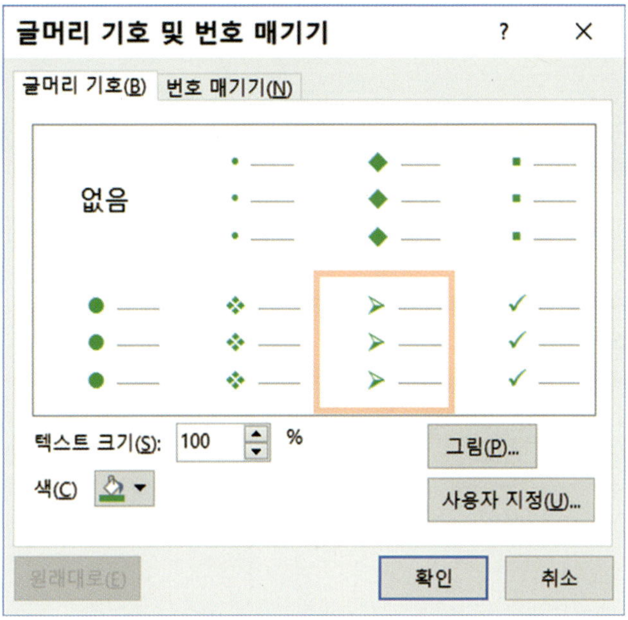

1장 실전예제만들기

조건

슬라이드 1 다음과 같이 완성하시오.

- 각자 원하는 그림 넣기(그림 크기 : 5x5)
- 텍스트를 입력 후 다음 조건으로 작성
- 글머리 기호 사용(◆, ∨)
  - ◆ 문단(맑은 고딕, 20pt, 굵게)
  - ∨ 문단(맑은 고딕, 16pt, 줄 간격 : 1.5줄)

[완성본]

교육자금 모으기

◆ **Variable Universal Life Insurance is?**

✓ The cash value can be invested in a wide variety of separate accounts, and the choice of which of the available separate accounts to use is entirely up to the contract owner

임의의 그림 넣기 1

◆ **목적과 의의**

✓ 입학금이나 학비 등 대학교 과정을 마칠 때까지 반드시 필요하여 저축 등의 수단으로 확보해 놓아야 하는 자금

✓ 노년기 다음으로 병원비 지출이 많은 성장기에 어린이 중대 질환, 재해 골절, 수술, 입원 등에 대한 경제적 대비책 필요

조건

슬라이드 2 다음과 같이 슬라이드를 완성하시오.

- [제목 및 내용]으로 프레젠테이션 새로 만들기를 하시오.
- 내용을 입력하여 완성하시오.

[완성본]

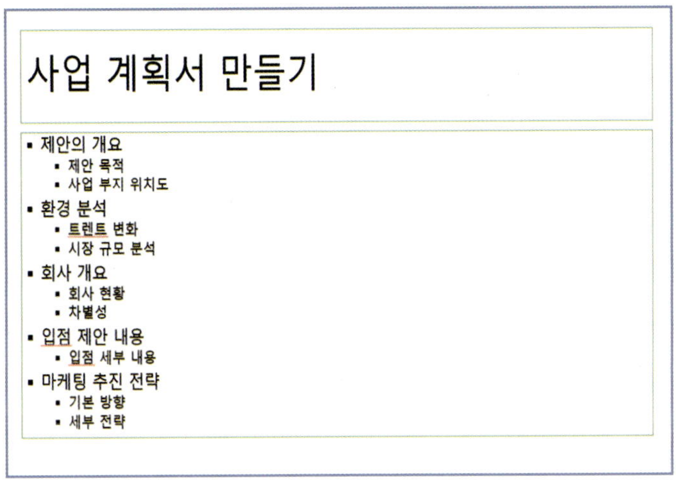

조건

슬라이드 3 다음과 같이 슬라이드를 완성하시오.

- 제목 텍스트 서체 : HY수평선B
- 텍스트 상자 글꼴 : HY크리스탈M
- 단 : 2단 설정
- 내용 입력 후 번호 매기기(A,B,C...) 설정
- 안산대학교 : 글자색 – 파란색, 번호 매기기(①②③) 추가
- 재능대학교 : 밑줄체, 신구대학교 – 기울림꼴 적용

[완성본]

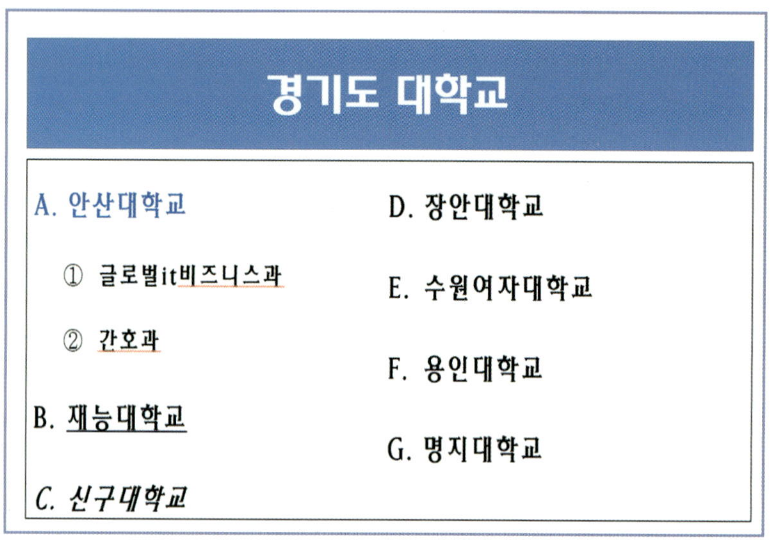

2장 슬라이드 편집 및 환경 설정

- 프레젠테이션 보기
- 표시
- 확대 및 축소
- 컬러 / 회색조
- 슬라이드 편집
- 테마
- 슬라이드 크기
- 배경 서식
- 정보 보호
- 인쇄
- 최종본으로 표시

02 슬라이드 편집 및 환경설정

2장에서는 슬라이드 편집을 함으로써 기초를 다지고 환경 설정을 통해 자신만의 프레젠테이션 만드는 학습을 진행한다.

[2 장 예제] 파일 사용

2-1 프레젠테이션 보기

[화면 보기]는 파워포인트 2013 화면 오른쪽 하단에 있는 기능으로 슬라이드 내용에 맞게 슬라이드 노트, 메모, 기본 보기, 여러 슬라이드 보기, 슬라이드 쇼 그리고 확대/축소로 다양하게 변경할 수 있다.

Ⅰ. 파일 열기

[파일] 메뉴 – [열기] – [2장 예제]를 선택 한다.

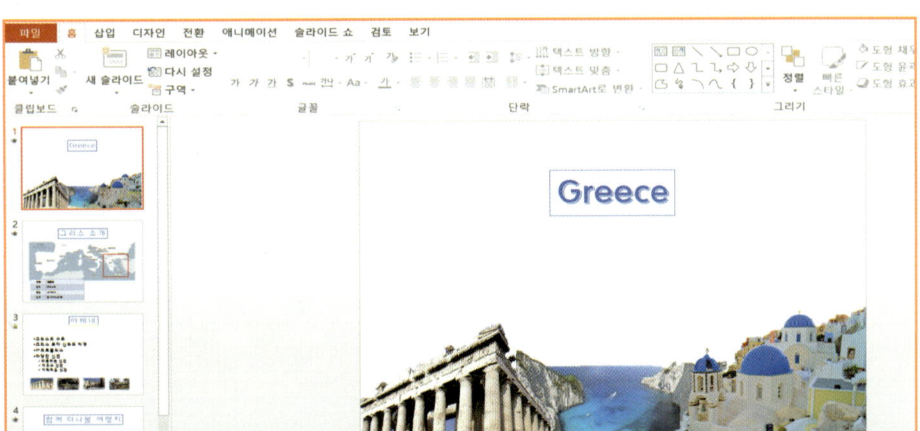

Ⅱ. 슬라이드 보기

① 기본보기( )

[보기] 메뉴 – [프레젠테이션 보기] 그룹 – [기본]을 선택 한다.

또는 화면 아래의 프레젠테이션 오른쪽 하단에 있는 [ ]를 선택해도 된다.

② 여러 슬라이드 보기( )

[여러 슬라이드 보기]는 현재 프레젠테이션의 모든 슬라이드를 한 화면에 표시하는 보기 형태이다. 여러 슬라이드 보기는 한눈에 보기 좋을 뿐 만 아니라 전체적 흐름을 쉽게 파악할 수 있고 슬라이드를 다중 선택하여 편집도 가능하다.

[보기] 메뉴 – [프레젠테이션 보기] 그룹 – [여러 슬라이드]를 선택 한다.

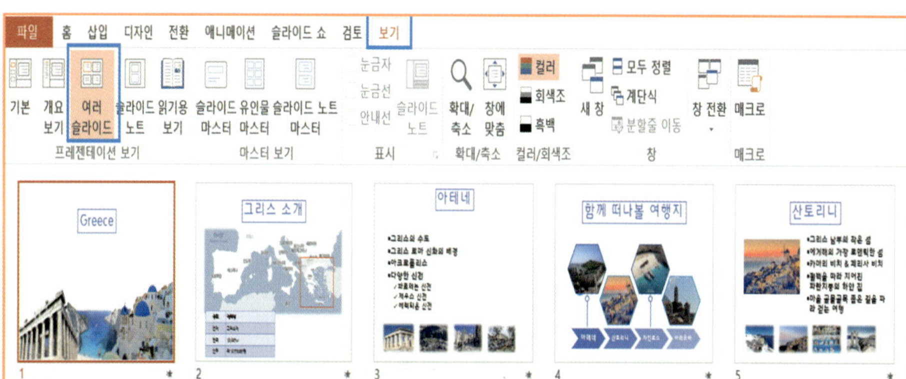

[여러 슬라이드 보기]는 슬라이드의 전체 구조를 파악하고 효과를 높이기 위해 슬라이드 복사나 이동 그리고 삭제 등의 슬라이드 편집에 매우 유용하다. 슬라이드 편집에 관련 된 내용은 다음장에서 상세히 설명하기로 하겠다.

③ 슬라이드 노트 보기

[보기] 메뉴 – [프레젠테이션 보기] 그룹 – [슬라이드 노트]를 선택 한다.

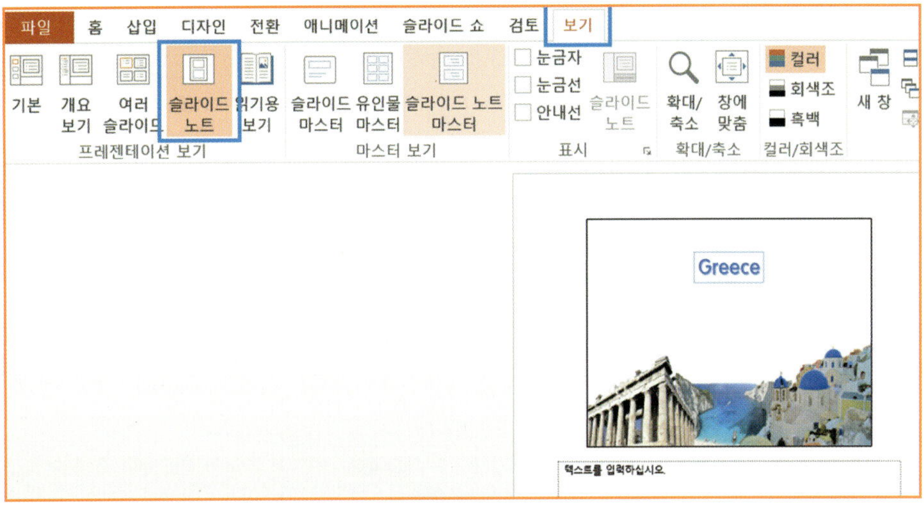

④ 읽기용 보기

[보기] 메뉴 – [프레젠테이션 보기] 그룹 – [읽기용 보기]를 선택 한다.

다음 내용을 살펴보기 위해

[2장 예제] – [파일] – [닫기]를 선택하여 저장하지 않고 닫는다.

2-2 표시

눈금자와 눈금선 그리고 안내선을 이용하면 좀 더 정확하고 세밀한 작업을 할 수 있다. 안내선은 드래그로 이동 가능하고 안내선을 추가하려면 [Ctrl] 키를 누른 채 드래그하여 새로운 안내선을 추가할 수 있다.

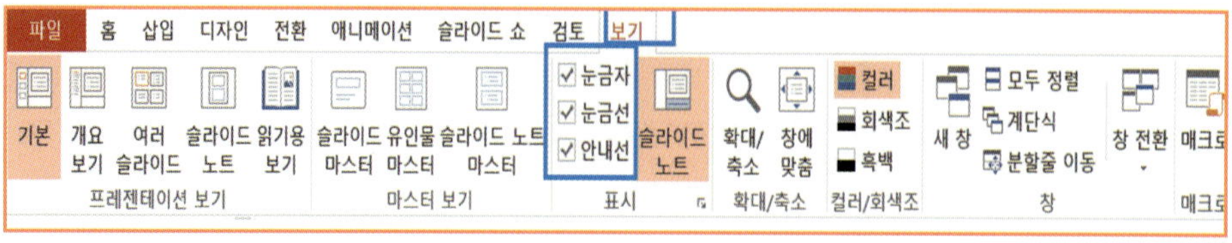

[파일] 메뉴 – [열기] 그룹 – [최근에 사용한 프레젠테이션] – [2장 예제]를 선택 한다.

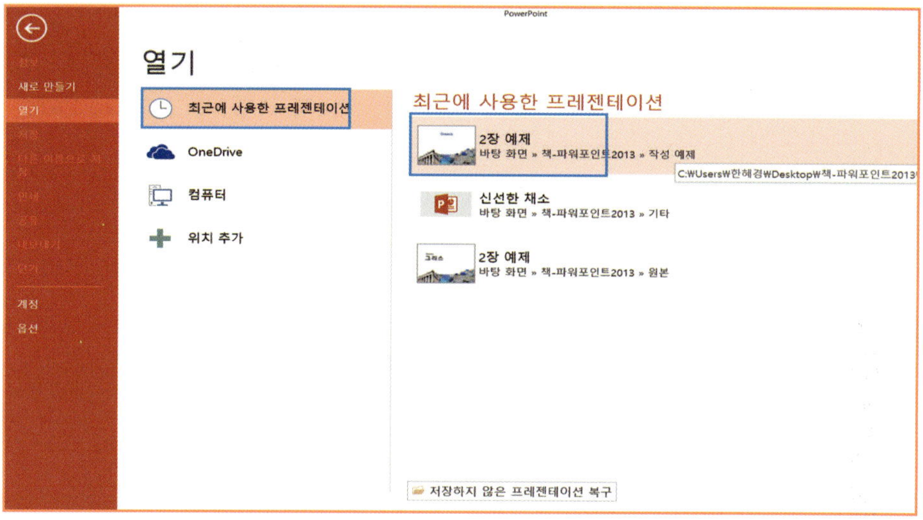

아래 그림처럼 [2장 예제] 파일을 다시 열 수 있다.

① 눈금자

[보기] 메뉴 – [표시] 그룹 – [눈금자]를 선택 한다.

② 눈금선

[보기] 메뉴 – [표시] 그룹 – [눈금선]을 선택 한다.

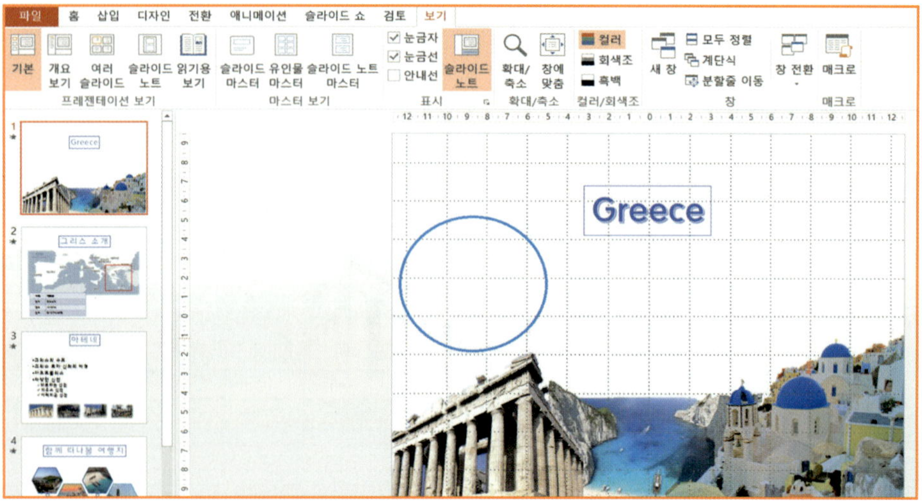

③ 안내선

[보기] 메뉴 – [표시] 그룹 – [안내선]을 선택 한다.

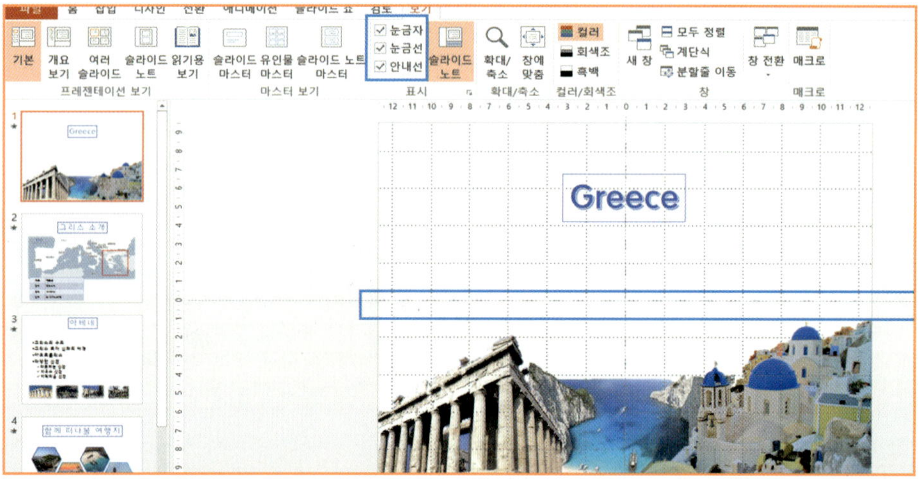

2-3 확대 및 축소

[확대/축소]는 작은 개체들을 편집할 때 슬라이드 화면을 확대하고 슬라이드보다 큰 개체 작업이나 슬라이드 밖에서 개체가 날아오는 애니메이션을 설정하기 위해서는 슬라이드 화면을 축소하여 작업하면 편리하다.

정해진 배율을 선택하거나 사용자 지정 입력란에 직접 [확대/축소]를 하고자 하는 숫자를 입력하여 설정 할 수 있다.

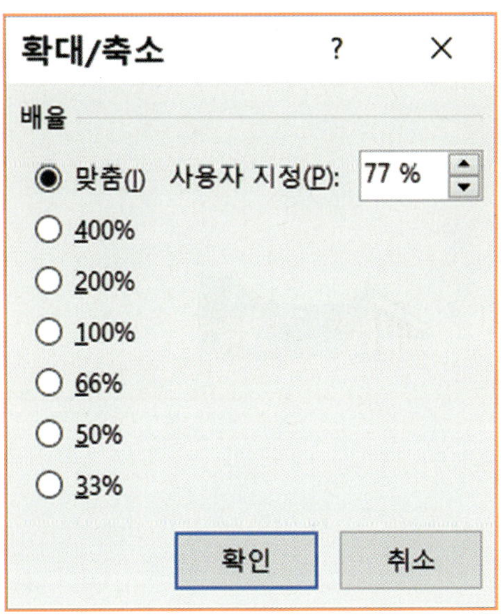

① 일반적인 [확대/축소] 방법

슬라이드 1을 선택 후 [보기] 메뉴 - [확대/축소] - [33%] - [확인]을 입력한다.

슬라이드 1이 전보다 작아졌음을 알 수 있다.

② 상태 표시줄 사용

간단히 화면을 확대하거나 축소하려면 화면 하단 오른쪽 상태 표시줄의 확대(⊕) /축소(⊖) 슬라이더를 이용하여 10%씩 화면을 확대하거나 축소할 수 있다.

슬라이드 1을 선택 후 화면 오른쪽 하단의 [상태 표시줄] – [확대/축소] – [+] – [70%] 를 클릭한다.

[+]인 화면 확대 아이콘을 이용하여 슬라이드 화면을 70% 보기로 변경 해 보았다.

2-4 컬러 / 회색조

인쇄물의 컬러, 흑백, 회색조를 선택 할 수 있고 그 중 회색조는 그림과 도형은 회색조로 텍스트는 검은색으로 인쇄 된다.

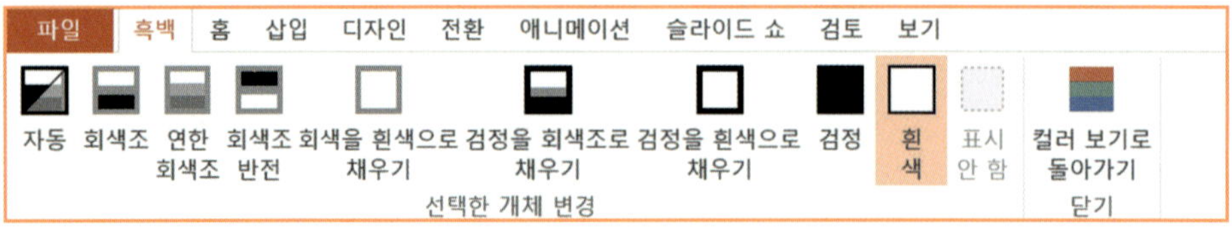

슬라이드 1을 선택 후 [보기] 메뉴 – [컬러/회색조] – [흑백]을 클릭한다.

모든 슬라이드가 흑백으로 변경 되었다.

처음 작성한 대로 슬라이드를 컬러로 되돌리려면

[보기] 메뉴 – [컬러 보기로 돌아가기]을 선택하면 된다.

모든 슬라이드가 원상태 컬러로 변경됨을 볼 수 있다.

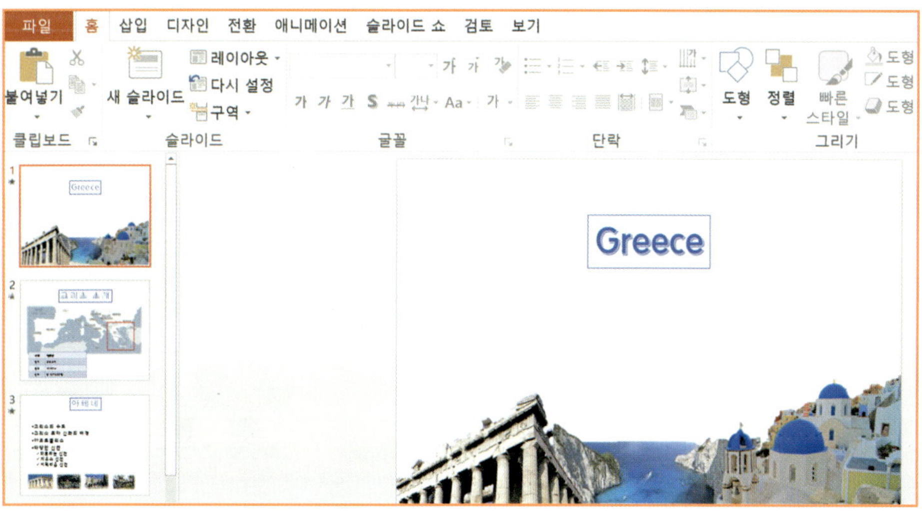

2-5 슬라이드 편집

파워포인트 문서를 완성 후 전체적으로 프레젠테이션을 하기 전에 순서를 점검하고 뺄 것과 추가해야 할 것 등을 점검하기 위해 전체적으로 내용을 볼 수 있어야 한다. 슬라이드 축소판으로 변경하여 슬라이드의 추가, 이동, 복사 그리고 삭제 등을 할 수 있다.

Ⅰ. 슬라이드 편집

[슬라이드 편집]은 새 슬라이드를 삽입하고 불필요한 슬라이드를 삭제하거나 위치를 원하는 대로 이동하여 슬라이드를 편집 할 수 있다. 그리고 동일한 레이아웃을 사용하기 위해 슬라이드 복제도 가능하다.

① 슬라이드 복사

똑같은 슬라이드나 비슷한 형식의 슬라이드가 필요 할 때 처음부터 만드는 것보다는 슬라이드 복사 기능을 이용하면 틀을 다시 설정하지 않아도 돼 편리하다.

[보기] 메뉴 – [여러 슬라이드 보기] – 슬라이드 1 선택 – [마우스 오른쪽] 버튼 – [복사]를 클릭한다.

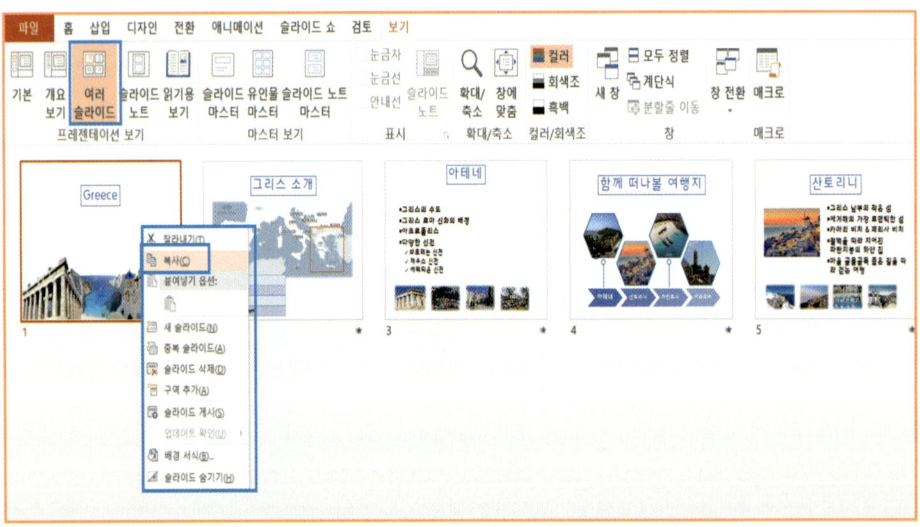

슬라이드 5 선택 – [마우스 오른쪽] 선택 – [붙여넣기 옵션] – [원본 서식 유지]을 선택 한다.

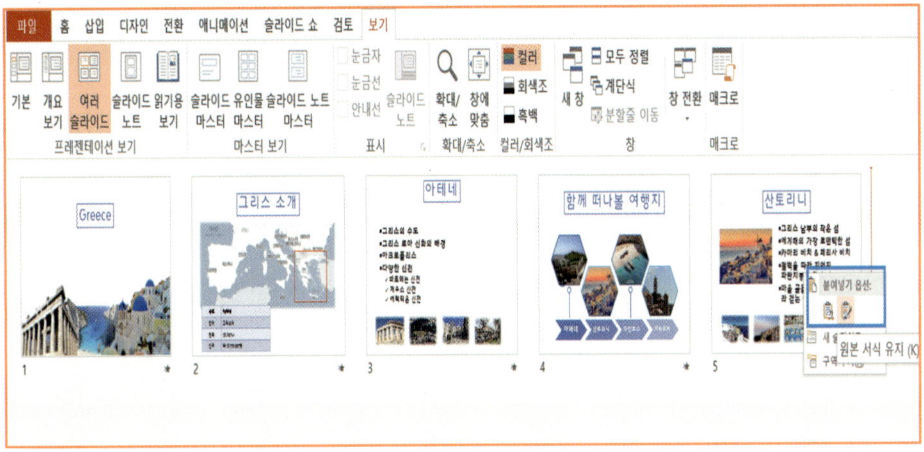

슬라이드를 복사하는 다른 방법으로 [Ctrl] 키를 누른 채 슬라이드를 드래그(drag)로도 가능하다.

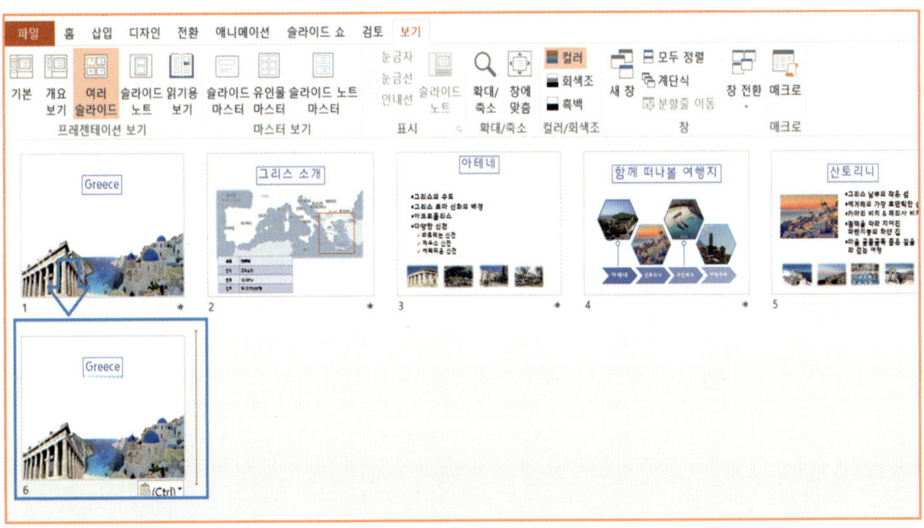

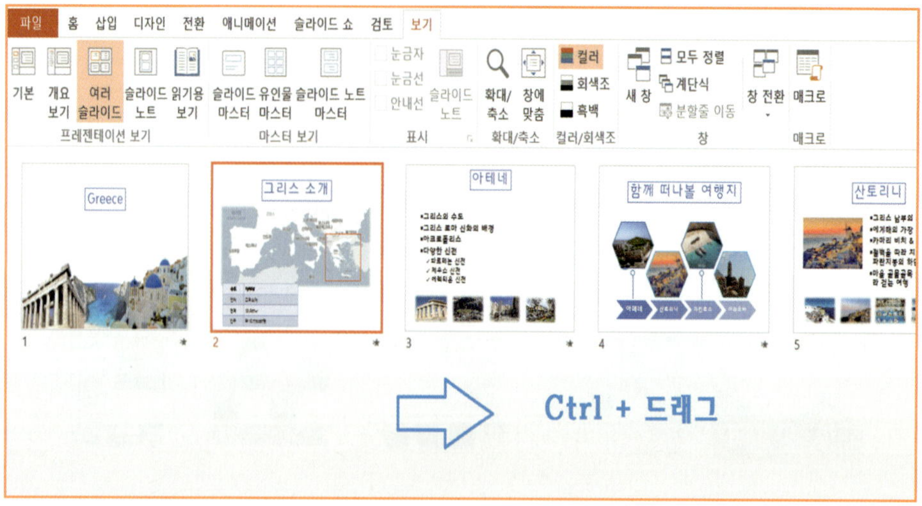

또한 하나 이상의 슬라이드를 같은 프레젠테이션 내에서 또는 다른 프레젠테이션으로 복사하는 경우 새로운 슬라이드에 사용할 테마를 지정할 수도 있다.

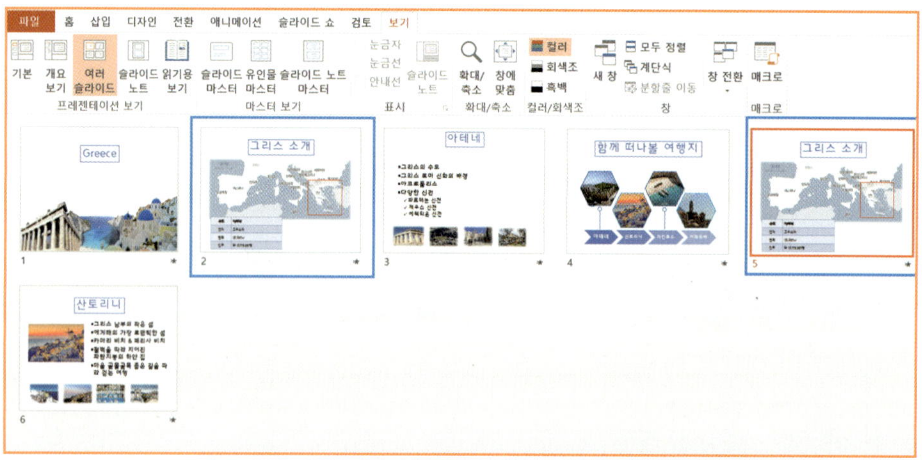

화면에 보이는 것처럼 슬라이드 2의 [그리스 소개]가 슬라이드 5에 복사되었다.

② 슬라이드 이동

슬라이드를 다른 위치로 이동하기 위해 기본 보기의 [개요/슬라이드 보기]나 [여러 슬라이드 보기] 화면에서 [드래그] 하여 슬라이드를 이동할 수 있다.

[보기] 메뉴 – [여러 슬라이드 보기] – 슬라이드 1 선택 – 드래그를 한다.

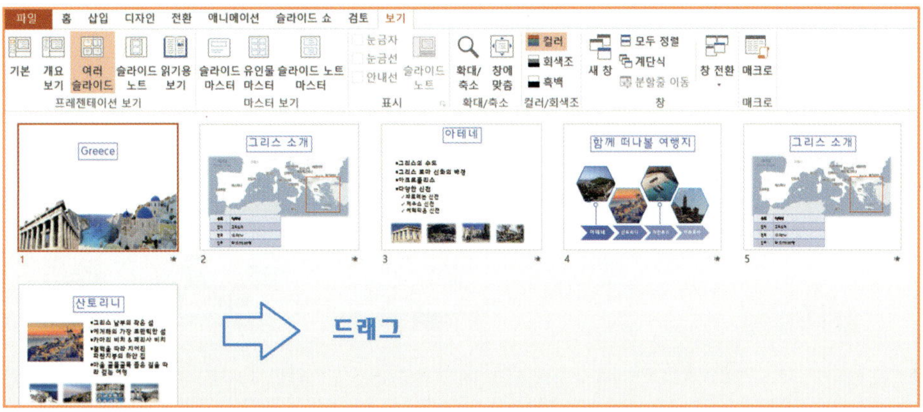

슬라이드 1이 마지막 슬라이드 위치로 이동한 것을 확인 할 수 있다.

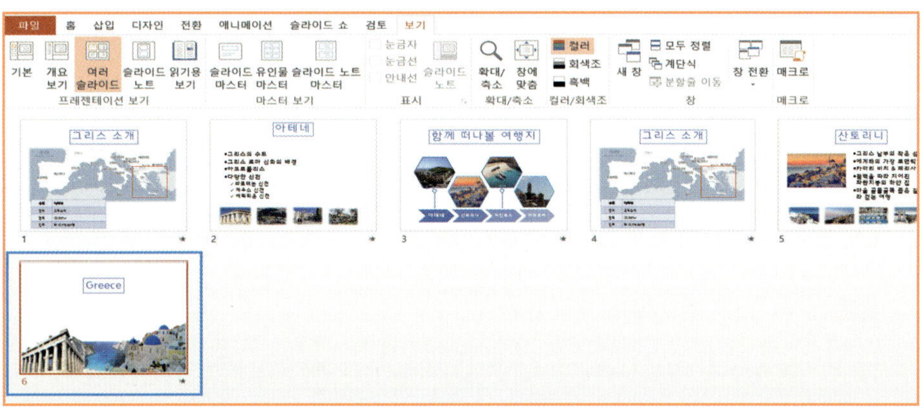

그리고 슬라이드를 가까운 위치로 이동하려면 [드래그]를 이용하고, 먼 위치로 이동하려면 [마우스 오른쪽] 버튼을 눌러 [슬라이드 이동] 또는 [복사] 명령을 이용하면 편리하다.

③ 슬라이드 삭제

불필요한 슬라이드를 지우거나 같은 내용의 슬라이드가 여러 장 있을 때 삭제하려는 슬라이드 위에서 [마우스 오른쪽] 버튼을 눌러 [슬라이드 삭제]를 클릭하여 제거 할 수 있다.

[보기] 메뉴 – [여러 슬라이드 보기] – 슬라이드 6 선택 – [마우스 오른쪽] 버튼 – [슬라이드 삭제]를 선택한다.

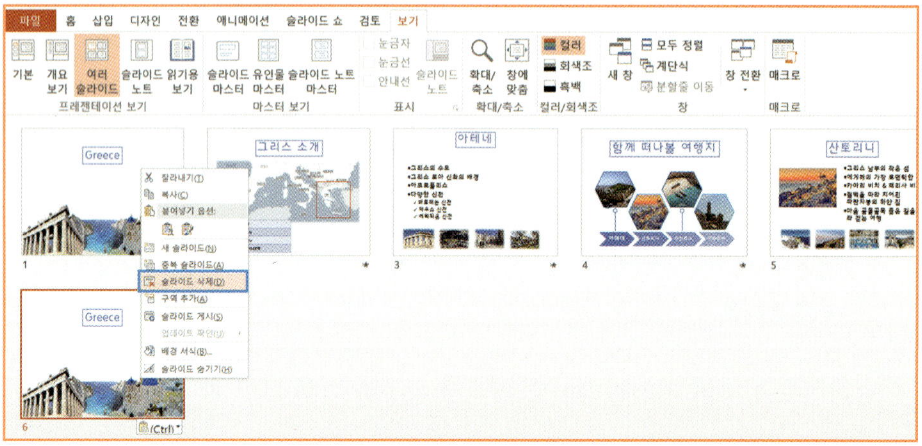

슬라이드 6번 다음에 [Greece] 슬라이드가 삭제 된 것을 확인 할 수 있다.

④ 슬라이드 삽입

내용을 더 넣기 위해 슬라이드를 추가하려면

슬라이드 1 위에서 [마우스 오른쪽] 버튼 – [새 슬라이드]를 선택한다.

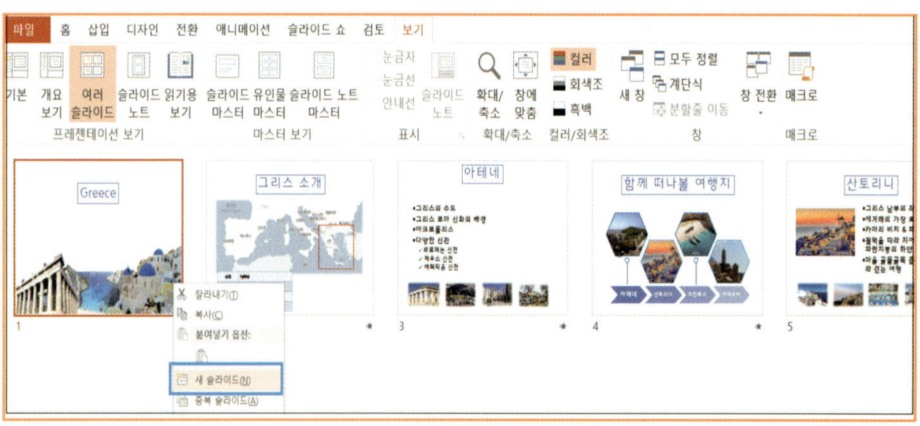

또는 [홈] 메뉴 – [슬라이드] 그룹 – [새 슬라이드]를 클릭하여 슬라이드를 삽입할 수 있다.

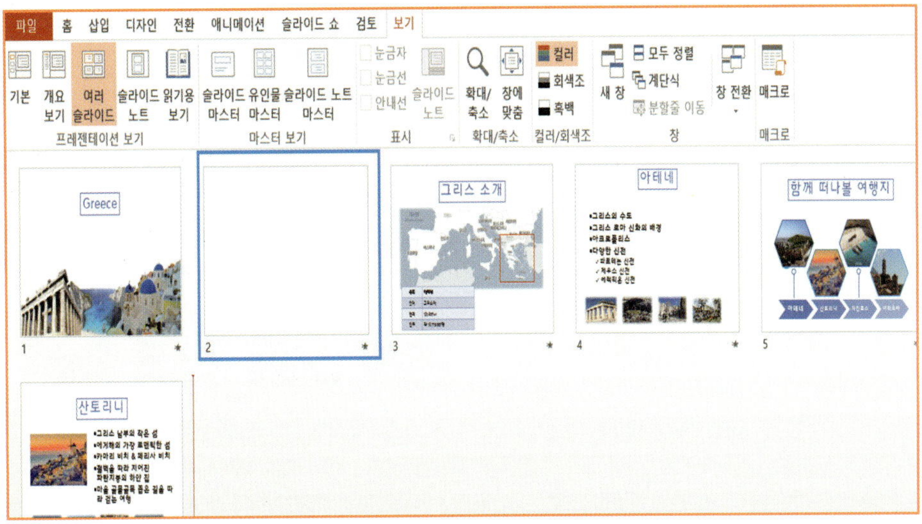

[보기] 메뉴 – [기본]을 선택하여 기본 보기로 돌아간다.

⑤ 슬라이드 숨기기

[슬라이드 숨기기] 기능은 파워포인트로 작성한 문서의 내용 중 슬라이드 쇼 진행 시 나타내고 싶지 않은 페이지를 숨기는데 사용하는 기능으로, 숨기고자 하는 슬라이드 위에서 [마우스 오른쪽] 버튼을 눌러 [슬라이드 숨기기] 메뉴를 클릭하면 된다.

슬라이드 5 위에서 [마우스 오른쪽] 버튼 – [슬라이드 숨기기]를 선택한다.

[슬라이드 5] 번호 위에 대각선 표시로 숨김을 표시해 주었다.

2-6 테마

슬라이드 페이지를 빠르게 꾸미기 위해 파워포인트에서 제공하는 테마를 이용하면 편리하다. [디자인] 메뉴에는 슬라이드 테마, 슬라이드 크기 그리고 배경 스타일 등을 변경 할 수 있다.

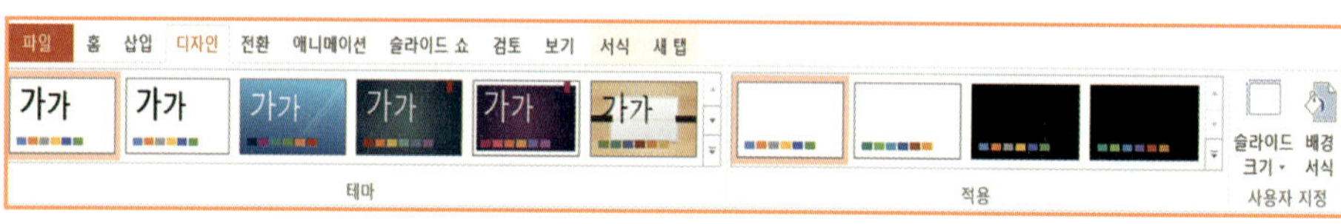

① [테마] 그룹 : 파워포인트 2013에서 제공되는 다양한 테마를 선택 할 수 있다.

② [적용] 그룹 : 테마에 색상이나 글꼴, 효과 등을 지정해 변경할 수 있다.

③ 슬라이드 크기 : 와이드 스크린 혹은 표준으로 크기를 변경 할 수 있다.

④ 배경 서식 : 배경 서식 디자인을 적용 할 수 있다.

Ⅰ. 테마

[테마]란 프레젠테이션에서 사용되는 구성 요소의 색, 글꼴, 그래픽 효과를 모아 놓은 디자인 집합을 말한다. 기존의 테마를 적용하거나 사용자가 직접 테마 색, 테마 글꼴, 테마 효과를 만들어 적용하여 프레젠테이션 전체의 일관된 서식을 유지할 수 있다. 문서 테마를 변경하면 새 테마 색과 배경을 반영하도록 배경 스타일이 업데이트된다.

[디자인] 메뉴 – [테마] 그룹 – [테마 자세히] – [우주 테마]을 클릭한다.

테마 세부 기능인 [적용]은 선택한 테마에서 좀 더 세련되고 다양한 효과를 줄 수 있는 기능으로 선택한 테마의 색상 패턴을 제공하고 있어 일일이 수정하지 않아도 클릭 한번으로 색상 패턴만으로 일괄적 수정이 가능하다.

적용한 테마를 취소 하고자 할 때는 기본 테마인 [Office 테마]를 선택하면 적용된 테마가 원상 복귀 된다.

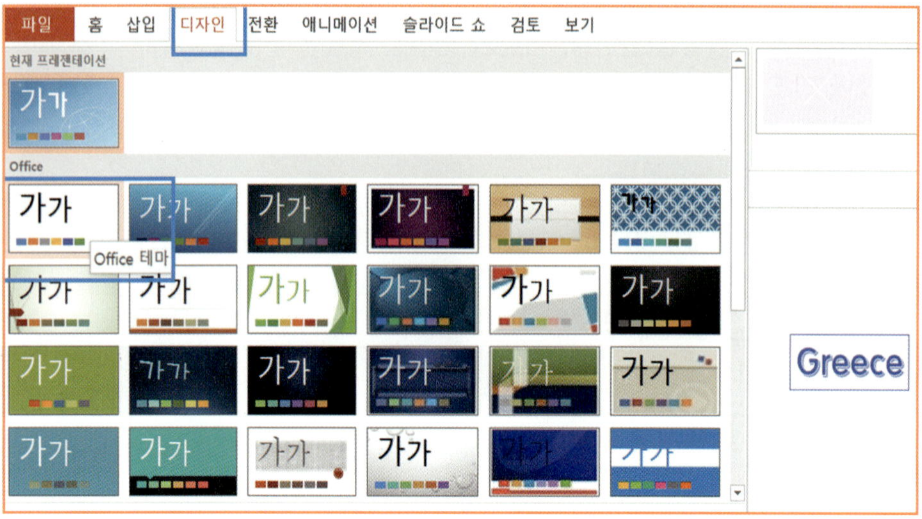

2-7 슬라이드 크기

I. 슬라이드 크기

슬라이드 크기에는 크게 표준(4:3)과 와이드스크린(16:9) 그리고 사용자 지정 슬라이드 크기로 나누어진다.

파워포인트 2013에 새롭게 추가된 기능은 슬라이드 크기 변환 시에 문서의 왜곡 없이 자동적으로 크기를 조절해 변환해주는 기능이다. 파워포인트 가로 문서를 세로 문서 형태로 슬라이드 방향을 변환하거나 표준 슬라이드 크기인 4:3 비율을 A4 사이즈 등으로 크기를 변환한 경우, 작업해 놓은 내용이 왜곡되는 현상이 발생하여 당황한 경험이 있을 것이다. 대부분의 왜곡은 표, 차트, 도형 그리고 템플릿의 그래픽이 변환된 슬라이드 크기에 맞추어 찌그러지거나 펼치지는 등의 왜곡이 생겼다.

그러나 파워포인트 2013에서는 4:3 비율을 슬라이드 16:9 비율로 크기를 변경해도 내용이 전혀 왜곡되지 않고 변경된 슬라이드는 슬라이드 좌우로 여백이 자동적으로 생겨난다.

대화상자 옵션에서 〈최대화〉를 선택하면 정상적으로 보이지만 〈맞춤 확인〉을 선택하면 16:9 비율에서 다시 위, 아래 여백이 추가되어 콘텐츠가 축소되고 크기가 변경된다.

슬라이드 1 선택 후 [디자인] 메뉴 – [사용자 지정 슬라이드 크기] – [너비 : 22, 높이 : 16]을 입력한다.

그 이외에 슬라이드 크기를 변경하고자 할 때는 다음 옵션을 변경하면 된다.

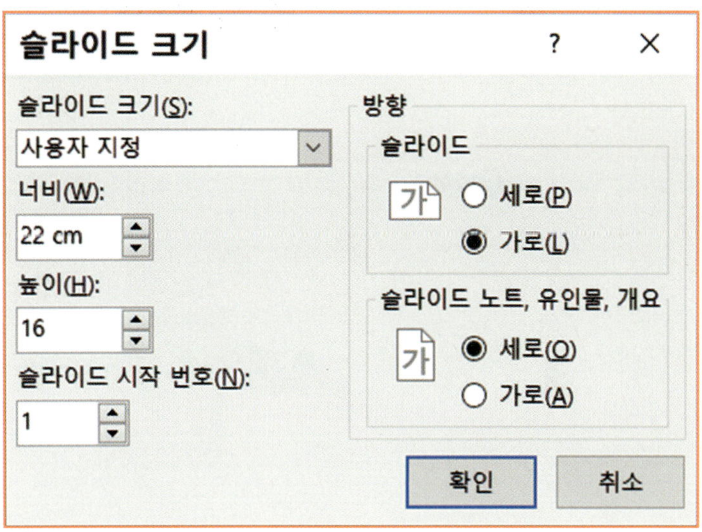

2-8 배경 서식

[배경 서식]을 통해 단색 채우기, 그라데이션 채우기, 그림 또는 질감 채우기, 배경 그래픽 숨기기 등을 변경할 수 있고, 배경 서식을 이용하여 다양한 디자인을 꾸밀 수 있다. 기본 보기에서의 배경 변경은 특정 슬라이드나 사용자가 지정한 여러 슬라이드 또는 모든 슬라이드에 배경을 단색 외에 그라데이션, 질감, 그림 등을 이용하여 디자인 할 수 있다.

Ⅰ. 배경 스타일

이 테마의 [배경 스타일]을 지정 할 수 있는 곳으로 스타일1부터 스타일12의 다양한 배경 스타일 변경이 가능하다. [배경 서식]을 이용하여 각자 스타일에 맞는 이미지를 이용하여 배경 스타일로 수정도 할 수 있다.

① 단색 채우기

슬라이드 1을 선택 후 [디자인] 메뉴 – [배경 서식] – [단색 채우기]를 클릭한다.

[단색 채우기]는 한 가지 색으로 배경을 설정하는 기능이고 [그라데이션 채우기]는 두 가지 이상의 색을 혼합하여 다양하고 고급스런 배경 설정을 원할 때에 적용하면 적합한 기능이다.

[디자인] 메뉴 – [배경 스타일] – [색] – [파랑] – [모두 적용]을 선택한다.

② 그라데이션 채우기

슬라이드 1을 선택 후 [디자인] 메뉴 – [배경 서식] – [그라데이션 채우기] – [종류 : 경로형] – [투명도 : 30] – [모두 적용]을 클릭한다.

③ 패턴 채우기

슬라이드 1을 선택 후 [디자인] 메뉴 – [배경 서식] – [패턴 채우기] – [패턴 : 임의형] 을 클릭한다.

[그림 또는 질감 채우기]는 사용자가 원하는 이미지로 배경을 바꾸거나 질감을 통해 입체적이고 변화무쌍한 느낌을 줄 수 있는 기능을 가지고 있다.

[투명도]는 배경과 개체 간에 자연스러움을 연출 할 수 있는 기능으로, 투명도가 0이면 화면 색상이 진한 것이고 투명도가 100이면 완전한 투명 상태이다. 배경 스타일은 현재 문서 테마에 있는 [테마 색]이나 [배경의 농도] 등을 다양하게 조합함으로써 배경 채우기를 변형 할 수 있다.

2-9 정보 보호

중요한 프레젠테이션인 경우 다른 사람이 쉽게 열어 내용을 볼 수 없도록 [열기 암호] 및 [쓰기 암호]를 설정하여 보안을 적용 시키고자 할 때 이용한다.

① 암호 설정

[파일] 메뉴 – [정보] – [프레젠테이션 보호] – [암호 설정]을 선택한다.

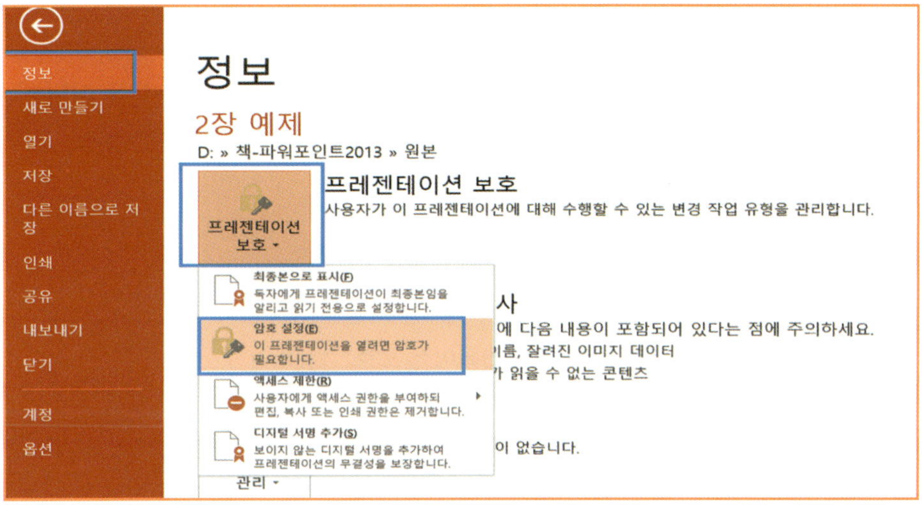

[문서 암호화] 대화 창에 암호를 입력 후 [확인] 단추를 누른다.

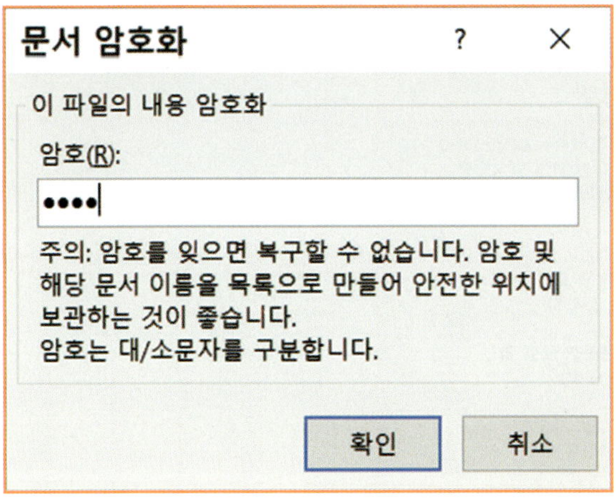

주의 사항으로 설정한 암호를 잃어버리면 복구할 수 없으므로 기억하기 쉬운 것으로 설정하거나 메모를 해 두는 것이 좋다. 암호 설정 시 [대/소문자] 구분함을 기억해 두어야 한다.

② 호환성 검사

Microsoft PowerPoint 2013의 호환성 검사를 사용하면 PowerPoint 2013 프레젠테이션을 PowerPoint 2003 이하 버전에서 여는 경우 발생할 수 있는 서식 및 기능 문제를 확인할 수 있는데 이러한 문제는 프레젠테이션의 성능에 영향을 줄 수 있다.

[파일] 메뉴 – [정보] – [프레젠테이션 검사] – [호환성 검사]를 선택한다.

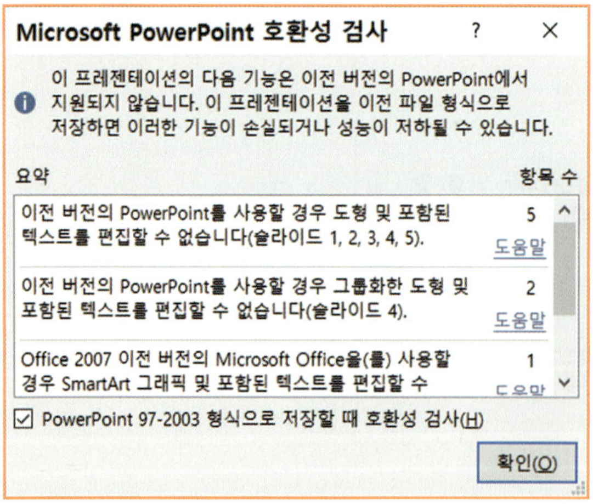

예를 들어 호환성 검사는 이전 버전의 PowerPoint에서 편집할 수 없는 그림으로 나타나는 반사 및 네온 등의 도형 효과, 3차원 텍스트 또는 SmartArt가 PowerPoint 2013 프레젠테이션에 포함되어 있는지 식별한다. 그리고 비디오를 연결하는 대신에 프레젠테이션에 비디오를 포함한 경우 호환성 검사에서 이를 보고한다. PowerPoint 2003 이하 버전에서는 포함된 비디오가 그림으로 나타나고 재생되지 않는다.

2-10 인쇄

[파일] 메뉴 중 인쇄를 통해 프레젠테이션 파일을 미리보거나 인쇄 옵션을 설정할 수 있다. 슬라이드, 유인물 및 슬라이드 노트를 만들고 인쇄도 가능하다. 또한 청중의 이해를 돕기 위해 유인물로 인쇄도 유익한 기능이다.

[인쇄] 기능을 통해 파워포인트 내용을 다양한 [인쇄] 유형으로 출력할 수 있으며 출력하기 전에 [머리글/바닥글]을 설정하고 인쇄될 모양을 화면상에서 확인할 수 있다.

[파일] 메뉴 – [인쇄]를 선택한다.

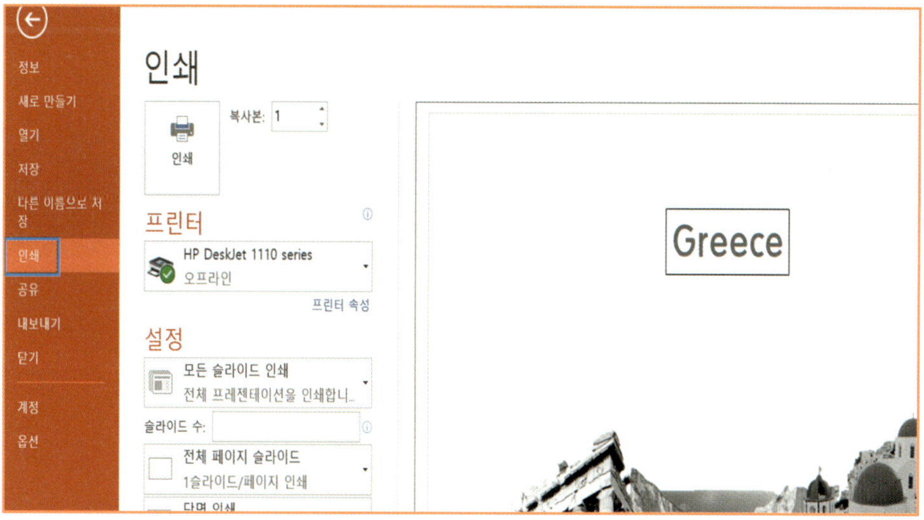

Ⅰ. 설정

① 인쇄 미리 보기

출력할 모양을 화면상에서 미리 확인 할 수 있다. 슬라이드 외에 파워포인트에서 출력할 수 있는 내용을 미리 확인하고 [인쇄 미리 보기] 탭을 이용하여 페이지 설정을 변경 할 수 있다.

② 유인물 인쇄 보기

[유인물]은 청중들에게 나눠주기 위한 인쇄물로써 한 페이지에 여러 장의 슬라이드를 포함하여 인쇄할 수 있다. 이러한 유인물의 모든 페이지에는 [머리글/바닥글]을 이용하여 화면 위쪽이나 아래쪽에 페이지 번호나 상호 및 작성자 이름 등을 넣을 수 있다.

[파일] 메뉴 – [인쇄] – [설정]을 선택한다.

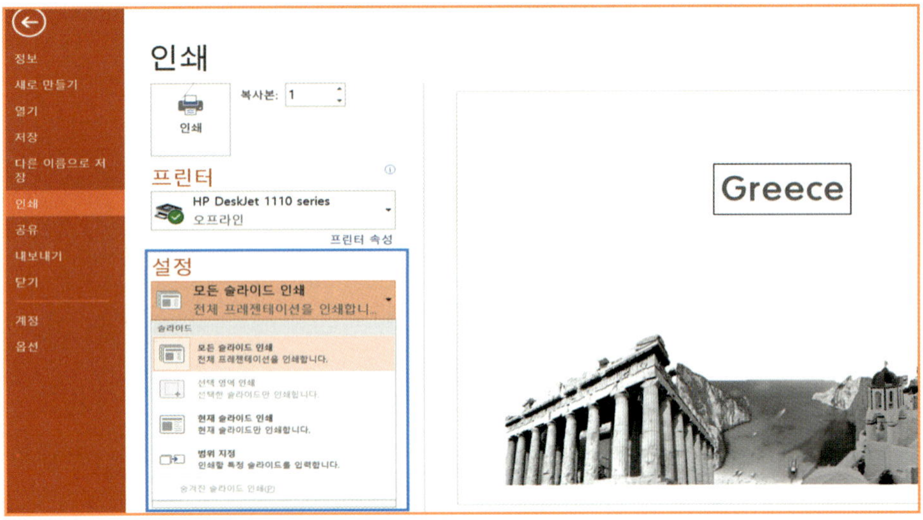

[파일] 메뉴 – [인쇄] – [인쇄 모양]을 선택한다.

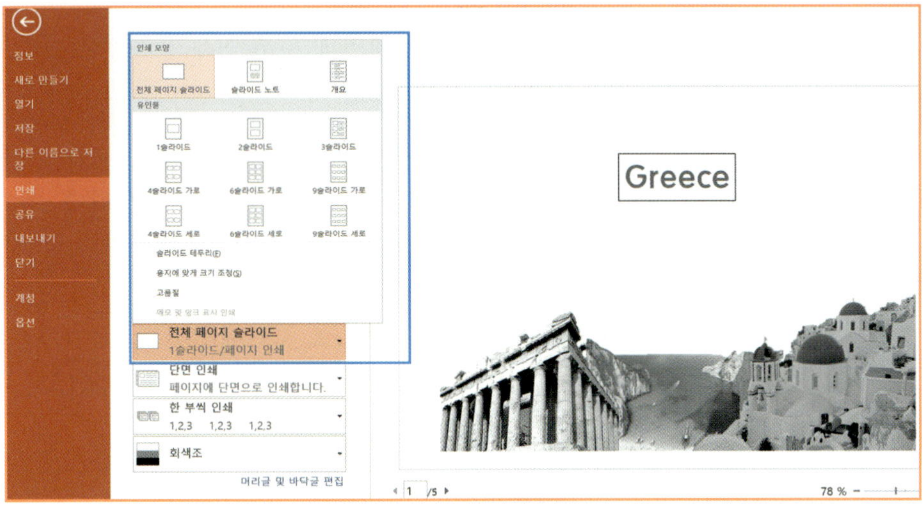

[파일] 메뉴 – [인쇄] – [복사본 : 1] – [컬러/회색조]를 선택한다.

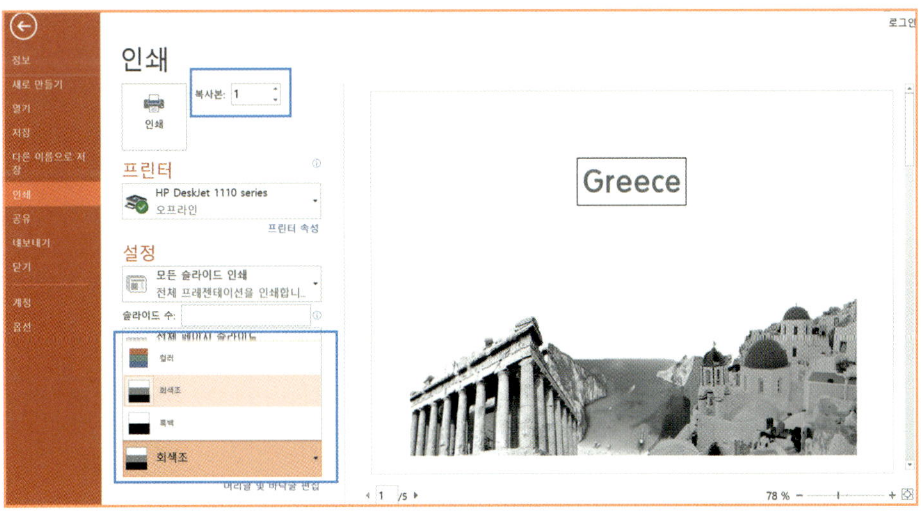

이러한 유인물의 모든 페이지 위쪽이나 아래쪽에 페이지 번호나 상호 및 작성자 이름 등을 넣을 수 있고, 유인물과 슬라이드 노트의 [머리글/바닥글]은 동일하게 들어가며 유인물 마스터를 이용하여 위치 및 서식을 변경한다.

[인쇄 미리 보기]에서 인쇄 대상이나 인쇄 옵션을 선택해도 되지만 인쇄시 옵션을 설정 할 수도 있다. 프레젠테이션은 대부분 컬러로 표시되지만 슬라이드와

유인물은 대개 흑백 또는 회색조라고 하는 회색 음영으로 인쇄 된다.

[인쇄 범위]는 모두, 현재 슬라이드, 선택 영역과 부분 인쇄가 가능한 슬라이드 유형이 있다.

[인쇄 대상]에는 슬라이드, 유인물, 슬라이드 노트 그리고 개요 보기가 있다. 또한 인쇄 매수를 통해 같은 슬라이드 내용을 여러 장 출력도 가능하다. 용지에 맞게 크기 조정이 가능하고 메모 및 잉크 표시 인쇄 체크를 통해 다양한 방식으로 출력이 가능하다.

2-11 최종본으로 표시

[최종본으로 표시]는 통상적으로 마지막 작성 파일에 표기하여 독자에게 프레젠테이션이 최종본임을 알리고 읽기 전용으로 표시하는 기능이다.

[파일] 메뉴 – [정보] – [프레젠테이션 보호] – [최종본으로 표시]를 선택한다.

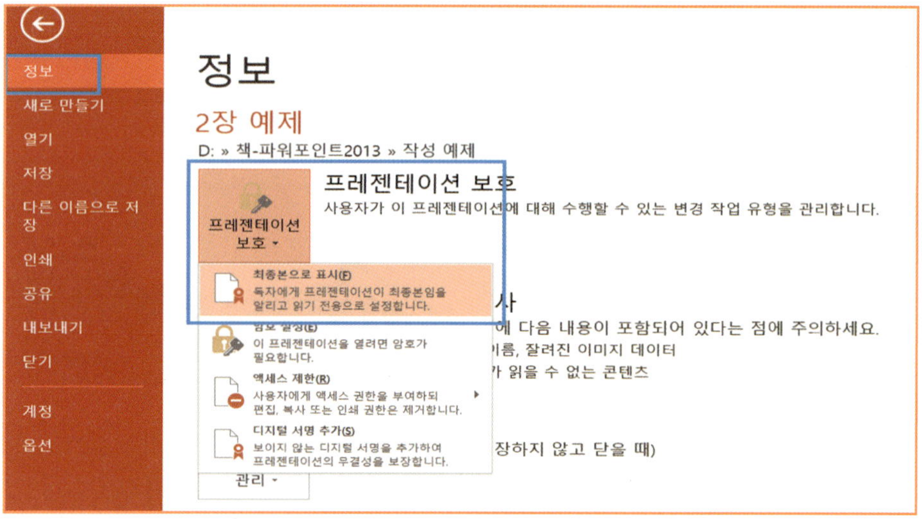

아래와 같은 경고 창이 나타나면 [확인] 단추를 클릭한다.

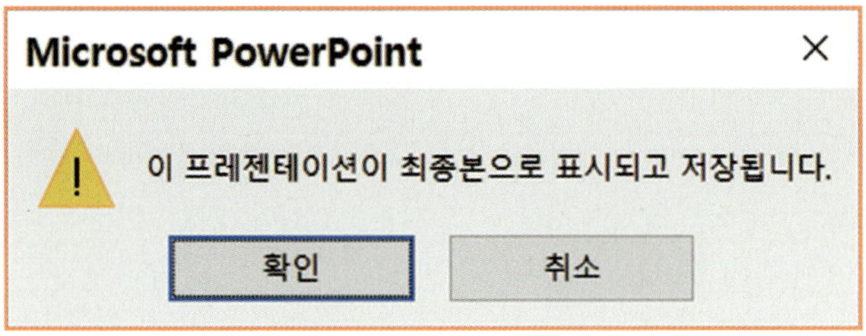

문서가 최종본으로 저장 되면 편집이 자유롭지 않으니 신중하게 판단 후 설정하는 것이 좋다.

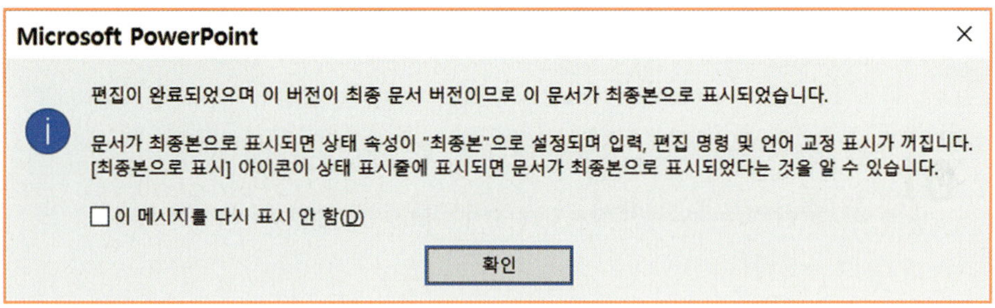

[최종본으로 표시] 된 문서는 읽기 전용으로 내용은 볼 수 있으나 수정에 제한이 있으니 최종본으로 작성 시 주의하는 것을 다시 한 번 권장한다.

2장 실전학습

조건

다음 파일을 연 후 각 문제에서 요구하는 내용을 작성한다.

– 예제 파일 : [실전학습] 폴더 –> 2장 실전학습

01

1) 실전학습 폴더에 [2장 실전학습] 파일을 여시오.
2) [슬라이드 노트]에서 각 슬라이드를 64% 배율로 표시하시오.

02

1) 슬라이드 보기를 [기본] 보기로 변경하시오.
2) 모든 슬라이드 크기를 35mm로 지정해 본 후 다시 취소하시오.
3) 여러 슬라이드 보기에서 슬라이드 2를 원본 서식 유지하며 마지막 슬라이드로 이동하시오

03

1) 슬라이드에 '전체' 테마를 적용하고 테마 색은 '귤색' 으로 적용하시오.
2) 슬라이드를 여러 슬라이드 보기로 변경하시오
3) 슬라이드 2를 마지막 슬라이드에 이동하시오.

04

1) 슬라이드 전체 화면 색을 [보라색]으로 변경하시오.
2) 임의의 다른 종류의 프린터로 변경 후 슬라이드 4개, 회색조의 개요로 인쇄하시오.

05

1) 슬라이드를 3을 두번째 슬라이드로 이동하시오.
2) 프레젠테이션의 암호를 '4321' 로 설정하시오.
3) 슬라이드를 최종본으로 표시 하시오.

01

1) 실전학습 폴더에 [2장 실전학습] 파일을 여시오.

2) [슬라이드 노트]에서 각 슬라이드를 64% 배율로 표시하시오.

1) 실전학습 폴더에 [2장 실전학습] 파일을 여시오.

실습 [파일] 메뉴 선택 – 실전학습 폴더 선택 – 2장 실전학습 파일 더블 클릭

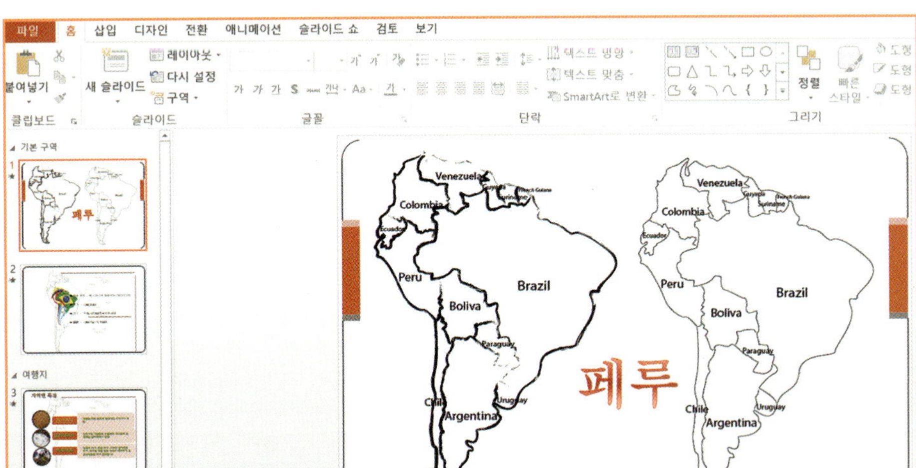

2) [슬라이드 노트]에서 각 슬라이드를 64% 배율로 표시하시오.

실 습 [보기] 메뉴 선택 – 슬라이드 노트 선택

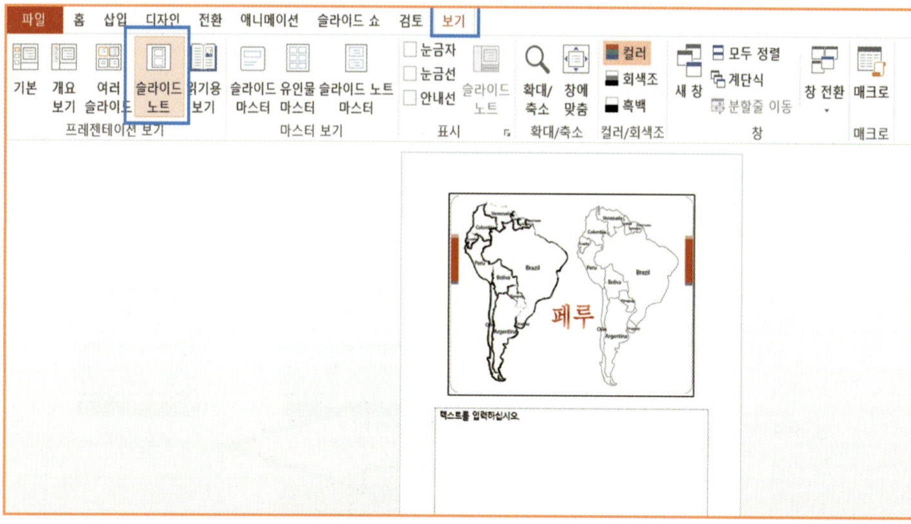

실 습 확대/축소 선택 – 사용자 지정 : 64% 입력 – 확인

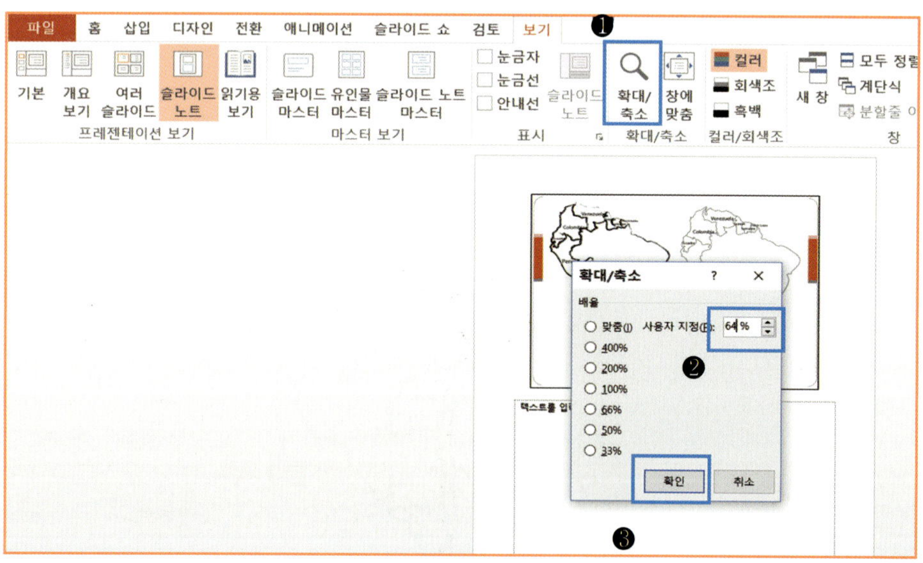

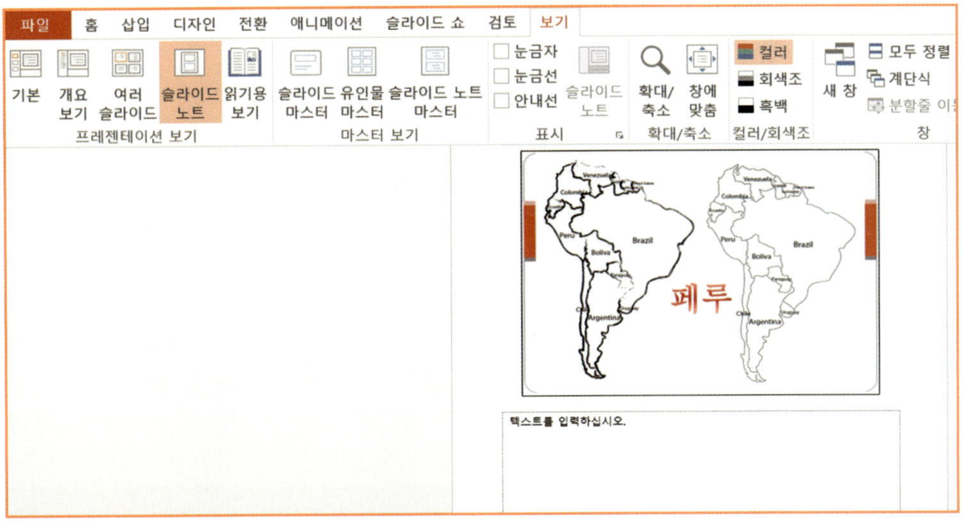

02

1) 슬라이드 보기를 [기본] 보기로 변경하시오.
2) 슬라이드 크기를 35mm로 지정해 본 후 다시 취소하시오.
3) 슬라이드 방향을 세로로 변경하시오.

1) 슬라이드 보기를 [기본] 보기로 변경하시오.

실습 [보기] 메뉴 선택 – 프레젠테이션 보기 그룹 : 기본 선택

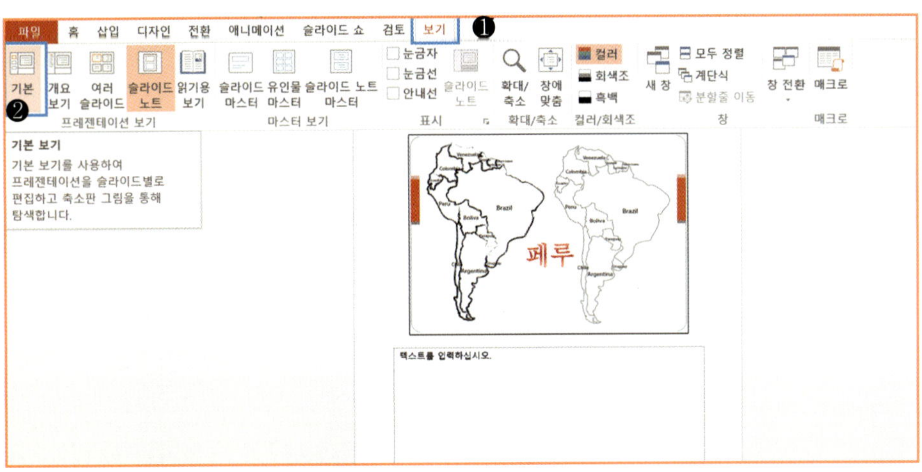

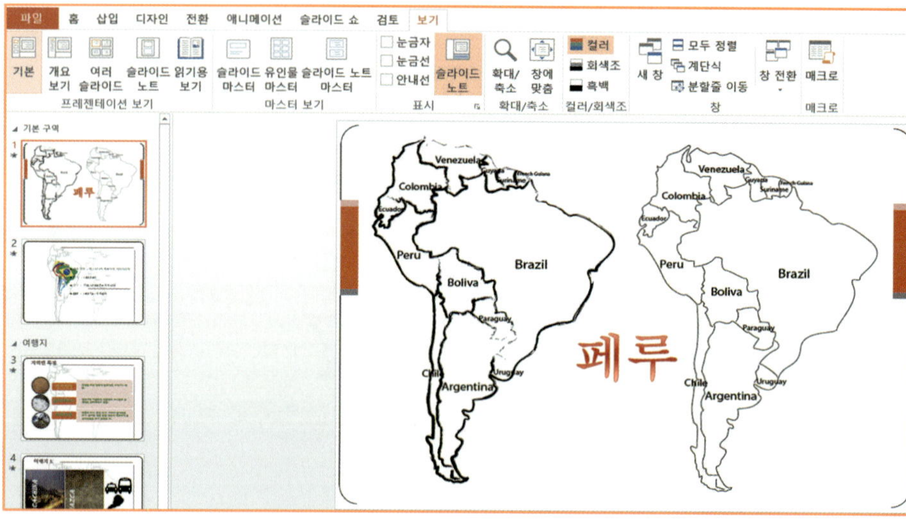

2) 슬라이드 크기를 35mm로 지정해 본 후 다시 취소하시오.

실습 [디자인] 메뉴 선택 – 사용자 지정 그룹 : 슬라이드 크기 선택

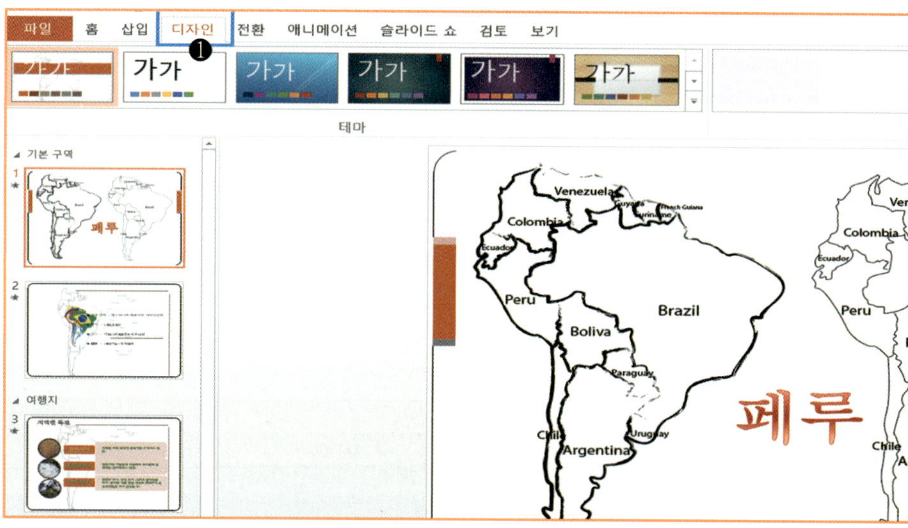

실 습 35mm 슬라이드 선택 – 확인

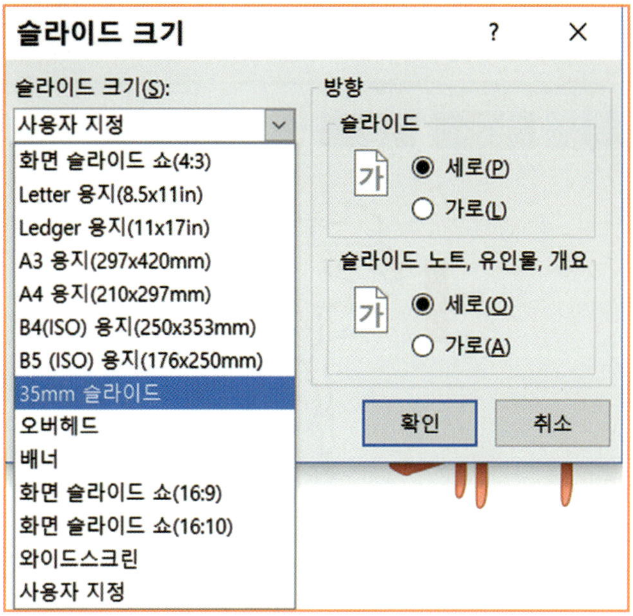

실 습 Microsoft PowerPoint 대화상자 – 취소 선택

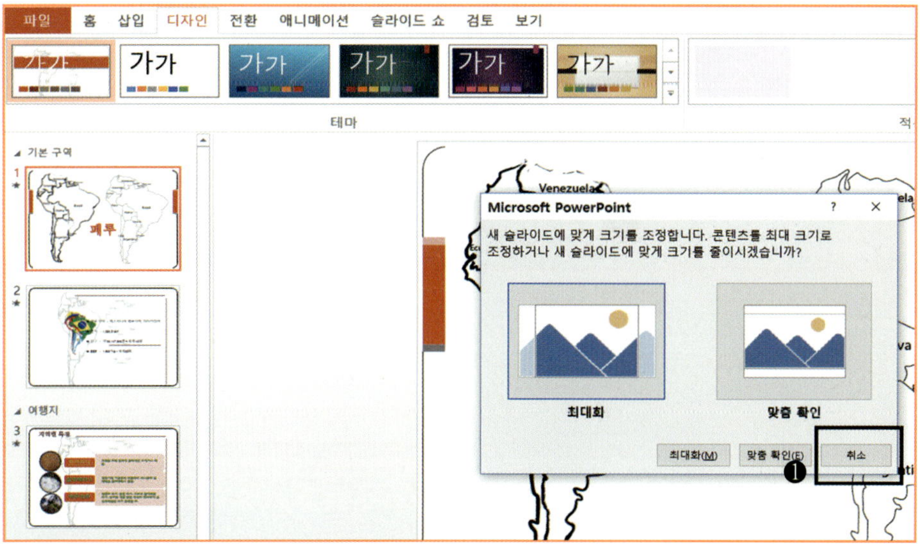

3) 슬라이드 방향을 세로로 변경하시오.

실 습 [디자인] 메뉴 선택 – 사용자 지정 슬라이드 크기 선택

실 습 방향 그룹 – 슬라이드 : 세로 선택 – 확인

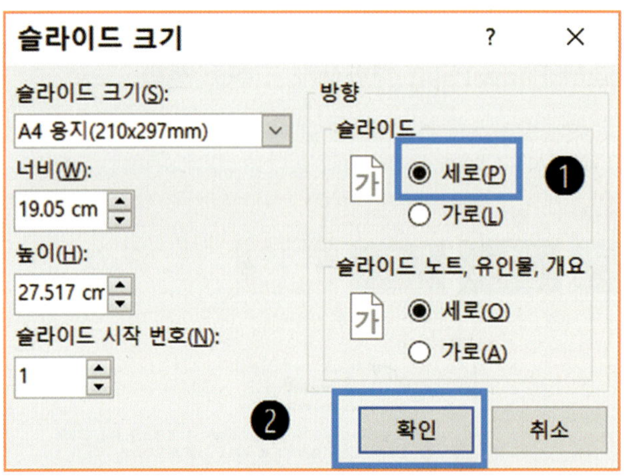

실 습 Microsoft PowerPoint 대화상자 – 맞춤 확인 클릭

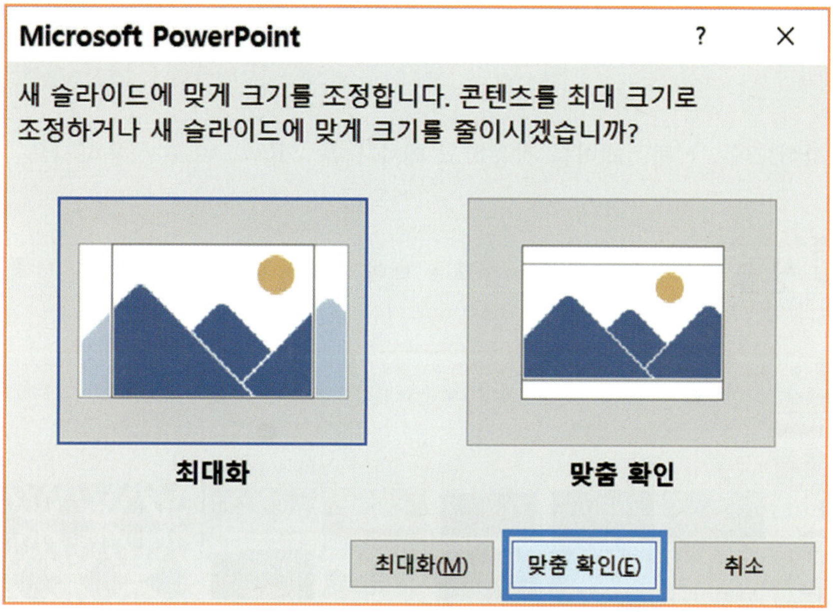

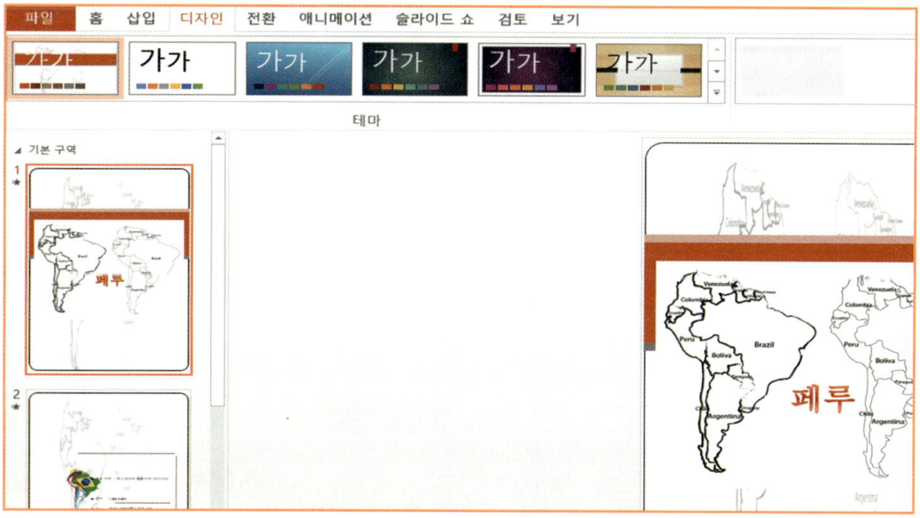

03

1) 슬라이드에 '전체' 테마를 적용하고 테마 색은 '귤색'으로 적용하시오.
2) 슬라이드를 여러 슬라이드 보기로 변경하시오
3) 여러 슬라이드 보기에서 슬라이드 2를 마지막 슬라이드로 이동하시오.

1) 슬라이드에 '전체' 테마를 적용하고 테마 색은 '귤색'으로 적용하시오.

실 습 [디자인] 메뉴 선택 – 테마 자세히 단추 클릭 – 전체 선택

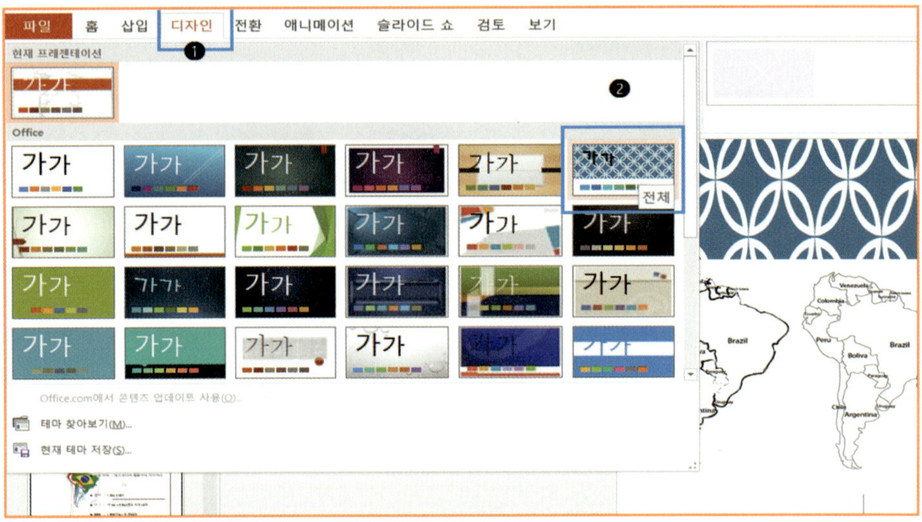

실 습 적용 그룹 선택 – 색 클릭 – 귤색 선택

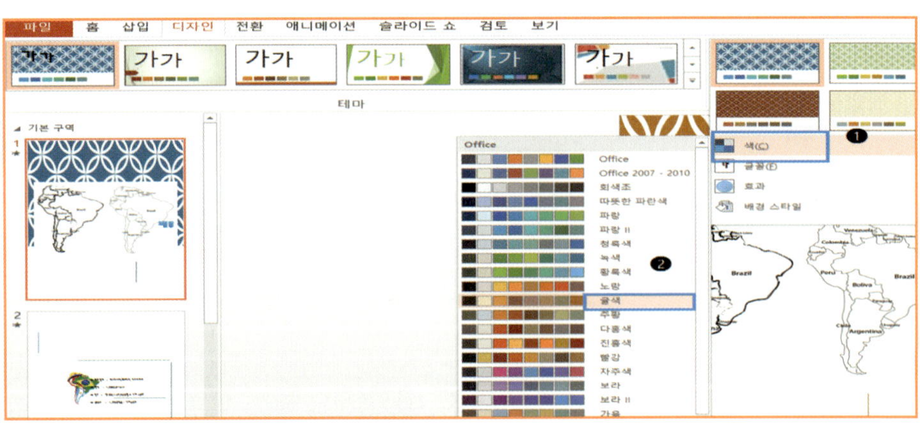

2) 슬라이드를 여러 슬라이드 보기로 변경하시오.

실 습 [보기] 메뉴 선택 – 여러 슬라이드 클릭

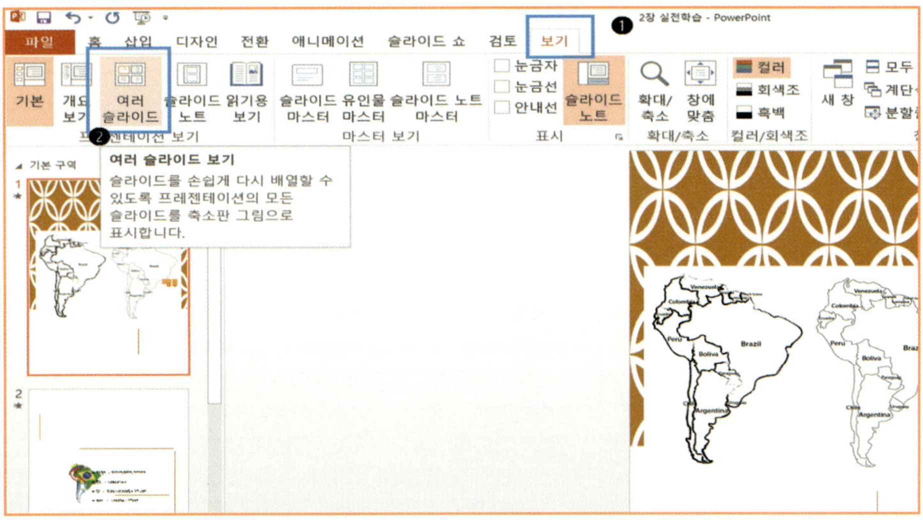

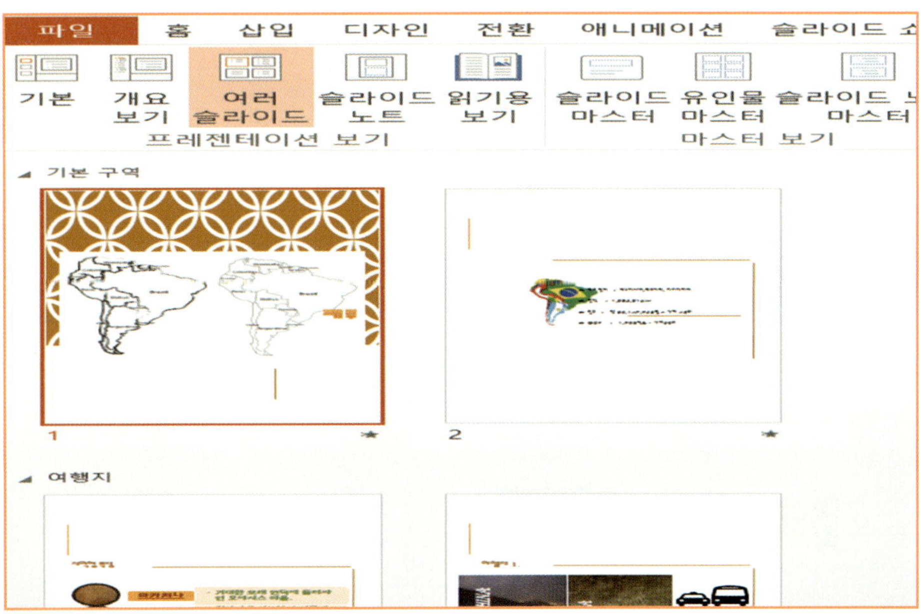

3) 여러 슬라이드 보기에서 슬라이드 2를 원본 서식 유지하여 마지막 슬라이드에 이동하시오.

실 습 [보기] 메뉴 선택 – 여러 슬라이드 클릭 – 슬라이드 2 클릭 – 마우스 오른쪽 클릭 – 잘라내기 선택

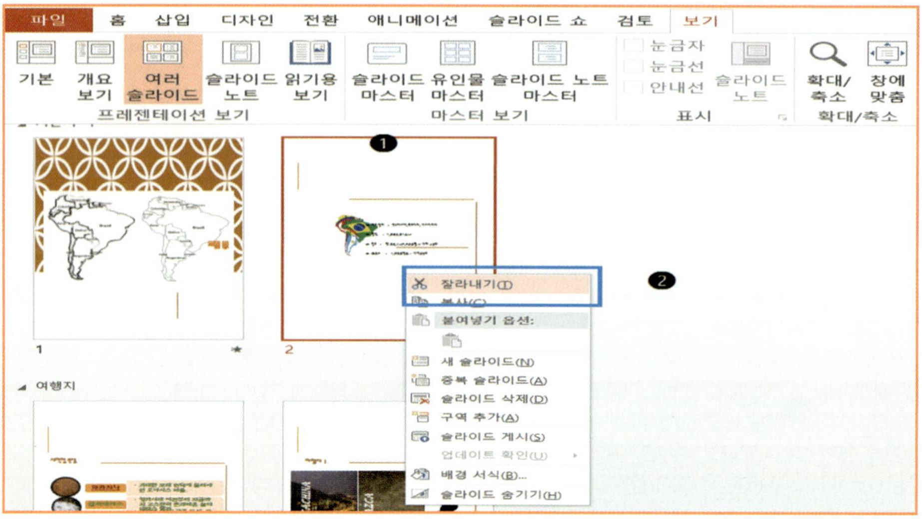

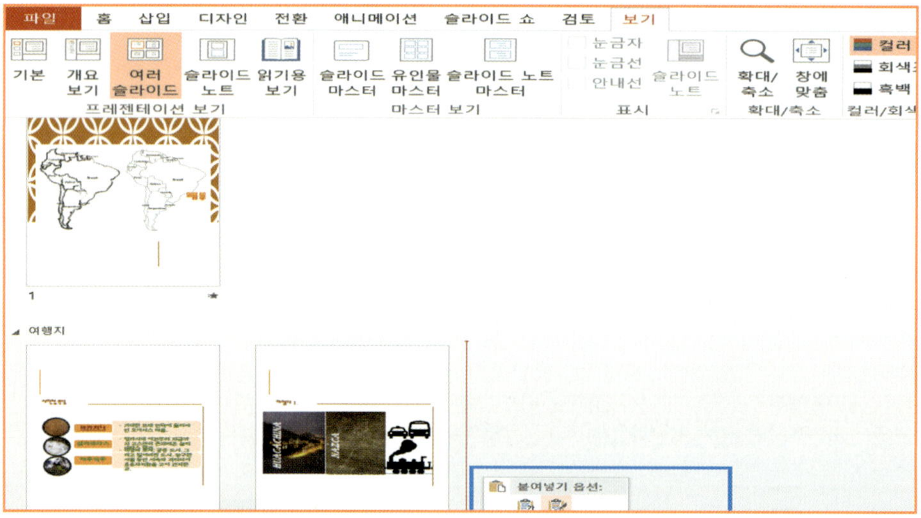

실습 마지막 슬라이드 선택 – 마우스 오른쪽 클릭 – 붙여넣기

04

1) 슬라이드 전체 화면 색을 [보라색]으로 변경하시오.
2) 임의의 다른 종류의 프린터로 변경 후 슬라이드 4개, 회색조의 개요로 인쇄하시오.

1) 슬라이드 전체 화면 색을 [보라색]으로 변경하시오.

실습 임의의 슬라이드 위에서 마우스 오른쪽 클릭 – 배경 서식 선택

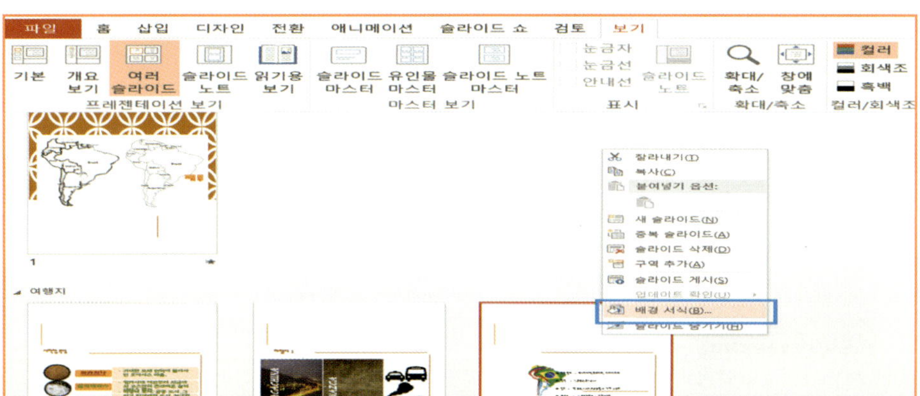

실 습 색상표 : 보라색 선택 – 모두 적용

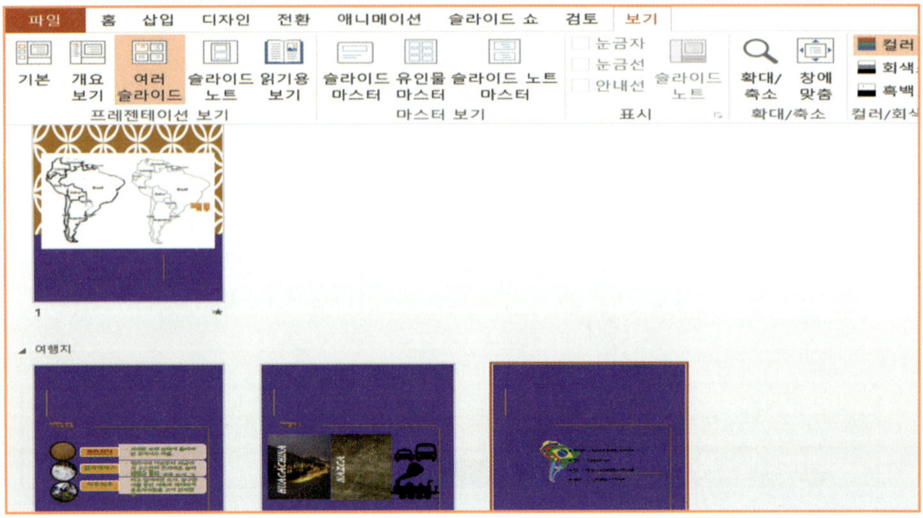

2) 임의의 다른 종류의 프린터로 변경 후 슬라이드 4개, 회색조의 개요로 인쇄하시오.

실 습 [파일] 메뉴 선택 – 인쇄 클릭 – Hancom PDF 선택

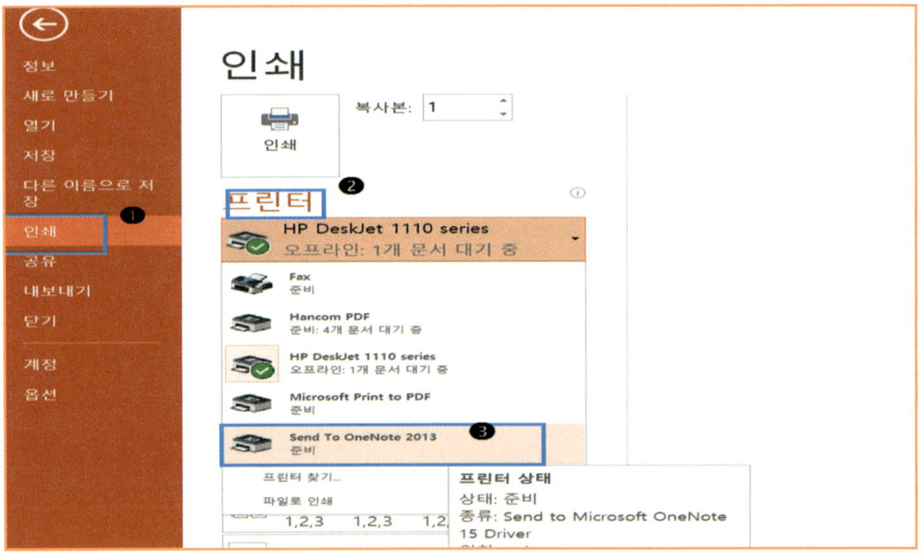

실 습 유인물 : 4개 슬라이드 가로 선택 – 회색조 선택

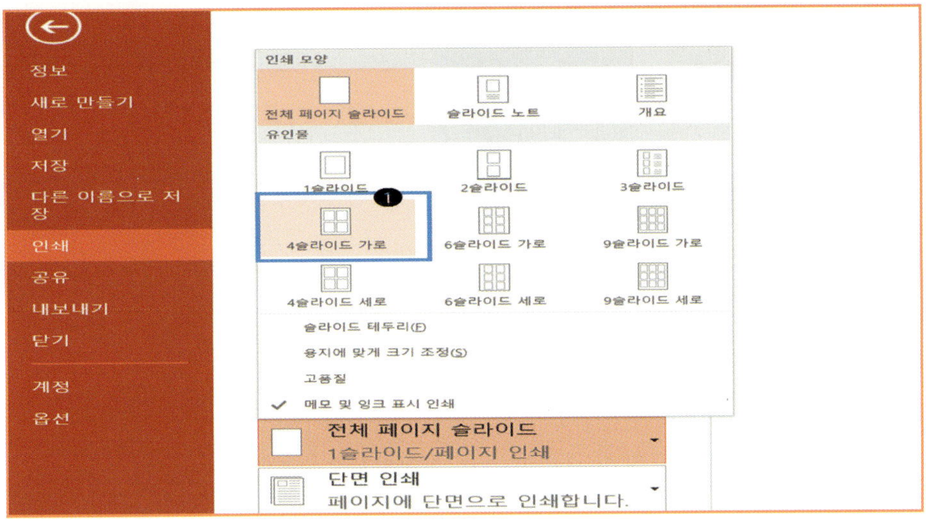

05

1) 슬라이드 3을 두 번째 슬라이드로 이동하시오.
2) 프레젠테이션의 암호를 '4321' 로 설정하시오.
3) 슬라이드를 최종본으로 표시 하시오.

1) 슬라이드 3을 두 번째 슬라이드로 이동하시오.

실 습 여러 슬라이드 보기 – 슬라이드 3을 슬라이드 1 다음으로 드래그

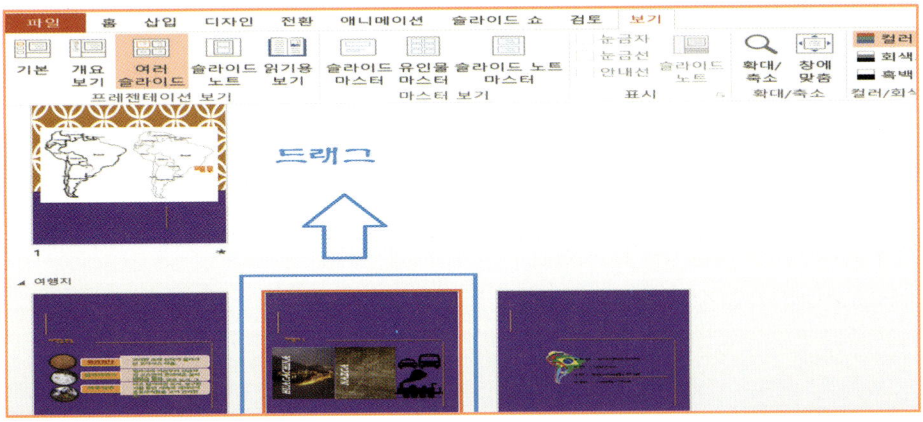

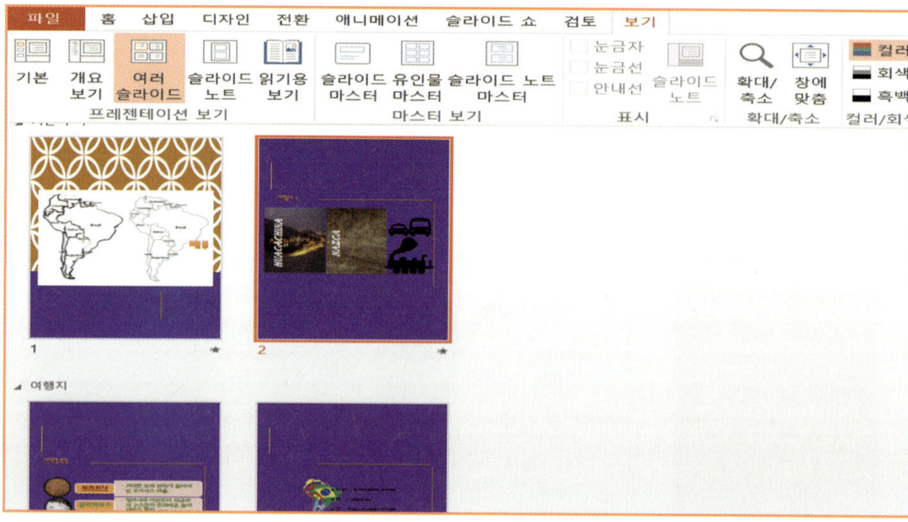

2) 프레젠테이션의 암호를 '4321' 로 설정하시오.

실습 [파일] 메뉴 – 정보 선택 – 프레젠테이션 보호 클릭 – 암호 설정 선택

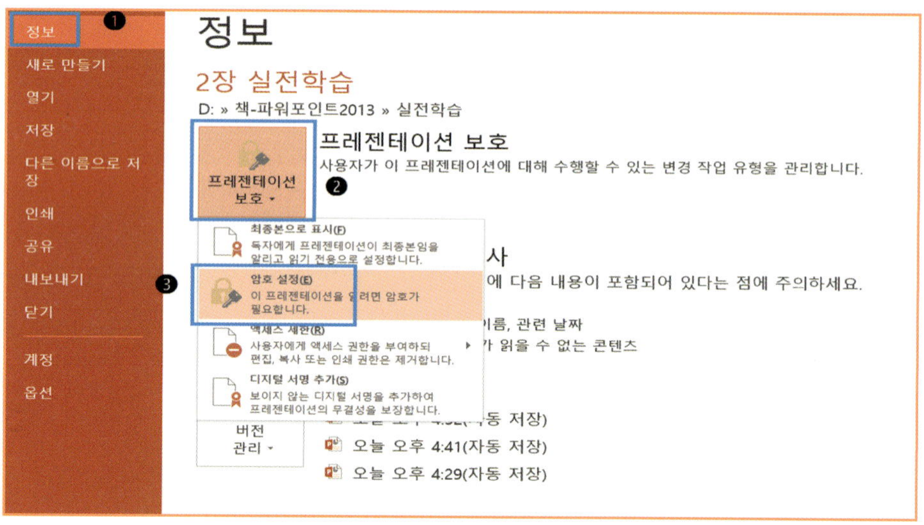

실 습 암호란에 '4321' 입력 – 확인

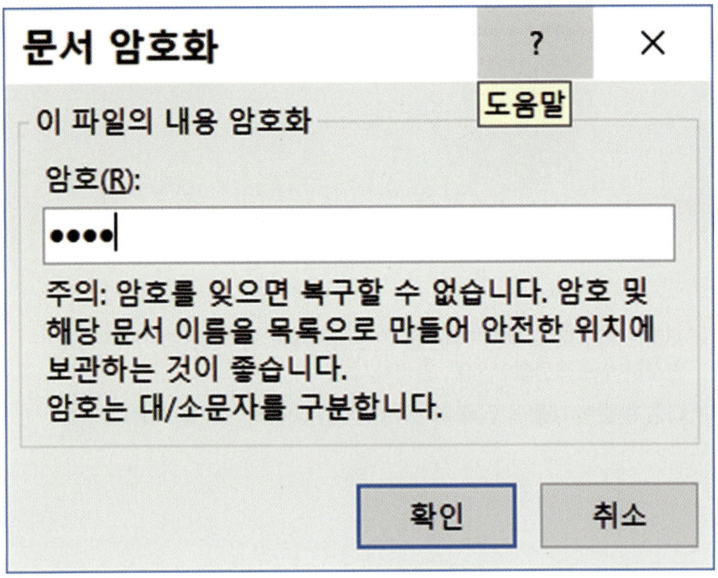

3) 슬라이드를 최종본으로 표시 하시오.

실 습 [파일] 메뉴 – 정보 선택 – 프레젠테이션 보호 클릭 – 최종본으로 표시 선택

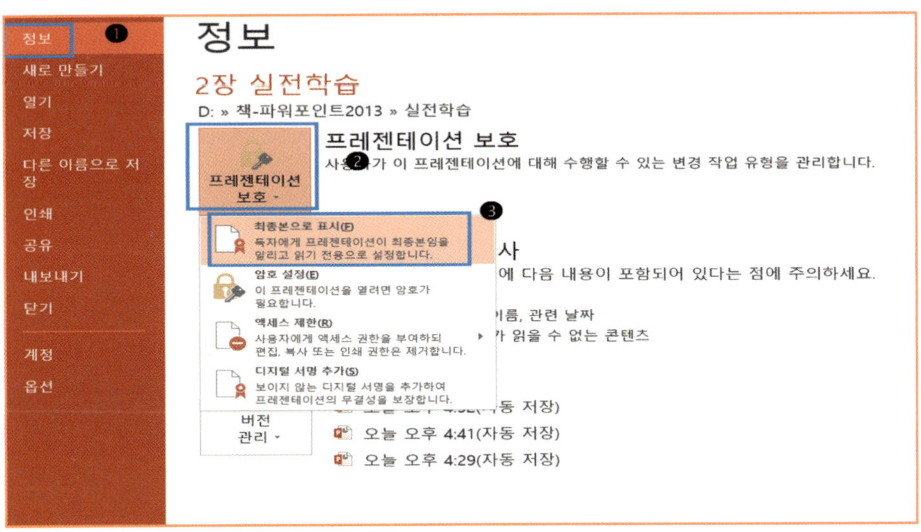

2장 실전예제만들기

조건

슬라이드 1 다음 조건에 맞게 작성 하시오.

- 새로 만들기로 프레젠테이션을 만든 후 [제목 및 내용] 레이아웃으로 변경하여 프레젠테이션을 완성하시오.
- 다음과 같이 내용을 입력 후 들여쓰기와 글머리 기호를 적용하시오.

[완성본]

사업 계획서 만들기

- 제안의 개요
  - 제안 목적
  - 사업 부지 위치도
- 환경 분석
  - 트렌트 변화
  - 시장 규모 분석
- 회사 개요
  - 회사 현황
  - 차별성
- 입점 제안 내용
  - 입점 세부 내용
- 마케팅 추진 전략
  - 기본 방향
  - 세부 전략

조건

슬라이드 2 입력한 내용을 다음과 같이 수정하시오.

- 제목 : MD 아트체, 36pt, 가운데 맞춤, 밑줄체
- 번호 매기기 사용, 단 설정 : 2단, 줄 간격 : 1.5
- 그림과 같은 테마 적용, 바탕화면에 사업 계획서로 저장

[완성본]

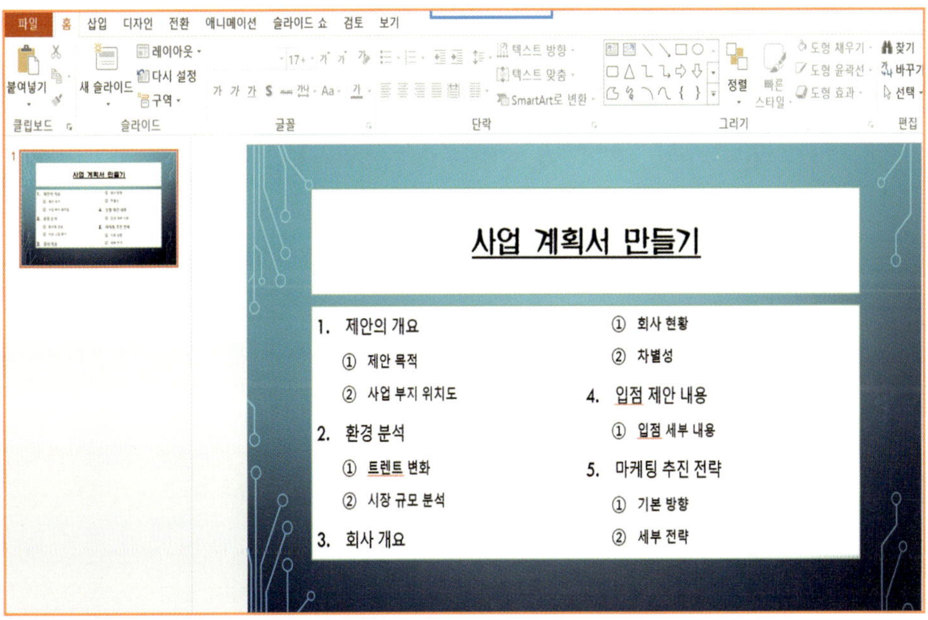

3장 이미지와 일러스트레이션

- 표
- 그림 및 온라인 그림
- 스크린샷
- 사진 앨범
- 도형
- 도형 꾸미기
- SmartArt
- 차트

03 이미지와 일러스트레이션

3장에서는 이미지와 일러스트레이션 그룹의 다양한 기능을 프레젠테이션에 적용하여 입체적인 문서 작업을 위한 프레젠테이션 기법을 학습 한다.

[3 장 예제] 파일 사용

3-1 표

[표]는 서술로 나열된 텍스트나 수많은 데이터를 가지런히 정렬해 전체적 내용을 파악하거나 내용을 한 눈에 볼 수 있게 작성 할 수 있는 기능으로 널리 사용되고 있다. 그리고 표를 삽입하는 4가지 방법에는 표 삽입, 행과 열을 입력하여 표 삽입, 표 그리기, 엑셀 스프레드시트로 표 작성 등이 있다. 또한 표의 각 셀에 그림을 삽입하거나 표 배경 전체에 하나의 그림으로도 삽입 가능하다.

[표 디자인]

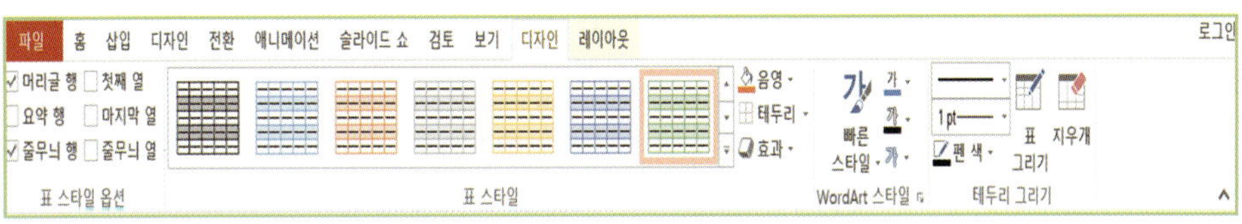

[표 레이아웃]

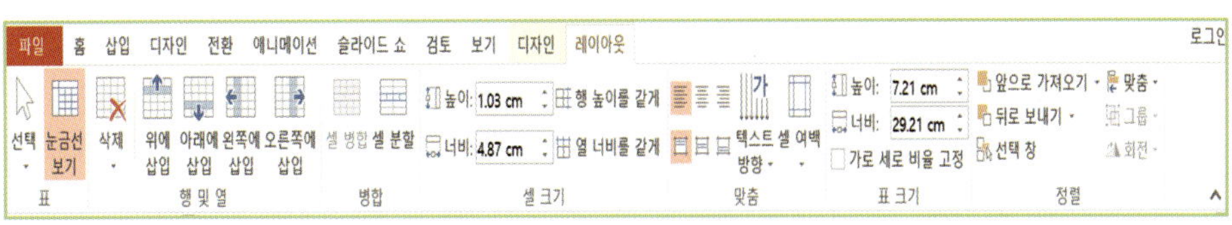

우선 3장 실습을 위해 [3장 예제] 파일을 연 후 작업한다.

[파일] 메뉴 – [열기] – [3장 예제]를 클릭 한다.

슬라이드 1을 선택 후 [삽입] 메뉴 – [표] – [표 삽입]을 클릭 한다.

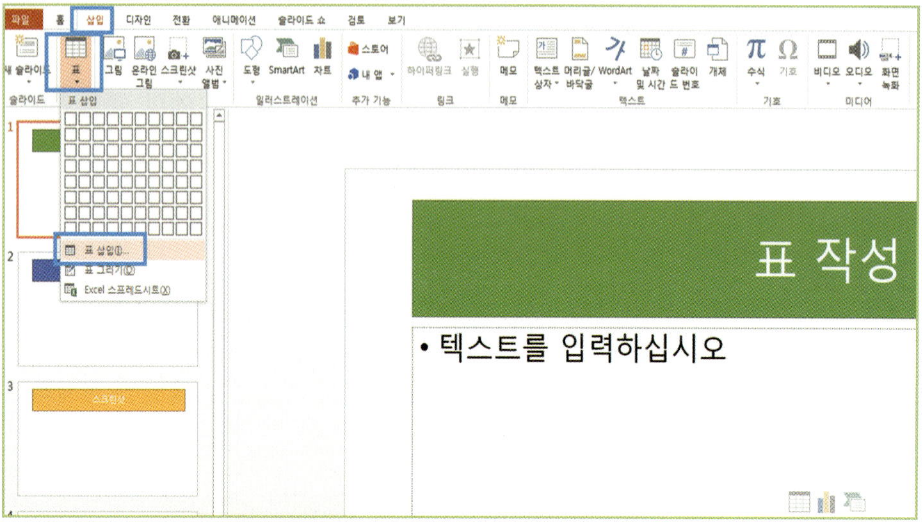

표 삽입 대화 상자가 나타나면

[열 : 6, 행 : 7] 을 입력 – [확인] 단추를 클릭한다.

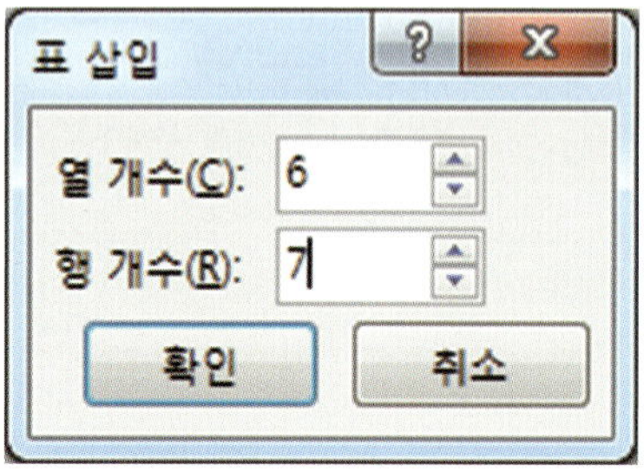

만들어진 표 디자인이 맘에 안 들어 스타일을 변경하고자 할 때에는 표 스타일 중 원하는 종류를 클릭하면 된다. 표 스타일 옵션에는 〈문서와 가장 일치하는 항목〉, 〈밝게〉, 〈보통〉 그리고 〈어둡게〉로 나뉘어 다양하게 수정 가능하다.

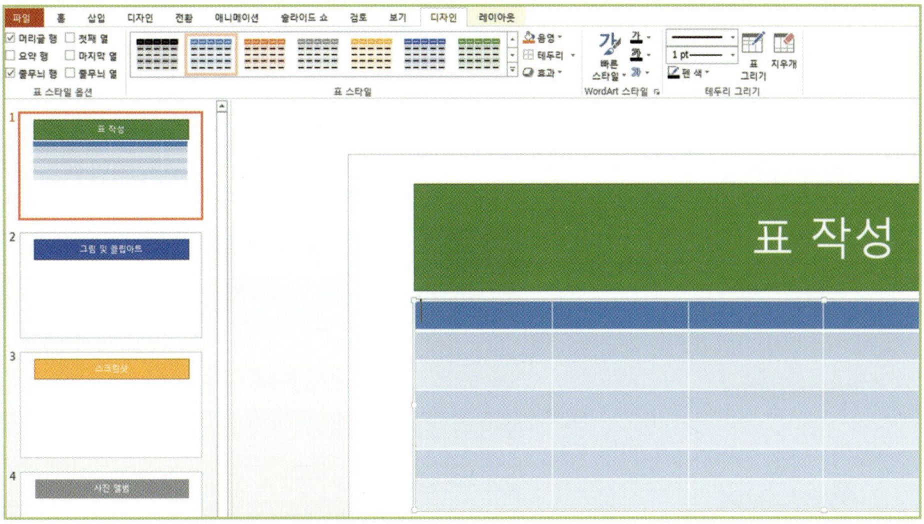

표를 클릭 후 [디자인] 메뉴 – [표 스타일] – [밝게 : 밝은 스타일 3, 강조 6]을 클릭 한다.

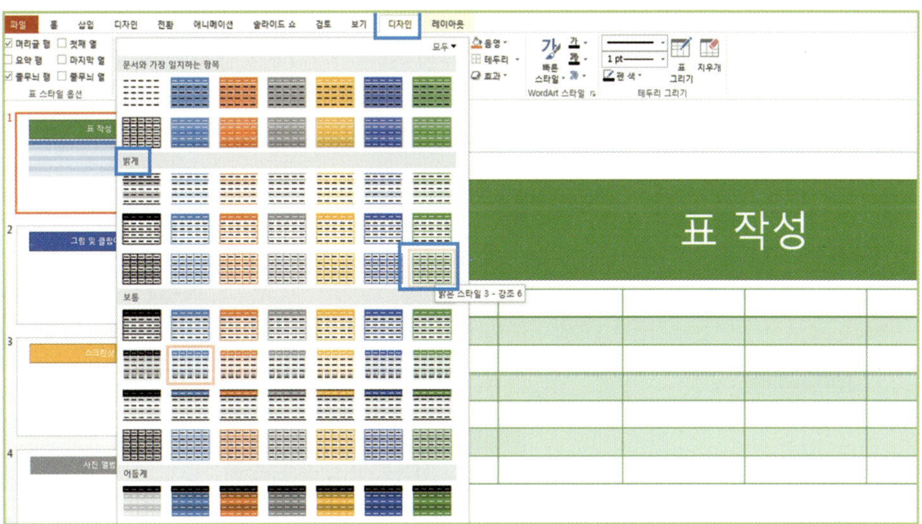

파란색 계열의 표를 〈녹색〉 계열의 표로 변경 해 보았다.

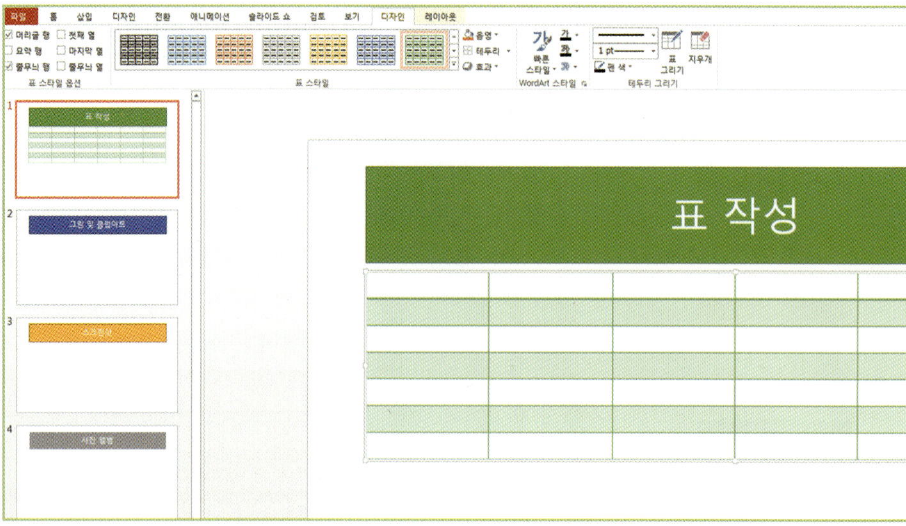

[표 테두리]

표 테두리 모양이나 두께 그리고 테두리의 색을 변경하여 다양하게 꾸밀 수 있다.

표를 클릭 후 [디자인] 메뉴 – [표 스타일] – [테두리] – [테두리 두께 : 4.5]을 선택한다.

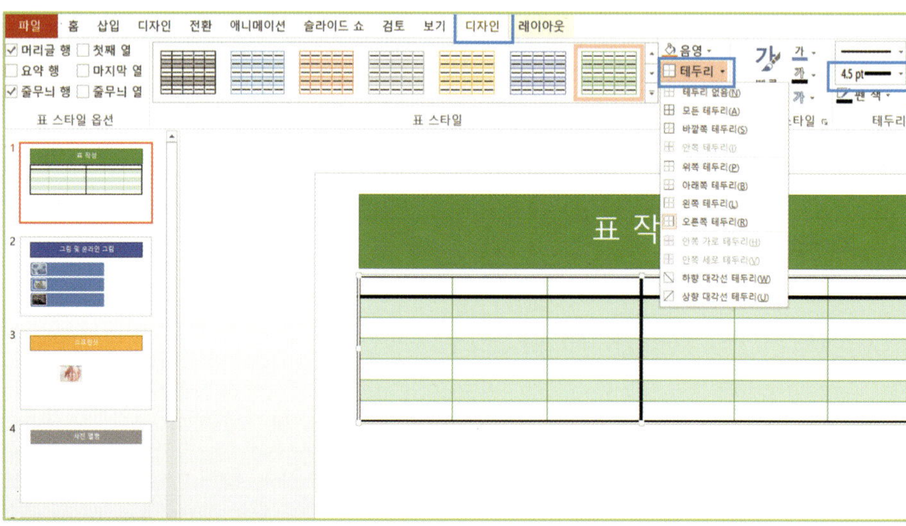

3-2 그림 및 온라인 그림

다른 프레젠테이션보다 파워포인트 2013이 우수한 이유는 Office.com을 통한 무료 템플릿이나 이미지를 사용 할 수 있다는 점이다. 검색할 대상을 입력하고 형식, 검색 위치 등을 지정하면 효과적으로 그림을 검색 할 수 있다.

일러스트레이션 개체 중 [그림]과 [온라인 그림]을 이용하여 슬라이드 내용과 관련된 그래픽 삽입을 통해 이해력을 높이고 시각적인 효과를 주어 다양한 디자인 연출이 가능하다.

① 그림 삽입

슬라이드 2를 선택 후 [삽입] 메뉴 – [이미지] 그룹 – [그림] 을 선택한다.

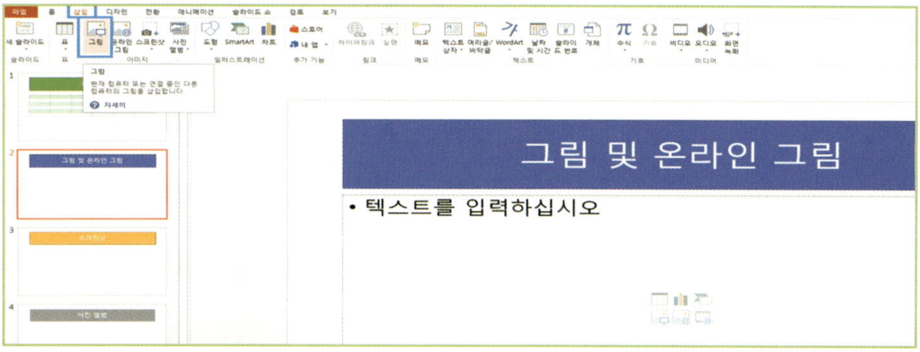

[그림] 폴더 – [코알라] 그림 – [삽입]을 선택한다.

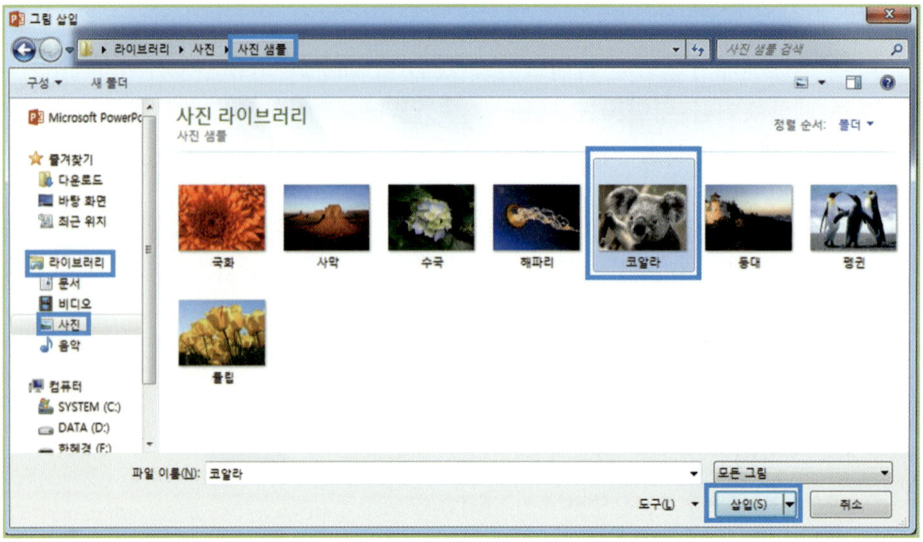

삽입 된 코알라 그림 크기를 적당히 조절한다.

이미지 모서리의 조절점에 마우스를 대면 양방향 화살표로 변경 되는데 그때에 안쪽으로 드래그하면 크기를 줄일 수 있다.

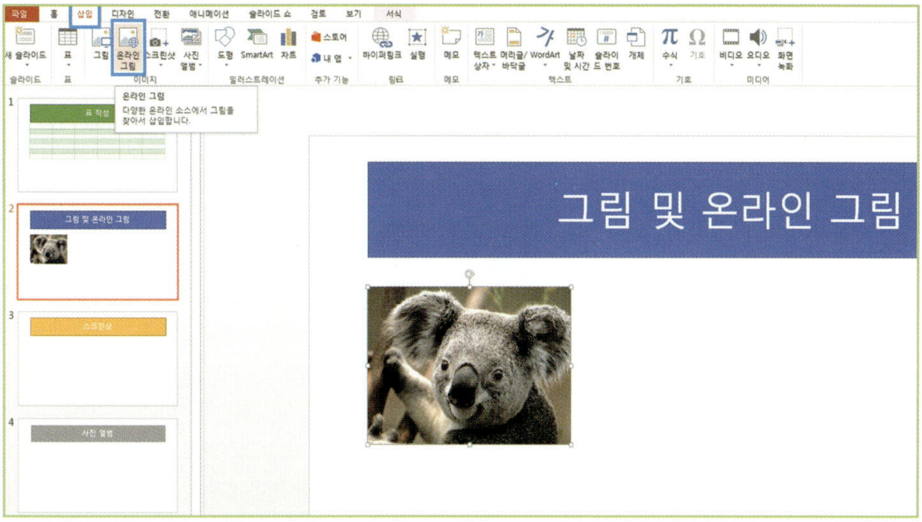

② 온라인 그림 및 클립아트 삽입

[삽입] 메뉴 – [온라인 그림] – [검색 대상] – [고양이]를 입력하여 고양이 이미지가 나오면 그 중 하나를 선택한다.

고양이 이미지를 클릭 후 [삽입]을 클릭한다.

[클립아트]는 오피스 프로그램에서 제공하는 그래픽은 무려 개수가 9만여 개가 넘는다. 클립아트는 비트맵이나 여러 가지 도형의 조합으로 이루어진 경우가 많고 클립아트 종류도 다양하다.

[검색 대상] – [bing] 검색란에 [꽃]을 입력 후 [삽입]을 클릭한다.

찾고자 하는 클립아트 분류를 검색 창에 입력하면 해당 클립아트가 찾아지는데 그 중 원하는 그림을 선택하여 삽입하면 된다.

[사진] 그룹을 선택 – [원하는 그림 선택] – [삽입]을 클릭한다.

위 순서대로 이미지를 코알라, 고양이 그리고 꽃 하나를 추가하면 아래 그림처럼 볼 수 있다.

[그림 서식]

삽입 한 그림을 파워포인트 내에서 수정이 가능한데 배경을 지우거나 이미지의 색과 밝기 그리고 그림 스타일 등을 이용할 수 있다.

그 외에도 그림에 테두리를 설정하거나 입체적으로 만들어 그림의 크기를 높이와 너비를 조절하여 프레젠테이션 내용에 어울리도록 만들 수 있다.

① 배경 제거

슬라이드 2의 [고양이 그림] 선택 후 [서식] 메뉴 – [조정] 그룹 – [배경 제거]를 선택한다.

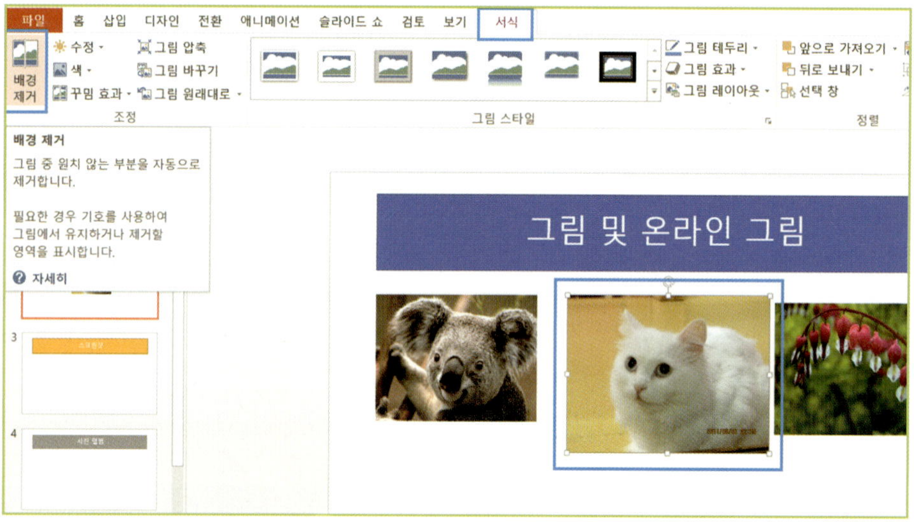

제거하고 싶은 부분을 선택 후 [파일] 메뉴 – [변경 내용 유지]를 선택한다.

핑크색으로 표시되는 부분은 배경으로 인식하여 제거 될 부분이고 이미지의 조절점을 이용하여 배경 제거 부분을 설정 할 수 있다.

② 수정

슬라이드 2의 [코알라 그림] 선택 후 [서식] 메뉴 – [조정] 그룹 – [수정] – [선명하게 50%]을 선택한다.

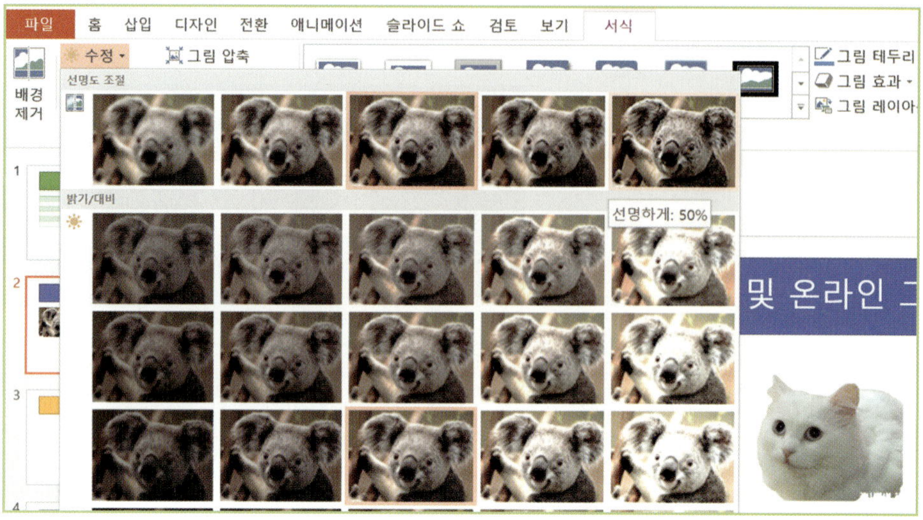

③ 색

슬라이드 2의 [코알라 그림] 선택 후 [서식] 메뉴 – [조정] 그룹 – [색] – [파랑 밝은 강조 색 1]을 선택한다.

④ 꾸밈 효과

슬라이드 2의 [꽃 그림] 선택 후 [서식] 메뉴 – [조정] 그룹 – [꾸밈 효과] – [연필 회색조]를 선택한다.

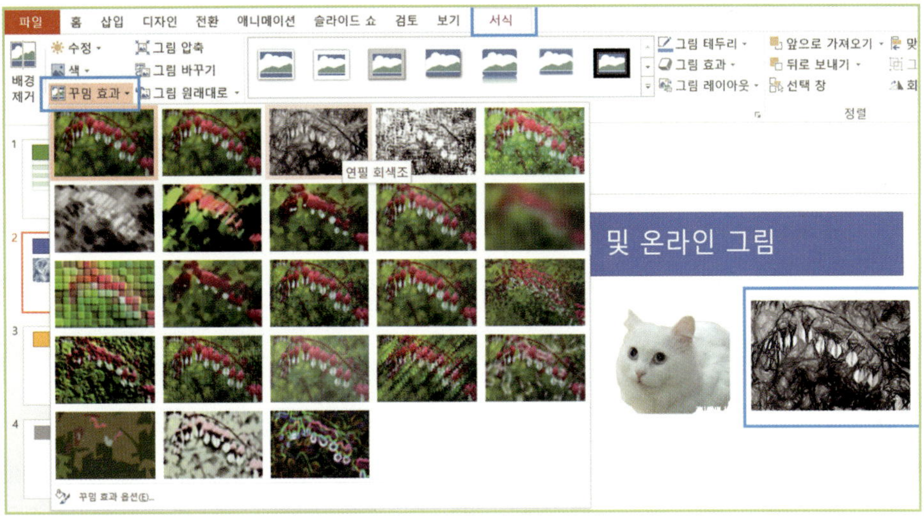

⑤ 그림 스타일

[고양이 그림] 선택 후 [서식] 메뉴 – [그림 스타일] 그룹 – [둥근 대각선 모서리, 흰색]을 선택한다.

고양이 그림 테두리가 〈둥근 대각선 모서리, 흰색〉으로 만들어졌고 테두리에 있는 노란색 사각형 도형을 드래그(drag)하여 그림틀의 모양을 변경해 본다.

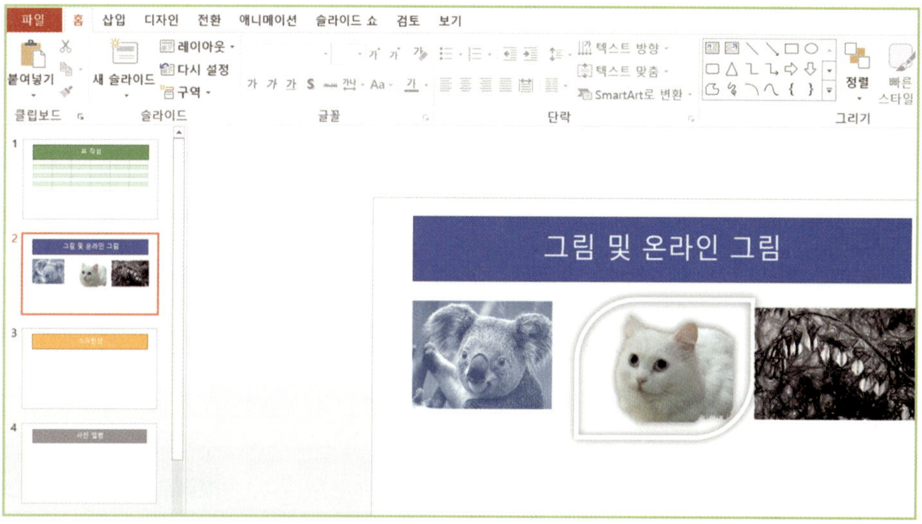

⑥ 그림 테두리

그림 외곽에 테두리를 설정하여 선명함을 높이고 테두리의 두께나 내용에 어울리는 대시 종류를 선택하여 그림 꾸미기를 할 수 있다.

[코알라 , 꽃] 선택 후 [서식] 메뉴 – [그림 테두리] – [점선 대시]을 선택한다.

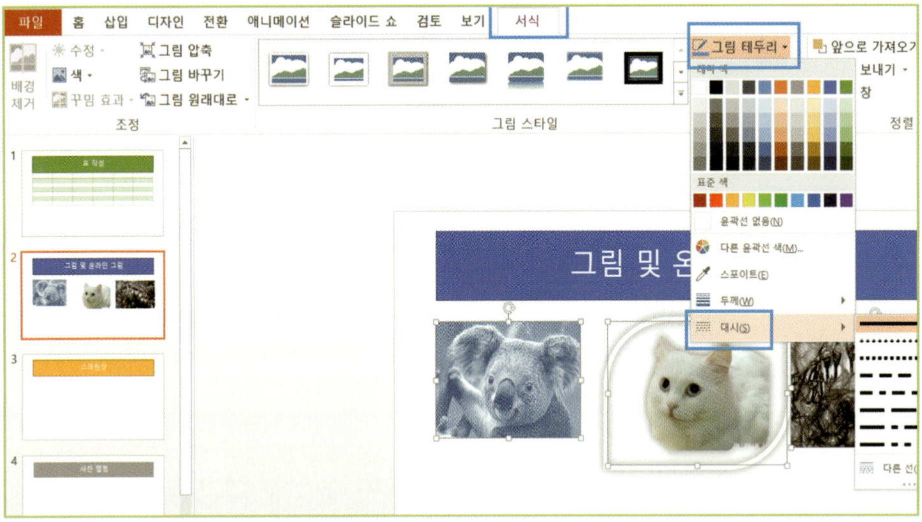

두 그림 테두리에 대시가 적용 되었다.

[고양이] 그림 선택 후 [서식] 메뉴 – [그림 효과] – [입체 효과] – [아트 데코]를 선택한다.

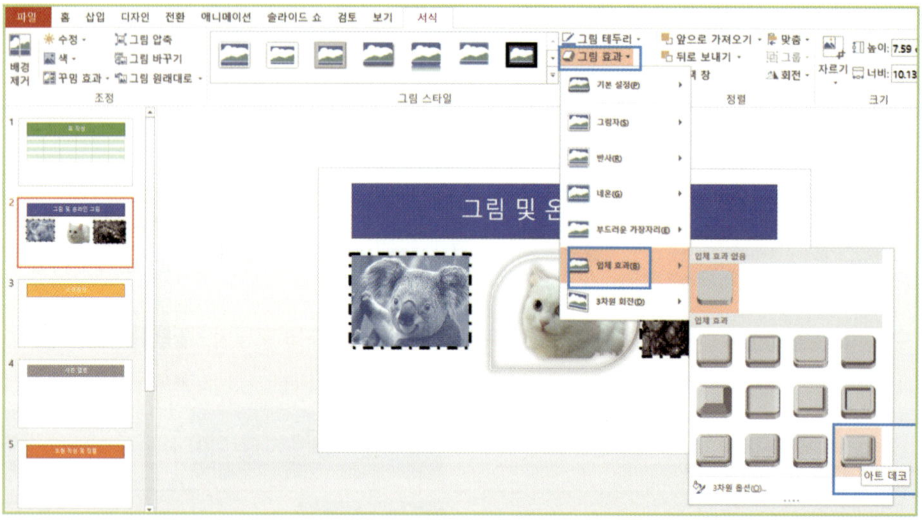

⑦ 그림 레이아웃

[코알라, 고양이, 꽃] 선택 후 [서식] 메뉴 – [그림 레이아웃] – [임의 종류]를 선택한다.

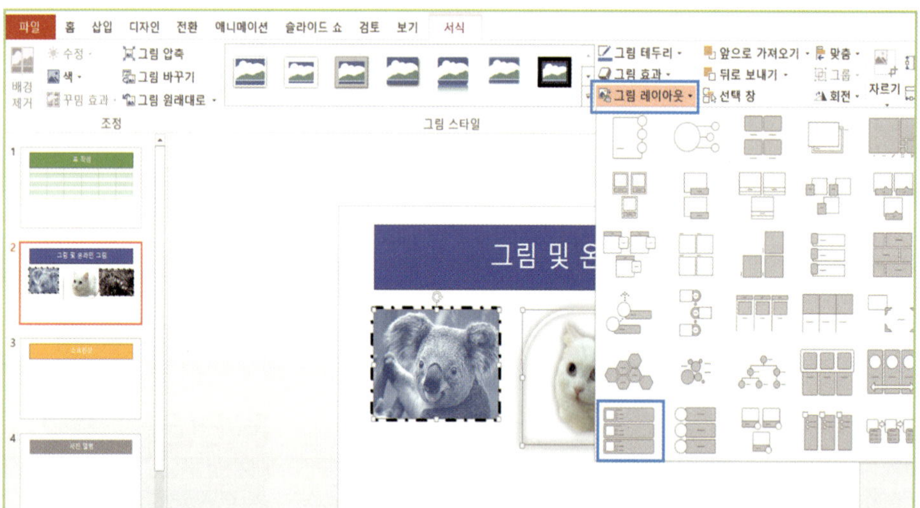

세 개의 그림이 스마트아트 형식으로 그림과 함께 텍스트를 입력할 수 있도록 바뀌었다. 스마트아트 관련 내용은 뒷장에서 자세히 살펴 볼 예정이다.

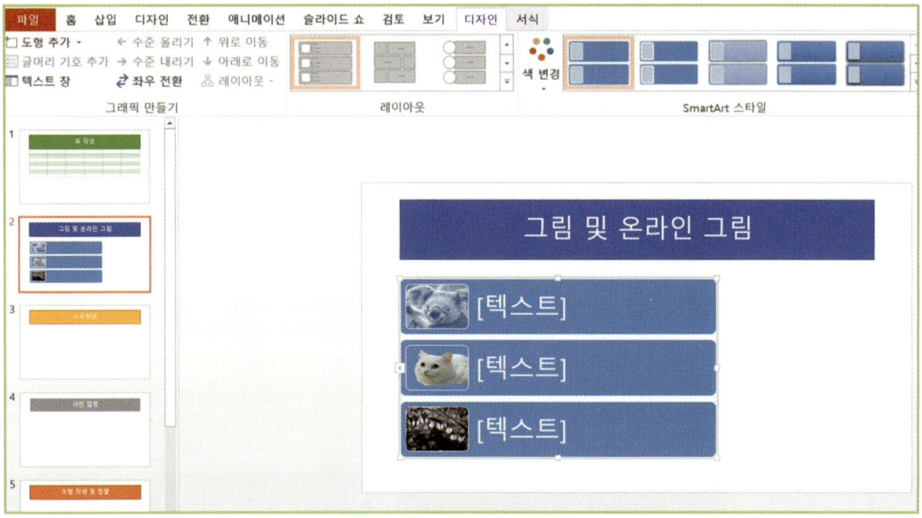

3-3 스크린샷

인터넷상의 다양한 그림을 캡쳐하여 슬라이드에 바로 삽입 할 수 있고 간단히 편집도 가능한 기능이다. 캡쳐를 원하는 프로그램을 실행 한 후 이 기능을 진행하면 된다.
스크린샷은 인터넷 서핑 중 원하는 그림을 부분 편집하여 프레젠테이션에 추가하고자 할 때 사용하기에 미리 찾아 두는 것이 선행 되어야 한다.

인터넷 내용 중 파워포인트에 삽입하고자 하는 사이트에 접속 한 후

[삽입] 메뉴 – [스크린샷] – [원하는 내용]을 클릭한다.

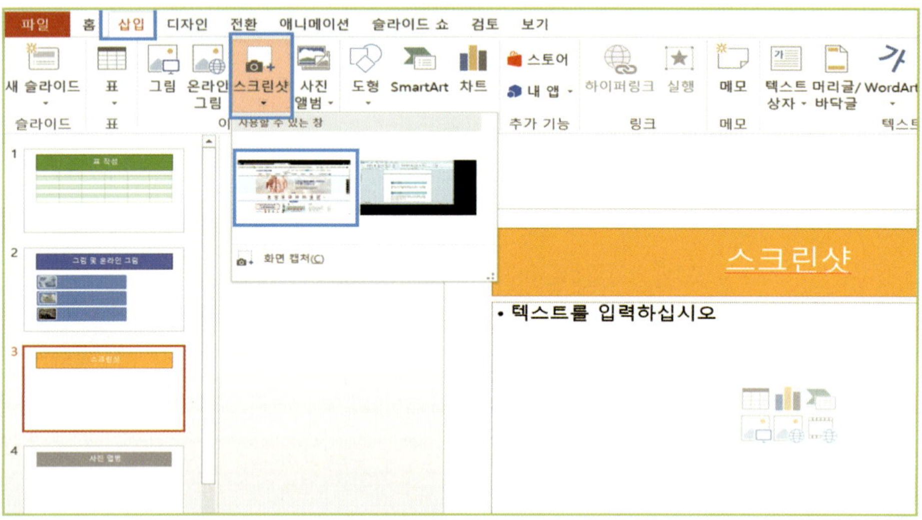

본문 예제는 [교직원공제회] 홈페이지 화면이나 각자 원하는 사이트에 접속하여 원하는 부분을 정해도 된다.

[서식] 메뉴 – [자르기]로 원하는 부분만 남긴다.

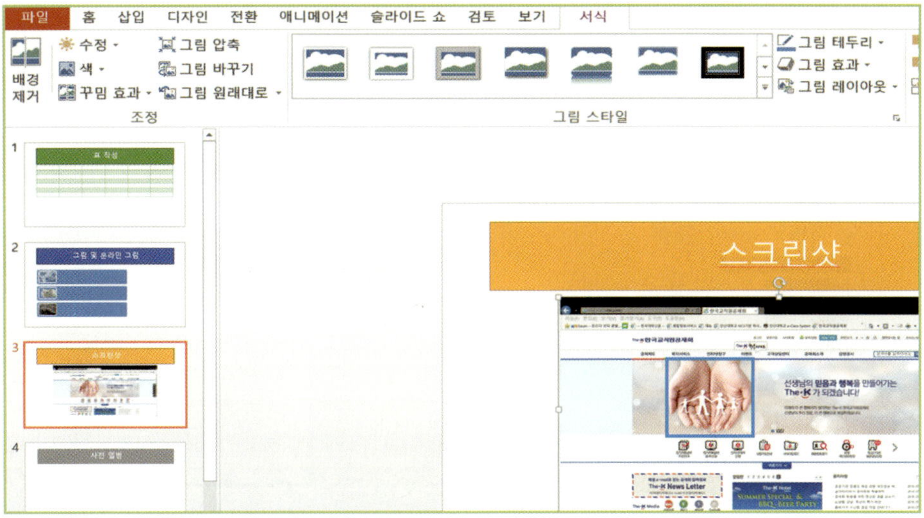

자르기를 클릭 후 드래그를 하거나 높이와 너비에 숫자를 입력하여 자를 수 있다.

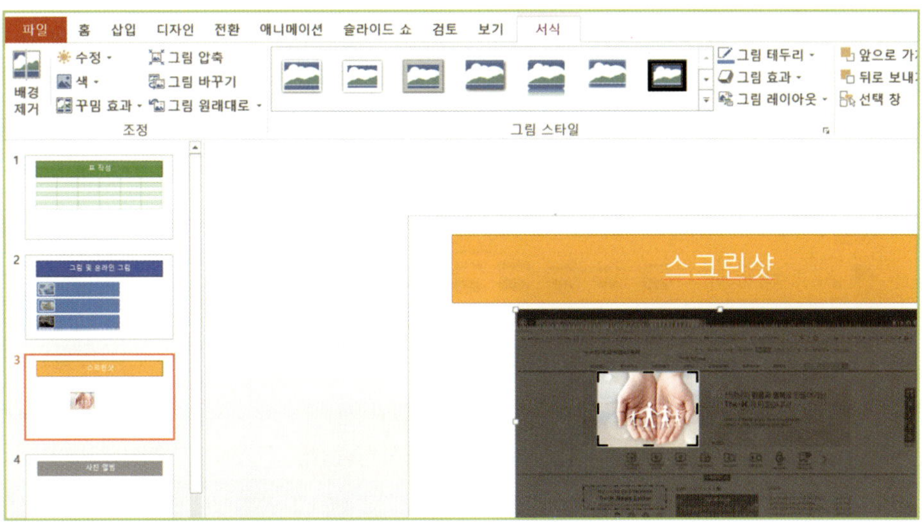

스크린샷 기능 이용 후 다음 그림처럼 원하는 부분만 남길 수 있다.

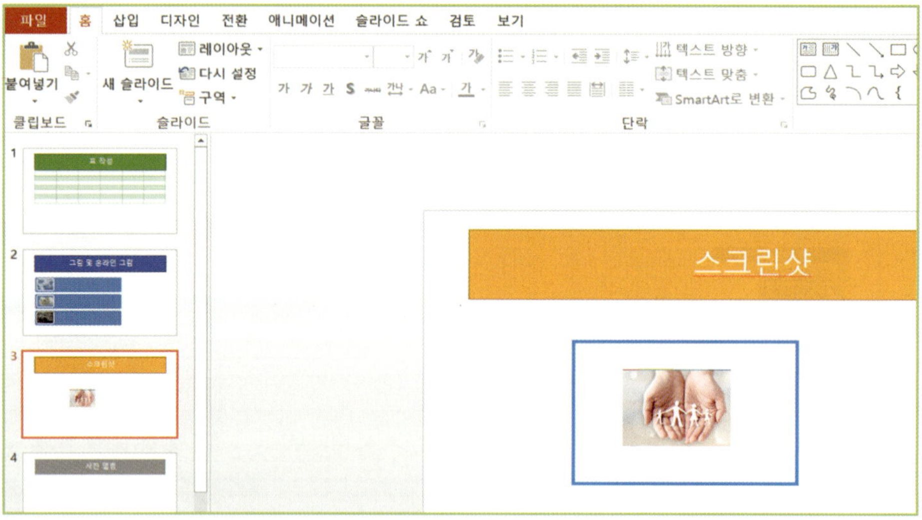

자르기 기능으로 직사각형으로 남겨진 이미지를 도형 틀에 맞게 자를 수 있는데 그 기능은 다음과 같다.

[도형에 맞춰 자르기]

[그림] 클릭 – [서식] 메뉴 – [자르기] – [도형에 맞춰 자르기] – [구름]을 선택한다.

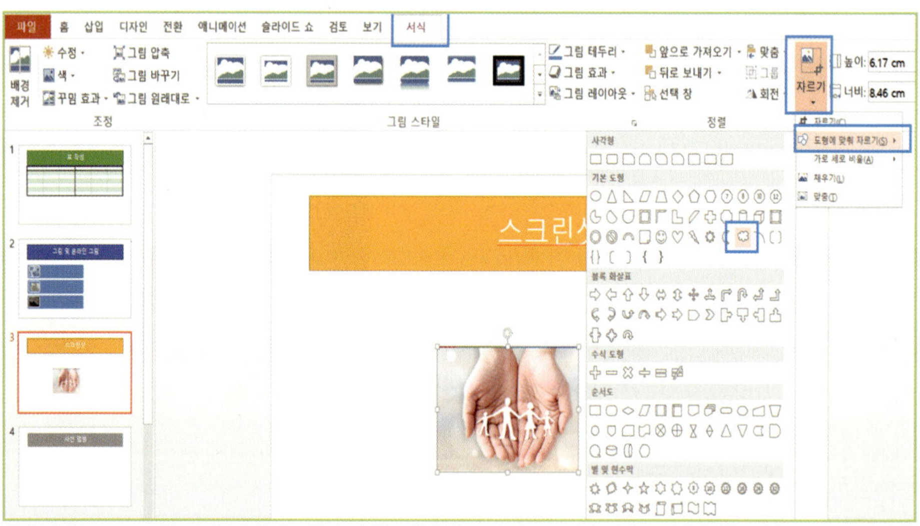

자르기 기능으로 구름 모양 안에 그림이 들어가 있는 것을 볼 수 있다.

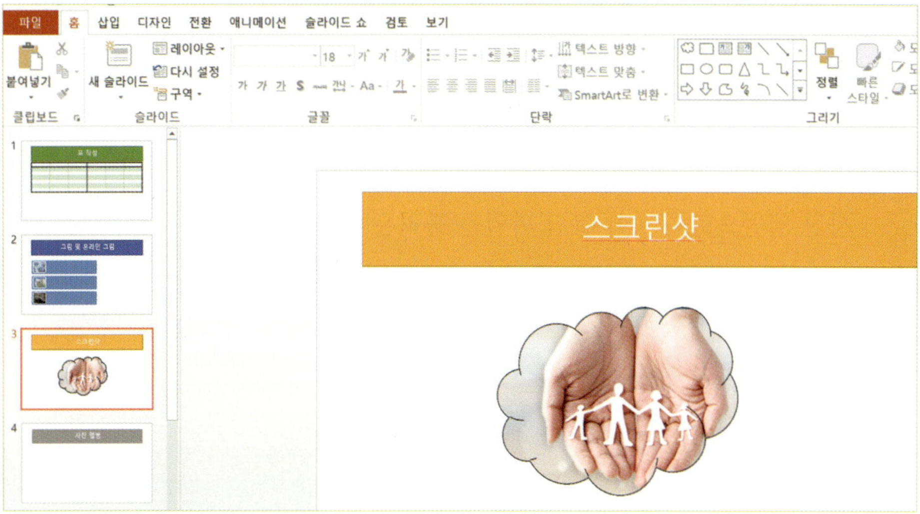

3-4 사진 앨범

여러 장의 사진을 한 번에 슬라이드에 추가하는 기능이 [사진 앨범]이다. 사진을 슬라이드에 삽입하여 캡션을 추가하고, 순서와 레이아웃을 조정하여 테마를 적용하면 멋스런 사진 앨범을 구성 할 수 있다.

슬라이드 4를 선택 후 [삽입] 메뉴 – [사진 앨범] – [새 사진 앨범]을 클릭한다.

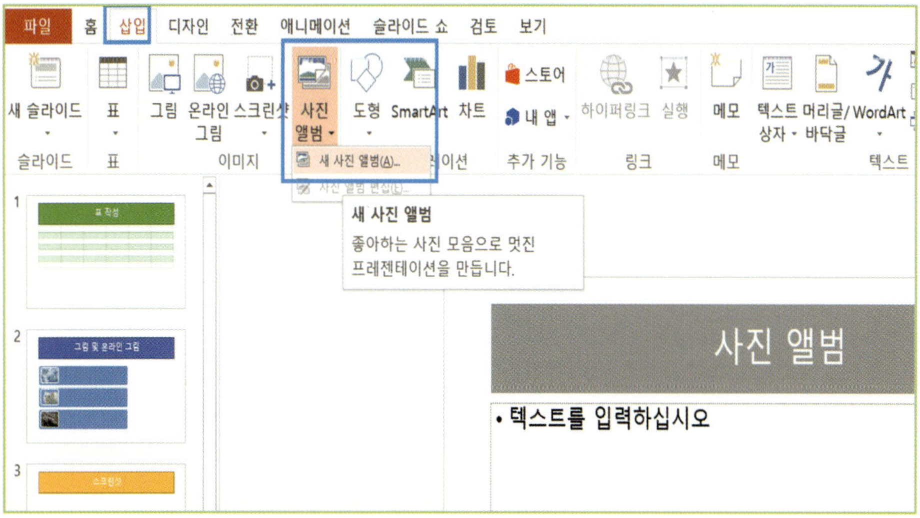

[사진 앨범] 기능은 다양한 그림 레이아웃과 프레임 모양을 지정하여 그림 삽입 및 레이아웃 작업을 통해 간단하면서 빠르게 구성할 수 있는 기능이다. 사진 앨범 기능을 작업하기 위해서는 그림들을 한 폴더에 모아 놓고 일괄적으로 삽입하면 된다.

① 파일 / 디스크
사진 앨범으로 구성할 그림 파일을 불러온다.

② 새 텍스트 상자
그림 위치에 텍스트 상자를 추가해 간격을 지정하고 설명을 추가할 수 있다.

③ 모든 그림을 흑백으로
사진 앨범의 모든 그림을 흑백으로 표시한다.

④ 그림 레이아웃
한 슬라이드에 포함할 그림의 개수와 제목 등의 포함 여부를 결정한다.

⑤ 프레임 모양
사진 앨범의 모든 그림에 어울리는 프레임 모양을 선택한다.

⑥ 테마
사진 앨범의 테마를 선택한다.

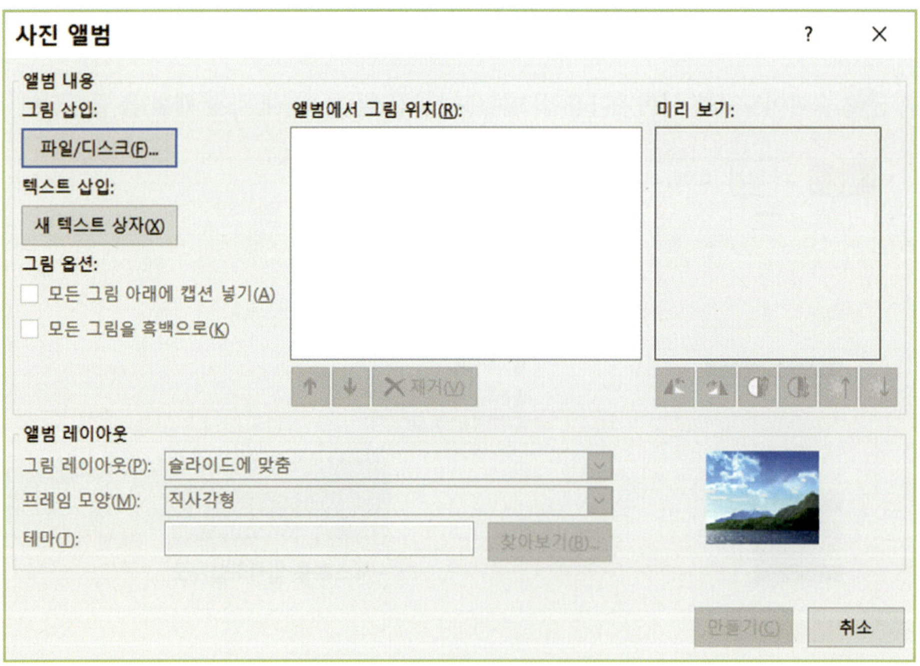

앨범 내용 중 [파일/디스크] 클릭 – [그림 폴더] 선택 – [saipan] 관련 4개의 사진을 [Shift] 키를 사용하여 선택 – [삽입]을 클릭한다.

〈앨범에서 그림 위치〉에 선택한 이미지 이름이 보이고 해당 파일을 클릭하면 〈미리보기〉 창에 내용이 보여 진다. 그림의 순서를 변경하려면 [앨범에서 그림 위치] 항목에 체크 표시를 한 후 화살표를 이용하여 위 · 아래로 순서를 수정하면 된다.

〈그림 레이아웃〉에서 [제목을 가진 그림 2개]을 선택 한 후

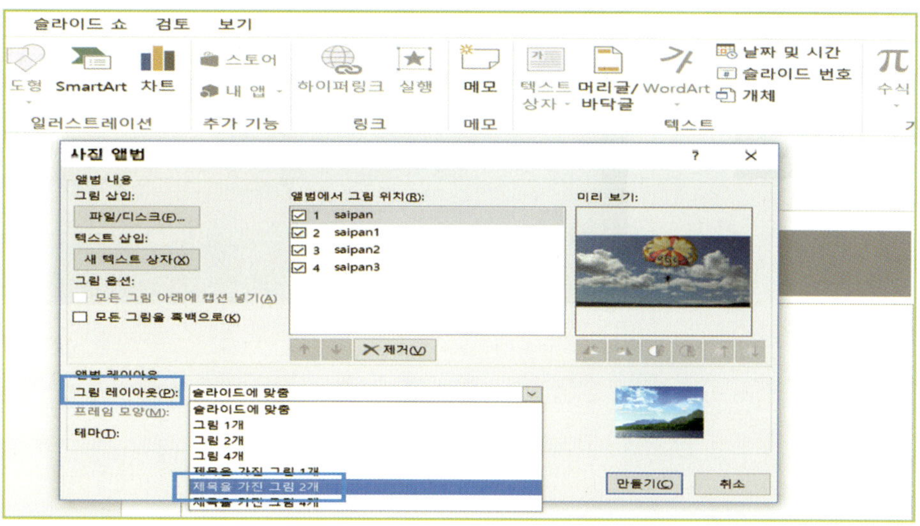

〈프레임 모양〉에서 [복합형 프레임, 검정]을 선택 – [삽입]을 클릭한다.

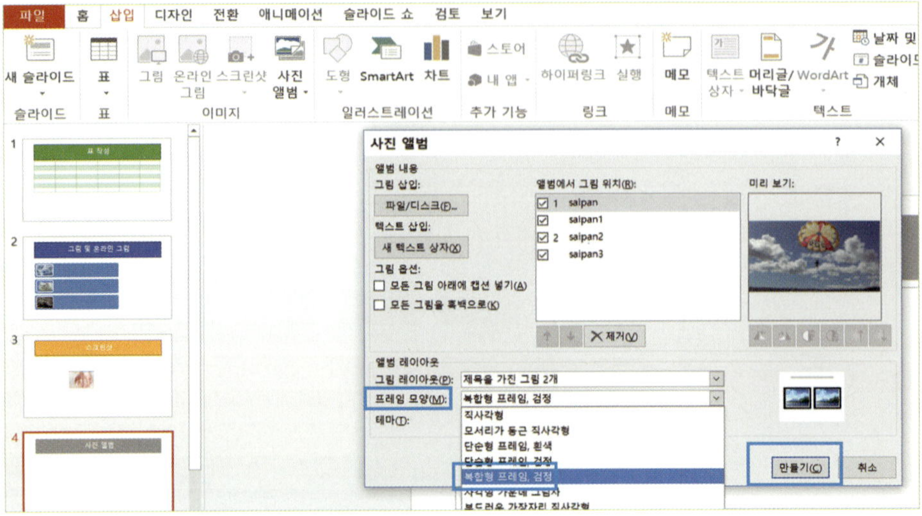

사진 앨범의 옵션을 다 선택한 내용이 다음과 같이 만들어진다.

3-5 도형

프레젠테이션은 시각적인 효과가 중요한데 도형이 그 역할에 적합하다. [도형]은 글로 표현하기 어려운 복잡한 개념을 그림으로 전개하여 청중의 이해도를 높일 수 있다. 다양한 종류의 도형을 슬라이드에 그린 후 그리기 도구를 이용하여 도형 스타일을 적용하고 도형 안에 텍스트를 입력할 수 있다. 도형을 이용하여 회전 또는 대칭, 순서, 맞춤 및 배분, 그룹 및 그룹 해제 등의 기능으로 도형 편집이 가능하다.

Ⅰ. 일반 도형 그리기

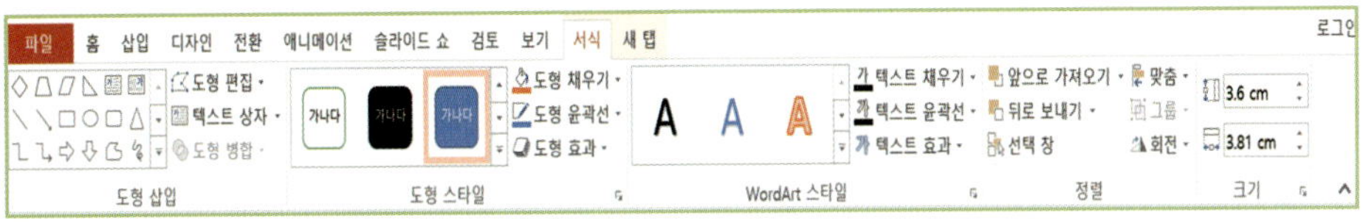

[삽입] 메뉴 – [도형] – [직각 삼각형...다이아몬드]의 4개의 도형을 차례로 그린다.

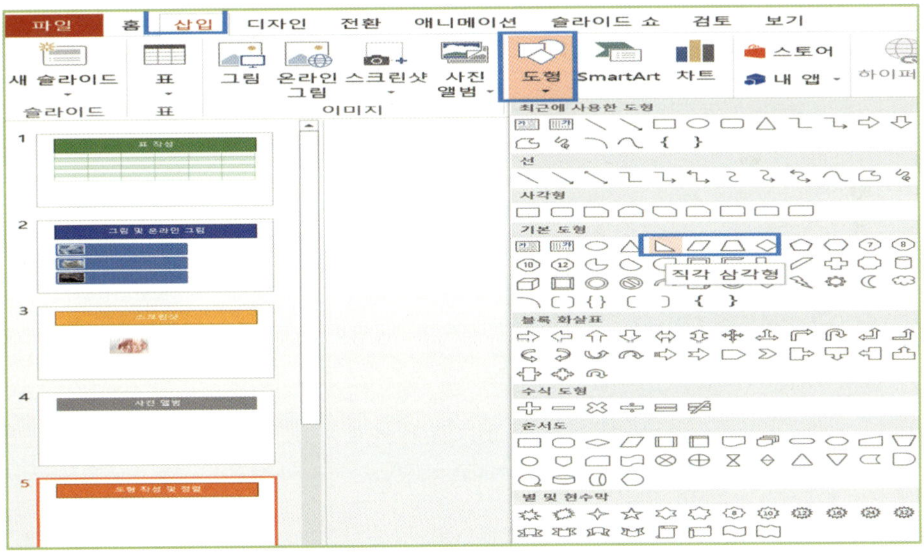

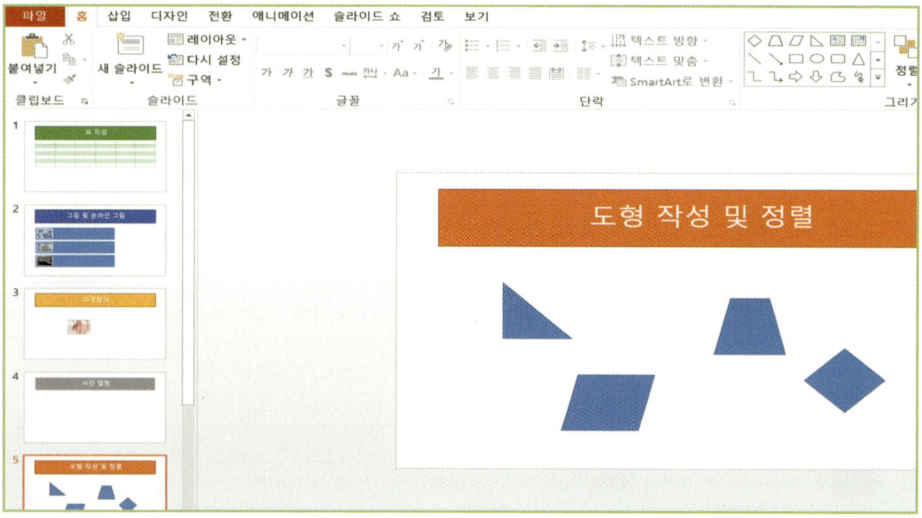

도형을 크게 분류하면 〈선〉〈사각형〉〈기본 도형〉〈블록 화살표〉〈수식 도형〉〈순서도〉〈별 및 현수막〉〈설명선〉 그리고 〈실행 단추〉 등이 있다.

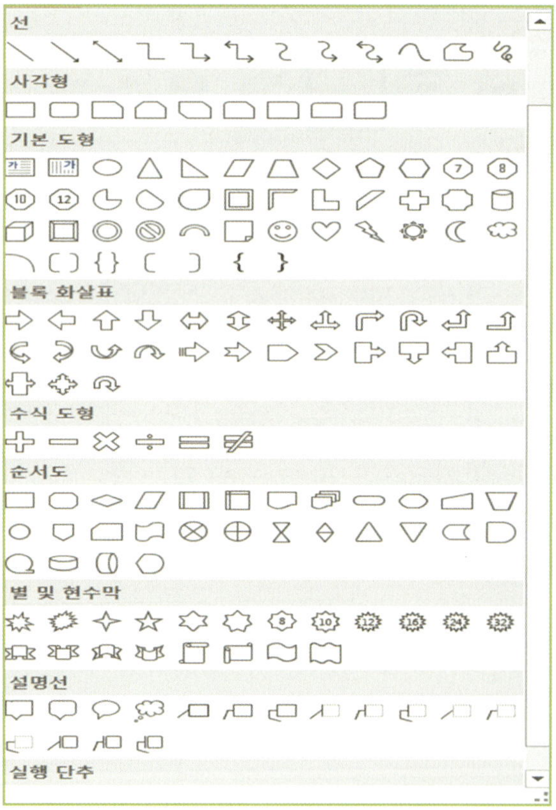

[도형 스타일]

도형 스타일에는 새로운 도형을 삽입하거나 그려진 도형을 꾸미기 위한 도형 스타일 변경 및 도형 채우기, 도형 효과 그리고 도형의 크기를 조절 할 수 있다.

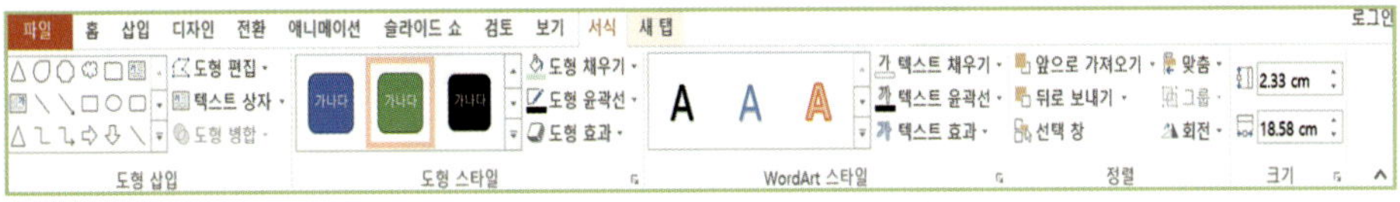

[직각 삼각형] 클릭 – [서식] 메뉴 – [도형 스타일]을 클릭 후

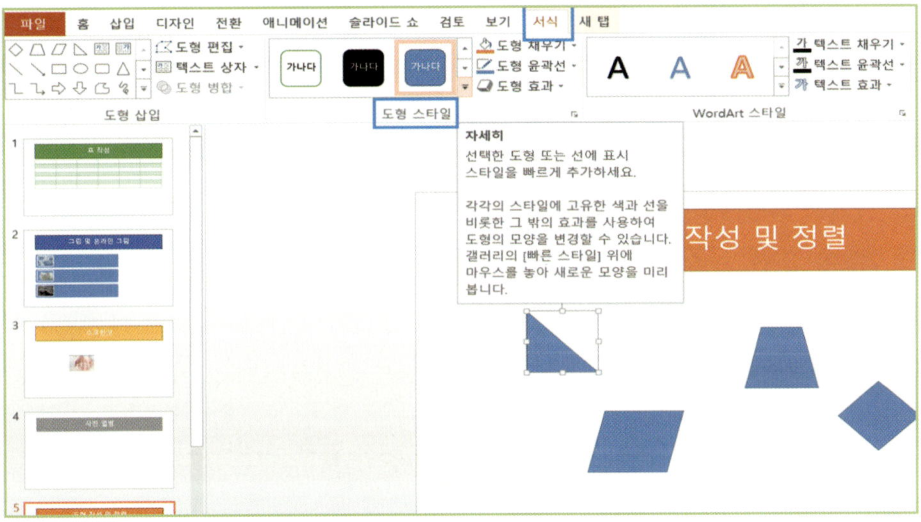

도형 스타일을 이용해 도형을 꾸며 주면 시간을 절약 할 수 있다. 다만 스타일의 종류가 한정 되어 있어 도형 스타일에 없는 그 외의 스타일을 적용하고자 할 때는 도형 채우기나 도형 윤곽선 등의 세부 기능으로 각자만의 스타일로 변경해 보는 것도 파워포인트 스킬을 높일 수 있는 좋은 방법이다.

[색 윤곽선, 주황 강조 2]를 선택한다.

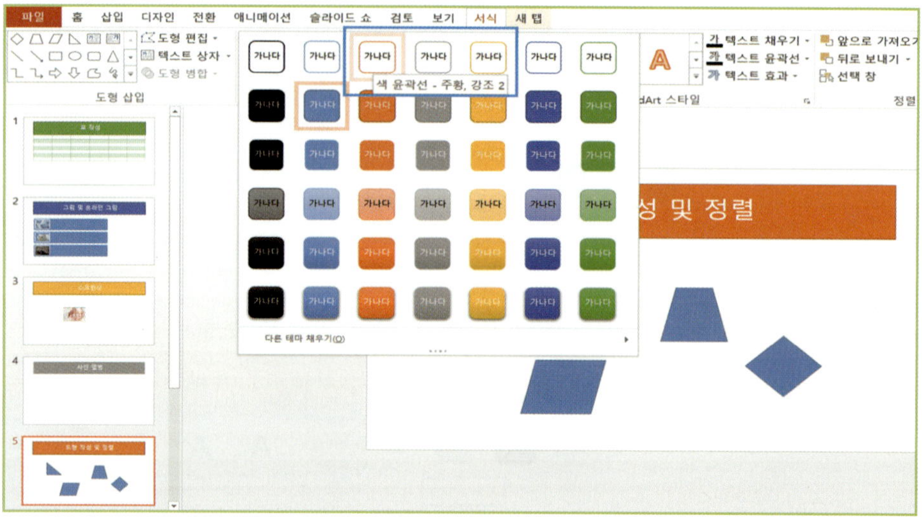

나머지 도형에도 도형 스타일을 적용해 보자

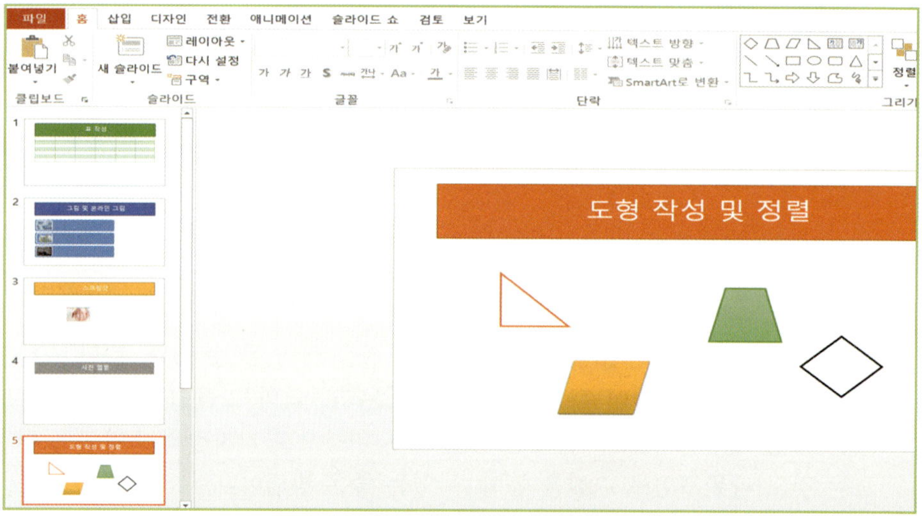

① 그라데이션 만들기

[그라데이션]은 도형이나 텍스트 상자에 두 가지 이상의 채우기 색을 설정 할 때 사용하면 된다. 즉, 한 색에서 다른 색으로 색 및 음영이 점진적으로 진행되는 것을 말하며 기본 설정 색과 종류, 방향 등을 통해 다양한 그라데이션 효과를 적용시킬 수 있다.

[직각 삼각형 도형 선택] – [마우스 오른쪽] 버튼 – [도형 서식]을 클릭 후 [채우기]를 클릭 – [그라데이션 채우기]를 선택한다.

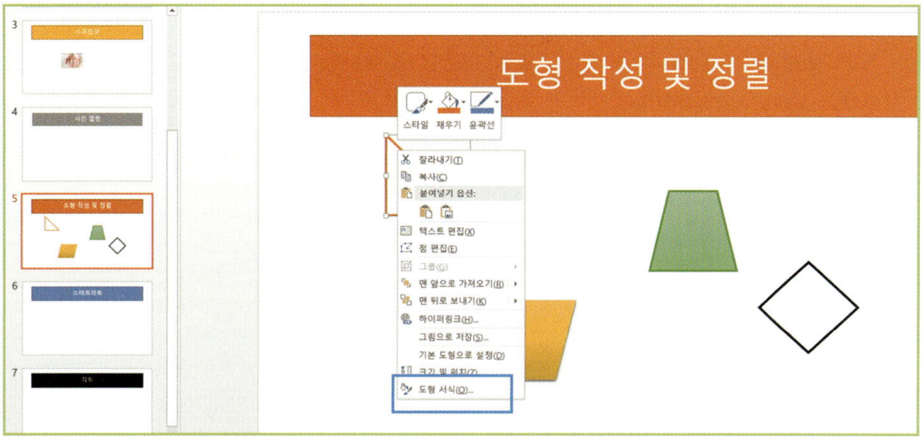

① 그라데이션 미리 설정
기본적으로 제공하는 그라데이션이 표시 되고 비슷한 효과를 선택한 후 옵션을 변경하여 지정 할 수 있다.

② 종류
선형, 방사형, 사각형 그리고 경로형 중에서 원하는 종류를 선택할 수 있다.

③ 방향 및 각도
방향은 그라데이션이 표시 되는 방향을 지정하고 각도는 사용자가 희망하는 각도를 입력하여 그라데이션 방향을 지정 할 수 있다.

④ 그라데이션 중지점
기본적으로 3개의 중지점이 표시 되고 중지점의 위치를 드래그로 변경하며 추가 삭제도 가능하다.

⑤ 도형과 함께 회전
도형을 회전했을 경우 그라데이션도 함께 회전 된다.

3-6 도형 꾸미기

[정렬]은 여러 개의 도형이 있을 경우 [정렬]을 이용하여 슬라이드의 [중간]에 맞추거나 [위쪽] 맞춤 [아래쪽]으로 맞춤이 가능하다. 도형의 [가로 간격을 동일하게] [세로 간격을 동일하게]의 정렬을 통해 쉽게 조절 할 수 있다.

I. 정렬

슬라이드 5를 선택 후 [Shift] 키를 이용하여 [모든 도형]을 클릭한다.

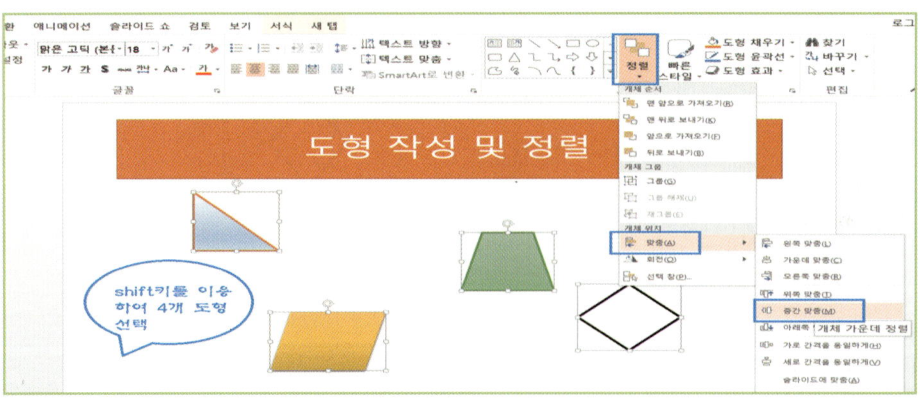

[서식] 메뉴 – [정렬] – [중간 맞춤]을 선택한다.

개체의 위치를 균등하게 놓는 〈가로 간격을 동일하게〉 의 설정은 다음과 같다.

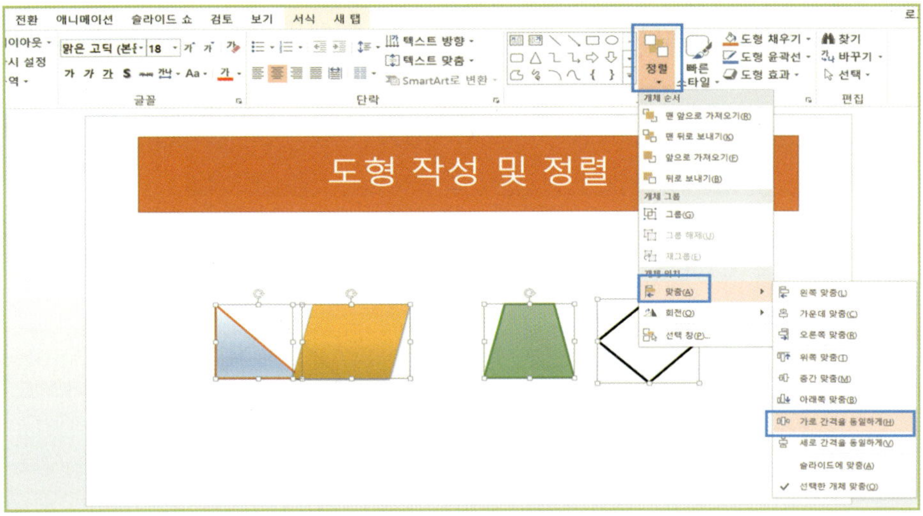

또는

[모든 도형 선택] – [홈 or 서식] 메뉴 – [정렬] – [가로 간격을 동일하게]를 선택한다.

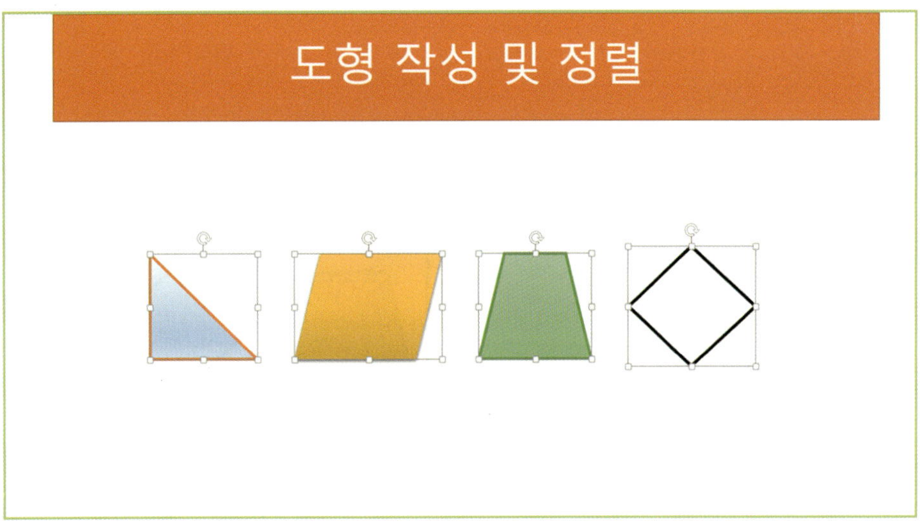

Ⅱ. 스포이트 기능

스포이트 기능을 통해 특정 색상을 추출하여 원하는 개체에 똑같이 적용 할 수 있다.

[평행 사변형] 도형 선택 – [서식] 메뉴 – [도형 채우기] – [스포이트]를 선택한다.

[다이아몬드]를 클릭한다.

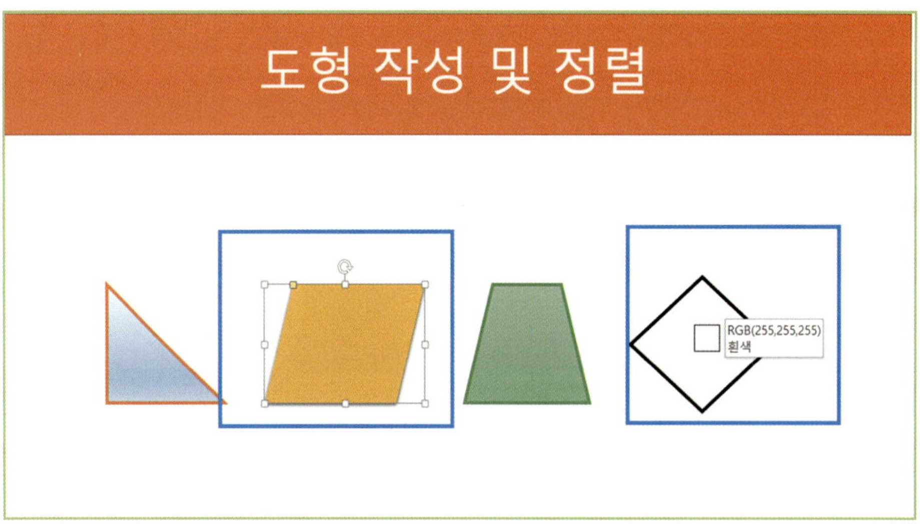

[평행 사변형] 도형의 색상이 [다이아몬드] 도형 색상과 동일하게 바뀐다.

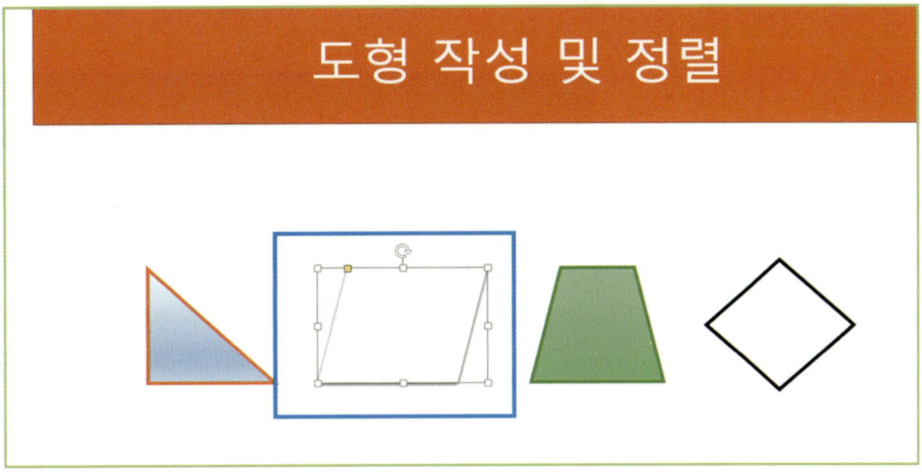

Ⅲ. 세이프 기능

두 개 이상의 도형을 합치거나 교차되는 부분을 삭제 또는 빼기 기능을 조합하여 다양한 도형을 만들 수 있다.

슬라이드 6을 선택 후 도형 삽입에서 [원 및 직사각형] 그리기 – [직사각형]을 [원] 과 겹치게 왼쪽으로 이동한다.

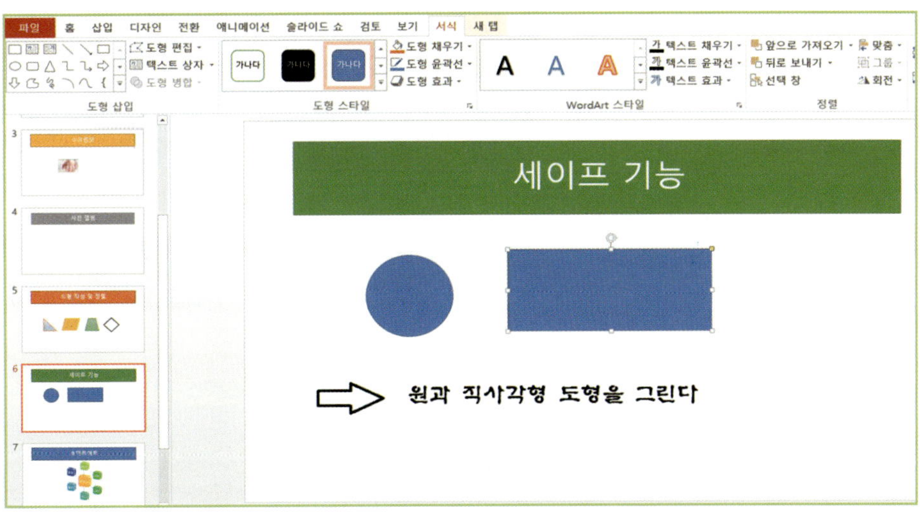

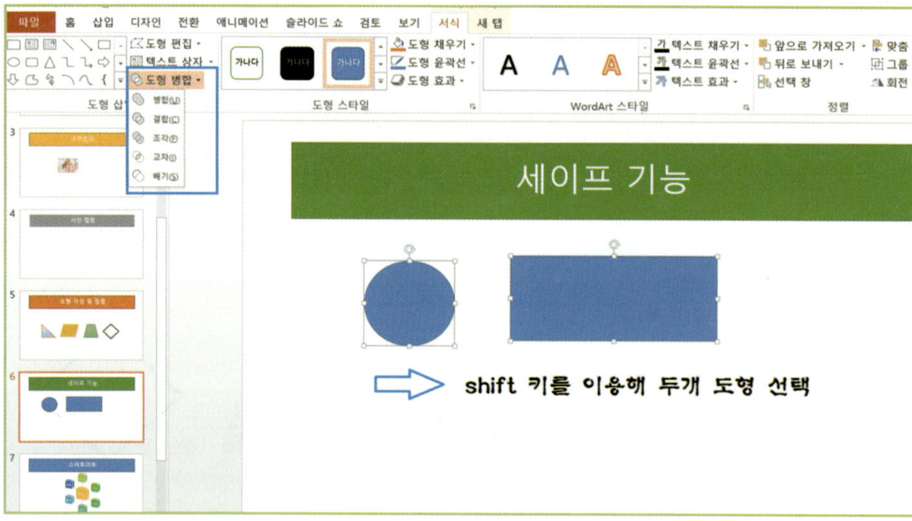

도형 복사를 위해 원과 직사각형을 [Shift] 키를 사용하여 2개의 도형을 동시에 선택한다.

[원과 직사각형] 선택 – [복사 : Ctrl키 누른 채 드래그] – 4개의 도형을 만든다.

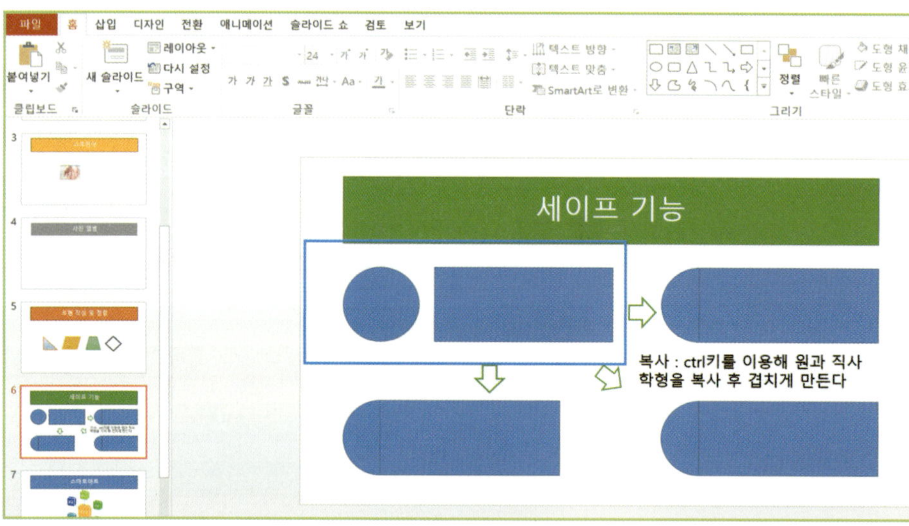

[원과 직사각형] 선택 – [서식] 메뉴 – [도형 병합] – [결합]을 선택한다.

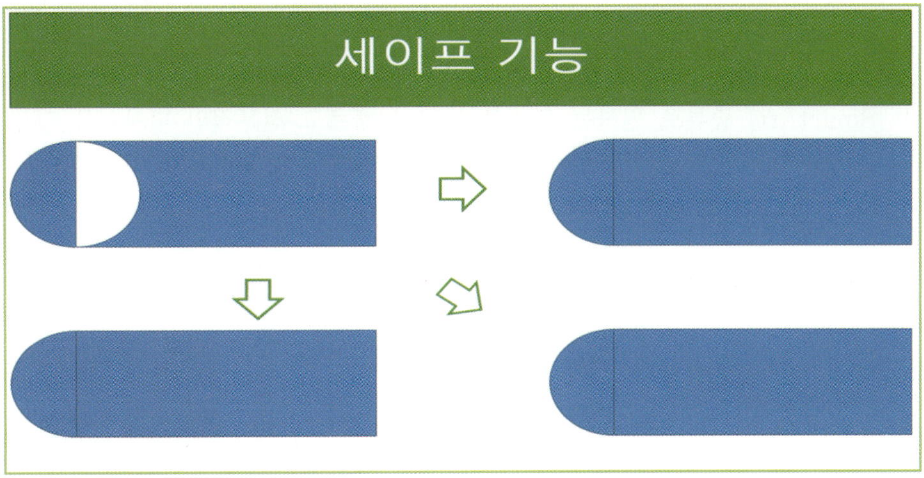

[원과 직사각형] 선택 – [서식] 메뉴 – [도형 병합] – [병합]을 선택한다.

세 번째 도형에는

[원과 직사각형] 선택 – [서식] 메뉴 – [도형 병합] – [교차]을 선택한다.

마지막 도형에는

[원과 직사각형] 선택 – [서식] 메뉴 – [도형 병합] – [조각]을 선택한다.

3-7 SmartArt

[SmartArt]는 다양하고 고급스런 다이어그램이 정의되어 있는 기능으로 다양한 [SmartArt] 종류로 원하는 도해를 누구나 빠르고 전문적인 디자인을 그릴 수 있다. 프레젠테이션을 진행 할 때 [SmartArt] 나 도형을 이용하면 텍스트보다는 그래픽 활용으로 개념 전개 시 설득력 있게 작성 할 수 있다.

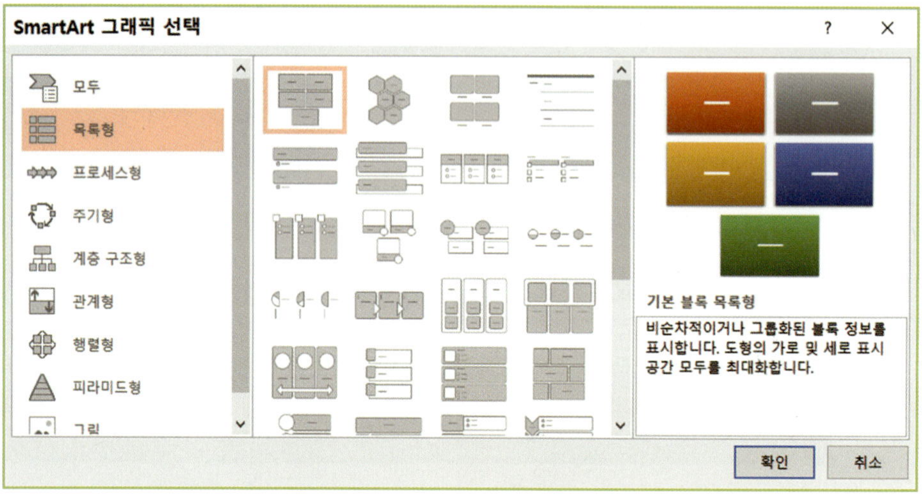

[SmartArt 종류]로는 목록형, 프로세스형, 주기형, 계층구조형, 관계형, 행렬형 그리고 피라미드형 등 다양한 종류로 분류되어 제목이나 강조할 문구에 사용하면 간단히 타이포그래피를 연출 할 수 있고 도형에 개성 있는 일러스트로 디자인이 가능하다.

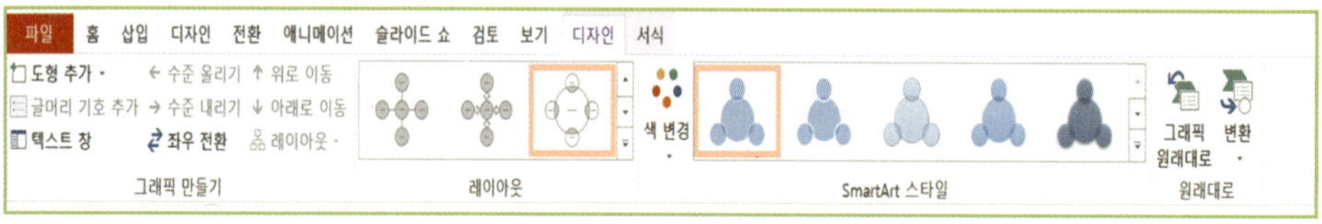

[SmartArt]를 삽입하는 대표적 방법으로 삽입 메뉴를 이용하거나 [SmartArt] 아이콘을 클릭하는 방법이 있다.

스마트아트 슬라이드를 선택 후

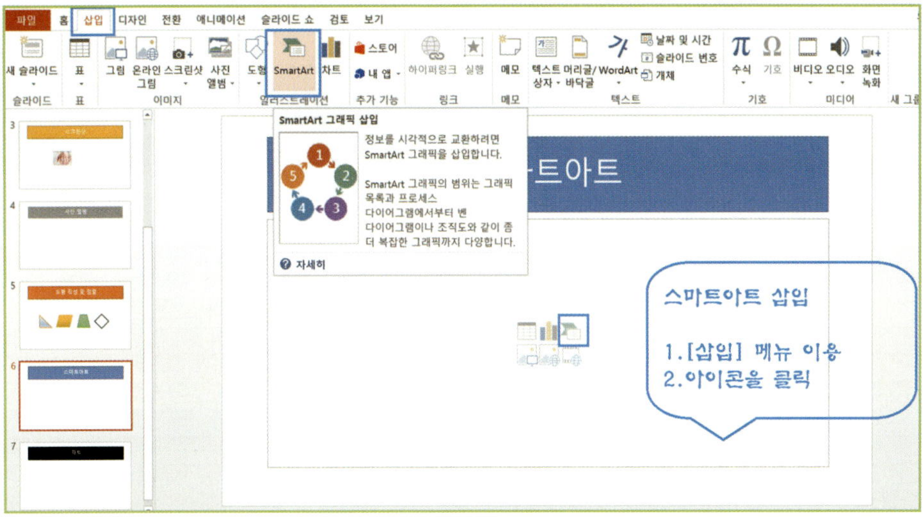

[삽입] 메뉴 – [SmartArt] – [주기형] – [방사형 벤형] – [확인]을 선택한다.

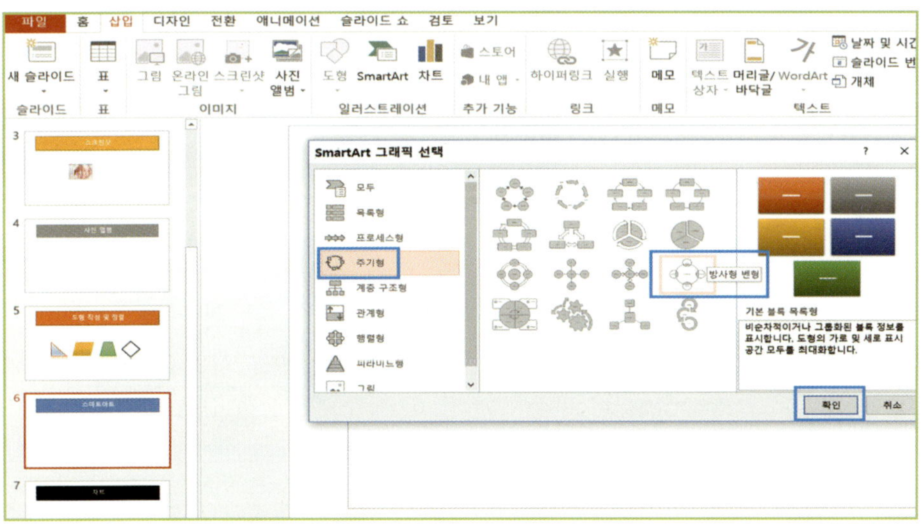

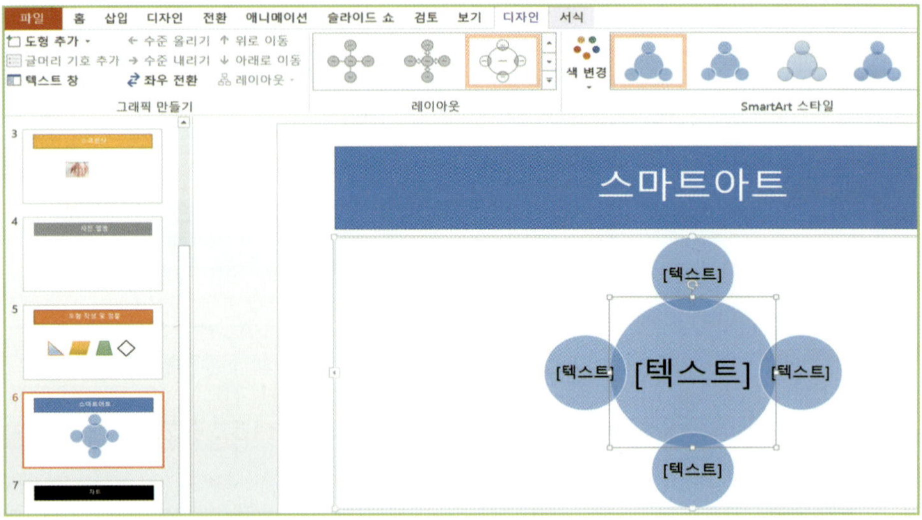

[방사형 벤형] 선택 – [SmartArt 텍스트 상자] 클릭 – [내용 입력]을 한다.

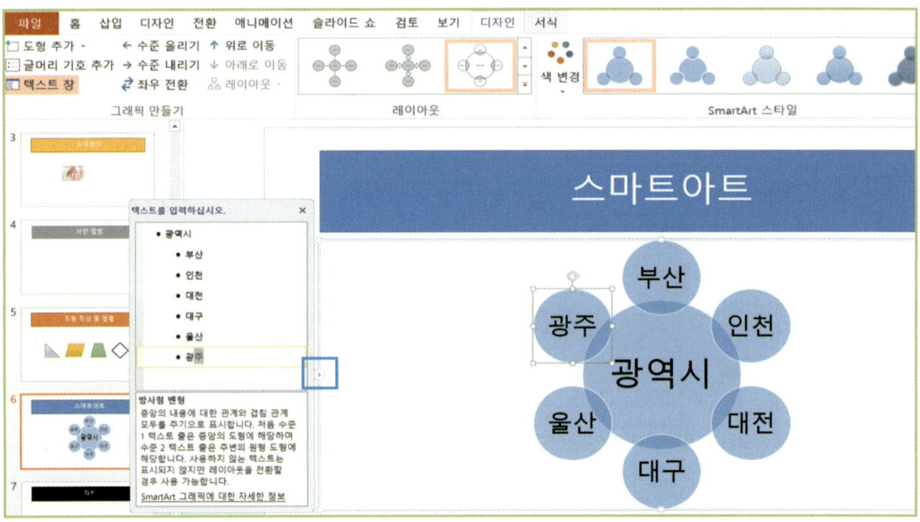

텍스트에 광역시, 부산, 인천, 대전, 대구, 울산 그리고 광주를 입력한다.

[SmartArt] 색을 변경하여 다양한 디자인으로 수정하고 싶을 때에는

[방사형 벤형] 선택 – [디자인] 메뉴 – [색 변경] – [색상형 범위 – 강조색 4 또는 5]을 선택한다.

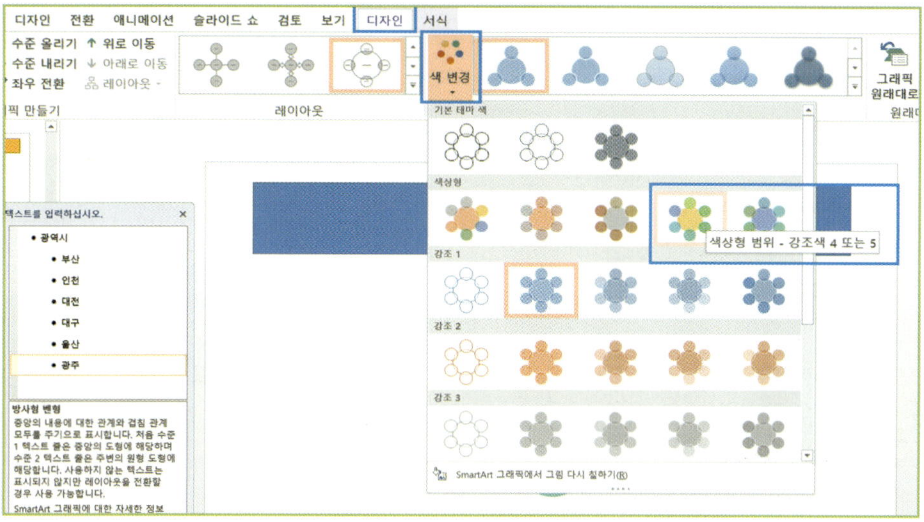

[방사형 벤형] 선택 – [디자인] 메뉴 – [SmartArt 스타일] – [3차원 : 벽돌]을 선택한다.

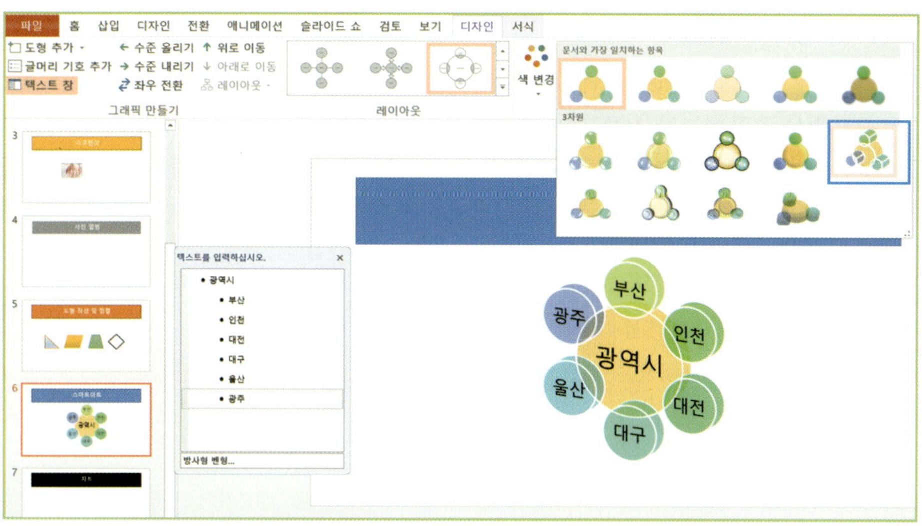

다른 종류의 [SmartArt] 변경하고자 할 때에는

[방사형 벤형] 선택 – [디자인] 메뉴 – [레이아웃] – [방사형 클러스터형]을 선택한다.

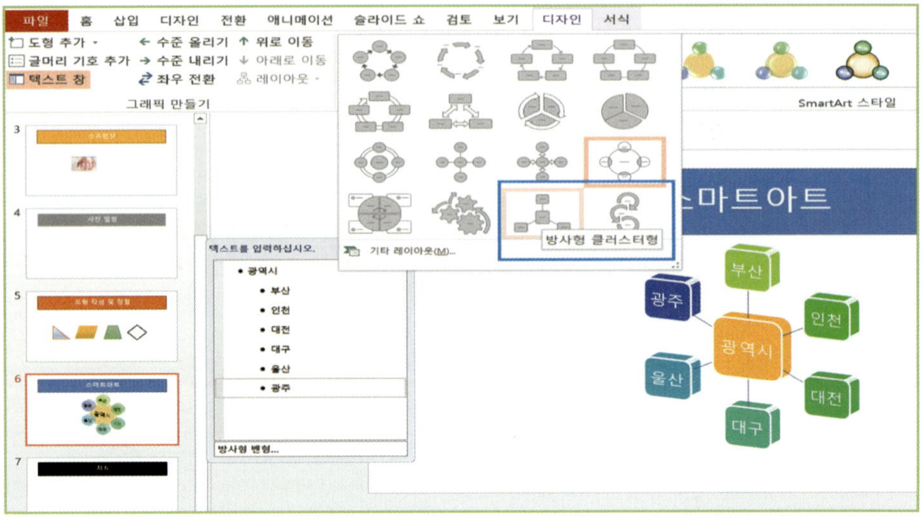

3-8 차트

[차트]는 숫자 데이터를 그래픽화하여 비교 및 분석을 쉽게 이해하도록 추세와 유형을 시각적으로 표현하고 차트 종류와 차트 옵션을 통해 데이터 특성에 맞게 재편집할 수 있다. 차트를 삽입 한 후 빠른 차트 스타일 및 레이아웃을 이용하여 차트를 빠르게 꾸밀 수 있다.

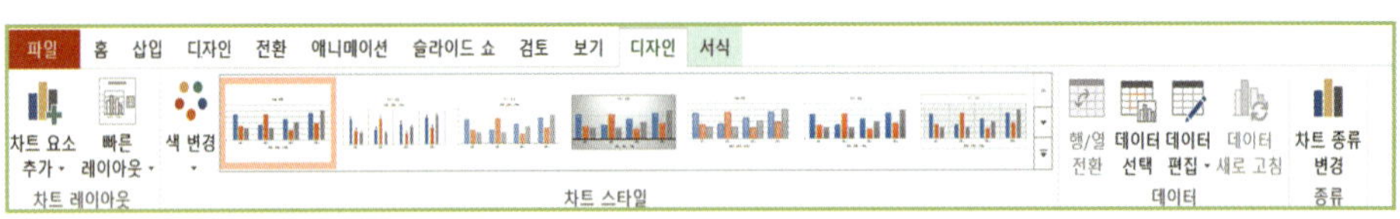

차트 슬라이드를 선택 후 [삽입] 메뉴 – [차트] – [차트 삽입] – [세로 막대형] – [2차원 세로 막대형]을 선택한다.

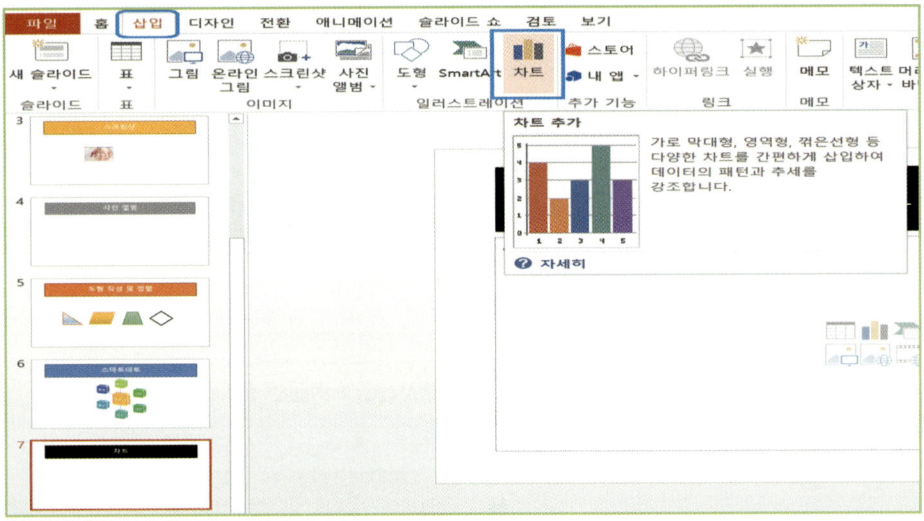

내용을 검토 후 [확인]을 클릭한다.

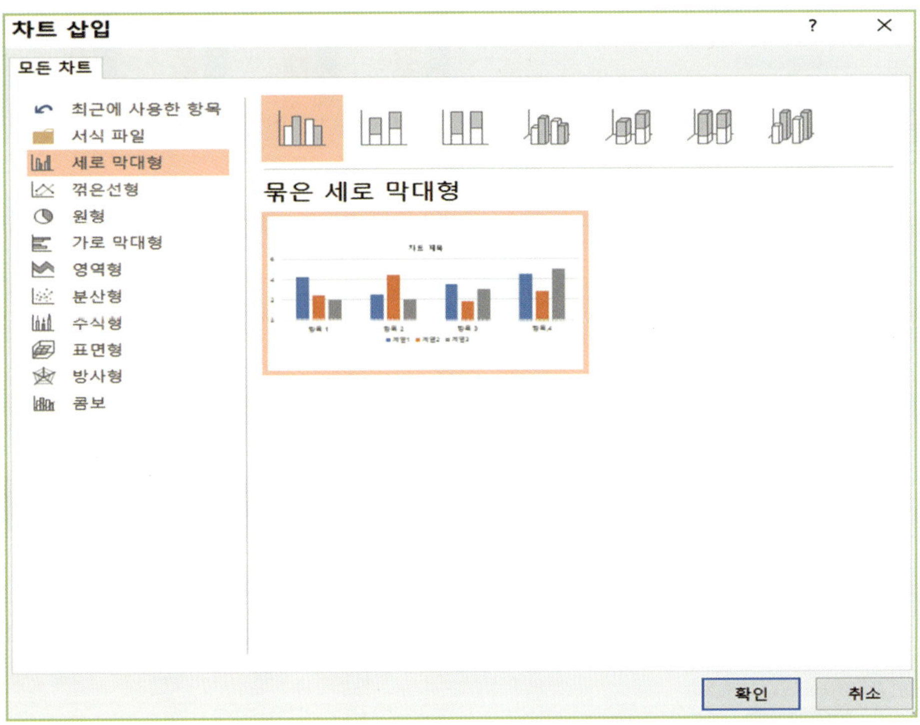

① 항목
최근에 사용한 항목을 비롯해 세로 막대형, 꺾은선형, 원형, 가로 막대형 그리고 영역형 등이 있다.

② 세부 항목
선택한 차트의 세부 형식을 선택할 수 있다.

③ 미리보기
차트의 모양을 표시하여 원하는 형식인지 미리 확인 할 수 있다.

엑셀 입력 창이 뜨면 차트에 사용 될 숫자를 입력한다.

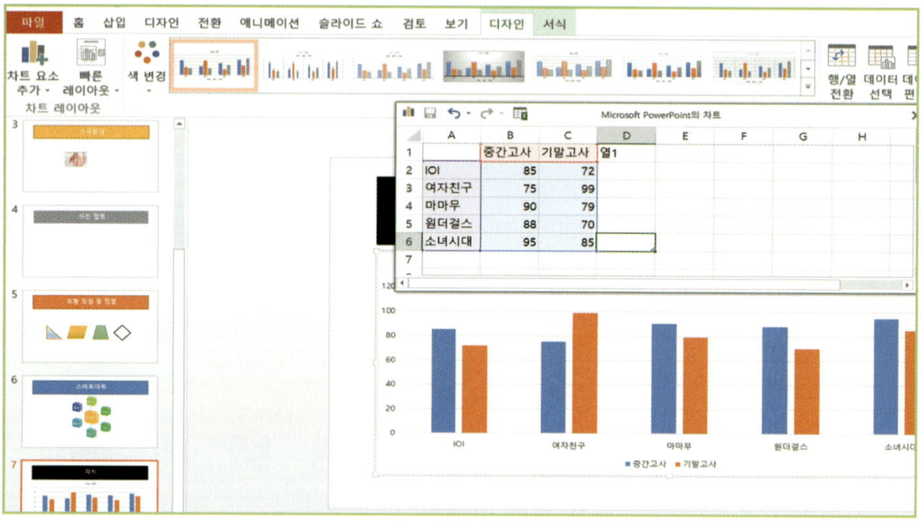

[세로 막대형]선택 – [디자인] 메뉴 – [차트 스타일] – [임의 스타일] 을 선택한다.

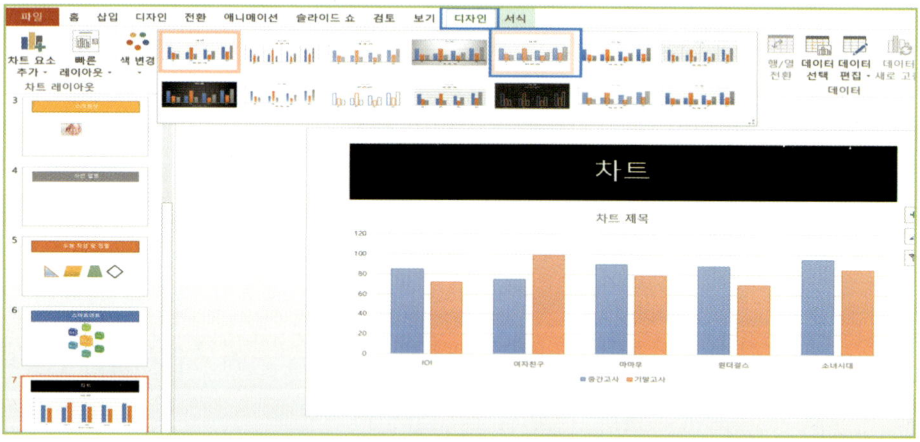

엑셀 창에서 불필요한 [열]이나 [행]은 데이터 범위의 파란색 사각형을 크기 조절하여 포함 여부를 결정할 수 있다. 위의 내용처럼 [계열3] 내용이 필요하지 않을 경우에는 계열2까지만 사각형 선을 드래그하여 크기를 조절하면 된다.

차트의 종류를 변경하고자 할 때에는

[세로 막대형]선택 – [디자인] 메뉴 – [차트 종류 변경] – [꺾은 선형] – [표식이 있는 꺾은 선형] – [확인]을 선택한다.

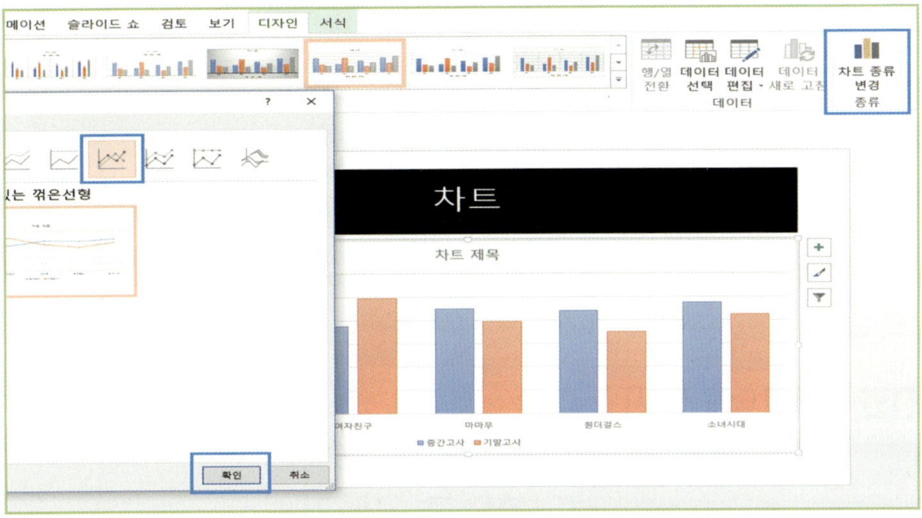

[차트 종류 변경]을 할 경우 여러 개의 종류가 포함된 혼합 차트는 수동으로도 직접 작성할 수 있다.

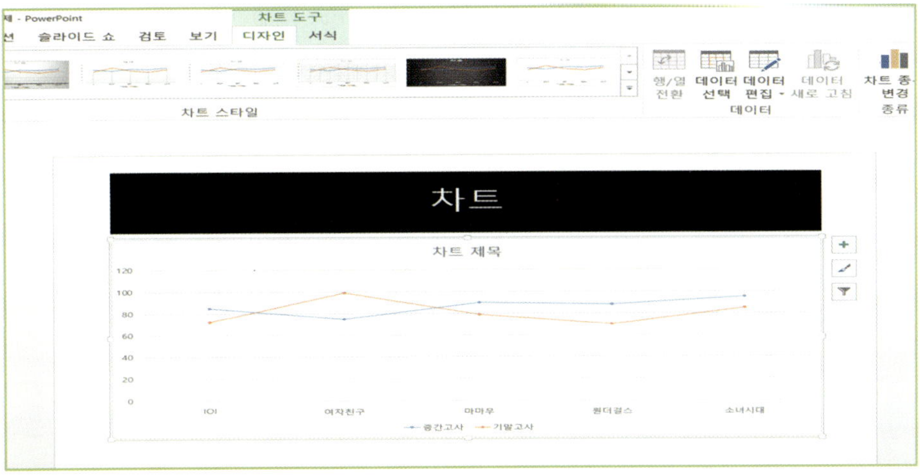

3장 실전예제만들기

각 슬라이드에 다음과 같은 내용을 작성 하시오.

조건

저장 : 파일명은 '도형그리기' 로 바탕화면에 저장하기

- 1번 슬라이드 만들기 : 셰이프 기능 이용하기
- 2번 슬라이드 만들기 : 표와 도형 사용하여 만들기
- 3번 슬라이드 만들기 : 차트 만들기
- 4번 슬라이드 만들기 : 표 만들기
- 5번 슬라이드 만들기 : 생일 카드 만들기

[1번 슬라이드에 작성]

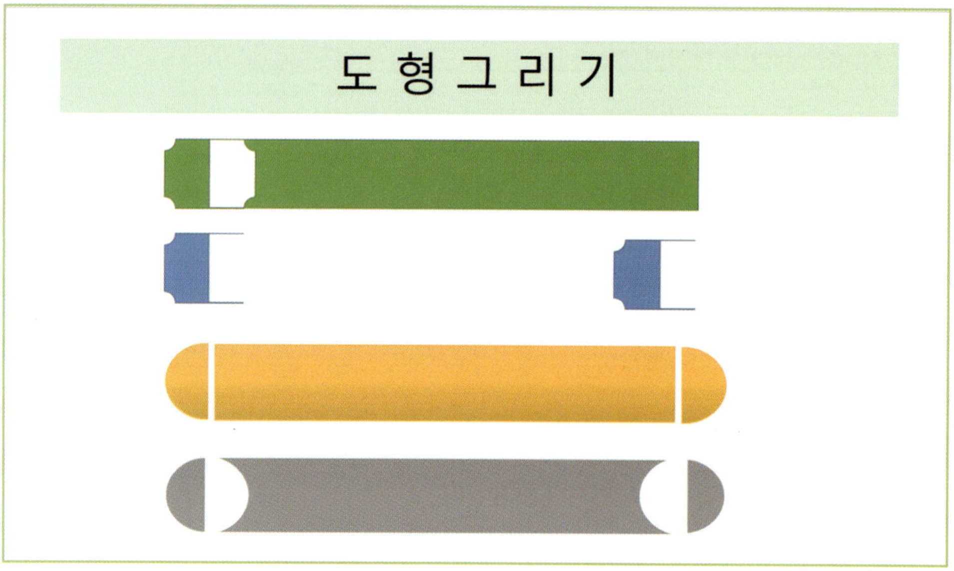

[2번 슬라이드에 작성]

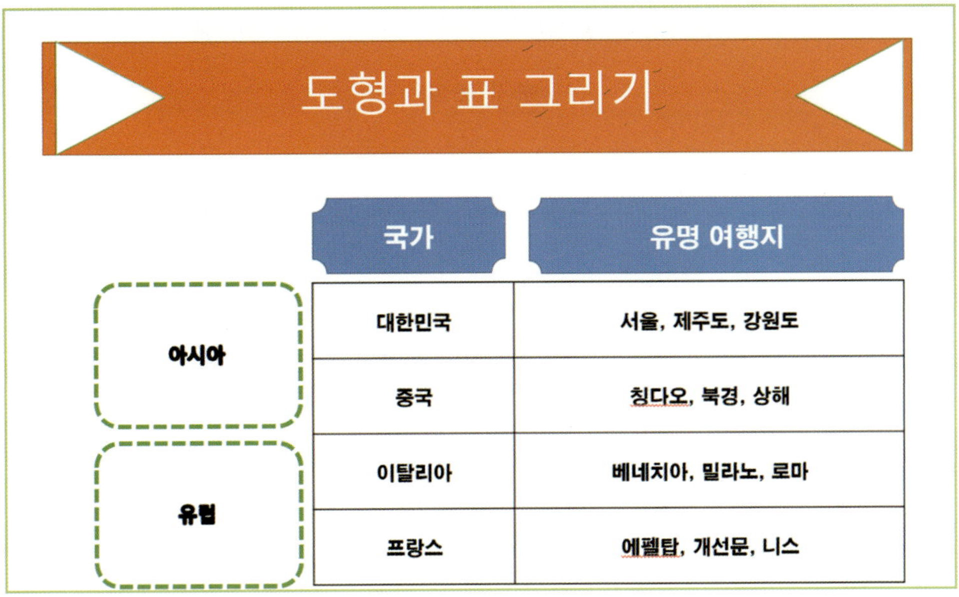

[3번 슬라이드에 작성]

• 차트를 만들기 위해 아래 데이터를 입력

Microsoft PowerPoint의 차트

	A	B	C	D	E	F	G
1		1분기	2분기	3분기	4분기		
2	보건계열	3	4	4	2		
3	공학계열	5	2	3	4		
4	사회계열	6	5	4	2		
5							

• 파워포인트 내 차트 결과 내용

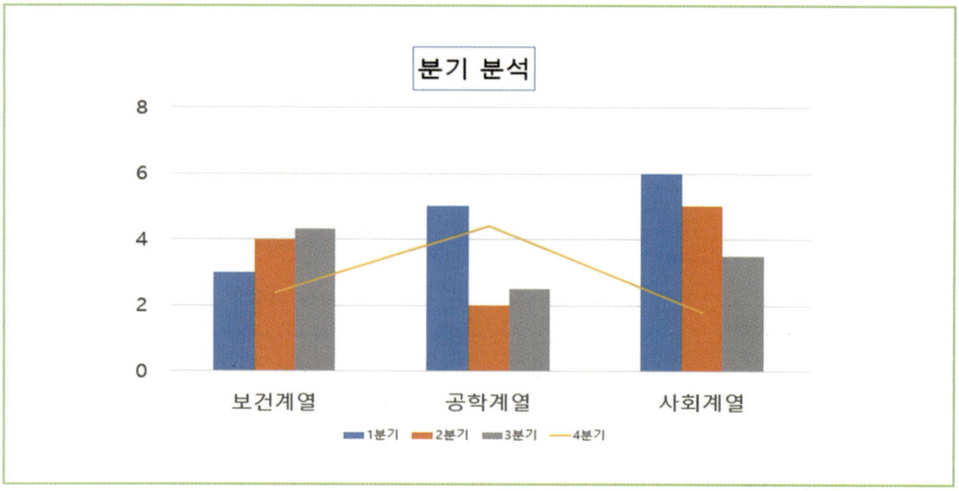

[4번 슬라이드에 작성]

표 만들기로 다음 내용을 입력 후 내용 꾸미기

구분	계	0세-29세	30-49세	50-69세	70세이상
A	22,313	8,235	8,673	4,591	814
B	4,496	1,603	1,810	944	139
C	4,234	1,512	1,642	938	142
D	1,549	549	676	269	55
E	1,501	455	652	315	79
F	890	377	395	100	18
G	813	295	340	140	38
H	670	220	314	107	29
I	36,466	13,246	14,502	7,404	1,314

조건

다음과 같이 생일 초대장을 완성하시오.

- 원하는 그림 넣기
- 텍스트를 입력 후 다음 조건으로 작성 : 텍스트 45도 회전
- 글자 크기는 각자 원하는 크기로 적당히 작성

[5번 슬라이드에 작성]

4장 텍스트와 미디어

- 하이퍼링크
- 실행
- 메모
- 텍스트 상자
- 머리글/바닥글
- WordArt
- 개체
- 기호
- 소리
- 동영상
- 화면 녹화

04 텍스트와 미디어

4장에서는 텍스트 꾸미기와 미디어 기능인 음악 파일이나 동영상 삽입을 통해 다양한 프레젠테이션 기능을 익히고 만드는 학습을 진행한다.

[4 장 예제] 파일 사용

4-1 하이퍼링크

다른 파일 및 외부 실행 프로그램이나 웹 사이트로 하이퍼링크를 설정하면 쇼 보기에서 해당 프로그램이 실행되거나 웹 사이트 주소로 이동된다.

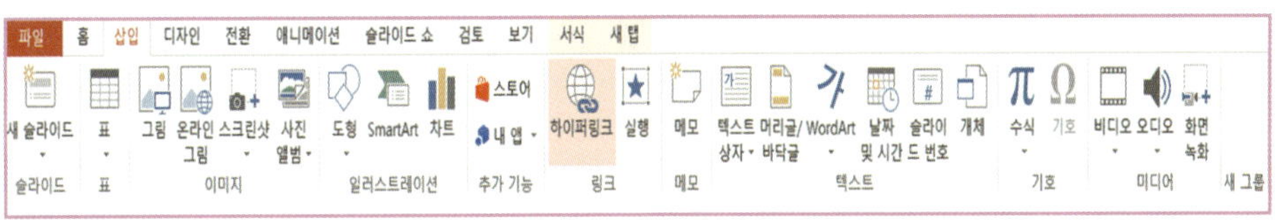

[하이퍼링크]는 [기존 파일/웹 페이지]와 [현재 문서] 그리고 [전자 메일 주소] 등으로 이동할 수 있게 연결 할 수 있다. 하이퍼링크가 설정된 텍스트에는 파랑색의 밑줄이 표시된다. 하이퍼링크 종류로는 기존 파일/웹 페이지, 현재 문서, 새 문서 만들기 그리고 전자 메일 주소가 있다.

① 기존 파일 / 웹 페이지

다른 파일 및 외부 실행 프로그램이나 웹 사이트로 하이퍼링크를 설정하면 쇼 보기에서 해당 프로그램이 실행되거나 웹 사이트 주소로 이동된다.

슬라이드 2의 목차 선택 후 [호텔 소개] 클릭 – [삽입] 메뉴 – [하이퍼링크]를 선택한다.

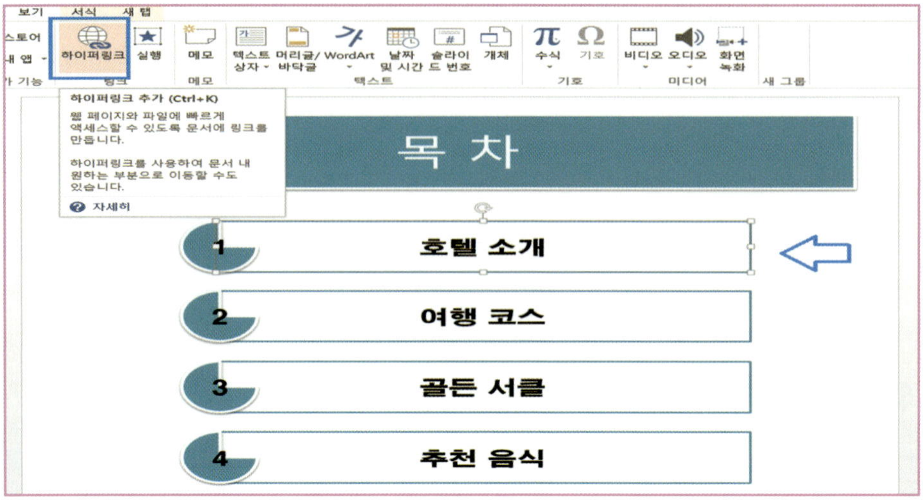

[기존 파일/웹 페이지]는 기존 파일이나 웹 페이지로 하이퍼링크를 연결하고자 할 때 선택하면 된다.

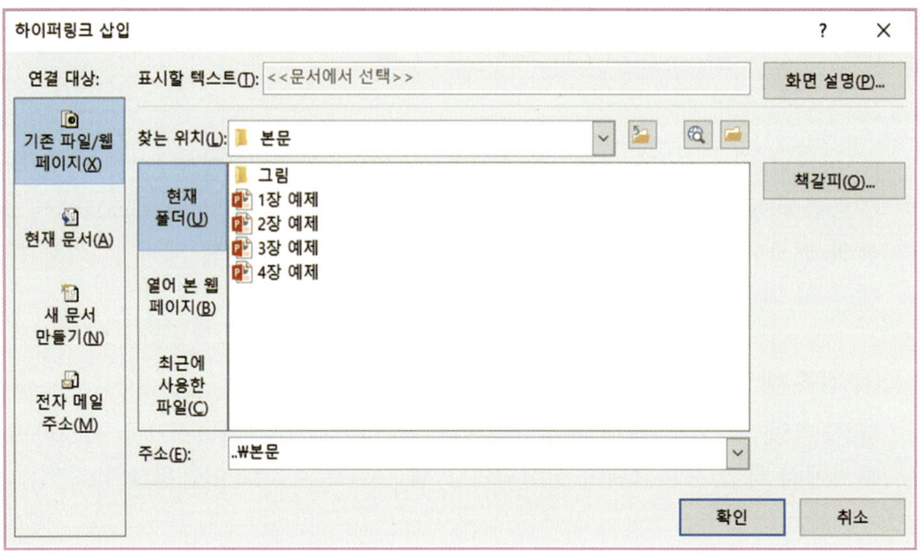

[연결 대상] – [기존 파일/웹 페이지] 클릭 – [www.naver.com]를 입력 – [화면 설명 : '네이버로 이동 합니다'] 입력 – [확인]을 클릭한다.

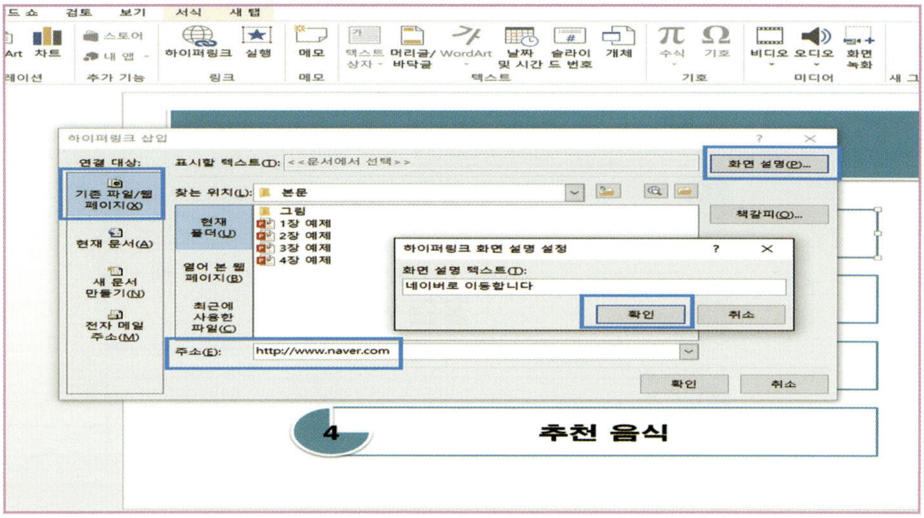

[화면 설명]은 슬라이드 쇼를 할 때 화면에 풍선 도움말로 표현하고 싶은 내용을 입력하면 된다.

② 하이퍼링크 설정 확인 방법

슬라이드 쇼를 시작하는 방법 중 [처음부터]를 선택하면 슬라이드 위치와 상관없이 첫 페이지부터 쇼가 진행 되고 [현재 슬라이드부터]를 선택하면 쇼를 하기 전 커서가 위치해 있던 곳부터 쇼가 진행 된다.

[슬라이드 쇼] 메뉴 – [현재 슬라이드부터]을 클릭한다.

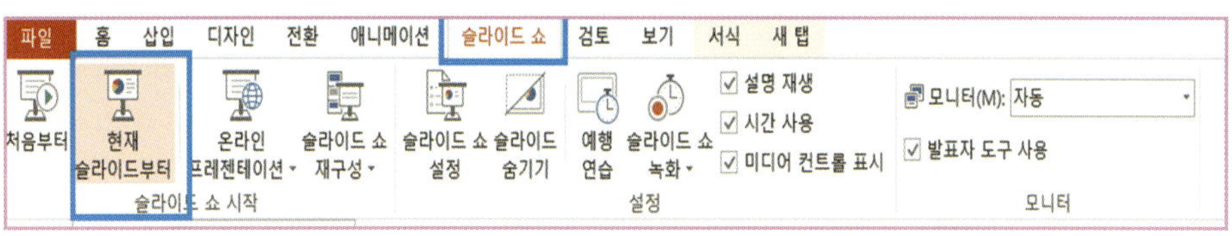

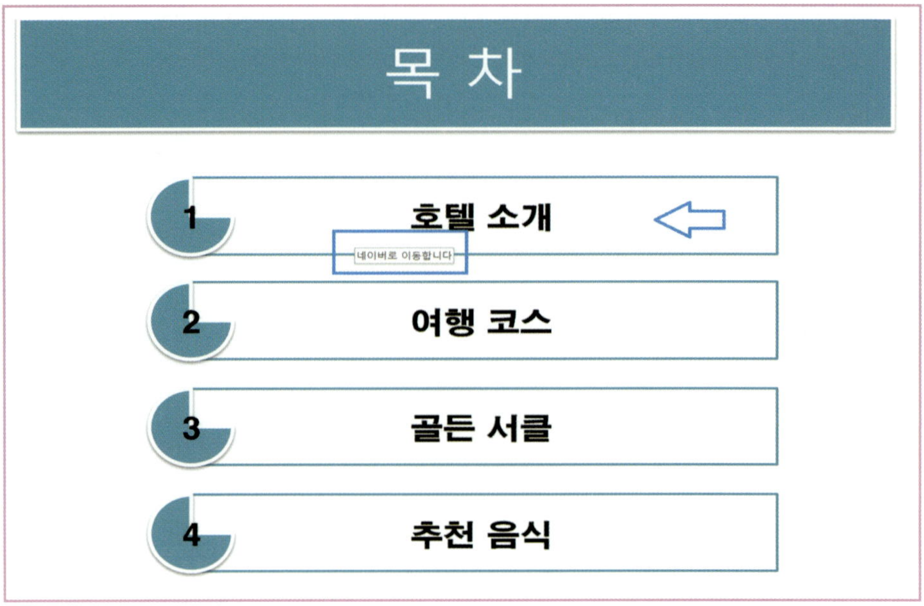

③ 현재 문서

현재 문서의 슬라이드 제목을 선택하여 해당 슬라이드 내용으로 이동할 수 있다.

슬라이드 2의 목차 선택 후 [여행 코스]를 클릭 – [삽입] 메뉴 – [하이퍼링크]을 선택

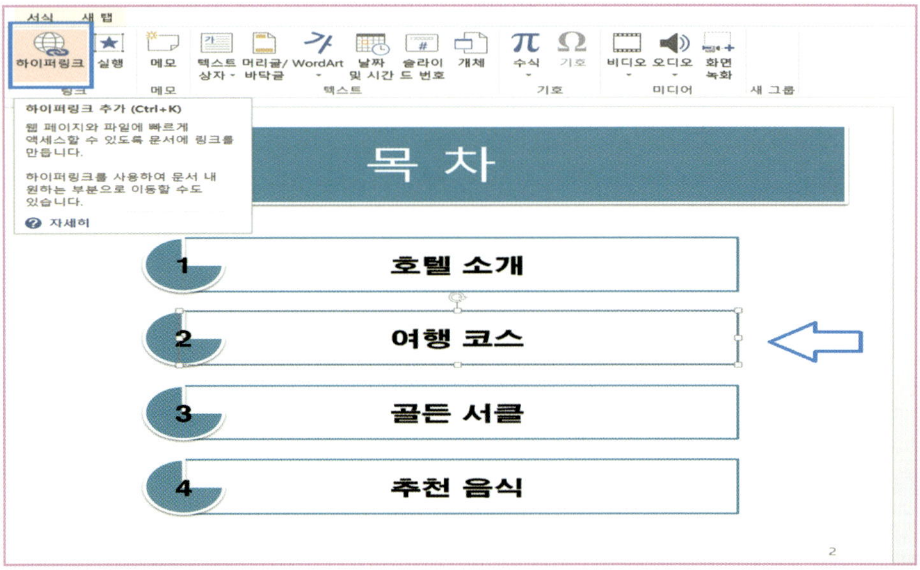

[연결 대상] - [현재 문서] 클릭 - [슬라이드 제목]을 클릭 - [4. 아이슬란드 여행코스] 클릭 - [확인]을 클릭한다.

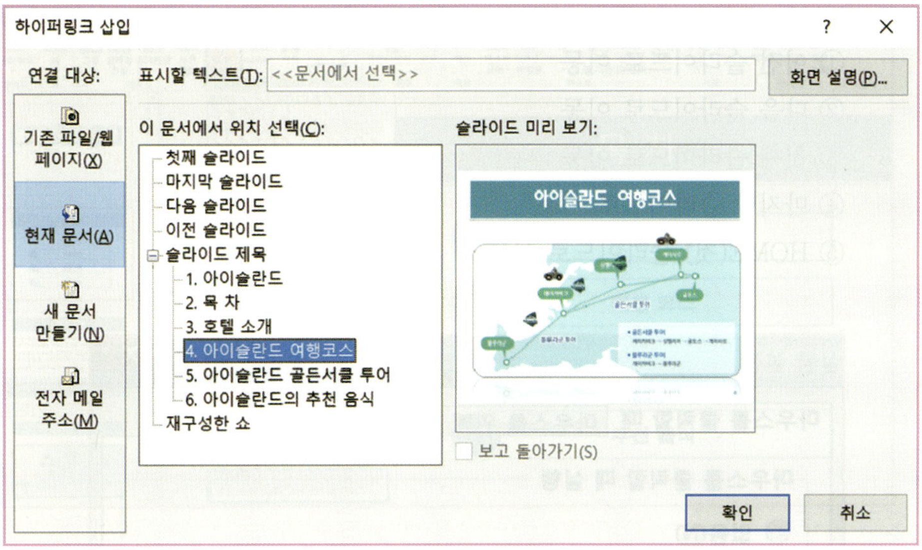

슬라이드 2의 〈여행 코스〉를 선택하면 슬라이드 4번으로 이동 된다.

4-2 실행

슬라이드 쇼를 진행하다보면 자유롭게 슬라이드 위치를 이동하고자 할 때가 있는데 실행 단추를 활용하면 이런 요구가 쉽게 해결 된다.

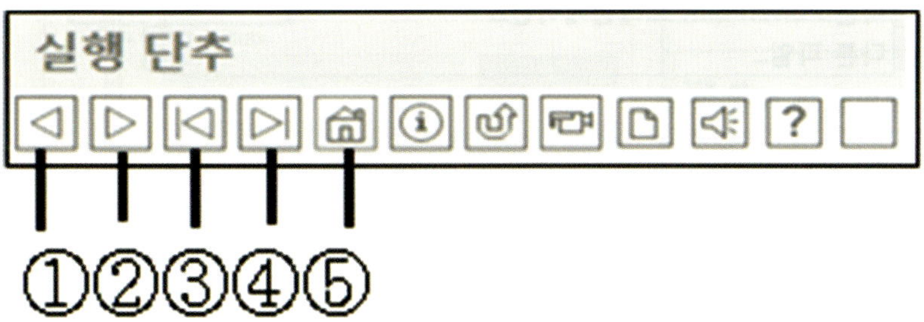

이런 방법으로 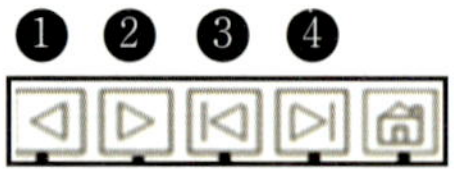 의 실행 단추를 슬라이드에 추가 한다.

① [실행 설정] – [마우스를 클릭할 때] 선택 – [하이퍼링크] – [이전 슬라이드] – [확인]을 클릭한다.

② [실행 설정] – [마우스를 클릭할 때] 선택 – [하이퍼링크] – [다음 슬라이드] – [확인]을 클릭한다.

③ [실행 설정] – [마우스를 클릭할 때] 선택 – [하이퍼링크] – [첫째 슬라이드] – [확인]을 클릭한다.

④ [실행 설정] – [마우스를 클릭할 때] 선택 – [하이퍼링크] – [마지막 슬라이드] – [확인]을 클릭한다.

[마우스를 클릭 할 때] 탭에 실행 설정을 한 경우 슬라이드 쇼 진행시 마우스가 하이퍼링크 된 곳을 클릭하면 화면 전환이 이루어진다.

[마우스를 위에 놓았을 때] 탭에 실행 설정을 한 경우 슬라이드 쇼 진행시 마우스가 하이퍼링크 된 곳으로 이동되면 자동으로 화면 전환이 이루어진다.

4-3 메모

[메모]는 완성된 프레젠테이션을 다른 사람에게 검토하도록 의뢰하거나 제작자 본인이 나중에 참고할 수 있도록 슬라이드의 특정 위치에 내용을 입력하여 [메모]를 삽입해 둘 수 있다.

슬라이드에 삽입된 메모는 슬라이드 쇼 보기에서는 표시 되지 않고 인쇄 시에는 포함시켜 인쇄되도록 설정 할 수 있다.

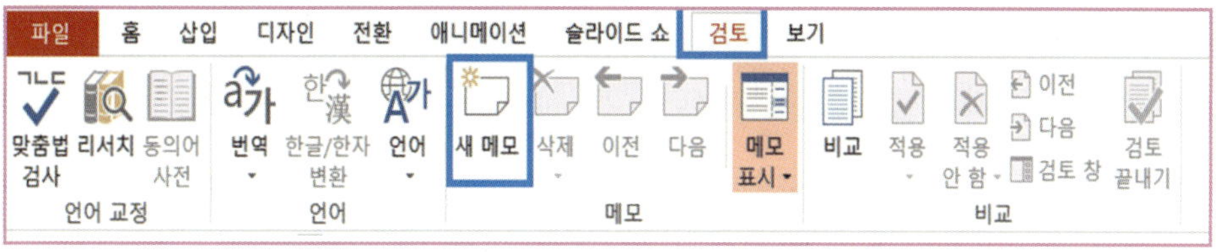

슬라이드 1의 제목을 선택 후 [검토] 메뉴 – [메모] 그룹 – [새 메모] 클릭 – [북 대서양에 위치한 섬나라] 라고 입력한다.

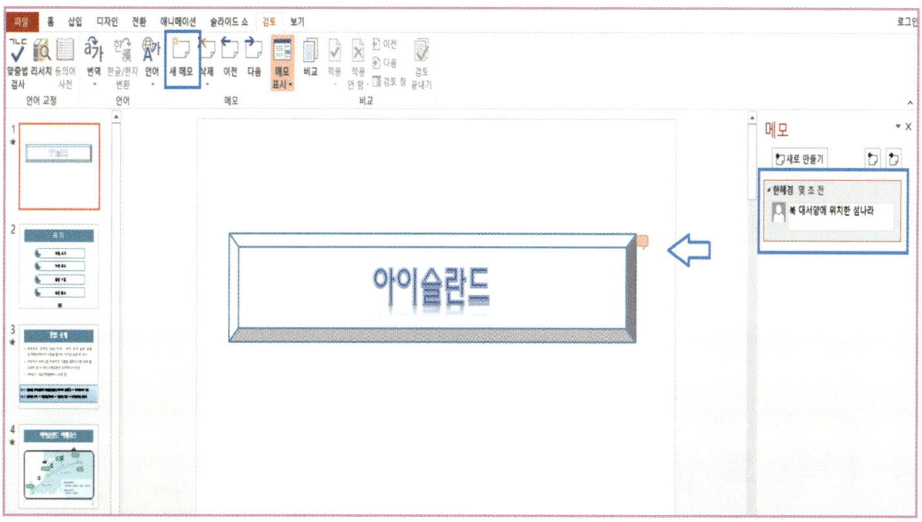

슬라이드에 메모를 삽입하면 사용자 이름과 메모를 작성한 날짜가 자동으로 표시 된다. 메모가 삽입된 위치에는 메모 표식이 나타나며 메모 표식을 드래그하여 원하는 위치로 이동할 수 있다.

① 새 메모 : 메모를 추가 한다.
② 삭제 : 추가 된 메모를 삭제 한다.
③ 이전/다음 : 만들어진 메모를 앞/뒤쪽으로 찾을 수 있다.
④ 메모 표시 : 메모를 메모 창에 표시하거나 내용을 보기/숨기기 형태로 바꿀 수 있다.

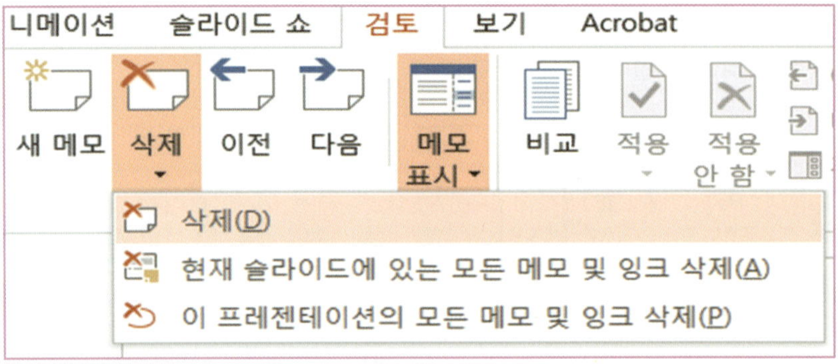

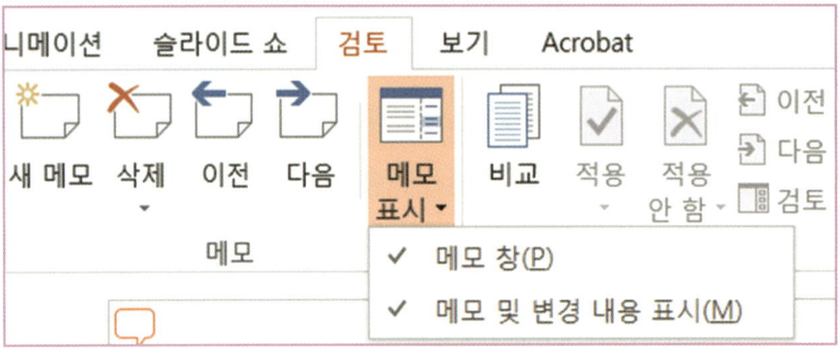

4-4 텍스트 상자

[텍스트 상자]는 텍스트 틀이 없어도 문자를 원하는 위치에 자유롭게 추가하고 편집 할 수 있다.

서식이 지정된 텍스트 상자의 텍스트를 다른 슬라이드로 복사하려면 해당 텍스트를 복사한 후 [붙여 넣기 옵션]을 이용하여 붙여 넣기 한다. [텍스트 상자 서식]으로는 세로 맞춤, 텍스트 방향, 안쪽 여백, 단 설정 등을 할 수 있다. 일부 다른 기능은 [도형 서식] 대화상자나 [홈] 메뉴를 이용하여 서식을 변경 할 수도 있다 .

슬라이드 1을 선택 후 [삽입] 메뉴 – [텍스트 상자] – [가로 텍스트 상자]를 클릭한다.

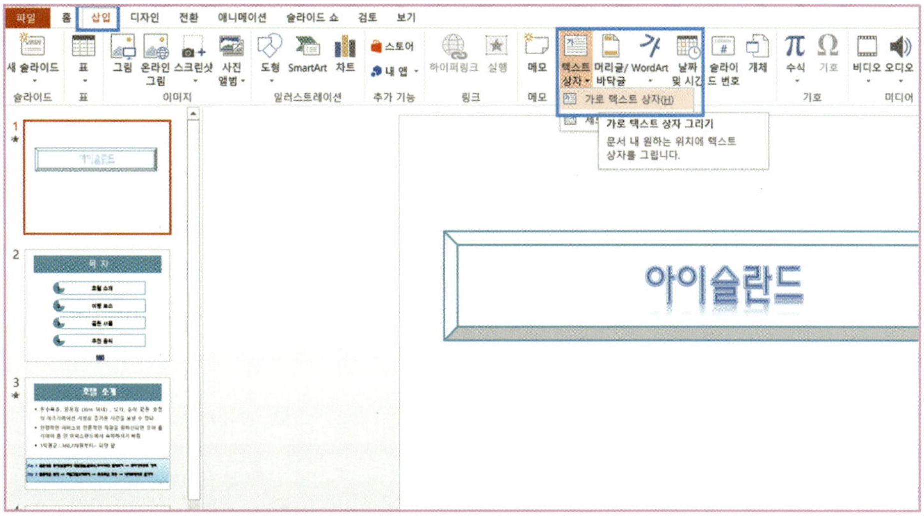

[드래그로 글상자 크기 설정] – 글 상자에 [수도 : 레이캬비크] 라고 입력한다.

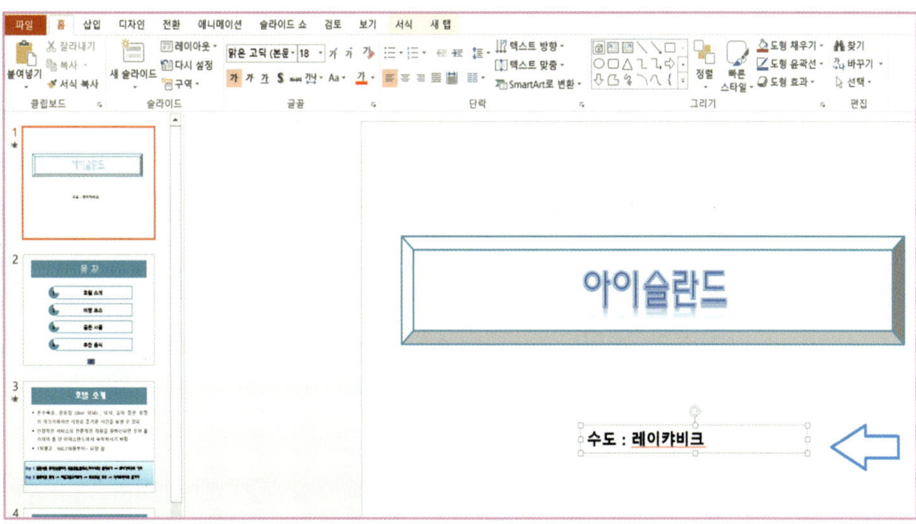

[텍스트 상자] 클릭 – [마우스 오른쪽 클릭] – [도형 서식]을 클릭 – [채우기 색 : 연두색] – 선은 [실선]으로 선택한다.

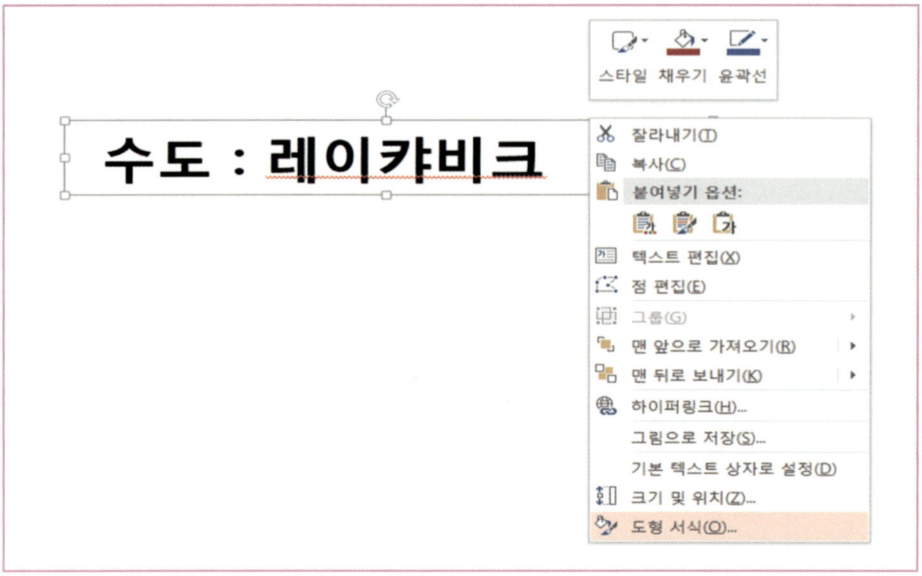

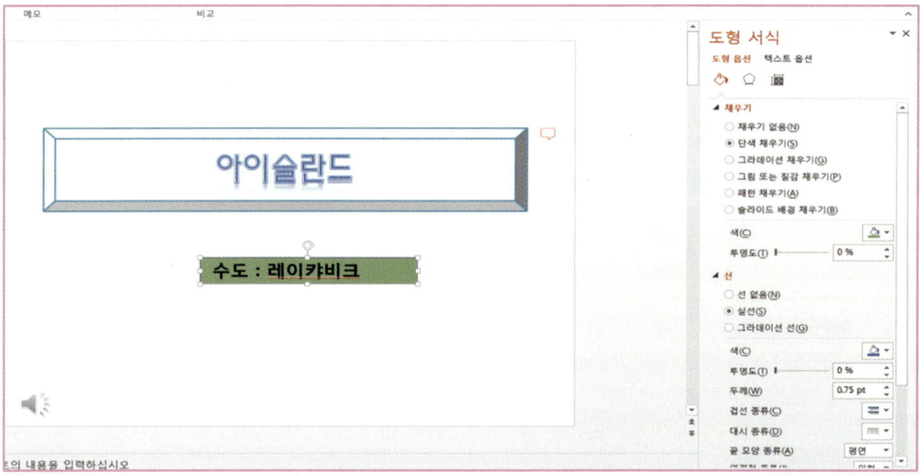

[텍스트 상자 삭제]는 텍스트 상자를 클릭 후 [Delete] 키를 눌러 제거한다. 텍스트 상자의 크기를 변경하고 그리기 도구를 이용하여 텍스트 상자에 도형 채우기, 도형 윤곽선 그리고 도형 효과를 설정하여 다양하고 보기 좋게 꾸밀 수도 있다.

4-5 머리글/바닥글

유인물의 모든 페이지 위쪽이나 아래쪽에 페이지 번호나 상호 및 작성자 이름 등을 넣을 수 있고, 유인물과 슬라이드 노트의 [머리글/바닥글]은 동일하게 들어가며 유인물 마스터를 이용하여 위치 및 서식을 변경한다.

슬라이드 5를 선택 후 [삽입] 메뉴 – [머리글/바닥글]을 클릭한다.

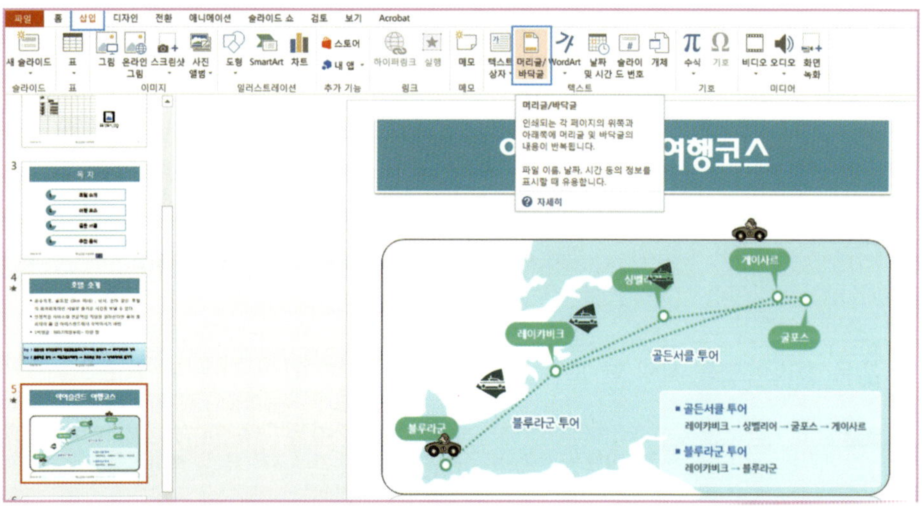

머리글/바닥글 대화 상자에서

〈슬라이드에 넣을 내용〉에 [날짜 및 시간]을 클릭 – [자동으로 업데이트] 선택 – [슬라이드 번호] 선택 – [바닥글 : 매 순간을 소중하게]를 입력 – [제목 슬라이드에는 표시 안함] 체크 – [모두 적용]을 클릭 한다.

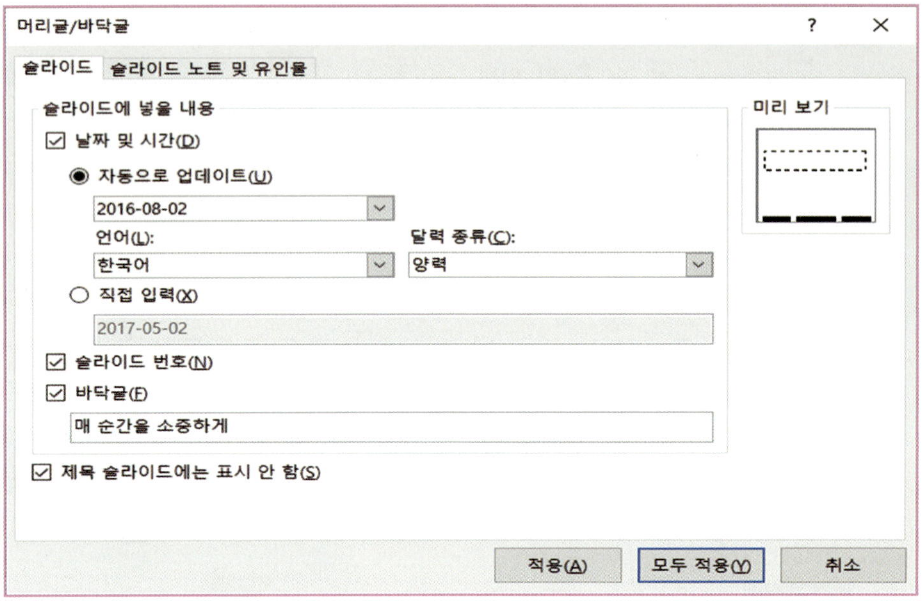

제목 슬라이드를 제외 한 모든 슬라이드에 다음과 같이 적용 된다.

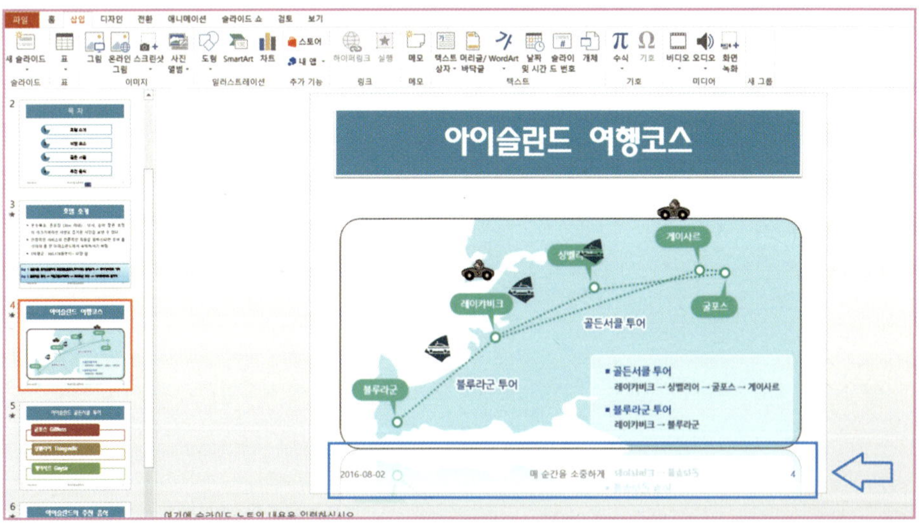

4-6 WordArt

[WordArt(워드아트)]는 슬라이드 제목이나 강조할 부분의 텍스트를 다양한 갤러리 스타일로 그래픽화하여 화려하고 돋보이게 하는 방법이다.

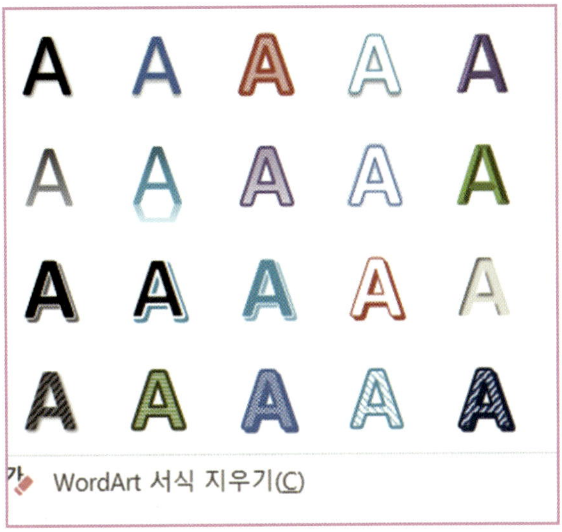

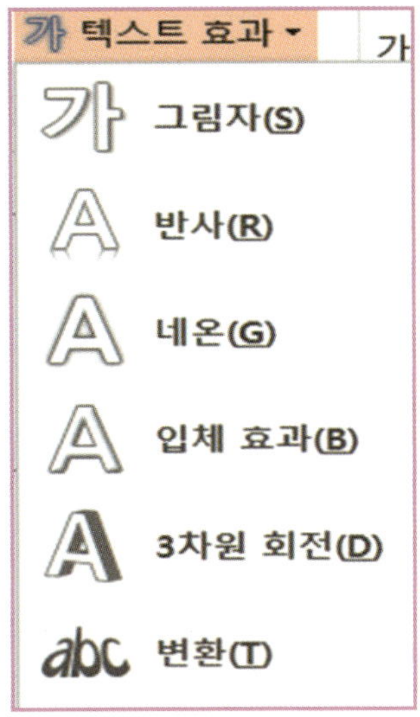

[WordArt 편집]은 기본적으로 제공되는 도형 스타일을 이용하여 스타일, 텍스트 채우기, 텍스트 윤곽선, 텍스트 효과를 사용자가 직접 디자인하여 개성 있는 워드아트를 꾸밀 수 있다.

채우기 또는 윤곽선을 변경하거나 그림자, 반사, 네온 또는 3차원 회전 또는 입체 효과와 같은 기능을 추가하여 텍스트나 [WordArt]의 모양을 변경할 수 있다.

슬라이드 1을 선택 후 [홈] 메뉴 – [새 슬라이드] – [제목만]을 선택하여 빈 슬라이드를 추가한다.

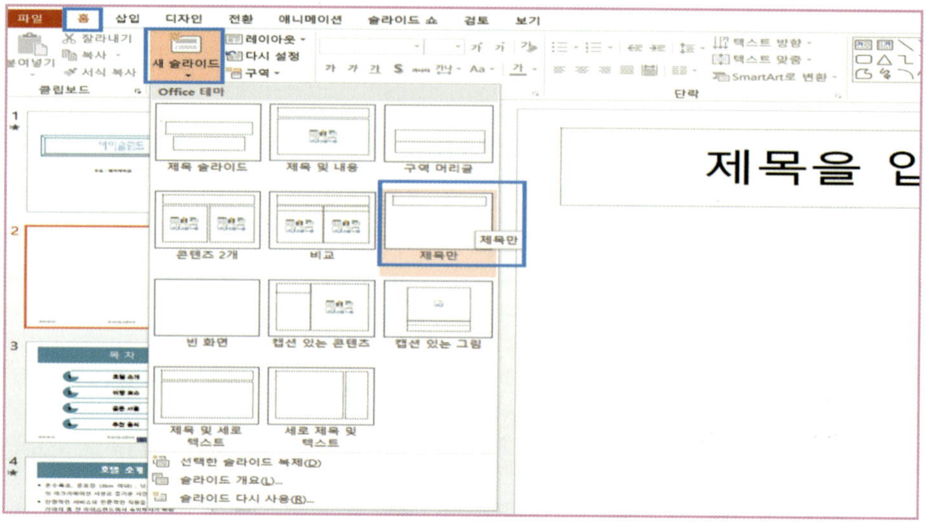

슬라이드 2를 선택 후 [삽입] 메뉴 – [WordArt] – [원하는 WordArt 디자인]을 클릭한다.

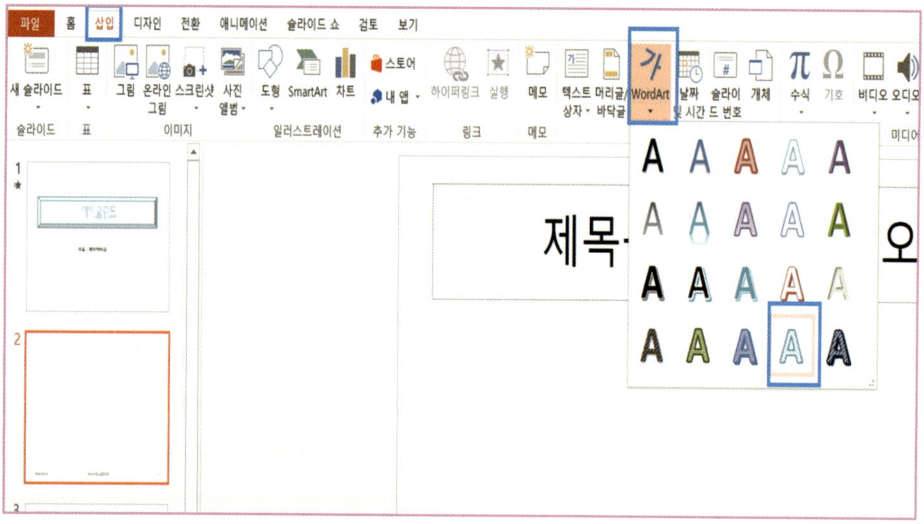

[WordArt] 글 상자에 [너의 꿈을 향하여]를 입력한다.

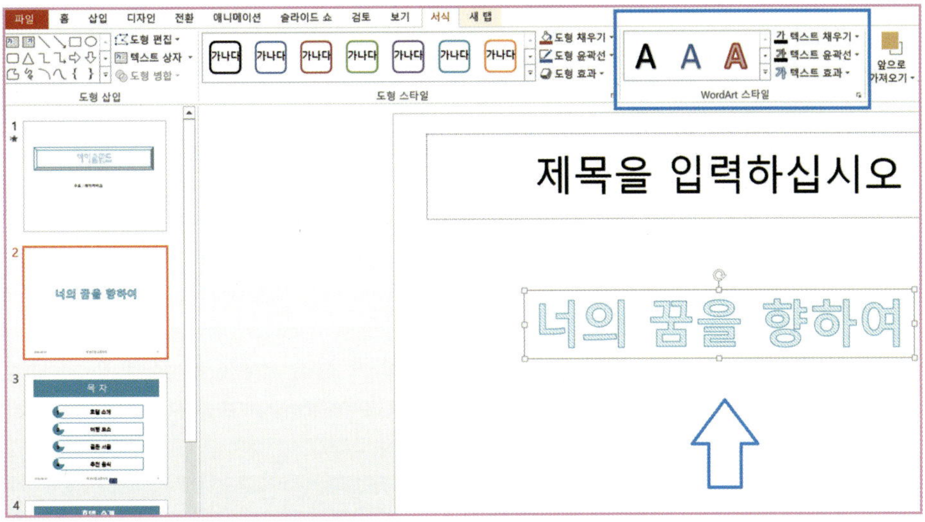

[WordArt] 편집을 위해

[너의 꿈을 향하여 WordArt 선택] – [서식] 메뉴 – [텍스트 효과] 선택 – [변환] – [WordArt 스타일]을 클릭한다.

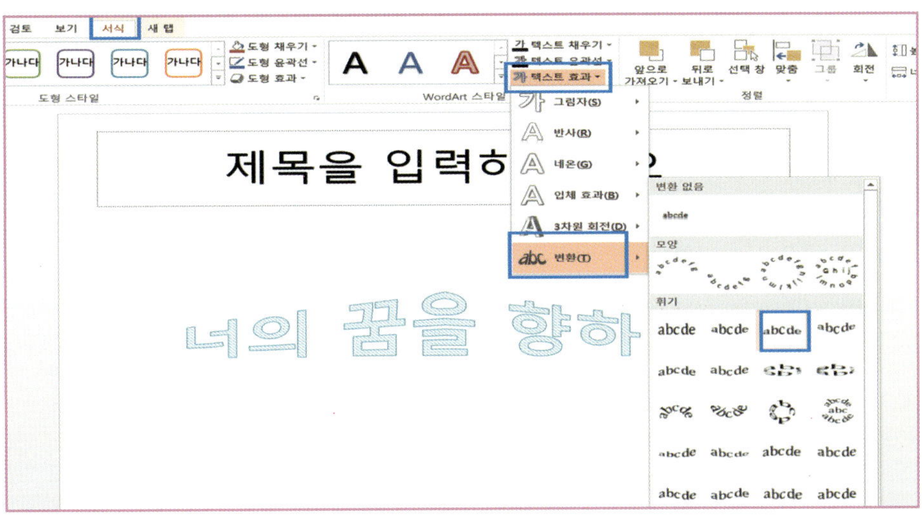

4-7 개체

① 새로 만들기

슬라이드 2를 선택 후 [삽입] 메뉴 – 텍스트 그룹 – [개체] 클릭 후 개체 삽입 대화 상자에서 [새로 만들기] 클릭 – [Microsoft Excel WorkSheet] – [확인]을 클릭한다.

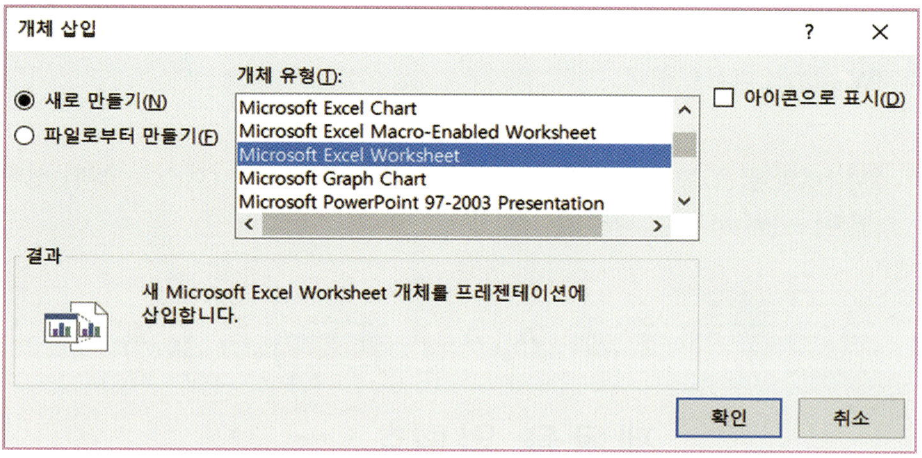

다음 내용을 입력한다.

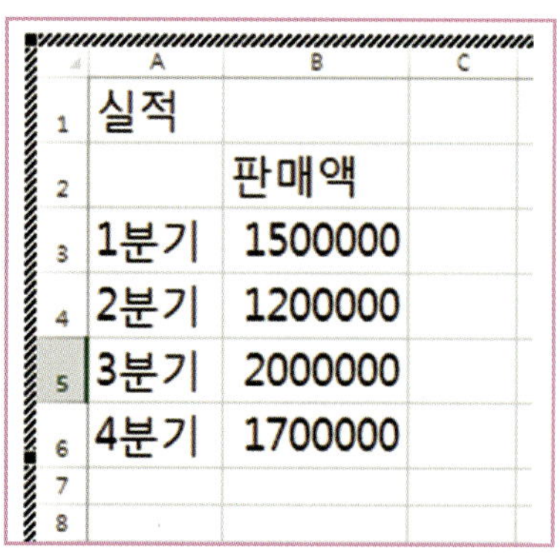

다음과 같이 개체가 추가 되어 완성 된다.

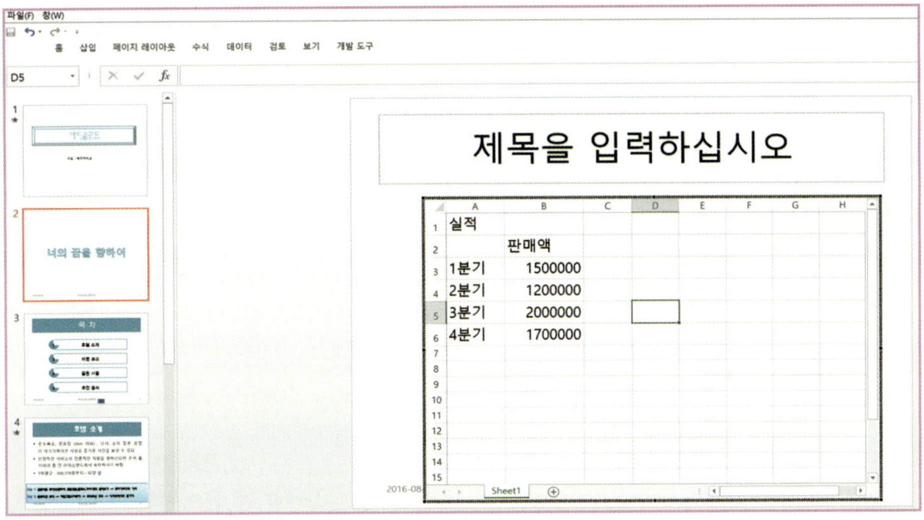

② 파일로부터 만들기

슬라이드 2를 선택 후 [삽입] 메뉴 – 텍스트 그룹 – [개체] 클릭 후 개체 삽입 대화 상자에서 [파일로부터 만들기] 클릭 – [찾아보기] 클릭 – [그림 폴더 : saipan]을 클릭 – [확인]을 선택한다.

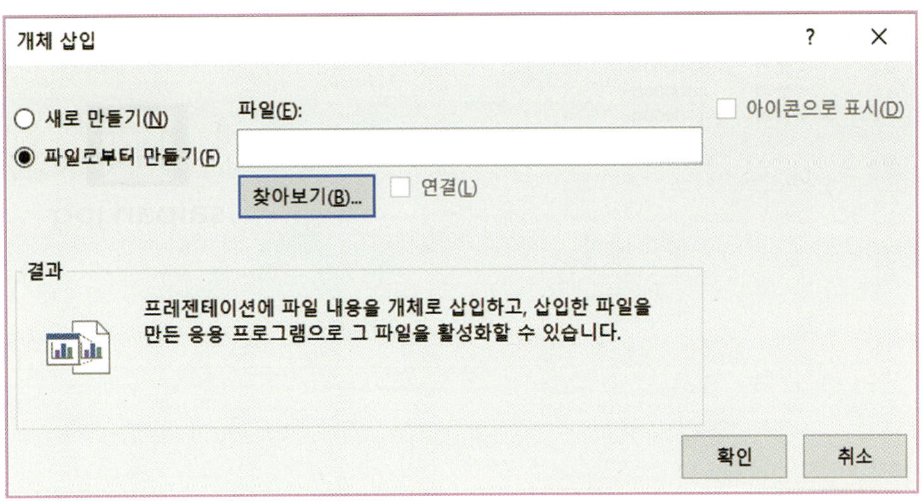

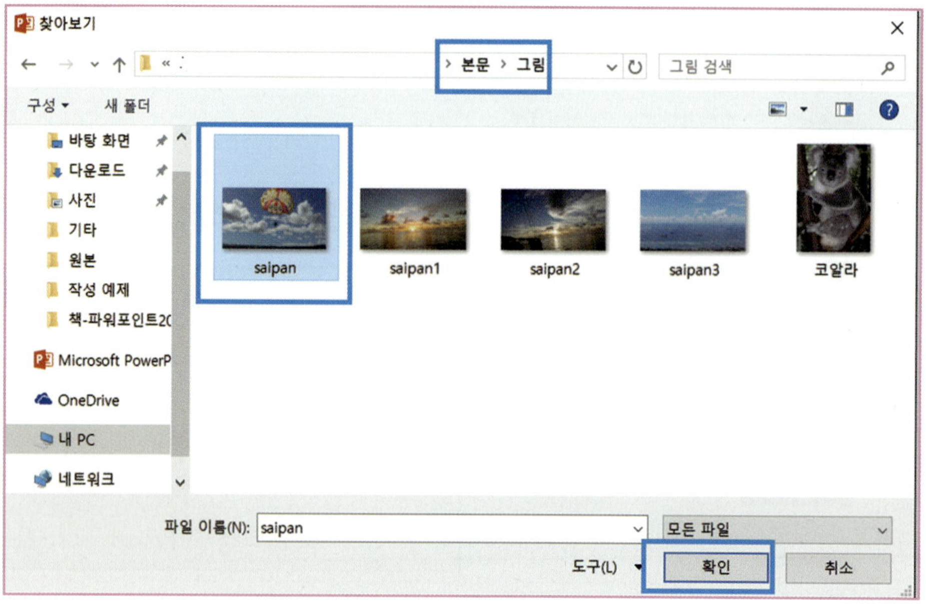

다음과 같이 파일 개체가 추가 되어 완성 된다.

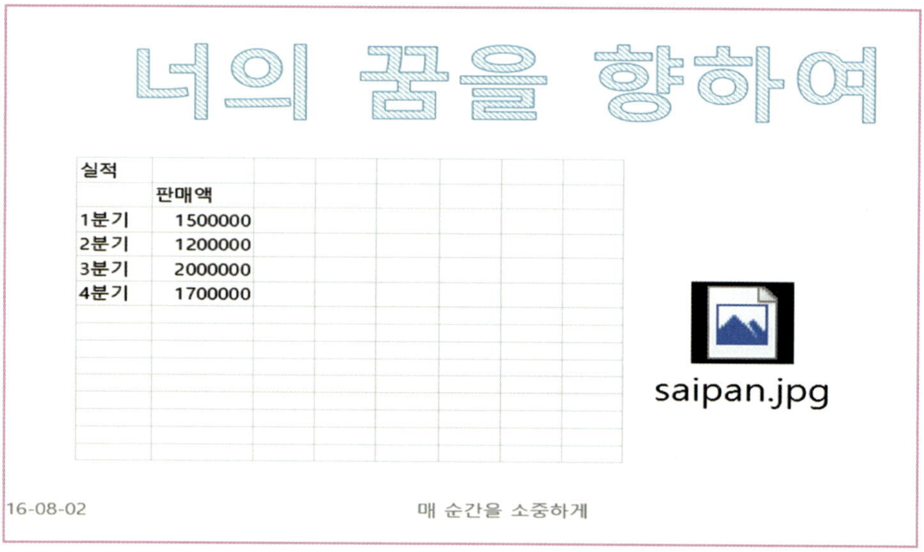

4-8 기호

슬라이드 1 선택 – [수도 : 레이캬비크 앞에 커서 만들기] – [삽입] 메뉴 – [기호]를 클릭한다.

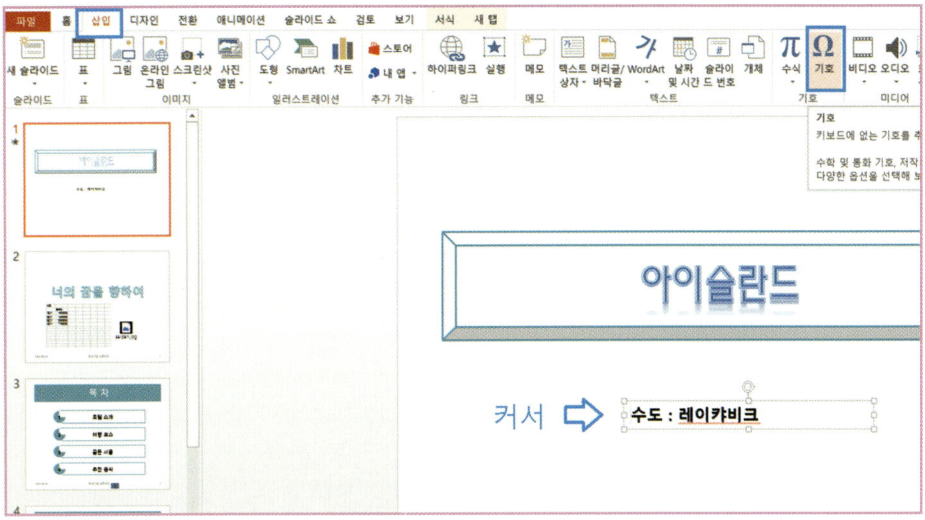

[기호] 대화 상자에서 원하는 기호 하나를 클릭 – [삽입]을 선택한다.

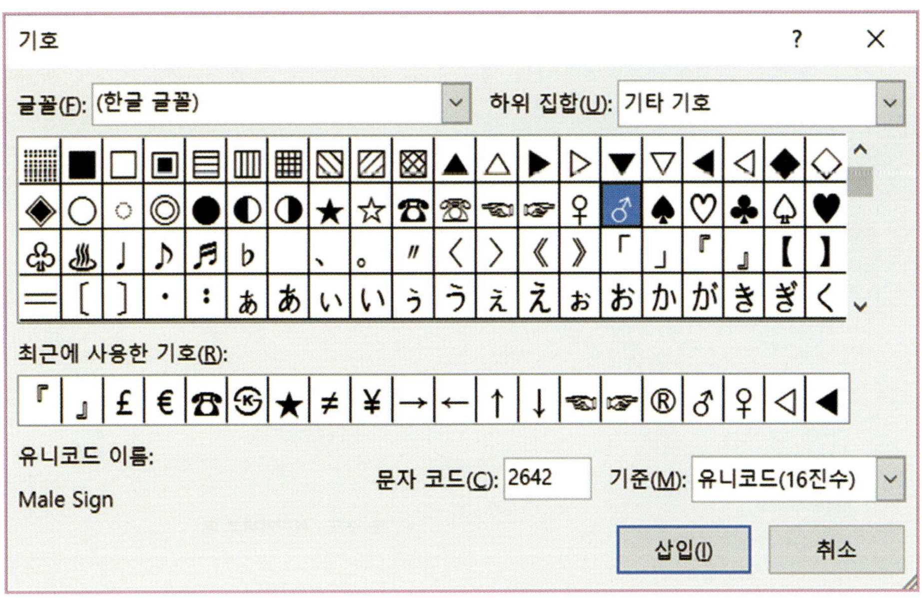

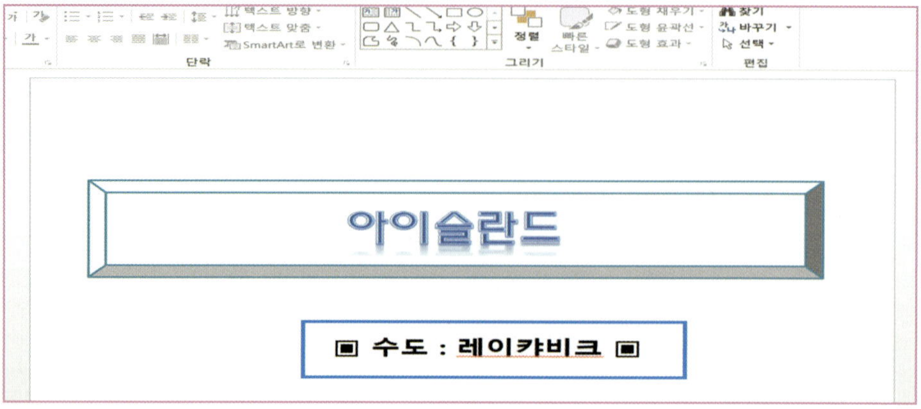

기호 대화 상자의 [글꼴]과 [하위 집합]을 다르게 선택하여 다양한 기호를 찾아 슬라이드 내용에 어울리는 기호를 삽입한다.

4-9 소리

[소리]는 녹음된 소리 파일이나 배경 음악 파일, 효과음으로 사용할 소리 파일의 멀티미디어 파일을 슬라이드에 삽입하여 슬라이드 쇼를 진행 할 때 재생할 수 있다. 소리 파일 형식은 [wav, mid, mp3] 등을 지원하고 슬라이드 쇼를 진행시 소리 파일이 자동으로 시작하거나 마우스를 클릭할 때 재생되도록 설정할 수 있다.

슬라이드 1을 선택 후 [삽입] 메뉴 – [미디어] 그룹 – [오디오]를 선택 후

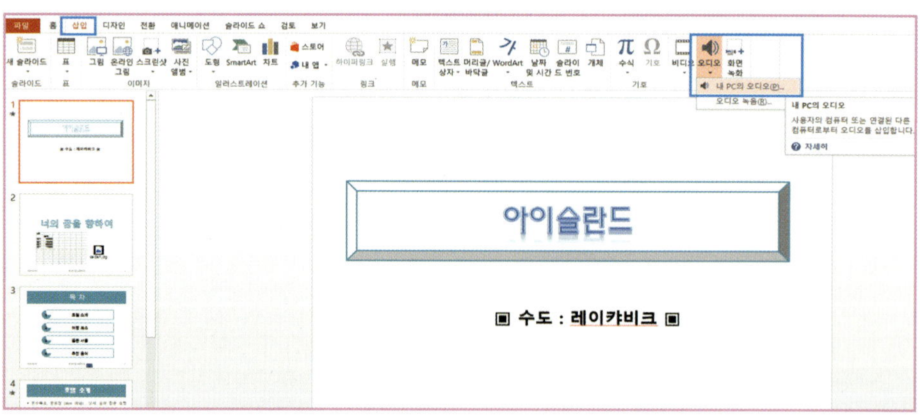

[내 PC의 오디오] 선택 - 본문 폴더에 있는 [PICK ME] 파일을 클릭 – [삽입]을 선택한다.

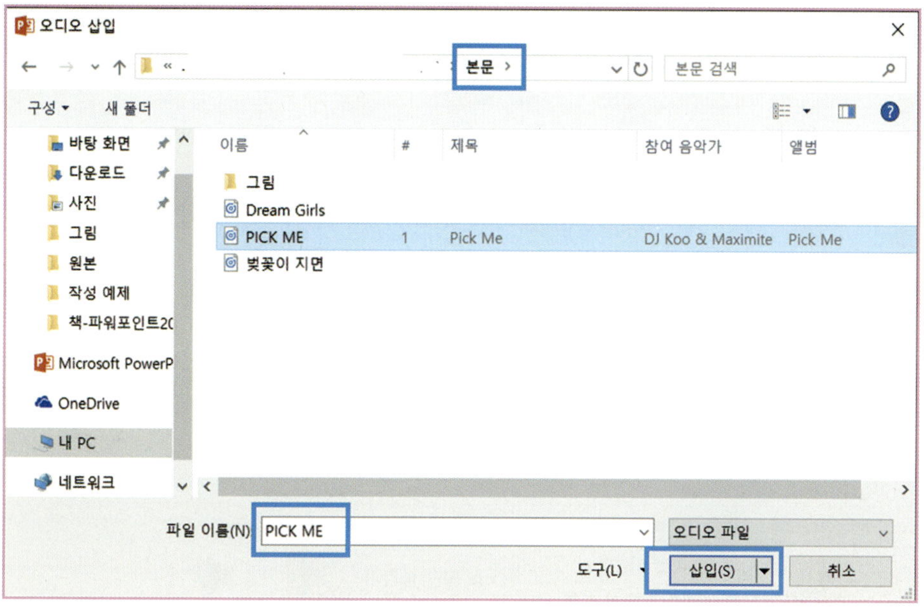

오디오 마크인 스피커가 나타나고 그 아이콘을 선택하면 재생 옵션이 나타난다.

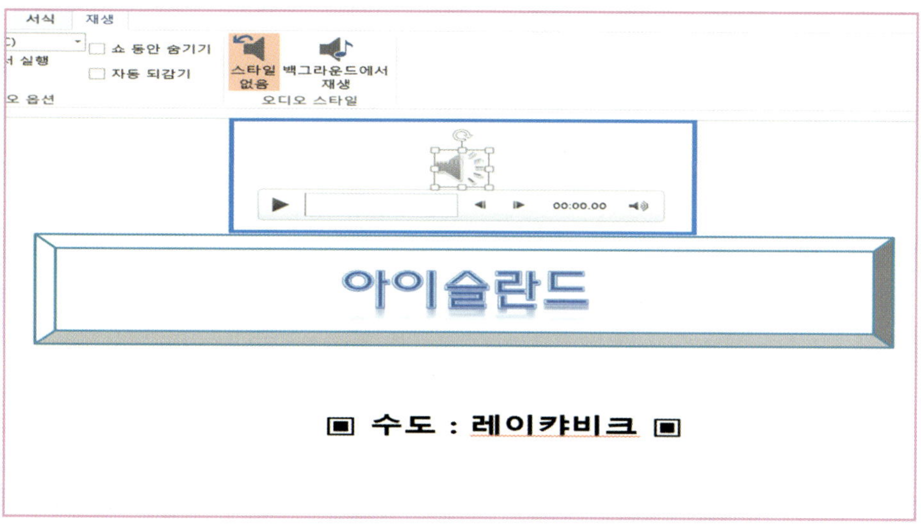

[오디오 옵션]

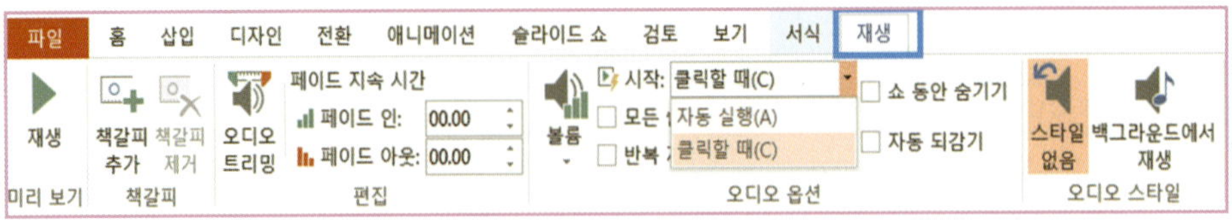

오디오 옵션 중 시작의 [자동 실행]은 슬라이드 쇼가 시작될 때 오디오가 자동으로 재생되며 [클릭할 때]는 슬라이드 쇼를 시작한 후 오디오 클립을 클릭해야 재생된다. 그리고 [모든 슬라이드에서 실행]은 모든 슬라이드에 이어서 오디오가 재생된다.

오디오 옵션 중 시작의 [볼륨]을 통해 오디오 소리를 높음, 중간 그리고 낮음으로 설정 할 수 있다.

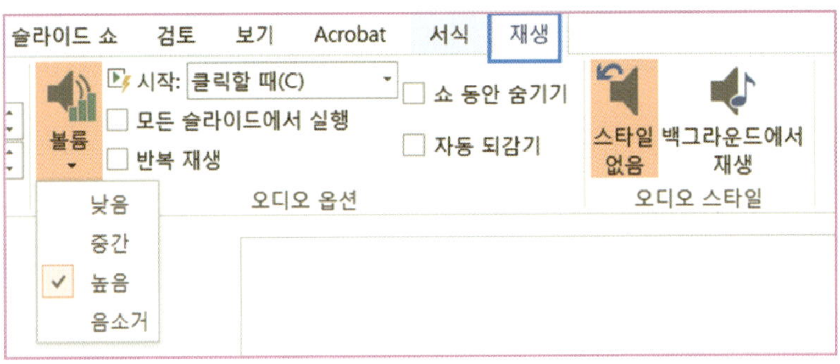

4-10 동영상

작업한 동영상 파일이나 인터넷 YouTube의 동영상을 프리젠테이션에 삽입 할 수 있는 기능이다. [wmv, avi, mid, mov] 등의 파일 형식이 지원되며 준비된 동영상 파일을 슬라이드에 직접 삽입도 가능하다. 동영상 파일 역시 자동 또는 수동으로 재생되도록 설정 할 수 있다.

[삽입] 메뉴 – [미디어] 그룹 – [비디오] – [온라인 비디오]을 선택한다.

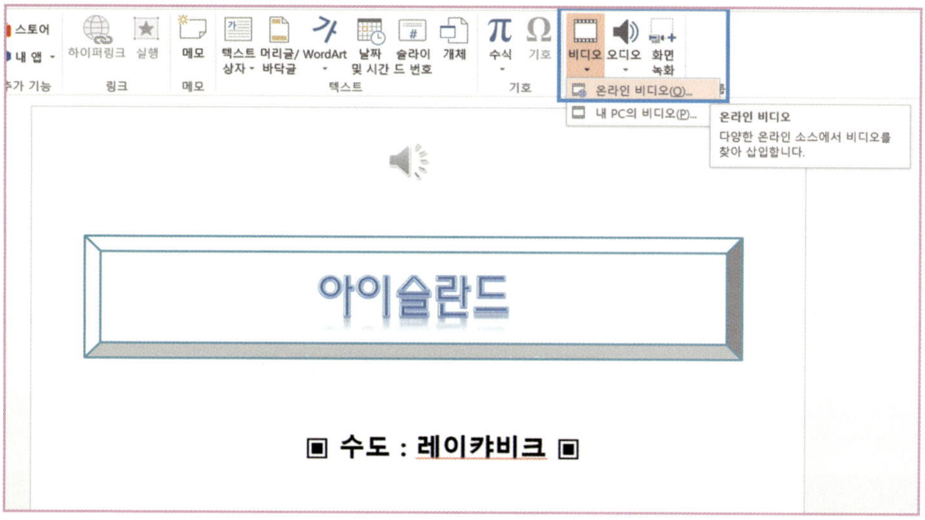

YouTube에 있는 동영상이 검색 되어 나오면 검색 란에 〈아이슬란드〉라고 입력 후 검색 단추를 클릭한다.

검색 된 동영상 중 [원하는 동영상]을 클릭 – [삽입]을 클릭한다.

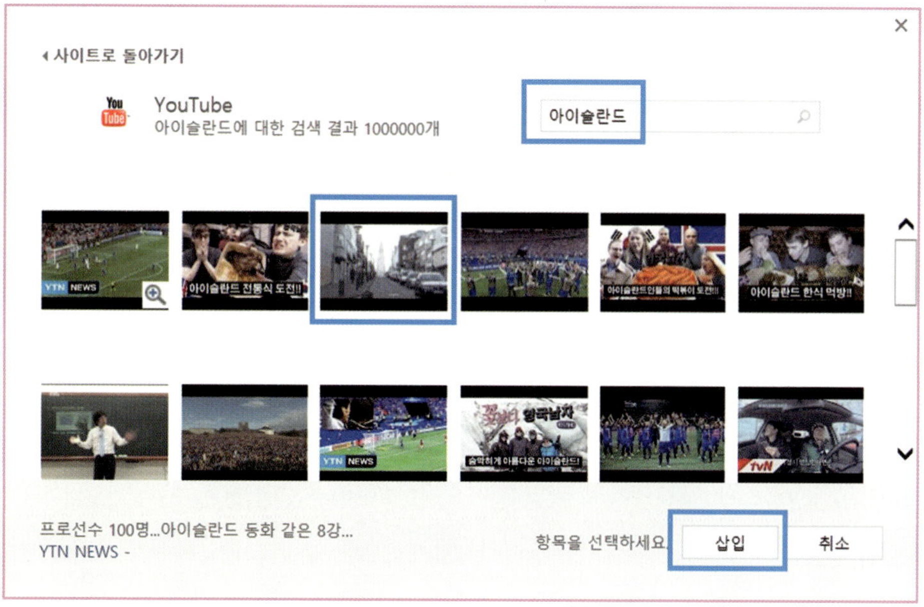

다음과 같이 동영상이 슬라이드에 삽입 된다.

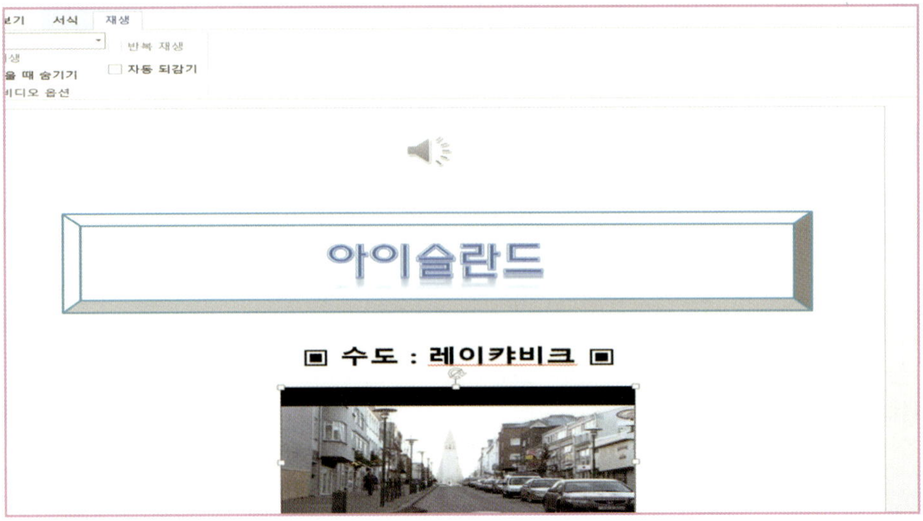

4-11 화면 녹화

아이슬란드 여행코스 슬라이드를 선택 후 [삽입] 메뉴 – 미디어 그룹의 [화면 녹화]를 클릭한다.

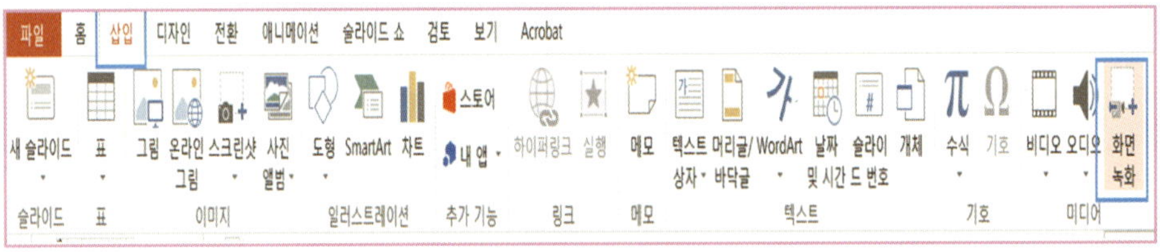

녹화가 필요한 부분만큼 크기를 드래그로 조절 – [기록]을 선택한다.

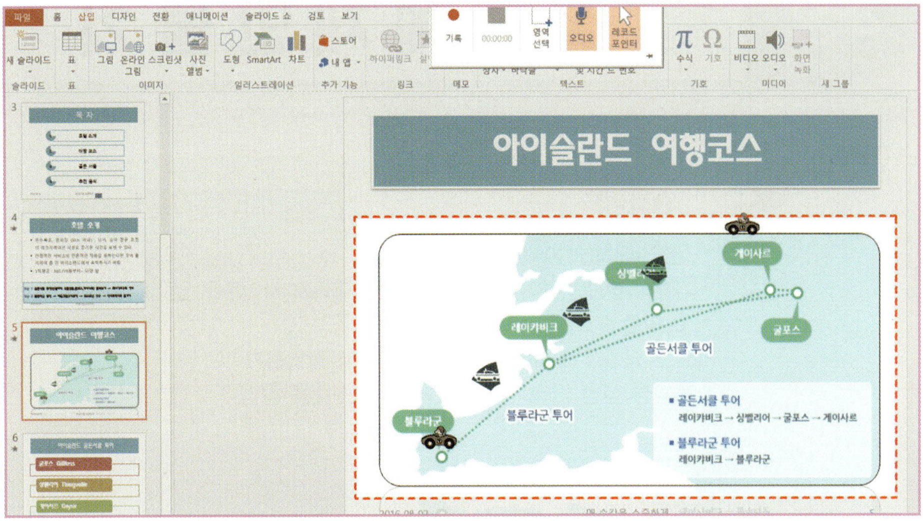

〈블루라쿤〉의 [자동차]의 위치를 나름대로 이동 시키며 녹화를 한 후 중지한다.

[화면 녹화] 부분을 클릭 – [재생] 버튼을 클릭하여 화면을 확인한다.

4장 실전예제만들기

조건

슬라이드 1

- (본인)대학교 : WordArt로 작성
- 대한대학교 : 하이퍼링크 걸기(본인 대학교 사이트로 연결)
- 표 만들기 : 2 * 2
- 로고 삽입 : 스크린샷을 이용하여 로고 삽입하기
- 동영상 삽입 : Youtube에서 학교 관련 내용 삽입

조건

슬라이드 2

- 개체 삽입 : 아이콘으로 본문 폴더에 있는 [4장 예제]를 추가
- 독수리 그림 삽입 후 그림에 액자 적용하기
- 바닥글 추가 : 페이지 번호, '멀리 날아보자' 입력

[완성본]

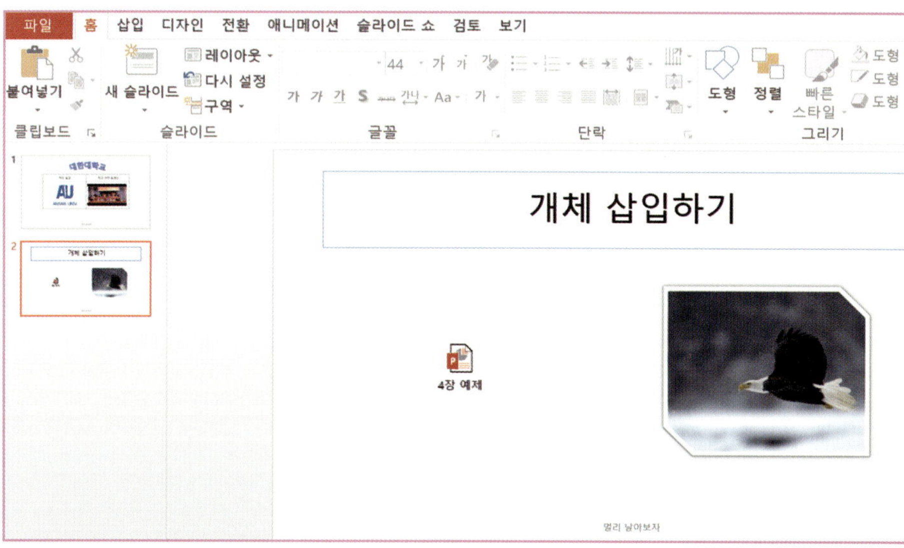

[1번 슬라이드에 작성]

[2번 슬라이드에 작성]

5장 슬라이드 쇼

- 애니메이션
- 슬라이드 쇼
- 전환
- 타이밍
- 트리거
- 애니메이션 복사
- 슬라이드 쇼 재구성
- 슬라이드 쇼 설정
- 슬라이드 마스터

05 슬라이드 쇼

5장에서는 애니메이션 기능과 전환 등의 기능을 삽입하고 그 내용을 슬라이드 쇼로 확인하여 더 나은 프레젠테이션을 완성하는 학습을 진행한다.

[5 장 예제] 파일 사용

5-1 애니메이션

[애니메이션 기능]을 이용하여 슬라이드에 포함되어 있는 다양한 개체에 설명하는 순서대로 애니메이션을 설정하여 청중들의 이해와 집중도를 한결 높일 수 있다.

애니메이션 그룹에는 나타내기, 강조, 끝내기 그리고 이동 경로 등이 있다.

슬라이드 2의 제목 선택 후 [애니메이션] 메뉴 – [애니메이션] 그룹 – [날아오기]를 선택 – 효과 옵션의 [아래에서] 를 클릭한다.

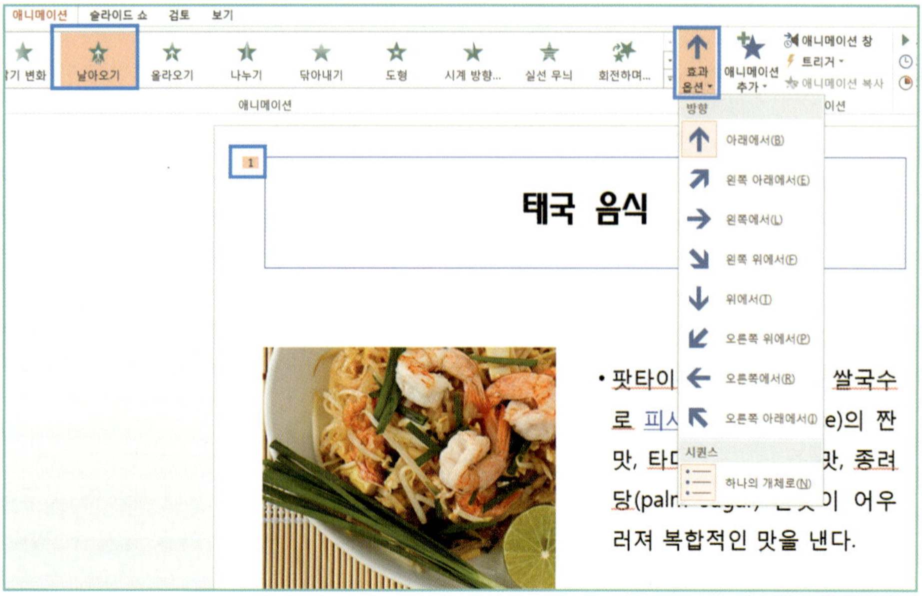

[효과 옵션]

[효과 옵션]은 오른쪽에서, 위에서, 왼쪽에서, 아래에서, 오른쪽 아래에서, 왼쪽 위에서 그리고 왼쪽 아래에서 등의 다양한 효과가 있다.

또한 [효과 옵션]은 애니메이션 설정에 따라 다르게 적용 할 수 있다.

슬라이드 3의 그림을 선택 후 [애니메이션] 메뉴 – [나타내기] 그룹 – [도형]을 선택 – 선택 옵션의 [다이아몬드]를 클릭한다.

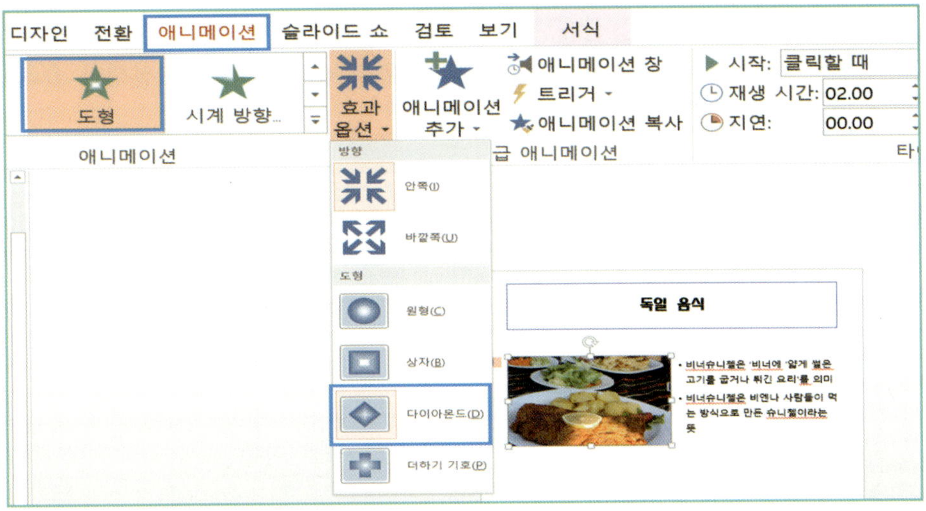

[슬라이드 쇼] 메뉴 – [현재 슬라이드부터]를 클릭한다.

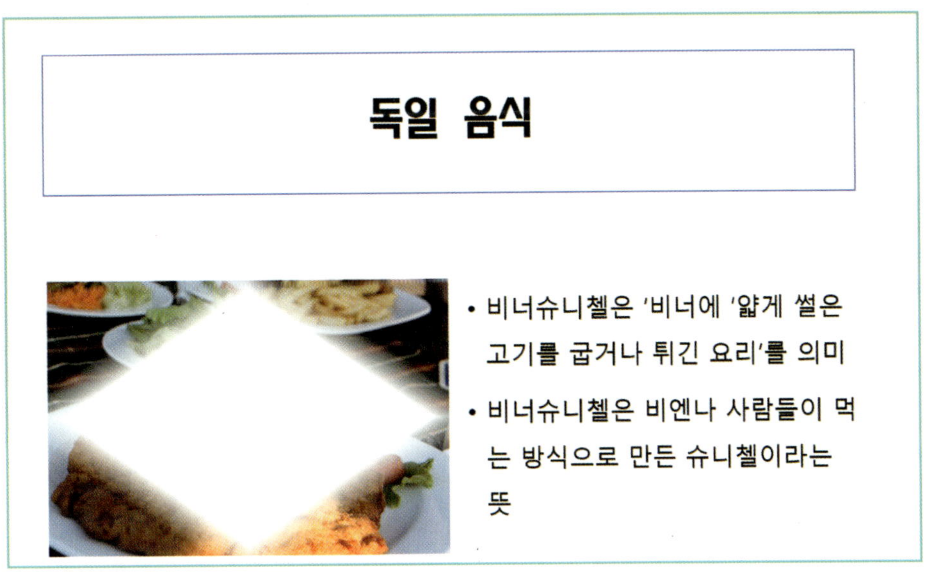

5 - 2 슬라이드 쇼

[슬라이드 쇼]는 청중을 상대로 전달하고자 하는 주제에 관한 화면들을 준비하여 한 장씩 보여주는 것을 말한다. 그리고 일부 슬라이드는 쇼 진행시 슬라이드 숨기기로 슬라이드 쇼 편집이 가능하다.

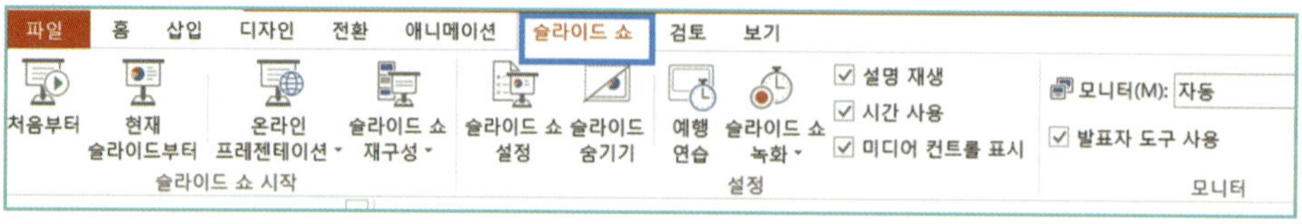

슬라이드 쇼는 무조건 1페이지부터 쇼가 진행 되는 [처음부터]와 특정 슬라이드부터 쇼 시작을 할 수 있는 [현재 슬라이드부터]가 있다.

슬라이드 3을 선택 후 [슬라이드 쇼] 메뉴 – [처음부터]를 선택한다.

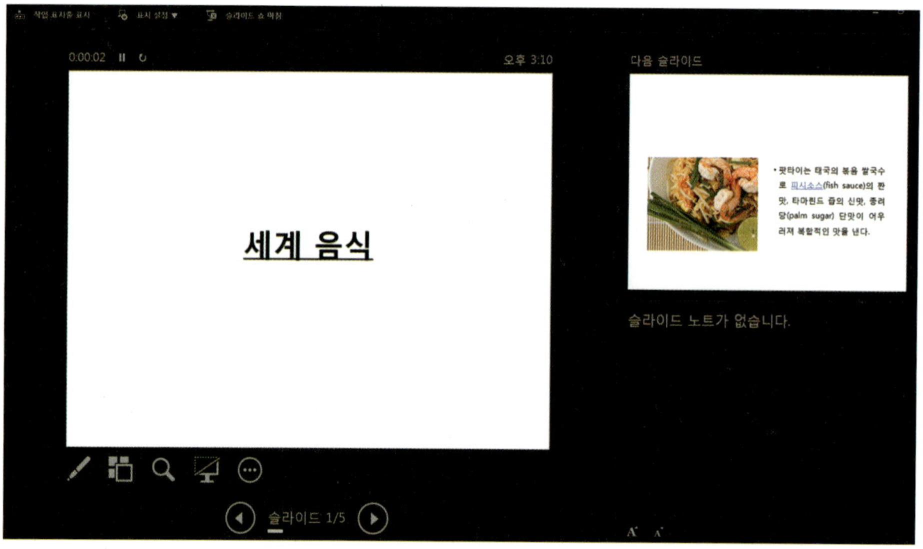

[잉크 주석]은 슬라이드 쇼 진행 중에 중요 부분에 강조 표시를 해야 하는 경우에 사용된다.

슬라이드 쇼 진행 중에 [마우스 오른쪽] 클릭 – [포인터 옵션] – [펜]을 클릭 – 원하는 곳에 [동그라미]를 표시한다.

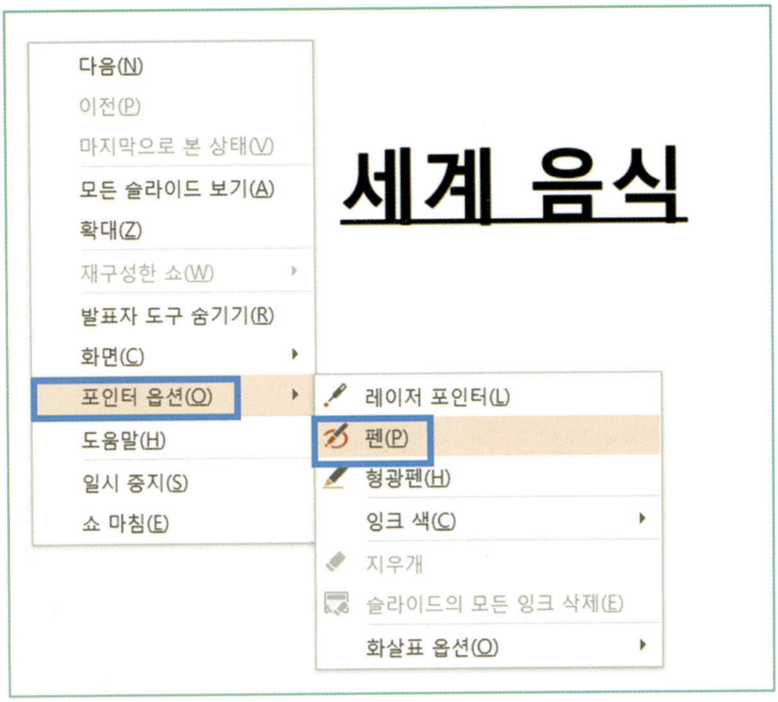

잉크 주석을 사용하기 위해 슬라이드 쇼 중 [마우스 오른쪽] 버튼을 누르면 된다. 화살표, 볼펜, 사인펜, 형광펜의 다양한 펜 종류가 있고 색으로 강조할 부분을 동그라미로 그리거나 밑줄 등으로 표시하여 잉크 주석을 유지한 채 인쇄 그리고 저장도 할 수 있다.

슬라이드 쇼를 마치기 위해 키보드의 Esc 키를 누른 후 잉크 주석을 저장 할 것이냐고 물으며 〈예〉 단추를 누른다.

슬라이드 편집 상태로 돌아오면 아래와 같이 펜으로 동그라미 친 부분이 그대로 저장 되어 남아 있는 것을 확인 할 수 있다.

슬라이드의 쇼 보기에서 중요 내용에 밑줄을 치거나 동그라미로 내용을 강조 할 수 있고 기록한 부분을 슬라이드에 저장하여 유지할 수 있다.

5 - 3 전환

① 슬라이드 화면 전환

강력하고 화려한 파워포인트 화면 전환을 통해 슬라이드 쇼 실행시 화면이 전환되어 청중들에게 보다 강한 인상을 줄 수 있고 지루함을 줄일 수 있다. 화면 전환의 종류에는 [온화한 효과] [화려한 효과] [동적 콘텐츠] 등이 있다.

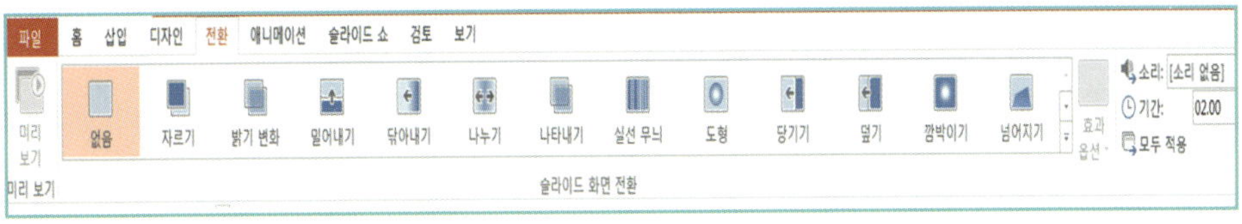

슬라이드 1을 선택 후 [전환] 메뉴 – [슬라이드 화면 전환] 그룹 – [커튼]을 선택 – [슬라이드 쇼] – [현재 슬라이드]를 클릭한다.

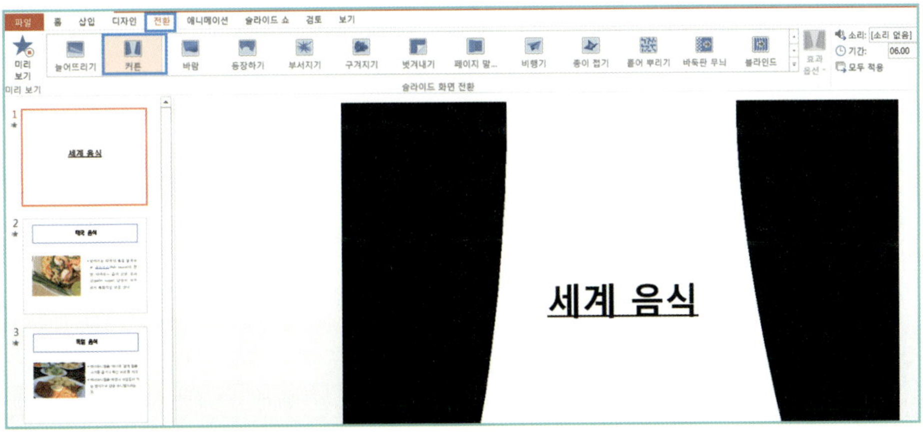

5-4 타이밍

① 화면 전환 소리

타이밍 그룹의 [소리]는 화면 전환이 진행될 때 소리 효과를 넣을 수 있고 [반복 재생]을 선택하면 반복해서 재생된다.

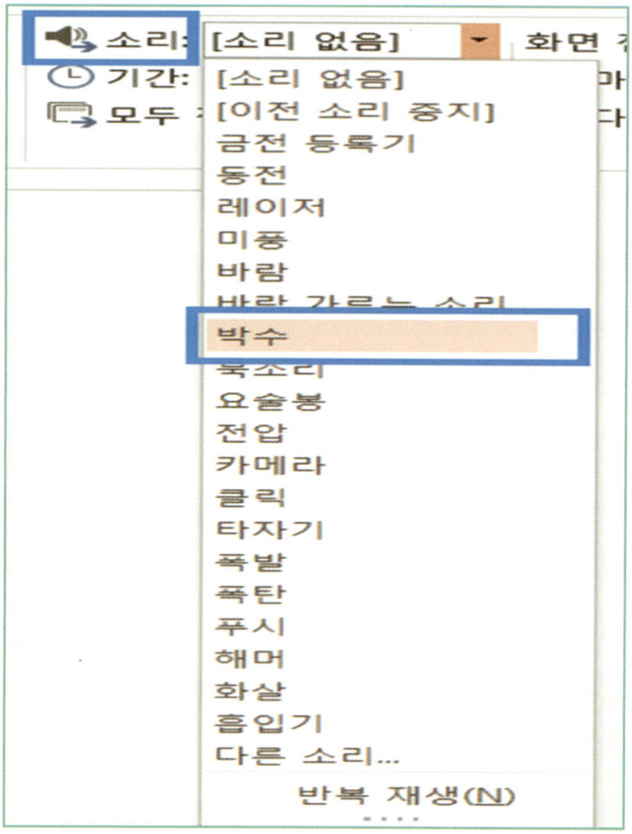

② 화면 전환

타이밍 그룹의 화면 전환 중 [마우스를 클릭할 때]는 슬라이드 쇼를 진행할 때 마우스를 클릭하면 다음 슬라이드로 자동 전환되며 설정한 화면 전환 효과가 재생된다.
[다음 시간 후]는 이전 화면 전환 실행 후 설정한 시간이 지나면 자동으로 다음 슬라이드로 전환되면서 설정한 화면 전환 효과가 재생된다.

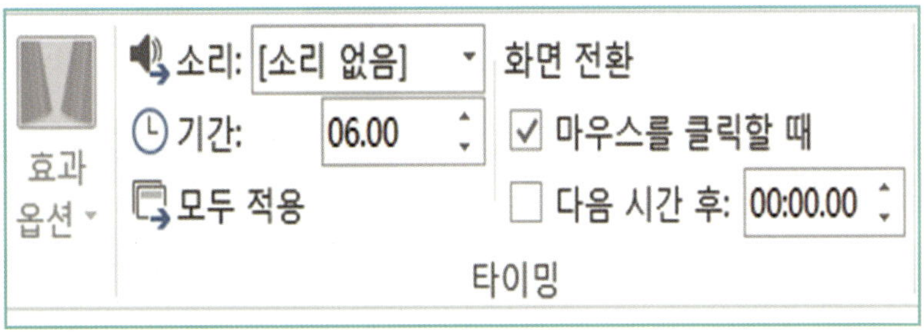

[화면 전환 속도]는 빠르게, 중간, 느리게 등 화면전환 속도를 다양하게 선택할 수 있다. 화면 전환 속도는 빠르게 진행하는 것이 지루하지 않아 프레젠테이션 효과로 좋다. 그리고 모두 적용 단추는 모든 슬라이드에 동일한 화면 전환 효과가 적용된다.

슬라이드 1을 선택 후 [전환] 메뉴 – [타이밍] 그룹 – 소리 [박수]로 선택 – [화면 전환] 그룹 – [다음 시간 후 00:05.00] – [모두 적용]으로 설정한다.

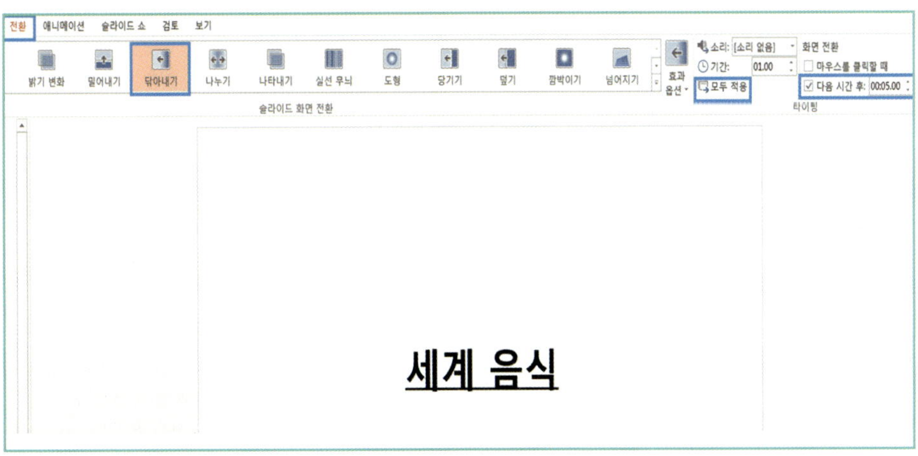

[슬라이드 쇼] – [처음부터]를 클릭한다.

그러면 마우스 클릭 없이도 자동으로 5초가 지나면 다음 슬라이드로 이동한다.

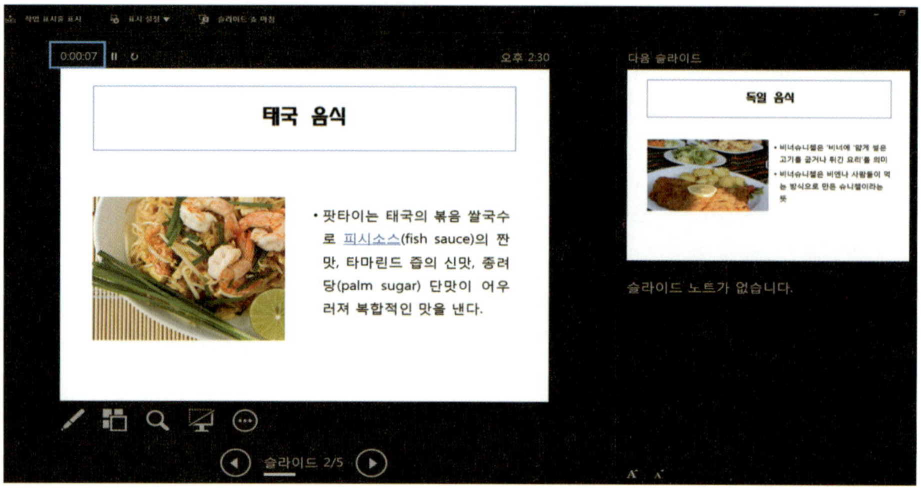

5-5 트리거

[트리거]를 사용하면 슬라이드 쇼 중에 슬라이드의 특정 개체를 클릭하거나 특정 비디오 부분을 재생할 때 애니메이션 효과를 표시할 수 있다.

슬라이드 3의 텍스트 상자 선택 후 [애니메이션] 메뉴 – [고급 애니메이션] – [트리거] – [클릭할 때] – [제목 6] 명령을 선택한다.

5-6 애니메이션 복사

특정 개체에 적용되어 있는 애니메이션 효과를 다른 개체에 그대로 복사해 재사용 할 수 있다. 애니메이션 복사를 통해 좀 더 쉽고 빠르게 애니메이션 기능을 설정 할 수 있어 자주 사용되는 기능이다.

슬라이드 2의 애니메이션이 적용 된 그림 선택 후 [애니메이션] 메뉴 – [고급 애니메이션] – [애니메이션 복사] 클릭 – [텍스트 상자]를 클릭한다.

[슬라이드 쇼] 선택 – [현재 슬라이드부터]를 클릭한다.

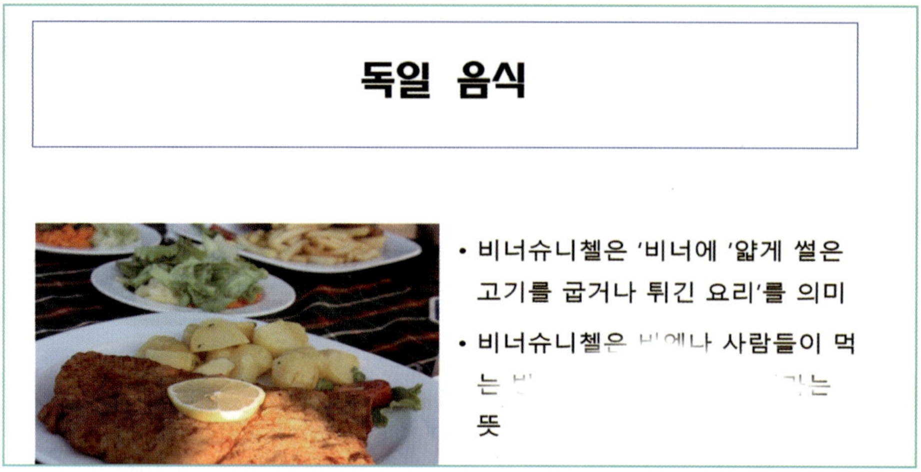

5-7 슬라이드 쇼 재구성

[슬라이드 쇼 재구성]은 모든 슬라이드를 발표하는 것이 아니고 일부분만 발표하고자 할 때 사용하면 유용하다. 진행 시간이나 상황에 맞게 슬라이드의 핵심적인 슬라이드로만 순서를 재조정 할 수 있는 기능이다.

임의 슬라이드 선택 후 [슬라이드 쇼] 메뉴 – [슬라이드 쇼 재구성] – [쇼 재구성]을 선택한다.

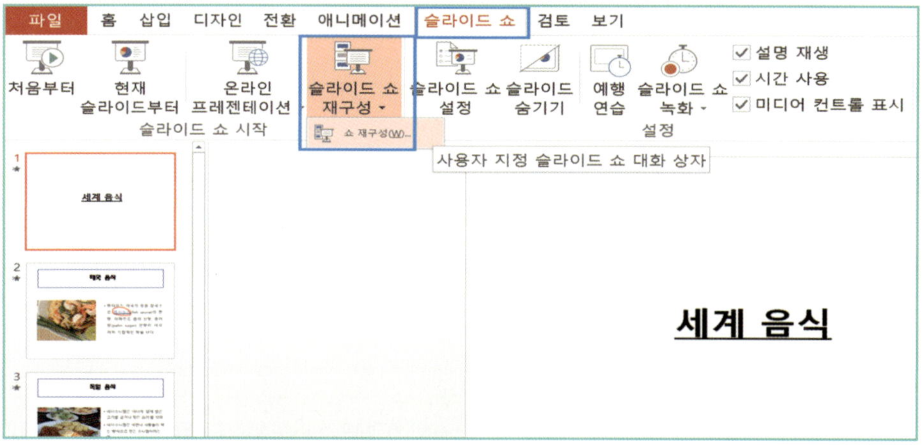

슬라이드 다중 선택 시 [Ctrl] 키를 이용하여 여러 개의 슬라이드를 선택할 수 있다.

[새로 만들기] 클릭 – [슬라이드 쇼 이름 : Europe FOOD] 입력 – [독일 음식, 이탈리아 음식] 체크 – [추가] – [확인] 단추를 클릭 한다.

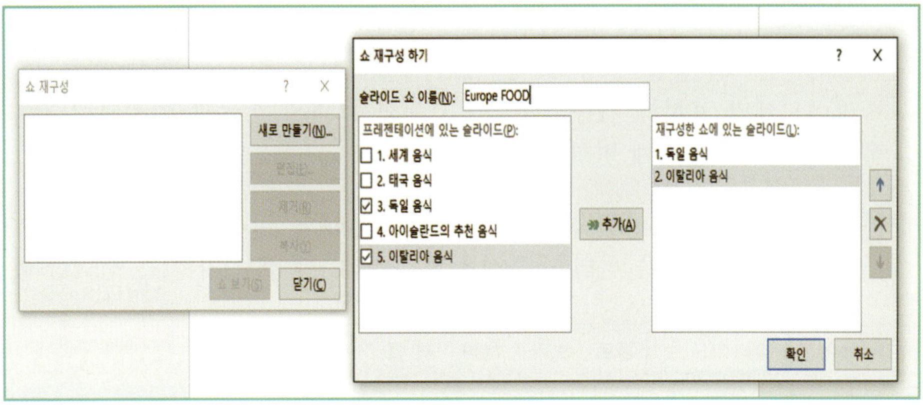

그리고 [쇼 보기]를 클릭한다. 그러면 두 개의 슬라이드만 쇼가 진행됨을 확인할 수 있다.

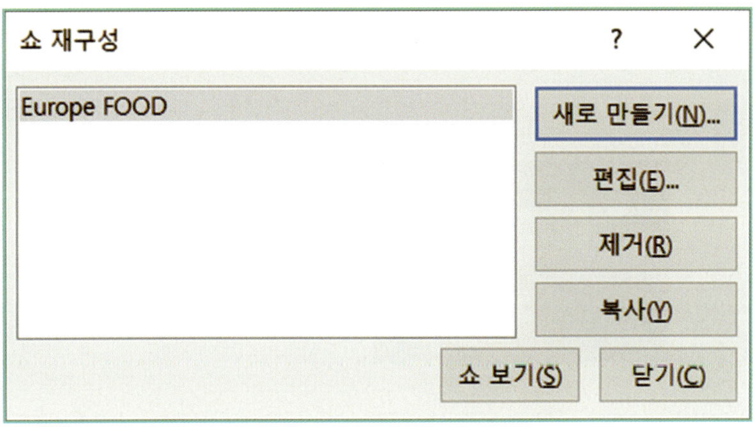

[슬라이드 쇼 재구성] 작성 방법은 [슬라이드 쇼 이름]에 재구성하고자 하는 이름을 입력한다. 그리고 추가할 개별 슬라이드를 선택한 후 재구성할 쇼에 있는 슬라이드로 [추가] 단추를 이용하여 재구성한다. 재구성한 슬라이드는 인쇄와 슬라이드 쇼 설정 그리고 하이퍼링크로 재구성한 쇼로 진행할 수 있다.

5-8 슬라이드 쇼 설정

[슬라이드 쇼 설정]을 이용하여 [표시 옵션]에 있는 [애니메이션 없이 보기] 기능과 [펜 색] 등을 변경 할 수 있다. [슬라이드 표시]를 통해 원하는 일부 슬라이드에만 표시가 가능하다. 화면 전환 효과도 수동과 설정된 시간 사용을 이용하여 다양하게 변화를 줄 수 있다.

임의 슬라이드 선택 후 [슬라이드 쇼] 메뉴 – [슬라이드 쇼 설정] – [웹 형식으로 진행]을 선택 – 표시옵션 그룹의 [펜 색 : 파랑]을 선택한다.

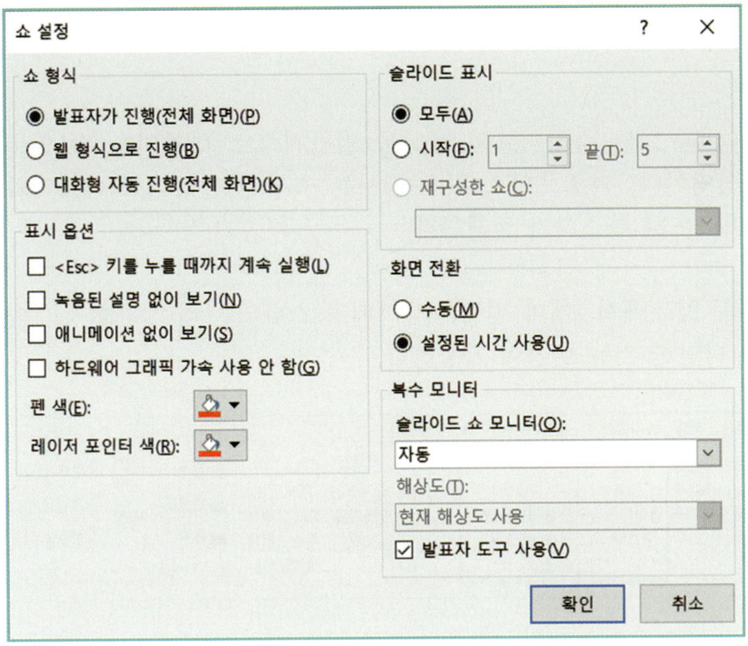

① 표시 옵션

설정된 [애니메이션 없이 보기] 하거나 [녹음된 설명 없이 보기] 등의 작업을 할 수 있다.

② 펜 색

슬라이드 쇼 진행시 펜의 기본 색을 변경 할 수 있다.

③ 슬라이드 표시

슬라이드를 표시할 때 모두 표시하거나 원하는 일부의 슬라이드만 표시할 수 있도록 설정하는 곳이다.

5-9 슬라이드 마스터

[슬라이드 마스터]는 모든 슬라이드의 서식을 일괄적으로 디자인할 수 있는 특별한 디자인 영역이다. 파워포인트 2013에서는 최상위 슬라이드 마스터와 각 슬라이드 레이아웃별 마스터가 존재한다.

[슬라이드 마스터] 메뉴에서 [테마 편집]이나 [배경 스타일] [페이지 설정] [슬라이드 방향] 등 다양한 기능 변경이 가능하다.

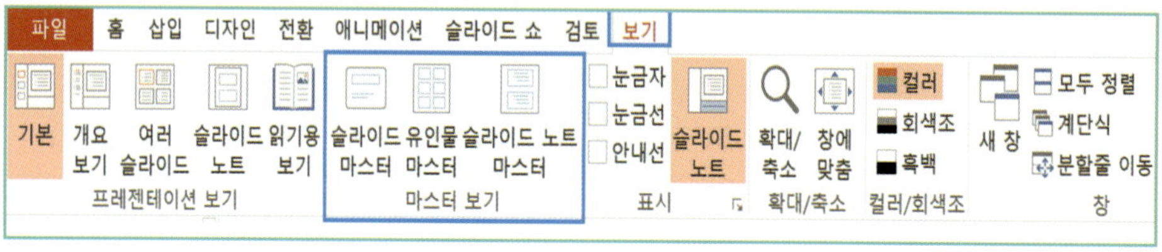

슬라이드 1을 선택 후 [보기] 메뉴 – [슬라이드 마스터] – [상위 슬라이드] 선택 –[테마] 그룹 – [줄기]를 선택한다.

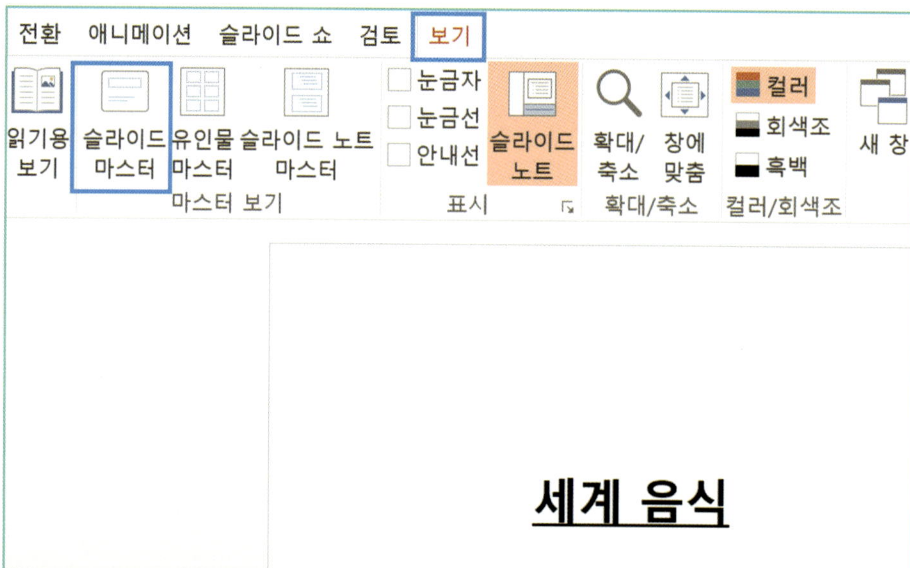

편집 종료 후 [마스터 보기 닫기]를 선택하여 종료한다.

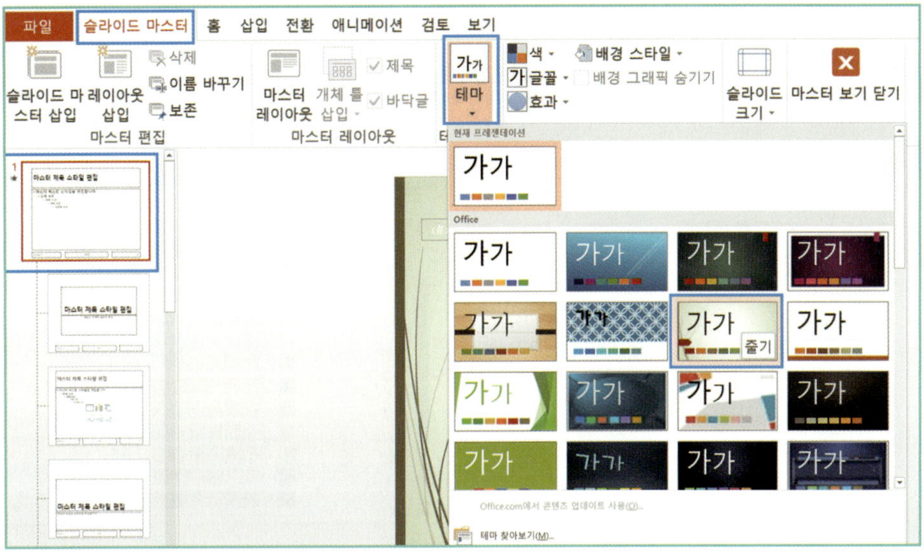

모든 슬라이드 배경에 [줄기]로 채워진 것을 확인 할 수 있다.

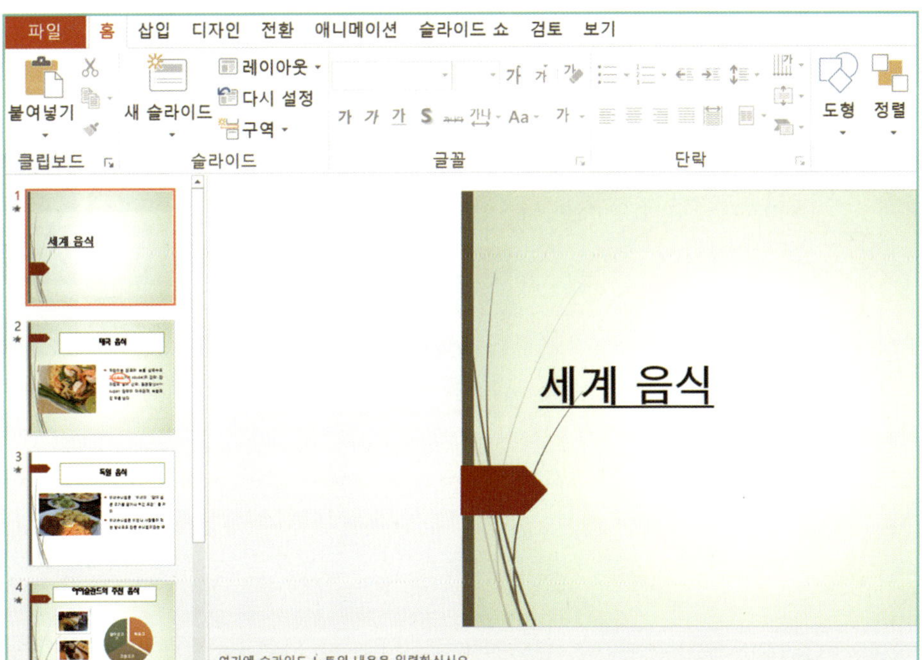

① 테마

테마의 종류에는 고려청자, 풍요, 균형, 오렌지, 광장 그리고 흐름 등이 있어 다양하게 선택할 수 있다.

② 배경 스타일

[배경 스타일]을 변경하면 모든 슬라이드에 적용되고, 개별 슬라이드 레이아웃의 마스터를 디자인하면 해당 레이아웃의 슬라이드에만 변경된 서식이 적용된다. 디자인 된 슬라이드 마스터를 저장한 문서가 바로 디자인 서식 파일(*.potx)이다.

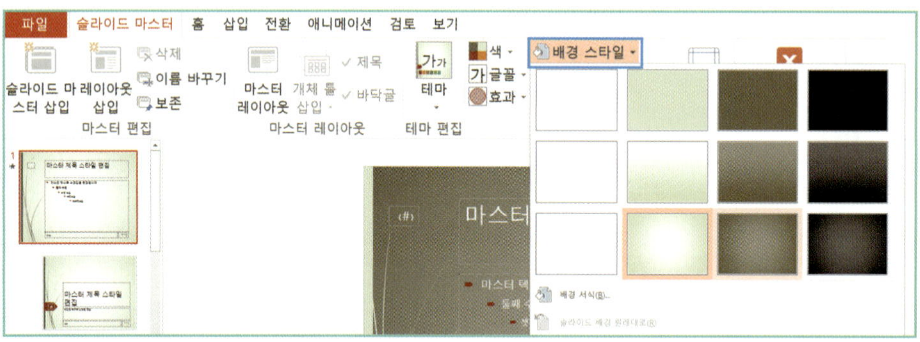

5장 실전예제만들기

다음과 같이 작성하시오

조건 슬라이드 1

- 파일 열기 : 4장 실전학습
- 제목(대한대학교)에 애니메이션 적용 : 바운스
- 서식 복사 : 슬라이드 1 제목을 슬라이드 2 제목에 적용
- 슬라이드 마스터 적용
  - – 커피, 커피1 그림 삽입
  - – 클립아트 삽입 : 음표
  - – 테마 : 그물 적용
- 저장 : 파일명은 '본인 이름'으로 바탕화면에 저장

조건 슬라이드 2

- 화면 전환 효과 적용 : 비행기
- 타이밍 효과 적용
  - – 다음 시간 후 : 00 : 05.00
- 서식복사 : [바운스] 애니메이션 서식 복사 후 슬라이드 2 제목인 [개체 삽입하기]에 적용

[완성본]

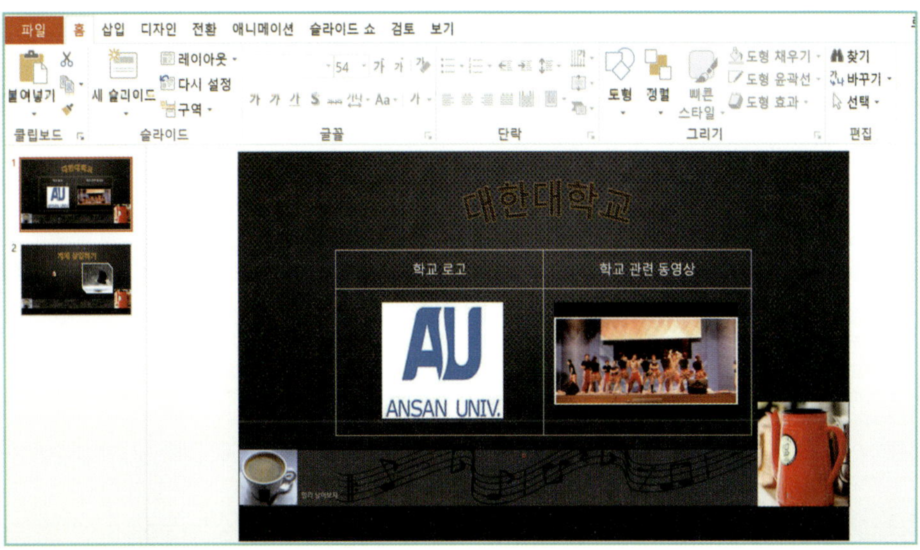

[1번 슬라이드에 작성]

[2번 슬라이드에 작성]

파워 포인트

학 과		학 번		이 름	

도 장				
월 일	월 일	월 일	월 일	월 일
월 일	월 일	월 일	월 일	월 일
월 일	월 일	월 일	월 일	월 일
월 일	월 일	월 일	월 일	월 일
월 일	월 일	월 일	월 일	월 일

찾아보기